Managementwissen für Studium und Praxis

Herausgegeben von
Professor Dr. Dietmar Dorn und
Professor Dr. Rainer Fischbach

Lieferbare Titel:

Grundzüge der Geldtheorie und Geldpolitik

von
Prof. Dr. Ralph Anderegg
Universität zu Köln

R. Oldenbourg Verlag München Wien

Bibliografische Information der Deutschen Nationalbibliothek

Die Deutsche Nationalbibliothek verzeichnet diese Publikation in der Deutschen
Nationalbibliografie; detaillierte bibliografische Daten sind im Internet über
<http://dnb.d-nb.de> abrufbar.

© 2007 Oldenbourg Wissenschaftsverlag GmbH
Rosenheimer Straße 145, D-81671 München
Telefon: (089) 45051-0
oldenbourg.de

Lektorat: Wirtschafts- und Sozialwissenschaften, wiso@oldenbourg.de
Herstellung: Anna Grosser
Satz: DTP-Vorlagen des Autors
Coverentwurf: Kochan & Partner, München
Gedruckt auf säure- und chlorfreiem Papier
Druck: Grafik + Druck, München
Bindung: Thomas Buchbinderei GmbH, Augsburg

ISBN 978-3-486-58148-5

Vorwort

Das vorliegende Lehrbuch soll einen Einblick in die vielfältige und sich stets wandelnde ökonomische Disziplin der Geldtheorie und Geldpolitik vermitteln. Im Zentrum stehen die Beiträge der bedeutendsten Autoren seit der Vorklassik.

Die Grundlage der Schrift bildet eine in erster Linie makroökonomische Sicht der Geldtheorie und Geldpolitik; die mikroökonomischen Aspekte konzentrieren sich auf vereinzelte Ansätze sowie die theoretische Unterlegung der vorwiegend makroökonomischen Modelle.

Angesichts der ausgesprochen großen Dynamik der geldwirtschaftlichen Entwicklungen kann es wohl kaum je gelingen, die Realität modelltheoretisch in jeder Hinsicht adäquat abzubilden; Theorien sind immer nur Annäherungen an die Wirklichkeit. Die geldwirtschaftlichen Phänomene zeigen jedoch im historischen Verlauf immer wieder ähnliche Muster, weshalb es sinnvoll erscheint, auch die theoriegeschichtlichen Hintergründe zur Darstellung zu bringen.

Ein besonderer Dank gilt meinen Mitarbeiterinnen und Mitarbeitern für die Mitwirkung an dieser Publikation. Wesentliche Vorarbeiten leisteten Frau Dipl.Volkswirtin Dr. Vera Wilhelm, Frau Dipl.Volkswirtin Kerstin Chr. Bollmann, Frau Dipl. Volkswirtin Dr. Carina Schubert, Frau Dipl.Volkswirtin Dr. Stephanie Weiler, geb. Felkel und Frau Dipl.Volkswirtin Dr. Evelin Lückerath. Mit der Ausarbeitung einzelner Konzeptstudien und den Schlusskorrekturen beschäftigten sich Frau Dipl.Hdl. Dr. Ulrike Krüger geb. Pütz, Frau Dipl.Kff. Katarína Chandogová, Frau Dipl. Volkswirtin Barbara Schuler, Frau cand.rer.pol. Joanna Woyczuk, Herr cand.rer.pol. David Schulte-Herbrüggen und Herr cand.rer.pol. Ľuboš Fecilak. Allen meinen derzeitigen und früheren Mitarbeiterinnen und Mitarbeitern sowie einer großen Zahl von Studierenden sei für die engagierte Mitwirkung und die zahlreichen Ratschläge herzlich gedankt.

Köln   Ralph Anderegg

Inhaltsverzeichnis

Liste der Abkürzungen

ABS	Asset Backed Securities
ARCH	Autoregressive conditional heteroscedasticity
ATM	Automated Tellar Machine (elektronischer Kassenautomat)
ATS	Automated Transfer System
Aufl.	Auflage
BIP	Bruttoinlandsprodukt
BIZ	Bank für Internationalen Zahlungsausgleich
Bl.	Blatt
BTX	Bildschirmtext
bzw.	beziehungsweise
c.p.	ceteris paribus (unter sonst unveränderten Gegebenheiten)
CD	Certificates of Deposit
CMA	Cash Management Account
d.h.	das heißt
Diss.	Dissertation
DM	Deutsche Markt
€	Euro
E-Geld	elektronisches Geld
EMTN	Euro Medium Term Note
ECP	Euro Commercial Paper
EZB	Europäische Zentralbank
ESZB	Europäisches System der Zentralbanken
et al.	und andere
EU	Europäische Union
EU-15	(ehemalige) Europäische Union mit 15 Mitgliedstaaten
EWU	Europäische Wirtschafts- und Währungsunion
Fn.	Fußnote
GARCH	Generalized autoregressive conditional heteroscedasticity
geb.	geboren
GB	Geschäftsbanken
HdSW	Handbuch der Sozial- und Wirtschaftswissenschaften
Hrsg.	Herausgeber
HVPI	Harmonisierter Verbraucherpreisindex
i.e.S.	im engeren Sinne
IRS	Internal Revenue Service (USA)
ISLM	Zusammengesetzt aus „Investitionen", „Sparen", „Liquiditätsnachfrage" und „Geldmenge"
IWF	Internationaler Währungsfonds
i.d.R.	in der Regel
i.w.S.	im weiteren Sinne
Jg.	Jahrgang

Jh.	Jahrhundert
Kap.	Kapitel
log	Logarithmus
MFI	Monetäre Finanzielle Institution
MMDAs	Money Market Deposit Accounts
Mrd.	Milliarde(n)
Mt.	Monat
M1	Geldmenge M1
M2	Geldmenge M2
M3	Geldmenge M3
NAIRU	„non-accelerating inflationary rate of unemployment" (oder NRU)
NB	Nichtbanken
n. Chr.	nach Christus
NOW	Negotiable Orders of Withdrawal (verzinsliche Sparkonten für natürliche Personen)
NZB	Nationale Zentralbanken
n.a.	not accounted (nicht angegeben)
OECD	Organisation for Economic Co-operation and Development (Organisation für wirtschaftliche Zusammenarbeit und Entwicklung)
OMFI	Monetäre Finanzielle Institutionen ohne die Zentralbanken
Repo.	Repurchase Agreement
repr.	reprinted (wieder abgedruckt)
RGTS	Target-System (RGTS: Trans-European Automated Real-Time Gross Settlement Express Transfer = Echtzeitbruttozahlungssystem)
S.	Seite
SA	Sweep Accounts
SDR	Special Drawing Right (Sonderziehungsrecht)
SNA	Super-NOW-Account
sog.	sogenannte
SZR	Sonderziehungsrecht
u.a.	unter anderem
u.s.f.	und so fort
USA	Vereinigte Staaten von Amerika
USD	US-Dollar
v. Chr.	vor Christus
vgl.	vergleiche
Vol.	Volume (Band)
WKM II	Europäischer Wechselkursmechanismus II
ZB	Zentralbank
z. B.	zum Beispiel
Ziff.	Ziffer.

Liste der Symbole

A	Kumulierte Einzahlungen für Güterkäufe im Planungszeitraum
A_t	Autonome Ausgaben (einschließlich der Staatsausgaben) hinsichtlich der Realkasse
a	Koeffizient
a_E	Abfließende Euromarkteinlagen
α	Koeffizient
a_t	Stochastischer Prozess
B	Bond
B	Innengeld (Kapitel 11)
B	Monetäre Basis bzw. Geldbasis (Kapitel 6)
B_{BZ}	Zentralbankgeld
B^C	Marktwert eines Bonds
B_{NC}	Zentralbankgeldmenge, welche von den Nichtbanken gehalten wird
B^D	Nachfrage nach Bonds
B^S	Angebot an Bonds
b	Koeffizient
β	Koeffizient
b_t	Stochastisches Maß einer Brownschen Bewegung
C	Konsum
C_r	Realer Konsum
c	Bargeldabflussquotient
D	Depositen (=Sichteinlagen)
d	Veränderung (ggf. Veränderungsrate auf Jahresbasis)
dr_b	Erwartete Kursgewinne bzw. –verluste bei den Obligationen
dr_{Eq}	Erwarteter Kursgewinn bzw. –verluste bei den Aktien
dr_t	Veränderung der short rate
dW_t	Brownsche Bewegung
δ	Proportionalitätsfaktor
E	Erwartungswert (auch erwartete Rendite)
Eq	Aktien, Sachkapital
e	Wechselkurs
e_E	Unterlegung von Euromarkteinlagen mit Eigenkapital (Kapitel 6)
e_t	Wechselkursschwankungen
ε	Störterm
F	Terminzinsen
F	Funktion von ... (Kapitel 11)
F'	Grenznutzen des Geldes als Produktionsgut
f	Funktion von ...
fx	Fixkosten

G	Bargeld
G'	Buchgeld
g_D	Wachstum der Güternachfrage
g_k	Grenzkosten des Geldes
g^r_K	Wachstumsrate des Kapitals
g_L	Wachstumsrate der Arbeitskräfte
g_m	Grenzertrag des Geldes
g_M	Wachstum der Geldmenge
g_P	Wachstumsrate der Preise (Inflationsrate)
g_v	Veränderung der Umlaufgeschwindigkeit des Geldes
g_W	Lohnerhöhung
g_Y	Wachstum des Output bzw. Wachstum der Produktivität der Arbeit
λ	Parameter
H	Halterenditen
H	Handelsvolumen (Kapitel 5)
H	Horten (Kapitel 7)
h	Koeffizient
I	Investition (im keynesianischen Modell auch Nachfrageinjektion)
I^r	Erforderliche Investitionen
i	Zins
i^*	Gleichgewichtszins
i	Investiertes Kapital pro Arbeitskraft (Kapitel 11)
i^r	Erforderliche Investition pro Arbeitskraft
i_G	Geldmarktzinsen
i_K	Kapitalmarktzinsen
K	Kapital
K_A	Kreditangebot
Ka	Im Periodendurchschnitt gehaltene Kasse
K_H	Humankapital
K_i	Periodische Zinsvergütungen
K_N	Kreditnachfrage
ΔKr	Veränderung der Kredite
k	Kassenhaltungskoeffizient (Cambridge k)
k	Investiertes Kapital pro Arbeitskraft (Kapitel 11)
kt	Konstante Rate des Geldmengenwachstums
k^*	Erforderliche Investitionen pro Kopf im Gleichgewicht (steady state)
$\dot{k}$	Veränderung der Kapitalintensität pro Effizienzeinheit
κ	Koeffizient
L	Liquiditätsnachfrage
L	Arbeit (Kapitel 11)
L_S	Spekulationskasse
L_T	Transaktionskasse
L_V	Vorsichtskasse

l	Löhne
λ	Koeffizient
M	Geldmenge
M	Importe (Kapitel 8)
M'	Volumen der Bankdeposits (Buchgeld)
M_D	Geldnachfrage (nachgefragte Geldmenge)
$M_{G,K}$	Geld- und Kapitalimport
M_S	Geldangebot (angebotene, exogene Geldmenge)
dM	Veränderung der Geldmenge (Veränderungsrate)
ΔM	Veränderung der Geldmenge
m	Wachstumsrate der Geldmenge
m	Nachfrage nach Kassenmittel bzw. Transaktionskasse (Kapitel 5 und 8)
m	Restlaufzeit, Anzahl der Perioden
m	Geldschöpfungsmultiplikator bzw. Verhältnis zwischen der Geldbasis B und der Geldmenge M (Kapitel 6)
m	Reale Geldmenge pro Kopf (Kapitel 11)
m	Natürlicher Logarithmus des Geldbestandes (Kapitel 13)
$\dot{m}$	Veränderung der Geldmenge
$\overline{m}$	Exogen gegebene Geldmenge
m^*	Nachgefragte Kasse
m_d	Reale Geldnachfrage pro Effizienzeinheit Arbeit (Kapitel 11)
m_d	Natürlicher Logarithmus der Geldnachfrage
m_t	Natürlicher Logarithmus der nominalen Geldmenge zum Zeitpunkt t
m_1	Geldschöpfungsmultiplikator für die Geldmenge M1
m_3	Geldschöpfungsmultiplikator für die Geldmenge M3
μ	Rendite
μ	Veränderung der realen Geldmenge pro Kopf (Kapitel 11)
N	Nennwert (Kapitel 7)
N	Größe der Bevölkerung (Kapitel 5 und 7)
N_D	Arbeitsnachfrage
N_S	Arbeitsangebot
NK	Nettokapitalimporte und -exporte
n	Anzahl
n	Wachstumsrate der Bevölkerung (Kapitel 11)
P	Preisniveau
P^P	Permanentes Preisniveau
Pq	Preisindex
pQ	Güterpreise
P^*	Erwartete Preisänderungsrate
P^*	Gleichgewichtspreis (P*-Modell) (in Kapitel 13)
dP	Veränderung des Preisniveaus
p	Natürlicher Logarithmus der Preisniveaus
p_t	Natürlicher Logarithmus der nominalen Geldmenge zum Zeitpunkt t
p_t	Natürlicher Logarithmus der Abweichung zwischen dem Preisziel und der aktuellen Preisänderungsrate (Kapitel 13)

p_t^e Preiserwartungen in der Periode (natürlicher Logarithmus)

π aktuelle Inflationsrate

π^e erwartete Inflationsrate

π^* Zielinflationsrate

Q Geldmenge

q Quotient

R Rendite (Bonds)

R_{Eq} Realer Ertrag der Aktien (Equities)

R_G Realer Ertrag der Geldhaltung

R_M Wert des Realkapitals (Sachkapitals) zu Marktpreisen

R_0 Ertrag des Vermögens aus Obligationen

R_{RK} Wert des Realkapitals (Sachkapitals) zu Wiederbeschaffungskosten

r Rendite des Realkapitals (Sachkapitals) zu Marktpreisen, realer Zinssatz

r Mindestreservequotient (Kapitel 6)

r Erforderliche Wachstumsrate des Kapitals (Kapitel 11)

r_B Zinszahlungen für Obligationen (Bonds)

r_{RK} Rendite des Realkapitals (Sachkapitals) zu Marktpreisen

r_t Short rate (im Zeitpunkt t)

r_X Nutzenstiftende Leistungen bei den Aktien

ρ Zeitpräferenzrate

S Sparen (im keynesianischen Modell auch Sickerverluste bei der Nachfrage)

S Spareinlagen (Kapitel 6)

S_K Sparen im Sinne einer Erhöhung des Realkapitals

S_r Reale Ersparnis

s Sparquote

Σ Summe

σ Risiko (stochastische Variable)

σ Deterministische Variable bei einer Brownschen Bewegung (Kapitel 7)

σ Sparquote, welche zur Erhöhung des Realkapitals dient (Kapitel 11)

σ_Y^2 Volatilität des Output (Varianz)

T Fest vereinbarter Zeitpunkt

T Termineinlagen (Kapitel 6)

T Transformationskurve (Kapitel 7)

T Transaktionsvolumen

T_n Nominalwert

t Zeitperiode, Zeit, Zeitpunkt

θ Exogen beeinflusster, langfristiger Mittelwert (mean reversion) (Kapitel 7)

θ Zeitpräferenzrate (Kapitel 5)

U Arbeitslosenrate (Unterbeschäftigung)

U Nutzen pro Arbeitskräfteeinheit (Kapitel 11)

U' Grenznutzen des Geldes als Konsumgut

U^* Natürliche Arbeitslosigkeit

$ÜR$ Überschussreserven

u Umlaufgeschwindigkeit des Bargeldes

u Präferenzenstruktur eines Wirtschaftssubjekts hinsichtlich der Geldhaltung

u Nutzen der Geldhaltung pro Arbeitskräfteeinheit (Kapitel 11)

u' Umlaufgeschwindigkeit des Buchgeldes

u_m Logarithmus der Differenz zwischen dem Geldbestand und der Geldnachfrage

u_t Störterm bzw. unabhängige stochastische Variable (in der Regel mit dem Erwartungswert null und endlicher Varianz)

u_t Zinsänderung als exogener Schock einer von der Zentralbank gewählten geldpolitischen Regel (Kapitel 13)

v Umlaufgeschwindigkeit des Geldes (i.e.S. der Noten und Münzen)

v Vektor (Kapitel 11)

v' Umlaufgeschwindigkeit (i.e.S. der Bankdepositen)

v_t Störterm bzw. unabhängige stochastische Variable (in der Regel mit dem Erwartungswert null und endlicher Varianz)

w Relation des Humankapitals K_H zum Sachkapital K_S (Kapitel 5)

w Wechselkurs

w/P Realer Gleichgewichtslohn

X Exporte

$X_{G,K}$ Geld- und Kapitalexport

x Abhängige Variable, Menge

x_K Kreditschöpfungsmultiplikator

x_q Güternachfrage

$\bar{x}_q$ Güterangebot

Y Volkseinkommen (Output)

Y^* Natürliches Produktionsniveau, Gleichgewichtsoutput

Y_D Nachgefragtes Volkseinkommen

Y_t^d Aggregierte Güternachfrage in der Periode t

Y^P Permanentes Volkseinkommen

Y_r Reales Volkseinkommen

Y_S Angebotenes Volkseinkommen

Y_t^s Güterangebot bei der Lucasschen aggregierten Angebotsfunktion

y Wachstumsrate des realen Volkseinkommens (Output)

y Unabhängige Variable

y Output (Einkommen) pro Kopf (Kapitel 11)

y^v Durchschnittlich verfügbares Einkommen

y_t^* Gleichgewichtige Wachstumsrate (bei der Taylor-Regel)

z Zins

Teil A: Die Geldtheorie

Kapitel 1. Einleitung

I. Einführung

Das vorliegende Buch beschäftigt sich mit Fragen der Geldtheorie (Teil A) und Geldpolitik (Teil B). Zu den besonderen Anliegen zählt die geschichtliche Aufarbeitung einer Reihe von Geldtheorien und deren Beurteilung hinsichtlich der empirischen Robustheit (in der Form von empirischen Hinweisen zum Euro-Währungsgebiet für die Zeit von 1999-2005). Bei der Geldpolitik sollen die theoretischen Grundlagen und die geldpolitischen Operationen der *Europäischen Zentralbank (EZB)* zur Darstellung gelangen (vgl. Abbildung 1).

Abbildung 1: Haupt- und Nebenaspekte des Buches

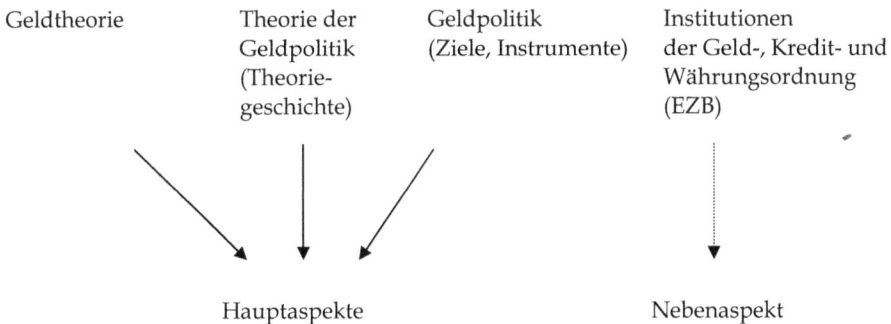

Geldtheorie	Theorie der Geldpolitik (Theoriegeschichte)	Geldpolitik (Ziele, Instrumente)	Institutionen der Geld-, Kredit- und Währungsordnung (EZB)

Hauptaspekte   Nebenaspekt

II. Die Einordnung der Geldwirtschaft

Die Geldtheorie analysiert die monetären Phänomene, welche mit der Existenz von Geld in einer Volkswirtschaft stets auftreten. Zu den monetären Theorien zählt neben der Geldtheorie auch die monetäre Außenwirtschaftstheorie, welche sich mit den Geldeffekten in Verbindung mit den Devisenmärkten beschäftigt (vgl. Abbildung 2). Im Gegensatz dazu betrachten die realen Theorien (wie beispielsweise die Mikroökonomie und die reale Außenwirtschaftstheorie) keine monetären Phänomene. Bei einer realen Theorie treten an die Stelle der Geldpreise relative Preise als Knappheitsindikatoren zwischen die einzelnen Gütern und die Produktionsfaktoren.

Abbildung 2: Reale und monetäre Theorien

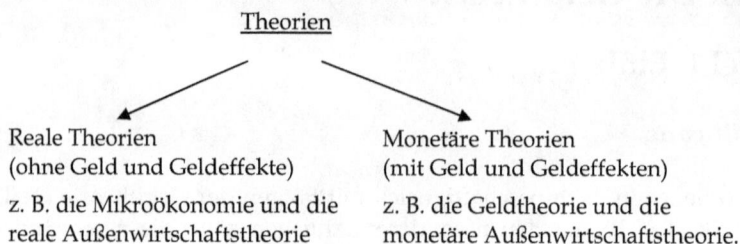

Theorien

Reale Theorien
(ohne Geld und Geldeffekte)

z. B. die Mikroökonomie und die
reale Außenwirtschaftstheorie

Monetäre Theorien
(mit Geld und Geldeffekten)

z. B. die Geldtheorie und die
monetäre Außenwirtschaftstheorie.

Die Geldtheorie ist neben der Mikro- und Makroökonomie ein Teil der Volks-
wirtschaftstheorie, die Geldpolitik ein Teil der Wirtschaftspolitik. Die Institutionen
der Geld- und Währungsordnung lassen sich mit Hilfe der volkswirtschaftlichen
Lehre der Institutionen (bzw. der Neuen Institutionenökonomie) analysieren. Die
Geschichte des Geldes und der Geld- sowie Währungsordnungen ist ein Teilbe-
reich der Wirtschaftsgeschichte (vgl. Abbildung 3).

Abbildung 3: Die Einordnung der Geldtheorie und -politik

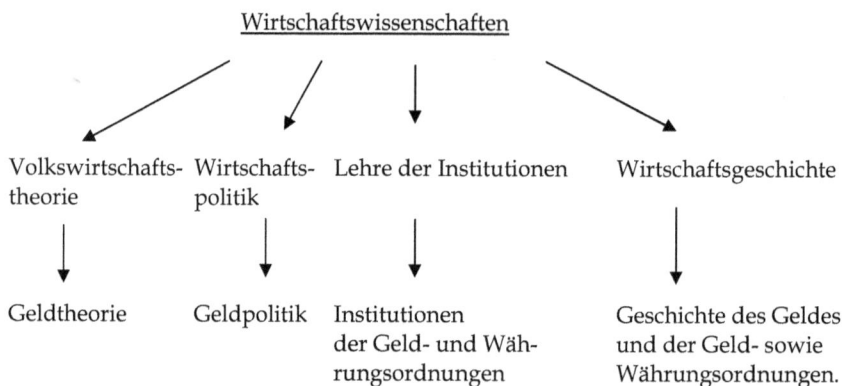

Wirtschaftswissenschaften

Volkswirtschafts-
theorie

Wirtschafts-
politik

Lehre der Institutionen

Wirtschaftsgeschichte

Geldtheorie

Geldpolitik

Institutionen
der Geld- und Wäh-
rungsordnungen

Geschichte des Geldes
und der Geld- sowie
Währungsordnungen.

III. Die Methoden der geldtheoretischen Betrachtung

1. Grundsätze

Zu den Grundsätzen der geldtheoretischen und geldpolitischen Betrachtung
zählt das einfache, klare Denken in volkswirtschaftlichen Grundmodellen, welche
auch auf die Geldtheorie angewendet werden können. Zudem lassen sich das erste und das zweite *Gossensche Gesetz* auf die Geldtheorie übertragen.[1] Zweckdien-
lich sind sog. preistheoretische Modelle mit einer Grenznutzen-Grenzkostenanaly-
se. Dabei treten an die Stelle der Güterpreise die Geld-, Kredit- und Kapitalmarktzinsen.

---

[1] Vgl. beispielsweise Kapitel 5, Ziffer IV.1.

2. Geldtheoretische Schulen

Als sinnvoll mag das Denken in volkswirtschaftlichen Schulen betrachtet werden. Auf diese Weise kann ein breites Spektrum geldtheoretischen Denkens erreicht werden.[2] Diese Schulen beziehen sich auf das (allgemeine) volkswirtschaftliche Denken und bestehen meist aus einer größeren Zahl von in sich geschlossenen Modellen, zu welchen auch die geldtheoretischen Ansätze zählen.

Zu den volkswirtschaftlichen Schulen, welche ebenfalls in der geldtheoretischen und geldpolitischen Lehre einen Niederschlag erfahren haben, zählen unter anderem:
- Die *Vorklassik* (17. und 18. Jh.) mit dem *Merkantilismus (Richard Cantillon)*, dem *Physiokratismus* und dem *vorklassischen Liberalismus (David Hume, John Locke)*.
- Die *Klassik* (18. und 19. Jh.) mit der Currency Theorie (u.a. *David Ricardo*) und der Banking Schule (u.a. *John Stuart Mill*).
- Die *Neoklassik* (19. und 20. Jh.) mit der Österreichischen Schule *(Eugen von Böhm-Bawerk)*, der Cambridge Schule *(Alfred Marshall* und *Arthur C. Pigou)*, der Schwedischen Schule *(Knut Wicksell)*, der amerikanische Schule *(Irving Fisher)*, der Lausanner Schule *(Léon Walras)* und der Weiterentwicklung der österreichischen Schule (u.a. *Friedrich August von Hayek)* sowie der Zinstheorie *(Friedrich A. Lutz)*.
- Der *Keynesianismus* (20. Jh.) mit *John M. Keynes* (keynessche Theorie), der keynesianischen Lehre *(John R. Hicks)*, dem Postkeynesianismus *(William Baumol)*, dem Neokeynesianismus *(James Tobin,* sog. Yale School) und der Vermögenstheorie des Geldes *(Don Patinkin)*.
- Der *Monetarismus* (20. Jh.) und die *neoquantitätstheoretische Schule (Milton Friedman, Karl Brunner* und *Allan Meltzer)*.
- Die *Neue Klassische Makroökonomie* (20. Jh.) mit *Thomas J. Sargent, Robert E. Jun. Lucas* und *Robert J. Barro*.

3. Bereiche geldtheoretischen Denkens

Die zahlreichen monetären Theorien beziehen sich meist auf einzelne oder mehrere Bereiche geldtheoretischen und geldpolitischen Denkens. Dazu zählen:
- Die *Geldmengentheorie* (Wesen und Erscheinungsformen des Geldes),
- die *Geldnachfragetheorie*,
- die *Geldangebotstheorie*,
- die *Zinstheorie* (Geld-, Kredit- und Kapitalmärkte),
- die *Geldeffekte, Transmissionsmechanismen* und *Transmissionskanäle*,
- die *Inflationstheorie*,
- *Geld und Beschäftigung* (die Phillipskurven-Diskussion),
- die *monetäre Wachstumstheorie*,
- die *monetäre Außenwirtschaftstheorie* und die *monetäre Integrationstheorie*, sowie
- die *Theorie der Geldpolitik*.

---

[2] Allerdings lassen sich nicht alle geldtheoretischen und geldpolitischen Ansätze eindeutig einzelnen Schulen zuordnen. Dies ist beispielsweise bei der Portfoliotheorie der Fall.

4. Matrix der Geldtheorien (Beispiele)

Aus den beiden Ebenen, den Schulen und den Bereichen geldtheoretischen Denkens, kann eine Matrix mit „Kästchen" gebildet werden. In den Zeilen lassen sich beispielsweise die einzelnen Schulen eintragen, in den Spalten die verschiedenen Bereiche geldtheoretischen Denkens (vgl. Abbildung 4). Im Rahmen der weiteren Ausführungen werden die in den „Kästchen" enthaltenen Theorien erläutert, weshalb innerhalb dieser Kästchen auf die einzelnen Kapitel und Ziffern im Buch hingewiesen wird.

Abbildung 4: Matrix der Geldtheorien (mit Angaben zu den im Buch erläuterten Modellansätzen)*

	Geldnachfrage	Geldangebot	Zinstheorie	Geldeffekte	Inflationstheorie	Phillipskurvendiskussion	Monetäre Wachstumstheorie	Theorie der Geldpolitik
Vorklassik	5./II.	6./II./VII.	7./II.	8./II.	8./II.	-	-	13./I.
Klassik	5./III.	6./III./VII.	7./III.	8./III.	8./III.	-	11./I.	13./II.
Neoklassik	5./IV.	6./VI.	7./IV.	8./IV.	8./IV.	10./III.	11./II.	13./III.
Keynesianismus	5./V.	6./VIII.	7./V.	8./VI./VII.	9./III.	10./II.	11./III.	13./IV. f.
Monetarismus	5./VI.	6./II.	-	8./IX.	9./IV.	10./IV.	11./III.	13./V.
Neue Klassische Makroökonomie	5./VII.	6./II.	-	8./IX.	9./V.	10./V.	-	13./VII.

* Hinweise auf die entsprechenden Kapitel/Ziffern.

5. Die Bedeutung der einzelnen Theorien

Eine in sich geschlossene Geldtheorie fehlt bis heute. Vielmehr stehen zahlreiche geldtheoretische Ansätze einander gegenüber. Die verschiedenen und oft widersprüchlichen Modelle sind vielfach auf unterschiedliche Prämissen (Modellannahmen) zurückzuführen. Viele Widersprüche zwischen den einzelnen Modellen und deren Ergebnissen lösen sich auf, wenn die unterschiedlichen Prämissen und Modellkonstruktionen betrachtet werden.

Die geldtheoretischen Ansätze haben sich im Verlaufe von Jahrzehnten und Jahrhunderten entwickelt. Die zahlreichen und in ihrer großen Zahl kaum zu überblickenden Modelle sind von unterschiedlicher theoretischer Eleganz und sich verändernder empirischer Robustheit. Einzelne Theorien sind seit langer Zeit von großer praktischer Bedeutung, andere waren bereits bei ihrer Entstehung wenig relevant, wieder andere verblassen im Verlaufe der Zeit und erleben später möglicherweise eine Renaissance.

Einzelne Theorien haben eine große theoretische Ausstrahlung, jedoch eine geringe empirische Relevanz. Wieder andere Theorien, wie beispielsweise die Quantitätstheorie des Geldes, besitzen eine derartige Universalität, dass sie sich immer wieder umformen und neu interpretieren lassen, wodurch sie stets aktuell bleiben. Diese bilden oft die Grundlage ganzer Generationen nachfolgender Theorien. Schwierig einzuordnen sind die zahlreichen heuristischen Ansätze, welche aus empirischen Untersuchungen entstehen und damit – zumindest vorübergehend – empirisch robust sind, denen jedoch eine theoretische Grundlage oder Aussage fehlt.

Geldtheoretische Ansätze sollten – methodisch betrachtet – intersubjektiv überprüfbar sein (Kriterium der Falsifizierbarkeit nach *Karl Popper*). Zur ökonometrischen Überprüfung dient der umfassende und fast unerschöpfliche Werkzeugkasten statistischer Analysen. Damit lassen sich die verschiedenen geldtheoretischen Modelle nach ihrer aktuellen oder historischen Relevanz beurteilen sowie ggf. weiterentwickeln. Eine Geldtheorie kann zwar kaum je verifiziert, aber doch – in unterschiedlichen Maße – falsifiziert werden.

Abbildung 5: Die empirisch relevanten Theorien (vereinfacht)

Statistisches Bestimmtheitsmaß (R^2) und
Korrelationsraten (β-Koeffizienten)

	Sehr gering	gering	mittel	hoch	sehr hoch
Nicht signifikanter Bereich					
Signifikanter Bereich					Bereich der empirisch relevanten Theorien
Nicht signifikanter Bereich					

Signifikanz

Die praktische Bedeutung der einzelnen Theorien ist unterschiedlich und zudem im zeitlichen Verlauf Veränderungen hinsichtlich der empirischen Relevanz unterworfen. Empirische Analysen führen zur Bestätigung oder Ablehnung einzelner Theorien für die jeweilige Referenzperiode (vgl. Abbildung 5).

Als Tests eignen sich auch jener auf Kointegration der Daten und der Granger-Kausalitätstest, so beispielsweise mit Hilfe des *E'Views-Programms*.[3] Mit dem *Granger*-Kausalitätstest lässt sich erkennen, ob es sich um Scheinkorrelationen handelt, oder ob einer Variablen – zumindest in der Vergangenheit – ein gewisser Einfluss auf eine andere Variable zugeschrieben werden kann. Zudem lässt sich feststellen,

---

[3] Die „empirischen Hinweise" im Text werden mit dem E'Views-Programm durchgeführt.

ob – in der Vergangenheit – Variable A auf Variable B einen Einfluss hatte, oder Variable B auf Variable A, oder beide Variablen aufeinander. Ist dies der Fall, lässt sich von einer „Grangerkausalität" hinsichtlich von Ursache und Wirkung sprechen. Weitere, einfach durchzuführende Tests dienen der Ermittlung der Korrelationskoeffizienten, des statistischen Bestimmtheitsmaßes, der Signifikanz (beispielsweise der t-Test), der Verteilung der Residuen *(Durbin-Watson-Test)* sowie der Analyse von nicht bedingten und bedingten Varianzen der Residuen bzw. exogenen Schocks mit der Hilfe der ARCH- (autoregressive conditional heteroscedasticity) und GARCH-Modelle (generalized autoregressive conditional heteroscedasticity).

Kapitel 2. Das Wesen des Geldes

I. Die historische Entwicklung der Geldinnovationen und deren Ursachen

Nach Auffassung der *Konventionstheorie*,[4] welche während langer Zeit vorherrschend war, setzten die Menschen das Geld bereits zu Beginn der historischen Zeit als allgemeines Tauschmittel ein, um den Wirtschaftsverkehr zu erleichtern. Die Konventionstheorie gilt seit einiger Zeit als widerlegt.[5] Am Anfang der Entwicklung des Geldes standen vielmehr Wertgegenstände, welche sakralen Zwecken dienten, Zeichen des Ranges waren oder als Schmuck Bedeutung erlangten (Schmuckgeldtheorie).

Im geschichtlichen Verlauf kam es zu langen und noch stets andauernden Entwicklungsprozessen des Geldes. Es lassen sich Vorformen und drei Entwicklungsstufen des Geldes (materiales Geld, Papierwährungen und immaterielles Geld) unterscheiden. Die Tendenzen gehen in Richtung einer Dematerialisierung des Geldes vom Metall- und Papiergeld zum stofflosen, „unsichtbaren" (immateriellen) Geld, bei welchem der substantielle Wert des Geldes ohne Bedeutung ist.

1. *Vorformen des Geldes* sind das Schmuck- und das Nutzgeld als Vorgänger des Metallgeldes.[6] Die einzelnen Völker und Stämme betrachteten als Geld, was den jeweiligen religiösen Auffassungen und der Landeskultur entsprach sowie für die damaligen Menschen einen praktischen Nutzen hatte. So gab es bei den Naturvölkern Dinge, die jeder gerne erwarb und hortete. Es handelte sich meist um das wertvollste Gut im Volksstamm, den sog. Zentralwert. Beispiele sind das Schmuckgeld (Amerika, Südsee, Afrika, Süd- und Südostasien), das Kaurimuschelgeld[7] (Süd- und Südostasien, Ostafrika, später auch Westafrika), das Ring- und Zahngeld (Neuguinea und Melanesien), das Steingeld sowie das Federgeld.

Beim Übergang vom Schmuckgeld zum Nutzgeld traten das sog. Kleidergeld und das Nutzgeld in der Form von Nahrungs- und Genussmitteln (zumeist in Mexiko, Zentralasien, Äthiopien und Island) auf. Das Rind erfüllte im antiken Griechenland wichtige Anforderungen an das Geld wie eine gewisse Haltbarkeit, Transportfähigkeit und Teilbarkeit. Auch bei den Römern galt das Vieh als Zahlungsmittel (daher das lateinische Wort für Geld „pecunia" von pecus das Vieh). Dieses Warengeld (Nutzgeld) wurde erstmals auch zu einseitigen Zahlungen verwendet, so beispielsweise für Geschenke, Steuern, Strafen oder andere Abgaben.[8] Nebenformen des Nutzgeldes sind die Warenwährungen in Kriegszeiten (beispielsweise die Zigarettenwährung).

---

[4] Vgl. *Schmölders, Günter*, 1966, S. 19.
[5] Vgl. *Issing, Otmar*, 1988, S. 1 ff.
[6] Diese Ausführungen sind entnommen aus: *Hartlandt, Hans*, 1989, S. 16 ff.
[7] Biologisch betrachtet handelt es sich um eine Schneckenart, die Kaurischnecken.
[8] Vgl. *Hartlandt, Hans*, 1989, S. 18.

2. Eine Übergangsform vom Schmuck- und Nutzgeld zum *Metallgeld* sind Ringe aus Gold oder Silber (Afrika). In der Antike verdrängte das Metallgeld nach und nach die primitiven Geldformen. Vorzüge waren die Haltbarkeit, Beständigkeit und Gleichartigkeit des Metallgelds gegenüber dem Nutzgeld. Mit dem Begriff des Metallgelds verbindet sich in der Antike Metall, welches gewogen und geprägt wird (Begriffe wie das Pfund erinnern daran).

Im Verlaufe der Zeit kam es zum staatlichen Monopol der Münzprägung, dem Münzregal. Das erste Münzmetall soll etwa 1700 v. Chr. in Babylon entstanden sein. Gestempelte Metallscheiben gab es 1500-1000 v. Chr. in Troja, auf Kreta und in Mykene (1500-1000 v. Chr.). Zur Prägung der ersten Goldmünzen kam es ca. 670 v. Chr. im Lyder- und Perserreich sowie im antiken Griechenland, dessen Münzen auch in Kleinasien auftauchten.[9] Um ca. 650 v. Chr. ließ *Krösus*, König der Lydern in Kleinasien, vorerst Kurantmünzen (vollwertige Münzen) aus Gold und Silber prägen, später Scheidemünzen (=unterwertige Münzen) zur Erzielung von Einnahmen.

In der Antike wurde zum Prägen von Münzen vor allem Silber verwendet. Basis der römischen Silberwährung wurde im Jahre 187 der Denar. Als Kleingeld gab es Kupfermünzen, zu Goldmünzen kam es mit dem Beginn der Kaiserzeit, rund 200 Jahre später. Das Austauschverhältnis zwischen Gold und Silber schwankte vorerst. Im spätrömischen Reich unter *Diokletian* wurden die Währungsverhältnisse durch das Gesetz geregelt. Die Goldmünze, der „aureus solidus nummus" mit einem Goldgehalt von 4,4 g (kurz Solidus genannt), wurde zur Hauptwährung; das Wertverhältnis zwischen dem Solidus sowie den Silber- und Kupfermünzen wurde verbindlich festgelegt.[10]

Im frühen Mittelalter wurde in den germanischen Reichen noch stets der Solidus geprägt (auch als Besant bezeichnet). Der Goldgehalt nahm immer mehr ab und so entstand vorübergehend der Drittelsolidus. *Karl der Große* ließ anlässlich einer großen Münzreform das Prägen von Goldmünzen beenden und führte mit dem Denar eine Silberwährung ein. Dessen Silbergehalt verkleinerte sich bis ins 13. Jh. auf rund ein Viertel.

Im Orient gab es durch den Handel mit Indien und China erhebliche Goldvorräte, wobei die orientalischen Städte das Gold horteten und Silber als Währung in Umlauf brachten. Im späteren Mittelalter wurden erneut Goldmünzen geprägt; zu den bedeutendsten zählte der seit 1294 in Florenz geprägte Florin, welcher den Besant bzw. den Gold-Denar verdrängte. Die italienischen Münzen fanden in Europa Anwendung und wurden nachgeprägt. In Frankreich und England kam es zur Prägung eigener Goldmünzen. England hatte bis 1664 eine Doppelwährung aus Gold- und Silbermünzen. Die Probleme der Doppelwährung (sog. Bimetallismus) waren vorerst insofern gering, als das Wertverhältnis nur geringen Schwankungen unterworfen war.[11] Die Neuzeit begann mit einem Gold-

---

[9] Vgl. *Hartlandt, Hans,* 1989, S. 21 ff.
[10] Vgl. *Hartlandt, Hans,* 1989, S. 24 ff.
[11] Vgl. *Hartlandt, Hans,* 1989, S. 28.

zeitalter und wurde später zu einer Phase mit vorwiegend Silbergeld; die Spanier brachten zuerst Gold und später immer mehr Silber nach Europa.

Bis zum Ende des 16. Jahrhunderts entstanden in Deutschland zahlreiche Münzordnungen. Mit der Reichsmünzordnung von 1559 wurde eine Vereinheitlichung angestrebt (72 Kreuzer je Taler).[12] Bereits vor und in den Wirren des Dreißigjährigen Krieges (1618-1648) wurde der Münzwert durch vielfältige Manipulationen verschlechtert, um Münzgewinne und dadurch Staatseinnahmen zur Deckung des hohen Finanzbedarfs zu erzielen (Zeitalter der „Kipper und Wipper"). Es wurden minderwertige Münzen geprägt, die Münzränder abgefeilt und die Münzen falsch gewogen. Der reale Wert der Münzen verlor gegenüber dem Nominalwert immer mehr.

Nach dem Ende des Dreißigjährigen Krieges verbesserte sich die Prägung. War der Florin bisher nur eine Verrechnungswährung, so wurde dieser 1691 in großen Teilen Europas zum Kurantgeld, bei welchem der Nennwert dem Metallwert entsprach. Ende des 17. Jh. gab England seine Doppelwährung (Gold und Silber) auf und beschränkte sich auf eine reine Silberwährung. Bereits im 18. Jh. kam es zu großen Goldfunden in Brasilien und viele Länder führten erneut die Doppelwährung, den sog. Bimetallismus, ein.

1717 kehrte auch England zur Doppelwährung zurück und regelte 1773 durch ein Gesetz das Wertverhältnis zwischen Gold und Silber. Man passte nunmehr den Nennwert der Münzen deren Materialwert (innerer Wert) ständig an. Diese gesetzliche Regelung war notwendig, da die Preisschwankungen bei den Edelmetallen die gesamte Münzordnung störten. Schon bei geringen Unterschieden zwischen dem Nominalwert und dem Metallwert von Münzen wirkt beim Bimetallismus unweigerlich das Greshamsche Gesetz: Nach den Darlegungen von *Sir Thomas Gresham* (1519-1579) verdrängt bei festen Währungsrelationen das schlechte Geld das gute Geld als Transaktionsmittel aus dem Verkehr, während das gute Geld zur Wertaufbewahrung dient.

In der ersten Hälfte des 18. Jh. trat in Deutschland eine starke Verknappung der Silbervorräte ein, so dass der Gehalt der Münzen nicht beibehalten werden konnte. Doch blieben die alten Münzen, die nach dem sog. Leipziger Münzfuß geprägt wurden, als Handelsmünzen erhalten. Das heißt, diese Münzen dienten dem Außenhandel und waren nicht auf den Handel im Inland beschränkt. Von einzelnen Staaten wurden eigens für den Außenhandel Währungen geprägt. Beispiele sind die Victoriaten in der römischen Republik, die Kölner Pfennige (10./11. Jh.), das englische Pfund Sterling und zudem der österreichische Maria-Theresien-Taler, welcher mit dem Münzbild von *Kaiserin Maria-Theresia* bis 1780 als Handelsmünze und danach noch bis ins 20. Jh. weitergeprägt wurde.[13] Nach den riesigen Goldfunden im 19. Jh. führten nach und nach fast alle europäischen Länder, die Hansestadt Hamburg, 1873/75 das Deutsche Reich, 1875 die Niederlande, 1897 Japan und 1900 die USA den Goldstandard ein. Diese Zeit endete vorerst mit dem Beginn des ersten Weltkrieges.

---

[12] Vgl. *Hartlandt, Hans,* 1989, S. 32.
[13] Vgl. *Hartlandt, Hans*, 1989, S. 36 ff.

3. Frühe Formen einer *Papierwährung* bzw. eines Papiergeldes sind schriftliche Aufzeichnungen zur Regelung des damaligen Geldverkehrs; solche bestanden bereits im 17. Jh. v. Chr. in Babylon unter *König Hammurabi*. Als eine Art von Bankiers funktionierten die damaligen Tempelherren: Für hinterlegte Waren wurden Depotquittungen als eine Vorform des Papiergeldes ausgestellt. In der Frühform war das Papiergeld eine Quittung der Bankiers für hinterlegte Waren, später für hinterlegtes Metallgeld.[14]

Im 1. Jh. v. Chr. verwendeten die Chinesen Papier erstmals zu Urkundszwecken. Im 7. Jh. n. Chr. kam das Papier über das Osmanische Reich auf die Iberische Halbinsel und damit nach Europa. Erst im 12. Jh. erfolgte die Produktion von Papier in Italien, später auch in Frankreich und in England. Zu dieser Zeit entstand die Berufsbezeichnung der Lombarden („die ersten Bankiers"). Es handelte sich um Kaufleute, welche im Verlaufe der Zeit nach und nach zu Kreditgebern („Lombarden") wurden.[15] Die Depoteinlagen (gegen Depotquittungen) wurden für Darlehen verwendet, welche zuerst in Metall und später ebenfalls in Depotquittungen ausgezahlt wurden. Auf diese Weise entstand das erste Papiergeld zuerst in Italien und später auch in anderen Staaten. „Den Bedürfnissen des Handels und der Wirtschaft, ein metallfreies Geld zu verwenden, genügte in zunehmendem Umfange das Papiergeld, nämlich Banknoten".[16]

Die 1694 gegründete *Bank of England* erhielt das Recht zur Emission von Noten für das gesamte Aktienkapital und gab erstmals in großen Mengen Banknoten aus,[17] welche 1834 zum gesetzlichen Zahlungsmittel erklärt wurden. Das Recht zur Notenemission wurde 1844 durch die zweite Peelschen Bankakte mengenmäßig auf eine bestimmte Gold- und Silberdeckung begrenzt.

Bereits im 19. Jh. wurde das Recht zur Ausgabe von Banknoten immer mehr auf die Staatsbanken konzentriert. Bis zum ersten Weltkrieg hatten fast alle Notenbanken in Europa und auch die amerikanische Zentralbank das Monopol der Notenausgabe. Ein gewisser Anteil der Notenemission musste durch Gold und andere Werte gedeckt sein (in England, Frankreich und Deutschland beispielsweise ein Drittel, in den USA vierzig Prozent). Das Gold bildete damit noch stets die Grundlage der Notenemission und zudem bestand die Einlösepflicht für Banknoten gegen Gold. Mit dem Beginn des ersten Weltkrieges erhöhte sich der Geld- bzw. Finanzbedarf der kriegsbeteiligten Länder und die Golddeckung brach zusammen.[18]

Nach dem ersten Weltkrieg setzte sich die Entwicklung zum Papiergeld weltweit durch; dieses wurde in den 1920er und 1930er Jahren in vielen Ländern zum gesetzlichen Zahlungsmittel. Das Gold blieb ein internationales Zahlungsmittel und wurde zur Währungsreserve der Zentralbanken.

---

[14] Vgl. *Hartlandt, Hans,* 1989, S. 54 ff.
[15] Vgl. *Hartlandt, Hans,* 1989, S. 57 ff.
[16] *Hartlandt, Hans,* 1989, S. 102.
[17] Vgl. *Hartlandt, Hans,* 1989, S. 68 ff.
[18] In Frankreich beispielsweise stieg der Notenumlauf zwischen 1914 und 1924 um das Zehnfache. Vgl. *Hartlandt Hans,* 1989, S. 73.

1944 erfolgte mit dem Abkommen von Bretton Woods die Gründung des *Internationalen Währungsfonds (IWF)*. Die Quoten der einzelnen Mitgliedsländer waren zu einem gewissen Anteil in Gold einzuzahlen und der Wert des Goldes wurde mit 35 Dollar je Goldunze festgelegt. Auf dieser Wertbasis erfolgten gegenseitige Interventionen zur Stabilisierung der Währungskurse. Das Festkurssystem, welches unter anderem auf der Pflicht des US-amerikanischen *Federal Reserve Systems* beruhte, Dollars gegen Gold einzulösen, endete Anfang der 1970er Jahre mit der Erschöpfung der amerikanischen Goldreserven. Mit dem Übergang zu flexiblen Wechselkursen verlor das Gold an Bedeutung.[19] Bei der zweiten Statutenrevision des IWF von 1976 wurde das Gold als Wertbasis abgeschafft. Zahlreiche Länder halten noch große Goldreserven, viele Zentralbanken verkaufen Gold, einige wenige kaufen dazu (z. B. China).

4. Eine frühe Form des *immateriellen Geldes* in Europa ist seit dem 14. Jh. der Scheckverkehr in Italien. Dieser entwickelte sich im 15. Jh. komplementär zum Depositengeschäft. Mit dem Scheck als bargeldloser Zahlung wird eine gegen eine Bank oder ein anderes Geldinstitut gerichtete, täglich fällige Forderung auf Bargeld an ein anderes (drittes) Rechtssubjekt abgetreten. Immaterielles Geld ist stofflos und unsichtbar.

Seit der Renaissance erfolgten Überweisungen auf Konten von Kaufleuten vor allem in Genua und Venedig. Indem viele Kaufleute ihr Geld den Bankiers aus Sicherheitsgründen zur Verwahrung gaben, wurde dieses gutgeschrieben und ließ sich gegen Forderungen anderer Kaufleute verrechnen. Die Entwicklung zum stofflosen (immateriellen) Geld wurde durch den Umlauf von zahlreichen Münzen mit oft fragwürdigem Gewicht und Feingehalt beschleunigt.

Aus dem Werk von *Adam Smith* ist die *Bank von Amsterdam* bekannt, welche 1609 den bargeldlosen Zahlungsverkehr einführte,[20] gefolgt von der *Hamburgischen Bank* im Jahre 1619. Mit der industriellen Revolution um 1740 kam es zu einem starken Aufschwung des Scheckverkehrs in England und danach zur Verbreitung in der ganzen Welt.

Bis Mitte des 19. Jh. änderte sich wenig bei diesem Giroverkehr. Im 19. Jh. entwickelte sich der bargeldlose Zahlungsverkehr unter den Banken. Zuvor hatte das immaterielle Geld meist nur zur Verrechnung von finanziellen Verbindlichkeiten gedient, jedoch noch nicht zum direkten Kauf von Gütern.

Zu den Instrumenten des immateriellen Zahlungsverkehrs zählen seit der Zeit vor und nach dem zweiten Weltkrieg neben Schecks und Überweisungen auch die Kreditkarten. Diese können beim Kauf von Waren und Dienstleistungen zur sofortigen Bezahlung verwendet werden. Eine neuere Entwicklungstendenz des immateriellen Zahlungsverkehrs ist das elektronische Geld. Darunter wird ein auf einem Datenträger gespeicherter Geldwert verstanden.[21] Dieser lässt sich für Zahlungen verwenden; die Abwicklung kann – muss aber nicht – über ein Bankkonto erfolgen.

---

[19] Vgl. *Hartlandt, Hans*, 1989 S. 82 ff.
[20] Vgl. *Smith, Adam* (1776), 1982, S. 392 ff.
[21] Vgl. dazu auch *EZB*, Monatsbericht, Nov. 2000, S. 55 ff.

Anwendungsbeispiele sind das Internet mit dem Homebanking und andere Formen des online-Banking sowie die Bezahlung durch „electronic cash" (eine einmalige Einzugsermächtigung über das Konto). Die Betreiber von Automaten errichten Geräte für Kredit- und ec-Karten. Eine weitere Form des immateriellen Geldes sind die sog. Debitkarten bzw. die prepaid-card (Chipkarte) mit im Voraus bezahlten Zahlbeträgen, welche sich als elektronisches Geld verwenden lassen. Diese multifunktionellen, vorausbezahlten Karten werden wie ein vorausbezahltes Inhaberinstrument genutzt. Sie sind ein weit verbreitetes Phänomen mit einer steigenden Bedeutung, zumal sie auch im Internet verwendet werden. Die Emittenten von E-Geld gelten als Geschäftsbanken und sind der Bankenaufsicht unterstellt. Beim Point of Sale-System erfolgt die Zahlung mit einer EC- oder Bankkarte und einer Abbuchung über ein elektronisches Kassenterminal.

II. Die Geldinnovationen

Geldinnovationen erfolgen in ähnlicher Weise wie die Innovationen im realen Bereich.[22] Eine pragmatische Definition wählt die *Federal Reserve Bank of Chicago:* „Financial innovations are new ways to make money".[23] Bei dieser Formulierung ist nicht ganz eindeutig, ob es sich um eine Geldschöpfung oder ganz allgemein das Erzielen von Gewinnen handelt.

Es gibt kontinuierliche innovatorische Entwicklungen, welche in kleinen Schritten verlaufen sowie diskontinuierliche, ruckartige Entwicklungen, welche die eigentlichen Innovationen darstellen.[24] Die monetären Innovationen können parallel zu den realen Innovationen erfolgen (beispielsweise die Entstehung des elektronischen Geldes), aber auch unabhängig davon.

Bemerkenswert ist, dass die früheren Erscheinungsformen des Geldes oft noch weiter bestehen, während die nachfolgende Geldinnovation bereits einen Durchbruch erleben.

> „Es ist in keinem Fall leicht, das Element der Innovation unter der Masse ausgelöster, abgeleiteter und hinzukommender Phänomene zu erkennen, die es überdecken. Aber in der Sphäre des Geldes und des Kredits ist die Schicht ... dick und die Oberfläche ... völlig im Widerspruch zu den darunter vor sich gehenden Prozessen, ... ".[25]

III. Nutzen und Kosten des Geldes

Ökonomische Anreize beeinflussen die Entstehung und Verbreitung von Geldinnovationen. Dazu zählen der *Nutzen des Geldes* bzw. dessen *Grenznutzen* (ggf. auch der Zusatznutzen, wie beispielsweise die Sicherheit und der Ausweis der

---

[22] Vgl. *Schumpeter, Joseph A.,* 1952, S. 100.
[23] *Federal Reserve Bank of Chicago,* 1984, S. 12.
[24] Vgl. *Schumpeter, Joseph A.,* 1952, S. 93.
[25] *Schumpeter, Joseph A.,* 1952, S. 117.

Kreditwürdigkeit bei Kreditkarten). Bei den *Kosten* für die Bereitstellung der einzelnen Geldarten sind von Bedeutung: (1) Die *Fixkosten* der verschiedenen Zahlungssysteme sowie die Kostendegression bei einer zunehmenden Zahl von Zahlungsvorgängen und (2) die *Grenzkosten* für die einzelnen Zahlungsvorgänge (vgl. die Abbildungen 6 und 7).

Abbildung 6: Der Nutzen und die Kosten einzelner Zahlungssysteme (Geldarten)

	Geldnachfrage		Geldangebot	
	Grenznutzen der Transaktion	Zusätzlicher Grenznutzen	Fixkosten des Zahlungssystems	Grenzkosten der Transaktion
Münzen	+	z. B. die Verwendung bei Kassenautomaten	+	+
Noten	+	z. B. die Diskretion	+	+
Wechsel	+	z. B. die Umkehr der Beweislast	+	+
Schecks	+	-	+	+
Kreditkarte	+	z. B. der Hinweis auf Kreditwürdigkeit	+++	+
Elektronisches Geld	+	z. B. die rasche Überweisung von Geld.	+++	+

Legende: „+" bedeutet positiv, „+++" positiv und relativ groß.

Abbildung 7: Die Innovationen bei den Zahlungssystemen (Geldarten)

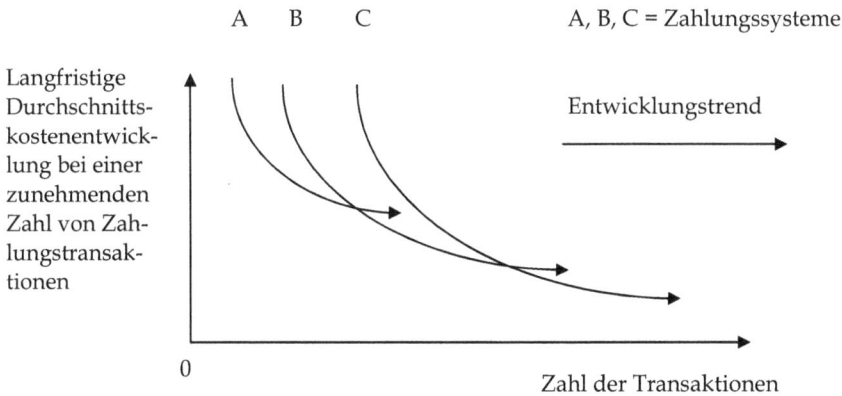

A B C   A, B, C = Zahlungssysteme

Langfristige Durchschnittskostenentwicklung bei einer zunehmenden Zahl von Zahlungstransaktionen

Entwicklungstrend

0   Zahl der Transaktionen

Die Geldinnovationen entwickeln und verbreiten sich, bis ein Gleichgewicht zwischen dem Grenznutzen und den Grenzkosten der einzelnen Zahlungssysteme erreicht ist; im kurzfristigen Gleichgewicht entsprechen sich die Grenzkosten und der Grenznutzen der einzelnen Geldarten. Zumindest langfristig müssen

auch die Fixkosten (Gesamtkosten) der Zahlungssysteme gedeckt sein. Von Bedeutung für die Verbreitung der einzelnen Zahlungssysteme sind die Skalenerträge (die Kostendegression bei einer zunehmenden Zahl von Zahlungsvorgängen).

Beispiele für einzelne Zahlungssysteme sind Noten und Münzen (A), Wechsel
und Schecks (B) sowie Kreditkarten und elektronisches Geld (C). Elektronisches
Geld tritt heute in vielfältiger Form in Erscheinung. Dieses verursacht relativ hohe
Fixkosten in Folge der erforderlichen Informatik- und Telekommunikationssyste-
me, jedoch geringe Grenzkosten bei den einzelnen Zahlungsvorgängen.

IV. Entwicklungstendenzen

Bei den Finanzinnovationen hat sich keine allgemeingültige Definition durchge-
setzt. Für die Dynamik der Entwicklung erscheinen zwei Aspekte wesentlich, die
Angebots- und die Nachfrageseite („Demand-and-Supply-Approach"):

> „Erst wenn beide Seiten zur Deckung gebracht werden, also eine Anwen-
> dung bzw. Verwendung durchgesetzt wird, wobei auf mindestens einer Seite
> etwas ‚Neues' auftritt, liegt eine Innovation vor".[26]

- Auf der *Angebotsseite* spielen der technologische Fortschritt (beispielsweise im
Bereich der Informatik und der Telekommunikation), die Intensivierung des
Wettbewerbs und das regulatorische Umfeld (beispielsweise Liquiditäts- und Ei-
genkapitalvorschriften sowie Kapitalverkehrsbeschränkungen) eine Rolle.

- Auf der *Nachfrageseite* werden Innovationen ausgelöst, wenn veränderte Bedürfnisse für Transaktions- und Wertaufbewahrungszwecke auftreten, so beispielsweise, um die Relation zwischen dem Nutzen und den Kosten für das Halten von
Liquidität zu verbessern, die Risiken an die individuellen Präferenzen anzupassen, die Transaktionskosten zu senken und regulatorische Eingriffe zu umgehen.

Bei den heutigen Finanzinnovationen handelt es sich um „neue Finanzierungs-
instrumente ..., die abrupte Veränderungen der Portfolioentscheidungen von
Teilnehmern an Geld- und Kreditmärkten herbeiführen".[27] Es kommt zu einem
stärker differenzierten Leistungsangebot des Finanzsektors, einem breiteren Angebot an Anlagevarianten sowie neuen Finanzierungs- und Transaktionstechni-
ken. Dies verkleinert die Substitutionslücken und verbessert die Allokations-
leistung der Märkte, führt jedoch auch zu einer größeren Verwundbarkeit des
monetären Bereichs.[28] Zudem können Finanzinnovationen durch eine starke Konzentration von Risiken und Inflationspotentialen zu Instabilitäten des Geldsystems führen.

Zu den Ursachen von Finanzinnovationen zählen neben den Innovationen im
realen Bereich (vor allem die Informatik und die Telekommunikation) auch die
Erhöhung der Wettbewerbsintensität auf dem Finanzsektor, die Umgehung von

---

[26] *Hantke, Monika,* 1991, S. 4.
[27] *Streit, Joachim,* 1984, S. 559. ff.
[28] Vgl. *Timmermann, Vincenz,* 1989, S. 279.

Regulierungen (beispielsweise von Zinsobergrenzen und der Mindestreserve-pflicht) sowie die Milderung der Risiken durch die Schwankungen d.h. die Volati-lität der Zinsen, Aktienkurse und Inflationsraten. Finanzinnovationen führen oft zu einer Verkleinerung des Bargeldbedarfs, einer Verzinsung der Transaktions-kasse und geringeren Umtauschkosten zwischen den einzelnen Finanzaktiven. Die Möglichkeit, vorhandene Finanzaktiven jederzeit gegen Kasse oder auf Termin verkaufen oder Teilrechte (Optionen) veräußern zu können, erhöht die Liquidität der Marktteilnehmer. Zahlreiche Formen dieser Transaktionen und Kontrakte ent-stehen aus Marketingüberlegungen und verschwinden bei einer mangelnden Ak-zeptanz wieder vom Markt, andere finden Anklang, indem sie den Bedürfnissen des Marktes entsprechen.

Es lassen sich – mit einem speziellen Blick auch auf die USA – vier Typen von Finanzinnovationen unterscheiden:[29]

- Finanzinnovationen, welche die *Bargeldhaltung verkleinern*: Oft geht es um die Substitution von Bargeld (beispielsweise durch Kreditkarten und Zahlungskar-ten). Anwendungsbeispiele sind Geldautomaten, Automated Teller Machines (ATM) für Bargeldeinzahlungen und Girogeldverfügungen, ec-Karten, Chip-Kar-ten (smart-cards), Point of Sale-Kassen, das Homebanking mit dem BTX-Verfahren sowie Cash Management-Systeme mit Informations- sowie Transaktionsmög-lichkeiten.

- Finanzinnovationen, welche die *Transaktionskasse verzinsen*, z. B. der Automatic Transfer Service (ATS) zwischen einem konventionellen Sparkonto und einem be-sonderen Girokonto; die Negotiable Orders of Withdrawal (NOWs) als ver-zinsliche Sparkonten für natürliche Personen, über welche höchstens dreimal pro Monat mit einer übertragbaren Zahlungsanweisung verfügt werden kann; die Su-per-NOW-Accounts (SNAs) für natürliche Personen, ohne Begrenzung der Zahl der Transaktionen pro Monat; die Money Market Deposit Accounts (MMDAs) mit bis zu sechs Verfügungen pro Monat; die Cash Management Accounts (CMAs) und Sweep Accounts (SAs) mit einem automatischen Transfer von überschüssigen Kassenbeständen über einen fixen Betrag hinaus auf Investitionskonten.

- Geldnahe Finanzaktiven mit *geringen Umtauschkosten in Transaktionskasse*, z. B. Geldmarktfonds, Certificates of Deposit (CDs) mit Laufzeiten von einem Monat bis zu fünf Jahren und festen oder variablen Zinsen sowie einer jederzeitigen Ver-käuflichkeit, Euronote Facilities als revolvierende Schuldverschreibung mit Lauf-zeiten von bis zu sechs Monaten, Euro Medium Term Notes (EMTNs) als börsen-notierte Inhaberschuldverschreibungen mit Laufzeiten von einem bis zu fünf Jah-ren und festen oder variablen Zinssätzen, Euro Commercial Papers (ECPs) mit einer Laufzeit von etwa einem Monat und einem um den Zinsbetrag abgezinsten Emissionspreis.

- *Risikotransferierende Finanzinnovationen*, welche dem Transfer von Liquiditäts-risiken dienen (durch die Verbesserung der Transaktionsfähigkeit von Finanzakti-ven), zudem dem Transfer von Bonitätsrisiken (beispielsweise durch Kreditaus-falloptionen), dem Transfer von Zinsänderungsrisiken (Floating Rate Notes, Zero-

---

[29] Vgl. *Wende, Steffen*, 1990, S. 60 f.; vgl. *Smeets, Heinz-Dieter*, 1987, S. 93.

bonds, Zinsswaps, Zinsfutures, Zinsoptionen, Forward Rate Agreements, Caps), dem Transfer von Aktienrisiken (Aktienindexfutures, Aktienindexoptionen, Aktienoptionen) und dem Transfer von Wechselkursrisiken (Doppelwährungsanleihen, Währungsswaps, Währungsfutures, Währungsoptionen).

Zudem entstanden seit den 1970er Jahren neue Anlageformen, wie beispielsweise strukturierte Finanzprodukte mit speziellen Risiko-Ertrags-Charakteristiken, die roll-over-Kredite (ein längerfristiger Kreditrahmen mit kurzfristiger Finanzierung), die Projektfinanzierung, floating rate notes (Anleihen mit jeweils den Marktbedingungen angepassten Zinsen), Doppelwährungsanleihen (geschuldeter Betrag in der Währung A, Zinszahlungen in der Währung B), Warrants (längerfristige Anleihen mit Bezugsrecht für Aktien) sowie Zins- und Währungsswaps (Schuldentausch). Hinzu kommen Innovationen im Bankenmanagement zur Optimierung von Bankenportfolios (asset und liability management).

Für die Geld-, Kredit- und Kapitalmärkte sind unter anderem folgende Entwicklungstendenzen typisch:[30]

- *Internationalisierung/Globalisierung der Märkte*: Grundlage der Internationalisierung/Globalisierung der Märkte bildet der Einsatz von Systemen der elektronischen Datenverarbeitung und –übertragung. Auf diese Weise wurden die Finanzzentren der Welt miteinander vernetzt und es entstanden weltumfassende Geld-, Kredit- und Kapitalmärkte. Die Banken und internationalen Unternehmen können während 24 Stunden, also rund um die Uhr, auf den Finanzmärkten operieren sowie Handels- und Arbitragemöglichkeiten ausnutzen. Daraus entwickelt sich eine globale Integration der Finanzmärkte.

- *Securitization:* Unter der Securitization ist die zunehmende Tendenz zur Verbriefung von Schuldverhältnissen (Kredite und Einlagen) zu verstehen. Mit der Securitization werden diese handelbar (fungibel). Dabei stellt der reine Vorgang der Verbriefung noch keine Securitization dar, sondern erst die Transformation einer bilateralen Forderung in ein handelbares Recht, ähnlich wie bei den Wertpapieren.[31]

- *Marketization und Futurization:* Dies bezeichnet die Tendenz, vor allem Geld-, Kapital- und Wechselkurstransaktionen über hiefür geeignete Marktkontrakte (Termin- und Optionskontrakte) abzuwickeln. Hinzu kommt der Transfer von Zins-, Kredit-, Aktienkurs-, Wechselkurs-, Katastrophen- und Rohstoffpreisrisiken über Terminkontrakt- und Optionsmärkte. Dadurch ergibt sich unter anderem auch eine große Substitutionalität der Währungen.

- *Institutionalization:* Mit der Institutionalization wird die Tendenz zu einer verstärkten Konzentration der Transaktionen der Geld-, Kredit- und Kapitalmärkte auf institutionelle Großanleger bezeichnet. Große Umsätze und vor allem sehr rasche Transaktionen bei sich ändernden Informationen setzen die Märkte schnellen Reaktionen der Marktteilnehmer aus.

- *Desintermediation:* Die Tendenz zur Desintermediation bezieht sich auf sog. bilanzneutrale Geschäfte (off balance sheet Aktivitäten), bei welchen die Geschäfts-

---

[30] Vgl. *Heischkamp, Volker,* 1989, S. 63 ff.
[31] Vgl. *Heischkamp, Volker,* 1989, S. 68.

banken Kreditbeziehungen beispielsweise nur vermitteln. Die Desintermediation ist auch ein Mittel zur Gestaltung der Bilanzstruktur.

Kapitel 3. Der Geldbegriff und die Geldfunktionen

I. Das Geld als soziales Phänomen

Das Geld zeichnet sich nach dem subjektiven Liquiditätsbegriff durch die individuelle Akzeptanz aus.[32] Ist diese Akzeptanz bei sehr vielen Individuen gegeben, findet das Geld Verbreitung als anerkanntes Tauschmittel (Transaktionsmittel) und erlangt damit gesellschaftliche Bedeutung. Das Geld wird zur „Schöpfung sozialen Handels". Diese Vorstellung verbindet sich mit dem Begriff des Geldes als einem kultursoziologischen Phänomen.[33]

> „Wo immer sich ein Güterverkehr entwickelt ... da sind die Voraussetzungen für die Entstehung des Geldes gegeben, d.h. eines Gutes, das den Charakter eines allgemein geschätzten und beliebten Entgeltmittels gewinnt".[34]

Entsprechend der Konventionstheorie des Geldes *(Aristoteles, Platon)* wird die Tauschmittelfunktion des Geldes gesetzlich geregelt. Meist wird dem Geld – nach dem Willen des Gesetzes – ein Zeichen oder ein Wert aufgeprägt. Schreibt der Staat auf dem Wege eines Gesetzes vor, welches Geld bzw. welche Währung als Transaktionsmittel dienen darf, erhält das Geld Legalfunktion und wird zum staatlichen Zahlungsmittel.[35]

Zu den frühen Theorien der Entstehung des Geldes zählt auch die Funktionstheorie, welche ebenfalls auf *Aristoteles* zurückgeht und zudem von *Adam Smith*[36] vertreten wird:

> „In den Anfängen der Arbeitsteilung muss der Tausch häufig noch sehr schleppend und stockend vor sich gegangen sein. ... Um nun solche misslichen Situationen zu vermeiden, musste eigentlich jeder vernünftige Mensch auf jeder Entwicklungsstufe seit dem Aufkommen der Arbeitsteilung bestrebt gewesen sein, es so einzurichten, dass er ständig außer dem Produkt seiner eigenen Arbeit einen kleinen Vorrat der einen oder anderen Waren bereit hatte, von der er annehmen konnte, dass andere sie im Tausch gegen eigene Erzeugnisse annehmen werden".[37]

Nach einer neueren Darstellung der Funktionstheorie lässt sich als Geld bezeichnen, was Gelddienste leistet: „Money is, what money does".[38] Während in einer Naturaltauschwirtschaft Güter gegen Güter getauscht werden, erfolgt dieser Tausch in einer Geldwirtschaft Güter gegen Geld und umgekehrt. Indem das Geld

---

[32] Vgl. *Schmölders, Günter*, 1966.
[33] Vgl. *Gerloff, Wilhelm*, 1947, S. 201.
[34] *Gerloff, Wilhelm*, 1947, S. 26.
[35] Vgl. *Schmölders, Günter*, 1962, S. 10.
[36] Weitere Vertreter sind *Ferdinando Galiani* und *Francis Hutcheson*. Bereits *Galiani* äußert jedoch die Kritik, dass sich die Funktionstheorie nur auf die Transaktionsfunktion des Geldes bezieht, nicht jedoch die Wertaufbewahrungsfunktion. Vgl. *Ganzoni, Eduardo*, 1938, S. 50.
[37] *Smith Adam* (1776), 1974, S. 23.
[38] *Schmölders, Günter*, 1968, S. 17.

als Tauschmittel dient, ermöglicht es eine Zweiteilung des Tauschprozesses, und dient in der Zwischenzeit als Wertaufbewahrungsmittel.[39]

Joseph Schumpeter weitet den Funktionskatalog des Geldes durch die Aufgabe aus, Leistungsstandards („standard of deffered payments") zu setzen.[40] Danach lässt sich das Geld auch zu anderen als Tauschzwecken verwenden, so beispielsweise für Opfergaben, zu Bußleistungen und zum Schenken. Zudem können wertvolle Vermögensstücke, ähnlich wie Schmuckgegenstände, Rang und Reichtum signalisieren.[41]

II. Die Geldfunktionen

In einer arbeitsteiligen Wirtschaft bewirkt das Geld eine Senkung der Transaktionskosten und Vereinfachung des Austauschprozesses. Bei Naturaltausch und 1.000 Gütern (n=1000) existieren nach der Formel $\frac{n(n-1)}{2}$ = 499.500 „Preise". In einer Geldwirtschaft mit 1.000 Gütern gibt es „nur" noch 1.000 Preise für die einzelnen Güter, was eine wesentliche Vereinfachung darstellt.

Abbildung 8: Binnen- und außenwirtschaftliche Funktionen des Geldes*

	Binnenwirtschaftliche Funktion	Außenwirtschaftliche Funktion
Transaktionsfunktion (Vergütungen für Güter- und Faktorleistungen)	Transaktionsmittel	Transaktionsmittel im internationalen Handel
Wertaufbewahrungsmittel	Binnenwirtschaftliche Geldmärkte	Internationale Geld- und Kapitalmärkte/multiple Währungsreserven der Zentralbanken
Recheneinheitsfunktion (Bezeichnung der Güter- und Faktorpreise)	Recheneinheit	Denominationswährung im internationalen Handel sowie bei den internationalen Geld-, Kredit- und Kapitalmärkten.

* In einem weiteren Sinne dient das Geld, binnen- und außenwirtschaftlich, zudem als Transaktionsmittel zur Umschichtung von Vermögen und Schulden.

---

[39] Vgl. *Mill, John St.*, (1921), 1871, S. 2 f.
[40] Vgl. *Schumpeter, Joseph A.*, 1970, S. 19 und 36.
[41] Vgl. *Schmölders, Günter*, 1968, S. 18.

Bereits *Knut Wicksell*[42] erkennt die Triade der Geldfunktionen",[43] bestehend aus der Transaktionsfunktion, der Wertaufbewahrungsfunktion und der Rechenmittelfunktion.[44] Werden auch die außenwirtschaftlichen Funktionen des Geldes einbezogen (vor allem beim USD, dem € und dem Yen), ergeben sich die Geldfunktionen, wie diese in Abbildung 8 zur Darstellung gelangen.

Geld erfüllt mindestens eine dieser Funktionen. Nach der Funktionstheorie des Geldes bestehen die Motive der Geldhaltung in den produktiven Diensten, welche das Geld leistet. Der Geldbegriff knüpft an die Funktionen des Geldes an, allerdings ohne zu erklären, warum ein Medium gewisse Geldfunktionen erfüllt.[45]

---

[42] Vgl. *Wicksell, Knut* (1922), 1984, S. 6 ff.
[43] Vgl. *Altmann, Jörn,* 1988, S. 1.
[44] Vgl. *Wicksell, Knut* (1922), 1984, S. 6 ff.
[45] Vgl. *Borchert, Manfred,* 1982, S. 21.

Kapitel 4. Die volkswirtschaftliche Geldmenge

> „Die grundsätzlichen Ähnlichkeiten des Geldes und anderer Güter drückte *Roscher* am klarsten in seinem berühmten Ausspruch aus, dass sich die falschen Definitionen des Geldes einteilen ließen in jene, die es für mehr, und jene, die es für weniger halten als die kurrenteste Ware".
>
> *(Jürg Niehans).*[46]

I. Geld als Transaktions- und temporäres Wertaufbewahrungsmittel

Geld kann den Charakter eines Transaktionsmittels, eines vorübergehenden (temporären) Wertaufbewahrungsmittels oder eines relativ dauerhaften Wertaufbewahrungsmittels haben.

> „ … Geld ist ein Begriff, welcher nicht nur für ein Transaktionsmittel verwendet wird, sondern auch, und dies nach unserer Auffassung noch viel grundsätzlicher, für ein vorübergehendes Wertaufbewahrungsmittel, welches eine zeitliche Trennung zwischen Kauf- und Verkaufsakten ermöglicht".[47]

Dient das Geld als relativ dauerhaftes Wertaufbewahrungsmittel, sind die Grenzen zwischen dem Geld und dem Kapital als zwei möglichen Erscheinungsformen des Finanzvermögens fließend.

II. Die statistischen Geldmengenkonzepte

Es gibt zahlreiche Geldarten (sog. Geldmengen), so beispielsweise (1) Münzen und Banknoten, (2) Sichteinlagen, Termineinlagen und Spargelder bei Banken, (3) Geldmarktpapiere und Geldmarktfonds sowie (4) Schuldverschreibungen und andere Liquiditätspapiere.

Die einzelnen Geldmengenbegriffe werden in erster Linie nach der Liquiditätsnähe gegliedert. Einen weit gefassten Liquiditätsbegriff vertritt die keynesianische Lehre:

> „Geld ist nur einer der Maßstäbe, ob eine Unternehmung liquide ist … . Auch ist vom Liquiditätsstatus oder gar vom Kassenbestand nicht einseitig auf die anschließenden Ausgaben zu schließen, denn die Liquidität ist höchstens eine unter mehreren Einflussgrößen der Ausgaben".[48]

So grenzt sich auch die keynesianisch orientierte „New View"[49] von der currencytheoretisch orientierten „Old View" unter anderem dadurch ab, dass nicht nur

---

[46] Zitat von *Niehans, Jürg*, 1980, S. 24. Vgl. *Roscher, Wilhelm*, 1880, S. 263. Vgl. auch *Fisher, Irving*, 1930, S. 216.
[47] *Friedman, Milton* und *Schwartz, Anna*, 1963, S. 650, Fußnote (eigene Übersetzung).
[48] *Kaldor, Nicholas*, 1970, S. 48 f.
[49] Vgl. *Tobin, James*, 1963a.

die herkömmlichen Geldmengenbegriffe betrachtet werden, sondern sämtliche geldnahen Finanzaktiven.

Bei der Konzeption der Geldmengenbegriffe geht die grundsätzliche Fragestellung dahin, wie viel Zentralbankgeld (Noten und Münzen) sowie Guthaben bei den Geschäftsbanken die Nichtbanken (Unternehmen und Haushalte) besitzen, welche damit auch nachfrageaktiv werden können.

Die statistischen Geldmengenkonzepte sind von Land zu Land unterschiedlich und verändern sich im Laufe der Zeit:

> „Wo die Linie zwischen den einzelnen Geldmengenbegriffen zu ziehen ist, bzw. was als Geld, und ... als near-money oder einfacher als andere Finanzaktiven' betrachtet wird, sollte nie endgültig oder auf der Grundlage verbaler Überlegungen entschieden werden."[50]

Die einzelnen Geldmengenbegriffe hängen mit dem Verwendungszweck, der empirischen Bedeutung und der Stabilität der einzelnen Geldarten zusammen. Es können sich im Rahmen von Entwicklungsprozessen auch qualitative Veränderungen ergeben, so beispielsweise, wenn auf Termineinlagen (in einem gegebenen Rahmen) Schecks gezogen werden können.[51]

Die Geldmengenbegriffe werden ad hoc für die Bedürfnisse der Geldpolitik festgelegt und orientieren sich unter anderem an den Möglichkeiten, Gelddaten statistisch zu erheben. Im Vordergrund stehen folgende Fragen:

- Welche Geldmengenaggregate weisen eine besondere Relevanz zu den geldpolitischen Zielen (vor allem der Preisniveaustabilität) auf?
- Welche Geldmengenaggregate sollen als monetäre Indikatoren beobachtet und welche ggf. als geldwirtschaftliche Zwischenziele gesteuert werden?

Die in der geldtheoretischen Literatur bestehende Diskussion um die richtige Definition des Geldbegriffs wurde vor allem durch unterschiedliche Auffassungen über die Abgrenzung der volkswirtschaftlichen Geldmenge ausgelöst.[52] Bei dieser Abgrenzung kommt es zu Schwierigkeiten: So ist beispielsweise zwischen den verschiedenen Bankeinlagen und den kurzfristigen Finanzinstrumenten hinsichtlich ihres Geldcharakters keine befriedigende Trennung möglich, indem der Übergang von den einzelnen Geldmengen zum Geldkapital fließend ist.

Deshalb kann es auch keinen eindeutigen, allgemeinverbindlichen Geldbegriff und keine eindeutige Auffassung darüber geben, welche Größe jeweils als die richtige Geldmenge anzusehen ist. Die Definition der Geldmenge wird damit zu einer Frage der Zweckmäßigkeit: Die sinnvolle Abgrenzung der Geldmenge hängt von dem Zweck ab, den man mit einer bestimmten Analyse verfolgt. In der Praxis steht meist derjenige Geldmengenbegriff im Vordergrund, der den Notenbanken zur Erfüllung ihrer Aufgabe der Geldwertstabilisierung am hilfreichsten erscheint.

---

[50] *Friedman, Milton* und *Schwartz, Anna*, 1963, S. 650, Fußnote (eigene Übersetzung).
[51] Vgl. *Friedman, Milton* und *Schwartz, Anna*, 1963, S. 650, Fußnote (eigene Übersetzung).
[52] Vgl. *Issing, Otmar*, 1998, S. 1.

III. Das Geldmengenkonzept der Europäischen Zentralbank (EZB)

Das Geldmengenkonzept der EZB stellt eine ad hoc-Konstruktion dar und dient den geldpolitischen Entscheidungen des Eurosystems (vgl. Abbildung 9). Die einzelnen monetären Aggregate (M1, M2 und M3) unterscheiden sich hinsichtlich ihrer Liquiditätsnähe und sind gemäß Abbildung 9 festgelegt.

Abbildung 9: Abgrenzungen monetärer Aggregate im Euro-Währungsgebiet *

	M1	M2	M3
Bargeldumlauf	x	x	x
Täglich fällige Einlagen	x	x	x
Einlagen mit einer vereinbarten Laufzeit von bis zu 2 Jahren		x	x
Einlagen mit vereinbarter Kündigungsfrist von bis zu 3 Monaten		x	x
Repogeschäfte **			x
Geldmarktfonds und Geldmarktpapiere			x
Schuldverschreibungen bis zu 2 Jahren			x

* Quelle: *EZB*, Monatsbericht vom Febr. 1999, Textteil, S. 35.
** Befristete Transaktion zwischen Finanzinstituten und Nichtbanken (Unternehmen, Haushalte) auf der Grundlage einer Rückkaufsvereinbarung.

Monetäre Aggregate sind „die Summe des Bargeldumlaufs zuzüglich der ausstehenden Beträge bestimmter Verbindlichkeiten von Finanzinstituten, die einen hohen ‚Geldgrad' oder eine hohe Liquidität im weitesten Sinne aufweisen".[53] Ein enger Zusammenhang wird besonders zwischen der Veränderung der weit gefassten Geldmenge M3 und der Inflationsrate (als der geldpolitischen Zielvariable) unterstellt.

Tabelle 1: Geldmengenstatistik für August 2005 *

	Mrd. Euro**
Bargeldumlauf	501,5
+ Sichteinlagen von Nicht-MFIs bei MFIs (Geschäftsbanken)	2826,4
= M1	3327,9
+ Termineinlagen von Nicht-MFIs bei MFIs (Laufzeit bis 2 Jahre)	1048,8
+ Spareinlagen von Nicht-MFIs bei MFIs (Künd. bis 3 Monate)	1536,8
= M2	5913,5
+ Repogeschäfte***	252,5
+ Geldmarktfonds/Geldmarktpapiere****	630,9
+ Schuldverschreibungen von MFIs (urspr. Laufzeit bis 2 Jahre)	119,3
= M3	6916,2.

* Quelle: Monatsbericht der EZB vom Oktober 2005.
** Die Geldmengenaggregate umfassen die monetären Verbindlichkeiten der MFIs und der Zentralstaaten (Post, Schatzämter) gegenüber im Euro-Währungsgebiet ansässigen Nicht-MFIs (ohne Zentralstaaten).
*** Befristete Transaktion zwischen Finanzinstituten und Nichtbanken (Unternehmen, Haushalte) auf der Grundlage einer Rückkaufsvereinbarung.
**** Im Euro-Währungsgebiet.

---

[53] *EZB*, Monatsbericht vom Febr. 1999, Textteil, S. 29.

Das Geldmengenkonzept der *Europäischen Zentralbank* weicht vom ursprünglichen, theoretischen Konzept ab und versucht, auch die neueren Erscheinungsformen des Geldes wie beispielsweise die Geldmarktpapiere, Geldmarktfonds,
Schuldverschreibungen und Repokredite der Geschäftsbanken (Rückkaufverein-
barungen d.h. die Beleihung von Wertpapieren des Publikums bzw. der Nichtbanken) im Euro-Währungsgebiet zu erfassen.

IV. Die Grundlagen der Geldmengenstatistik (EZB)

1. Die Monetären Finanziellen Institutionen (MFIs)

Die Geldmengenstatistik unterscheidet zwischen den geld- und kreditschaffenden Institutionen des Euro-Währungsgebietes, den sog. monetären finanziellen Institutionen (MFIs), sowie dem geldhaltenden Sektor, den Nichtbanken (Nicht-
MFIs).

Zu *geld- und kreditschaffenden Institutionen (MFIs)* zählen:[54, 55]
- Das Eurosystem (die EZB und die nationalen Zentralbanken).
- Die Geschäftsbanken (Kreditinstitute) im Eurowährungsgebiet. Bei diesen MFIs,
ohne die Zentralbanken, lässt sich auch von „übrigen MFIs" oder „OMFIs" sprechen (*Monetäre Finanzielle Institutionen ohne* die Zentralbanken). Die Geschäftsbanken nehmen Publikumsgelder entgegen, emittieren Bankschuldverschreibun-
gen und gewähren Kredite. Die sonstigen gebietsansässigen Finanzinstitute (vor
allem Geldmarktfonds, Investmentfonds, Postbanken, Bausparkassen, Versiche-
rungsgesellschaften, Pensionskassen, Wertpapier- und Derivatehändler, Kredit-
kartenunternehmen und bestimmte staatliche Einrichtungen wie z. B. die staatlichen Treasuries) nehmen Einlagen und Einlagensubstitute im engeren Sinne von
den Nicht-MFIs entgegen und gewähren auf eigene Rechnung Kredite oder sie investieren in Wertpapiere.

Der *geldhaltende Sektor* umfasst:
- Alle Nicht-MFIs („Nichtbanken"), welche im Euro-Währungsgebiet ansässig
sind, so beispielsweise die privaten Haushalte, die Unternehmen, die nichtfinan-
ziellen Kapitalgesellschaften und die Pensionskassen.
- Teile des Staatssektors (Länder, Gemeinden und Sozialversicherungsträger). Die
Einlagen der Zentralregierungen bei den Geschäfts- und Postbanken zählen nicht
zu monetären Mitteln der Nicht-MFIs, sondern gelten als „geldneutral".

2. Die konsolidierte Bilanz des Eurosystems

Eine Grundlage der monetären Statistiken bildet der „konsolidierte Ausweis des
Eurosystems" (EZB und nationale Zentralbanken). Dieser enthält unter anderem
die finanziellen Verflechtungen zwischen dem Eurosystem und den „übrigen

---

[54] Ende 2001 gab es rund 8.800 MFIs im Euro-Währungsgebiet, ca. 7.200 Kreditinstitute, ca. 1.600
Geldmarktfonds und 6 sonstige Finanzinstitute.
[55] Vgl. u.a. *EZB*, Monatsbericht vom Februar 1999, S. 29 ff.

MFIs" (den Geschäftsbanken), in erster Linie bestehend aus der Liquiditätszuführung und –abschöpfung (vgl. Tabelle 2). Bei diesem konsolidierten Ausweis werden die gegenseitigen Forderungen zwischen der EZB und den nationalen Zentralbanken eliminiert, womit nur die finanziellen Außenverflechtungen in Erscheinung treten.

Tabelle 2: Konsolidierter Ausweis des Eurosystems (November 2005, in Mrd. Euro) *

Aktiva		Passiva	
Gold und Goldforderungen	149	Banknotenumlauf	538
Forderungen in Fremdwährung an Ansässige		Verbindlichkeiten in Euro gegen- über Kreditinstituten im Euro-	
- außerhalb des Euro-Währungsgebiets	160	Währungsgebiet	154
– im Euro-Währungsgebiet	20		
		Verb. aus Schuldverschreibungen	0
Forderungen in Euro an Ansässige außer- halb des Euro-Währungsgebietes	9	Verbindlichkeiten in Euro gegenüber - sonstigen Ansässigen im Euro-	
Forderungen in Euro an Kreditinstitute im Euro-Währungsgebiet	401	Währungsgebiet	70
		- Ansässigen im Euro-Währungs- Gebiet	11
Sonstige Forderungen in Euro an Kredit- Institute im Euro-Währungsgebiet	3	Verbindlichkeiten in Fremdwährung gegenüber Ansässigen	
Wertpapiere in Euro von Ansässigen im Euro-Währungsgebiet	93	- im Euro-Währungsgebiet - außerhalb des Euro-Währungs-	.
		gebietes	9
Forderungen in Euro an öffentliche Haushalte	41	Ausgleichsposten für vom IWF zu- geteilte Sonderziehungsrechte	6
Sonstige Aktiva	141		
		Sonstige Passiva	66
		Ausgleichsposten aus Neubewertung	104
		Kapital und Rücklagen	58
Aktiva insgesamt	1017**	Passiva insgesamt	1017**

* Quelle: *EZB*, Monatsbericht vom Dezember 2005, Tabelle S 6.
** +/- Rundungsdifferenzen.

3. Die konsolidierte Bilanz der übrigen MFIs (ohne das Eurosystem)

Die eigentlichen Geldmengenstatistiken basieren auf der konsolidierten Bilanz
der Geschäftsbanken im Euro-Währungsgebiet („übrige Monetäre Finanzinstitute

ohne das Eurosystem"). In dieser Bilanz werden die Forderungen und Verbindlichkeiten zwischen den MFIs und den Nicht-MFIs innerhalb und außerhalb des
Euro-Währungsraumes erfasst. Dem Wesen einer solchen konsolidierten Bilanz
entspricht es, die Guthaben und Verpflichtungen innerhalb der MFIs (Eurosystem
und Geschäftsbanken) zu eliminieren.

Tabelle 3: Konsolidierte Bilanz der übrigen MFIs im Eurowährungsgebiet ohne das Eurosystem (November 2005) *

Aktiva   Passiva

Aktiva		Passiva	
Kredite an Nicht-MFIs im Euro-Währungsgebiet		Einlagen von Ansässigen im Euro-Währungsgebiet	
- öffentliche Haushalte	811	- Zentralstaaten	133
- sonstige Nicht-MFIs	8133	- sonstige öff. Haushalte/Ansäss.	7031
- MFIs	4648	(täglich fällig, mit vereinbarter Laufzeit, mit vereinbarter Kündigungsfrist)	
Wertpapiere ohne Aktien von Nicht-MFIs im Euro-Währungsgebiet		- MFIs	4900
- öffentliche Haushalte	1374		
- sonstige Nicht-MFIs	520	Geldmarktfondsanteile	710
- MFIs	1513	Schuldverschreibungen	3847
Geldmarktfonds	84	Kapital und Rücklagen	1271
Aktien und sonstige Dividendenwerte von Nicht-MFIs im Euro-Wärhrungsgebiet	1020	Passiva gegenüber Ansässigen außerhalb des Euro-Währungsgebiets	3415
Aktiva gegenüber Ansässigen außerhalb des Euro-Währungsgebiets	3574	Sonstige Passivpositionen	2005
Sachanlagen	165		
Sonstige Aktivpositionen	1470		
Insgesamt	23312**	Insgesamt	23312**

* Quelle: *EBZ*, Monatsbericht vom April 2005, Tabelle S 11.
** +/- Rundungsdifferenzen.

Die Geldmengen ergeben sich aus der Passivseite der Bilanz. Für die Geldmengenstatistik ist eine Abgrenzung der vom Publikum (den Nicht MFIs oder
privaten Nichtbanken) gehaltenen Gelder nach der Art und der Laufzeit erforderlich. Die konsolidierte Bilanz gibt die Geldmengen nur mittelbar wieder; einzelne
Konten müssen noch nach den Laufzeiten gegliedert werden (beispielsweise die
Termingelder nach Laufzeiten bis zu zwei Jahren und die Schuldverschreibungen
nach einer ursprünglichen Laufzeit von bis zu zwei Jahren). Nicht berücksichtigt
werden die Transaktionen zwischen den Nicht-MFIs (dem Publikum), welche

Geldcharakter haben und teilweise auch gehandelt werden (z. B. Euronotes, Certificates of Deposit und Schuldbriefe).

4. Die „Gegenposten zur Geldmenge M3"

Die einzelnen Geldmengenaggregate werden im Rahmen der konsolidierten Bilanz der MFIs erfasst. Zu jeder Position gibt es auch eine Gegenposition und jede Veränderung einer Position führt zu einer entsprechenden Gegentransaktion. Typische Größen bei den Gegenpositionen sind längerfristige Verbindlichkeiten wie Termingelder über zwei Jahre, Spargelder über drei Monate, Schuldverschreibungen über zwei Jahre und auch die Kredite der MFIs an die Nichtbanken.

Empirischer Hinweis zum Euro-Währungsgebiet	
	Wachstumsrate (Oktober 2004 – Oktober 2005)
M1	+ 11,2 %
M2	+ 8,6 %
M3	+ 8,0 %.

Kapitel 5. Die Geldnachfrage

I. Überblick

Die Theorie der Geldnachfrage beschäftigt sich unter anderem mit folgenden Fragestellungen:

- Welche Geldmengenaggregate und welche Geldmengen wünschen die Wirtschaftssubjekte zu halten?
- Warum halten die Wirtschaftssubjekte einen Teil ihres Vermögens in Form von Geld?

Die Theorie der Geldnachfrage weist eine lange Tradition auf. In der geschichtlichen Entwicklung sind dazu zahlreiche Ansätze entstanden. Ausgangspunkt der Überlegungen bildet die Quantitätstheorie der Klassik. Eine erste Weiterentwicklung erfolgt durch den neoklassischen Kassenhaltungsansatz der Cambridge Schule, weitere Ansätze entstehen durch *Keynes,* den Postkeynesianismus, die monetaristische Geldlehre und die Neue Klassische Makroökonomie (vgl. Abbildung 10).

Abbildung 10: Beispiele für einzelne Geldnachfragetheorien

Geldnachfrage = *Bedarf an Transaktionskasse*	Geldnachfrage = *Bedarf an Transaktionskasse und Spekulationskasse*	Geldnachfrage = *Geld als Vermögen/ Teil des Kapitals*
Klassische Geldnachfragetheorie (Quantitätstheorie bzw. Fishersche Verkehrsgleichung (III.)	Keynesianische Geldnachfragetheorie (ISLM) (V.1.)	Portfoliotheorie (V.3.)
Neoklassische Geldnachfragetheorie (Encaisse Désirée und Cambridge cash balance approach) (IV.)		Monetaristische Geldnachfragefunktion (VI.)
Das Sägezahnmodell (V.2.)		
Neue Klassische Makroökonomie (VII.).		

II. Die Vorklassik

Die vorklassische Geldnachfragetheorie steht in einem engen Zusammenhang zur älteren Quantitätstheorie des Geldes.[56] In der Vorklassik werden vor allem die sog. Transaktionsmittel betrachtet. Die Geldnachfrage wird in Abhängigkeit zum

---

[56] Vgl. *Hume, David,* 1752, S. 41 ff. und 82 f.

Transaktionsvolumen und zur Umlaufgeschwindigkeit des Geldes gesehen. Den sich im Umlauf befindlichen Gold- und Silbermünzen steht die Geldnachfrage (Bedarf an Zirkulationsmitteln) gegenüber. Die Anpassung der Geldnachfrage an das Geldangebot vollzieht sich über die Güterpreise.

Sir William Petty (1623-1706) kommt bereits 1682 zur Erkenntnis, die erforderliche Geldmenge sei kleiner als die jährlichen Einkommen.[57] Die Ausgaben in Geld erfolgen, je nach deren Art, mehrmals pro Jahr, wobei die Zahlungen in periodischen Abständen vorgenommen werden. Es besteht ein Zusammenhang zwischen den Zahlungsgewohnheiten eines Landes und der umlaufenden Geldmenge.

John Locke (1632-1704) spricht im Zusammenhang mit der Umlaufgeschwindigkeit des Geldes von der „quickness of circulation",[58] welche auch bei *Richard Cantillon* (1680-1734) eine zentrale Rolle spielt.[59] *Cantillon* weist zudem auf das Vermögensmotiv der Geldhaltung hin.

III. Die Klassik (die neoklassische Quantitätstheorie als Inbegriff der klassischen Geldnachfragetheorie)

Die Geldhaltung ist in der klassischen Nationalökonomie vorwiegend einkommensmotiviert. Das Geld dient als Zahlungsmittel; die Geldnachfrage entsteht aus der Notwendigkeit, die zeitlichen Abstände zwischen den Einnahmen und den Ausgaben zu überbrücken.[60] Das Geld hat nur eine Zahlungsmittel- und keine (längerfristige) Wertaufbewahrungsfunktion:

> „Die Quantitätstheorie des Geldes weist eine grundsätzliche Besonderheit auf, welche unter allen Gütern nur dem Gelde innewohnt, die Tatsache, dass es keine Bedürfnisse der Menschen befriedigen kann, außer Güter zu kaufen, welchen diese Eigenschaft innewohnt.[61]

Irving Fisher bezieht sich auf einen sehr engen Geldmengenbegriff: „… two kinds, currency and banknotes, which are money; and bank deposits (or rights to draw) which are not money".[62] Die Fishersche Verkehrsgleichung – als Inbegriff der klassischen Geldtheorie – umfasst jedoch neben dem Bargeld G auch das Buchgeld G':[63]

$$G \times U + G' \times U' = P \times H, \tag{1}$$

wobei U die Umlaufgeschwindigkeit des Bargeldes, U' die Umlaufgeschwindigkeit des Buchgeldes, P das Preisniveau und H das Handelsvolumen bzw. das Transaktionsvolumen T darstellen.

---

[57] Vgl. *Petty, William*, 1682.
[58] Vgl. *Schumpeter, Joseph A.*, 1970, S. 50.
[59] Vgl. *Cantillon, Richard* (1755), 1965, S. 4.
[60] Vgl. *Felderer, Bernhard* und *Homburg, Stefan*, 1994, S. 80.
[61] *Fisher, Irving* (1911), 1916, S. 39. Vgl. *Fisher, Irving*, 1911, S. 32.
[62] *Fisher, Irving*, 1911, S. 53.
[63] Vgl. *Fisher, Irving*, 1911, S. 151.

Oder, in vereinfachter Form,

$$M \times v = T \times P.\tag{2}$$

Diese Gleichung bringt zum Ausdruck, dass die Gesamtheit aller in einer Volkswirtschaft gehandelten Güter (T = Transaktionsvolumen), multipliziert mit dem Preisniveau P, der Summe aller Zahlungen für Güterkäufe bzw. der Geldmenge M, multipliziert mit der Geldumlaufgeschwindigkeit v, entspricht.[64] Kernstück der Gleichung bildet die Umlaufgeschwindigkeit des Geldes v. Darunter ist die Häufigkeit zu verstehen, mit der die einzelnen Geldeinheiten innerhalb einer Periode im Durchschnitt benutzt werden, um Gütertransaktionen zu finanzieren.

Eine besondere Schwierigkeit besteht darin, das Transaktionsvolumen als statistische Größe aufgrund des verfügbaren Datenmaterials zu erfassen. So bleibt unklar, ob beispielsweise auch die Geschenke und die Kapitaltransfers darunter fallen und wie Vermögenskäufe behandelt werden sollen.[65]

Eliminiert man aus dem Transaktionsvolumen diejenigen Umsätze, die nicht Bestandteil der gesamtwirtschaftlichen Endnachfrage sind, wie z. B. die Vorleistungen und die Finanztransaktionen, so geht die Transaktionsgleichung in die sog. Quantitätsgleichung über. Dabei wird das Transaktionsvolumen zur Vereinfachung durch das Volkseinkommen Y ersetzt, wodurch sich die etwas abstraktere Form der Fisherschen Verkehrsgleichung ergibt:

$$M \times v = Y \times P.\tag{3}$$

M beschreibt die Geldmenge, v die Umlaufgeschwindigkeit des Geldes, Y das reale Volkseinkommen und P das Preisniveau (wobei $Y \times P$ eine Abbildung des nominellen Volkseinkommens darstellt).

Die Fishersche Verkehrsgleichung gilt als Inbegriff der neueren Quantitätstheorie, mit deren Hilfe vor allem das Preisniveau erklärt werden soll. Sie lässt sich jedoch zur klassisch-neoklassischen Geldnachfragefunktion umformen. Dazu werden weitere *Prämissen* getroffen:
- Das Geld dient – als Annahme – nur für Transaktionszwecke im Bereich der Entstehung und Verwendung des Volkseinkommens, nicht jedoch für die Wertaufbewahrung. Die Geldnachfrage ist damit abhängig vom Volkseinkommen und nicht zinsabhängig: $M = M(Y)$.
- Es wird vorerst unterstellt, dass die Umlaufgeschwindigkeit des Geldes v kurzfristig unveränderlich ist, indem davon ausgegangen wird, dass sich deren Einflussfaktoren auf kurze Sicht nicht ändern. Wesentliche Einflussfaktoren der Umlaufgeschwindigkeit des Geldes sind institutioneller Art. Im Einzelnen nennt *Fisher* folgende Faktoren: (1) die Kassenhaltungsgewohnheiten der individuellen Wirtschaftssubjekte (die Gewohnheit zu horten, Kredite aufzunehmen und Schecks zu gebrauchen), (2) die Zahlungsgewohnheiten der Gesellschaft (Fre-

---

[64] *Knut Wicksell* definiert „... die Umlaufgeschwindigkeit des Geldes einfach so: die Anzahl Male, welche die vorhandenen Geldstücke im Wege des Kaufs und Verkaufs (also nicht im Wege des Darlehens) während der gewählten Zeiteinheit, z. B. eines Jahres durchschnittlich die Hände wechseln". *Wicksell, Knut*, 1898, S. 204.
[65] Vgl. *Friedmann, Milton*, 1979, S. 18.

quenz der Zahlungseingänge und –ausgänge) und (3) allgemeine Umstände (Bevölkerungsdichte und Schnelligkeit des Transports von Gütern). Bei diesen Einflussfaktoren handelt es sich um Strukturparameter bzw. exogene Größen, welche längerfristig eine Veränderung der Umlaufgeschwindigkeit bewirken können, kurzfristig und im konjunkturellen Gleichgewicht als Modellannahme jedoch konstant sind.

Beim *Modell* zur Ableitung einer Geldnachfragefunktion aus der Fisherschen Verkehrsgleichung darf nicht übersehen werden, dass diese eine Tautologie (Identitätsgleichung) darstellt, da sie nicht verhaltenslogisch (mikroökonomisch) begründet wird, womit auch die Ableitung einer Geldnachfragefunktion tautologisch ist, d.h. zu keiner Verhaltensgleichung führt.

Zudem ist die strikte Aussage der Fisherschen Verkehrsgleichung preistheoretischer Natur, indem vor allem der Zusammenhang zwischen den Geldmengen- und den Preisänderungen zur Darstellung gebracht werden soll.[66] Es lässt sich jedoch davon ausgehen, dass die Wirtschaftssubjekte Geld für Transaktionszwecke nachfragen. Die Umformung der Fisherschen Verkehrsgleichung zu einer Geldnachfrage ergibt die folgende Gleichung:

$$M_D = \frac{Y \times P}{v} \tag{4}$$

bzw. als Geldnachfragefunktion für die reale Geldmenge:

$$\frac{M_D}{P} = \frac{Y}{v}, \tag{5}$$

wobei v als konstant angenommen wird.

Wird nun – im Sinne einer Annahme – auch das Preisniveau als konstant betrachtet, lautet die Geldnachfragefunktion in Beziehung zum Volkseinkommen:

$$M_D = M_D(Y). \tag{6}$$

Diese Formel führt zum Ergebnis einer einkommensabhängigen Geldnachfrage für die Transaktionskasse. Die Geldnachfrage M_D wird – bei Konstanz des Preisniveaus P und der Umlaufgeschwindigkeit des Geldes v – durch das Volkseinkommen (Output bzw. Y) bestimmt.[67] Mit der Annahme eines kurzfristig konstanten Volkseinkommens Y und einer konstanten Umlaufgeschwindigkeit des Geldes v wird auch von einer stabilen Geldnachfrage (als Funktion von Y/v) ausgegangen.[68]

---

[66] Vgl. Kapitel 8., IV.1.
[67] Nach klassischer Modellauffassung wird jedes sich ergebende Realeinkommen Y als ein bestimmtes Vollbeschäftigungseinkommen angesehen, das sich auf dem Arbeitsmarkt bildet, und kann daher als konstant und unabhängig von den drei anderen Größen betrachtet werden.
[68] Eine solche Stabilität der Geldnachfrage bildet auch die Grundlage der monetaristischen Geldnachfragetheorie. Vgl. *Friedman, Milton* und *Schwartz, Anna*, 1963.

Einfaches Beispiel:

- Gegeben: $Y = 100$ Gütereinheiten, $P = 1$, $v = 4$.
- Gesucht: M_D.

Lösung : $M_D = \dfrac{100 \times 1}{4} = 25.$

Einem Güterkreislauf mit 100 Gütereinheiten zu einem Preis von 1 entspricht ein Geldkreislauf mit einer Geldmenge von 25, welche jährlich 4 x umläuft.

Als *Kritik* ist anzuführen, dass die Geldnachfrage aus einer makroökonomischen Perspektive heraus erklärt wird; daher bildet die Umlaufgeschwindigkeit des Geldes in diesem Kontext eine rein technische, notwendige Größe, in der die Zahlungssitten einer Volkswirtschaft Eingang finden.[69] Indem die Verkehrsgleichung – nach den bisherigen Ausführungen – stets eine Identitätsgleichung bzw. eine Tautologie darstellt, ist es nicht möglich, aus dieser Bezeichnung kausale Aussagen oder Prognosen abzuleiten. Eine weniger strikte Aussage bezieht sich deshalb auf die kurzfristigen Auswirkungen einer Geldmengenerhöhung sowohl auf die Preise als auch den Output bzw. das Einkommen.

Empirische Beispiele für das Euro-Währungsgebiet (1999-2005)*

Thesen

1. $M_D = \dfrac{Y \times P}{v}$.

	- Diese These trifft bei M1-M3 für folgende Funktion zu: $M_D = M_D \ (Y, P, v)$.
2. Die Geldumlaufgeschwindigkeit v ist konstant.	- Diese These trifft nicht zu. Die Geldumlaufgeschwindigkeit v nimmt tendenziell leicht ab (bei M1-M3).
3. Die Geldnachfrage (M1) steht in einem linearen Zusammenhang zum Volkseinkommen (nominelles BIP).	- Diese These trifft tendenziell zu (nicht signifikant).**
4. Die Geldnachfrage (M1) steht in einem Zusammenhang mit der Veränderung des Preisniveaus.	- Diese These trifft nur schwach** zu und lässt sich nicht signifikant bestätigen.***

* Bei den „empirischen Hinweisen" geht es um statistische Analysen der monatlich erscheinenden Datenreihen der EZB mit Hilfe des E'Views-Programms.
** Mit einem Regressionskoeffizienten von < 0,3.
*** Es wird bei allen empirischen Hinweisen ein Signifikanzniveau von mindestens 0,10 zugrunde gelegt.

---

[69] Dabei zählt *Irving Fisher* zu den Pionieren eines verhaltenstheoretischen Ansatzes, indem er bereits sehr früh die Zeitpräferenz und die Frage der Geldillusion analysiert. Vgl. *Fisher, Irving*, 1892.

Die neuere Tendenz, die Quantitätstheorie des Geldes als allgemeine Form der Geldnachfragefunktion zu betrachten $\left(M_D = \dfrac{Y \times P}{v} \right)$,[70] entspricht nach *Niehaus* nicht der Tradition klassischen Denkens,[71] für welche die Implikationen der Quantitätstheorie in erster Linie preistheoretischer Art sind $\left(P = \dfrac{M \times v}{Y} \right)$. Seit der monetaristischen Lehre von *Milton Friedman* ist es jedoch üblich geworden, die Fishersche Verkehrsgleichung $(M \times v = Y \times P)$ auch von „links nach rechts zu lesen".[72] Dies bedeutet, dass sich die Fishersche Verkehrsgleichung ebenfalls als geldnachfragetheoretischer Ansatz verwenden lässt.

IV. Die Neoklassik

1. „Encaisse Désirée" (Léon Walras)

Die marginalistische Revolution der Neoklassik entwickelt mit dem ersten und zweiten Gossenschen Gesetz theoretische Grundlagen für die Nachfrage nach *realen Gütern*. Das erste Gossensche Gesetz beschreibt den sinkenden Grenznutzen bei zunehmenden Konsummengen von Gütern; nach dem zweiten Gossenschen Gesetz ist der Grenznutzen des Geldes für jede Verbrauchsleistung derselbe.[73]

Ähnliche Ansätze für die Nachfrage nach *Geld* werden erst später entwickelt.[74] Gegenüber der Quantitätstheorie des Geldes schließt der Kassenhaltungsansatz von *Léon Walras* (1834-1910) diese Lücke in einem frühen Ansatz, indem er davon ausgeht, dass die Geldnachfrage ähnlichen Gesetzmäßigkeiten wie die Lagerhaltung unterliegt, womit das erste und zweite Gossensche Gesetz auch auf die Nachfrage nach Geld übertragen werden können.

Dabei hat das Geld bei *Walras* andere Eigenschaften als die üblichen realen Güter. Dieses erbringt eine „Dienstleistung", indem es die Zeit zwischen der Entstehung des Einkommens und der Güternachfrage überbrückt[75] und zudem eine Senkung der Transaktionskosten bewirkt, weil der Naturaltausch überwunden wird. Das Geld dient dazu, die nicht synchronisierten Zahlungsein- und -ausgänge auszugleichen. Mit diesen Überlegungen gelangt *Walras* zur Wertspeicherfunktion als einer Dienstleistung des Geldes. Bei einer Fortsetzung dieser Überlegungen wird

---

[70] Der Ursprung dieser Überlegung liegt offenbar bei *Milton Friedman* (vgl. *Friedman, Milton*, 1956, S. 3-24).

[71] Vgl. *Niehans, Jürg*, 1980, S. 16 f. (Fn. 14).

[72] Vgl. *Robinson, Joan* (1969), 1973, S. 138.

[73] Vgl. *Schumann, Jochen*, 1992, S. 49 und S. 116.

[74] Nach Auffassung von *Don Patinkin* (1956) ist die optimale (reale) Kasse erreicht, wenn der marginale, auf die jeweiligen Preise bezogene Nutzen, welcher beim Kauf einzelner Güter entsteht, dem marginalen Nutzen des Geldes entspricht, welches in der (realen) Kasse gehalten wird. Vgl. *Patinkin, Don*, 1956, S. 65. Dieses Konzept lässt sich auch auf die intertemporäre Allokation von Geld übertragen. Vgl. auch *Patinkin, Don*, 1956, S. 73 ff.

[75] Vgl. *Walras, Léon* (1874), S. 267, und insbes. die Überarbeitungen in der 4. Auflage, 1900, S. 297 ff.

die Kasse einem Konsumgut ähnlich, indem sie einen Konsum in der Zukunft ermöglicht.

Bei Annahme gegebener Preise lässt sich der Grenznutzen des Geldes durch
eine fallende Kurve darstellen. Der Grenznutzen (marginaler Vorteil) sinkt bei einer fortgesetzten Zunahme der Kassenhaltung und erreicht schließlich, wenn das
Individuum mit Kassenmitteln gesättigt ist, bei m einen Wert von null. Mit dem
Grenznutzen der Kassenhaltung lässt sich auch deren marginaler Grenzstromnut-
zen als (vorübergehender) Wertspeicher bezeichnen. Die Grenzkosten der Kassenhaltung ergeben sich aus den Opportunitätskosten.[76] Im Gleichgewicht, der
optimalen Kassenhaltung, wird die gewünschte Kasse m^* („Encaisse Désirée") so
groß gehalten, dass deren Grenznutzen den Grenzkosten entspricht. In diesem
Fall sind die Grenzkosten der Kassenhaltung identisch mit dem Grenznutzen der
Kassenhaltung, welcher sich auch mit der Zeitpräferenzrate θ ausdrücken lässt
(vgl. Abbildung 11).[77]

Abbildung 11: „Encaisse Désirée" (Léon Walras)

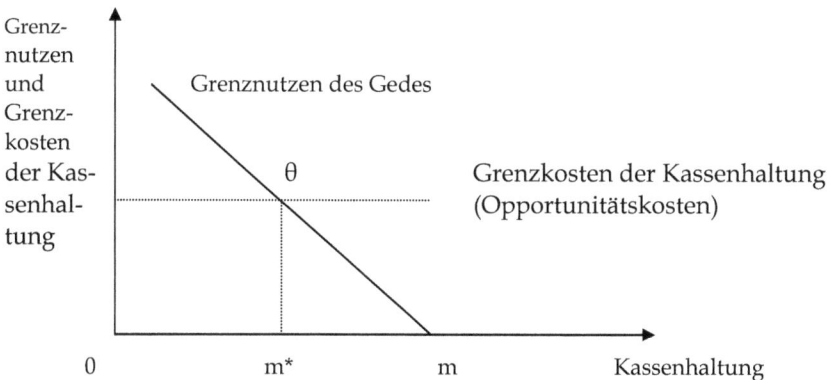

Kritik:
- Mit diesem Ansatz wird noch nicht klar, warum die Individuen gerade Kasse
und nicht ein anderes Transaktionsmittel halten.
- Wäre der Zeitpunkt der Ein- und Auszahlungen exakt bestimmt, so könnte die
verfügbare Kaufkraft besser verwendet werden, indem diese nicht als Kasse gehalten, sondern beispielsweise als terminlich fixiertes Darlehen mit Zinserträgen
vergeben würde.
- Das Kassenhaltungskonzept von *Walras* ist mit seinen ebenfalls geäußerten Vorstellungen vom Geld als einem Schleier (numéraire) in seiner Allgemeinen Gleichgewichtstheorie unvereinbar.

---

[76] Im Wesentlichen die Opportunitätskosten der Kassenhaltung in Form von Zinsverlusten gegenüber einer Anlage in Kapital.
[77] Vgl. *Patinkin, Don,* 1956, S. 77 ff.

2. Der Cambridge cash balance approach

Die Arbeiten der Cambridge-Schule[78] beruhen zum großen Teil auf *Alfred Marshall* (1842-1924)[79] und seinem Schüler sowie Lehrstuhlnachfolger *Arthur C. Pigou* (1877-1959).[80]

Die heutige, in den Lehrbüchern oft vertretene Darstellung der Cambridge-Gleichung entspricht – bei einer formalen Betrachtung – im Wesentlichen der Fisherschen Verkehrsgleichung. Dabei wird die Geldumlaufgeschwindigkeit v durch den inversen Kassenhaltungskoeffizienten $k = 1/v$ (das sog. Cambridge k) ersetzt. Es wird nicht mehr nach der Umlaufgeschwindigkeit des Geldes v, sondern der proportionalen Kassenhaltung k in Relation zum Volkseinkommen Y gefragt.

Als *Prämissen* dienen die folgenden Überlegungen:
- Die Modellannahmen entsprechen – vorerst – weitgehend jenen der Fisherschen Verkehrsgleichung (Quantitätstheorie).
- Indem der Kauf und Verkauf von realen Gütern oft zeitversetzt stattfindet, müssen die Handelspartner über ein Gut – das Geld – verfügen, welches ihnen zumindest temporär als Speicher von Vermögen dient (die temporäre Wertspeicherfunktion wird auch von *Irving Fisher* angedeutet). Zudem kann mit Geld auch zukünftigen Unsicherheiten über Zahlungsein- und –ausgänge besser begegnet werden.[81]
- Als entscheidende Faktoren für das Ausmaß der Kassenhaltung spielen neben dem Volkseinkommen Y und der Höhe des Vermögens auch die Präferenzen der Wirtschaftssubjekte, die Opportunitätskosten (in der Form entgangener Zinsen auf Kapitalanlagen) und die erwartete Preisentwicklung eine Rolle. Diese Determinanten gehen jedoch nur in vereinfachender Weise in die Funktion mit ein, indem *Pigou* vorerst die Annahme trifft, dass diese Einflussgrößen entweder kurzfristig konstant sind oder in einem gewissen Verhältnis zum Volkseinkommen stehen.[82] Daraus folgt, dass das Volkseinkommen Y letztlich der entscheidende Faktor für die Bestimmung der Geldnachfrage ist und ein proportionaler Zusammenhang zur Geldnachfrage besteht.

Als *Modell* lässt sich die Cambridge-Gleichung zu einer neoklassischen Geldnachfragefunktion umformen. Aus $M \times v = Y \times P$ wird $M = Y \times P \times 1/v$ bzw.

$$M_D = Y \times P \times k. \tag{7}$$

Aus der Cambridge-Gleichung lässt sich auch eine Nachfragefunktion nach realer Kasse ableiten:

$$\frac{M_D}{P} = Y \times k. \tag{8}$$

---

[78] Zur Cambridge Schule zählen *Arthur C. Pigou, Alfred Marshall, D. H. Robertson, John Maynard Keynes, Ralph G. Hawtrey* und *Frederick Levington.*
[79] Vgl. *Marshall, Alfred,* 1929, S. 41 ff.
[80] Vgl. *Pigou, Arthur C.* 1917.
[81] Vgl. *Pigou, Arthur C.,* 1917. Vgl. auch *Hicks, John R.,* 1935, S. 186-195.
[82] Vgl. *Duwendag, Dieter,* 1974, S. 88.

Diese Geldnachfragefunktion ist an und für sich nicht besonders typisch für die vorwiegend preistheoretisch konzipierte Cambridge-Gleichung. Sie dient in erster Linie der Ableitung des Preisniveaus, wird jedoch vorwiegend von *Friedman* als Geldnachfragefunktion betrachtet.[83] Beim Cambridge k handelt es sich um den präferierten Kassenhaltungskoeffizienten, und M_D stellt die daraus resultierende Geldmenge dar. Im Unterschied zur Fisherschen Verkehrsgleichung, welche auf den Zusammenhang zwischen den Transaktionen und der Geldnachfrage M_D zu Transaktionszwecken hinweist, zeigt die aus der Cambridge-Gleichung abgeleitete Geldnachfragefunktion nach Auffassung von *Friedman* den Zusammenhang zwischen dem Volkseinkommen Y und der Geldnachfrage M_D als der Summe der temporär gespeicherten Kaufkraft.[84] Dabei umfasst das k alle Einflussfaktoren, welche – außer dem Volkseinkommen – auf die Geldnachfrage einwirken.

Einfaches Beispiel:
- Gegeben: $Y = 100$, $P = 1$, $k = ¼$.
- Gesucht: M_D.
- Lösung : $\dfrac{M_D}{P} = \dfrac{100}{1} \times \dfrac{1}{4} = 25$.

Ein Güterkreislauf mit 100 Gütereinheiten zu einem Preis von 1 erfodert eine Kassenhaltung von 25, sofern diese ¼ der jährlich umlaufenden Güter entspricht.

Bei einer etwas vertieften Betrachtung lässt sich allerdings erkennen, dass die Cambridge Schule mit dem *Cambridge cash balance approach* einen gegenüber der Quantitätstheorie modifizierten Ansatz durch einen nichtkonstanten Kassenhaltungskoeffizienten entwickelt. Nur wenn das Preisniveau P als gegeben und der Kassenhaltungskoeffizient k als konstant angenommen würde, ergäbe sich die Geldnachfrage M_D als Funktion des Volkseinkommens Y. Die Annahme eines konstanten Kassenhaltungskoeffizienten ist eine in den Lehrbüchern oft vertretene Auffassung und führt bei der Cambridge-Gleichung an und für sich zu demselben Ergebnis wie bei der Fisherschen Verkehrsgleichung. Werden die Aussagen der Cambridge-Gleichung jedoch erweitert, indem ein nicht konstanter Kassenhaltungskoeffizient eingeführt wird, kommt es zu veränderten Ergebnissen. Besonders wenn die Kasse auch Wertaufbewahrungsfunktion hat, lautet die Fragestellung nun nicht mehr, wie viel Geld ein Wirtschaftssubjekt als Transaktionsmittel halten muss, sondern wie viel es zu halten wünscht.

Formalanalytisch betrachtet sind die aus der Fisherschen Verkehrsgleichung und der Cambridge-Gleichung abgeleiteten Geldnachfragefunktionen zwar identisch, die beiden Ansätze gehen jedoch von zwei verschiedenen Betrachtungsweisen aus. Während bei der Fisherschen Verkehrsgleichung meist ein fester Koeffizient für die Umlaufgeschwindigkeit des Geldes unterstellt wird, betrachtet der Cambridge cash balance approach das Cambridge k als variabel und fundiert diesen Ansatz mikroökonomisch.

---

[83] Vgl. *Friedman, Milton*, 1970a, S. 200.
[84] Vgl. *Friedman, Milton*, 1970a, S. 201.

Die grundlegende Frage ist nicht mehr, wie viel Geld ein Wirtschaftssubjekt aus institutionellen und technischen Gegebenheiten halten muss, sondern wie viel es an Kasse zu halten wünscht. Es wird Geld nachgefragt, bis die Grenzkosten dem Grenznutzen der letzten, als Kasse gehaltenen Geldeinheit entsprechen, was dem Wesen des zweiten Gossenschen Gesetzes entspricht.

Diese Überlegungen führen zum *Cambridge cash balance approach* als einer Kassenhaltungstheorie, welche die Geldnachfrage verhaltenslogisch erklärt. Der Unterschied ist mehr als lediglich eine mathematische Umformung der Fisherschen Verkehrsgleichung, indem die Kassenhaltung verhaltenstheoretisch erklärt wird.[85] Nachdem das Geld aus der Sicht der Cambridge Schule nicht nur aus dem Transaktionsmotiv, sondern auch aus dem Vermögensmotiv heraus gehalten wird, ergibt sich ein Wandel in der geldnachfragetheoretischen Betrachtung. *Marshall* und *Pigou* haben den Wahlhandlungscharakter der Geldnachfrage, symbolisiert durch das Cambridge k, ausdrücklich betont und mehrere Bestimmungsgründe dazu untersucht:[86]
- Nach Auffassung der Cambridge Schule entfaltet das Geld einen Nutzen, welcher über den reinen und unmittelbaren Transaktionsnutzen hinausgeht, indem es nicht nur aus dem Transaktionsmotiv, sondern auch aus dem Vermögensmotiv gehalten wird. Im Gegensatz zur Auffassung von *Fisher* hat das Geld auch einen Nutzen als Vermögensgut.
- Die Kassenhaltung M_D wird – bei einer von der Zentralbank exogen vorgegebenen Geldmenge – durch die Kassenhaltungsgewohnheiten k und das nominelle Volkseinkommen $Y \times P$ bestimmt. Eine Veränderung der von den Klassikern angenommenen Konstanz von v ist weitgehend auf andere Gründe zurückzuführen als die oft unterstellte Unveränderlichkeit des Cambridge k, was als das Ergebnis vielfältiger Kassenhaltungsmotive anzusehen ist. So stellt bereits *Wicksell* die Nichtkonstanz der Umlaufgeschwindigkeit des Geldes fest; diese ist eine Größe, welche

> „... in Wirklichkeit teils rein automatisch sich ausdehnt und zusammenzieht, teils und vor allem in Folge wirtschaftlicher Fortschritte fast jeder beliebigen Erweiterung fähig ist, so wie sie in theoretischer Hinsicht sogar eine rein unbegrenzte Elastizität besitzt".[87]

- Das k hängt unter anderem von Einflussfaktoren wie der Liquiditätspräferenz, dem Zinsniveau (Opportunitätskosten der Geldhaltung) und der Vermögenssituation der Wirtschaftssubjekte ab. Zudem wird in die Überlegung eingebracht, dass das k auch von Erwartungen hinsichtlich der zukünftigen wirtschaftlichen Entwicklung beeinflusst wird.

Eine Veränderung der Kassenhaltungsgewohnheiten k bewirkt damit – wie auch eine Veränderung des realen Volkseinkommens Y und des Preisniveaus P –

---

[85] Vgl. auch *Felkel, Stephanie*, 1998, S. 130, sowie *Felderer, Bernhard* und *Homburg, Stefan*, 1994, S. 80 ff.
[86] Vgl. *Pigou, Arthur C.*, 1917/18, und *Marshall, Alfred*, 1923.
[87] *Wicksell, Knut*, Geldzins, 1898, S. 37.

eine veränderte Geldnachfrage. Diese Überlegungen liegen im Wesen der Kassenhaltungstheorie bzw. des Cambridge cash balance Ansatzes.

Empirische Hinweise für das Euro-Währungsgebiet (1999-2005)

These:

Der Kassenhaltungskoeffizient ist nicht konstant.	- Diese These trifft zu. - Der Kassenhaltungskoeffizient nimmt im Verlaufe der Zeit tendenziell leicht zu (bei M1–M3).

Einflussfaktoren, die zu einer Veränderung des Kassenhaltungskoeffizienten k führen*

	k (M1)	k (M2)	k (M3)
Tendenzielle Entwicklung nach der Zeit	+	+	+
d reales BIP (Wachstumsrate)	- (t-2)	- (t-2)	.
Inflationsrate	.	.	.
d EUR-USD (Veränderung Wechselkurs)	+	.	.
d Arbeitslose	.	.	.
d Löhne	.	.	.
d Aktienindex	.	.	.
d Kredite MFI	.	.	.
Geldmarktzinsen (1 Tag)	- M	.	.
Geldmarktzinsen (12 Monate)	.	- M	- M
Kapitalmarktzinsen (10 J.)	.	.	.
d Mindestreserven	.	.	.
Signifikante Störterms (exogene Schocks) beim Kassenhaltungskoeffizienten	x	x	.

Anmerkungen:
* Nur signifikante Ergebnisse (Signifikanzniveau von mindestens 0,10).
„+" bedeutet einen größeren, „-" einen geringeren Kassenhaltungskoeffizienten hinsichtlich des Volkseinkommens Y (Output).
M: In der Referenzperiode stärkste Einflussfaktoren (bei einer multiplen Korrelationsanalyse).
x: Signifikante exogene Schocks (bedingte Varianzen).

Wesentliche Ergebnisse
In der Referenzperiode (1999-2005) nimmt der Kassenhaltungskoeffizient bei allen Geldmengenaggregaten (M1–M3) tendenziell zu. Der wesentlichste Faktor sind die in der Referenzperiode während längerer Zeit sinkenden Geldmarktzinsen.

V. Die keynesianische und die postkeynesianische Geldnachfragetheorie

1. Die keynesianische Geldnachfragetheorie (ISLM-Modell)

Die Liquiditätspräferenztheorie von *John M. Keynes* stellt eine Weiterentwicklung des Kassenhaltungsansatzes der Cambridge-Schule dar. Seine Geldnachfragetheorie ist unter anderem als Kritik an der klassischen und der neoklassischen

quantitätstheoretischen Geldlehre zu verstehen. So lehnt *Keynes* die Quantitätstheorie zwar nicht ab, geht aber davon aus, dass v bzw. k instabile Größen sind.[88]

Die Geldnachfragetheorie von *Keynes* bewegt sich in der Tradition der Banking
Schule. Sie geht vom Vermögenscharakter des Geldes aus, womit *Keynes* erste Ansätze einer Portfoliotheorie entwirft. Das Geld steht in einem Substitutionsverhältnis zu anderen Finanzaktiven (Sichteinlagen und Consols[89]); die Geldnachfrage ist zinselastisch.

John R. Hicks entwickelt die geldtheoretischen Ansätze von *Keynes* 1937 zum
ISLM-Modell weiter.[90] Bei seiner Liquiditätstheorie hat das Geld einen bestimmten
Grenznutzen: „Individuen wählen Geld anstelle anderer Dinge, weshalb Geld einen marginalen Grenznutzen haben muss".[91] Dabei stellt das Geld, abgesehen von
inflatorischen Wertveränderungen, ein risikofreies Aktivum dar.

Das ISLM-Modell ist ursprünglich ein keynesianisches Modell zur Bestimmung
des simultanen Gleichgewichts des Geldmarktes (LM) und des Gütermarktes (IS):
- Der LM-Teil zeigt das Gleichgewicht des Geldmarktes. L bedeutet die Geldnachfrage (Liquiditätspräferenz), M die exogen gegebene Geldmenge.
- Der IS-Teil steht nach keynesianischer Interpretation für das Gütermarktgleich-
gewicht (I=Injektionen und S=Sickerverluste bei der effektiven Nachfrage). Nach
klassisch-neoklassischer Auffassung enthält IS den Kapitalmarkt (I=Investitionen,
S=Sparen), womit das ISLM-Modells zu einer Darstellung des simultanen Gleichgewichts des Geld- und Kapitalmarktes führt.

Zu den *Prämissen* zählen:

1. Die LM-Kurve

Die keynesianische Geldnachfragetheorie geht von drei Kassen aus, der Trans-
aktions-, Vorsichts- und Spekulationskasse.[92] Die einkommensabhängige Transaktionskasse L_T dient der Durchführung der laufenden Transaktionen; die Geldnachfrage L_T entsteht durch das Auseinanderfallen (die fehlende Synchronisierung)
von Einzahlungs- und Auszahlungsströmen. Maßgebend für die Geldnachfrage
zu Transaktionszwecken sind das Einkommen Y sowie die Länge des Intervalls
zwischen den Einnahmen und den Ausgaben. Es werden sichere Erwartungen
über den Zeitpunkt der Ein- und Auszahlungen angenommen. Mit einem steigenden Volkseinkommen erhöht sich auch der Bedarf an Transaktionskasse:

$$L_T = L_T \left(\overset{+}{Y} \right), \tag{9}$$

---

[88] Vgl. dazu: *Friedman, Milton, 1973.*
[89] Als Annahme handelt es sich um Consols (Anleihen mit ewiger Laufzeit und konstanten, nomi-
nal festgelegten Einkommensströmen). Dies hat den Vorteil, dass die nominellen Zinsen der effektiven Rendite entsprechen, indem keine Kursgewinne oder –verluste „auf Verfall" (zum Zeitpunkt
der Rückzahlung) eingerechnet werden müssen.
[90] Vgl. *Hicks, John R., 1937,* S. 147-159.
[91] *Hicks, John R., 1956,* S. 15.
[92] Vgl. *Keynes, John M.* (1936), 1967, S. 195 ff.

Die Vorsichtskasse L_V erfolgt aus dem Bedürfnis heraus, über eine Liquiditätsreserve zu verfügen.[93] Die Vorsichtskasse schützt das Wirtschaftssubjekt vor Insolvenz, zumal die Höhe und der Zeitpunkt der einzelnen Ein- und Auszahlungen nicht mit Sicherheit vorausgesagt werden können. Zudem gibt es unvorhergesehene Gelegenheiten für vorteilhafte Käufe.

Die Vorsichtskasse steht in einem positiven Zusammenhang mit dem Transaktionsvolumen (bzw. den Einkommen) und einem negativen mit den Zinsen:[94]

$$L_V = L_V\left(\overset{+}{Y}, \overset{-}{i}\right). \tag{10}$$

Diese ist optimal, wenn die Grenzkosten der Vorsichtskasse (aus entgangenen Zinsen) gleich den Grenzerträgen (aus verhinderter Illiquidität) sind.[95]

Die Spekulationskasse L_S ist eine Form der Vermögensanlage.[96] Sie soll dazu dienen, günstige Marktbedingungen bei Anleihen nutzen zu können. So lassen sich in Phasen mit Zinssenkungen längerfristige Anleihen kaufen, um von den zinssenkungsbedingten Kapitalgewinnen zu profitieren:

$$L_S = L_S\left(\overset{-}{i}\right). \tag{11}$$

Abbildung 12: Die individuelle Nachfrage nach Spekulationskasse

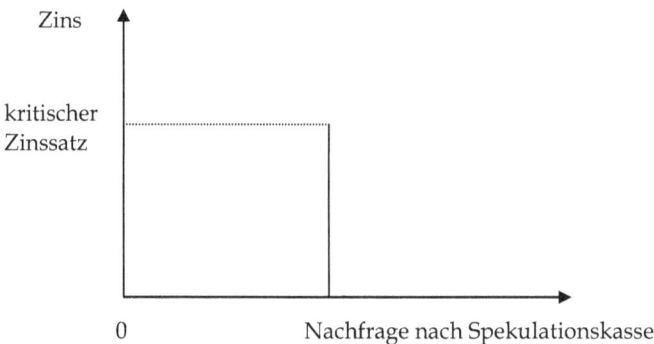

Jedes Wirtschaftssubjekt hat eine individuelle Vorstellung über den „normalen" Zinssatz. Liegt der Zinssatz i unter diesem Zinssatz, wird es keine Anleihen kaufen, sondern den gesamten Betrag in der Spekulationskasse halten. Das einzelne Individuum trifft eine „Alles oder Nichts-Entscheidung" (vgl. Abbildung 12).

---

[93] Vgl. *Keynes, John M.* (1936), 1967, S. 196 f.
[94] Die Zinsabhängigkeit ergibt sich aus den Opportunitätskosten der Vorsichtskasse, welche anfallen, wenn die Vorsichtskasse liquide gehalten wird, und somit auf eine Anlage in länger laufenden Finanzaktiven verzichtet wird.
[95] Vgl. *Baumol, William J.*, 1952, S. 545.
[96] Vgl. *Keynes, John M.* (1936), 1967, S. 199.

Abbildung 13: Die gesamte Nachfrage nach Spekulationskasse

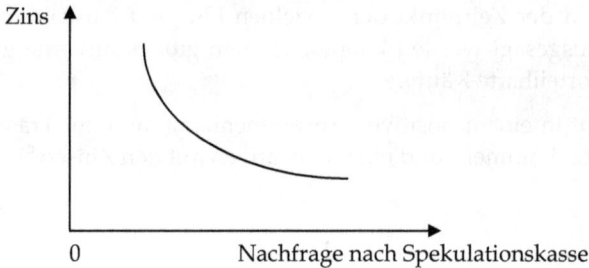

Nun haben die einzelnen Individuen unterschiedliche Auffassungen über die Höhe des kritischen Zinssatzes. Daraus ergibt sich gesamtwirtschaftlich ein diskreter Verlauf der Nachfrage nach Spekulationskasse. Niedrigere Zinsen bewirken eine höhere Nachfrage nach Spekulationskasse als höhere Zinsen (vgl. Abbildung 13).

Insgesamt resultiert daraus die folgende Geldnachfragefunktion L_D (Nachfrage nach Transaktions-, Vorsichts- und Spekulationskasse):

$$L_D = L_D \left(\overset{+}{Y}, \overset{-}{i} \right).$$ (12)

In der Realität werden die einzelnen „Kassen" in einer einzigen Liquiditätsposition gehalten und lassen sich nicht in „wasserdichte Abteilungen" unterteilen.[97] Als Vereinfachung wird die Vorsichtskasse nicht mehr weiter betrachtet, zumal diese – wie die Transaktions- und die Spekulationskasse – einkommens- und zinsabhängig ist.

Eine weitere Prämisse ist die exogen gegebene Geldmenge, wobei das Geldangebot absolut zinsunelastisch ist:

$$M_S = M_{exogen}.$$ (13)

Im Gleichgewicht des Geldmarktes besteht eine Übereinstimmung von Geldnachfrage und Geldangebot:

$$L_D (Y, i) = M_S.$$ (14)

Zugleich gilt:

$$L_D (Y, i) = M_{exogen}.$$ (15)

---

[97] „Money is not earmarked"; vgl. *Keynes, John M.*, General Theory, 1936, S. 195.

Abbildung 14: Geldnachfrage und Geldangebot

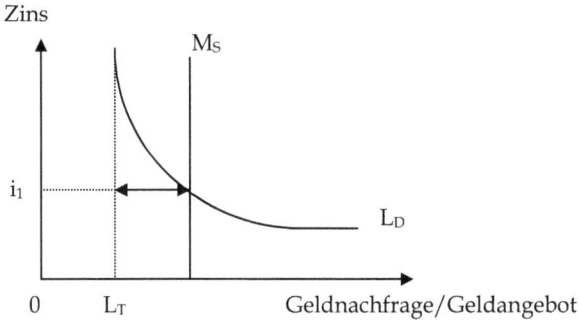

Aus den vorangehenden Ausführungen ergibt sich für die Geldnachfrage und das Geldangebot die graphische Darstellung in Abbildung 14. Die Geldnachfrage L_D trifft auf das Geldangebot M_S. Es kommt zu einem Gleichgewichtszins i_1. Der Geldmarkt ist geräumt, es existieren keine Angebotsüberschüsse oder Nachfragelücken. L_T stellt die einkommensabhängige Transaktionskasse dar, welche unabhängig vom Zins gehalten wird. Der horizontale Abstand (Strecke) zwischen der L_D- und der L_T-Kasse entspricht der zinsabhängigen Liquiditätspräferenz.

Steigt das Volkseinkommen, erhöht sich die Geldnachfrage (bei konstantem Geldangebot). Die L_D-Kurve verschiebt sich von $L_{D,1}$ zu $L_{D,2}$ und $L_{D,3}$. Der Zins steigt von i_1 zu i_2 sowie i_3 (vgl. Abbildung 15). Die Nachfrage nach Transaktionskasse erhöht sich zu Lasten der Spekulationskasse. Nach der Liquiditätspräferenztheorie ergibt sich das Geldmarktgleichgewicht durch eine Übereinstimmung der Geldnachfrage $L_{D,1-3}$ mit dem Geldangebot M_S. Je höher das Volkseinkommen ist, desto größer ist die Geldnachfrage für die Transaktionskasse $L_{D,T1-3}$ und desto höher der Zins i_{1-3}. Auf diese Weise fließt Geld aus der Spekulationskasse in die Transaktionskasse. Steigt die Geldnachfrage, muss die Spekulationskasse c.p. geringer werden.[98] Durch ein steigendes Volkseinkommen erhöhen sich die Nachfrage nach Transaktionskasse und der Zins.

Führt man diese Überlegungen weiter, so erhält man für jeden Y-Wert jeweils einen Zins i_{1-3}, bei dem die Geldnachfrage und das Geldangebot übereinstimmen. Überträgt man diese Werte in ein Koordinatensystem, so ergibt sich die LM-Kurve in Abbildung 15 mit sämtlichen Kombinationen von Zins und Volkseinkommen, bei denen die Gleichgewichtsbedingung $L_D(Y,i) = M_S$ erfüllt ist.

---

[98] In der keynesianischen Liquiditätspräferenztheorie treffen die Wirtschaftssubjekte – unter der Annahme völliger Gewissheit über die Zinssätze und die Wertpapierkurse – eine Entscheidung in Bezug auf ihre Spekulationskasse. Die negativ ansteigende Präferenzfunktion kann nur auf makroökonomischer Ebene durch die divergierenden Zinserwartungen erklärt werden, nicht aber für die Geldnachfrage eines einzelnen Individuums, welches eine „Alles-oder-nichts-Entscheidung" trifft.

Abbildung 15: Die Geldnachfrage bei unterschiedlichen Niveaus des Volkseinkommens und das Geldangebot M$_S$

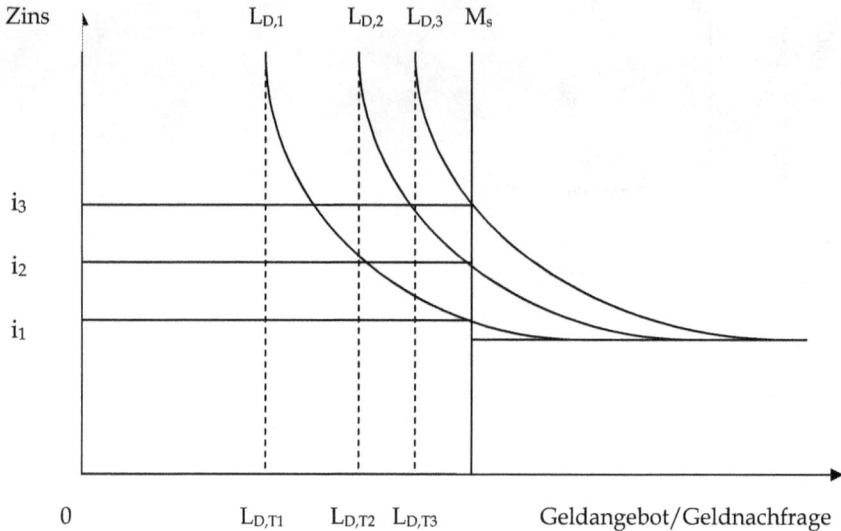

Die LM-Kurve ist der geometrische Ort aller Kombinationen von Y und i, bei welchen ein Gleichgewicht zwischen einer exogen gegebenen Geldmenge M und der Geldnachfrage L (Liquiditätsnachfrage) besteht. Wird die Vorsichtskasse vernachlässigt, besteht die Geldnachfrage aus der volkseinkommensabhängigen Nachfrage nach Transaktionskasse und der zinsabhängigen Spekulationskasse. Mit einem höheren Volkseinkommen steigt der Bedarf an Transaktionskasse, mit tieferen Zinsen die Nachfrage nach Spekulationskasse (und umgekehrt).

Die LM-Kurve ist bei sehr niedrigen Zinsen, welche im theoretischen Grenzfall null betragen können, völlig zinselastisch (sog. „Liquiditätsfalle").[99] Dies lässt sich durch die geringen Opportunitätskosten erklären. Zudem erwarten die Wirtschaftssubjekte steigende Zinsen und verzichten (vorerst) auf den Kauf von Wertpapieren, um bei steigenden Zinsen keine Kursverluste erleiden zu müssen. Bei einem hohen Zins kommt es zu einer völlig zinsunelastischen Geldnachfrage (sog. klassischer Bereich), indem die gesamte Liquidität zu Transaktionszwecken gebraucht wird. Dazwischen liegt der „normale Bereich" mit einer begrenzten Zinselastizität der Geldnachfrage. Die Liquiditätsfalle spiegelt den keynesianischen Bereich wider, der zinselastische Bereich ist der „normale" und der zinsunelastische der „klassische" Bereich (vgl. Abbildung 16).

Die *Liquiditätsfalle* stellt einen Extrembereich der Nachfrage nach Spekulationskasse bei einem sehr niedrigen Zinsniveau dar (für *Keynes* ist dies vor allem bei einem Unterbeschäftigungsgleichgewicht denkbar). Das Zinsniveau ist bei einer Liquiditätsfalle so tief gesunken, dass jedes Wirtschaftssubjekt eine Erhöhung

---

[99] Die Liquiditätsfalle wird erstmals durch *Hicks* identifiziert. Vgl. *Hicks, John R.*, 1937.

des Marktzinses erwartet, und vor allem Spekulationskasse hält. Die Geldnachfrage ist hier vollkommen zinselastisch. In diesem Fall ist es unmöglich, den Marktzins mit Hilfe der Geldpolitik zu verändern, da zusätzliches Geld in die Spekulationskasse fließt. Nach Auffassung von *Keynes* könnte eine absolute Liquiditätspräferenz als „Grenzfall in der Zukunft praktisch wichtig werden", es ist ihm aber „kein bisheriges Beispiel dafür bekannt".[100]

Abbildung 16: Die LM-Kurve

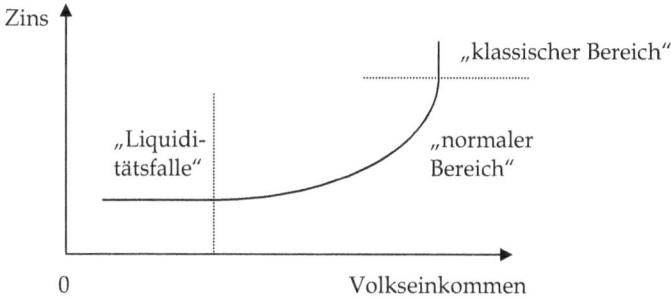

Auch eine Expansion des Geldangebotes bewirkt, wie in Abbildung 17 dargestellt, keine Veränderung der Zinsen. Es kommt lediglich zu einer Linksverschiebung der LM-Kurve.

Abbildung 17: Die Veränderung der LM-Kurve

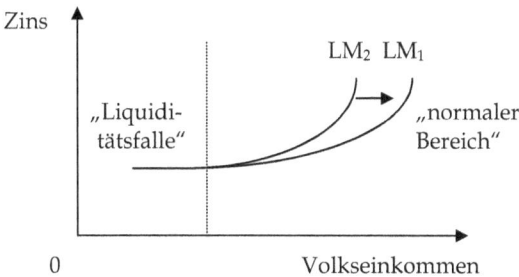

[100] Vgl. *Keynes John M.* (1936), 1974, S. 173. Als Beispiel für eine Liquiditätsfalle lässt sich die Entwicklung des japanischen Geldmarktes Ende der 1990er/Anfang der 2000er Jahre betrachten.

2. Die IS-Kurve

Die IS-Kurve zeigt den Kapitalmarkt mit Sparen und Investieren. Die Investitionen stehen in einer inversen Beziehung zur Höhe der Zinsen. Im Gegensatz zum klassischen Modell sind die Investitionen jedoch auch von den in der Zukunft erwarteten Erträgen abhängig, was *Keynes* als die sog. Grenzleistungsfähigkeit des Kapitals bezeichnet. Die Investitionen erfolgen nach Maßgabe der Grenzleistungsfähigkeit des Kapitals, welche in Form von diskontierten Gewinnerwartungen kalkuliert wird. Erzielt eine Investition eine höhere Verzinsung als eine alternative Form der Geldanlage, wird sie durchgeführt.

Abbildung 18: Die I-Kurve

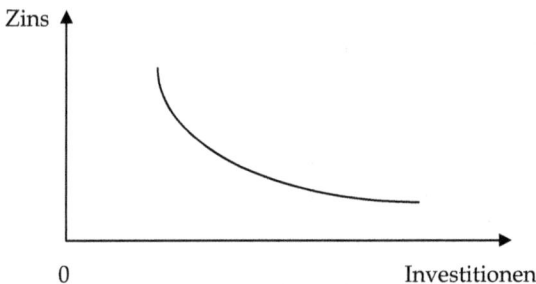

Das Abwägen zwischen den Investitionen und einer alternativen Anlage am Kapitalmarkt geschieht so lange, bis die letzte Investition eine etwas höhere Rendite als eine alternative Anlage bringt. Bei einem hohen Zins werden nur relativ wenige Investitionen durchgeführt, da in diesem Fall nicht viele Investitionen rentabel erscheinen (und umgekehrt). Verkürzt (ohne einen stochastischen Erwartungswert der Grenzleistungsfähigkeit des Kapitals) lautet die Investitionsfunktion (vgl. auch Abbildung 18):

$$I = I\left(\overset{-}{i} \right). \tag{16}$$

Die Ersparnis wird über das Einkommen bestimmt:

$$S = S\left(\overset{+}{Y} \right). \tag{17}$$

Abbildung 19 zeigt die I-Kurve in Abhängigkeit vom Zins i und zudem die aus dem Einkommen Y resultierenden S-Kurven (dabei gilt $Y_1 < Y_2 < Y_3$). Die jeweiligen Schnittpunkte der beiden Kurven zeigen die Übereinstimmung zwischen den Ersparnissen S und den Investitionen I bei alternativen Größen des Zinses i und des Volkseinkommens Y_1-Y_3.

Abbildung 19: Investieren und Sparen bei unterschiedlichen Niveaus des Volkseinkommens

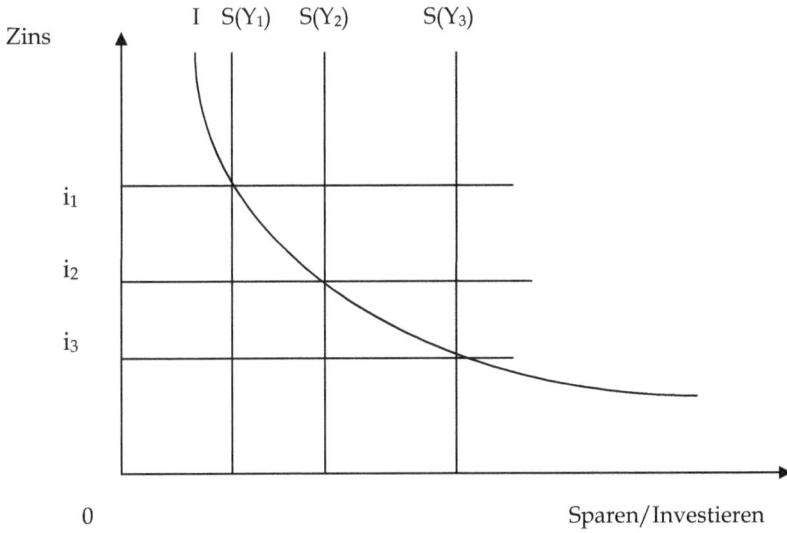

Zins

I   S(Y₁)   S(Y₂)   S(Y₃)

i_1

i_2

i_3

0   Sparen/Investieren

Die I-Kurve und die S-Kurve zusammen ergeben die IS-Kurve bzw. den Gleichgewichtslokus von Sparen und Investieren für unendlich viele Kombinationen von Zins i und Volkseinkommen Y (vgl. auch Abbildung 20):

$$I(i) = S(Y). \tag{18}$$

Abbildung 20: Die IS-Kurve

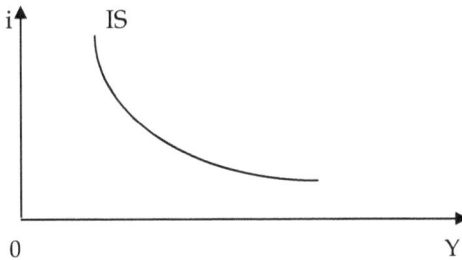

i IS

0   Y

3. Das ISLM-Modell

Im *ISLM-Modell* findet die Abstimmung zwischen Sparen und Investieren über den Zins i (für die Investitionen) und den Einkommens-Multiplikator-Prozess (für das Sparen) statt.[101] Bringt man die IS- und LM-Kurve zusammen, so gilt im Modellgleichgewicht:

---

[101] Vgl. *Keynes John M.* (1936), 1974, S. 149.

$$IS = LM. \hspace{6cm} (19)$$

Im Schnittpunkt zwischen der IS- und der LM-Kurve, dem Punkt A, ergibt sich das simultane Gleichgewicht auf dem Gütermarkt und dem Geldmarkt. Das gleichgewichtige Einkommen ist Y_1, der gleichgewichtige Zins i_1 (vgl. Abbildung 21).

Abbildung 21: Das ISLM-Modell

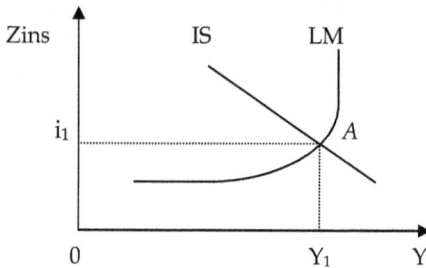

Erhöht sich die Nachfrage nach Investitionen, erfolgt eine Rechtsverschiebung der IS-Kurve von IS_1 zu IS_2 und IS_3. Es resultiert ein größeres Volkseinkommen, verbunden mit einer erhöhten Geldnachfrage nach Transaktionskasse (vgl. Abbildung 22).

Abbildung 22: Die keynesianische Geldnachfrage nach dem ISLM-Modell

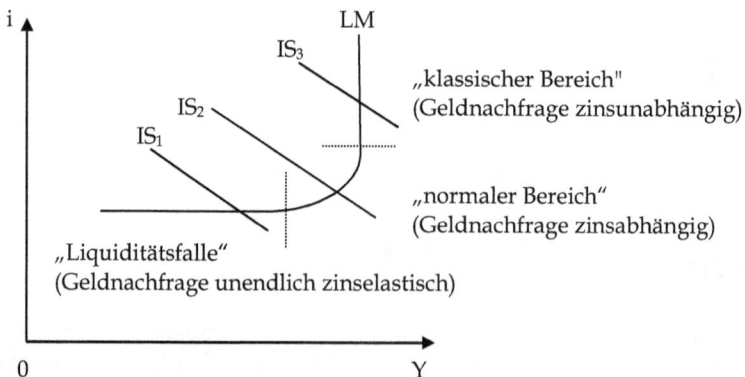

Aus den verschiedenen IS-Kurven (IS_1-IS_3) und einer exogen gegebenen Geldmenge (LM-Kurve) resultieren unterschiedliche Gleichgewichtspunkte zwischen der IS- und der LM-Kurve, jeweils mit Gleichgewichtswerten für Y und i. Bei einem höheren Volkseinkommen Y entsteht eine größere Nachfrage nach Transaktionskasse. Die erforderliche, zusätzliche Geldmenge kommt aus der Spekulationskasse, indem bei steigenden Zinsen die Nachfrage nach Spekulationskasse sinkt. Im sog. „klassischen Bereich"[102] mit einer zinsunabhängigen Geldnachfrage ist die gesamte Spekulationskasse in die Transaktionskasse eingegangen, und die Geldnachfrage ist hinsichtlich der Zinsen völlig unelastisch. Bei der Liquiditätsfalle ist die Geldnachfrage unendlich zinselastisch, indem selbst marginale Zinssenkungen eine unendlich große Mehrnachfrage nach Spekulationskasse bewirken.

Empirische Hinweise für das Euro-Währungsgebiet (1999-2005)

Thesen:

1. $L_T = L_T(Y)$.	- Ein tendenzieller Zusammenhang besteht für M1, ist jedoch nicht signifikant.*
2. $L_S = L_S(i)$.	- Diese These trifft zu; die Veränderung der Geldnachfrage ist zinselastisch (am Beispiel von d M1).
3. Die Geldnachfragefunktion für M1 lautet $L = L(Y,i)$.	- Die These ist – in dieser Funktion – nicht signifikant.*
4. Das Preisniveau beeinflusst die nominelle Geldnachfrage.	- Diese These trifft für M1 zu. Das Preisniveau führt zu einer erhöhten Nachfrage nach M1.
5. Die Geldmenge M1 ist exogen gegeben.	- Diese These trifft nicht zu. Die Veränderung der Geldmenge auf Jahresbasis (d M1) wird unter anderem endogen durch die Geldnachfrage beeinflusst. Damit wird eine wesentliche Prämisse des ISLM-Modells obsolet.

* Bei einem zugrunde gelegten Signifikanzniveau von mindestens 0,10.

Die *Kritik* richtet sich unter anderem auf die Angebotsseite, die äußerst schwach entwickelt ist. Veränderungen der Güter- und Faktorpreise zur Herstellung eines Gleichgewichts werden nicht berücksichtigt; das Preisniveau ist exogen vorgegeben, also unabhängig von der Geldmenge. Letztlich werden die Spar- und die Konsumfunktion allein durch das laufende Einkommen determiniert, während der Zins keinen Einfluss auf das Sparen hat. Ebenso fragwürdig sind die konstanten Funktionsparameter für die Konsum- bzw. Sparneigung hinsichtlich des Einkommens.[103]

Zudem erscheint die Basis eines zwei Aktiva-Portfolios (Geld und Consols) zu schmal, um die Geldnachfrage zu erklären:

---

[102] *Niehans* betrachtet diesen „klassischen Bereich" als ungenaue Interpretation der klassischen Ökonomie durch *Hicks*. Er bezieht sich auf die Aussage der Quantitätstheorie, wonach bei Geldmengenänderungen proportionale Preissteigerungen ausgelöst werden, wobei diese Aussage für die Zinselastizität der Geldnachfrage unerheblich ist. Vgl. *Niehans, Jürg*, 1980, S. 249, Fn. 24.
[103] Vgl. *Issing, Otmar*, 1991, S. 97 f.

„Eine Geldtheorie mit einer breiteren Anwendungsmöglichkeit … kann sich nicht nur auf das Spekulationsmotiv und die Gegebenheiten im Jahre 1936 beziehen. Diese muss die Einsicht von *Keynes* akzeptieren, dass Geld ein Aktivum unter anderen in einer Bilanz mit Substitutionsbeziehungen zu anderen Aktiven ist. Dabei genügt es nicht, nur die Substitutionsbeziehungen zwischen dem Geld und den Bonds zu betrachten: die bilanziellen Zusammenhänge müssen umfassender analysiert werden."[104]

2. Die postkeynesianische Geldnachfragetheorie (das „Sägezahnmodell")

Zu den Geldnachfragemodellen zählt auch das sog. Sägezahnmodell. Dieses wurde von *William J. Baumol* sowie *James Tobin* entwickelt und galt während langer Zeit als Inbegriff eines repräsentativen Geldnachfragemodells.[105] Die Dreiteilung der Kassenhaltung bleibt in diesem postkeynesianischen Ansatz erhalten. In den bisher vorgestellten Ansätzen hängt die Geldnachfrage zu Transaktionszwecken vom Einkommen und den Zahlungssitten ab. *Baumol* und *Tobin* weisen jedoch darauf hin, dass auch die Nachfrage nach Transaktionskasse zinsbedingt ist. Zudem werden durch die Entwicklung der Finanzmärkte immer mehr geldnahe Typen von Finanzaktiven geschaffen, die einen Zins erbringen und risikoarm sind. Es ist daher ökonomisch sinnvoll, zumindest einen Teil der Transaktionskasse zinsbringend anzulegen.

Bereits *Walras* geht davon aus, dass die Geldnachfrage nach ähnlichen Gesetzmäßigkeiten wie die Lagerhaltung von Gütern zustande kommt.[106] Es wird so viel Geld nachgefragt, bis die Grenzkosten dem Grenznutzen der letzten, als Kasse gehaltenen Geldeinheit entsprechen, was das Wesen des zweiten Gossenschen Gesetzes widerspiegelt. Das „Sägezahnmodell" entstand auf der Grundlage dieser Lagerhaltungstheorie und ist mikroökonomisch fundiert. Analog zur betriebswirtschaftlichen Lagerhaltungstheorie versucht das Modell den optimalen Kassenbestand zu ermitteln. Das Sägezahnmodell zeichnet sich dadurch aus, dass es einerseits die Abwicklung der laufenden Transaktionen sicherstellt und andererseits die Opportunitätskosten (durch den Verlust von Zinseinnahmen) minimiert.

Die nachfolgenden Ausführungen beziehen sich auf die Unternehmen, lassen sich jedoch sinngemäß (invers) auch auf die privaten Haushalte anwenden. Als *Prämisse* wird vereinfachend angenommen, dass ein Unternehmen kontinuierlich Einnahmen erhält. Die kumulierten Einzahlungen für Güterverkäufe im Planungszeitraum betragen *A*; einmal pro Periode erfolgen die Zahlungen für den Kauf von Inputgütern (vgl. Abbildung 23).

In einer einfachen Version dieses *Modells* fließen die laufenden Einnahmen der Unternehmen in die Transaktionskasse. Erreichen diese die optimalen „Schaltpunkte", werden sie bei der Bank in verzinsliche Finanzanlagen umgewandelt. Beim Umwandeln von Transaktionskasse in Finanzanlagen entstehen auf der ei-

---

[104] *Hicks, John R.*, 1974, S. 36 f. (eigene Übersetzung).
[105] Vgl. *Baumol, William J.*, 1952, S. 545–556.
[106] Die Lagerhaltungstheorie von *Walras* bildet die Grundlage des sog. „Sägezahnmodells".

nen Seite Fixkosten von fx, auf der anderen Seite sind die Finanzanlagen im Gegensatz zur Transaktionskasse mit dem Zinssatz r verzinslich.

Es stellt sich nun die Frage nach der optimalen Höhe der im Periodendurchschnitt gehaltenen Transaktionskasse Ka. Die Entscheidung, wie viel temporär nicht benötigtes Geld zinsbringend angelegt wird, treffen die Wirtschaftssubjekte durch einen Vergleich des Zinsertrages r mit den Umwandlungskosten fx.

Abbildung 23: Das „Sägezahnmodell"

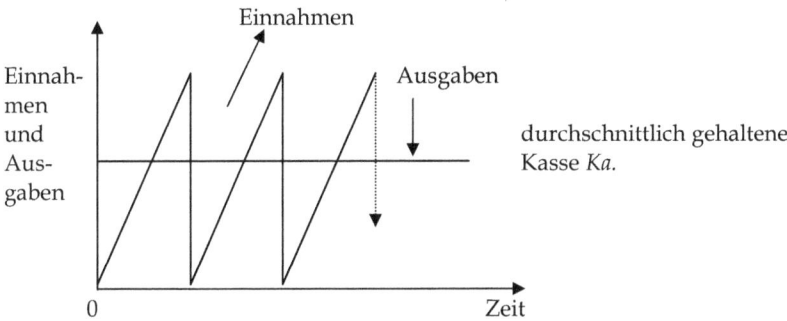

Die nachfolgende Formel zeigt die „optimalen Schaltpunkte" der Umwandlung von Transaktionskasse in Finanzanlagen:

$$Ka = \sqrt{\frac{fx \times A}{2r}}. \tag{20}$$

Ka ist die optimale Höhe der im Periodendurchschnitt gehaltenen Transaktionskasse, fx sind die Fixkosten bei der Umwandlung von Transaktionskasse in Finanzanlagen, r ist die Zinsrate und A sind die kumulierten Einzahlungen für Güterverkäufe im Planungszeitraum.

Beispiel für ein Unternehmen

Die kumulierten Einzahlungen für Güterverkäufe eines Unternehmens im Planungszeitraum eines Jahres betragen € 1.000.000.-. Die Fixkosten bei der Umwandlung von Transaktionskasse in Finanzanlagen liegen bei € 100.-, die Zinsrate der Finanzanlagen beträgt 2 Prozent. Die optimale Höhe der im Periodendurchschnitt gehaltenen Transaktionskasse lässt sich wie folgt errechnen:

$$K = \sqrt{\frac{€\,100 \times €\,1.000.000}{2 \times 0,02}} = €\,50.000.$$

3. Die portfoliotheoretische Ableitung der Geldnachfrage

Die portfoliotheoretische Ableitung der Geldnachfragetheorie entwickelt sich aus der Geldnachfragetheorie von *Keynes*, die vorerst von einem Portfolio mit zwei Aktiven (Geld und Consols) ausgeht. Da nunmehr einzelwirtschaftlich gemischte Portfolios gehalten werden, wird die Geldhaltung im Rahmen eines umfassenden Portfolios erklärt.

Die Theorie der Portfolio Selection wird ursprünglich von *Harry M. Markowitz* (1952)[107] und *James Tobin* (1965)[108] entwickelt. Sie setzt sich mit der Problematik auseinander, auf welche Weise ein rational handelndes Wirtschaftssubjekt sein Vermögen auf verschiedene, alternative Anlagen aufteilt.

In einer „reibungslosen" Welt ohne Informations- und Transaktionskosten sowie ohne Risiken würde wohl kein Geld benötigt und auch nicht als Wertaufbewahrungsmittel dienen. Die Nachfrage nach Geld als Teil von (gemischten) Portfolios ist vielmehr das Ergebnis von Unvollkommenheiten und vor allem von Risiken:

> „… the theory of risk aversion explains how money find a place in a rationally diversified portfolio …". [109]

Als *Prämissen* gelten:
- Für die Entscheidung, welche Vermögensaufteilung optimal ist, nimmt *Markowitz* an, dass die Investoren ihre Anlageentscheidung aufgrund der Rendite und des Risikos treffen. Dazu wird die Zusammensetzung des Portfolios anhand der beiden Größen Rendite und Risiko sowie der Korrelation zwischen den Preisbewegungen von einzelnen Aktiven analysiert, um auch die Diversifikationseffekte zu berücksichtigen.
- Es wird von risikoaversen (risikoscheuen) Wirtschaftssubjekten ausgegangen. Demzufolge akzeptieren die Anleger ein höheres Risiko nur, wenn die Rendite überproportional wächst, was formal durch eine konvexe Nutzenfunktion ausgedrückt wird. Die Portfoliotheorie geht vom μ-σ-Prinzip aus. Das μ bezeichnet die erwartete Rendite, das σ steht für das Risiko von Finanzaktiven hinsichtlich eines Vermögensverlustes (z. B. durch Kursverluste). Die beiden Variablen μ und σ sind stochastische Erwartungswerte. Je größer das Risiko σ ist, desto höher ist auch die erwartete (geforderte) Rendite μ. Es bestehen Risiko-Ertragspräferenzen: Ein höheres Risiko muss durch eine größere Rendite aufgewogen werden.
- Neben Anleihen kommen auch andere Arten von Finanzaktiven in Betracht, wie beispielsweise Aktien. Insgesamt werden n Aktiva gehalten, von denen n-1 Aktiva ein Wertpapierbündel bilden und als n-*tes* Aktivum das Geld (die Kasse) hinzukommt. Die Anlage in Kasse ist ggf. verzinslich. Die übrigen n-1 Aktiva des Portfolios sind risikobehaftet, nicht jedoch die Kasse als n-*tes* Aktivum. Durch das Mischen von Aktiven ergibt sich ein hinsichtlich des gesamten Portfolios risikomin-

---

[107] Vgl. *Markowitz, Harry M.*, 1952, S. 77.
[108] Vgl. unter anderem *Tobin, James*, 1965b, S. 3-51.
[109] *Tobin, James* (1961), S. 26-37, reprinted 1971.

dernder Diversifikationseffekt; die Linie der effizienten Portfolios (efficient market frontier) stellt die bestmögliche Kombination der einzelnen Aktiven hinsichtlich der erwarteten Renditen und Risiken dar (äußerste Grenze der effizienten Portfolios).

Als *Modellvorstellung* können aus diesen Bedingungen nun effiziente Portfolios mit Kasse und risikobehafteten Wertpapieren abgeleitet werden (vgl. Abbildung 24).[110] Ziel ist die Auswahl desjenigen Portfolios, welches das Risiko und die Erträge optimiert. Die Entscheidung lässt sich in zwei Teile zerlegen:

(1) Zunächst werden Möglichkeiten für Portfolios hergeleitet, die neben der risikolosen Anlage (*n-tes* Aktivum) ein risikobehaftetes Wertpapierbündel (mit n-1 Aktiva) enthalten, wobei die individuellen Risiko-/Ertragspräferenzen (noch) keine Rolle spielen. Das Verhältnis, in dem die risikobehafteten Wertpapiere zueinander gehalten werden, ist unabhängig von der Höhe des Gesamtvermögens. Für den ersten Teil sind die Renditen, Risiken, Varianzen und Korrelationen wie im Modell von *Markowitz* maßgebend. Dies führt zur efficient market frontier (Linie effizienter Portfolios).

(2) Als zweiter Schritt wird das Gesamtvermögens auf die risikolose Kasse (*n-tes* Aktivum) und das Wertpapierbündel (mit n-1 Aktiven) aufgeteilt. Dies erfolgt unter Berücksichtigung der individuellen Ertrags- und Risikopräferenzen.

Dieser Teil der Entscheidung lässt sich am besten graphisch veranschaulichen. Zunächst werden Möglichkeiten für Portfolios hergeleitet, die neben der risikolosen Anlage (Kasse) ein risikobehaftetes Wertpapierbündel enthalten. Derartige Möglichkeitskurven entstehen im Ursprung, wenn das *n-te* Aktivum aus Geld besteht. Bei einer verzinslichen, risikolosen Anlage beginnen die Kurven, wie in Abbildung 24 dargestellt, auf der Ordinate. Die Möglichkeitskurve endet bei der efficient market frontier (Linie effizienter Portfolios), da dort das Gesamtportfolio nur noch das risikobehaftete Wertpapierbündel umfasst. Sofern eine Verschuldung zugelassen wird, geht die Möglichkeitskurve darüber hinaus. Die effizienteste Strecke ergibt sich durch diejenige Möglichkeitskurve, welche die Effizienzkurve gerade berührt. Die Relation zwischen dem Anteil der Wertpapiere am gesamten Vermögen und dem Risiko verläuft linear.

Die individuellen Ertrags-Risiko-Präferenzen (Isonutzenkurven) müssen mitberücksichtigt werden. Durch die Isonutzenkurve lässt sich die Risikoneigung des Anlegers ausdrücken, indem diese sowohl den Rendite- als auch den Risikoaspekt zu einem einzigen Präferenzwert aggregiert. Ein risikoscheues Wirtschaftssubjekt wird denjenigen Optimalpunkt wählen, bei dem es die höchste Indifferenzkurve („Ertrags-Risiko-Präferenzen") erreicht, welche die Möglichkeitskurve gerade noch tangiert. Das optimale Portfolio liegt im Tangentialpunkt der Möglichkeitskurve und der Kurve der Ertrags-Risiko-Präferenzen. In diesem Punkt ist das Portfolio risikoeffizient und entspricht der Risikoneigung der einzelnen Anleger. Das bedeutet zudem, dass es ein gemischtes Portfolio aus Geld und Wertpapieren halten wird.

---

[110] Im Folgenden das Portfoliomodell nur sehr rudimentär skizziert werden.

Abbildung 24: Die portfoliotheoretische Ableitung der Geldnachfrage

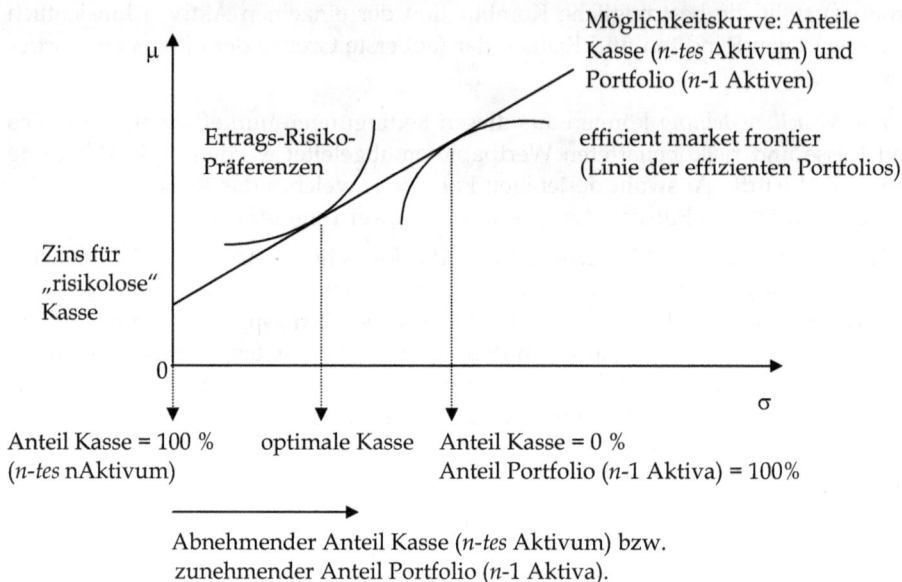

Abnehmender Anteil Kasse (*n-tes* Aktivum) bzw.
zunehmender Anteil Portfolio (*n*-1 Aktiva).

Zusammenfassend ergibt sich:

- Das optimale Portfolio besteht aus einer Mischung zwischen der risikolosen, hier verzinslichen Kasse *(n-tes* Aktivum), und dem risikobehafteten Portfolio (mit *n*-1 Aktiva).[111]

- Je größer tendenziell die Verzinsung der risikolosen Kasse ist, desto größer ist c.p. der Anteil der Kasse (und umgekehrt).

- Bei steigenden Ertragserwartungen des Portfolios (*n*-1 Aktiva) sinkt der Anteil der Kasse (Umlagerung von Mitteln).

Steigen die Ertragserwartungen des Portfolios (mit *n*-1 Aktiva) bei einem gegebenen Risiko, ergibt sich eine neue Linie der effizienten Portfolios (vgl. Abbildung 25). Die Möglichkeitskurve dreht sich gegen den Uhrzeigersinn, wodurch eine höhere Isonutzenkurve erreicht werden kann. Es kommt zu einer veränderten Zusammensetzung des Vermögens mit einem geringeren Anteil der Kasse (für welche als Annahme eine Verzinsung erfolgt). Der Erwartungswert der Rendite steigt und es resultiert daraus ein höheres Nutzenniveau. Mit der Portfoliotheorie lässt sich auf diese Weise auch die negative Zinsabhängigkeit der Geldnachfrage auf einer mikroökonomischen Grundlage erklären.

---

[111] Indem *Tobin* das allgemeine Modell der Portfolio Selection auf die Spekulationskasse überträgt, analysiert er ebenfalls die Frage der Diversifikation zwischen der Geld- und der Wertpapierhaltung. Ähnlich wie *Markowitz* geht auch *Tobin* im Normalfall von einem risikoaversen Wirtschaftssubjekt aus. Vgl. *Tobin, James,* 1958, S. 65-68.

Abbildung 25: Die Veränderung der Rendite μ und die Veränderung der Geldnach-frage

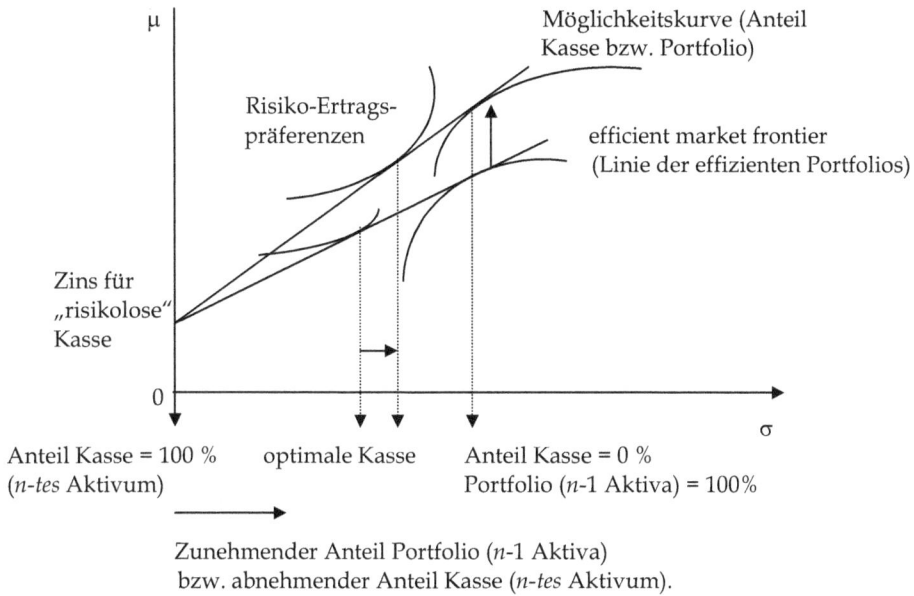

Empirische Hinweise für das Euro-Währungsgebiet (1999-2005)

Thesen:

1. Die Anlage von verzinslichem Geld ist positiv vom Zins abhängig.	- Diese These trifft nicht zu. Es besteht in der Regel ein negativer Zusammenhang zwischen einer Veränderung der Geldmenge und der Veränderung der Zinsen (Zinselastizität der Geldnachfrage).
2. Die Geldmarktzinsen haben ein geringeres σ (eine geringere Volatilität) als die Kapitalmarktzinsen und bringen deshalb tiefere Zinsen Zinsen.	- Diese These trifft hinsichtlich der Geldmarktanlagen nicht zu. Die Volatilität der Geldmarktzinsen ist im Allgemeinen größer als jene der Kapitalmarktzinsen.
3. Eine Erhöhung der Aktienkurse führt zu einem geringeren Wachstum der Geldnachfrage (d M1, d M2 und d M3).	- Diese These trifft zu. Eine Erhöhung der Aktienkurse dämpft geringfügig das Wachstum der Geldmengen.

Als *Kritik* ist anzumerken, dass die Zinsreaktion abhängig vom Verlauf der Ertrags-Risiko-Präferenzen (Isonutzenkurve) ist. Theoretisch könnte jede denkbare – positive oder negative – Zinsreaktion der Geldnachfrage hergeleitet werden, je nachdem in welche Richtung sich die Isonutzenkurve bei einer Veränderung der Renditeerwartungen des Portfolios mit *n*-1 Aktiva verschiebt. Die Kritik bezieht

sich unter anderem darauf, dass sich die Wirtschaftssubjekte nicht nur an den Ri-
siko- und Ertragserwartungen (σ und μ), sondern auch an anderen Einflussfaktoren wie beispielsweise den Liquiditätspräferenzen ausrichten. Gleichzeitig wird
die Annahme konstanter Preise kritisiert; die Inflationserwartungen werden in
diesem Modell nicht berücksichtigt.

VI. Die monetaristische Geldnachfragetheorie

Der von *Milton Friedman* begründete Monetarismus ist eine neoquantitätstheoretische Schule des Geldes („reaffirmation of the classics") und wird als „Gegenrevolution" zur „keynesianischen Revolution" betrachtet, indem die Geldmenge
und nicht die Zinsen in den Vordergrund der Betrachtung gestellt werden.[112] Die
monetaristische Geldnachfrage geht, wie die keynesianische Geldnachfragetheorie, auf die Cambridge-Schule des Geldes (*Marshall* und *Pigou*) zurück. Es handelt
sich um einen vorwiegend vermögenstheoretischen Ansatz, bei welchem das Geld
einen Teil des Vermögens darstellt.

Mit dem Monetarismus soll der tautologische Charakter der Quantitätsgleichung überwunden werden. Die Monetaristen versuchen zudem, einige Schwächen der Quantitätstheorie zu eliminieren, indem sie ihre Geldtheorien mit mikroökonomischen Grundlagen unterlegen und auf diese Weise zur Neoquanti-
tätstheorie gelangen. Das quantitätstheoretische Gedankengut des Monetarismus
führt zu einer Weiterentwicklung und Spezifizierung der Bestimmungsfaktoren
der Geldnachfrage. Bezieht sich die Quantitätstheorie vor allem auf die Erklärung
des Geldwertes (Preisniveau), so verkörpert die monetaristische Neoquantitäts-
theorie in erster Linie eine Theorie der Geldnachfrage.[113]

Friedman unterscheidet zwischen der nominalen und der realen Geldmenge. Auf
die nominale Geldmenge haben die Wirtschaftssubjekte keinen ausgeprägten Einfluss; diese wird nach Auffassung von *Friedman* durch die monetären Instanzen
(Zentralbank und Staat) bestimmt.[114] Die reale Geldmenge betrachtet er als endogene, nachfrageorientierte und stabile Variable;[115] diese ist das Ergebnis des Verhaltens der Wirtschaftssubjekte.

Die Nachfrage nach Geld ist nach *Friedman* eine der zahlreichen Möglichkeiten,
Vermögen anzulegen. Die Geldnachfrage der Haushalte und der Unternehmen
soll annahmegemäß denselben Bestimmungsfaktoren unterliegen, wobei die Geldnachfrage nur am Beispiel eines privaten Haushalts analysiert wird.[116] Der Vermögensbegriff ist sehr weit gefasst und enthält alle Quellen des Einkommens sowie
der konsumierbaren Dienste. Dazu zählt auch das Humankapital, mit welchem
das Leistungsvermögen eines Menschen als ursprüngliche Quelle für das tatsächliche Arbeitseinkommen verstanden werden kann.[117]

---

[112] Vgl. *Friedman, Milton*, 1956. Vgl. zur Bedeutung der Geldmenge auch *Brunner Karl*, 1970, S. 9 ff.
[113] Vgl. *Friedman, Milton* (1956), 1970b, S. 78.
[114] Vgl. *Friedman, Milton* 1956, S. 91.
[115] Vgl. *Friedman, Milton* (1956), 1970b, S. 163.
[116] Vgl. *Friedman, Milton*, 1956, S. 89 f.
[117] Vgl. *Friedman, Milton*, 1956, S. 79.

Das Wirtschaftssubjekt tendiert dazu, sein Vermögen nutzenmaximierend aufzuteilen. Ein Nutzenmaximum wird erreicht, wenn innerhalb der einzelnen Teile des Gesamtvermögens keine weiteren Substitutionsprozesse mehr möglich sind, welche einen zusätzlichen Ertragszuwachs bringen.[118]

Einer weiten Fassung des Vermögens entspricht auch der Einkommensbegriff mit dem sog. permanenten Einkommen. Das permanente Einkommen stellt den (Vermögens-)Gegenwartswert der zukünftigen Einkommen aus den verschiedenen Einkommensquellen dar.[119] Das Gesamtvermögen besteht aus allen Quellen des Einkommens und der konsumierbaren Leistungen; dieses umfasst Geld M, Obligationen B, Aktien bzw. Sachkapital Eq und Humankapital K_H. Der Vermögensbegriff wird sehr weit gefasst. Die Substitutionsmöglichkeiten des Haushalts zur Maximierung des Nutzens aus der Vermögensanlage beziehen sich auf diese fünf Arten der Anlage, womit sich das Vermögen vom wesentlich engeren Portfolio der keynesianischen Lehre unterscheidet.[120]

Bei Anpassungsprozessen im Vermögensbereich sind die Kosten der Informationsbeschaffung und jene der Veränderung einer Vermögensposition von Bedeutung. Außerdem steigen mit zunehmender Geschwindigkeit, in der die Vermögensumschichtung erfolgen soll, die Transaktionskosten.

Bei den einzelnen Vermögensklassen Geld (Kasse), Wertpapiere, Realkapital und Humankapital[121] ergeben sich – in dieser Reihenfolge – steigende Grenzkosten bei der Vermögenstransformation. So sind beispielsweise die Informations- und die Anpassungskosten für Bargeld geringer als jene für Wertpapiere. Die optimale Vermögensstruktur ist dann erreicht, wenn die relativen Grenzerträge bei allen Vermögensarten gleich sind, wobei der jeweilige Grenzertrag dem Quotienten des Grenzertrages zum Preis des entsprechenden Aktivums entspricht. Das Ertragsmaximum wird somit in Analogie zum zweiten Gossenschen Gesetz ermittelt.[122] Der Maximierung des Nutzens aus der Vermögensanlage entspricht die Maximierung des erwarteten Ertrags.[123] Dazu stellt *Friedman* eine Reihe von Hypothesen auf.

Zur Beurteilung des *Ertrages der Geldhaltung* wird die Wertaufbewahrungsfunktion des Geldes in die Überlegungen mit einbezogen. Es erfolgt keine Trennung der Kassenhaltung nach Motiven. Die Geldnachfrage ist ein Teil der Entscheidungen der Wirtschaftssubjekte über die Vermögensstruktur. Die Geldhaltung bringt Zinsen auf die Termin- und Spareinlagen, abzüglich der Gebühren der Banken. Noch bedeutsamer ist der nicht-pekuniäre Nutzen in der Form von Liquidität und Sicherheit. Dieser Nutzen steht in einem inversen Zusammenhang zur Entwicklung des allgemeinen Preisniveaus P. Je größer die erwartete Änderung des Preisniveaus ist, desto geringer ist der erwartete reale Ertrag der Geldhaltung R_G.

---

[118] Vgl. *Friedman, Milton*, 1956, S. 79 f.
[119] Vgl. *Friedman, Milton*, 1956, S. 58.
[120] Vgl. *Friedman, Milton* (1970), 1974a, S. 28.
[121] Vgl. *Brunner, Karl*, 1970, S. 7.
[122] Vgl. *Issing, Otmar*, 1988, S. 148.
[123] Vgl. *Friedman, Milton*, 1956, S. 58.

$$R_G = f(P).$$ (21)

Eine wesentliche Determinante der Geldnachfrage sind damit die Kosten der Geldhaltung, wozu vor allem jene der Inflation durch die erwartete Preisänderungsrate $P*$ zählen (=Inflationssteuer). Eine höhere Zunahme bedeutet eine Verringerung des Realwertes der Kasse, und desto weniger Geld wird nachgefragt.[124]

Der *Ertrag des Vermögens aus Obligationen* R_O setzt sich aus den Zinszahlungen r_B und den erwarteten Kursgewinnen bzw. –verlusten dr_B zusammen. Vereinfachend lässt sich vom Ertrag von Konsols (Anleihen mit ewiger Laufzeit) R_O ausgehen, womit sich annäherungsweise folgender Ertrag ergibt:

$$R_0 = r_B - \frac{1}{r_B} \times \frac{dr_B}{dt}.$$ (22)

Beim realen Ertrag wird diese Rendite in Beziehung zur Entwicklung des Preisniveaus gesetzt.[125]

Der *Ertrag der Aktien* wird ähnlich wie jener der Obligationen analysiert. Es wird eine Wertsicherungsklausel eingebaut, welche für einen konstanten realen Ertrag sorgt. Bei Preisniveaustabilität beträgt der reale Ertrag R_{Eq}:[126]

$$R_{Eq} = r_{Eq} + \frac{dP}{dt} \times \frac{1}{P} - \frac{dr_{Eq}}{dt} \times \frac{1}{r_{Eq}}.$$ (23)

Der reale Ertrag der Aktien (bezogen auf eine Geldeinheit) ergibt sich aus dem als konstant angenommenen nominellen Ertrag (Marktzins bzw. Dividende) r_{Eq}, korrigiert um die erwartete Veränderungsrate des Preisniveaus $\frac{dP}{dt} \times \frac{1}{dt}$ und des Aktienkursniveaus $\frac{dr_{Eq}}{dt} \times \frac{1}{r_{Eq}}$.

Der *Ertrag des Sachkapitals (Sachgüter)* bringt nutzenstiftende Leistungen von r_x:

$$R_G = (r_x \times P) \times \left(\frac{dP}{dt} \times \frac{1}{P} \right).$$ (24)

Entspricht der Wert der nutzenstiftenden Leistung $r_x \times P$ einer Geldeinheit (=1), so beträgt der nominale Ertrag:[127]

$$R_G = \frac{dP}{dt} \times \frac{1}{P}.$$ (25)

---

[124] Vgl. *Friedman, Milton*, 1956, S. 97.
[125] Vgl. *Friedman, Milton*, 1956, S. 80 f.
[126] Vgl. *Friedman, Milton*, 1956, S. 82.
[127] Vgl. *Friedman, Milton*, 1956, S. 83.

Das *Humankapital* umfasst alle angeborenen und erworbenen Leistungen des Menschen, produktive Leistungen zu erbringen. *Friedman* berücksichtigt das Humankapital K_H als Verhältnis w zum Sachkapital K_S:

$$w = \frac{K_H}{K_S}, \tag{26}$$

welches er als konstant betrachtet. Eine Erhöhung oder Reduzierung des menschlichen Kapitals (Humankapital) erfolgt nur über einen längeren Zeitraum.[128] Nachdem dieses schwer monetisiert werden kann, hält ein Wirtschaftssubjekt umso mehr Geld, je größer der Anteil des Humankapitals am Gesamtvermögen ist, um so die mangelnde Marktfähigkeit auszugleichen.[129] Wirtschaftssubjekte mit einem höheren und vor allem sehr spezifischen Humankapital werden in der Regel länger nach einem neuen Arbeitsplatz suchen müssen als Leute mit einem weniger spezifischen know how. Deshalb werden sie vermehrt Kaufkraft zur Überbrückung der Wartezeit brauchen. Dies führt zu einer größeren realen Geldnachfrage, auch um einen Ausgleich zum illiquiden Humankapital zu schaffen. Damit wird ebenfalls die geringe Substitutionselastizität zum Sachkapital berücksichtigt; mit zunehmendem und speziellerem Humankapital wird dessen Verwertung am Arbeitsmarkt schwieriger.

Die *Präferenzenstruktur u* eines Wirtschaftssubjekts hinsichtlich der einzelnen Anlageformen ist ebenfalls bestimmend für die Geldnachfrage. Diese ist gegeben und nur längerfristig veränderbar. Die Präferenzen der Geldhaltung werden hauptsächlich durch den Nutzen der Liquidität und die Beurteilung der zukünftigen wirtschaftlichen Lage bestimmt. Die Präferenzenstruktur lässt sich insofern erfassen, als diese an objektive Faktoren geknüpft ist. Die Summe dieser Faktoren wird mit u bezeichnet.[130]

Die *Gesamtnachfrage nach Geld* ergibt sich aus folgender Nachfragefunktion für die nominelle Geldhaltung M^D:[131]

$$M^D = f\left(P; r_B - \frac{1}{r_B} \times \frac{dr_B}{dt}; r_{Eq} + \frac{dP}{dt} \times \frac{1}{P} - \frac{dr_{Eq}}{dt} \times \frac{1}{r_{Eq}}; \frac{dP}{dt} \times \frac{1}{P}; w; u; \frac{Y}{r} \right). \tag{27}$$

Indem das Humankapital empirisch als nicht erfassbar betrachtet wird, entfällt ein Zinssatz für das Humankapital. Der durchschnittliche Zinssatz aller Vermögensanlagen r variiert deshalb mit den Zinssätzen für Obligationen und Aktien, wobei die Zinsraten für die Obligationen und Aktien im zeitlichen Verlauf konstant sein sollen, d.h. die Veränderungen der Zinsraten bei den Obligationen und Aktien sollen vernachlässigt werden.

---

[128] Vgl. *Friedman, Milton*, 1956, S. 81.
[129] Vgl. *Friedman, Milton*, 1957.
[130] Vgl. *Friedman, Milton*, 1956, S. 84.
[131] Vgl. *Friedman, Milton*, 1956, S. 84.

Vereinfachend ergibt sich folgende Gleichung:

$$M^D = f\left(P; r_B; r_{Eq}; \frac{dP}{dt} \times \frac{1}{P}; w; Y; u \right). \tag{28}$$

Erforderlich für eine konsistente Geldnachfrage ist die Unabhängigkeit der Geldnachfragefunktion von den Preisen und dem Einkommen; die Geldnachfrage wird hinsichtlich der Variablen P und Y als linear vom Grade eins betrachtet.[132] Die Variablen M, Y und P in der Gleichung lassen sich mit dem Proportionalitätsfaktor δ multiplizieren.

Wird dieser Proportionalitätsfaktor mit $\delta = 1/P$ in Beziehung zu den *Preisen* gesetzt, ergibt sich als reale Geldnachfrage:[133]

$$M^D = f\left(r_B; r_{Eq}; \frac{dP}{dt} \times \frac{1}{P}; w; Y; u \right). \tag{29}$$

Die Geldnachfrage ist c.p. umso höher, je größer das permanente Einkommen Y und w (das Verhältnis zwischen dem Humankapital zum Sachkapital) ist. Die Geldnachfrage sinkt mit höheren Ertragserwartungen für Obligationen r_B und Aktien r_{Eq} sowie mit steigenden Erwartungen hinsichtlich der Änderung des Preisniveaus $\frac{dP}{dt} \times \frac{1}{P}$.[134]

Wird der Proportionalitätsfaktor in Relation zum *Einkommen* gesetzt $\delta = 1/Y$, resultiert folgende Funktion:[135]

$$\frac{M^D}{Y} = f\left(r_B; r_{Eq}; \frac{dP}{dt} \times \frac{1}{P}; w; u \right), \tag{30}$$

bzw. nach Y aufgelöst:

$$Y = f\left(r_B; r_{Eq}; \frac{dP}{dt} \times \frac{1}{P}; w; u \right) \times M^D. \tag{31}$$

Bei den Geldnachfragefunktionen (28) bis (30) handelt es sich um eine vorwiegend *kurzfristige Betrachtungsweise* mit einem umfassenden vermögenstheoretischen Ansatz unter Zugrundelegung des permanenten Einkommens und der Zinsen. Während die keynesianische Geldnachfrage spontanen Änderungen unterworfen ist, da sie vom laufenden Einkommen abhängt, ist die Friedmansche Geldnachfrage mit dem permanenten Einkommen gegen derartige Schwankungen nahezu immun. Daher stellt sich die monetaristische Geldnachfrage als wesentlich

---

[132] Vgl. *Friedman, Milton*, 1956, S. 86.
[133] Vgl. *Friedman, Milton*, 1956, S. 86.
[134] Vgl. *Friedman, Milton*, 1956, S. 84.
[135] Vgl. *Friedman, Milton*, 1956, S. 86.

stabiler dar, was von entscheidender Bedeutung für die Effizienz der Geldpolitik ist. Jedoch trifft *Friedman* keine Aussage über die Beziehungen der einzelnen Variablen zueinander.[136, 137]

Obwohl die Geldnachfragefunktion auch Zinsen enthält, betrachtet der Monetarismus doch vor allem das Realeinkommen und das Vermögen als fundamentale Einflussfaktoren der Geldnachfrage:

> „Mit nur einer Ausnahme kommt jede mir bekannte Untersuchung für die Vereinigten Staaten zu dem Ergebnis, dass Veränderungen im Realeinkommen und im Vermögen eine bedeutendere Ursache für Veränderungen der nachgefragten realen Geldmenge als Veränderungen der Zinssätze sind."[138]

Empirischen Untersuchungen von *Friedman* zufolge stellt die Umlaufgeschwindigkeit des Geldes eine ziemlich stabile, aber nicht konstante Größe dar.[139] In Aufschwungphasen steigt die Umlaufgeschwindigkeit des Geldes, in Abschwungphasen sinkt sie. Dies hängt vor allem davon ab, ob das aktuelle Einkommen höher oder tiefer ist als das permanente Einkommen, und ob Geldvermögen auf- oder abgebaut wird. Im säkularen (langfristigen) Verlauf wächst die Geldmenge schneller als das Geldeinkommen (Geld als superiores Gut).[140]

Ausgehend von der dargestellten Geldnachfragefunktion gelangt *Friedman* zu einer *langfristigen Geldnachfragefunktion,* welche vor allem den Zusammenhang zwischen der realen Geldnachfrage und dem permanenten Realeinkommen beschreibt. Diese geht von einer eher längerfristigen, quantitätstheoretischen Betrachtung aus; deren zentrale Aussage enthält die These einer stabilen Geldmenge. Das permanente Einkommen ermöglicht es, einen stabilen Wachstumsfaktor für die Nachfrage nach realem Geld zum Ausdruck zu bringen. Die einzelnen Einflussfaktoren sind das permanente Preisniveau und das permanente Volkseinkommen, indem die Wirtschaftssubjekte zu stabilen Erwartungen hinsichtlich der Preis- und Einkommensentwicklung tendieren. Dies schlägt sich auch in einer stabilen Geldnachfrage nieder.[141]

In Relation zum permanenten Einkommen ergibt sich – bei Konstanz der übrigen Faktoren und nach einigen Umformungen – folgende Geldnachfrage pro Kopf der Bevölkerung (zu permanenten Preisen):[142]

---

136 Vgl. *Duwendag, Dieter,* 1974, S. 98.
137 Vgl. *Friedman, Milton und Schwartz, Anna,* 1963. Es existieren zahlreiche empirische Untersuchungen zu der Thematik, ob die Determinanten der Umlaufgeschwindigkeit im Zeitablauf konstant sind. Vor allem die Untersuchung der Geldgeschichte der USA von 1870-1960 durch *Milton Friedman* und *Anna Schwartz* wird immer wieder zur Bestätigung und Ergänzung der theoretischen Aussagen herangeführt.
138 *Friedman, Milton* (1956), 1970b, S. 201.
139 Vgl. *Friedman, Milton,* 1956, S. 99.
140 Vgl. *Friedman, Milton,* 1969, S. 113.
141 Die Geldnachfrage wird jedoch instabil, wenn die angebotene Geldmenge diskretionär gesteuert wird und die Inflations- sowie die nominellen Einkommenserwartungen instabil werden. Eine diskretionäre Geldmengensteuerung kann zu einer allgemeinen Destabilisierung der Erwartungen der Wirtschaftssubjekte führen und Auswirkungen auf deren Konsum- und Investitionsverhalten haben, d.h. zu erratischen wirtschaftlichen Prozessen führen.
142 Vgl. *Friedman, Milton,* 1969, S. 122.

$$\frac{M}{NP^P} = \lambda \left(\frac{Y^P}{NP^P} \right)^{\delta} . \tag{32}$$

Es bezeichnen M die Geldmenge, N die Größe der Bevölkerung, Y^P das permanente Einkommen und P^P das permanente Preisniveau; γ und δ sind einzelne Parameter. In dieser Formel zeigt sich rechts die nach *Friedman* übliche Schreibweise der Quantitätstheorie. Danach ist die Umlaufgeschwindigkeit des Geldes nicht konstant, sondern eine Funktion der Variablen im (zweiten) Klammerausdruck.[143]

Die Geldnachfrage ist nach Auffassung von *Friedman* einkommenselastisch und steigt mit zunehmendem Einkommen überproportional an (das Geld ist ein superiores Gut mit einer positiven Einkommenselastizität). δ steht für die Einkommenselastizität der Geldnachfrage und wird auf der Grundlage dieser Funktion für die USA zwischen 1870 und 1954 auf 1,8 geschätzt. Bei einem langfristig zunehmenden Realeinkommen leisten sich die Wirtschaftssubjekte den Luxus einer höheren Kassenhaltung (sog. Luxusguthypothese des Geldes).

Empirische Hinweise zum Euro-Währungsgebiet (1999-2005)

Thesen:

	M1	M2	M3
1. Die Geldnachfrage reagiert invers auf die Kapitalmarktzinsen r_B.	x	x	.
2. Die Geldnachfrage reagiert invers auf die Entwicklung der Aktienkurse $r_{Eq.}$	x	x	x
3. Preiserwartungen haben einen Einfluss auf die Geldnachfrage.	x	x*	x*
4. Es besteht ein Einfluss zwischen der Höhe des Humankapitals und der Geldnachfrage.	n.a.	n.a.	n.a.
5. Es besteht ein positiver Einfluss des realen Volkseinkommens auf die reale Geldnachfrage.	x*	x	x*
6. Es zeigt sich eine ziemlich große Stabilität der (realen) Geldnachfrage, wie dies von *M. Friedman* impliziert wird.	Diese These trifft nur tendenziell zu.		
7. Das Geld ist ein superiores Gut.	Diese These trifft nicht eindeutig zu (nicht signifikant).*		

x: Solche Effekte lassen sich nachweisen.

* Nicht signifikant (bei einem zugrunde gelegten Signifikanzniveau von mindestens 0,10).

Es ist *kritisch* anzumerken, dass sich aufgrund der mikroökonomischen Formulierung des Modells Aggregationsprobleme ergeben. Insbesondere hat *Friedman* seine Überlegungen nur auf die privaten Haushalte bezogen und bietet keine Lö-

---

[143] Vgl. *Friedman, Milton*, 1956, S. 86 f.

sung für die Geldhaltung der Unternehmen. Er weist lediglich darauf hin, dass für Unternehmungen die Budgetbeschränkungen des Gesamtvermögens und des menschlichen Kapitals nicht gelten, da sich die Unternehmen zusätzliches Kapital auf dem Kreditmarkt besorgen können.[144] Indem sich die Unternehmen jedoch Geld und Kapital beschaffen können, sind sie in der Lage, auch Sach- und Humankapital auf dem Markt zu kaufen.

Patinkin äußert sich kritisch, der Monetarismus sei eigentlich keine Bestätigung der Quantitätstheorie im formalen Sinne, sondern vielmehr eine äußerst elegante und sophistische Art einer keynesianischen Theorie mit einer irreführenden Bezeichnung. Nach Auffassung von *David Laidler* hätte *Friedman* auch von einer Bestätigung der Liquiditätspräferenztheorie sprechen können.[145]

VII. Die Neue Klassische Makroökonomie

Nach dem umfassenden vermögenstheoretischen Konzept der monetaristischen Geldtheorie beschränkt sich die Neue Klassische Makroökonomie auf die Betrachtung der Transaktionskasse. Als makroökonomische Theorie ist dieser Ansatz mikroökonomisch fundiert, indem explizite Annahmen über das Verhalten der einzelnen Wirtschaftssubjekte erfolgen.

Die Neue Klassische Makroökonomie stützt sich auf die Theorie der rationalen Erwartungen[146] und betrachtet in den Modellen die Erwartungsbildung als eine endogene Determinante.[147]. Die Wirtschaftssubjekte werden als homines oeconomices modelliert, deren Aktionen auf (modellspezifisch) rationalen Erwartungen beruhen. Sie lernen aus Fehlern und erkennen die Funktionsweisen einer Volkswirtschaft. Indem der Wirtschaftsablauf jedoch unvorhersehbaren stochastischen Schwankungen unterliegt, werden die Erwartungen im Normalfall nicht erfüllt.

Zu den *Prämissen* zählt die Annahme völlig flexibler Preise und Löhne. Demnach sind alle Märkte ständig geräumt und somit fortlaufend im Gleichgewicht. *Modelltheoretisch* wird – in einer vereinfachten Version – unterstellt, dass die Geldnachfrage M_D Transaktionszwecken dient und vom Output Y (Einkommen) und einem Störterm ε abhängt, welcher sich auf exogene Schocks (bedingte Varianzen) bzw. Erwartungsfehler zurückführen lässt:

$$M_D = M_D(Y, \varepsilon). \tag{33}$$

Die klassische Dichotomie zwischen dem realen und dem monetären Bereich, gleichbedeutend mit der Neutralität des Geldes, besteht in der Neuen Klassischen Makroökonomie weitgehend.

---

[144] Vgl. *Friedman Milton,* 1972, S. 25.
[145] Vgl. *Laidler, David,* 1983, S. 5 f.
[146] Die Theorie der rationalen Erwartungen geht auf *John F. Muth* zurück. Vgl. *Muth, John F.,* 1961, S. 315 ff.
[147] Vgl. *Felderer, Bernhard* und *Homburg, Stefan,* 2003, S. 258 ff.

Empirischer Hinweis zum Euro-Währungsgebiet (1999-2005)

These:

Die Geldnachfragefunktion   - Ein signifikanter Zusammenhang zwischen dem
lautet: $M_D = M_D(Y, \varepsilon)$.   Output Y und der Geldnachfrage (M1) besteht nicht.

                             - Die Geldnachfrage M1 zeigt in Abhängigkeit zur
                             Zeit keine signifikanten exogenen Schocks.*

* Bei einem zugrunde gelegten Signifikanzniveau von mindestens 0,10.

VIII. Zusammenfassung der Ergebnisse

Die einzelnen Geldnachfragetheorien unterscheiden sich vor allem hinsichtlich der unterstellten Bestimmungsfaktoren für die Geldnachfrage. Abbildung 26 gibt dazu einen allgemeinen Überblick. Das Volkseinkommen Y hat bei allen Ansätzen einen Einfluss auf die Geldnachfrage, außer bei der Portfoliotheorie, welche zins-, risiko- und vermögenstheoretische Komponenten enthält. Die Zinsen i spielen bei der vorklassischen und der klassischen Geldnachfragetheorie (noch) keine Rolle, wohl aber bei den späteren Schulen. Das Vermögen ist beim Keynesianismus, dem Monetarismus und der Portfoliotheorie von Bedeutung, wobei der Monetarismus zudem das Humankapital berücksichtigt. Exogene Schocks (Störterms) finden vor allem bei der Neuen Klassischen Makroökonomie Eingang in die Geldnachfragefunktion.

Abbildung 26: Determinanten der Geldnachfrage (vereinfachte Zusammenfassung)

	Y	i	v	P	σ	Vermögen/ Kapital	Human-kapital	Einkommens-elastizität	Stör-term (ε)
Vorklassik	x		x						
Klassik	x		x	x					
Neoklassik	x	(x)	x	x					
Keynesianismus	x	x				(x)			
Monetarismus	x	x	(x)	x		x	x	x	
Portfoliotheorie		x			x	x			
Neue Klassische Makroökonomie	x								x

IX. Empirische Hinweise

Empirische Hinweise zur Geldnachfrage (Eurowährungsgebiet, 1999-2005)

Die Wirkung einzelner Einflussfaktoren auf die Geldnachfrage *

	M1	M2	M3
Reales BIP	.	+	.
Nominelles BIP	.	+	+ (t-1)
Preisniveau	.	+ M	+ M
Bargeld	.	.	.
Aktienindex	.	-	.
Exogene Schocks	.	.	.
	d M1**	d M2**	d M3**
d reales BIP	- *** M	- *** M	- ***
d nominelles BIP	- ***	.	+
Inflationsrate	- (t+6) ****	+ (t+6) ****	+ (t+6) ****
d EUR-USD	+	+	.
d Löhne	.	+	+
d Arbeitslose	+	.	.
d Aktienindex	-	-	- M
Zins 1 Tag	-	-	.
Zins 1 Mt.	- M	-	.
Zins 3 Mt.	-	- M	.
Zins 12 Mt.	-	-	.
Zins 2 Jahre	-	-	.
Zins 5 Jahre	-	-	-
Zins 10 Jahre	-	.	.
Zinsstruktur	+	.	.
Exogene Schocks	.	x	x

Legende:
* Nur statistisch signifikante Ergebnisse (Signifikanzniveau von mindestens 0,10).
** Veränderungsraten auf Jahresbasis.
*** Positive Entwicklung der Geldmengen, jedoch mit zunehmenden Wachstumsraten des BIP real (vorübergehend) dämpfende Wirkung auf das Geldmengenwachstum.
**** Die Geldnachfrage steht in einem signifikanten, negativen Zusammenhang zur Inflationsrate im (späteren) Zeitpunkt t+6.
M: Größte Signifikanz bei einer multiplen Korrelationsanalyse.

Kapitel 6. Das Geldangebot

I. Überblick

Als Überblick zeigt die Abbildung 27 einzelne Theorien und Modelle nach dem Kriterium der Exogenität bzw. der Endogenität des Geldangebotes.

Abbildung 27: Beispiele für Geldangebotstheorien und –modelle

Currency Theorie: Exogenes Geldangebot (die Zentralbank bestimmt die Geldmenge)	*- Zwischenbereich -* *zum Teil endogenes Geldangebot* (in Verbindung mit einer endogenen Kreditmenge)	*Banking Schule:* Endogenes Geldangebot (die Geldnachfrage führt zu einem entsprechenden Geldangebot)
Quantitätstheorie (Old View) (II.ff.)	Kreditmarktmodell (VI.)	*J. Tobin* (New View) (VIII.)
- Klassisch-neoklassische und neoliberale Modelle		
- Monetarismus		
- Neue Klassische Makroökonomie.		

II. Die Tradition der Currency Theorie (Vorklassik, Klassik, Neoklassik, Monetarismus, Neue Klassische Makroökonomie)

Die Currency Theorie und die Banking Schule[148] sind zwei bedeutende geldtheoretische Schulen der klassischen Nationalökonomie, welche unterschiedliche Auffassungen zur Geldschöpfung haben. Die Currency Theorie entsteht vor allem in der Vorklassik und in der Klassik. Bedeutende Vertreter sind *Henry Thornton* (1760-1815), *David Ricardo* (1772-1823) und *Samuel Jones-Loyd, Lord Overstone* (1796-1883). Aus der Tradition der Currcency Theorie entwickeln sich unter anderem die klassische und die neoklassische Quantitätstheorie.

Die Currency Theorie geht von engen Geldmengenbegriffen aus und betrachtet ursprünglich nur das zirkulierende Bargeld (umlaufende Edelmetallmünzen), das Staatspapiergeld und die gegen Gold einlösbaren Noten der Zentralbank als Geldmengen. Aus heutiger currencytheoretischer Sicht lassen sich auch weitere Transaktionsmittel einbeziehen, wie diese in etwa der Geldmenge M1 entsprechen.[149]

---

[148] Vgl. die nachfolgenden Ziffern II.ff. und VII.f.
[149] Beispielsweise die Sichteinlagen und andere, girofähige Guthaben bei den Geschäftsbanken.

In der Currency Theorie haben die Geldangebotsprozesse eine große Nähe zu den von der Zentralbank ausgelösten Geldangebotsprozessen bzw. zu der von der Zentralbank geschaffenen monetären Basis. Die Currency Theorie beschäftigt sich vor allem mit Geldmengen, welche von der Zentralbank exogen bestimmt werden. Es entspricht dem currencytheoretischen Denken, von einem Geldschöpfungsprozess auszugehen, an welchem vorwiegend drei Akteure beteiligt sind:
- Die Zentralbank (ZB) stellt die monetäre Basis (das Zentralbankgeld) zur Verfügung und verlangt Mindestreserven auf das von den Geschäftsbanken geschaffene Geld,
- die Geschäftsbanken (GB) schöpfen Kredite, welche den Nichtbanken als Geld zur Verfügung stehen, und
- die Haushalte und Unternehmen als Nichtbanken (NB) fragen Bargeld (Noten, Münzen) sowie Einlagen bei den Geschäftsbanken nach.

Gedanklich lässt sich von einer Geldschöpfungspyramide ausgehen (vgl. Abbildung 28). Indem die Zentralbank das Ausmaß der monetären Basis (Geldbasis) sowie der Mindestreserven festlegt und die Nichtbanken (das Publikum) von der Zentralbank emittiertes Bargeld bei den Geschäftsbanken nachfragen, ist die Zentralbank in der Lage, die Geld- und Kreditschöpfung über die Geschäftsbanken zu steuern, und auf diese Weise die Geldmenge exogen zu beeinflussen.

Abbildung 28: Die Geldschöpfungspyramide

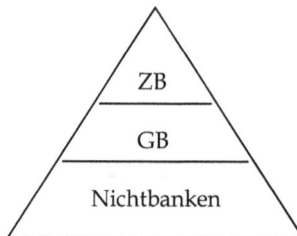

III. Die Geldschöpfung und Geldvernichtung sowie die multiple Geldschöpfung in der Tradition der Currency Schule

1. Das Geldbasiskonzept

Das Geldbasiskonzept[150] entspringt der Tradition der Currency Theorie. In einer vereinfachten Darstellung dient das Zentralbankgeld dazu, die Geschäftsbanken in die Lage zu versetzen, die Nichtbanken (das Publikum) mit Bargeld zu versorgen und die Mindestreservenverpflichtungen zu erfüllen.

---

[150] Vgl. *Issing, Otmar*, 1993, S. 62 ff.

Die monetäre Basis B umfasst:
- Die Zentralbankgeldmenge (bzw. das Bargeld) B_{NC}, welche von den Nichtbanken nachgefragt wird und
- das Zentralbankgeld B_{BZ}, welches von den Kreditinstituten zur Erfüllung der Mindestreserven gehalten wird:

$$B = B_{NC} + B_{BZ}. \tag{34}$$

Das Verhältnis m zwischen der Geldbasis B und der Geldmenge M beträgt:

$$m = \frac{M}{B} \tag{35}$$

bzw. $M = m \times B.$ \hfill (36)

Mit m wird der Geldschöpfungsmultiplikator bezeichnet, welcher der Relation zwischen der Geldmenge und der Geldbasis entspricht.

Die Geldmenge lässt sich auf M1, M2 oder M3 beziehen. Für M3 beispielsweise gilt:

$$M3 = B_{NC} + D + T + S \qquad bzw. \tag{37}$$

$$M3 = m3 \times B \quad bzw. \quad m3 = \frac{M3}{B}. \tag{38}$$

Dabei werden mit D die Depositen (Sichteinlagen), mit T die Termineinlagen und mit S die Spargelder bezeichnet.

Werden die Geschäftsbanken mit zusätzlichem Zentralbankgeld alimentiert, gewinnen sie einen größeren Spielraum zur Schöpfung von Krediten an die Nichtbanken.

2. Der traditionelle Geld- und Kreditschöpfungsmultiplikator (Phillipsmultiplikator)

Der traditionelle Geld- und Kreditschöpfungsmultiplikator geht davon aus, dass die Zentralbank originäres Geld (Zentralbankgeld) schafft, das den Geschäftsbanken zur Herstellung von derivativem Geld (Geschäftsbanken-, Buch- oder Giralgeld) dient:
- Die aktive Geldschaffung erfolgt durch das (aktive) Handeln der Kreditbanken, indem diese durch das Einräumen von Krediten an die Nichtbanken Sichtguthaben (Giralgeld bzw. Depositen) als zusätzliches Geld schaffen, wodurch sich die gesamte Geldmenge erhöht.
- Passives Geld wird geschaffen, wenn die Nichtbanken aktiv sind und sich die Kreditinstitute passiv verhalten, also wenn beispielsweise die Nichtbanken Bargeld bei den Geschäftsbanken als Sichteinlagen, Termin- und Spargelder einbezah-

len. Auf diese Weise findet eine Umwandlung von Zentralbankgeld (Bargeld) in Geschäftsbankengeld statt.[151]

Die *Prämissen* des traditionellen Modells der multiplen Geld- und Kreditschöpfung (Phillipsmultiplikator) sind:[152]
- Es gibt drei Kategorien von geldwirtschaftlichen Akteuren: Die Zentralbank, die Geschäftsbanken und die Nichtbanken (das Publikum).
- Die Zentralbank stellt den Geschäftsbanken Zentralbankgeld (Überschussreserven) zur Verfügung.
- Die Geschäftsbanken geben Kredite an die privaten Wirtschaftssubjekte, welche diese in der Form von Bargeld und Banküberweisungen in Anspruch nehmen.
- Die Geschäftsbanken haben Mindestreserven auf die Sichteinlagen der Nichtbanken (passive Depositen) zu bezahlen.
- Die Möglichkeiten der Geschäftsbanken, Kredite zu schöpfen, werden vollständig ausgenutzt; es verbleiben keine Überschussreserven und kein Bargeld bei den Geschäftsbanken.
- Die angebotenen Kredite werden auch tatsächlich nachgefragt (Kreditangebot= Kreditnachfrage).

Abbildung 29: Die Geld- und Kreditschöpfung

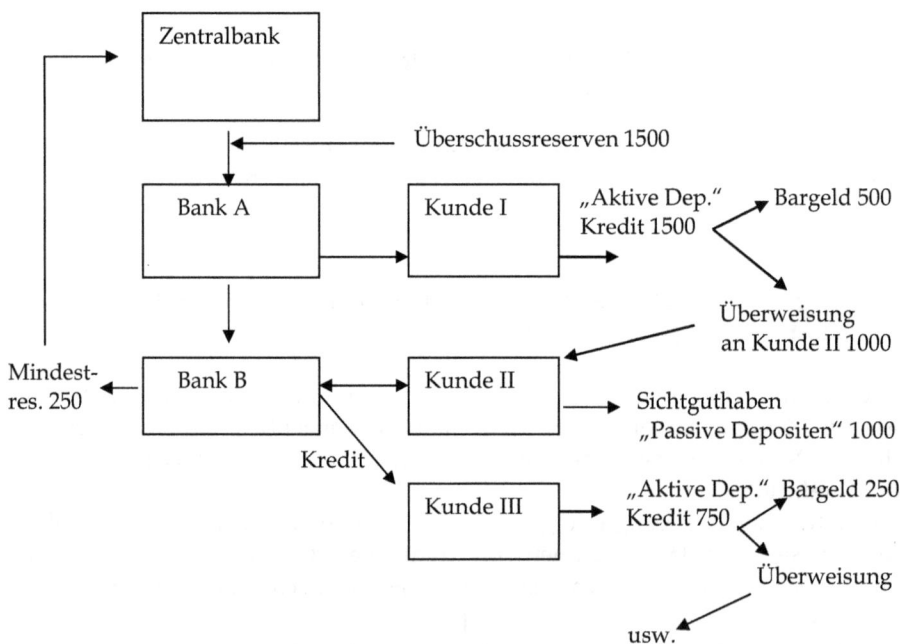

---

[151] Vgl. *Issing, Otmar,* 1998, S. 56 f.; vgl. *Duwendag, Dieter et al.,* 1974, S. 98.
[152] Vgl. *Issing, Otmar,* 1998, S. 63.

Der *Modellablauf* gestaltet sich wie folgt (vgl. Abbildung 29 und Tabelle 4):
- Die Zentralbank stellt der Bank A eine Überschussreserve als Guthaben bei der Zentralbank) von 1.500 zur Verfügung.
- Die Bank A gibt einem Kunden einen Kredit von 1.500 („aktive Depositen").
- Der Kunde bezieht 500 (c=1/3) in Form von Bargeld und lässt 1.000 an die Bank B überweisen (zum Beispiel an einen Kunden der Bank B), wodurch bei der Bank B passive Depositen (Sichteinlagen) von 1.000 entstehen.
- Die Bank B erhält einen Zufluss von Zentralbankgeld von entsprechend 1.000 (beispielsweise als Folge der Überweisung über das Clearing der Zentralbank).
- Die Bank B muss 250 Mindestreserven (r=1/4) an die Zentralbank bezahlen und kann mit den restlichen Überschussreserven Kredite von 750 („aktive Depositen") schaffen.
- usw.

Tabelle 4: Der Geld- und Kreditschöpfungsprozess (Sequenztabelle)

Bank	Sichteinlagen (passive Depositen)	Zufluss an Zentralbankgeld	Mindestreserven (r=1/4)	Überschussreserven	Aktive Geldschaffung (Kredite)	Verlust Zentralbankgeld	Bargeldabfluss (c=1/3)
A				1.500	1.500	1.500	500
B	1.000	1.000	250	750	750	750	250
C	500	500	125	375	375	375	125
D	250	250	.	.	.	.	.
	...	...	...	...	...	...	...
Total	2.000		500		3.000		1.000

Als *Ergebnis* zeigt sich:
- Die Überschussreserve von ursprünglich 1.500 wird nach zahlreichen Vorgängen durch einen Bargeldabfluss von 1.000 an das Publikum und einen Abfluss von 500 in Form von Mindestreserven der Geschäftsbanken an die Zentralbank „aufgezehrt".
- Insgesamt werden auf der Grundlage einer Überschussreserve von 1.500 Kredite (aktive Depositen) von 3.000 geschaffen.
- Die gesamte Geldschöpfung beträgt ebenfalls 3.000 (1.000 Bargeld und 2.000 Sichteinlagen=passive Depositen). Die Zusammensetzung der neu geschaffenen Geldmenge bezieht sich auf das Geldmengenaggregat M1 (Bargeld und Sichteinlagen).

3. Der Geldschöpfungsmultiplikator

Der Geldschöpfungsmultiplikator (sog. Phillipsmultiplikator)[153] geht von der Fragestellung aus, welche Geldmenge bei den Nichtbanken (dem sog. Publikum), maximal entstehen kann. Betrachtet werden die Ebenen der Zentralbank (Erhö-

---

[153] Vgl. *Phillips, C.A.* (1920), 1924.

hung der Überschussreserven) und der Nichtbanken (Erhöhung der Geldmenge
M1 mit Bargeldhaltung und Sichteinlagen).

Die maximal mögliche Geldschöpfung m lässt sich bei einer gegebenen Bargeldquote von c und einer Mindestreserve von r – ohne die recht anspruchsvolle Herleitung – nach folgender Formel berechnen:

$$m = \frac{1}{c + r(1-c)}.$$ (39)

Der Geldschöpfungsmultiplikator m_1 für die Geldmenge M1 am Beispiel der Sequenztabelle (vgl. Tabelle 4) beträgt:

$$m_1 = \frac{1}{1/3 + 1/4(1-1/3)} = 2.$$

Die Geldmenge M1 ergibt sich nach dem Geldbasiskonzept aus dem Geldschöpfungsmultiplikator m_1 multipliziert mit der durch die Zentralbank zur Verfügung
gestellten Geldbasis B (Summe der Zentralbankbestände der Geschäftsbanken und
des Bargeldumlaufs bei den Nichtbanken) mit $M_1 = m_1 \times B$. Die Kassenbestände der
Geschäftsbanken werden nicht ins Kalkül einbezogen.

Die theoretisch maximale Geldschöpfung am Beispiel der Sequenztabelle (vgl.
Tabelle 4) liegt bei:

Bargeld:	1.000
+ Guthaben der Geschäftsbanken bei der ZB (Mindestreserven)	+ 500
= Monetäre Basis (Geldbasis)	1.500
Bargeld	1.000
+ Sichtguthaben der Nichtbanken bei den Geschäftsbanken	+ 2.000
= M1	3.000.

Daraus lassen sich die folgenden Schlussfolgerungen ziehen:
- Je größer c und r sind, desto geringer ist der Geldschöpfungsmultiplikator.
- Die Zentralbank kann indirekt über eine Veränderung der Geldbasis (monetäre
Basis) und des Mindestreservesatzes auf die Kredite und in Folge auf die Geldmenge einwirken. Die Veränderung der Geldbasis steht damit, zusammen mit der
Festlegung des Mindestreservesatzes, im Mittelpunkt der geldpolitischen Diskussion zur Steuerung der Geldmenge bzw. des Geldangebotes.[154] Die Zentralbank
führt, so auch im Euro-Währungsgebiet, den Geschäftsbanken Liquidität zu, um
deren Transaktionen zu ermöglichen. Auf der anderen Seite schöpft sie Liquidität
in der Form von Mindestreserven ab, um eine möglichst zielkonforme Geldmengenentwicklung zu erreichen.

---

[154] Vgl. *Issing, Otmar*, 1998, S. 62 f.

4. Der Kreditschöpfungsmultiplikator

Der Kreditschöpfungsmultiplikator x_{Kr} analysiert die Frage, welche Kreditmenge die Banken bereitstellen. Es handelt sich um eine Betrachtung der Ebenen der Zentralbank (Erhöhung der Überschussreserven) und der Geschäftsbanken (Kreditschöpfung).[155] Wie groß ist die theoretisch mögliche Kreditmenge bei einer gegebenen Bargeldquote c und einem Mindestreservesatz r? Die Gleichung lautet:[156]

$$x_{Kr} = \frac{1}{c + r(1-c)}. \tag{40}$$

Am Beispiel der Sequenztabelle (vgl. Tabelle 4) ergibt dies:

$$x_{Kr} = \frac{1}{1/3 + 1/4(1 - 1/3)} = 2,$$

und ist damit identisch mit dem Geldschöpfungsmultiplikator, welcher sich auf das Geldmengenaggregat M1 bezieht. Es wird wiederum vereinfachend angenommen, dass die geschöpften Kredite insgesamt abfließen und als Bargeld sowie Sichteinlagen (=M1) Verwendung finden.

Empirisches Beispiel für den Kreditschöpfungsmultiplikator
(Euro-Währungsgebiet, Mitte 2005, Angaben in Mrd. €)

1. Grundlagen

Kredite MFI	8103	
Bargeld	430	c = 0,0529
Mind.res.	145	r = 0,0179
Σ Liq.zuführung	683.	

2. Der theoretisch mögliche Kreditschöpfungsmultiplikator x_{Kr} (Kredite)

$$x_{Kr} \frac{1}{c + r(1-c)} = \frac{1}{0,0529 + 0,0179(1 - 0,0529)} \approx 14,91.$$

3. Der effektive Kreditschöpfungsmultiplikator x (Kredite)

$$x_{Kr, effektiv} = \frac{Kredite\ Geschäftsbanken}{\Sigma\ Liquiditätszuführung} = \frac{8103}{683} = 11,8.$$

Die Möglichkeiten zur Kreditschöpfung werden damit nicht vollständig wahrgenommen. Dies ist unter anderem darauf zurückzuführen, dass die Banken ihr Portfolio unter Risiko-Ertragsaspekten umfassender optimieren, als dies bei einer ausschließlichen Kreditschöpfung der Fall wäre.

---

[155] Zur Herleitung siehe *Issing, Otmar*, 11. Aufl., S. 63 ff.
[156] Vgl. *Phillips, C.A.* (1920), 1924, S. 38 ff. *Phillips* geht ursprünglich von einem Geldsystem mit nur einer Geschäftsbank aus. Dieses lässt sich jedoch, wie die vorangehende Sequenztabelle zeigt, auch auf ein System mit mehreren Geschäftsbanken übertragen.

Die zusätzlichen, maximalen Geschäftsbankenkredite Δ_{Kr} resultieren aus dem Kreditschöpfungsmultiplikator x_{Kr}, multipliziert mit den zur Verfügung stehenden Überschussreserven $\ddot{U}R$: $\Delta_{Kr} = x_{Kr} \times \ddot{U}R = 2 \times 1500 = 3000$.

5. Die Kritik

Der Geldschöpfungsmultiplikator ist in der Praxis meist geringer als der maximal mögliche Koeffizient, weil die Möglichkeiten zur Kreditschöpfung als Basis der Geldschöpfung nicht vollständig ausgenutzt werden.

Der theoretisch abgeleitete Phillipsmultiplikator zeigt lediglich, wie viel Kredite bzw. Geld sich maximal schöpfen lassen. In den Geld- und Kreditschöpfungsmultiplikator gehen keine Verhaltensparameter ein; vor allem die Bargeldquote c ist nicht als Verhaltensparameter konzipiert. In der Praxis sind die Koeffizienten des Geld- und Kreditschöpfungsmultiplikators keine „technologischen Konstanten",[157] sondern sie stehen unter anderem auch in einem Zusammenhang mit den Zinsen und den Risiken.[158]

Empirische Hinweise zum Euro-Währungsgebiet (1999-2005)

Thesen:

1. Die Nachfrage nach Bargeld begrenzt das Geldmengenwachstum.	- Diese These trifft für die Veränderung der Geldmenge M1 auf Jahresbasis (= d M1) nicht zu und ist auch für d M2 und d M3 nicht signifikant zu belegen.* - Es wird offenbar stets genügend Zentralbankliquidität (monetäre Basis) zur Verfügung gestellt, um der Bargeldnachfrage des Publikums zu genügen. Diese Feststellung entspricht den Aussagen des erweiterten Geldbasiskonzeptes (vgl. Kapitel IV. weiter unten).
2. Die Mindestreserven begrenzen das Geldmengenwachstum.	- Diese These trifft für d M1 tendenziell zu (für d M2 und d M3 nicht signifikant).*
3. Eine Erhöhung der Liquiditätszuführung durch die EZB erhöht das Wachstum der Geldmengen.	- Diese These trifft nur tendenziell zu (nicht signifikant).*
4. Die Kreditmenge hängt von der Liquiditätszuführung (+), der Bargeldnachfrage (-) und den Mindestreserveverpflichtungen (-) ab.	- Ein diesbezüglich signifikanter Zusammenhang besteht nur zwischen der Kreditmenge und der Liquiditätszuführung durch die EZB.

* Bei einem zugrunde gelegten Signifikanzniveau von 0,10.

---

[157] Vgl. *Niehans, Jürg*, 1980, S. 314.
[158] Vgl. *Brunner, Karl* und *Meltzer, Allan*, 1968, S. 1-37.

Zudem gibt der Phillipsmultiplikator keine Hinweise auf die faktische Geld-
und Kreditschöpfung durch die Geschäftsbanken, welche im Rahmen eines umfassenden Portfolioverhaltens zu betrachten sind. Der Prozess der Portfolioopti-
mierung gestaltet sich damit wesentlich umfassender als nur die Vergabe von
Krediten und das Entgegennehmen von Sichteinlagen. Die Banken betreiben auch
das Kreditgeschäft mit anderen Banken und tätigen auf der Aktivseite eine Vielzahl von Finanzanlagen auf eigene Rechnung, so beispielsweise die Anlage in Anleihen, Geldmarktpapieren, Termin- und Optionskontrakten, Aktien und anderen
Sachanlagen. Zudem halten sie Gold, Beteiligungen und Immobilien. Auf der Passivseite fungieren neben den Sichteinlagen ebenfalls Termineinlagen, Spareinlagen, Geldmarktpapiere, Schuldbriefe, Anleihen etc. Die Vergabe der Kredite nach
portfoliotheoretischen Überlegungen erklärt die Kreditvergabe unter dem Niveau
der theoretisch möglichen „technischen" Maximalgrenzen.

Die mit diesem Modell erfasste Geld- und Kreditschöpfung bezieht sich institutionell nur auf den Geldangebotsprozess der Geschäftsbanken und nicht auch auf
die Finanzintermediäre.[159] Zudem werden nur relativ eng abgegrenzte Geldmengen und nicht auch weitere, liquiditätsnahe Forderungen betrachtet.

Insgesamt beurteilt hat der Geldschöpfungsprozess lediglich ex post-Charakter.
Der Phillipsmultiplikator hätte zudem keine besondere Aussagekraft, wenn die
Basisgeldmenge endogen an die Geldnachfrage angepasst würde.[160]

IV. Das erweiterte Geldbasiskonzept

Die *einfache Geldbasis* (monetäre Basis mit Münzen, Banknoten und Guthaben der
Geschäftsbanken bei der Zentralbank) wird durch die Zentralbank festgelegt. Die
„erweiterte" Geldbasis wird nicht nur durch die Zentralbank bestimmt, sondern unterliegt auch dem Verhalten weiterer geldpolitischer Akteure.[161] Zu diesen zählen
die öffentlichen Haushalte, die „privaten Nichtbanken" bzw. das sog. Publikum
(Haushalte und Unternehmen) sowie das Ausland:

- Die *öffentlichen Haushalte* (vor allem die Zentralstaaten der Mitgliedsländer des
Euro-Währungsgebietes) halten Guthaben bei den nationalen Zentralbanken, welche nicht zur Geldmenge gezählt werden. Durch die Ausgaben und Einnahmen
der öffentlichen Haushalte im Verkehr mit den Geschäftsbanken beeinflussen sie
jedoch die Geldbasis, indem sie Mittel in Umlauf bringen. Ähnliches trifft zu,
wenn die Zentralbanken Wertpapiere der öffentlichen Haushalte von den Nichtbanken kaufen oder an diese verkaufen.

- Die *Nichtbanken* nehmen durch die Bargeldhaltung c Einfluss auf die Geldbasis.
Wesentliche Faktoren der Bargeldhaltung sind die Zahlungssitten und die Neigung, Bargeld als Teil des Vermögens zu halten.

---

[159] Vgl. *Tobin, James*, 1963a.
[160] Eine Endogenisierung der Geldbasis (monetäre Basis) enthält das Geldangebotsmodell von *Jan Tinbergen*. Bei diesem Ansatz können die Geschäftsbanken je nach der Inanspruchnahme von Zent-
ralbankkrediten den Umfang der monetären Basis und damit die Geldmenge bestimmen.
[161] Vgl. *Issing, Otmar*, 1998, S. 72 ff.

- Die *Geschäftsbanken* beeinflussen die Geldbasis durch die Kreditvergabe. Sofern dies zu einem Verlust von Bargeld an die Nichtbanken und zur Beanspruchung von weiterem Zentralbankgeld (beispielsweise für Mindestreserven) führt, verändert sich die Geldmenge.

- Auch das *Ausland* kann die Währung des Inlandes nachfragen. So beeinflusst beispielsweise die erhebliche Bargeldnachfrage des Auslandes nach € die Geldbasis (monetäre Basis) im Euro-Währungsgebiet.

V. Die Wicksellsche Idealbank

1. Bei einer Bank

Die Zentralbanken weisen immer wieder auf die Gefahr des „Entstehens einer Wicksellschen Idealbank" hin. Darunter werden innovatorische Prozesse verstanden, welche zu einer Substitution des Bargeldes und einer Vermeidung von Mindestreserveverpflichtungen führen. Im Extremfall – bei einer restlosen Verdrängung des Bargeldes und einer vollständigen Umgehung der Mindestreserven – würde sich eine unbegrenzte Geldschöpfung ergeben.[162] Die möglichen Probleme werden vor allem in einer außer Kontrolle geratenen Inflation und einem damit verbundenen Crash des Geldsystems gesehen.

Die Grundvorstellung der Wicksellschen Idealbank geht von der Annahme eines Landes mit nur einer Bank, keinen Mindestreserven ($r=0$) sowie ohne Bargeld ($c=0$) aus. Sämtliche Zahlungen erfolgen durch Banküberweisungen, die Verwendung von Kreditkarten oder prepaid-Karten. Selbst wenn die Zentralbank keine monetäre Basis zur Verfügung stellt, ist bei einer „Wicksellschen Idealbank" eine unbegrenzte Entwicklung der Geldmengen möglich. Bei $c=0$ und $r=0$ kommt nach der Formel des Phillipsmultiplikators ein unendlicher Geldschöpfungsmultiplikator zustande:

$$m_1 = \frac{1}{c + r(1-c)} \text{ bzw.} \frac{1}{0 + 0(1-0)} \rightarrow \text{nicht lösbar,}$$

d.h. unendlich, wenn r asymptotisch gegen 0 tendiert.

2. Die Wicksellsche Idealbank bei mehreren Banken

Keynes weist darauf hin, dass es innerhalb eines geschlossenen Bankensystems (ohne Bargeldhaltung und ohne den Abfluss von Bankenguthaben ins Ausland) ebenfalls zur Schaffung von Bankengeld in unbegrenzter Höhe kommen kann. Die

---

[162] Vgl. *Friedman, Milton*, 1969b, S. 4-14.

Banken sind in der Lage, soviel Geld zu schöpfen, wie sie Sichtguthaben schaffen, ggf. überweisen und wiederum entgegen nehmen.[163]

Eine Art von Wicksellscher Idealbank kann sich damit auch bei mehreren Banken ergeben, sofern die privaten Nichtbanken keine Kasse (kein staatlich emittiertes Bargeld) halten und die Geschäftsbanken keine Mindestreserven bei der Zentralbank hinterlegen müssen. Das Kreditverhalten der Banken (oder der professionellen Geldverleiher) ist in diesem Fall nur zu Beginn durch das vorhandene Kapital begrenzt. Beherrschen die Banken das gesamte Zahlungswesen, können sie das erforderliche Geld aus dem Überweisungssystem schöpfen.

Die Geldnachfrage schafft sich, mit anderen Worten, ihr eigenes Geldangebot. In einem reinen Kreditsystem ohne Mindestreserven, in welchem alle Zahlungen durch die Banken ausgeführt werden, können die Banken jederzeit einen beliebigen Kreditbetrag bereitstellen.[164] Es ist keine Geldbasis erforderlich, und die privaten Banken können sich – im Rahmen der von ihnen bereitgestellten Finanzaktiven – einer Regulierung der Geldmengen entziehen.[165]

Gibt es jedoch – wie dies in der Praxis der Fall ist – staatliches Bargeld, kommt es zu einer Unterbrechung der Geldschöpfung. Sind beispielsweise die Kreditzinsen im Verhältnis zu den Renditen des Kapitals gering und steigen die Preise, benötigt der Handel mehr Münzen und Banknoten. Deshalb wird nicht das gesamte von den Banken geschaffene Kreditgeld auch wieder zu den Banken zurückkehren, sondern es verbleibt ein Teil davon in Form von Bargeld beim Publikum. Die Liquidität der Banken wird schmelzen, was die unbegrenzte Geldschöpfung unterbricht.[166] Nur wenn das staatliche Bargeld durch „Bargeld" substituiert wird, welches von den Geschäftsbanken oder durch Finanzintermediäre emittiert wird (beispielsweise Kreditkarten oder Zahlkarten), besteht die Gefahr des Auftretens einer Wicksellschen Idealbank.

3. Die Eurodollarmärkte

Als ein besonderes Beispiel einer Wicksellschen Idealbank mit mehreren Banken werden die sog. Xenomärkte betrachtet, so beispielsweise die Euromärkte des US-Dollars).[167] Xenomärkte sind Finanzmärkte außerhalb des eigentlichen Währungsgebietes, auch „off-shore" Märkte genannt. Von Xenomärkten wird gesprochen, wenn Marktteilnehmer Währungen bei Geschäftsbanken außerhalb des eigentlichen Währungsgebietes halten.

Bei den Xenomärkten besteht keine Kassenhaltung der Nichtbanken, und in der Regel müssen auch keine Mindestreserven hinterlegt werden. Deshalb kommt es –

---

[163] Vgl. *Keynes, John M.* (1930), 1932, S. 21.
[164] Vgl. *Wicksell, Knut* (1907), 1906b, S. 213-220.
[165] Ähnliches trifft für elektronische Zahlkarten (pay cards oder debit cards) zu, welche das Bargeld ersetzen (sofern diese nicht mindestreservepflichtig sind).
[166] Vgl. *Wicksell, Knut* (1907), 1906b, S. 213-220. Vgl. Kapitel 8, Kapitel V. f.
[167] Vgl. auch den Artikel „Euromärkte", in: HdWW, 1980.

theoretisch betrachtet – zur Gefahr des Entstehens einer Wicksellschen Idealbank mit einer unbegrenzten Geldschöpfung.

Allerdings zeigen sich in der Praxis zwei Phänomene, welche die Geld- und Kreditschöpfung der Xenomärkte begrenzen:
- Die Geschäftsbanken unterlegen die Xenomarkteinlagen, bedingt durch die Risiken und die Pflicht zur Unterlegung von Krediten, mit Eigenkapital. Die Verfügbarkeit von Eigenkapital begrenzt damit die möglichen Euromarkteinlagen. Werden die Euromarkteinlagen beispielsweise mit durchschnittlich vier Prozent Eigenkapital unterlegt, kann maximal das 25-fache des verfügbaren Eigenkapitals an Euromarkteinlagen entgegen genommen werden. Ähnlich wie die Mindestreserven über Zentralbankgeld finanziert werden müssen, ist die Unterlegung mit Eigenkapital der Bank e_E zu finanzieren.
- Eine relativ große Geld- und Kreditschöpfung würde sich nur dann einstellen, wenn keine solchen Einlagen aus dem Xenomarktsystem in das eigentliche Währungsgebiet abfließen würden. Oft werden jedoch über die Xenomärkte Kredite bereitgestellt, welche letztlich in den eigentlichen Währungsgebieten Verwendung finden. Das Abfließen von Einlagen aus den Xenomärkten hat ähnliche Wirkungen wie die Bargeldhaltung der Nichtbanken in einem Währungsgebiet, was ebenfalls zu einem Abfließen von monetärer Basis aus dem Bankensystem führt.

In Folge lässt sich die Geld- und Kreditschöpfung der Xenomärkte mit der Hilfe des Phillipsmultiplikators berechnen, wobei anstelle der Mindestreserven r die Eigenkapitalunterlegung e_E und anstelle der Bargeldhaltung c das Abfließen von Geldern aus den Xenomärkten a_E eingesetzt werden. Der Geldmultiplikator lautet in diesem Fall:

$$m_{Euromarkt} = \frac{1}{a_E + e_E\left(1 - a_E\right)}.$$ (41)

Beispiel:

e_E (Unterlegung mit Eigenkapital)   = 0,04   (4 Prozent der Euromarkteinlagen)
a_E (abfließende Euromarkteinlagen) = 0,10   (10 Prozent der Euromarkteinlagen)

$$m = \frac{1}{0,10 + 0,04(1 - 0,10)} \approx 7,35.$$

In diesem Beispiel entspricht der Geldschöpfungsmultiplikator der Xenomärkte in etwa jenem des Euro-Währungsgebietes (für M1).

Zu einer wesentlichen Entschärfung der Geldschöpfungsproblematik der Euromärkte führen auch die Deregulierung der Binnenmärkte (beispielsweise die Aufhebung von Höchstzinsvorschriften) und die Verzinsung der Mindestreserven der

Geschäftsbanken.[168] Dies senkt die Attraktivität der Euromärkte außerhalb der Binnengeldmärkte und reduziert die Anlage von einzelnen Währungen in den Xenomärkten.

VI. Das Kreditmarktmodell

Das Kreditmarktmodell wurde von *Karl Brunner* und *Allan Meltzer*[169] entwickelt. Dieses versucht die Kritik an der rein mechanischen Bestimmung des Geldangebotes mit dem Geld- bzw. Kreditschöpfungsmultiplikator (Phillipsmultiplikator) zu überwinden. Die gesamten Prozesse finden im Kreditmarkt und in dessen Zusammenspiel mit dem Geldmarkt statt. Das Kreditmarktmodell unterscheidet sich grundlegend vom Modell des Phillipsmultiplikators.[170]

Das Verhalten der am Geldschöpfungsprozess beteiligten Akteure (Geschäftsbanken und Nichtbanken) wird in einen neuen Ansatz integriert, bei welchem sich der Kreditmarkt mit dem Geldmarkt simultan verbindet. Die Grundidee besteht darin, die von den Geschäftsbanken geschaffenen Kredite in Beziehung zur Kreditnachfrage und zum Kreditangebot zu setzen und daraus die Geldmenge abzuleiten. Das Geldangebot wird simultan mit der Kreditmenge und dem Kreditzins bestimmt. Die Geschäftsbanken und die Nichtbanken beeinflussen durch ihr Verhalten den Geldangebotsmultiplikator.

Das Kreditmarktmodell erklärt das Kreditangebotsverhalten der Geschäftsbanken sowie die Kreditnachfrage der Nichtbanken. Der Kreditmarkt wird als Markt für Bankkredite verstanden. Der Marktzins bestimmt endogen das Kreditangebot und die Kreditnachfrage.[171] Daraus entsteht – als endogener Prozess – die Kreditmenge, woraus sich wiederum die Geldmenge ableiten lässt. Das Kreditmarktmodell trennt den Geldmarkt und den Kreditmarkt. Der Kreditmarkt wird als eigenständiger Markt mit speziellen Eigenschaften betrachtet, welcher zusammen mit dem Geldmarkt eine zentrale Rolle im Geldangebotsprozess spielt.[172]

Als *Prämissen* dienen folgende Überlegungen:
- Das Kreditmarktmodell stellt ein preistheoretisches Modell dar, bei welchem der Zins als Preis funktioniert. Der Zinssatz entsteht nicht am keynesianischen Geldmarkt, sondern wird durch den Markt für Bankkredite bestimmt, wo die Giralgeldschöpfung und damit verbunden die Erhöhung der Geldmenge erfolgt.
- Als Akteure wirken die Geschäftsbanken, welche Kredite anbieten, und die privaten Nichtbanken, welche Kredite nachfragen.
- Ein weiterer Akteur ist die Zentralbank, welche – nach den Annahmen – unlimitiert Zentralbankliquidität zu einem von ihr festgelegten Diskontsatz anbietet.
- Die Kreditkosten umfassen: (1) Die Refinanzierungskosten für die Bereitstellung der Kredite zum aktuellen Diskontsatz. (2) Die Kosten der Geschäftsbanken für

---

[168] Beispielsweise in den USA und im Euro-Währungsgebiet.
[169] Vgl. *Brunner, Karl* und *Meltzer, Allan,* 1966, S. 151-176; vgl. *Brunner, Karl,* 1974, S. 114-148.
[170] Vgl. *Brunner, Karl,* 1974, S. 145.
[171] Vgl. *Issing, Otmar,* 1998, S. 81.
[172] Vgl. *Brunner, Karl,* 1974, S. 114.

die Bearbeitung und die Überwachung der Kreditverträge: Die entsprechenden Grenzkosten sollen – als Annahme – U-förmig verlaufen. Bei den Gesamtkosten wird nur der ansteigende Ast der Grenzkosten betrachtet; dieser setzt sich aus konstanten Grenzkosten der Refinanzierung und dem Ast der ansteigenden Grenzkosten der Kreditsachbearbeitung zusammen (vgl. Abbildung 30).

Abbildung 30: Die Grenzkosten der Bereitstellung von Krediten

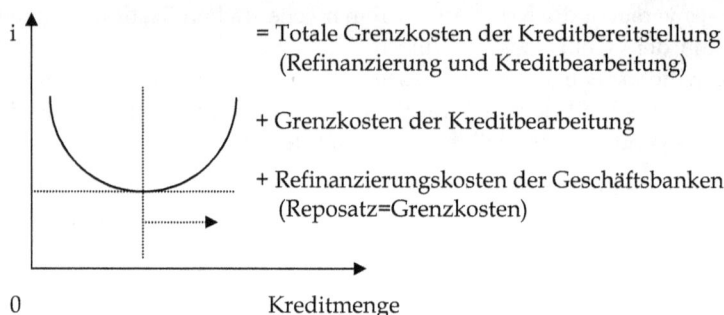

= Totale Grenzkosten der Kreditbereitstellung (Refinanzierung und Kreditbearbeitung)

+ Grenzkosten der Kreditbearbeitung

+ Refinanzierungskosten der Geschäftsbanken (Reposatz=Grenzkosten)

- Es erfolgt eine preistheoretische Analyse des Kreditmarktes, indem der Zins als „Preis" fungiert. Sowohl die Kreditnachfrage als auch das Kreditangebot sind zinselastisch. Der Zins führt zu einem Ausgleich von Kreditnachfrage und Kreditangebot. Die Kreditnachfrage K_N entspricht dem Grenznutzen des Kredits für den Kreditnehmer und das Kreditangebot K_A den Grenzkosten der Geschäftsbanken für die Bereitstellung von Krediten:

$$K_N = K_N\left(\overset{-}{i}\right), \tag{42}$$

$$K_A = K_A\left(\overset{+}{i}\right), \tag{43}$$

$$K_N(i) = K_A(i). \tag{44}$$

- Es existiert zudem ein Geldmarkt mit einer zinselastischen Geldnachfrage M_D und einem zinselastischen Geldangebot M_S:

$$M_D = M_D\left(\overset{-}{i}\right), \tag{45}$$

$$M_S = M_S\left(\overset{+}{i}\right), \tag{46}$$

$$M_D(i) = M_S(i). \tag{47}$$

- Die Geld- und Kreditschöpfung wird als zweistufiger Prozess mit einem Kreditmarkt und einem Geldmarkt erklärt. Diese beiden Märkte sind miteinander verbunden. Dabei reguliert der Zins das Angebot und die Nachfrage bei beiden Märkten. Mit diesem preistheoretischen Modell werden einige Kritikpunkte am traditionellen Phillipsmultiplikator berücksichtigt; dazu zählt vor allem die Berücksichtigung von Grenznutzen- und Grenzkostenüberlegungen im Kredit- und Geldmarktbereich.

- Es wird von der Annahme ausgegangen, dass die von den Geschäftsbanken gewährten Kredite vollumfänglich auch als Geld nachgefragt werden.[173]

- Die K_N-Kurve und die M_D-Kurve verlaufen spiegelbildlich zur Zinsachse i.

- Der Schnittpunkt zwischen der Geldangebots- und der Geldnachfragekurve ergibt die Geldmenge. Es besteht ein unmittelbarer Zusammenhang zwischen dem Kreditmarkt und dem Geldmarkt.

- Es gibt keine Annahmen über die Bargeldquote und die Mindestreserven. Zudem bestehen keine Aussagen über die „Technik" der Entstehung und Vernichtung von Zentralbank und Giralgeld.

Abbildung 31: Das Standardkreditmodell und eine Erhöhung der Kreditnachfrage (Fall 1)

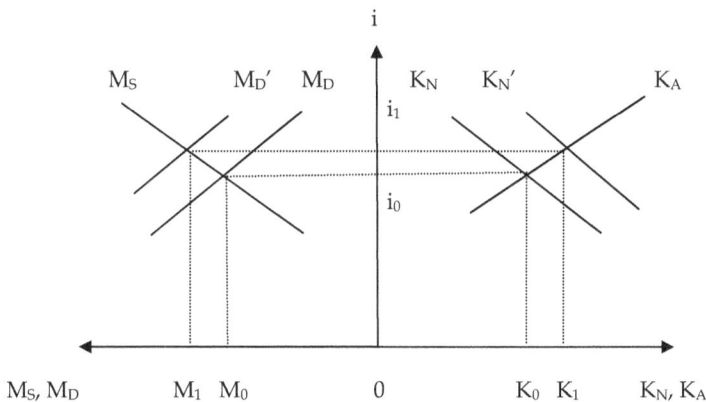

Das *Modell* (mit Fall 1) ist in Abbildung 31 dargestellt. Bei einer Kreditnachfrage von K_N und einem Kreditangebot von K_A ergeben sich eine Kreditmenge von K_0, eine Geldmenge von M_0 und ein Zins von i_0. Steigt die Kreditnachfrage auf K_N', resultieren eine höhere Kreditmenge von K_1, eine Geldmenge von M_1 und ein Zinssatz von i_1.

Zu Änderungen bei den Ergebnissen (Kreditmenge, Geldmenge, Zinsen) kommt es auch durch eine Veränderung des Kreditangebotes, beispielsweise in

---

[173] Diese Sicht ist typisch für die money view, indem das Zentralbankgeld vollständig in Geld beim Publikum transformiert wird. Untypisch ist allerdings die passive Rolle der Zentralbank, welche die von den Geschäftsbanken nachgefragte monetäre Basis (Geldbasis) ohne Restriktionen zur Verfügung stellt.

Folge einer Änderung des Diskontsatzes. Im Fall 2 mit einer Erhöhung der Leitzinsen der Zentralbank (vgl. Abbildung 32) verschiebt sich die Kreditangebotskurve von K_A zu K_A' durch die Erhöhung der Kosten der Bereitstellung von Krediten. Die Kreditzinsen steigen von i_0 auf i_1 und die Kreditmenge sinkt von K_0 auf K_1. Gleichzeitig steigen die Geldmarktzinsen und die Geldmenge sinkt von M_0 auf M_1. Die umgekehrte Wirkung tritt ein, wenn der Diskontsatz gesenkt wird (nicht eingezeichnet).

Nach den Ergebnissen dieses Modells erscheint eine Veränderung des Reposatzes als ein wirkungsvolles Instrument, um die Geldmenge zu beeinflussen. Bei einer wirtschaftlichen Depression ist es allerdings auch möglich, dass die Kreditmenge trotz sinkender Zinsen nicht steigt (vertikale K_N-Kurve).

Abbildung 32: Die Erhöhung des Reposatzes (Fall 2)

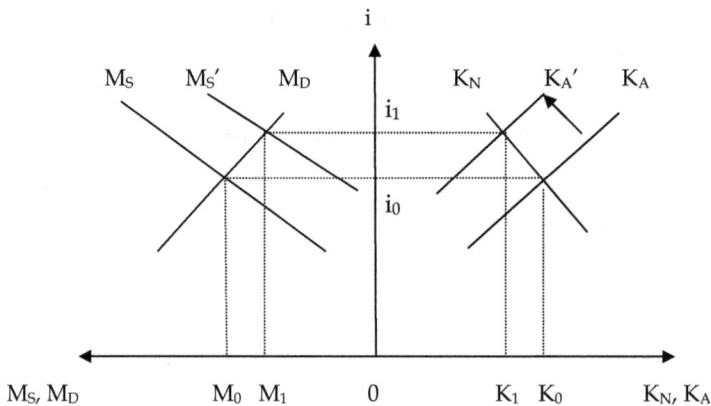

Das dargestellte Kreditmarktmodell ist nicht unkritisch zu betrachten. Dieses entspricht zwar einer aktuellen und häufig präsentierten Form. In der ursprünglichen Formulierung gehen *Brunner* und *Meltzer* jedoch nicht davon aus, dass der Zins des Geldmarktes vom Kreditmarkt bestimmt würde. Vielmehr bilden sich auf dem Kreditmarkt die Kreditmarktsätze, während sich beim Geldmarkt spezielle Geldmarktsätze ergeben, welche wiederum einen Einfluss auf die Kredit- und Kapitalmarktzinsen haben.[174]

Als *Kritik* ist zudem zu nennen:
- Problematisch ist die Ableitung der Geldmenge aus dem Kreditmarkt. Die von den Geschäftsbanken zur Verfügung gestellten Kredite gelangen nicht zwangsläufig in vollem Umfang auf den Geldmarkt, sondern lassen sich in vielfältiger Weise verwenden (beispielsweise zu Giroüberweisungen, für Investitionen oder zum Kauf von Wertpapieren). Die unmittelbare Verquickung des Kreditmarktes mit dem Geldmarkt ist wenig realistisch.

---

[174] *Brunner* geht davon aus, dass „… die mit dem die Transaktionen dominierenden Aktivum, d.h. dem Geld, verbundenen Substitutionsbeziehungen nicht auf eine kleine Unterklasse von Aktiva (Geld versus Bonds) beschränkt sind, sondern sich über das ganze Spektrum an Aktiva erstrecken". *Brunner, Karl*, 1974, S. 131.

Empirische Hinweise zum Euro-Währungsgebiet (1999-2005)

Thesen

Die Kreditnachfrage

1. Die Kreditnachfrage ist zinselastisch.	- Diese These trifft tendenziell zu.
2. Bei einer steigenden Kreditnach-frage erhöhen sich die Zinsen.	- Diese These trifft zu.
3. Die Kreditnachfrage steigt in Folge des wirtschaftlichen Wachstums.	- Diese These trifft zu.
4. Die Erhöhung des Preisniveaus führt zu einer Erhöhung der Kreditnachfrage.	- Diese These trifft tendenziell zu, ist jedoch nicht signifikant zu belegen.*

Das Kreditangebot

5. Das Kreditangebot der Ge-schäftsbanken ist zinselastisch.	- Diese These trifft tendenziell zu, lässt sich je-doch nicht signifikant belegen.*
6. Eine Erhöhung der Liquiditäts-zuführung durch die EZB führt zu einer Erhöhung des Kreditangebo-tes der Geschäftsbanken.	- Diese These trifft zu.

Die Umwandlung von Krediten in Geldmengen

7. Die gewährten Kredite der Geschäftsbanken führen zu einer Erhöhung der Geldmenge.	- Diese These trifft tendenziell zu, ist allerdings nur für M2 signifikant.*

* Bei einem zugrunde gelegten Signifikanzniveau von mindestens 0,10.

- Positiv zu beurteilen ist jedoch die preistheoretische Analyse des Kredit- und Geldmarktes. Damit lassen sich die Auswirkungen einer Veränderung der Kredit-nachfrage und des Kreditangebotes auf die Zinsen, die Kreditmenge und die Geldmenge analysieren.
- Das Kreditmarktmodell geht von identischen Zinsen beim Kredit- und Geld-markt aus. Diese Annahme ist wenig sinnvoll, denn die Zinsen des Kreditmarktes und der Geldmärkte sind nicht identisch. Dies wäre nur unter der Bedingung vollkommener Kredit- und Geldmärkte ohne Gewinnmargen, Transaktionskosten und Bonitätsrisiken der Fall. In der Praxis spielen Risikozuschläge eine Rolle, wie diese – je nach der Bonität der Schuldner – üblich sind. Die Banken kalkulieren neben den Refinanzierungs- und Kreditbearbeitungskosten auch spezifische Risi-kozuschläge aufgrund der individuellen Kreditrisiken, welche in der Kreditange-botskurve nicht enthalten sind. Zudem müssten identische Kredit- und Geld-marktzinssätze auch identische Laufzeiten haben, was nicht zutrifft.
- Damit arbeitet der Kreditkanal unter wesentlich komplexeren Rahmenbedin-gungen als im vorliegenden Kreditmarktmodell. Zudem erfolgt das Kreditangebot

meist als Mischfinanzierung über den Geld- sowie den Kapitalmarkt und reagiert nicht nur auf die Geldmarktsätze, sondern auch auf die Kapitalmarktzinsen.[175]

VII. Die Tradition der Banking Schule (Klassik, Keynesianismus)

Die Grundlagen der Banking Schule, zu deren frühen Vertretern und Begründern *Robert Torrens* (1780-1864), *James Mill* (1773-1836), *Thomas Tooke* (1774-1858), *John Fullarton* (1780-1849) und *John Stuart Mill* (1806-1873) zählen, geht ursprünglich auf die sog. „Real Bills Doctrine" von *John Law* (1671-1729)[176] zurück. Aus der Banking Schule entwickeln sich die keynesianisch orientierte Theorie und insbesondere die New View von *James Tobin*.

Die Tradition der Banking Schule betrachtet umfassendere Geldmengen als die Currency Theorie. Dazu zählen ursprünglich neben Metallgeld und Banknoten (als Zahlungsversprechen) auch die Bankkredite, außerdem die Schecks, Wechsel und andere Schuldverschreibungen (wie beispielsweise die sog. Kreditpapiere).[177] Letztere werden entsprechend den Bedürfnissen der Wirtschaft geschöpft. Das Geld fließt wieder zurück, wenn dieses nicht mehr gebraucht wird („law of reflux" bzw. Fullartonsches Rückstromprinzip). Im Gegensatz zur Currency Theorie ist das Geldangebot endogen und richtet sich nach den Erfordernissen des Marktes.

Nach dem der Banking Schule zugrunde liegenden „banking-principle" handeln die Banken nach den Bedürfnissen des Marktes. Zu den Kernthesen zählt die Auffassung, die Geldnachfrage induziere das Geldangebot. Es wird auch von einer „reverse causation"-Hypothese des Geldangebotes gesprochen, wonach das Geld nicht in erster Linie durch die Schaffung von monetärer Basis seitens der Zentralbank entsteht. Die Tradition der Banking Schule betrachtet die Geldschöpfung vielmehr als das Ergebnis des Portfolioverhaltens der Geschäftsbanken und der Nichtbanken. Die Geldschöpfung kommt als endogener Prozess zustande, welcher durch die Geldnachfrage der Wirtschaftssubjekte bzw. deren Portfolioverhalten ausgelöst wird. Das Geldangebot reagiert auf die Geldnachfrage. Die Zinsen als Faktorentschädigung für das zur Verfügung gestellte Geld dienen als vorrangiger Regulator für die Koordination von Geldangebot und Geldnachfrage.

Steigt die Güternachfrage, wird auch mehr Geld als Transaktionskasse benötigt. Wenn die Zentralbank die monetäre Basis für weitere Bankkredite begrenzt, wird versucht, „Geld" über die Nichtbanken („privates Geld") etwa in der Form von kurzfristigen, ggf. handelbaren Kreditpapieren und Lieferantenkrediten oder die internationalen Geld- und Kreditmärkte zu schöpfen.[178] Auf diese Weise steht der

---

[175] Die Betrachtung des Kreditmarktmodells erfolgt eigentlich auf der Basis der money view, müsste aber auf der Basis der credit view (mit unvollkommenen Kreditmärkten) geschehen.
[176] Vgl. *Law, John*, 1705 und 1707.
[177] Vgl. *Issing, Otmar*, 1998, S. 84 ff.
[178] Vgl. zum Zusammenhang zwischen Geldnachfrage und Kreditschöpfung *Felkel, Stephanie*, 1998, S. 72 f.

Wirtschaft nach Auffassung der Banking Schule immer so viel Geld zur Verfügung, wie gebraucht wird. Wird das Geld nicht mehr benötigt, werden die entsprechenden Verbindlichkeiten zurückgezahlt, und das Geld verschwindet wieder aus dem Kreislauf.

VIII. Die New View

Der Begriff der „New View" wird von *James Tobin* in seinem Aufsatz „Commercial Banks as Creators of ‚Money'" (1963)[179] geprägt. Grundlage ist der *Radcliffe-Report* aus dem Jahre 1959,[180] welcher sich unter anderem mit der Kreditausweitung in Großbritannien trotz einer restriktiven Geldpolitik der englischen Zentralbank beschäftigt. Als Ursache dieses Phänomens werden erhebliche Liquiditätsreserven der Geschäftsbanken und eine große Elastizität des Geldsystems bei der Kreditvergabe und damit der Geldschöpfung vermutet.

In der Folge kommt es zu einer Renaissance der Currency-Banking-Kontroverse.[181] *Tobin* überträgt die liquiditätstheoretischen Überlegungen des Radcliffe-Reports auf die Geldangebotstheorie und kritisiert die in der „alten Sicht" („Old View") vertretene Auffassung, nur die Geschäftsbanken könnten Geld schaffen.

In der Tradition der Banking Schule bzw. der Theorie der „reverse causation" geht *Tobin* von einem durch die Geldnachfrage geprägten Geldangebot aus. Nach dieser Auffassung wird das Geldangebot endogen durch die Geldnachfrage bestimmt.[182] Die Nichtbanken (private Haushalte, Unternehmen, Finanzinstitutionen und der Staat) wählen aus den verschiedenen Möglichkeiten der Kreditaufnahme und Geldanlage jene aus, welche einen optimalen Nutzen aus dem Vermögen versprechen.[183]

Zudem wird auf die ungenügende Geldmengenabgrenzung durch die Currency Schule hingewiesen, und es wird die Einbeziehung der Geldsurrogate gefordert. Die Geldmengen werden als Teil der gesamten Liquiditätsverfassung der Nichtbanken betrachtet, welche für das Kaufverhalten entscheidend ist.[184] Die Geldmenge hat vor allem langfristige Auswirkungen auf die Wirtschaft. Die New View weitet den traditionellen Geldmengenbegriff auf alle liquiditätsnahen Finanzaktiven und den Geldangebotsprozess der traditionellen Geschäftsbanken auch auf die übrigen Finanzintermediäre aus:

> „Eine neuere Entwicklung der Geldtheorie tendiert dazu, die scharfen traditionellen Unterscheidungen zwischen Geld und anderen Aktiva und somit zwischen Geschäftsbanken und anderen Intermediären zu verwischen, sich

---

[179] Vgl. *Tobin, James*, 1963a.
[180] „Committee on the Working of the Monetary System" unter der Leitung von *Lord Radcliffe*, welches 1957 von der Britischen Regierung den Auftrag erhielt, die Funktionsweise des britischen Geldsystems zu untersuchen.
[181] Vgl. *Claassen, Erich-Maria*, 1980, S. 27.
[182] Vgl. *Johnson, Harry G.*, 1974, S. 39.
[183] Vgl. *Johnson, Harry G.*, 1974, S. 39.
[184] Vgl. *Claassen, Erich-Maria*, 1980, S. 29.

mehr auf die Nachfrage nach und das Angebot am gesamten Spektrum von
Aktiva zu konzentrieren. Eine geringere Rolle spielen die Mengen und die
Umlaufgeschwindigkeit des ‚Geldes', bedeutsam sind vor allem die Struktur
der Zinsraten, die Ertragsraten der Aktiva und die Kreditverfügbarkeiten als
Bindeglied zwischen den monetären und den nichtmonetären Finanzinsti-
tutionen".[185]

Bei den übrigen Finanzintermediären handelt es sich beispielsweise um Versicherungen, Pensionskassen, Investmentfonds, Finanztrusts, Kreditvermittler und
ausländische Kreditanbieter. Zu deren Rolle – neben den traditionellen Geschäftsbanken – führt *Tobin* aus:

> Diese können kein Geld schaffen, denn „… der Umfang ihrer Aktiva wird
> durch ihre Passiva begrenzt, d.h. durch die Ersparnisse, die das Publikum ih-
> nen anvertraut".[186]

Die Finanzintermediäre vermitteln – wie die Geschäftsbanken – Kredite zwischen den Kreditnehmern und den Kreditgebern.[187] Dies entspricht sowohl den
Präferenzen der Kreditgeber, die ihr Vermögen anlegen wollen als auch jenen der
Kreditnehmern, welche Investitionen planen, die über ihr verfügbares Kapital
hinausgehen. Als Vorteile der Finanzintermediäre betrachtet *Tobin* eine effiziente
Administration, die Streuung der Risiken, eine gesicherte Liquidität und vorteilhafte Sollzinsen für die Kreditgeber. Deshalb verspricht sich *Tobin* einen expansiven Einfluss der Intermediäre auf die volkswirtschaftliche Entwicklung.

Die Zentralbanken spielen auch bei der New View eine Rolle beim Geldangebot, indem diese das Kreditangebot über die Festlegung der Zinsen im kurzfristigen Bereich in einem gewissen Rahmen steuern können. Die Finanzintermediäre
treten unter anderem auf, wenn die Zentralbanken durch ihre Liquiditätspolitik
eine Verengung der Kreditvergabemöglichkeiten durch die Geschäftsbanken bewirken:

> „Wenn es der Zentralbank gelingt, die Menge der von ihr ausgegebenen Zah-
> lungsmittel nach ihrem Wunsch zu steuern, dann tritt allzu leicht der Fall ein,
> dass das Kreditgeschäft sich anderen Quellen zuwendet".[188]

Durch die Elastizität der gesamten Kreditvergabemöglichkeiten der Geschäftsbanken und der Finanzintermediäre passt sich nach Auffassung der New View die
Geldmenge der Geldnachfrage an. Diese

> „… hängt von allen jenen Faktoren ab, welche Änderungen des Sozialpro-
> dukts bestimmen: die Änderungen der Nachfrage, vor allem der Bruttoin-
> vestitionen und der Exporte, die Fiskalpolitik und die Inflation der Lohn-
> sätze …".[189]

---

[185] *Tobin, James,* 1974, S. 105 (gegenüber der Übersetzung in die deutsche Sprache leicht veränderter Satzbau).
[186] *Tobin, James,* 1974, 105.
[187] Vgl. dazu: *Tobin, James,* 1974, S. 106 ff.
[188] *Kaldor, Nicholas,* 1970, S. 53.
[189] *Kaldor, Nicholas,* 1970, S. 53.

Bei der New View wird die Kreditexpansion nicht mehr, wie beim Phillipsmultiplikator von 1920, durch die Überschussreserven begrenzt, sondern durch das Verhältnis sämtlicher liquider Aktiven zu den Einlagen der Nichtbanken bei den Banken.[190] Ist diese Relation größer als jene, welche von den Banken aus Liquiditätsüberlegungen für unbedingt notwendig gehalten wird, kann das Bankensystem Kreditgeld schaffen, ohne im Besitz von Überschussreserven zu sein.[191] Allerdings kommt es bei der Schaffung von Kreditgeld zu einem erhöhten Bedarf an Zentralbankgeld, indem vermehrt Sichteinlagen entstehen, welche Mindestreserven erfordern und zudem fließt Bargeld ab.[192] Dabei verläuft die Kausalität anders als beim Phillipsmultiplikator: Die Banken geben nicht Kredite, weil sie über Überschussreserven verfügen, sondern sie halten gewisse Überschussreserven, weil sie zusätzliche Verpflichtungen zur Einlage von Mindestreserven aufgrund steigender Einlagen und eines vermehrten Abzugs von Bargeld erwarten.

Ein Gegenargument der Quantitätstheoretiker gegen die Theorie der reverse causation sind die zeitlichen Verzögerungen (time lags) zwischen der sich verändernden Geldnachfrage und der daraus folgenden Veränderung der Geldmenge. Dies lasse die Kausalität der Geldmengenänderungen nicht erkennen. Dieser Auffassung entgegnet *Nicholas Kaldor*:

> „Die Zeitfolge – auch – wirtschaftlicher Erscheinungen ist kein Kriterium, um Ursache und Wirkung eindeutig erkennen zu können. Zudem wird die zeitliche Folge des Sozialprodukts auf die Geldmenge erklärlich, ohne dass man kausale Interpretationen heranzieht".[193]

Die Geschäftsbanken können Kredite in dem Ausmaß schaffen, wie diesen Sichtguthaben zufließen. Diese Aussage knüpft an den sog. „Krug der Witwe" (the „cruse of the widow") an, aus welchem endlos Geld sprudelt. Indem das System der Geschäftsbanken über den gesamten Bestand der tendenziell expandierenden Sichtguthaben verfügt, sind diese – in ihrer Gesamtheit – mit dem „Krug der Witwe" vergleichbar.

Begrenzt wird die Kredit- und Geldschöpfung nur durch das verfügbare Zentralbankgeld, welches durch die Bargeldnachfrage des Publikums und die Verpflichtung zur Hinterlegung von Mindestreserven bei der Zentralbank wieder abfließt. Auf diese Weise steigt die Kreditvergabe der Geschäftsbanken höchstens bis zum Niveau des Geldschöpfungsmultiplikators der Old View (Phillipsmultiplikator). Die Finanzintermediäre dagegen können insoweit Kredite schöpfen, als sie Liquidität bzw. Finanzaktiven beschaffen können.

Insgesamt betrachtet widerspricht die New View der These einer durch die Zentralbank exogen beeinflussten Geldmenge. Das Geldangebot passt sich vielmehr der Geld- und Kreditnachfrage an (reverse causation). Die Zentralbank kann lediglich den kurzfristigen Zins fixieren. Diese Argumentationsweise der New View stellt eine Gegenposition zu der vor allem quantitätstheoretisch begründe-

---

[190] Vgl. *Lutz, Friedrich A.,* 1970, S. 5.
[191] Vgl. *Lutz, Friedrich A.,* 1970, S. 5.
[192] Vgl. *Lutz, Friedrich A.,* 1970, S. 6.
[193] *Kaldor, Nicholas,* 1970, S. 55.

ten, orthodoxen Old View dar. Im Mittelpunkt der Geldschöpfung stehen einerseits die Nichtbanken (Haushalte, Unternehmen), welche Geld nachfragen und Geldvermögen anlegen, und andererseits die Banken sowie die Finanzintermediäre, welche Kredite schöpfen und Geldvermögen entgegen nehmen.

Empirischer Hinweis zum Euro-Währungsgebiet (1999-2005)

These:

Ein höherer Output (reales BIP) führt zu   - Diese These trifft tendenziell zu (nur
einer größeren Geldmenge (M1-M3).   für M2 signifikant).*

* Bei einem zugrunde gelegten Signifikanzniveau von mindestens 0,10.

IX. Die Currency-Banking-Kontroverse: Ein Rückblick

Bei einer sehr einfachen Betrachtung der Banking Schule lässt sich - anstelle der Pyramidenvorstellung für die Currency Theorie mit der Zentralbank, den Geschäftsbanken und den Nichtbanken - von einer pentagonalen Struktur mit fünf geldwirtschaftlichen Akteuren ausgehen, deren portfoliotheoretisches Verhalten die Geldprozesse beeinflusst. Bei diesen Akteuren handelt es sich um die Zentralbanken, die Geschäftsbanken, die Nichtbanken (Haushalte und Unternehmen), die staatlichen Haushalte und das Ausland.

Sämtliche fünf Akteure bieten - nach einer etwas umfassenderen Betrachtung als bei der Currency Theorie - Geld an und fragen Geld nach (vgl. Abbildung 33):

- Die Nichtbanken (vor allem die Unternehmen) bieten Quasi-Geld in der Form von Geldmarktpapieren, Sicht- und ggf. Termingeld auf eigenen Namen sowie Schuldpapiere (Schecks, Wechsel und Schuldverschreibungen mit kürzerer Laufzeit) an und fragen solche nach.

- Die öffentlichen Haushalte bieten vor allem kurzfristige Geldmarktpapiere und Schuldverpflichtungen (treasury bills) an, welche - elektronisch gespeichert - wie Geld verwendet werden können.

- Die ausländischen Zentralbanken, Geschäftsbanken, Regierungen und Nichtbanken (vor allem die Unternehmen) bieten Geldmarktpapiere und -verpflichtungen an und fragen solche nach. Außerdem fragen auch die privaten, ausländischen Nichtbanken (Haushalte und Unternehmen) Bargeld in fremden Währungen nach.

Nach diesem etwas umfassenderen Ansatz verwandelt sich die gedankliche Vorstellung einer Geldschöpfungs-Pyramide zu einem Fünfeck von Akteuren, welche gegenseitig durch das Angebot und die Nachfrage nach Geld miteinander verbunden sind. Dies impliziert eine große Elastizität von Geldangebot und Geldnachfrage, vor allem bei den Währungen der höchstentwickelten Industrieländer.

Abbildung 33: Das Geldangebot und die Geldnachfrage der einzelnen Akteure

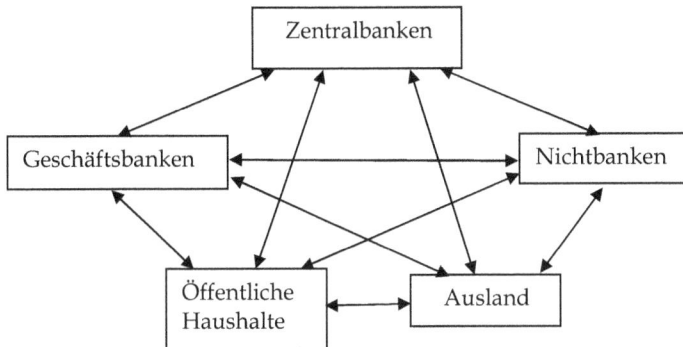

Wie ist die Currency-Banking-Kontroverse zu beurteilen? Eine Gegenüberstel-
lung der geldangebotstheoretischen Thesen der Currency Theorie und der Banking Schule ist deshalb interessant, weil es hier um eine zentrale Frage der Geldtheorie geht: Entsteht Geld durch das Geldangebot (Currency Theorie) oder durch
die Geldnachfrage (Banking Schule). Bereits zu Ende des 18. und Beginn des 19.
Jh. wurden die jeweiligen, kontroversen Auffassungen immer wieder modifiziert
und schließlich kam es zu den Auseinandersetzungen zwischen den Monetaristen
und den neueren, keynesianisch orientierten Schulen.

Empirischer Hinweis zum DM-Währungsgebiet der Deutschen Bundesbank (1970-
1990)

Nach einer Untersuchung von *Stephanie Felkel* passten sich im früheren DM-Wäh-
rungsgebiet die Geldmengen in der Tendenz laufend endogen der Geldnachfrage an.
Ein steigendes (nominelles) Volkseinkommen führte zu einer größeren Nachfrage nach
Krediten und gleichzeitig zu einer höheren Nachfrage nach Geldvermögen (M3). Die
Erhöhung der monetären Basis („Zentralbankgeld") bewirkte ebenfalls eine steigende
Geldmenge und hatte reale Wirkungen in den Bereichen des Konsums, der Investitio-
nen, der Produktion und der Beschäftigung, soweit dadurch nicht inflationäre Effekte
(Preiseffekte) ausgelöst wurden.

Die Korrelationswerte für die Position der Currency Schule sind etwas besser als für
jene der Banking Schule (*Mills* Hypothese der reverse causation), weshalb erstere rele-
vanter scheint. *Felkel* weist darauf hin, dass auch andere Untersuchungen diese Richtung des Prozesses bestätigen (vgl. *Felkel, Stephanie*, 1998, S. 192).

Beide Theorien bestätigen sich bei empirischen Analysen für das Euro-Währungsgebiet (1999-2005) in einer gewissen Weise, ergeben jedoch keine signifikanten Ergebnisse. Es ist schwierig, sich zugunsten der einen oder anderen Theorie zu
entscheiden. Eine mögliche Erklärung dieses Phänomens besteht im Wesen der

Geldschöpfung, welche im Euro-Währungsgebiet sehr ausgeprägt über die Kreditmärkte erfolgt. Für die Auffassung der Banking Schule spricht die Endogentität der Kreditschöpfung. Auf der anderen Seite ermöglicht erst die Liquiditätszuführung durch die EZB den Geschäftsbanken die Gewährung von Krediten, welche stets auch zu einem Abfluss von Zentralbankliquidität in der Form von Bargeld und Mindestreserveverpflichtungen führt. Unter diesem Aspekt handelt es sich um einen exogenen Vorgang nach den Vorstellungen der Currency Theorie.

Kapitel 7. Die Zinstheorie

„Es ist vielleicht nicht zu viel gesagt, wenn man behauptet, dass die Bedeutung, die ein Nationalökonom dem Zins als Regulator der wirtschaftlichen Entwicklung beimisst, vielleicht das beste Kriterium für seine theoretische Einsicht ist."

(Friedrich August von Hayek).[194]

I. Überblick

Aufgabe der Zinstheorie ist es, „ … zu erklären, wie sich die verschiedenen Zinssätze bilden, und auf welcher Höhe sie sich einstellen".[195] Die Zinsen sind eine Entschädigung für Geld, Kredit und Kapital, welche zur Verfügung gestellt werden, d.h. eine Vergütung für die Nutzung eines Vermögensgegenstandes.[196]

Nach *Irving Fisher* ist zwischen dem Zins und dem Zinsfuß (bzw. dem Zinssatz) zu unterscheiden: Der Zins ist eine ökonomische Größe innerhalb eines ganzen Preissystems[197] und bezieht sich auf eine bestimmte Periodenlänge, beispielsweise ein Jahr. Der Zinsfuß ergibt sich, wenn der Zins in Relation zum Kapitalwert (Marktwert) gesetzt wird.[198]

In der Praxis gibt es viele Arten von Zinsen:

- Sollzinsen und Habenzinsen: Diese werden je nachdem gezahlt, ob es sich um Kredite oder Guthaben handelt.

- Zinsen zwischen der Zentralbank und den Geschäftsbanken, Zinsen zwischen den Geschäftsbanken, Zinsen zwischen den Geschäftsbanken und den Nichtbanken (Haushalten, Unternehmen) sowie Zinsen zwischen privaten Nichtbanken und anderen privaten Wirtschaftssubjekten: Interne Zinsen diskontieren die künftigen Erträge und setzen diese in einen Bezug zum eingesetzten Kapital.

- Nominalzinsen (monetäre Zinsen), reale Zinsen (nominale Zinsen minus die Inflationsrate) und Güterzinsen (in realen Gütern): Bei den Zinsen handelt es sich meist um monetäre Größen. Denkbar sind auch Güterzinsen als eine reale Größe, welche in Naturleistungen bestehen.[199]

- Zinsen des Geld- und des Kapitalmarktbereichs (letztere im Extremfall mit unendlicher Laufzeit): Die Unterteilung in Geld- und Kapitalmarktzinsen erfolgt in der Regel nach der Laufzeit der jeweiligen Finanzaktiven. Geldmarktzinsen beziehen sich nach der Geldmengendefinition der EZB auf Forderungen mit einer Laufzeit von bis zu zwei Jahren, Kapitalmarktzinsen auf Titel mit einer ursprünglichen Laufzeit von zwei Jahren und mehr.

---

[194] *von Hayek, Friedrich August,* 1929, S. 119.

[195] *Lutz, Friedrich A.,* 1965, S. 435.

[196] Nach *Friedrich A. Lutz* wird „ … unter Zins … die Vergütung verstanden, die ein Darlehensnehmer für die zeitweilige Benutzung einer Wertsumme zahlt, die am häufigsten Geldform hat, aber auch Güterform haben kann" (*Lutz, Friedrich A.,* 1965, S. 434). Vgl. auch derselbe, 1980, S. 530-548.

[197] Vgl. *Fisher, Irving,* 1932, S. 28.

[198] Vgl. *Fisher, Irving,* 1932, S. 12.

[199] So bietet beispielsweise ein Wohnrecht einen Nutzen in der Form eines „Güterzinses" oder es sind Stromlieferungen von Kraftwerken als Entschädigung für Darlehen denkbar, welche an diese gegeben werden.

Es gibt eine große Zahl von Zinstheorien, welche sich mit den Geld-, Kredit- und Kapitalmarktzinsen beschäftigen; einige davon sollen erörtert werden. Um einen ersten Überblick über einzelne Zinstheorien zu gewinnen, werden diese in Abbildung 34 vorerst nach dem zeitlichen Bezug (Geld- und Kapitalmarktzinsen) gegliedert. Der Weg der Darstellung der Zinstheorien im weiteren Verlauf der Ausführungen folgt jedoch weitgehend der chronologischen Entwicklung.

Abbildung 34: Überblick über einzelne Zinstheorien

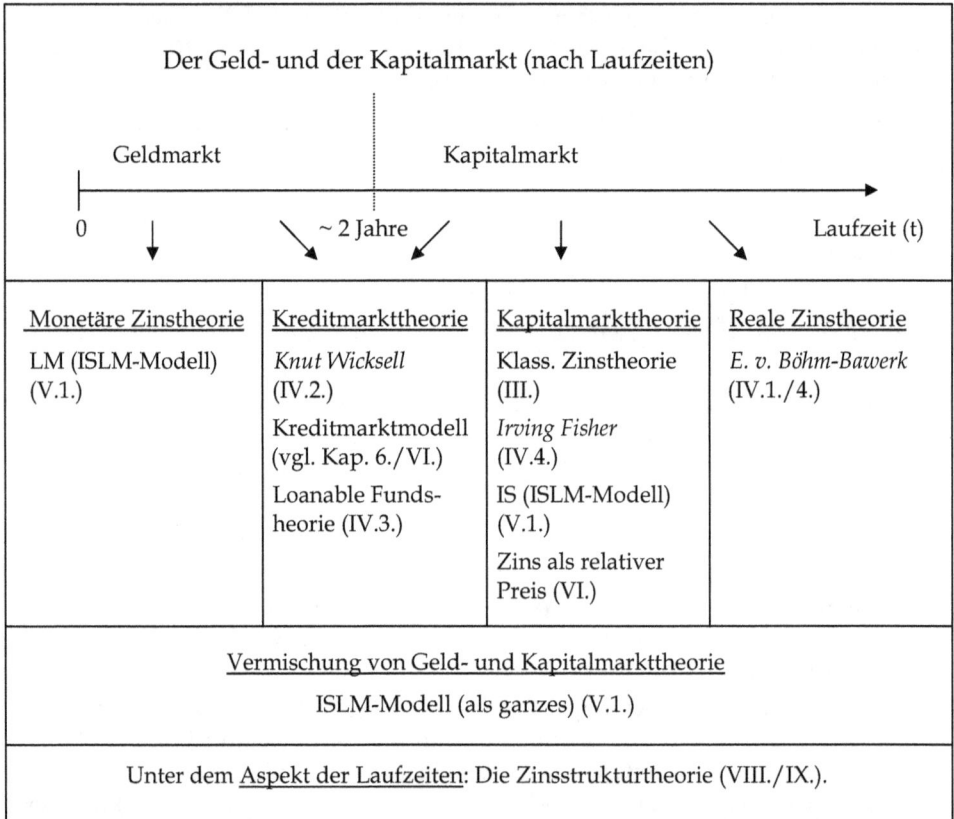

Der Geld- und der Kapitalmarkt (nach Laufzeiten)

Geldmarkt | Kapitalmarkt

0   ~ 2 Jahre   Laufzeit (t)

Monetäre Zinstheorie	Kreditmarkttheorie	Kapitalmarkttheorie	Reale Zinstheorie
LM (ISLM-Modell) (V.1.)	*Knut Wicksell* (IV.2.)	Klass. Zinstheorie (III.)	*E. v. Böhm-Bawerk* (IV.1./4.)
	Kreditmarktmodell (vgl. Kap. 6./VI.)	*Irving Fisher* (IV.4.)	
	Loanable Funds-heorie (IV.3.)	IS (ISLM-Modell) (V.1.)	
		Zins als relativer Preis (VI.)	

Vermischung von Geld- und Kapitalmarkttheorie

ISLM-Modell (als ganzes) (V.1.)

Unter dem Aspekt der Laufzeiten: Die Zinsstrukturtheorie (VIII./IX.).

II. Die vorklassische Zinstheorie

Von *Aristoteles* stammt die Aussage, „Geld kann keine Jungen hecken".[200] Für das Verleihen von Geld Zinsen zu nehmen, sieht er als verwerflich an. *Thomas von Aquin* (1224-1274) betrachtet zwar das Nehmen von Zinsen in einigen Fällen als

---

[200] Vgl. *Aristoteles*, 1837, liber. I, c. 8-10. „Hecken" ist ein alter, nicht mehr gebräuchlicher Begriff für die Aufzucht von Jungen im Reich der Vögel.

begründet, lehnt aber vor allem den Konsumkredit ab und hat dabei die „armen" Zinsschuldner vor Augen.

Unter dem Einfluss solcher Überlegungen kommt es zum kanonischen Zinsverbot als einem gesetzlichen Wucherverbot. Einige Stellen in der Bibel verbieten das Nehmen von Zinsen nicht ausdrücklich,[201] andere untersagen dies: „ … thut wohl und leihet, dass ihr nichts dafür hoffet, so wird euer Lohn groß sein, und werdet Kinder des Allerhöchsten sein …".[202] „ … Wenn Du einem Volk, das bei Dir wohnt, Geld leihst, so bedränge es nicht wie ein Erpresser und bedrücke es nicht mit Zinsen".[203] Auf solchen Worten begründete die Kirche im Mittelalter ursprünglich das Zinsverbot.

Die vorklassische Zinstheorie richtet sich noch nicht so sehr auf die Ursachen, sondern vielmehr die Rechtfertigung des Zinses. Mit den wirtschaftlichen Entwicklungsprozessen im 18. Jh. und der Ablösung der kirchlichen Macht durch die Gewalt des modernen Staates kommt es vorerst zu einer Beschränkung in der Höhe der Zinsen, später zur Bejahung von marktadäquaten Zinsen.[204] Auch *John Locke* (1632-1704) befürwortet den sich aufgrund von Angebot und Nachfrage am Markt bildenden, natürlichen Zinsfuß; ein zu niedriger Zins würde die Geldgeber veranlassen, ihr Geld lieber zu horten, ein zu hoher Zins den Gewinn des Kaufmanns schmälern und einen Rückgang der Geldnachfrage bewirken.[205] Das Zinsverbot wird 1571 in England und 1789 in Frankreich aufgehoben.

III. Die klassische Zinstheorie

Die klassische Zinstheorie beschäftigt sich in erster Linie mit den Zinsen des Kapitalmarktes. Der Begriff des Kapitalmarktzinses orientiert sich sehr ausgeprägt an den Kapitalgewinnen.[206] Durch ein Darlehen erhält der Schuldner das Recht auf einen Anteil am jährlichen Gewinn aus dem Boden und der Arbeit. Verspricht der Einsatz von Kapital einen hohen Gewinn, werden nach *Adam Smith* auch hohe Zinsen für die Ausleihe von Kapital gezahlt.[207] Je höher der Lohn ist, desto geringer ist der Kapitalgewinn (und umgekehrt).

Für *Jean-Baptiste Say* (1767-1832) ist der Zins das Kapitaleinkommen des Eigentümers eines Aktivums oder der Preis für die Gewährung eines Darlehens, dem zeitweise überlassenen Verfügungsrecht über eine bestimmte Wertsumme.[208] Voraussetzung für die Entstehung eines Zinses ist die Wertproduktivität des Kapitals, aus welchem ein Kapitaleinkommen entsteht.

---

[201] Vgl. Neues Testament, *Lukas,* Vers 119, Satz 23.
[202] Neues Testament, *Lukas,* Vers 6, Satz 35.
[203] *Altes Testament,* Exodus 22, 25.
[204] Vgl. *Cassel, Gustav,* 1932.
[205] Vgl. *Locke, John* (1823), 1963, S. 5, S. 11 und S. 64.
[206] Vgl. *Schumpeter, Joseph A.,* 1926, S. 267 f.
[207] Vgl. *Smith, Adam,* Wohlstand der Nationen (1776), 1974, S. 76.
[208] Vgl. *Say, Jean-Baptiste,* Traité d'économie politique, Paris 1803a, S. 122; vgl. auch *Cassel, Gustav,* 1932, S. 169.

Den Zins unterteilt *Say* in einen reinen Zins, welcher sich als Gleichgewichtszins durch Angebot und Nachfrage nach Maßgabe des Kapitalreichtums eines Landes (Spareignung) bildet, sowie in eine im Laufe der Zeit fallende Risikoprämie.[209] Zudem ist der Zinsfuß von der Person des Kreditnehmers abhängig; die „persönliche Gediegenheit eines Unternehmers" beeinflusst den Zinsfuß „in Richtung des wahren Zinses".[210] Nach seiner Auffassung schlagen gesetzliche Bestimmungen zur Unterbindung des Wuchers fehl, denn wenn der Verleiher von Kapital durch einen Gesetzesverstoß sein Kapital verlieren kann, wird er im Gegenzug einen umso höheren Zins als Risikoprämie fordern.[211] *Say* erkennt bereits die monetären Einflüsse auf den Kapitalzins; eine solche Wirkung bestehe jedoch höchstens vorübergehend.

David Ricardo (1772-1823) interessiert sich vor allem für den Anteil des Profits am gesamten Sozialprodukt und weniger für die Profitrate im Sinne einer Verzinsung als Prozentsatz des Kapitals. Der Zins ist der Profit der Kapitalisten im Sinne eines Residualwertes, welcher übrig bleibt, wenn vom Gesamtwert der Waren der Arbeitslohn abgezogen wird: [212]

> „Der Zins für Geld ... wird nicht durch den Satz bestimmt, zu dem die Bank verleiht, seien es 5, 4, oder 3 Prozent, sondern durch die Profitrate, die man durch den Einsatz von Kapital erhalten kann und die völlig unabhängig ist von der Menge oder dem Wert des Geldes. Ob eine Bank eine Million, zehn Millionen oder hundert Millionen ausleiht, verändert nicht den Marktzinssatz, sondern nur den Wert des so ausgegebenen Geldes".[213]

Bei einer bodengebundenen Produktion ist der Profit identisch mit der Bodenrente.[214] Mit einer steigenden Bevölkerung wird nach Auffassung von *Ricardo* zunehmend Boden schlechterer Qualität bearbeitet. Da die Bearbeitung dieser Böden immer mehr Arbeitsaufwand erfordert, entwickeln sich die Bodenrente und der Kapitalprofit anteilig am Sozialprodukt rückläufig, d.h. die Profitrate fällt. Daraus zieht *Ricardo* die Schlussfolgerung eines von der Lohnhöhe abhängigen Kapitalprofits.[215]

Für *John St. Mill* (1806-1873) wird die Höhe des Zinses durch das Angebot und die Nachfrage nach Kapital bestimmt, die Nachfrage nach Kapital wiederum ergibt sich aus dem erwarteten Kapitalgewinn. Der Zins dient als Vergütung für die eingegangenen Risiken, welche durch soziale Umstände und die Art des Geschäftes entstehen. Zudem ist der Gewinn eine Entschädigung für die Mühen des Un-

---

[209] Vgl. *Ammonn, Alfred,* 1956, S. 94.

[210] Vgl. *Say, Jean-Baptiste,* 1845, S. 112.

[211] Vgl. *Say, Jean-Baptiste,* 1828/29, S. 119 f.

[212] Vgl. *Ricardo, David,* 1923, S. 63.

[213] *Ricardo, David,* 1817, S. 246.

[214] In Anlehnung an die Zinslehre von *Ricardo* entsteht die Ausbeutungstheorie des Zinses von *Karl Marx.* Indem das Kapital nicht als selbständiger Produktionsfaktor betrachtet wird, sondern als eine durch das kapitalistische System bedingte Aneignung des Mehrwerts durch den Kapitalisten, ist auch der Zins ein Teil des Mehrwertes (hinzu kommt die Abnutzung des investierten Kapitals). Vgl. *Marx, Karl,* 1926, S. 475.

[215] Vgl. *Ricardo, David,* 1980, S. 211 ff.

ternehmers und die Konsumabstinenz des Kapitalgebers während der Zeit der Nutzung durch den Unternehmer.[216]

Bei zahlreichen, lehrbuchmäßigen Darstellungen der sog. klassischen Zinstheorie dient der Kapitalmarkt als Bezugsrahmen, wo das Kapitalangebot (die Ersparnisse) und die Kapitalnachfrage (für Investitionen) aufeinander treffen.[217]

Als *Prämissen* wird der Kapitalmarkt durch Investieren und Sparen geprägt. Die Investitionen I sind von deren Grenzertrag und negativ vom Zins i, die Ersparnisse S vom Kapitalreichtum eines Landes und positiv vom Zins i abhängig:

$$I = I\left(\overset{-}{i}\right) \text{ und} \tag{48}$$

$$S = S\left(\overset{+}{i}\right). \tag{49}$$

Als *Ergebnis* zeigt sich bei einer gegebenen Investitions- und Sparneigung ein Zins von i_1 (vgl. Abbildung 35). Der Zins i_1 ist ein Gleichgewichtspreis, welcher das Angebot S und die Nachfrage I nach Ersparnissen, welche beide vom Zins abhängig sind, zum Ausgleich bringt. Erhöht sich die Sparneigung auf S_2, findet ein Ausgleich von Sparen und Investieren bei einem niedrigeren Zins von i_2 statt, und die Investitionen steigen.

Abbildung 35: Das klassische Zinsmodell

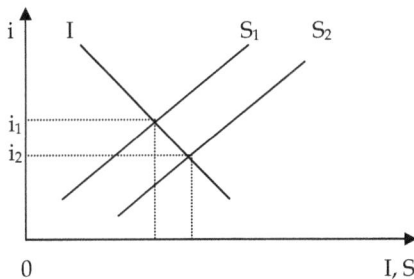

Dabei ändern „nach Ansicht der Klassiker ... Sparen und Investieren nichts an der Tatsache, dass der Kreislaufstrom in Höhe der gesamten Einkommen durch die Nachfrage erhalten bleibt".[218] Der Grund hierfür ist, dass das nicht für Konsum ausgegebene Einkommen durch die Kreditinstitute wieder den Kreditmärkten zugeführt wird. Durch das Sparen entsteht also kein Nachfrageausfall, sondern eine Nachfrageverschiebung zwischen dem Konsum und den Investitionen. Bei einem gegebenen Einkommen ergänzen sich Sparen und Konsumieren zum gesamten Einkommen. Je höher der Zins ist, desto größer ist der Sparanteil und

---

[216] Vgl. *Mill, John St.*, 1968, S. 320.
[217] Vgl. *Issing, Otmar*, 1998, S. 97 ff.
[218] *Issing, Otmar*, 1998, S. 98.

desto geringer der Anteil des Konsums. Der Konsum C ist damit ebenfalls zinsabhängig:

$$C = C\left(\overset{+}{i}\right). \tag{50}$$

In der klassischen Zinstheorie wird der Zins durch den Kapitalreichtum eines
Landes bestimmt. Je mehr gespart wird, desto niedriger ist der Zins (und umge-
kehrt). Auf längere Sicht wird der Zins als eine reale, in seiner Höhe durch güter-
wirtschaftliche Vorgänge bestimmte Größe verstanden.[219] Das Geld als reines
Transaktionsmittel („Geldschleier") kann die Zinsen des Kapitalmarktes vom
Prinzip her nicht beeinflussen.

Das Geld hat nach Auffassung der klassischen Nationalökonomen *langfristig*
keinen Einfluss auf die Zinsen.[220] Dies hängt mit der damals zugrunde liegenden,
nicht verzinslichen Goldwährung zusammen. Diese Auffassung gilt nicht für die
Kreditzinsen: „Als Geld haben die Währungen keinen Einfluss auf die Zinsen, bei
den Bankkrediten ist dies der Fall".[221] Damit hat das Geldwachstum – in der Form
von Bankkrediten – nur eine vorübergehende, kurzfristige Wirkung auf die Zinsen. Sobald die Nachfrage nach Gold- und Silbermünzen zufolge der größeren
Bankkredite wieder steigt, erhöht sich auch der Zinssatz.[222]

In der langfristigen Entwicklung sinken die Zinsen tendenziell. Dies wird mit
der steigenden Menge der zu produktiven Zwecken eingesetzten Kapitalgüter
erklärt,[223] wobei nach dem klassischen Ertragsgesetz die Produktivität der zuletzt
eingesetzten Kapitaleinheit sinkt und der Zins ebenfalls fällt. Mit den steigenden
Investitionen nehmen auch der erforderliche Arbeitseinsatz und die Lohnsumme
zu.

Zur *Kritik* an der klassischen Zinstheorie zählt die Vernachlässigung der Ein-
kommenskomponente als Einflussfaktor des Sparens. Zudem bestimmen die Wirtschaftssubjekte ihre Sparziele meist unabhängig vom aktuellen Zinssatz. Da bei
hohen Zinsen eine geringere Sparsumme ausreicht, um ein festes Sparziel zu erreichen, wird in diesem Fall möglicherweise sogar weniger gespart als bei niedrigen Zinsen. Andererseits vergrößert sich das Einkommen der „reichen Leute" bei
hohen Zinsen, womit diese mehr sparen (Zinswirkung). Auch hängt die Höhe der
Investitionen nicht unbedingt nur von der Zinshöhe ab; die Erwartungen der Investoren über die künftigen Erträge spielen eine ebenso maßgebliche Rolle. Außerdem sind Einflüsse des Geldmarktes auf die Kapitalmarktzinsen auf dem Wege
der Fristentransformation möglich. Dieser Aspekt findet in der klassischen Zinstheorie keine Berücksichtigung, und wird später in der neoklassischen Zinstheorie
durch *Knut Wicksell* erörtert.

---

[219] Vgl. *Issing, Otmar*, 1998, S. 96.
[220] Vgl. *Hume David*, 1752a, S. 296; *Smith, Adam*, 1776, S. 354; *Mill, John St.*, 1848, S. 431.
[221] *Mill, John St.*, 1848, S. 431.
[222] Vgl. *Ricardo, David*, 1810.
[223] *Mill, John St.* (1871), 1921, S. 365-369.

IV. Die neoklassische Zinstheorie

1. Eugen von Böhm-Bawerk

Eugen von Böhm-Bawerk (1851-1914) begründet die Produktivitätstheorie des Zinses.[224] Er erweitert die „klassische Zinstheorie"[225] durch eine intertemporale Betrachtung und setzt verschiedene Zeitperioden zueinander in Beziehung.[226] Der Zins weist stets auch einen Zeitbezug auf. Mit diesem Ansatz wird *von Böhm-Bawerk* zum Pionier der sog. österreichischen Kapitaltheorie.

Zu den einzelnen Elementen seiner Zinstheorie zählen:
- Der Begriff des ursprünglichen Zinses, unter welchem der Reinertrag zu verstehen ist, welchen eine Unternehmung durch das im Produktionsprozess eingesetzte Kapital erzielt.[227] Beim ursprünglichen Zins handelt es sich um eine reine, güterwirtschaftliche Zinstheorie.
- Die Agiotheorie, wonach die Kreditanbieter für ihren zeitweiligen Konsumverzicht bzw. den entgangenen Grenznutzen entlohnt werden müssen. Dieses Element des Konsumverzichts lässt sich aus der klassischen Abstinenztheorie ableiten, welche ursprünglich auf *Nassau William Senior* (1790-1864) zurückgeht.[228] Die Enthaltsamkeit vom Konsum stellt ein Opfer dar, wofür Anreize erforderlich sind. Danach muss der künftig erwartete Ertrag höher sein als der gegenwärtige Konsumverzicht.
- Die Theorie der Mehrergiebigkeit der Produktionsumwege: Investitionen ermöglichen in der Zukunft eine größere Produktion. Die Transformationskurve stellt alle Umtauschmöglichkeiten von Gegenwartsgütern in Zukunftsgüter dar, wobei sich mit einer Einheit Gegenwartsgüter $1 + r$ Einheiten Zukunftsgüter produzieren lassen.

Unter den Beispielen für die Mehrergiebigkeit von Produktionsumwegen, welche *von Böhm-Bawerk* aufzeigt, sei jenes des Landarbeiters genannt, welcher seinen Durst bei einer in der Nähe gelegenen Quelle löschen kann, indem er dorthin geht und aus der hohlen Hand trinkt. Er kann jedoch auch ein Stück Holz aushöhlen und den Bedarf an Trinkwasser nach Hause tragen. Er könnte jedoch auch, mit mehreren Holzstämmen, eine Holzleitung nach Hause bauen.[229]

2. Die neoklassische Zinstheorie von Knut Wicksell

Knut Wicksell geht von der neoklassischen Zinstheorie von *Eugen von Böhm-Bawerk*[230] aus, indem er unter anderem den Begriff der Zeitpräferenz übernimmt, wonach der Kapitalertrag in einer Wirtschaft unter anderem durch unterschied-

---

[224] Vgl. *von Böhm-Bawerk, Eugen*, 1928, S. 1133.
[225] Siehe Ziffer III.
[226] Vgl. *von Böhm-Bawerk, Eugen*, 1902.
[227] Vgl. *Lutz, Friedrich A.*, 1965, S. 434.
[228] Vgl. *Senior; Nassau William*, 1938, S. 58 f.
[229] Vgl. *von Böhm-Bawerk, Eugen*, 1889, S. 16.
[230] Vgl. Ziffer IV.3.

liche Zeitpräferenzen begründet ist, d.h. intertemporalen Bewertungsunterschieden entspricht. Zudem bezieht sich *Wicksell* auf *von Böhm-Bawerks* „Mehrergiebigkeit von Produktionsumwegen"[231] durch den Einsatz von Kapital. Unter Kapital versteht *Wicksell* „ ... alle zinstragenden Vermögensobjekte d.h. alle Güterkomplexe, die ihrem Besitzer ein Einkommen verschaffen, ohne dabei selbst aufgezehrt zu werden ... ."[232] Es handelt sich um „ersparte Arbeits- und Bodenkraft",[233] deren Grenzproduktivität gesteigert werden kann, indem produzierte Produktionseinheiten erneut eingesetzt werden. Das Kapital dient der Steigerung der Ergiebigkeit von Produktions- und Konsumprozessen, ohne direkt verbraucht zu werden.[234]

Der Kapitalzins ist – wiederum in Anlehnung an *von Böhm-Bawerk* – das Agio zwischen den zukünftigen und den gegenwärtigen Gütern. Ersparte Güter ermöglichen Investitionen, und diese wiederum eine höhere Produktion. Der Kapitalzins ist damit eine Entschädigung für den Verzicht auf den Konsum von Gegenwartsgütern, und entspricht, mit anderen Worten, der Grenzproduktivität des Wartens. [235, 236]

Wicksell unterscheidet zwei Zinssätze, den natürlichen Zins und den Darlehenszins (Geldzins), wobei auch nach seiner Auffassung der natürliche Zins schwierig zu erfassen ist.
- Den natürlichen Zins beschreibt er als den Zinssatz, welcher zustande kommen würde, wenn das Angebot und die Nachfrage nach realem Kapital in natürlicher Form ohne die Vermittlung von Geld erfolgen würden.[237] Unter dem natürlichen (realen) Zins lässt sich damit ein Zins vorstellen, welcher sich ergeben würde, wenn das Kapital in natura ausgeliehen würde.[238] Der natürliche Zins entspricht dem langfristigen Gleichgewicht von Investieren und Sparen, und ist eine Größe, an welche sich der reale Zins der Unternehmung annähert (Nettorendite).
- Der Darlehenszins ist der Zins, der sich auf dem Kreditmarkt aufgrund von Angebot und Nachfrage nach Krediten bildet. Entspricht der Darlehenszins dem natürlichen Zins, ist dieser neutral hinsichtlich der Güterpreise und löst keine Schwankungen der Güterpreise aus. In diesem Fall befindet sich eine Wirtschaft bei Annahme vollkommener Märkte mit Vollbeschäftigung im Gleichgewicht.

Es soll nun eine oft erörterte Form der Zinstheorie von *Wicksell* dargestellt werden. Als *Prämissen* sind zu nennen:
- Es besteht, wie bei der klassischen Zinstheorie, ein Kapitalmarkt mit Sparen und Investieren.
- Geldmengenerhöhungen der Zentralbank oder zufließende Sichteinlagen von Nichtbanken wirken sich günstig auf die Kapitalmarktzinsen aus, indem auf dem

[231] Ein Produktionsumweg stellt beispielsweise auch die Herstellung eines Pfluges dar, mit welchem der Boden produktiver als mit einer Hacke bearbeitet werden kann.
[232] *Wicksell, Knut* (1893), 1933, S. 71.
[233] Vgl. *Wicksell, Knut* (1898), 1993, S. 113.
[234] Vgl. *Grosskettler, Heinz*, 1989, S. 197.
[235] Vgl. *Wicksell, Knut*, 1913, S. 217 f.
[236] Vgl. *Grosskettler, Heinz*, 1989, S. 198 f.
[237] Vgl. *Wicksell, Knut* (1898), 1968, S. 111.
[238] Vgl. *Wicksell, Knut* (1898), 1968, S. 93.

Wege der Fristentransformation verfügbare Mittel vom Geldmarkt zum Kapital-
bzw. Kreditmarkt verlagert werden.

Abbildung 36: Die neoklassische Zinstheorie von Knut Wicksell

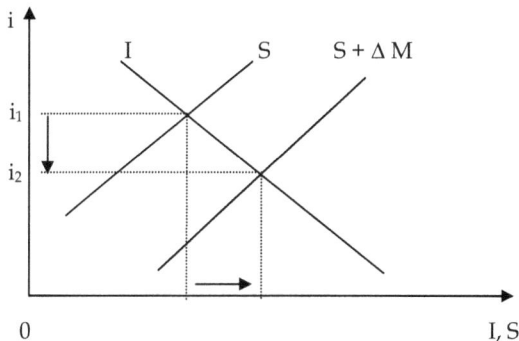

Das *Modell* ist in Abbildung 36 dargestellt. Dieses spiegelt folgenden Ablauf wider:
- Nach einer Geldmengenerhöhung von ΔM beträgt das Kreditangebot $S + \Delta M$.
Eine Geldmengenerhöhung von ΔM, welche durch eine Erhöhung der Zuführung
von Zentralbankliquidität oder den Zufluss von Sichteinlagen erfolgt, führt damit
zu einer Ausweitung des Kreditangebotes, welches bisher S betragen hat.
- Der Darlehenszins sinkt von i_1 auf i_2.
- Die Investitionen steigen, bis das Sparen S und Investieren I wieder im Einklang
sind und der Gleichgewichtszins i_2 erreicht wird. Herrscht bereits in der Ausgangslage Vollbeschäftigung, kommt es durch die Überbeanspruchung der bestehenden Kapazitäten zu inflatorischen Prozessen.[239]

Empirischer Hinweis zum Euro-Währungsgebiet (1999-2005)	
These:	
Eine erhöhte Wachstumsrate der Liquiditätszuführung durch die EZB (auf Jahresba-sis betrachtet) senkt die Zinsen.	- Diese These kann nicht bestätigt werden. - Es besteht kein konstanter Zusammenhang zwischen den Zinsen und der Liquiditätszuführung durch die Zentralbank. Vor allem in Phasen mit hohen und stei-genden Wachstums- und Inflationsraten kann dies zu noch höheren Zinsen führen (vgl. Ziffer 4).

3. Die Loanable Funds-Theorie (Theorie ausleihbarer Fonds)

Bei der Loanable Funds-Theorie (Theorie der ausleihbaren Fonds) wird der Kreditmarkt betrachtet. Dieser unterliegt sowohl den Einflüssen des Kapitalmarktes

---

[239] Vgl. zu den inflationären Effekten bei Vollbeschäftigung Kapitel 9.

als auch des Geldmarktes, was ebenfalls bei der Zinsbildung zum Ausdruck kommt.

Es wird von folgenden *Prämissen* ausgegangen:
- Es existiert, analog zur klassischen Zinstheorie, ein Kapitalmarkt mit Sparen und Investieren. Sparen und Investieren sind wie beim „klassischen Kapitalmarkt" zinsabhängig:

$$S = S\left(\overset{+}{i}\right) \tag{51}$$

$$I = I\left(\overset{-}{i}\right) \tag{52}$$

- Der Kreditmarkt wird vom Geldmarkt beeinflusst. Die Geldnachfrage ergibt sich aus dem Horten und wird mit höheren Zinsen geringer:

$$H = H\left(\overset{-}{i}\right). \tag{53}$$

- Die Veränderung der Geldmenge ΔM wird exogen durch die Zentralbank bestimmt:

$$\Delta M = \Delta M(exogen). \tag{54}$$

- Eine Geldmengenerhöhung um ΔM führt einerseits zu einer Erhöhung der angebotenen Kredite, andererseits wird Geld zinsabhängig gehortet ($=H$).

Abbildung 37: Die Loanable Funds-Theorie

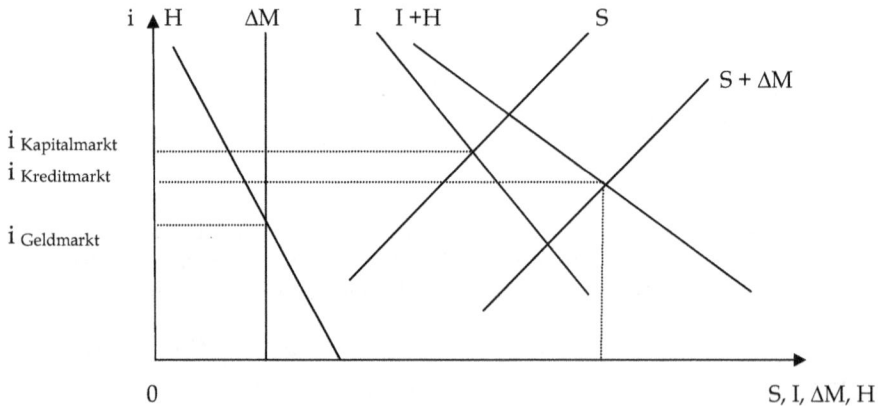

Das *Modell* ist in Abbildung 37 wiedergegeben:
- Es gelangen zwei Märkte zur Darstellung, der Kapitalmarkt (mit I und S) sowie der Geldmarkt (mit H und einer Geldmengenerhöhung von ΔM).

- Im Schnittpunkt von *I* und *S* ergibt sich der Kapitalmarktzins, im Schnittpunkt von *H* und *ΔM* der Geldmarktzins.
- Bei einer aggregierten Betrachtung des Kapitalmarktes und des Geldmarktes stehen auf der Nachfrageseite *I* und *H*, auf der Angebotsseite *S* und *ΔM*. Für die „ausleihbaren Fonds" bildet sich ein Kreditmarktzins von *i*. Dieser ist tiefer als der Zins des Kapitalmarktes und höher als jener des Geldmarktes.
- Die Loanable Funds-Theorie zeigt den Kapitalmarkt in Verbindung mit dem Geldmarkt und den Einfluss des Hortens (bzw. der Nachfrage nach monetärer Liquidität) sowie exogener Geldmengenänderungen.
- Zudem wird eine Art von Kreditmarkt dargestellt, welcher durch den Kapital- und den Geldmarkt alimentiert wird.

Als *Kritik* ist anzumerken:
- Für die Loanable Funds-Theorie spricht die in der Praxis übliche Mischfinanzierung von Krediten über den Geld- und den Kapitalmarkt. Die Kreditmarktzinsen (ohne Risikozuschläge) liegen im Normalfall in einer Größenordnung zwischen den Kapital- und den Geldmarktzinsen.
- Dabei ist der Kreditmarkt ein heterogener Markt mit unterschiedlichen Laufzeiten der Kredite und sich – hinsichtlich der Refinanzierung – verändernden Mischverhältnissen zwischen dem Geld- und dem Kapitalmarkt. Dies lässt sich in Form einer dynamischen Entwicklung nicht einzeichnen.
- Hinzu kommen die spezifischen Risikoprofile der einzelnen Kreditnehmer, welche zu Risikozuschlägen bei den Kreditzinsen führen. Die Loanable Funds-Theorie bezieht sich nur auf „risikolose" Schuldner.
- Bei der Loanable Funds-Theorie werden zwei ungleiche Begriffspaare (Investieren und Sparen, Horten und Geldmengenerhöhungen) miteinander vermischt, ohne die Wirkungsmechanismen zwischen den Geld-, Kapital- und Kreditmärkten zu erklären. Diese sind jedoch komplexer, als dies in der Loanable Funds-Theorie zum Ausdruck kommt.

Empirische Hinweise zum Euro-Währungsgebiet (1999-2005)

Thesen:

1. Die Veränderung der Kreditnachfrage (auf Jahresbasis) beeinflusst die Geld- und Kapitalmarktzinsen gleichgerichtet.	- Diese These trifft zu (am stärksten für die Kapitalmarktzinsen).
2. Die Geld- und Kapitalmarktzinsen beeinflussen die Kreditmarktzinsen der Geschäftsbanken (Mischfinanzierung der Kredite über die Geld- und Kapitalmärkte je nach deren Laufzeiten).	- Diese These trifft hinsichtlich der Geldmarktzinsen nur tendenziell zu (nicht signifikant).* - Für die Kapitalmarktzinsen trifft dies zu.

* Bei einem zugrunde gelegten Signifikanzniveau von 0,10.

4. Irving Fisher: Die Weiterentwicklung der Zinstheorie von Böhm-Bawerks und der Fishersche Preiserwartungseffekt

a. Die Weiterentwicklung der Zinstheorie von Böhm-Bawerks

Irving Fisher (1867-1947) geht von der klassischen Zinstheorie von *Ricardo* sowie der neoklassischen Zinstheorie *von Böhm-Bawerks* aus und widmet sich vor allem den Fragen nach der Höhe, den Einflussfaktoren und den Veränderungsprozessen bei den Zinsen. In seinen allgemeinen Überlegungen zum Kapitalmarkt bezieht sich *Fisher* in der Regel auf einen offenen Markt, in welchem zusätzliche Anbieter und Nachfrager ohne Hemmnisse eintreten können. Es bestehen persönliche, örtliche und zeitliche Präferenzen hinsichtlich des Kapitalangebotes und der Kapitalnachfrage. Deshalb kommt es bei den Kapitalmärkten örtlich und währungsmäßig zu Teilmärkten mit unterschiedlichen Zinssätzen.

Fisher betrachtet das Sparen und Investieren als Determinanten der Zinsen. Ein erster Faktor für die Ersparnisse ist das Einkommen, wobei die Sparneigung mit der Höhe des Einkommens steigt.[240] Ein zweiter Faktor ist individueller, verhaltenstheoretischer Art und bezieht sich auf die Zeitpräferenz: Dazu zählen die Erwartungen in die Zukunft, die Selbstkontrolle (im Sinne des Sparwillens), die Gewohnheiten, die Lebenserwartung, die Rücksichtnahme auf andere Personen (beispielsweise Familienmitglieder) und aktuelle Verhaltens(mode-)trends, so beispielsweise der Wunsch, Millionär zu werden oder der Wunsch von Millionären, bescheiden zu leben.[241] Auf der Nachfragerseite fragen die Investierenden das Kapital nach Maßgabe ihrer „internen Grenzertragsrate" nach. Aufgrund der unterschiedlich langen Investitionsdauer der einzelnen Investitionsprojekte ergeben sich auch verschiedene Zinssätze je nach den Laufzeiten,[242] den Risiken und dem Wettbewerb auf dem Kreditmarkt.[243]

Fisher verlässt die Vorstellung einer stationären Wirtschaft, wie dies noch bei *Wicksell* der Fall ist. Dieser Ansatz, welcher gegenüber den Vorstellungen *von Böhm-Bawerks* starke Abstraktionen enthält, erklärt den Zins als Entschädigung für den Konsumverzicht, welche sich nach *Fisher* aus der „Grenzgegenwartsvorliebe" der Sparer ergibt.[244]

Fisher geht von folgenden *Prämissen* aus:
- Es besteht ein vollkommener Kreditmarkt ohne Risiken und mit einem einheitlichen, sicheren Zinssatz, zu welchem Kredite angeboten und nachgefragt werden können.
- Das ganze Kapital ist im Umlauf, und wird für die Produktion verwendet.

---

[240] Dies stellt einen gewissen Widerspruch zur Lebenszyklushypothese dar. *Fisher* selbst erwähnt die Verschuldung als Möglichkeit zur Glättung der Konsumausgaben im Lebenszyklus. Vgl. *Fisher, Irving,* 1930, S. 72.
[241] Vgl. *Fisher, Irving,* 1930, S. 82 ff.
[242] Vgl. Ziffer VIII. ff.
[243] Vgl. *Fisher, Irving,* 1932, S. 172. Vgl. auch *Fisher, Irving,* 1930, Kapitel 6 und 8.
[244] Vgl. *Fisher, Irving,* 1930. Vgl. dazu *Lutz, Friedrich A.,* 1954, S. XVI.

- Die Produktionsfunktion lautet $Y = f(N, I)$ mit N für die Arbeit und I für die Investitionen.
- Das Arbeitsvolumen N ist konstant, womit N aus der Gleichung entfällt. Damit ist $Y_2 = f(I_1)$, mit $f' > 1$ und $f'' < 0$.
- Die Investitionen in einer Periode $t=1$ wirken sich nur auf den Output der nächsten Periode $t=2$ aus. Damit gilt $Y_2 = f(N, I_1)$.
- Betrachtet werden zwei Perioden, in welchen ein Gut entweder als Gegenwartsgut Y_1 oder als Zukunftsgut Y_2 konsumiert und produziert werden kann.[245] Bei Investitionen werden Gegenwartsgüter zugunsten von Zukunftsgütern geopfert, indem gespart wird (S). Danach wird ein heute verfügbares Güterbündel (Periode 1) einem Güterbündel in der Zukunft (Periode 2) vorgezogen. Die Gegenwartspräferenz (time preference) ist eine subjektive Zeitpräferenz.
- Es wird soviel investiert, bis der Grenzertragssatz dem Marktzins entspricht.[246] Der Investor wählt die Investition I, bei welcher er den Marktwert des Einkommensstroms maximiert. Dabei schließen sich die Vermögensmaximierung der Unternehmen und die Nutzenmaximierung der Verbraucher nicht aus. Die Aufteilung des Einkommens in Gegenwartskonsum, Investitionen und Zukunftskonsum wird als sog. Fisher-Separation bezeichnet.

Exkurs:

Bei den Diskussionen zur Entwicklung der Zinsen spielt auch die fortschreitende Alterung der Bevölkerung eine Rolle. Zwar handelt es sich um einen langsamen, aber doch unaufhaltsamen Trend. Wie verändern sich Sparen und Investieren? Nach den Erkenntnissen des Lebenszyklus-Modells wird das wirtschaftliche Wachstum durch die fortschreitende Alterung schwächer und bewirkt niedrigere Zinsen. Auch nach der Meinung des *Internationalen Währungsfonds (IWF)* wird in einer alternden Bevölkerung etwas weniger gespart, was das wirtschaftliche Wachstum verlangsamt. Dies wiederum würde nach der Zinstheorie *von Böhm-Bawerk*s zu tieferen Zinsen führen.

Umgekehrt kommt es nach den empirischen Feststellungen der Investmentfirma *Goldman Sachs* bei einer alternden Bevölkerung jedoch in allen Altersgruppen zu einer größeren Spartätigkeit. Der zeitliche Ablauf von Sparen und Entsparen steht in einem Zusammenhang mit dem System der Altersvorsorge. In Ländern mit einem umlagefinanzierten System ist das Entsparen nicht so ausgeprägt, sondern es findet ein Transfer zwischen den Generationen statt. Krisen bei der Finanzierung der Pensionskassen stoßen Reformen an, so vor allem Diskussionen um die Verlängerung der Lebensarbeitszeit.

Unterschiedlich sind die Meinungen, wie die Anleger in einer alternden Gesellschaft ihre Aktiven umlagern: Von risikoreichen Aktien zu risikoarmen Bonds oder umgekehrt? Der größere Bedarf an ersparten Mitteln könnte die Anleger dazu veranlassen, vermehrt in risikoreichen Anlagen mit höheren Renditen zu investieren.

Quelle: In Anlehnung an: *NZZ*, Nr. 267, Bl. 17.

---

[245] Vgl. *Lutz, Friedrich A.* und *Niehans, Jürg*, 1981, S. 532.
[246] Vgl. *Lutz, Friedrich A.*, 1967, S. 82 f.

Das *Modell* ist in Abbildung 38 dargestellt:
- Die Transformationskurve bezeichnet die Möglichkeit, Gegenwartsgüter in Zukunftsgüter zu transformieren. Die maximale Produktionsmöglichkeit für Güter in der Periode $t=1$ ist E_1. Die Produktionsmöglichkeiten für Güter in der Periode $t=2$ ergeben sich aus der Transformationskurve als äußerster Grenze der möglichen Produktionskombinationen zwischen Gütern in den Perioden $t=1$ und $t=2$. Der konvexe Verlauf ist auf die sinkenden Grenzerträge der Investitionen zurückzuführen.
- Die Indifferenzkurve stellt die individuellen Präferenzen für Gegenwarts- und Zukunftsgüter dar. Auf eine Einheit Gegenwartsgüter wird verzichtet, wenn dafür eine (etwas) größere Menge an Zukunftsgütern zur Verfügung steht. Die Lage und Steigung der Indifferenzkurve drückt die intertemporale Nutzenfunktion aus. Die Grenzrate der Substitution zwischen Zukunfts- und Gegenwartsgütern ist > 1. Die Grenzrate der Transformation ist positiv, aber mit zunehmender Substitution abnehmend. Die Zukunftsgüter lassen sich mit dem Marktzins abdiskontieren und können damit in Gegenwartsgütern ausgedrückt werden. Das Güterbündel aus den beiden Perioden ist maximal, wenn die Grenzrate der Substitution dem Marktzins entspricht.
- Bei einer gegebenen Indifferenzkurve zwischen Gütern in den Perioden $t=1$ und $t=2$ kommt es zu einem Konsum von Y_1^* und Investitionen von I_1^*, womit sich in der Periode $t=2$ Y_2^* Güter erzeugen lassen. Die Substitutionselastizität ist negativ und abnehmend, d.h. ein Verzicht auf den Konsum von Gütern in $t=1$ erfolgt nur bei einer höheren Menge an Gütern in der Periode $t=2$, welche für den Konsum bereitstehen (Präferenz für Gegenwartsgüter), wobei der Grenznutzen der Güter, welche in der Periode $t=2$ konsumiert werden, abnehmend ist.

Abbildung 38: Die Zinstheorie von Eugen v. Böhm-Bawerk (in der Darstellung von Irving Fisher) *

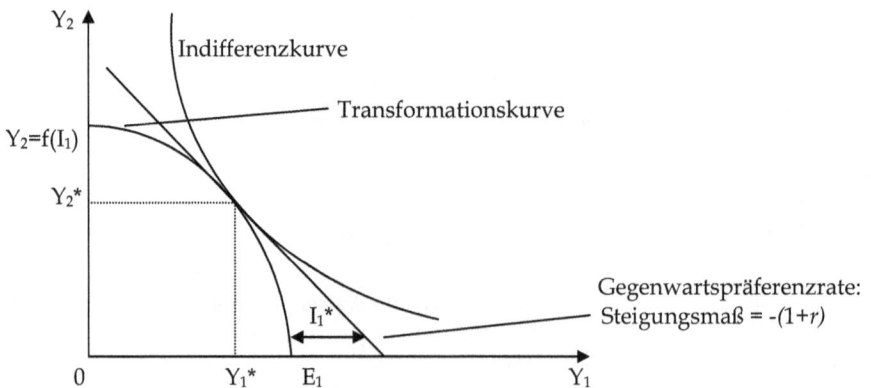

* In Anlehnung an *Niehans, Jürg,* und *Lutz, Friedrich A.,* 1980.

- Das Steigungsmaß der Zinsen r, die Zinsgerade, entspricht mit $-(1+r)$ sowohl der (tangentialen) Steigung der Transformationskurve als auch jener der Indifferenzkurve und stellt die Zeitpräferenzrate dar.[247] Es kommt ein paretooptimales Ergebnis zustande, indem die Grenzrate der Transformation gleich jener der Substitution ist.

- Im Modell bildet sich ein Gleichgewicht zwischen den geplanten Ersparnissen und den geplanten Investitionen, wobei der Zins als Anpassungsfaktor dient. Die Konsum-Spar-Entscheidung entspricht der sog. Fisher-Separation. Bezogen auf eine in sich geschlossene Volkswirtschaft mit einer Vielzahl von Unternehmen (ohne Kapitalimporte und –exporte) ist die gesamtwirtschaftliche Konsum-Spar-Entscheidung unabhängig von den Investitionsentscheidungen der einzelnen Unternehmen und die Investitionsentscheidungen insgesamt sind unabhängig von den Finanzierungsentscheidungen.

- Die intertemporale Allokation der Ressourcen beträgt $Y^*=(Y_1{}^*,Y_2{}^*)$. Steigt r (durch eine höhere Präferenz für Gegenwartsgüter), so sinkt $I_1{}^*$ (und umgekehrt).

Als *Kritik* ist festzustellen:

- Es gibt auch andere Motive zum Sparen als eine größere Menge von Zukunftsgütern, wie beispielsweise die Vorsorge für die wirtschaftlichen Folgen von Alter, Krankheit und Arbeitslosigkeit.
- Es wird nicht klar, wie die Unternehmen die Gewinne verwenden.
- Es existieren weder Geld noch Vermögen (außer dem Produktionskapital) im Modell.

Empirischer Hinweis zum Euro-Währungsgebiet (1999-2005)

These:

Höhere Wachstumsraten des realen BIP führen zu   - Diese These trifft zu.
steigenden Kapitalmarktzinsen (und umgekehrt).

---

b. Der Fishersche Preiserwartungseffekt

Eine weitere, wesentliche zinstheoretische Leistung von *Fisher* ist der Fishersche Preiserwartungseffekt (oder auch Fisher-Effekt). Angeregt werden die Arbeiten zum Fisherschen Preiserwartungseffekt durch die Beobachtungen des Statistikers *A. H. Gibson*.[248] Mit dieser Theorie gilt *Fisher* ebenfall als Vorläufer der Theorie der rationalen Erwartungen, wie diese später durch *John Muth* (1961) entwickelt wird.

Bei den Zinsen lässt sich zwischen den Real- und den Nominalzinsen (Geld- oder Darlehenszins) unterscheiden. Die Realzinsen (real rate of interest) berücksichtigen die Geldwertveränderung.[249] Nach dem Fisherschen Preiserwartungseffekt schlagen sich die Inflationserwartungen in den Nominalzinsen nieder, weil der reale Wert der geschuldeten Summe vom realen Wert der zurück zu zahlen-

---

[247] Vgl. zur Zeitpräferenzrate auch *Patinkin*, 1956, S. 77 ff.
[248] Vgl. *Gibson, A.H.*, 1923, S. 15-34. Vgl. derselbe, Nov. 1926, S. 595-612.
[249] Vgl. *Fisher, Irving*, 1896.

den Summe abweicht.[250] Steigen die Inflationsraten, so bleibt der Realzins unverändert. Diese Hypothese hat weitreichende Wirkungen auf den Marktwert der Vermögensgüter, die reale Kaufkraft des Geldes und die Effizienz der Märkte.

Der Fischersche Preiserwartungseffekt geht von den folgenden *Prämissen* aus:
- Die Wirtschaftssubjekte haben homogene Erwartungen hinsichtlich der Inflationsrate. Die erwartete Inflationsrate π^e entspricht, bei Annahme modellspezifisch rationaler Erwartungen, der aktuellen Inflationsrate π. Die Wirtschaftssubjekte verfügen über perfekte (vollkommene) Erwartungen hinsichtlich der künftigen Inflationsraten.
- Die Wirtschaftssubjekte stehen vor der Entscheidung, entweder Sach- oder Finanzaktiven zu kaufen. Bei Sachaktiven resultieren Faktoreinkommen aufgrund der Produktivität der Kapitalgüter und möglicherweise inflationär bedingte Wertsteigerungen. Als Alternative kann das Wirtschaftssubjekt Finanzaktiven erwerben und erhält einen bestimmten nominellen Zins als Entschädigung für das zur Verfügung gestellte Kapital und den erwarteten Inflationsverlust. Die Sparer, welche auf Gegenwartsgüter verzichten, sind nur bereit, die Ersparnisse in Nominalgüter anzulegen, wenn der Realwertverlust durch die erwartete Inflation entschädigt wird. Der Nominalzins steigt mit den Preis- bzw. Inflationserwartungen (=Fisher-Effekt).
- Im (Arbitrage-)Gleichgewicht führen die beiden Anlagen (Sachaktiven oder Finanzaktiven) zu demselben nominellen Ertrag. Der Schuldner zahlt einen Inflationszuschlag auf den Realzins beim Abschluss des Kreditverhältnisses im Ausmaß der erwarteten Inflationsrate, womit der Gläubiger keinen Realwertverlust auf seinem eingesetzten Kapital zu erleiden hat.[251]

Bei der *Modellkonstruktion* wird zwischen den realen Zinsen r (entsprechend der Produktivität des Kapitals) und den nominalen Zinsen i unterschieden, wobei letztere auch die Inflationserwartungen (=Fisher-Effekt) enthalten. Die Nominalzinsen spiegeln die Produktivität des Kapitals (Realzins) wider und stellen gleichzeitig eine Entschädigung für die erwartete Inflation π^e dar. In einer vereinfachten Variante lässt sich dies wie folgt darstellen:

$$i = r + \pi^e. \tag{55}$$

Dabei handelt es sich um die strenge Form der Fischerschen Voraussage mit einer perfekten Anpassung der Zinsen an die Preiserwartungen ($\Delta i - \Delta \pi = 0$). In der Praxis sind die Kapitalmärkte jedoch nicht vollkommen. Es gibt lags (Zeitverzögerungen) zwischen der tatsächlichen Preisentwicklung und den Erwartungen hinsichtlich der künftigen Preissteigerungen. Die schwache Form der Voraussage enthält deshalb eine unvollkommene Anpassung, welche geringer oder größer als eins ist. Eine vollkommene Anpassung der Zinsen an die Preiserwartungen findet nur statt, solange die Darlehensgeber und -nehmer in ihren Erwartungen über den künftigen Pfad der Inflationsrate übereinstimmen.

---

[250] Vgl. *Fisher, Irving*, 1896, S. 360.
[251] Vgl. *Fisher, Irving* (1911), 1922, S. 46 f.

Als *Kritik* am „perfekten" Fisher-Effekt stellt selbst *Fisher* bei seinen empirischen Untersuchungen eine nur unvollkommene Anpassung fest, und verwirft die strenge Form des Preiseffektes auf die Zinsen, indem er von unvollkommenen Erwartungen der Wirtschaftssubjekte für den gesamten Zeitraum der Anlage ausgeht. Zudem beobachtet er in Phasen mit stärkeren monetären Veränderungen größere lags zwischen der Entwicklung der Preise und jener der nominellen Zinsen.[252] Indem Fisher lags von unterschiedlicher Dauer feststellt, wird er zu einem Vorläufer der Theorie der distributed lags:

> „The erratic behavior of real interests is evidently a trick played on the money market by the 'money illusion'... ".[253]

Mit diesen Überlegungen ist auch *Fisher* nicht der Ansicht, der Fisher-Effekt sei eine besonders gute Beschreibung der Realität. Zudem können asymmetrische Informationen zu einer nicht adäquaten Voraussicht und einer Verzerrung der Zinsen führen.[254] *Fisher* spricht in diesem Zusammenhang bereits von „noise traders", d.h. von Märkten, deren Handel von Gerüchten dominiert wird. Damit spiegeln die nominellen Zinsen vor allem die aktuelle Knappheit der Geld- und Kapitalmärkte wider. Hinzu kommen die Zuschläge für die individuellen Risiken.[255]

Robert Mundell[256] und *Roy Harrod*[257] widersprechen der Fisherschen Auffassung konstanter realer Zinsen. Obwohl auch im Modell von *Mundell* die nominellen Zinsen mit zunehmenden Inflationserwartungen steigen, entspricht deren Zunahme nicht vollumfänglich, wie beim Fisherschen Preiserwartungseffekt, der Inflationserwartung, sondern ist geringer. *Mundell* weist – in demselben Zusammenhang – auch auf die Unvereinbarkeit zwischen dem Fisherschen Preiseffekt $i = r + \pi^e$ und der im ISLM-Modell implizierten Zinstheorie hin.[258]

Die Liquiditätspräferenztheorie von *Keynes* als ein weiterer Ansatz zur Analyse der Inflationserwartungen bei den Zinsen geht von einer Geldnachfragekurve mit einer gewissen Inflationserwartung π^e aus. Mit einem erwarteten Ansteigen der Inflationserwartung ergibt sich eine negative reale Rendite für das Geld. Deshalb werden die Individuen Geldbestände abbauen, indem sie beispielsweise Aktien kaufen. Die Geldnachfrage sinkt und die Aktienkurse steigen, womit c.p. auch die realen Renditen der Aktien fallen. Diese Argumentation zeigt unter anderem die Nichtkonstanz der realen Renditen.

---

[252] Vgl. *Fisher, Irving,* 1911, S. 359-362.
[253] *Fisher, Irving,* 1930, S. 415.
[254] Vgl. *Fisher, Irving,* 1911, S. 362.
[255] Vgl. *Fisher, Irving,* 1896, S. 265 ff.
[256] Vgl. *Mundell, Robert,* 1963.
[257] Vgl. *Harrod, Roy F.,* 1969.
[258] Vgl. Ziffer V.

Empirische Hinweise zum Euro-Währungsgebiet (1999-2005)

Thesen:

1. Die Inflationserwartungen   - Diese These trifft nicht eindeutig zu. Die Inflations-
schlagen sich gleichgerichtet   erwartungen werden nur unvollkommen in die
in den Zinsen nieder (Fisher-   Zinsen inkorporiert.
scher Preiseffekt).

2. Die realen Zinsen sind   - Diese These trifft nicht zu.
konstant.

5. Das Gibson Paradoxon

Das Gibson Paradoxon bezieht sich auf statistische Untersuchungen von *A. H. Gibson* in Großbritannien[259] für den Zeitraum von 1820-1926. Grundlagen sind die Großhandelspreise und die durchschnittlichen, jährlichen Renditen der Staatsanleihen sowie anderer festverzinslicher Wertpapiere mit Schuldnern von erstklassiger Bonität. *Gibson* weist auf einen positiven Zusammenhang zwischen dem langfristigen Zins und dem Preisniveau der Rohstoffe hin:

> „Die allgemeine Parallelbewegung zwischen den beiden Kurven, den Rohstoffpreisen und der Rendite der Consols,[260] ist offensichtlich auf den folgenden Umstand zurückzuführen: Je geringer die Lebenskosten sind, desto größer sind notwendigerweise die Mittel, welche für die Investitionen zur Verfügung stehen, und umgekehrt, je höher die Lebenskosten sind, desto geringer sind die zur Verfügung stehenden Mittel".[261]

Die Großhandelspreise wirken sich auf die verfügbaren Einkommen aus, was wiederum einen Einfluss auf die Investitionen hat. Je geringer die Lebenskosten der Wirtschaftssubjekte sind, desto mehr Mittel stehen nach Auffassung von *Gibson* für Investitionen zur Verfügung, was niedrigere Zinsen ergibt (und umgekehrt).[262] Fallen die Lebenshaltungskosten, wirkt sich dies – mit einem lag von einem Jahr – auf die Kurse der Consols (Anleihen mit ewiger Laufzeit) aus:

> „ … Die Kurve mit den Renditen der Consols und die Kurve mit den Rohstoffpreisen … fallen zusammen, wobei die Rohstoffpreise den Renditen um ein Jahr voraus gehen".[263]

Diese Feststellung ist insofern revolutionär, als nach „klassischer Auffassung" das Geld neutral ist, und keine Auswirkungen auf die relativen Preise sowie die

---

[259] Vgl. *Gibson, A. H.*, 1923, S. 15-34.
[260] Anmerkung: Consols sind Staatsanleihen mit einer unendlichen Laufzeit. Mit den Consols wurden diverse Staatsanleihen mit unterschiedlichen Bedingungen zusammengefasst. Der Zinssatz betrug von 1752 bis 1889 3 Prozent, von 1889-1903 2,75 Prozent und nach 1903 2,5 Prozent.
[261] *Gibson, A. H.*, 1923, S. 21.
[262] Vgl. *Gibson, A. H.*, 1923, S. 17.
[263] *Gibson, A. H.*, 1923, S. 17.

Zinsen hat.[264] Der time lag ist mit den verzögerten Wirkungen einer Veränderung der Großhandelspreise auf die Einzelhandelspreise zu erklären, welche wiederum die verfügbaren Einkommen beeinflussen.[265] Dies trifft bei sinkenden Großhandelspreisen in stärkerem Maße zu als bei steigenden. Zudem führen Produktionsüberschüsse in Relation zum Konsum zu sinkenden Preisen (und umgekehrt).[266]

Das von *Keynes* so bezeichnete Gibson Paradoxon bezieht sich auf die Frage, ob die Höhe der nominellen Zinsen vom Preisniveau oder von der Inflationsrate beeinflusst wird. *Keynes* geht beim Gibsons Paradoxon von einem Zusammenhang zwischen den Zinsen und dem allgemeinen Preisniveau während der Zeit des klassischen Goldstandards aus.[267] Dazu ist vorerst zu bemerken, dass sich das Gibson Paradoxon auf eine Goldwährung bezieht, und *Gibson* in einzelnen Perioden einen engen Zusammenhang zwischen dem Goldpreis und dem Zinsniveau beobachtet.[268] Damit wird das Gibsons Paradoxon in erster Linie zu einem Phänomen des Goldstandards.

Eine konsequente Ablehnung erfährt das Argument von *Gibson*, die Mittel für Investitionen würden von den Kosten für die Lebenshaltung abhängen. Vielmehr geht *Keynes* von gewinnabhängigen Investitionen aus. Bei sinkenden Preisen verkleinern sich auch die Gewinnerwartungen der Unternehmen („Grenzleistungsfähigkeit des Kapitals"), was zu geringeren Investitionen, kleineren Einkommen und einer reduzierten Spartätigkeit führt (und umgekehrt).[269] Zudem vernachlässigt *Gibson* – in der Tradition der Zinstheorie der klassischen Nationalökonomie – die einkommensabhängigen Ersparnisse.

Keynes verneint einen zufälligen Zusammenhang der beiden Größen Zins und Preisniveau und führt parallele Bewegungen vorerst auf die tendenziellen Auf- und Abwärtsbewegungen der konjunkturellen Zyklen zurück.[270] Indes werden starke kurzfristige Schwankungen des Großhandelspreisindex durch die mittel- bis langfristigen konjunkturellen Zyklen geglättet und sind deshalb nicht zu berücksichtigen. Nach seiner Auffassung ist die Erklärung von *Gibson* nicht ausreichend, indem sich die ermittelte Korrelation auf eine mittel- bis langfristige Erklärung bezieht und nicht auf eine kurzfristige Parallelität. Die langfristige Erklärung ist nicht vollständig, denn die Rendite der festverzinslichen Wertpapiere reagiert nicht immer auf die verschiedenen konjunkturellen Zyklen.

Fisher dagegen beruft sich auf eine positiv korrelierende Entwicklung zwischen den Zinsen und der Inflationsrate und nicht der Goldpreise.[271] Nach der Hypothese von *Fisher* (dem Fisherschen Preiserwartungseffekt) bezieht das Wirtschaftssubjekt – bei einer vollkommenen Voraussicht, Freiheit von Geldillusion und ei-

---

[264] Vgl. *von Hayek, Friedrich August*, 1935, S. 129 f. Vgl. *Patinkin, Don*, 1956, S. 59.
[265] Vgl. *Gibson, A. H.*, 1923, S. 21.
[266] Vgl. *Gibson, A. H.*, 1923, S. 22.
[267] Vgl. *Keynes, John M.*, 1930, Bd. 2, S. 198.
[268] Vgl. *Summers, Lawrence H.* und *Barsky, Robert B.*, S. 528-550.
[269] Vgl. *Keynes, John M.* (1930), 1955, S. 458, Fußnote 1.
[270] Vgl. *Keynes, John M.* (1930), 1955, S. 457 ff.
[271] Vgl. *Fisher, Irving*, 1907, S. 84.

nem klaren Bewusstsein für den Realwert – die gegenwärtige und künftige Preissteigerung in die Kalkulation ein.[272]

V. Die keynesianische Zinstheorie (Liquiditätstheorie des Geldes)

1. Das ISLM-Modell

Eine wesentliche Neuerung der keynesianischen gegenüber der klassischen und der neoklassischen Zinstheorie liegt in der unterschiedlichen Erklärung der Geldnachfrage im Rahmen der sog. Liquiditätspräferenztheorie, die im Widerspruch zu den Auffassungen der Quantitätsgleichung steht. Der zentrale Unterschied besteht in der Zinsabhängigkeit der Geldnachfrage bei *Keynes*. Im monetären Bereich ist der Zins eine Belohnung für die Aufgabe von Liquidität bzw. der Preis für das zur Verfügung gestellte Geld.[273]

Bei *Keynes* wird der Zins im monetären Bereich zu einer Größe, welche die Liquiditätspräferenz der Wirtschaftssubjekte widerspiegelt, die Geldnachfrage und das Geldangebot zum Ausgleich bringt sowie der Aufteilung der Vermögenshaltung auf Geld und Wertpapiere dient.[274]

Nach Auffassung von *Keynes* ist der Zinssatz die Belohnung für die Aufgabe der Liquidität:

> Der „Zinsfuß ist nicht der ‚Preis', der die Nachfrage nach Geldmitteln zur Investition mit der Bereitwilligkeit, sich des gegenwärtigen Verbrauchs zu enthalten, ins Gleichgewicht bringt. Er ist der ‚Preis', der das Verlangen, Vermögen in der Form von Bargeld zu halten, mit den verfügbaren Mengen von Bargeld ins Gleichgewicht bringt".[275]

Nach der Liquiditätstheorie des Zinses ist dieser im Gleichgewicht, wenn die Geldnachfrage und das Geldangebot übereinstimmen. Die keynesianische Zinstheorie stellt damit auch eine Weiterentwicklung der Loanable Funds-Theorie dar und bringt, modelltheoretisch betrachtet, einige Fortschritte.

Als *Prämissen* gelten:

- Die Liquiditätstheorie des Zinses: Für das Geldangebot und die Geldnachfrage ist die LM-Kurve relevant.

- Die Annahmen sind $L = L\left(\overset{+}{Y}, \overset{-}{i}\right)$ für die Geldnachfrage und $M = M(exogen)$ für das Geldangebot; im Gleichgewicht ergibt sich $L(Y,i) = M$; vgl. die Gleichungen (12)-(14).

- Die IS-Kurve verkörpert – in einer klassisch-neoklassischen Interpretation des ISLM-Modells – den Kapitalmarkt mit Investieren I und Sparen S.

---

[272] Vgl. *Fisher, Irving,* 1930, S. 425 ff.
[273] Vgl. *Keynes, John M.* (1930), 1932, S. 140.
[274] Vgl. *Felderer, Bernhard* und *Homburg, Stefan,* 2003, S. 128.
[275] *Keynes, John M.* (1936), 1974, S. 141.

- Beim relevanten Zins des Kapitalmarktes (IS-Bereich) kann man sich den Kapitalmarktzins vorstellen, wie dieser für langfristige, festverzinsliche Staatsanleihen zustande kommt.
- Die Grundannahmen für die IS-Kurve sind gemäß den Gleichungen (16) $I = I\left(\overset{-}{i}\right)$ und (17) $S = S\left(\overset{+}{Y}\right)$. Im Gleichgewicht gilt nach Gleichung (18): $I(i) = S(Y)$.

Zur Vereinfachung werden nur eine volkseinkommensabhängige Transaktionskasse und eine zinsabhängige Spekulationskasse angenommen. *Keynes* geht davon aus, dass jedes Wirtschaftssubjekt aufgrund seiner Erfahrungen eine Vorstellung von einem als „normal" anzusehenden Zinsniveau hat. Bei einer Abweichung des tatsächlichen Zinses von diesem Zinsniveau wird mit einer Annäherung an den als normal empfundenen Zins gerechnet. Liegt der tatsächliche Zins beispielsweise über dem normalen Niveau, sind ein Zinsrückgang und damit ein Kursgewinn anzunehmen.[276] Daher ist es aus spekulativen Gründen ertragbringend, Wertpapiere anstatt Geld zu halten („Entweder-oder-Entscheidung"). Auf mikroökonomischer Ebene ist ein gemischtes Portfolio mit gleichzeitigem Besitz von Wertpapieren und Geld ausgeschlossen.

Das *ISLM-Modell* ergibt folgendes:
- Die LM-Kurve ist der geometrische Ort aller Kombinationen zwischen Y und i, bei welchen ein Gleichgewicht zwischen einer exogen gegebenen Geldmenge M und der Geldnachfrage L_D besteht (vgl. Abbildung 39). Steigt nun das Volkseinkommen in Folge einer Erhöhung der Investitionsneigung oder einer gesunkenen Sparneigung beispielsweise von IS_1 auf IS_2 oder von IS_2 auf IS_3, lässt die erhöhte Nachfrage nach Transaktionskasse die Zinsen steigen. Es fließt Geld aus der Spekulationskasse in die Transaktionskasse. Ist für das einzelne Wirtschaftssubjekt die „Entweder-oder-Entscheidung" typisch, so ergibt sich auf makroökonomischer Ebene angesichts der unterschiedlichen Erwartungen über den „normalen" Zins ein diskreter Prozess.
- Steigende Zinsen des Geldmarktes bewirken höhere Opportunitätskosten der Spekulationskasse. Die höheren Geldmarktzinsen führen zu einem Zinsverlust gegenüber der Anlage in Wertpapieren[277] und zudem steigen die Chancen, dass die Zinsen wieder sinken, was zu Kursgewinnen bei den Anlagen führt. Beide Einflüsse bewirken eine zusätzliche Nachfrage nach Wertpapieren. Die Spekulationskasse wird dazu verwendet, Wertpapiere zu kaufen, dabei fließt das frei werdende Geld in die Transaktionskasse. Dies wiederum hat einen dämpfenden Einfluss auf den Kapitalmarktzins, wobei es zu einer Annäherung der Geldmarktzinsen i (LM-Kurve) an die Kapitalmarktzinsen i (IS-Kurve) kommt. Es bildet sich ein simultanes Gleichgewicht zwischen dem Geld- und dem Kapitalmarkt.

---

[276] Vgl. *Issing, Otmar*, 1998, S. 104 ff. sowie *Felderer, Bernhard* und *Homburg, Stefan*, 2003, S. 124 ff.
[277] Es werden Wertpapiere mit unendlicher Laufzeit = Consols zugrunde gelegt. Deren Rendite r lässt sich nach der Formel r = Nominalzins x 100/Kurs des Wertpapiers berechnen.

- Erhöht sich die Investitionsneigung oder sinkt die Sparneigung, kommt es zu einer Rechtsverschiebung der *IS*-Kurve, wobei das Volkseinkommen und der Bedarf an Transaktionskasse steigen.
- Steigen die Kapitalmarktzinsen, erfolgt eine Umschichtung von Spekulationskasse in Bonds. Dabei kommt es zu Verschiebungen im Umfeld des Schnittpunktes zwischen der *IS*- und der *LM*-Kurve; auf diese Weise wird das Ansteigen der Kapitalmarktzinsen gedämpft.
- Beim Kapitalmarkt stellt die IS-Kurve die Verbindungslinie jener Punkte dar, bei welchen ein Gleichgewicht zwischen dem zinsabhängigen Investieren und dem einkommensabhängigen Sparen besteht. Je größer das Volkseinkommen ist, desto größer sind – bei einer gegebenen *IS*-Kurve – die Investitionen (und umgekehrt).

Abbildung 39: Die keynesianische Zinstheorie, dargestellt nach dem ISLM-Modell

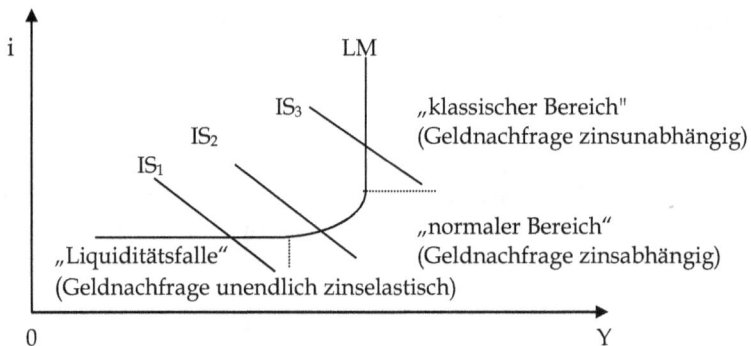

i
LM
IS_3
IS_2
IS_1
„klassischer Bereich"
(Geldnachfrage zinsunabhängig)
„normaler Bereich"
(Geldnachfrage zinsabhängig)
„Liquiditätsfalle"
(Geldnachfrage unendlich zinselastisch)
0
Y

Die Liquiditätsfalle

Einen besonderen Stellenwert in der Liquiditätspräferenztheorie nimmt die Liquiditätsfalle ein. Die Liquiditätsfalle stellt einen Extrembereich der Nachfrage nach Spekulationskasse bei einem niedrigen Zinsniveau dar, welches nach *Keynes* insbesondere bei einem Unterbeschäftigungsgleichgewicht denkbar ist. Bei der Liquiditätsfalle führen marginale Änderungen der Nachfrage nach Transaktions- oder Spekulationskasse zu Änderungen des Volkseinkommens, nicht jedoch der Zinsen. Die Geldnachfrage ist unendlich zinselastisch.

Das Zinsniveau ist in diesem Fall derart tief gesunken, dass jedes Wirtschaftssubjekt eine Erhöhung des Marktzinses erwartet, so dass keine Wertpapiere, sondern nur Geld gehalten wird. Die Geldnachfragefunktion wird dann vollkommen zinselastisch. In diesem Fall ist es unmöglich, den Marktzins mit Hilfe der Geldpolitik zu verändern, da zusätzliches Geld immer in die Spekulationskasse fließt. Diese absolute Liquiditätspräferenz stellt auch für *Keynes* einen Grenzfall dar.[278]

---

[278] Vgl. *Keynes, John M.* (1936), 1974, S. 173.

Der „klassische Bereich"

Die erwähnten Effekte finden im „normalen Bereich" mit einer zinselastischen Geldnachfrage statt. Im sog. „klassischen Bereich" mit einer zinsunabhängigen Geldnachfrage ist die gesamte Spekulationskasse in die Transaktionskasse eingegangen, d.h. Änderungen in der Investitions- oder Spareigung schlagen sich vollständig in den Zinsen und nicht im Volkseinkommen nieder.

Empirische Hinweise für das Euro-Währungsgebiet (1999-2005)

Thesen:

1. Eine Verschiebung der IS-Kurve führt zu veränderten Geldmarktzinsen (Schnittpunkt IS-LM).	- Diese These trifft zu. Es besteht ganz allgemein betrachtet ein positiver Zusammenhang zwischen einer Verschiebung der IS-Kurve und den Geldmarktzinsen (abgebildet auf der LM-Kurve). Eine Verschiebung der IS-Kurve wird unter anderem durch eine Erhöhung der Nachfrage nach Gütern Y ausgelöst.
2. Eine Verschiebung der IS-Kurve führt auch zu veränderten Kapitalmarktzinsen.	- Diese These trifft zu. Eine Verschiebung der IS-Kurve durch eine Erhöhung von Y bewirkt eine Erhöhung der Kapitalmarktzinsen.
3. Eine Rechtsverschiebung der LM-Kurve bringt eine Senkung der Geldmarktzinsen.	- Diese These trifft nicht generell zu. Eine Erhöhung der Zentralbankliquidität kann je nach den dadurch ausgelösten Wachstums- und Inflationserwartungen zu steigenden oder sinkenden Geldmarktzinsen führen.
4. Eine Veränderung der LM-Kurve führt zu einer Veränderung der Kapitalmarktmarktzinsen.	- Eine Verschiebung der LM-Kurve kann – je nach den ausgelösten Wachstums- und Inflationserwartungen – zu steigenden oder sinkenden Kapitalmarktzinsen führen.
5. Es existiert ein Bereich der LM-Kurve mit einer Liquiditätsfalle (horizontaler Verlauf bzw. keynesianischer Bereich).	- Ein solcher Bereich kann in der Referenzperiode nicht festgestellt werden.
6. Es gibt einen Bereich der LM-Kurve mit einem vertikalen Verlauf (klassischer Bereich).	- Diese These trifft nicht zu. Angesichts der relativ hohen Zinselastizität des Kreditangebotes können Zinserhöhungen auch zu einer Ausweitung des Kreditangebotes führen, verbunden mit einer Erhöhung der Geldmenge. Dies spricht gegen einen vertikalen Verlauf der LM-Kurve.
7. Es existiert eine Investitonsfalle (vertikale IS-Kurve).	- In der Referenzperiode ist keine vertikale IS-Kurve festzustellen.

Als *Kritik* ist zu nennen:

- Die zinstheoretischen Ergebnisse des ISLM-Modells, wonach es zu einem einzigen Zinssatz für den Geld- und Kapitalmarkt kommt, sind nicht unkritisch zu betrachten. Diese widersprechen der empirischen Erfahrung, wonach die Geldmarktzinsen meist niedriger als die Kapitalmarktzinsen bzw. die Kapitalmarktzinsen normalerweise höher als die Geldmarktzinsen sind. *Don Patinkin* spricht in diesem Zusammenhang von einer „friedlichen Koexistenz".[279]

- Anlass zu Kritik gibt auch die Prämisse einer exogen gegebenen Geldmenge. Steigende Zinsen führen in der Praxis möglicherweise zu einem größeren Kreditangebot und bewirken eine steigende Geldmenge (und umgekehrt).

- Bei der LM-Kurve sind die Liquiditätsfalle und der klassische Bereich von vorwiegend theoretischem Interesse und weniger von praktischer Relevanz.

2. Die Tobin-Separation

Der Begriff der Tobin-Separation stammt aus der Kapitalmarkttheorie. Mit der Tobin-Separation wird eine Unterteilung des Portfolios in eine risikolose und eine risikobehaftete Komponente bezeichnet; entsprechend trennt die Tobin-Separation den risikoungebundenen vom risikogebunden Zins. An dieser Stelle sollen nur diese beiden Komponenten des Zinses betrachtet werden, nicht jedoch das CAPM (Capital Asset Pricing Model) in seiner Gesamtheit.

Abbildung 40: Die Tobin-Separation

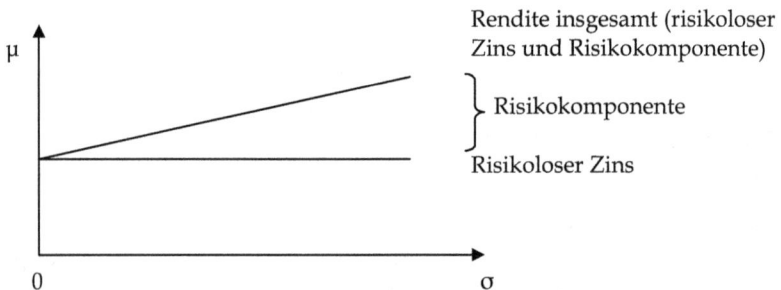

Rendite insgesamt (risikoloser Zins und Risikokomponente)

} Risikokomponente

Risikoloser Zins

Als *Prämissen* sind zu nennen:

- Die Portfoliotheorie geht vom μ-σ-Prinzip aus. Mit μ wird die Rendite, mit σ das Risiko von Finanzaktiven hinsichtlich eines Vermögensverlustes bezeichnet.[280]

- Das betrachtete Portfolio enthält n Aktiven mit unterschiedlichen Erträgen und Risiken.

---

[279] "In any event, it should be emphasized that the logical problem solved by *Keynes* and *Hicks* is not – as they believed – the existence of interest, but rather the peaceful coexistance of money and interest-bearing bonds" (*Patinkin, Don*, 1956, S. 85).

[280] Vgl. Kapitel 5, Ziffer V.3.

- Die These der Portfoliotheorie geht von risikoaversen Wirtschaftssubjekten aus. Ein größeres Risiko muss mit einem höheren Ertrag entschädigt werden.

Das *Modell* ist in Abbildung 40 dargestellt. Die Erträge lassen sich in zwei Komponenten unterteilen, den risikolosen Zins und den Zinsbestandteil, welcher für das Risiko entschädigt (sog. Tobin-Separation).

Kritik

- Es stellt sich die Frage, ob die Vielzahl von Risiken adäquat abgebildet werden können. Dies ist sicherlich bei den in der Vergangenheit feststellbaren Kursschwankungen und den objektiv feststellbaren Bonitätsrisiken der Fall. Es gibt jedoch noch andere Risiken wie beispielsweise die Wiederanlagerisiken bei Zinsänderungen und die damit verbundenen Einkommensänderungen, welche sich mit diesem Modell nur schwer erfassen lassen. Damit stellt sich die Frage, ob das Modell der Tobin-Separation eine umfassende Analyse der Risiken ermöglicht.
- Die in den Zinsen implizierten Risiken beziehen sich auf den gesamten Markt und nicht auf alle Komponenten der individuellen Risikobeurteilung.

VI. Die Zinstheorie und das Gesetz von Walras

Irving Fisher geht davon aus, dass sich die Wirtschaft als ein System simultaner Gleichungen abbilden lässt,[281] wobei die Zinsen den weitaus bedeutendsten relativen Preis verkörpern.[282, 283] In einer walrasianischen Interpretation bilden die Zinsen (des Geld- und des Kapitalmarktes) zusammen mit den Güterpreisen, den Löhnen und den Wechselkursen[284] die relativen Preise im Gesamtsystem der relativen Preise.

Die *Prämisse* in der Ausgangslage ist ein makroökonomisches, walrasianisches Gleichgewichtsmodell mit dem Gütermarkt, dem Arbeitsmarkt und dem Kapitalmarkt.[285] Jeder einzelne Markt ist interdependent zu den beiden anderen Märkten. Sind zwei (*n-1*) Märkte im Gleichgewicht, so ist es nach dem (mathematischen) Gesetz von *Walras* auch der dritte (*n-te*) Markt.

Dieser *Modellansatz* ließe sich – theoretisch betrachtet – durch den Geldmarkt und die außenwirtschaftlichen Verflechtungen (bzw. den Devisenmarkt) erweitern.[286] Gehen wir beispielsweise davon aus, dass drei dieser Märkte im Gleich-

---

[281] Vgl. *Fisher, Irving,* 1892.
[282] Vgl. *Fisher, Irving,* 1912b, S. 354.
[283] Vgl. *Fisher, Irving,* 1892.
[284] Gilt nur für flexible Wechselkurse.
[285] Vgl. *Felderer, Bernhard* und *Homburg, Stefan,* 2003, S. 76.
[286] Als mathematisches Gleichgewichtsmodell ist diese Erweiterung in Folge der sich ergebenden Komplexität kaum sinnvoll darzustellen. Indes lässt sich empirisch überprüfen, welche gegenseitigen Einflüsse zwischen diesen fünf Sektoren auftreten.

gewicht sind, so entsprechen sich nach dem Gesetz von *Walras* – theoretisch betrachtet – die Ungleichgewichte der beiden anderen Märkte.[287]

Im *Ergebnis* sind die einzelnen Bereiche des makroökonomischen Gleichgewichtssystems interdependent. Veränderungen bei einzelnen Märkten haben in der Regel Auswirkungen auf die übrigen Märkte, wobei die Reaktionen sehr vielfältigen Wirkungsmechanismen unterliegen und sich die Ergebnisse oft nicht eindeutig voraussagen lassen, zumal auch nicht vorhergesehene Reaktionen auftreten können.[288]

Nach dieser Darstellung unterliegen die Geld- und Kapitalmarktzinsen vielfältigen Einflüssen der Gütermärkte, des Arbeitsmarktes und der Außenwirtschaft (Außenhandel sowie Geld- und Kapitalverkehr). Zudem sind die Geld- und Kapitalmarktzinsen auch untereinander interdependent.

Hinsichtlich der Anpassungsprozesse bei Datenänderungen der einzelnen Sektoren lassen sich die einzelnen relativen Preise (Güterpreise, Löhne, Kapitalmarktzinsen, Geldmarktzinsen und Wechselkurse) – im Sinne einer klassisch-neoklassischen Betrachtung – als imaginäre Gravitationszentren verstehen, auf welche die Anpassungsprozesse hinsteuern. Dies gilt ebenfalls für das Gesamtsystem der relativen Preise (*Adam Smith, Joseph Schumpeter*). Nach realen und monetären Schocks bewegen sich die einzelnen, stark interdependenten Sektoren und das Gesamtsystem in Richtung auf die jeweiligen imaginären Gravitationszentren der fünf Sektoren bzw. des Gesamtsystems.

Diese Gravitationspunkte können sich durch Änderungen des Verhaltens der Wirtschaftssubjekte auch verschieben (beispielsweise durch eine veränderte Liquiditätspräferenz, eine veränderte Spar-, Konsum- und Investitionsneigung sowie Veränderungen im Außenhandel):

> „Es gibt eine fundamentale Eigenschaft von Gleichgewichtspreisen in unserer Wirtschaft, welche eingangs festzustellen ist. Angenommen, die Preise der Gütermärkte sind im Gleichgewicht. Daraus folgt, dass auch der Geldmarkt im Gleichgewicht ist. Bei einer Überschussnachfrage des Geldmarktes besteht ein Überschussangebot auf dem Gütermarkt. Im Gleichgewicht des Gütermarktes beträgt das Überschussangebot null. Um festzustellen, ob die Preise des Gütermarktes den Gleichgewichtspreisen entsprechen, ist keine Analyse des Geldmarktes erforderlich, sondern es genügt festzustellen, ob die Preise des Gütermarktes im Gleichgewicht sind. Dieser Zusammenhang ist bekannt als das Gesetz von Walras und maßgebend für die nachfolgenden Analysen".[289]

---

[287] Vgl. *Patinkin, Don,* 1956, S. 33. *Patinkin* verweist in Fußnote 2 auf: *Walras, Léon* (1874), 1954, S. 162, S. 241 und S. 281 f. Das Gesetz von Walras wurde durch *Lange* so bezeichnet; vgl. *Lange, Oskar,* 1942, S. 50.

[288] Die Wirkungen des monetären Bereichs auf den realen Bereich ergeben sich aus den Wechselwirkungen zwischen dem Geldmarkt und den übrigen Bereichen.

[289] *Patinkin, Don,* 1956, S. 33 (eigene Übersetzung).

Die Gleichgewichtsprozesse im Rahmen des Tâtonnement[290] beziehen sich auch auf den Geldmarkt (monetärer Bereich):

> „Die Gleichgewichtsprozesse des Geldmarktes sind in keiner Weise weniger bedeutsam als jene anderer Märkte. ... Das Gesetz von Walras folgt der allgemeinen Form der Budgetrestriktionen in einer Volkswirtschaft. ... Dabei handelt es sich beim Gesetz von Walras und den Budgetrestriktionen um unterschiedliche Zusammenhänge. Das Gesetz von Walras enthält Überschussgleichungen, die Budgetrestriktionen Überschussfunktionen. ... Der Gleichgewichtsprozess folgt dem walrasianischen Tâtonnement.[291]

Bei den Gleichgewichtsprozessen ist zwischen internen Marktprozessen und dem Wirken des (imaginären) walrasianischen Auktionators zu unterscheiden:

> „Die monetären Gleichgewichtsprozesse bilden sich durch interne Marktprozesse, die relativen Preise der einzelnen Güter durch den Walrasianischen Auktionator. Zwischen den Geldpreisen und den relativen Preisen gibt es keine solche Unterscheidung. Beide werden allein durch die Marktkräfte bestimmt".[292]

Die Aussage, die relativen Preise würden sich auf dem Gütermarkt und die monetären Preise auf dem Geldmarkt bilden, ist damit nach Auffassung von *Patinkin* falsch. Vielmehr handelt es sich um einen simultanen Preisbildungsprozess im Rahmen des Tâtonnement.[293]

Folgende *Einschränkungen* zu diesen Gleichgewichtsprozessen erscheinen in der Realität angebracht:
- Der Arbeitsmarkt ist von erheblichen institutionellen Restriktionen geprägt. Dazu zählen unter anderem die Tariflöhne, welche Gleichgewichtslöhne im Hinblick auf eine Markträumung verhindern können.
- Der Geldmarkt tendiert nur bei einer äußerst restriktiven Geldpolitik zu Gleichgewichtsprozessen. Bei einer expansiven Geldpolitik kommt es zu inflationären Erscheinungen, welche sich selbst beschleunigen können, und damit stabile Gleichgewichte verhindern.
- Die Außenwirtschaft tendiert nur bei einer genügend großen Elastizität der Import- und Exportnachfrage zu Gleichgewichtsprozessen und einer Stabilisierung der Wechselkurse. Dies setzt eine hohe wirtschaftliche Entwicklungsstufe mit einem stark diversifizierten Güterangebot voraus.

---

[290] Unter dem Tâtonnement ist der Preisfindungsprozess zu verstehen, welcher sich nicht nur auf den Gütermarkt, sondern auch die übrigen Märkte wie beispielsweise die Geld- und Kapitalmärkte beziehen kann. Nach der idealtypischen Vorstellung des walrasianischen Auktionators werden die marktlichen Tauschprozesse erst zugelassen, wenn der Gleichgewichtspreis bzw. –zins bekannt ist.
[291] *Patinkin, Don,* 1956, S. 33 (eigene Übersetzung).
[292] *Patinkin, Don,* 1956, S. 39 (eigene Übersetzung).
[293] Vgl. *Patinkin, Don,* 1956, S. 110 f.

VII. Die Grundzüge der Zinsstrukturtheorie

1. Das statistische Erscheinungsbild

Die vielfach getroffene Annahme, dass in einer Volkswirtschaft nur ein Zinssatz existiert, entspricht nicht der Realität. In der Praxis lassen sich zahlreiche Zinssätze feststellen. Indem die verzinslichen Finanzaktiven Substitute sind, genügt es nicht, nur einen Zinssatz zu betrachten, sondern es wird erforderlich, die ganze Zinsstruktur zu erklären:

> „ ... the necessity to explain not just one market determined rate of return but a whole structure".[294]

Das Verhältnis der am Markt gezahlten Zinsen zueinander wird als Zinsstruktur bezeichnet.[295] Es ergeben sich Zinsstrukturen aufgrund von mehreren, möglichen Kriterien; dazu zählen beispielsweise:
- Die Bonität der Kreditnehmer bzw. die Verzugs- und Ausfallrisikostruktur: Je höher das „grading" (die Bonität) eines Schuldner ist, desto tiefer sind in der Regel die Zinsen (und umgekehrt). Oft verändert sich im konjunkturellen Verlauf das Verzugs- und Ausfallrisiko, weshalb es zu diesbezüglich verursachten Verschiebungen der Zinskurve kommt.
- Die unterschiedlichen Zinssätze zwischen einzelnen Ländern („geographische Struktur der Zinsen"), so auch im Euro-Währungsgebiet: Diese resultieren aus den unterschiedlichen Knappheiten der Geld- und Kapitalmärkte in den verschiedenen Ländern und anderen Unvollkommenheiten (z. B. unterschiedliche Präferenzen für die Finanzmarktanlagen und die Verschuldung, institutionelle Hemmnisse, Transaktionskosten, Risiken und die länderübergreifenden Transfers von finanziellen Mitteln).
- Die Fristigkeitsstruktur der Zinssätze, welche sich aus den unterschiedlichen Restlaufzeiten von Finanzaktiven ergibt.[296] Nach der Fristigkeitsstruktur der Zinsen entsteht die üblicherweise betrachtete Zinsstrukturkurve. Diese wird auch Zinskurve, Fristigkeitsstruktur, yield-curve oder term-structure of interest rates genannt. Die Zinsstrukturkurve stellt eine Verbindungslinie zwischen den Zinsen mit unterschiedlicher Laufzeit (bzw. der Renditen auf Verfall), jedoch einheitlicher Bonität dar (vgl. Abbildung 41).

Die Fristigkeitsstruktur der Zinssätze lässt sich am Markt nicht direkt beobachten, da sich hinter den Renditen der einzelnen Finanzaktiven ganz unterschiedliche Bonitätsrisiken, geographische Zuordnungen und Restlaufzeiten verbergen. In der Praxis werden für die Ermittlung der Zinsstrukturkurve die Zinsen von Finanzaktiven mit erstklassiger Bonität verwendet (in der Regel Staatsanleihen, um die Risikokomponente zu eliminieren). Eine ideale Berechnungsgrundlage der

---

[294] *Tobin, James,* 1971a, S. 225.
[295] Vgl. zur Zinsstruktur auch *Issing, Otmar,* 1984, S. 115 und S. 125.
[296] Vgl. *Claassen, Erich-Maria,* 1980, S. 183. Vgl. auch *Claassen, Erich-Maria* , 1963.

Zinsstrukturkurve bilden die Nullkuponanleihen (Zerobonds) ohne Kreditausfall-risiko.[297]

Abbildung 41: Das Erscheinungsbild der Zinsstrukturkurve

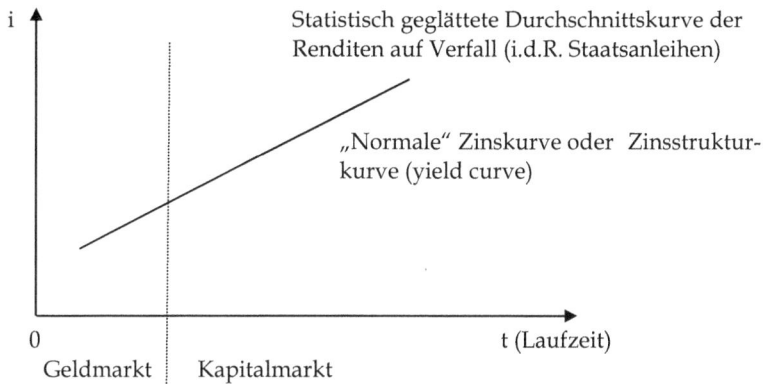

i

Statistisch geglättete Durchschnittskurve der Renditen auf Verfall (i.d.R. Staatsanleihen)

„Normale" Zinskurve oder Zinsstruktur-kurve (yield curve)

0   t (Laufzeit)

Geldmarkt   Kapitalmarkt

Aufgrund von Unvollkommenheiten der Finanzmärkte und Zufälligkeiten der Kursbildung stellen sich die Zinsen der Finanzaktiven mit unterschiedlichen Laufzeiten in der Regel als eine Punktwolke dar. Um eine Zinsstrukturkurve zu erhalten, wird diese Punktwolke zu einer Linie geglättet. Die Zinskurve ist damit eine synthetische, d.h. künstlich erzeugte Linie.[298]

2. Die unterschiedlichen Erscheinungsformen der Zinsstrukturkurve

Die Zinsstrukturkurve kann vielfältige Formen aufweisen (vgl. Abbildung 42). Typisch sind:

(1) Die „normale Zinsstrukturkurve" (ansteigende Renditen mit zunehmender Laufzeit). Mit steigender Laufzeit ist der Renditezuwachs meist positiv, dieser nimmt jedoch stetig ab, und ist letztlich kaum mehr zu messen. Die normale Zinsstrukturkurve ist typisch für Phasen mit niedrigen Zinsen.

(2) Die fallende oder inverse Zinsstrukturkurve (sinkende Renditen mit steigender Laufzeit). Zu einer fallenden oder inversen Zinsstrukturkurve kommt es in Hochzinsphasen, so beispielsweise, wenn die Zentralbank bei hohen Inflationsrationsraten die Geldmarktzinsen durch eine sehr restriktive Geldpolitik auf einem Niveau fixiert, welches höher ist als die Kapitalmarktzinsen.

(3) Die flache oder horizontale Zinsstrukturkurve (beispielsweise im Übergang von einer inversen zu einer normalen Zinskurve, und umgekehrt).

---

[297] In diesem Zusammenhang wird auch von einer "Diskontstrukturkurve" gesprochen.
[298] Vgl. *Issing, Otmar*, 1998, S. 125 ff., und dort erwähnte Literatur.

(4) Die gekrümmte Zinsstrukturkurve bzw. „humped" curve oder „kinked" curve. In diesem Fall zeigen sich mit zunehmenden Laufzeiten fallende oder steigende Zinsen. Dies kann der Fall sein, wenn sich die Zinsstrukturkurve im Rahmen von Anpassungsprozessen verschiebt (4a) oder die Zentralbank vorübergehend an etwas höheren Zinssätzen im Bereich der kurzen Laufzeiten („kurzes Ende") festhält (4b).

Abbildung 42: Die unterschiedlichen Erscheinungsformen der Zinsstrukturkurve

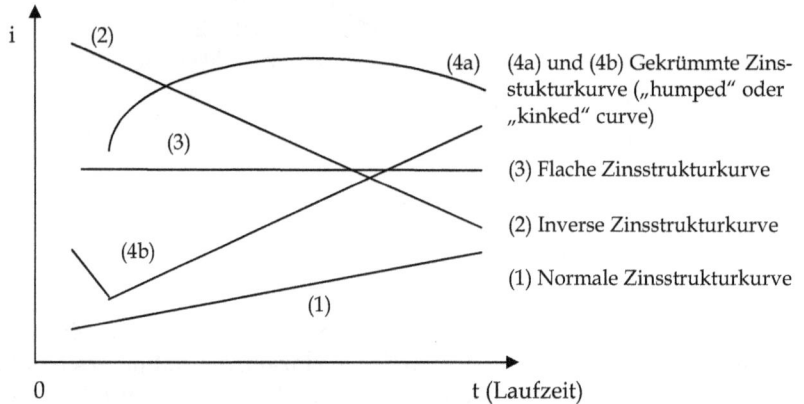

3. Die Veränderung der Lage und der Steilheit der Zinsstrukturkurve

Unter der Wirkung zahlreicher Einflussfaktoren und deren Veränderungen kommt es zu Anpassungen hinsichtlich der Lage und der Steilheit der Zinsstrukturkurve. Die Angelpunkte sind das Angebot und die Nachfrage am Geld- und Kapitalmarkt.[299] Es lassen sich drei Typen von Bewegungen feststellen:

- Eine parallele Veränderung der Lage der Zinsstrukturkurve im Sinne von Niveaueffeken (vgl. Abbildung 43). Eine solche Bewegung ist in der Praxis kaum festzustellen.

Abbildung 43: Die Veränderung der Lage der Zinsstrukturkurve (Niveaueffekte)

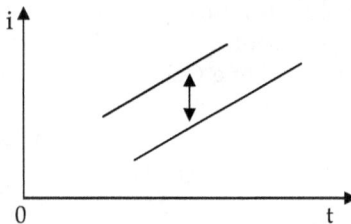

---

[299] Einschließlich der Wirkungen der geldpolitischen Operationen der *EZB* vor allem im kurzfristigen Geldmarktbereich.

- Eine Veränderung der Steilheit der Zinsstrukturkurve (vgl. Abbildung 44). Eine ausschließlich Veränderung der Steilheit der Zinsstrukturkurve ist wenig wahrscheinlich, denn bei Veränderungen im monetären Bereich finden in der Regel Übertragungen im gesamten Laufzeitenbereich der Zinsstrukturkurve statt.

Abbildung 44: Die Veränderung der Steilheit der Zinsstrukturkurve

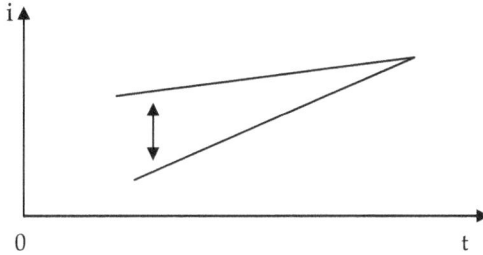

- Eine gleichzeitige Veränderung der Lage und der Steilheit der Zinsstrukturkurve (vgl. Abbildung 45). Solche Verschiebungen sind in der Praxis üblich. Dies ist der Fall, wenn sich ein Einflussfaktor ändert und dies Auswirkungen auf alle Laufzeitensegmente hat, jedoch in unterschiedlichem Maße. Beispiele sind Veränderungen bei der Wachstumsrate des realen BIP, den Inflationsraten, den Wechselkursen, den Arbeitslosenraten, dem Aktienindex oder der Kreditnachfrage der Nichtbanken bei den Geschäftsbanken.

Abbildung 45: Die Veränderung der Lage und der Steilheit der Zinsstrukturkurve

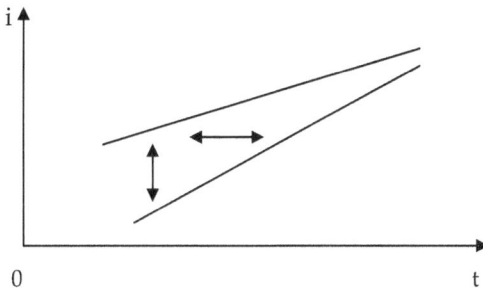

4. Ursachen und Wirkungen einer steileren bzw. flacheren Zinsstrukturkurve

Die herkömmliche Zinsstrukturtheorie beschäftigt sich vor allem mit den *Ursachen* einer bestimmten Zinsstrukturkurve und deren Bewegungen. Eine steile Zinsstrukturkurve wird oft als ein Zeichen für eine schwächere Konjunktur und als Symptom für eine expansive Geldpolitik betrachtet, eine flache oder gar inverse Zinsstrukturkurve als Hinweis für ein inflationäres Umfeld mit ggf. höheren Wachstumsraten des realen BIP und einer kontraktiven Geldpolitik (vgl. die Abbildungen 46 und 47). Dies lässt sich mit der stärkeren und vor allem rascheren Reaktion der Geldmärkte als der Kapitalmärkte auf ein erhöhtes Wachstum und/

oder eine erhöhte Inflationsrate erklären, die sehr schnell zu einem größeren Bedarf an Transaktionsmitteln führen, welche über die Geldmärkte bereitgestellt
werden.

Abbildung 46:   **Abbildung 47:**

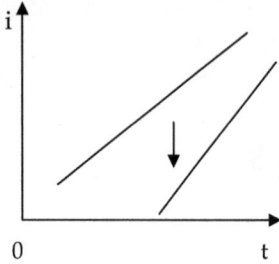

Die Zinsstrukturkurve wird steiler   **Die Zinsstrukturkurve wird flacher**

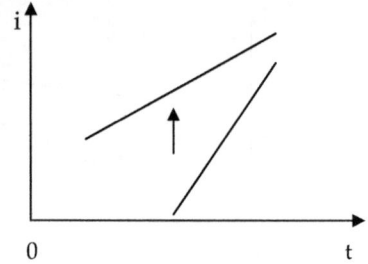

Es lassen sich jedoch auch die *Wirkungen* einer sich verändernden Zinsstruk-
turkurve betrachten. Der Zinsspread (zwischen den Kapitalmarktzinsen für eine
Laufzeit von zehn Jahren und den Geldmarktzinsen mit einer Laufzeit von drei
Monaten) zählt als Indikator für makroökonomische Phänomene: Einer steilen
Zinsstrukturkurve mit tiefen Zinsen im kurzfristigen Geldmarkt werden expan-
sive Effekte zugeschrieben, einer flachen Zinsstrukturkurve mit angespannten
Zinsen im Geldmarktbereich, je nach deren Höhe, auch kontraktive Effekte.[300]

Empirische Hinweise zum Euro-Währungsgebiet (1999-2005), Teil I	
Thesen:	
1. Steigende Geldmarktzinsen führen zu einer flacheren Zinsstrukturkurve (und umgekehrt).	- Diese These trifft zu. - Dieser Effekt kommt zustande, indem die Geldmarktzinsen bei Zinserhöhungen in der Regel stärker steigen als die Kapitalmarktzinsen (und umgekehrt).

---

[300] Diese Wirkungen stehen in einem Zusammenhang mit den Geldeffekten und Transmissionsmechanismen (vgl. Kapitel 8.).

Empirische Hinweise zum Euro-Währungsgebiet (1999-2005), Teil II

Thesen:

Ursachen der Veränderung der Zinsstrukturkurve

2. Eine größere Wachstumsrate bewirkt eine flachere Zinsstrukturkurve (und umgekehrt).	- Diese These trifft zu. Die Verschiebung erfolgt praktisch zeitverzugslos.
3. Eine höhere Inflationsrate führt zu einer flacheren Zinsstrukturkurve (und umgekehrt), indem die Geldmarktzinsen stärker steigen als die Kapitalmarktzinsen.	- Diese These trifft zu. Die Verschiebung erfolgt praktisch zeitverzugslos.
4. Lohnsteigerungen bewirken eine flachere Zinsstrukturkurve (und umgekehrt).	- Diese These trifft nur tendenziell zu. Der Zusammenhang ist nicht signifikant.*
5. Wechselkurserhöhungen EUR-USD führen zu einer steileren Zinsstrukturkurve (und umgekehrt).	- Diese These trifft zu. Ein steigender Wechselkurs des Euro zum USD bewirkt u.a. einen Zustrom von Geldanlagen aus dem Ausland.
6. Steigende Aktienkurse führen zu einer flacheren Zinsstrukturkurve (und umgekehrt).	- Diese These trifft zu. Steigende Aktienkurse führen zu einer flacheren Zinsstrukturkurve, indem u.a. Geldmarktanlagen zu den Aktienmärkten umgelagert werden (und umgekehrt).
7. Eine verstärkte Kreditnachfrage bei den Geschäftsbanken führt zu einer flacheren Zinsstrukturkurve (und umgekehrt).	- Diese These trifft tendenziell zu, lässt sich jedoch nicht signifikant belegen.*
8. Ein verstärktes Geldmengenwachstum bei M1 führt zu einer flacheren Zinsstrukturkurve (und umgekehrt).	- Diese These trifft nicht zu. Ein vermehrter Bestand an Sichteinlagen bewirkt eine steilere Zinsstrukturkurve.
9. Eine expansive Geldpolitik führt zu einer steileren Zinsstrukturkurve (und umgekehrt).	- Diese These trifft nicht generell zu. Eine expansive Geldpolitik kann – in Folge der damit verbundenen Wachstums- und Inflationserwartungen – auch zu einer flacheren Zinsstrukturkurve führen. Nur bei ohnehin sinkenden Inflationsraten und Wachstumsraten (d reales BIP) bewirkt eine expansive Geldpolitik eine steilere Zinsstrukturkurve.

* Bei einem zugrunde gelegten Signifikanzniveau von mindestens 0,10.

Empirische Hinweise zum Euro-Währungsgebiet (1999-2005), Teil III

Prädiktoreigenschaften (Wirkungen) einer Veränderung der Steilheit der Zinsstrukturkurve

10. Eine steile Zinsstrukturkurve ist   - Diese These trifft zu.
ein Prädiktor für eine größere Wachs-
tumsrate des realen BIP (und umgekehrt).

11. Eine steile Zinsstrukturkurve   - Diese These trifft zu. Eine steile Zinsstruktur-
bewirkt steigende Wachstumsraten   kurve führt praktisch zeitverzugslos zu einer ver-
bei der Geldmenge M1 (und umge-   stärkten Geldnachfrage bei M1 (und umgekehrt).
kehrt).

12. Eine steile Zinsstrukturkurve ist   - Diese These trifft nur tendenziell zu (nicht signifi-
ein Prädiktor für eine steigende   kant).*
Inflationsrate (und umgekehrt).

13. Eine flache Zinsstrukturkurve   - Diese These trifft zu.
ist ein Prädiktor für Lohnsteigerun-
gen (und umgekehrt).

14. Eine steilere Zinsstrukturkurve ist - Diese These trifft nicht zu (nicht signifikant).*
ein Prädiktor für tiefere Wechsel-
kurse (und umgekehrt).

15. Eine steile Zinsstrukturkurve   - Diese These trifft zu.
ist ein Prädiktor für Aktienkurs-
steigerungen (und umgekehrt).

16. Eine steile Zinsstrukturkurve ist   - Diese These trifft nicht zu.
ein Prädiktor für eine steigende
Kreditnachfrage (und umgekehrt).

* Bei einem zugrunde gelegten Signifikanzniveau von mindestens 0,10.

---

3. Typische Bilder einer gekrümmten Zinsstrukturkurve

Für die Geldpolitik typische Bilder einer in der Praxis gekrümmten Zinsstrukturkurve sind (1) die gekrümmte Zinsstrukturkurve im Geldmarktbereich, (2) die gekrümmte Zinsstrukturkurve im Kapitalmarktbereich und (3) die Verschiebung der Zinsstrukturkurve nach einer Senkung der EZB-Zinssätze.

(1) Eine gekrümmte Zinsstrukturkurve im Geldmarktbereich (vgl. Abbildung 48) ergibt sich beispielsweise, wenn eine wenig expansive Kreditnachfrage zu relativ tiefen Geldmarktzinsen im Allgemeinen führt, die Zentralbank jedoch die Geldmarktzinsen für den kurzfristigen Bereich (Laufzeiten von einem Tag) etwas darüber hält, um beispielsweise noch bestehende Inflationserwartungen zu dämpfen. Eine im Geldmarktbereich gekrümmte Zinsstrukturkurve ist oft auch das Zeichen einer schwachen Nachfrage nach Transaktionsmitteln, verbunden mit der Erwartung einer Senkung der Leitzinsen.

Abbildung 48: Die gekrümmte Zinsstrukturkurve im Geldmarktbereich

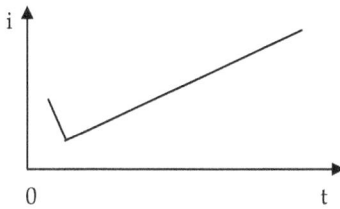

(2) Die gekrümmte Zinsstrukturkurve im Kapitalmarktbereich (vgl. Abbildung 49): Sind die Geldmarktzinsen tiefer als jene des Kapitalmarktes, kommt eine „normale" Zinsstrukturkurve zustande. Werden die von der Zentralbank maßgeblich beeinflussten Geldmarktzinsen jedoch über jenen des Kapitalmarktes festgelegt, entsteht eine „inverse" Zinsstrukturkurve. Im Übergang zwischen den beiden Ansätzen sind – je nach dem Verlauf der Anpassungsprozesse – verschiedene Formen von Zinsstrukturkurven möglich, zu welchen die flache und die gekrümmte Zinsstrukturkurve gehören. Zu den besonderen Wirkungen veränderter Einflussfaktoren zählt eine Verschiebung der Krümmung der Zinsstrukturkurve. Dies lässt sich unter anderem bei starken Bewegungen der Zinsstrukturkurve feststellen, so beispielsweise beim Übergang von einer inversen zu einer normalen Zinsstrukturkurve, wenn die Zinsen am kurzfristigen Ende sinken, und ebenfalls die längerfristigen Kapitalmarktzinssätze durch erhebliche Investitionen in Bonds als Folge der Zinssenkungen fallen (in der Erwartung weiterer Zinssenkungen sowie von Kursgewinnen). Im Anschluss an eine Phase mit einer inversen Zinsstruktur, bei welcher die kurzfristigen Zinsen über den langfristigen Zinsen liegen, gehen die sehr langfristigen Zinsen vorerst schneller zurück, da in diesem Laufzeitenbereich bei Zinssenkungen die größten Kapitalgewinne entstehen.

Abbildung 49: Die gekrümmte Zinsstrukturkurve im Kapitalmarktbereich

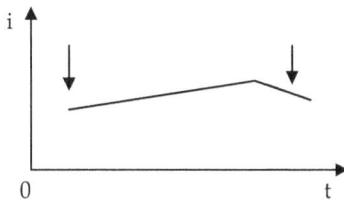

Eine im Kapitalmarktbereich gekrümmte Zinsstrukturkurve kann ein Zeichen für weiterhin sinkende langfristige Kapitalmarktzinsen sein (vgl. Abbildung 50).

Abbildung 50: Die Veränderung der Krümmung der Zinsstrukturkurve

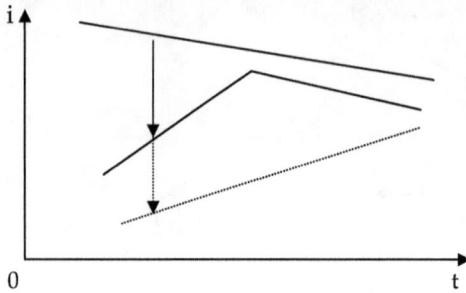

(3) Die Verschiebung der Zinsstrukturkurve nach einer Senkung der Leitzinsen der Zentralbank: Sinken die sehr kurzfristigen Zinsen, kommt es manchmal zu einer Erhöhung der Zinsen für die längerfristigen Kapitalmarktzinsen, weil höhere Wachstums- und Inflationserwartungen ausgelöst werden, und umgekehrt (vgl. Abbildung 51 und 52).

Abbildung 51: Die Senkung der Geldmarktsätze

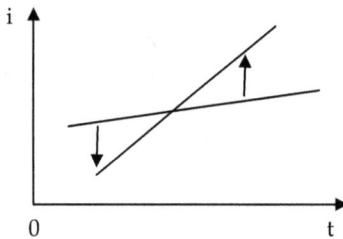

Höhere Kapitalmarktsätze bei einer Senkung der Leitzinsen in Erwartung einer steigenden Inflationsrate.

Abbildung 52: Die Erhöhung der Geldmarktsätze

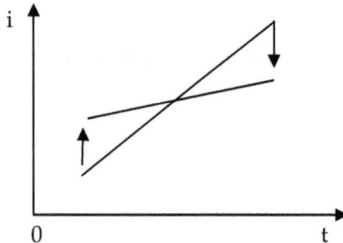

Tiefere Kapitalmarktsätze bei einer Erhöhung der Leitzinsen in Erwartung geringerer Inflationsraten.

VIII.   Einzelne Theorien zur Zinsstrukturtheorie

Die Zinsstrukturtheorien versuchen, das Wesen, die Ursachen und gelegentlich auch die Wirkungen der Zinsstruktur zu erklären. Dabei zählen die Lage, die Steilheit und die Krümmung sowie die Veränderungen der Zinsstrukturkurve zu den komplexen Phänomenen des monetären Bereichs. Dies hängt unter anderem mit der differenzierten Ausprägung der Zinsen bei den unterschiedlichen Laufzeiten zusammen.

Die Zinsstrukturkurve zeigt gleichzeitig zwei Marktsegmente, den Geldmarkt (mit Laufzeiten bis etwa zwei Jahre) und den Kapitalmarkt (mit Laufzeiten von zwei Jahren und mehr). Es ergeben sich fließende Übergänge zwischen dem Geld- und dem Kapitalmarkt, welche im Grenzbereich zu einem Markt verschmelzen.

1. Die reine Erwartungshypothese

Zu den ältesten Zinsstrukturtheorien gehört die reine Erwartungshypothese (pure expectations hypothesis) von *Irving Fisher* (1896).[301] Der bekannteste Ansatz ist jener der *„Rendite auf Verfall"* („return of maturity").[302] Nach dieser Theorie wird der Verlauf der Zinsstrukturkurve durch die Erwartungen der Wirtschafts- subjekte über die zukünftigen, kurzfristigen Zinssätze bestimmt.

Der Ansatz *„return of maturity"* wurde von *Irving Fisher* und *Friedrich Lutz* ent- wickelt und geht von einer Übereinstimmung der Rendite eines Bonds mit der Restlaufzeit m und der erwarteten Rendite einer sukzessiven Anlagestrategie in m Einperioden-Bonds aus.

Zu den *Prämissen* zählen:
- Es besteht vollständige Voraussicht über die Entwicklung der zukünftigen, kurz- fristigen Zinsen und die diesbezüglichen Erwartungen der Wirtschaftssubjekte sind identisch.
- Das Risiko ausbleibender Zinszahlungen oder Kapitalrückzahlungen ist ausge- schlossen.
- Die Anleger besitzen vollkommene Voraussicht hinsichtlich des Kapital- und Einkommensrisikos.
- Es wird eine Gewinnmaximierung angestrebt.
- Der Planungshorizont bezieht sich auf die jeweils längste Restlaufzeit der Anlei- hen.
- Es gibt keine Transaktionskosten im Sinne von Steuern und Gebühren für den Kauf und Verkauf von Finanzaktiven.

a. Erste Fassung

In einer *ersten Fassung* entspricht ein langfristiger Zins dem Durchschnitt der erwarteten, zukünftigen kurzfristigen Zinssätze. Dieses Modell geht von einer Übereinstimmung der Rendite eines Bonds mit der Restlaufzeit m und der erwar-

---

[301] Die Erwartungstheorie stellt den ältesten Erklärungsversuch dar; es gibt dazu mehrere Formu- lierungen. Die Erwartungstheorie stammt von *Fisher* (1930), und wurde in der Folge vor allem durch *Hicks* und *Lutz* weiterentwickelt (vgl. *Fisher, Irving*, 1930, und *Hicks, John R.*, 1939, sowie *Lutz, Friedrich A.*, 1940).
[302] Der Ansatz „Return of maturity" geht auf *Fisher* zurück und wurde von *Lutz* formuliert (vgl. *Lutz, Friedrich A.*, 1967, S. 434-452).

teten Rendite R einer sukzessiven Anlagestrategie in m Einperioden-Bonds aus. In einer einfachen Fassung entspricht der langfristige Zins dem Durchschnitt der erwarteten zukünftigen, kurzfristigen Zinssätze:

$$R_t^m = \frac{1}{m} E_t \left(R_t^1 + R_{t+1}^1 + \ldots + R_{t+m+1}^1 \right). \tag{56}$$

Sind die Erwartungen quasi sicher, entsprechen die langfristigen Zinsen im Zeitpunkt t für eine Laufzeit von insgesamt m Perioden dem Durchschnitt der erwarteten kurzfristigen Zinsen über m Perioden. Markterwartungen über steigende Zinsen in der Zukunft führen zu einer ansteigenden Zinsstruktur (und umgekehrt).

b. Zweite Fassung

In einer *zweiten Fassung* sollen die erwarteten Renditen E_t („Halterenditen") von Bonds $H_t^{1,m}$ gleich dem Kassenzins R_t^m für die jeweilige Haltedauer m sein:

$$E_t \left(H_t^{1,m} \right) = R_t^m. \tag{57}$$

c. Dritte Fassung

Die dritte Fassung gilt als „unverzerrte" Erwartungshypothese und findet die stärkste Verbreitung. Danach entsprechen die Terminzinsen $F_t^{n,1}$ einem Erwartungswert E_t hinsichtlich der erwarteten Bondrenditen R_{t+n}^1 in n Perioden. Es gilt

$$F_t^{n,1} = E_t \left(R_{t+n}^1 \right). \tag{58}$$

Markterwartungen hinsichtlich erhöhter Zinsen in der Zukunft führen in diesem Fall zu einer ansteigenden Zinsstruktur (und umgekehrt).

d. Beurteilung

Es ist umstritten, ob die drei Formeln gleichzeitig erfüllt sein können. Nur hinsichtlich der „lokalen" Erwartungshypothese sind die Bedingungen der Arbitragefreiheit erfüllt. Dabei besagt die „lokale" Erwartungshypothese, dass die Halterendite von Bonds aller Laufzeiten in einem unendlich kleinen Zeitintervall gleich dem sicheren (Kassen-)Zins sein soll.[303]

---

[303] Die Sicherheit der Voraussicht der Zinsen stellt eine Bedingung für die Arbitragefreiheit zwischen den einzelnen Zinssätzen dar und reduziert den Zusammenhang zwischen den Zinssätzen verschiedener Laufzeiten auf einfache rechnerische Operationen. Bei Unsicherheit der Erwartungen sind Verhaltensannahmen für die Wirtschaftssubjekte erforderlich und außerdem muss das Risiko spezifiziert werden. Bei stochastischen Modellen wird das Risiko modelliert, indem von der Entwicklung der short rate („Momentanverzinsung") ausgegangen wird.

Die Sicherheit der Voraussicht der Zinsen stellt eine Bedingung für die Arbitragefreiheit zwischen den einzelnen Zinssätzen dar. Bei Arbitragefreiheit sind keine gewinnbringenden, in der Regel risikolose Kombinationen von Käufen und Verkäufen bei einzelnen Titeln möglich. Dies reduziert den Zusammenhang zwischen den Zinssätzen verschiedener Laufzeiten auf einfache rechnerische Operationen.

Als *Kritik* ist anzumerken, dass die Annahme einer vollkommenen Voraussicht über die zukünftige Zinsentwicklung[304] sehr restriktiv ist. Nur wenn die Wirtschaftssubjekte mit völliger Sicherheit über die zukünftige Zinsentwicklung informiert sind, lässt sich auch die Entwicklung der Zinsstrukturkurve genau voraussagen.[305]

Zudem wird das Zustandekommen der Erwartungen (die Erwartungsbildung) nicht erklärt. Weiterhin enthält die Annahme, die Steigung der Zinsstrukturkurve sei von der Abweichung der erwarteten zukünftigen Zinsen von den gegenwärtigen Zinsen abhängig, keinen theoretischen Erklärungsgehalt. Zudem ermöglicht die Erwartungshypothese keine Aussage zum überwiegend normalen Verlauf der Zinsstrukturkurve. Es ergibt sich – mit ähnlicher Wahrscheinlichkeit – die Voraussage einer steigenden oder einer sinkenden Zinsstrukturkurve.

Die „reine" Erwartungshypothese hat damit keine Prognosefähigkeit für die Entwicklung der Zinsterminmärkte. So sagt beispielsweise ein Zinssatz auf der Zinsstrukturkurve für die Zeitperiode *t+2* (in zwei Jahren) nichts darüber aus, wie der Kassenterminsatz in zwei Jahren tatsächlich sein wird, noch wie der heutige Zinsterminsatz für Anlagen in zwei Jahren ist.

Die Erwartungstheorie gibt damit keine Erklärung zum überwiegenden Verlauf der Zinsstrukturkurve. Mit ähnlicher Wahrscheinlichkeit ist die Voraussage einer steigenden als auch einer sinkenden Zinsstrukturkurve möglich. Indem eine steigende Zinsstruktur die Regel ist, müssten die Kapitalanleger ein andauerndes Ansteigen der kurzfristigen Zinsen in der Zukunft erwarten, was nur ausnahmsweise zutrifft.

2. Die Liquiditätsprämientheorie

Die Liquiditätsprämientheorie versucht, den „normalen" Verlauf der Zinsstrukturtheorie zu erklären. Diese geht auf *John R. Hicks* (1946)[306] zurück, der die Überlegungen der Erwartungstheorie mit der Annahme von *Keynes* verbindet, dass es nur um die Alternativen Kasse oder langfristige Wertpapiere geht.

---

[304] Vgl. *Lutz, Friedrich A.*, 1967, S. 187.
[305] Vgl. *Lutz, Friedrich A.*, 1967, S. 187.
[306] Vgl. *Hicks, John R.*, 1946, S. 126-154.

Zu den *Prämissen* zählen:

- Das Geld weist als Zahlungsmittel den höchsten Liquiditätsgrad auf, führt aber auch zu erheblichen Transaktionskosten, welche mit längeren Laufzeiten an Bedeutung verlieren, was die Entscheidungen der Anleger beeinflusst.

- Bei längeren Laufzeiten gibt es eine Reihe von Risikokomponenten, wozu *Hicks* vor allem die Kursänderungsrisiken zählt: Der Anleger „ ... should thus (as *Keynes*, if necessary, will remind him) not only take account of the interest that is offered on each security, but also of capital gain or loss; call the two together the resultant yield".[307]

- Hinzu kommt bei längerfristigen Anlagen ein Verzicht auf Liquidität, und es bestehen, wie spätere Autoren[308] hervorheben, Bonitätsrisiken, politische Risiken sowie Zinsänderungs- bzw. Einkommensrisiken. Diese Risiken steigen mit zunehmender Laufzeit, was in die Entscheidungen der Anleger einfließt.

Die *Ergebnisse* dieser Überlegungen sind:

- Die Anleger fordern für steigende Laufzeiten eine Prämie für den Verzicht auf Liquidität bzw. eine geringere Liquidität: Je länger die Restlaufzeit des Wertpapiers ist, desto geringer ist dessen Liquiditätsgrad und desto höher das Risiko, das Wertpapier bei Bedarf mit Kursverlust verkaufen zu müssen:

> "If not extra return is offered for long lending, most people (and institutions) would prefer to lend short, at least in the sense that they would prefer to hold their money on deposit in some way of other".[309]

- Umgekehrt sind die Kapitalnehmer daran interessiert, möglichst langfristiges Kapital aufzunehmen, um ihre Planungsunsicherheit zu minimieren. Dies bewirkt eine konstitutionelle Schwäche des Kreditmarktes im Bereich der langen Laufzeiten („langes Ende")[310] durch eine Übernachfrage und eine Verminderung des Angebotes, indem die Kreditnachfrager auf der einen Seite bevorzugt Mittel für mittlere und längere Fristen aufnehmen möchten und meist eine feste Zinsbelastung anstreben:

> „Taking these things together, it still appears that the forward market loans (...) may be expected to have a constitutional weakness on one side, a weakness which offers an opportunity for speculation.[311]

Auf diese Weise ergibt sich aus der „reinen" Liquiditätsprämientheorie, auch im Falle der Erwartung konstanter kurzfristiger Zinsen, stets eine positive Zinsstruktur. Selbst wenn der Markt konstante zukünftige Zinsen erwartet, erklärt die Liquiditätsprämie den steigenden Verlauf der Zinsstruktur.

- Die Liquiditätsprämie steigt nach Auffassung von *Hicks* monoton mit der Restlaufzeit.[312] Nach einer anderen Auffassung verlaufen die Liquiditätsprämien nicht monoton zur Laufzeit. Indem die Liquiditätsprämien bei den längeren Laufzeiten

---

[307] *Hicks, John R.,* 1967, S. 20.
[308] Vgl. *Lutz, Friedrich A.,* 1967, S. 436 ff.
[309] *Hicks, John R.,* 1947, S. 146.
[310] Vgl. *Hicks, John R.,* 1947, S. 146.
[311] *Hicks, John R.,* 1947, S. 146.
[312] Vgl. *Hicks, John R.,* 1947, S. 146.

der Anlagen geringer werden, flacht auch die Zinsstruktur bei einer unterdurch-
schnittlich zunehmenden Risikoprämie ab. Die Veränderung der Liquiditätsprämien wird gelegentlich als eine zum Koordinatenursprung konvexe Funktion dargestellt.
- Durch die Liquiditätsprämie werden die Wertpapiere mit verschiedenen Laufzeiten substituierbar. Die Substituierbarkeit ergibt sich durch den Ertragsauf-
schlag, wobei längere Laufzeiten mit einer Liquiditätsprämie entschädigt werden.
- Eine besondere *Kritik* bezieht sich auf das Phänomen der „preferred habitat". So
ist nicht auszuschließen, dass ein Anleger, welcher gerne eine längerfristige Anlage tätigen möchte, und sich aus Gründen der Verfügbarkeit für eine kürzerfristi-
ge Anlage entscheiden muss, gerade wegen der damit verbundenen Zins- und
Einkommensrisiken einen Zinsaufschlag verlangt *(Friedrich A. Lutz).*[313] Diesem
Argument lässt sich aus heutiger Sicht mit dem Hinweis auf ein reichliches Angebot an Finanzaktiven in allen Laufzeitbereichen begegnen.

Empirische Hinweise zum Euro-Währungsgebiet (1999-2005)	
Thesen:	
1. Die Renditen werden mit zunehmender Laufzeit höher.	- Diese These trifft zu.
2. Die Liquiditätsprämien verlaufen monoton und stellen eine zum Koordinatenursprung konvexe Funktion dar.	- Diese These trifft zu.

Die Liquiditätsprämientheorie wird unter anderem von *Joan Robinson*[314] und
Friedrich A. Lutz (1967)[315] weiterentwickelt. Als eine Ergänzung zur Liquiditäts-
prämientheorie ist die allgemeine Präferenztheorie von *Robinson* zu betrachten,
welche von der geäußerten Kritik ausgeht. *Robinson* nimmt eine Erweiterung der
Theorie des Kapitalrisikos bei längerfristigen Anlagen vor, indem sie als weiteren
Unsicherheitsfaktor neben dem Kapitalrisiko das Einkommensrisiko einführt.
Werden anstelle einer einmaligen, langfristigen Anlage mehrmals kurzfristige
Wertpapiere erworben, besteht das Risiko in einem Einkommensverlust bei sinkenden oder tieferen kurzfristigen Zinsen. Mit dieser unvollkommenen Voraussicht wird die Annahme vollkommener Kapitalmärkte aufgegeben, indem der Anleger zwei Risiken, das Kapitalrisiko und das Einkommensrisiko, eingeht:[316]
- Das Kapitalrisiko ergibt sich aus Änderungen des Kapitalwerts während des An-
lagezeitraumes, so beispielsweise, wenn die präferierte Anlagedauer die Laufzeit
des Finanzaktivums übersteigt; bei einem Ansteigen des Zinses sinkt der Kurs-
wert, womit bei einem Verkauf vor Verfall ein Kapitalverlust eintritt.

---

[313] Vgl. *Jurke, Gisela*, 1972, S. 61.
[314] Vgl. *Robinson, Joan,* The Rate of Interest. In: Econometrica, 1951, sowie: The Rate of Interest and
other essays, 1952.
[315] *Lutz, Friedrich A.,* 1967, S. 436 ff.
[316] Vgl. zu diesen Ausführungen auch *Kath, Dietmar,* 1972, S. 33 ff.

- Das Einkommensrisiko entsteht bei einer längeren Anlagezeit als der Laufzeit der Finanzaktiven. Bei einer mehrmaligen Anlage ist der Zinssatz bei der Wiederanlage ungewiss. Ist dieser geringer als bei der Erstanlage, entsteht ein Einkommensverlust (und umgekehrt).
- Beide Risiken können nie gleichzeitig eintreten. Das Kapitalrisiko und das Einkommensrisiko treten alternativ auf; die Wirkung ist per Saldo offen.

Bei einer Übereinstimmung von Anlagedauer und Laufzeit des Finanzaktivums lassen sich die beiden Risiken ausschließen, jedoch wird auf die Möglichkeiten eines Kapitalertrags (bei längerer Anlagedauer) und eines zusätzlichen Zinsertrages (bei kürzerer Anlagedauer) verzichtet. Die Risikovermeidung geht auf Kosten der Rentabilität.

3. Die Marktsegmentierungshypothese von J. M. Culbertson

Nach der Marktsegmentierungshypothese (auch als Marktsegmentationstheorie bezeichnet) von *J. M. Culbertson* (1957)[317] sind die Märkte für Zinstitel in einzelne Märkte zu unterteilen („zu segmentieren").

Als *Prämissen* wird angenommen:
- Die einzelnen Anleger haben individuelle, feste Präferenzen für die Anlagedauer mit unterschiedlichen Anlagehorizonten.
- Die Geld- und Kapitalmärkte (mit kürzeren Laufzeiten) werden im Wesentlichen von den Banken beherrscht, welche danach trachten, die Liquiditätsbedürfnisse ihrer Kunden zu befriedigen.
- Die Kapitalmärkte (mit längeren Laufzeiten) werden durch die Versicherungen und die Pensionskassen zur Erfüllung langfristiger Rentenverpflichtungen dominiert.

Dazwischen liegt ein wenig besetzter Bereich, weshalb von einer Segmentierung der Märkte für Zinstitel gesprochen wird. Es finden nur beschränkte Arbitragebewegungen zwischen den einzelnen Segmenten statt. Ein Einfluss von Erwartungen über die verschiedenen Segmente hinweg wird ausgeschlossen.

Als *Ergebnis* kommen die Renditen aus dem Zusammenspiel von Angebot und Nachfrage in den einzelnen Segmenten zustande. Ein normaler (steigender) Verlauf der Zinsstrukturkurve aufgrund der „normalen" Liquiditätspräferenz der Anleger überwiegt, weil das Angebot an Mitteln am Geldmarkt größer ist als am Kapitalmarkt. Zudem resultieren aus der begrenzten Substituierbarkeit der Titel der einzelnen Bereiche Anpassungsverzögerungen.

Die Marktsegmentationstheorie entstand in den 1950er Jahren (USA) aufgrund des beobachten Anlageverhaltens und wurde bereits damals kritisch beurteilt. Sie gilt seit langer Zeit als überholt und bietet keinen formalen Ansatz zur Bestimmung der Liquiditätsprämien. Zudem haben die Geld- und Kapitalmärkte seit den 1970er Jahren im gesamten Laufzeitenbereich große Marktvolumina entwickelt. Die Arbitrage zwischen den einzelnen Finanztiteln und -kontrakten trägt zu einer

---

[317] Vgl. *Culbertson, J. M.,* 1957, S. 485 ff.

Glättung der gesamten Zinskurve bei. Dieser Effekt wird durch die Termin-
kontrakt- und Optionsmärkte noch verstärkt.

Abgelöst wurde die Marktsegmentationstheorie durch Angebots-/Nachfrage-
modelle.[318] Danach ergeben sich, vereinfacht formuliert, bei den einzelnen Laufzeiten Gleichgewichtsrenditen als Ausgleich des Angebotes und der Nachfrage
nach Zinstiteln. Die Anleger sind risikoavers und differenzieren nach Laufzeiten
und unterschiedlichen Risiken.

4. Die Preferred Habitat Hypothese

Die Preferred-Habitat Hypothese geht von Anlegern mit unterschiedlichen Präferenzen bei ihrem Planungshorizont aus. Bei der Preferred Habitat Hypothese
integrieren *Franko Modigliani* und *Richard Sutch* (1968) Elemente der Marktseg-
mentations-, der Erwartungs- und der Liquiditätspräferenztheorie.[319]

Zu den *Prämissen* bzw. den institutionellen Rahmenbedingungen zählen die
ausgeprägten Präferenzen der einzelnen Anleger für bestimmte Laufzeiten (kurze,
mittlere und lange Laufzeiten). Die Anleger sind risikoavers und haben, im Gegensatz zur Liquiditätsprämientheorie, die Bereitschaft, bei einer entsprechenden
Risikoprämie in ein anderes Segment von Laufzeiten zu wechseln, was zu einer
Glättung der Zinsstrukturkurve führt. Zudem gibt es Transaktionskosten.[320]

Am Ende ihres Planungshorizontes streben die Anleger ein bestimmtes Vermögen an (beispielsweise zur Rückzahlung von Schulden). Sie ziehen – entsprechend der Liquiditätsprämientheorie – in erster Linie kurzfristige Anlagen vor.
Die Anleger haben einen bestimmten Anlagehorizont und sind indifferent hinsichtlich der Kurs- sowie Illiquiditätsrisiken bis zum zukünftigen Liquiditätszeit-
punkt. Erwerben sie Zinstitel mit einer kürzeren Laufzeit als dem jeweiligen Planungshorizont, haben sie ein Risiko hinsichtlich der erneuten Anlage und erwarten eine Risikoprämie. Wieder andere Anleger mit einem kurzfristigen Planungshorizont fordern wie bei der Liquiditätsprämientheorie für den Kauf von Anlagen, welche ihren Planungshorizont übersteigen, eine Risikoprämie.

Als *Ergebnis* bilden sich Angebot und Nachfrage in den einzelnen Segmenten
ziemlich unabhängig voneinander. Dieses Ergebnis steht in einem Zusammenhang mit der konkreten Verteilung der spezifischen Planungshorizonte der Investoren. Das Verhalten der Investoren kann – theoretisch betrachtet – jedes beliebige Muster von Zeitprämien generieren. Möglich sind sogar negative Risikoprämien für längerfristige Papiere. Dies hängt davon ab, was als wichtiger einge-
stuft wird, das Einkommens- oder das Kapitalrisiko. Ein Wechsel aus dem bevorzugten Anlagesegment in ein anderes kommt nur bei einem zusätzlichen Zinsaufschlag zustande. Angesichts des risikoaversen Verhaltens der Anleger ist dieser Zinsaufschlag keine klar abzugrenzende Zeitprämie.

---

[318] Vgl. *Brainard, William C.* und *Tobin, James,* 1968, S. 99.
[319] Vgl. *Modigliani, Franco* und *Sutch, Richard,* 1966, S. 178-197.
[320] Vgl. *Modigliani, Franco* und *Sutch, Richard,* 1966, S. 183 f.

Kritisch zu betrachten sind die ausgesprochen empirischen Aussagen der Preferred Habitat Hypothese, welche nicht in der Lage ist, die Laufzeitenstruktur der Anlagen und die Risikoprämien zu erklären. Anzuerkennen ist die These über die unsystematischen Verhaltensmuster der Investoren.

5. Das Zinsspannentheorem von Burton G. Malkiel

Beim Zinsspannentheorem von *Burton G. Malkiel* (1966)[321] geht es um die Modellierung der Erwartungen über die künftigen Kassenzinsen in Abhängigkeit von der aktuellen Zinssituation. Dabei erfolgt eine Endogenisierung des Zinsprozesses unter dem Aspekt des Risikos.

Zu den *Prämissen* zählt die Erwartung, die Zinsen würden innerhalb eines vorgegebenen Bandes um einen langfristigen Durchschnittswert schwanken (indem beispielsweise auch die Inflationsraten im Rahmen eines vorgegebenen Bereichs stabilisiert werden). Die Anleger bilden sich ihre Erwartungen über die Höhe des Zinssatzes am Ende der Periode. Die Richtung der zukünftigen Zinsänderung wird – nach Auffassung der Anleger – von der gegenwärtigen Lage des Zinssatzes

Abbildung 53: Das Zinsspannentheorem von Malkiel (graphische Darstellung)

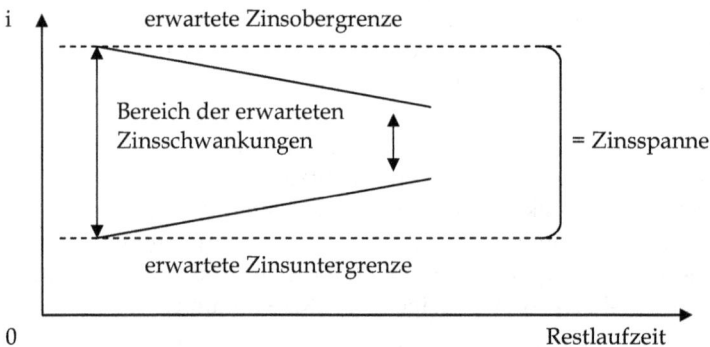

innerhalb der Schwankungsbreite bestimmt. Die Anleger wollen die erwartete Rendite maximieren, sind risikoneutral und ziehen die Anlage mit dem höchsten Ertrag vor (vgl. Abbildung 53).

Als *Ergebnis* wird oft eine kurzfristige, sichere und höher verzinsliche Anlage einer langfristigen Anlage mit einer geringeren erwarteten Rendite vorgezogen. Die Zinsspannen werden mit zunehmender Laufzeit der Finanzaktiven immer geringer.

Mit diesen Überlegungen erklärt *Malkiel* die Zinsspannen. Tatsächlich kam es im Verlaufe von konjunkturellen Zyklen mit abwechselnd höheren und tieferen Infla-

---

[321] Vgl. *Malkiel, Burton G.*, 1966, S. 51.

tionsraten vor allem in den späten 1960er bis Anfang der 1990er Jahre zu stark steigenden und sinkenden Zinsen, wobei die kurzfristigen Zinsen stärkeren Schwankungen ausgesetzt waren als die langfristigen Zinsen.

Empirischer Hinweis zum Euro-Währungsgebiet (1999-2005)	
These:	
Die Zinsspannen werden mit einer längeren Laufzeit der Anlagen geringer.	- Diese These trifft zu; die Volatilität der Zinsen sinkt tendenziell mit zunehmenden Laufzeiten.

6. Die modifizierte Erwartungstheorie (Meiselmann)

Bei der modifizierten Erwartungstheorie von *David I. Meiselmann* (1962)[322] erfolgt ebenfalls eine Endogenisierung des Zinsprozesses unter dem Aspekt des Risikos. Diese Theorie beruht auf empirischen Tests, welche die Terminzinssätze mit den späteren Werten der realisierten Kassenzinsen vergleichen und die (reine) Erwartungshypothese widerlegen sollen.

Zu den *Prämissen* zählen einige methodische Grundlagen: Danach enthalten die Terminzinssätze keine Markterwartungen. Dabei lassen sich Erwartungen bei empirischen Tests zur Erwartungstheorie nicht direkt ermitteln; getestet werden können nur die empirischen Ergebnisse der theoretischen Modelle. Der Ansatz von *Meiselmann* modifiziert die Erwartungstheorie durch die Annahme, dass die Wirtschaftssubjekte ihre Erwartungen laufend an der tatsächlichen Zinsentwicklung überprüfen und entsprechend korrigieren.

Bei der Weiterentwicklung der Erwartungstheorie wurde daher versucht, die restriktiven Annahmen des ursprünglichen Ansatzes abzuschwächen, um sich der Realität anzunähern. So genügt es für die meisten Fälle zu unterstellen, dass Zinserwartungen über einen gewissen Zeitraum gebildet und in Konfrontation mit der Wirklichkeit laufend revidiert werden. Deshalb führt auch *Malkiel* eine Bandbreite für die normalerweise mögliche Zinsentwicklung ein, um den Spielraum der Zinsentwicklung einzugrenzen.

Die modifizierte Erwartungstheorie analysiert die Fehlerhaftigkeit der Vorausschätzungen der Zinsentwicklung seitens der Anleger. Erwarten die Anleger einen bestimmten Zinssatz und trifft die Prognose nicht zu, so reagieren sie auf den festgestellten Prognosefehler.

Nach den *Modellvorstellungen* beziehen die Anleger die tatsächliche Zinsentwicklung und die Abweichung der Zinsentwicklung von ihren Zinsprognosen in die Anlageentscheidungen ein und korrigieren darauf die Zukunftsschätzungen.

---

[322] Vgl. *Meiselmann, David I.*, 1962, S. 21.

Das Verhalten der Anleger entspricht einer ständigen Erwartungskorrektur, indem Prognosefehler zu Erwartungskorrekturen führen.

Die Halterendite (bei *Meiselmann* beispielsweise drei Monate) muss für Zinstitel mit kurzer und mit langer Laufzeit zumindest in der Tendenz dieselbe sein. Ein Ausgleich der Renditen könnte jedoch nur erfolgen, wenn die Anleger die Entwicklung der Zinsen in der Vergangenheit korrekt antizipiert hätten, also vollkommene Voraussicht herrschen würde. Bestehen Prognosefehler, muss die realisierte Rendite nicht mit der erwarteten Rendite übereinstimmen.

Ähnlich wie bei der Erwartungshypothese ergibt sich die *Kritik*, dass *Meiselmann* im Rahmen seiner modifizierten Erwartungstheorie den im Allgemeinen steigenden Verlauf der Zinsstrukturkurve nicht erklären kann. Da die kurzfristigen Zinsen in der Regel niedriger als die langfristigen sind, müsste die Schlussfolgerung darin bestehen, dass die Anleger die Zinsen systematisch überschätzen. Zutreffend ist jedoch die Erkenntnis, dass die Erwartungen einen starken Einfluss auf die Zinsstrukturkurve ausüben, wobei diese in der Regel nicht konsistent mit den konkreten Anlageentscheidungen sind. Tests in den USA erbrachten gute Ergebnisse; allerdings war die Untersuchung so angelegt, dass dadurch die Liquiditätsprämientheorie nicht als widerlegt gelten kann.

7. Die affine Zinsstrukturtheorie

Affine Zinsstrukturtheorien beschreiben in einer stilisierten (vereinfachten) Form die Eigenschaften von Zinsstrukturkurven, auch im zeitlichen Verlauf.[323] Bei den sog. affinen Zinsstrukturmodellen liegen alle Punkte auf einer Linie, was auch nach einer Verschiebung (Transformation) der Kurve der Fall ist.[324, 325] Die Linie folgt in der Regel der Funktion $x = a + by$, d.h. diese Zinsstrukturmodelle haben einen Exponenten a, womit die Kurve nicht durch den Ursprung läuft. Ein oft verwendetes statistisches Maß, um zu einer stilisierten Zinsstrukturkurve zu gelangen, ist die Zinsdifferenz (Zinsspread) zwischen den Zehnjahreszinsen des Kapitalmarktes und den Dreimonatszinsen des Geldmarktes (vgl. Abbildung 54).

Mit einer affinen Zinsstrukturkurve lassen sich das Niveau (die Lage) und die Steilheit einer Zinsstruktur zur Darstellung bringen. Eine steile Zinskurve bedeutet eine große Renditedifferenz zwischen dem Kapitalmarkt (10-Jahreszinsen) und dem Geldmarkt (3-Monatszinsen), eine flachere Zinskurve eine kleine Renditedifferenz. Bei einer inversen Zinskurve besteht eine negative Zinsdifferenz, d.h. die Geldmarktzinsen sind höher als die Kapitalmarktzinsen.

---

[323] Vgl. zu diesen Ausführungen *Bolder, David*, 2001.
[324] Bekannte affine Zinsstrukturmodelle sind jene von *Oldrich A. Vasicek* (1977), *Cox, Ingersoll, and Ross* (1985a, b) sowie *Longstaff* und *Schwartz* (1992a, b).
[325] Zu den allgemeinen *Prämissen* der affinen Zinsstrukturtheorie zählt die Risikofreiheit hinsichtlich der Zins- und Kapitalrückzahlungen bei den jeweiligen Fälligkeiten.

Abbildung 54: Die stilisierte („affine") Zinsstrukturkurve

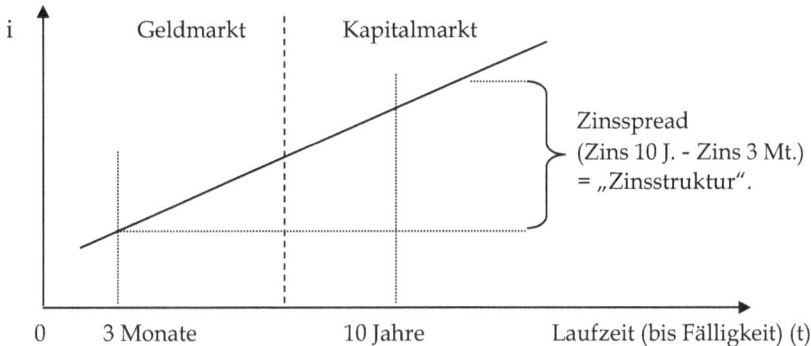

Mit der Beschreibung der Lage und der Steilheit der Zinsstrukturkurve – in einer stilisierten Form – lassen sich die Ursachen sowie die Wirkungen und damit zwei wesentliche Eigenschaften einer Zinsstrukturkurve ausdrücken und diese für ökonometrische Untersuchungen verwenden. Affine Zinsstrukturmodelle analysieren die Zinsstruktur als eine lineare Funktion eines Einflussfaktors oder mehrerer Einflussfaktoren. Indem die stilisierte Zinsstrukturkurve deren Niveau (Lage) und Steilheit abbildet, können vor allem die „normale" und die „inverse" Zinsstruktur beschrieben und analysiert werden.

Zu den Schwächen affiner Zinsstrukturmodelle zählt, ganz allgemein betrachtet, die stilisierte Form der Darstellung, mit welcher sich die gesamte Zinsstrukturkurve nur unvollständig abbilden lässt, indem diese in der Regel lediglich zwei Punkte, die Zehnjahreszinsen des Kapitalmarktes und die Dreimonatszinsen des Geldmarktes sowie die dazwischen liegende, lineare Verbindungslinie enthält. Nicht abgebildet werden kann die Krümmung einer Zinsstrukturve; in diesem Fall ergibt sich bei einer stilisierten Zinsstrukturkurve ein erheblicher Informationsverlust. Ein weiterer Nachteil ist die unzureichende Möglichkeit, dynamische Veränderungen der Zinsstrukturkurve mit Verkrümmungen zu erklären. Hingegen lassen sich mit affinen Zinsstrukturen in vielen Fällen die Grundzüge der Zinsstrukturtheorie und deren Anwendung in der Praxis erläutern.

Bei einer Analyse der Zinsstruktur ist – als Ausgangslage – von der aktuellen Zinsstrukturkurve auszugehen. Deren Dynamik lässt sich mit Hilfe von drei wesentlichen Phänomen erklären:
- Die deterministischen Bewegungen der Zinsstruktur (vgl. Ziffer 8.).
- Die Aufhebung der Prämisse der Arbitragefreiheit (vgl. Ziffer 9. und 10.).
- Die stochastischen Zinsbewegungen bei arbitragefreien Modellen (vgl. Ziffer 11.).

8. Die deterministischen Bewegungen der Zinsstruktur

Die Analyse der deterministischen Einflüsse einzelner Einflussfaktoren auf die Zinsstrukturkurve fällt unter die Gruppe der dynamischen Zinsstrukturmodelle, welche die Dynamik der Zinsstrukturkurve mit einer begrenzten Zahl von Einflussfaktoren (Vektoren) zu erklären versuchen.[326] In der Praxis lassen sich oft über 90 Prozent der Bewegungen der Zinsstrukturkurve mit drei Vektoren erklären.[327]

Die Lage und die deterministischen Bewegungen der Zinsstrukturkurve ergeben sich vor allem unter dem Einfluss von makroökonomisch und besonders monetär bedeutsamen Faktoren, welche auf die einzelnen Laufzeitensegmente einwirken. Indem die Zinsstruktur das ganze Spektrum der kurzfristigen Geldmarktsätze bis zu den langfristigen Kapitalmarktsätzen umfasst, wirken sich die einzelnen Einflussfaktoren sehr unterschiedlichen auf das Angebot und die Nachfrage nach den Finanzaktiven mit unterschiedlichen Laufzeiten aus.[328]

Empirische Hinweise für das Euro-Währungsgebiet (1999-2005)

Die deterministischen Einflüsse auf die Zinsstrukturkurve: Zusammenfassung der Ergebnisse (ohne die Berücksichtigung von Arbitrageprozessen zwischen den einzelnen Laufzeiten-Segmenten und stochastischen Zinsbewegungen)*

	Sehr kurzfristige Wirkung (innerhalb eines Monats) auf ...						
	Zins 1 Tag	Zins 1 Mt.	Zins 3 Mt.	Zins 12 Mt.	Zins 2 Jahre	Zins 5 Jahre	Zins 10 Jahre
Ursachen ...							
d reales BIP	+ M	+	+	+	+	.	.
Inflationsrate	+ (t+6) M	+ (t+7)	+ (t+6)	.	.	.	.
d EUR-USD	-	-	-	- M	- M	- M	.
d Arbeitslose	- M	-	-	-	-	.	.
d Aktienindex	+	+ M	+ M	+	+	+	.
d Kred. MFI	+	+ (t-1)	+	+	+	+	+ M (t-1)
d M1	.	.	.	+ (t-2) M	+ (t-2) M	+ (t-2) M	.
d M2	-	.	.	.	.	.	.
d M3	-	.	-	.	.	.	.
Mindestbiet.satz	+ M	+ M	+ M	.	.	.	.
d Liq.zuf. EZB	.	.	.	.	.	.	.
d Mind.reserven	-	-	.	+	+	+	.
Schocks und Einspielproz.	.	.	.	.	x	x	.

Legende:
* Nur signifikante Ergebnisse mit einem Signifikanzniveau von mindestens 0,10.
+/- : Positiver (+) oder negativer (-) Zusammenhang.
(t-...): Lags (Verzug) in Monaten. (t+ ...): Lead (Vorlauf) in Monaten (z. B. der Einfluss der erwarteten Inflationsrate auf die Zinsen).
M = Einflussfaktoren mit der stärksten Wirkung (gemessen an der Signifikanz).
x = Signifikante exogene Schocks (bedingte Varianzen).

---

[326] Vgl. zu diesen Ausführungen auch *Heidari, Massoud* und *Wu, Liuren*, 2002.
[327] Diese Modelle eignen sich jedoch nicht zur Analyse der Preisbewegungen von Zinsoptionen.
[328] Vgl. *Tobin, James*, 1971a, S. 226.

Dazu zählen das Angebot und die Nachfrage in den einzelnen Geld- und Kapitalmarktsegmenten:

- Am kurzen Ende des Geldmarktes, im Bereich der Transaktionsmittel (Laufzeiten von einem Tag bis drei Monate), wirken sich vor allem die Wachstumsrate des realen BIP, die Inflationsrate, die Wechselkursschwankungen, die Veränderung der Arbeitslosenraten und die Veränderung der Geldmengen aus. Die daraus resultierenden Veränderungen der Nachfrage nach Transaktionskasse führen zu wesentlich größeren Zinsschwankungen als jene im Kapitalmarktbereich, was auch den Aussagen des Zinsspannentheorems von *Malkiel* entspricht. Kurzfristig dominiert die Zentralbank bei der Festlegung der Zinsen im kurzfristigen Geldmarktbereich. Neben den marktlichen Einflussfaktoren sind in erster Linie die geldpolitischen Operationen der Zentralbank wirksam, welche Liquidität zuführen oder entziehen.

- Beim längerfristigen Geldmarkt (Laufzeit von zwölf Monaten) und dem Kapitalmarkt (Laufzeiten zwischen zwei und zehn Jahren) handelt es sich um ähnliche deterministische Einflussfaktoren, zu welchen auch die Schwankungen der Wechselkurse zählen, die finanzielle Zu- und Abflüsse im außenwirtschaftlichen Bereich bewirken. Die Geldpolitik hat auf diesen Bereich keinen signifikanten, sondern nur noch einen tendenziellen Einfluss.

9. Die Substitutionsprozesse (Aufhebung der Prämisse der Arbitragefreiheit)

Die Theorie der arbitragefreien Bewertung geht auf Arbeiten von *Kenneth J. Arrow* sowie *Gérard Debreu* zurück und leistet einen grundlegenden Beitrag zur Erklärung der Preis- bzw. Zinsbildung auf den Geld- und Kapitalmärkten. Befindet sich ein Markt im Gleichgewicht, ist keine Arbitrage möglich. Niemand kann sich durch eine Kombination von Finanzmarkttransaktionen zusätzliche Vorteile verschaffen. Eine gewinnbringende Arbitrage, bei welcher eine Position in verschiedene Teilpositionen zerlegt und einzeln am Markt gekauft oder verkauft wird, ist in diesem Fall nicht möglich. Ein Geld- und Kapitalmarkt gilt auch als arbitragefrei, wenn sich die Preise von Finanzaktiven (Zinstitel) – als der Summe der diskontierten Zahlungen – entsprechen und die Diskontierungsfaktoren eine bestimmte Struktur aufweisen.

Wird nun Arbitrage zugelassen, kommt es – simultan mit den deterministischen Einflüssen auf die einzelnen Laufzeitensegmente – zu Substitutionsprozessen zwischen den einzelnen, zugrunde liegenden Laufzeitensegmenten (vgl. Abbildung 55). Liegen einzelne Zinsen über der (imaginären) Zinsstrukturkurve, lohnen sich Transaktionen zur Arbitrage innerhalb der einzelnen Fristen. Es kann – meist im Rahmen von sehr großen Portfolios – sinnvoll sein, sich in einem dafür günstigen Laufzeitenbereich zu verschulden und in anderen Laufzeitenbereichen Mittel anzulegen. Dabei werden Finanzaktiven mit überdurchschnittlichen Renditen gekauft, bei welchen die Verzinsung über der Zinskurve liegt (und umgekehrt). Zu diesem Prozess tragen sehr wesentlich auch die volumenstarken Zinsterminkontrakt- und –optionsmärkte bei. Auf diese Weise findet fortwährend eine Angleichung der Renditen an jene der hypothetischen Zinsstrukturkurve statt, welche insgesamt eine Substitutionskette bilden.

In der Realität finden Substitutionseffekte zwischen den einzelnen Laufzeiten-bereichen statt, bis der Endzustand der Arbitragefreiheit erreicht ist. Solche Pro-zesse erfolgen bei sich verändernden Einflussfaktoren, bis die Zinsen den vor-herrschenden Liquiditätspräferenzen entsprechen.

Abbildung 55: Die Glättung der Zinsstrukturkurve durch die Arbitrage

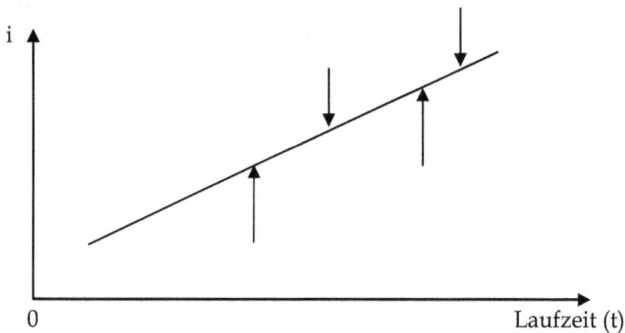

Bei den Substitutionsprozessen zwischen den einzelnen Laufzeitensegmenten haben die jeweils benachbarten Laufzeitensegmente die stärksten Einflüsse auf die einzelnen Laufzeitensegmente. Dies bedeutet, dass die Banken und Nichtbanken, welche als Anleger und Schuldner an den Geld- und Kapitalmärkten auftreten, sich bei ihren Dispositionen der Laufzeitensegmente mit den jeweils attraktivsten Zinsen bedienen. Dabei kommt es – meist im Rahmen von großen Portfolios – auch zu Hedgingtransaktionen zwischen den einzelnen Laufzeitensegmenten, bei welchen im einen Segment eine Anlage, im anderen eine Verschuldung erfolgt. Solche Transaktionen lassen sich mit dem Kauf und Verkauf von Terminkontrak-ten und Optionen (CALLs, PUTs) verbinden.

Diese Substitutionsprozesse führen zu einer Ausprägung der Zinsstrukturkur-ve, bis diese den Liquiditätspräferenzen bei den einzelnen Laufzeitensegmenten entspricht. Im Rahmen dieses Prozesses tritt auch eine Glättung der Zinsstruktur-kurve ein.

Die Substitutionsprozesse bewirken zudem Fristentransformationsprozesse:

> „Zwischen den Zinssätzen auf kurzfristige und den auf langfristige Anleihen besteht ein ständiges Schwanken .... Die langfristigen setzen also eine grobe Norm für die kurzfristigen Zinssätze, die ihrerseits viel veränderlicher sind."[329]

---

[329] *Fisher, Irving* (1930), 1932, S. 175.

Die Substitutionsprozesse finden vor allem zwischen den einzelnen Laufzeiten des Geldmarktes und des Kapitalmarktes statt.[330] Zwischen dem kurzfristigen Geldmarkt und dem Kapitalmarkt sind die Substitutionsprozesse nur hinsichtlich der benachbarten Laufzeiten stärker ausgeprägt. Dies bedeutet eine begrenzte Fristentransformation zwischen dem kurzfristigen Geldmarkt und dem Kapitalmarkt.

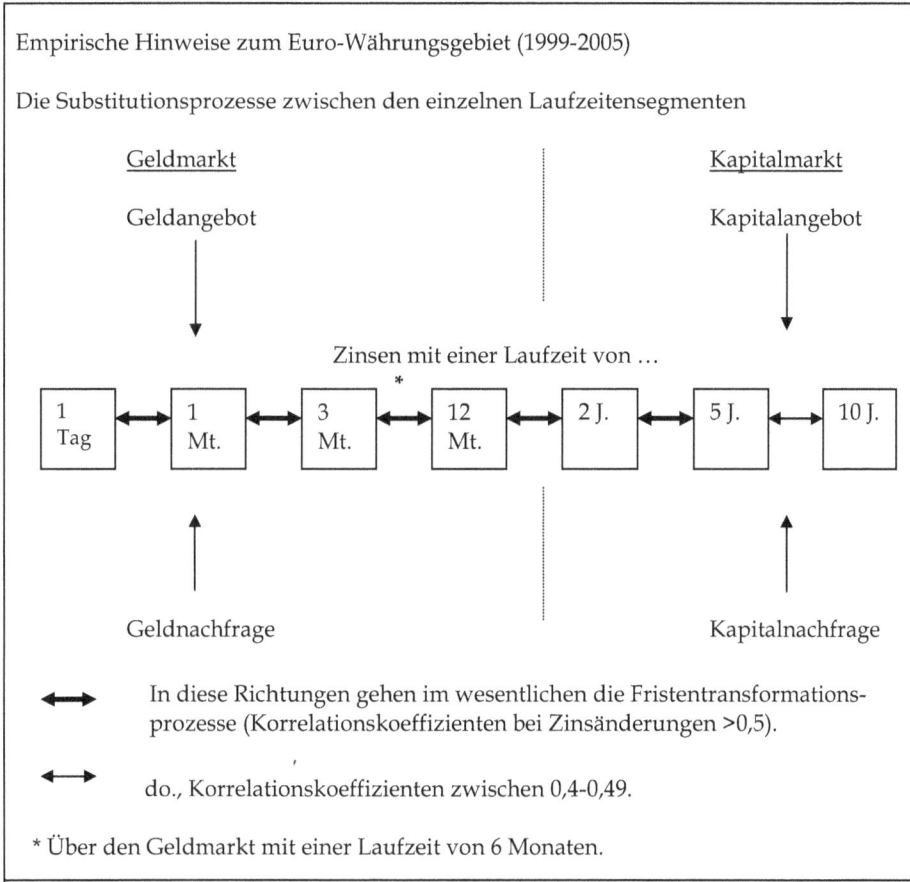

Empirische Hinweise zum Euro-Währungsgebiet (1999-2005)

Die Substitutionsprozesse zwischen den einzelnen Laufzeitensegmenten

Geldmarkt   Kapitalmarkt

Geldangebot   Kapitalangebot

Zinsen mit einer Laufzeit von …
*

| 1 Tag | 1 Mt. | 3 Mt. | 12 Mt. | 2 J. | 5 J. | 10 J. |

Geldnachfrage   Kapitalnachfrage

⟷   In diese Richtungen gehen im wesentlichen die Fristentransformations-
    prozesse (Korrelationskoeffizienten bei Zinsänderungen >0,5).

⟷   do., Korrelationskoeffizienten zwischen 0,4-0,49.

* Über den Geldmarkt mit einer Laufzeit von 6 Monaten.

Empirischer Hinweis zum Euro-Währungsgebiet (1999-2005)

These:

Zwischen den Zinssätzen für kurzfristige und langfristige Finanzaktiven besteht ein ständiges Schwanken.

- Diese These trifft nur zwischen den Geldmarktzinsen (Laufzeit ein Jahr) und den Kapitalmarktzinsen (Laufzeit zwei Jahre) in stärkerem Maße zu.

[330] Vgl. die nachfolgenden empirischen Hinweise für das Euro-Währungsgebiet, 1999-2005.

10. Die Kombination von deterministischen Einflüssen, Substitutionsprozessen und Einspielprozessen

Es lassen sich nun die deterministischen Einflüsse mit den Substutionsprozessen zwischen den einzelnen Laufzeiten kombinieren. Bei der Kombination dieser Einflüsse können sich bei den einzelnen Laufzeiten zudem bedingte Varianzen (exogene Schocks) und nicht bedingte Varianzen (Einspielprozesse) ergeben. Zudem kann danach gefragt werden, welche deterministischen Einflüsse – unter Berücksichtigung der Substitutionsprozesse – bei einer multiplen Korrelationsanalyse dominieren.

Empirische Hinweise zum Euro-Währungsgebiet (1999-2005)

Die Kombination von deterministischen Einflüssen, Substitutionsprozessen und Einspielprozessen innerhalb der Substitutionskette der Zinsstruktur (multiple Korrelationsanalyse)*

Ursache	Wirkung auf ... Zins 1 Tag	Zins 1 Mt.	Zins 3 Mt.	Zins 12 Mt.	Zins 2 J.	Zins 5 J.	Zins 10 J.
Zins 1 Tag	+ (t-2)	+	.	.	.	.	-
Zins 1 Mt.	+	+ (t-1)	+	.	.	.	.
Zins 3 Mt.	.	+	+ (t-1)	+	.	.	.
Zins 12 Mt.	.	.	+	+ (t-1)	+	.	.
				- (t-2)			
Zins 2 Jahre	.	.	.	+	.	+	.
Zins 5 Jahre	.	.	.	.	+	+ (t-1)	.
						- (t-2)	+
Zins 10 Jahre	.	.	.	.	.	+	+ (t-1)
d reales BIP	.	.	.	.	.	.	.
Inflat.rate	.	.	.	.	.	.	.
d EUR-USD	.	.	-	.	~	.	.
d Arbeitsl.	.	.	.	.	.	.	.
d Akt.index	.	.	+	.	.	+	.
d Kred. MFI	.	.	.	.	.	.	.
d M1	.	.	.	+ (t-2)	.	.	+ (t-1)
d M2	.	.	.	.	.	.	.
d M3	-	.	.	.	.	.	.
Mind.biet.satz	+	+	.	.	.	.	.
d Liq.zuf. EZB	.	.	.	.	.	.	.
d Mind.res.	.	-	.	.	.	.	.
Ex. Schocks	.	.	.	.	.	.	.
Einsp.prozesse	.	x**	.	.	.	x**	.

Legende:
* Bei einem zugrunde gelegten Signifikanzniveau von mindestens 0,10. Es handelt sich um multiple Korrelationsrechnungen und Angaben zu den lags in Monaten.
** Signifikante Einspielprozesse (nicht bedingte Varianzen) bei den Zinsen in den jeweiligen Monaten (in vertikaler Richtung zu lesen).

Werden die deterministischen Einflüsse, die Substitutionsprozesse und die Einspielprozesse *gleichzeitig* in die Überlegungen einbezogen, ergibt sich folgende Erklärung der Zinsen der einzelnen Laufzeitensegmente:
(1) Die Ausgangslage bilden stets die Zinsen der einzelnen Laufzeitensegmente in
den Vormonatsperioden *t*-1, zum Teil *t*-2.
(2) Deterministische Einflussfaktoren sind beispielsweise die Inflationsrate, die
Veränderung der Wechselkurse, die Veränderung des Aktienkursindex, die sich
verändernde Wachstumsrate der Kreditnachfrage, die sich verändernde Wachstumsrate der Geldnachfrage M1, der Mindestbietungssatz der EZB (im Rahmen
der Leitzinsen) und die Mindestreservenverpflichtungen der Geschäftsbanken.
(3) Die Zinsen der benachbarten Laufzeitensegmente lösen Substitutionsprozesse
aus (Aufhebung der Prämisse der Arbitragefreiheit).
(4) Im Rahmen von nicht bedingten Varianzen in den vereinzelten Laufzeitensegmenten kommt es zu stetigen, stochastischen Zinsbewegungen (Fluktuation der
Zinsen). Diese lassen sich als dauernde Einspielprozesse der Zinsen im Rahmen
von deterministischen Einflüssen und Substitutions- bzw. Arbitrageprozessen verstehen.

11. Die stochastischen Zinsbewegungen bei arbitragefreien Modellen

Mit den stetigen, stochastischen Zinsbewegungen beschäftigen sich die nachfolgenden Ausführungen. Ein verbreiteter Typ von Zinsstrukturmodellen nimmt
die Zinsstrukturkurve als gegeben an, und betrachtet die sich daraus ergebenden
Zinsbewegungen (vor allem für die Zinsderivate).[331] Zu diesen Zinsstrukturmodellen zählen u.a. das Modell von *Oldrich A. Vasicek* (1977) und das CIR-Modell
von *Cox-Ingersoll-Ross* (1985) als den bedeutendsten Modellen (sog. short-rate Modelle). Dieser „klassische Typ"[332] der stochastischen Zinsstrukturmodelle modelliert den Zins auf der Basis des Momentanzinses und stochastischer Prozesse.

Bei diesen arbitragefreien Modellen folgen die einzelnen Zinsbewegungen Zufallsschwankungen. Substitutionsprozesse zwischen den Finanzaktiven (Zinstiteln) mit unterschiedlichen Laufzeiten werden nicht betrachtet; es besteht Arbitragefreiheit. Dies stellt gegenüber dem vorangehenden Ansatz mit Arbitrage bzw.
Substitutionsprozessen zwischen den einzelnen Laufzeitensegmenten eine starke
Vereinfachung dar.

Die Zinsbewegungen sind das Ergebnis einer effizienten Informationsverarbei-
tung bei white noise (zufälliges Rauschen um einen stationären Trend).

---

[331] Diese Ausführungen sind zum Teil entnommen aus: *Schmidt, Thorsten,* 2004, S. 1-26.
[332] Bei den stochastischen Zinsstrukturmodellen lassen sich zwei Typen unterscheiden. Ein erster
Typ wird als klassischer Ansatz bezeichnet und zeigt den Zins auf der Basis des Momentanzinses,
ein weiterer Typ geht von der bestehenden Zinsstruktur aus und modelliert die Dynamik der Terminzinssätze aufgrund der Annahme von Arbitragefreiheit.

a. Das Grundmodell

Ein Bond B mit dem Marktwert B^C und dem Nominalwert T_n, welcher zum Zeitpunkt n zurückgezahlt wird, vergütet periodisch Zinsen (coupons) von K_i zu den Zeitpunkten T_i, $i=1$, ..., n. Zu einem Zeitpunkt vor den nachfolgenden Zinszahlungen $t < T_i$ betragen die Auszahlungen:

$$B^C\left(t,T\right) = B\left(t,T_n\right) + \sum_{i=1}^{n} K_i B\left(t,T_i\right). \tag{59}$$

Bei der Analyse von stochastischen Zinsbewegungen wird in der Regel von den Preisbewegungen von zero-coupon Bonds (Nullkuponanleihen) ausgegangen. Der Preis eines zero-coupon Bonds B zum aktuellen Zeitpunkt t, welcher zu einem fest vereinbarten Zeitpunkt T (maturity) den Nennwert $N=1$ bezahlt, beträgt:

$$B\left(t,T\right). \tag{60}$$

Bei der short rate r_t handelt es sich um den Zins für eine infinitesimal kleine Laufzeit, womit diese eine nicht direkt beobachtbare, theoretische Größe darstellt. Deren Veränderung dr_t lässt sich wie folgt formulieren:

$$dr_t = a_t dt + b_t dW_t. \tag{61}$$

Die Veränderung der short-rate (Zinsen) dr zum aktuellen Zeitpunkt t folgt einem stochastischen Prozess a_t in der Zeit t und einer Brownschen Bewegung dW_t mit einem stochastischen Maß b_t, wobei $t > 0$ ist. Es handelt sich um einen Random-Walk (Zufallsschwankungen) bzw. einen sog. Wiener-Prozess, welcher einer Brownschen Bewegung entspricht. Die stochastischen Prozesse von Brownschen Bewegungen zeichnen sich durch unabhängige, normalverteilte Zuwächse und stetige Pfade aus, wodurch sich Wechselspiele von Zufall und Kausalität modellieren lassen. a und b sind Koeffizienten und werden als konstant angenommen.

Das Grundmodell affiner Zinsmodelle für die short rate lautet:

$$dr_t = a\left(t,r_t\right)dt + b\left(t,r_t\right)dW_t. \tag{62}$$

Die Veränderung d der aktuellen short rate r_t (= Drift) setzt sich aus einem deterministischen Prozess $a\left(t,r_t\right)$ in der Zeit und einem stochastischen Prozess $b\left(t,r_t\right)dW_t$ zusammen, wobei es sich bei dW_t um den Wiener Prozess handelt. a kennzeichnet einen deterministischen Koeffizienten für die folgende Funktion:

$$a\left(t,r_t\right) = a\left(t\right) + \alpha\left(t\right)r, \tag{63}$$

bei einer erwarteten drift Rate von a bzw. α. Der stochastische Prozess hat die Funktion:

$$b^2\left(t,r\right) = b\left(t\right) + \beta\left(t\right)rb^2\left(t,r\right). \tag{64}$$

mit einer erwarteten, konstanten Varianz von β hinsichtlich b^2. Auf diese Weise werden die stochastischen Schwankungen der short rate modelliert.

b. Das Modell von Vasicek (1977)

Beim Modell von *Oldrich A. Vasicek* handelt es sich um das älteste und einfachste affine Modell einer Zinsstrukturtheorie. *Vasicek*[333] modelliert die Drift (Veränderung) der short rate als sog. Ornstein-Uhlenbeck-Prozess:

$$dr_t = \kappa(\theta - r_t)dt + \sigma dW_t. \tag{65}$$

Diese Drift der short rate dr_t umfasst:

- Veränderungen bzw. Schwankungen κ des Momentanzinses dr um einen vorgegebenen, langfristigen, exogen Mittelwert θ, der sog. mean reversion. Es handelt sich um eine deterministische Bewegung der Zinsstruktur $\kappa(\theta - r_t)dt$.

- Eine Brownschen Bewegung mit σ als einer determinierten Variablen und dW_t. Es geht um einen stochastischen Prozess normalverteilter Veränderungen, welcher unabhängig von r_t ist und konstant über die Zeit verläuft.

Bei einem risikoneutralen Prozess der short rate entfällt die Risikoprämie, welche $\lambda \times \sigma$ beträgt. Die Preise der Bonds sind die Funktion einer einzigen Variablen, der short rate. Als problematisch gilt die Annahme, die Veränderungen aller short rates seien im zeitlichen Verlauf perfekt korreliert, was in der Realität nicht der Fall ist.

c. Das CIR-Modell (1985)

Das CIR-Modell von *Cox-Ingersoll-Ross* (1985)[334] geht für die Drift dr_t von demselben deterministischen Prozess der Veränderung der Zinsstrukturkurve $\kappa(\theta - r_t)dt$ und einer gegenüber *Vasicek* veränderten Brownschen Bewegung aus, welche mit $\sigma\sqrt{r_t}dW_t$ modelliert wird (Annahme einer asymmetrischen Chi-Quadrat Verteilung):[335]

$$dr_t = \kappa(\theta - r_t)dt + \sigma\sqrt{r_t}dW_t. \tag{66}$$

Dieser Ansatz zeigt – wie auch andere affine Zinsstrukturmodelle – die Dynamik der Zinsstruktur unter dem Einfluss einiger beobachteter (und einiger nicht beobachteter) Faktoren. Dabei werden die ursprünglichen Zinsstrukturkurven nur unzulänglich abgebildet, wodurch sich vor allem längerfristige Verschiebungen der Zinsstrukturkurven nur ungenügend erklären lassen. Hinzu kommt das Problem der linearen Abbildung von Zinsstrukturen in den affinen Modellen, wohingegen die Zinsstrukturkurven in der Praxis oft gekrümmt sind.

Bei diesem Modell ist die Entwicklung des Momentanzinses unsicher und folgt einem stochastischen Prozess. Es gibt keine Arbitragemöglichkeiten; sowohl die

---

[333] Vgl. *Vasicek, Oldrich A.,* Vol. 5, 1977, S. 177-188.
[334] Vgl. *Cox, John C., Jonathan E. Ingersoll* und *Steven A. Ross,* 1985, S. 395-407.
[335] Diese entsteht durch die Summierung von n quadrierten standardnormalverteilten Zufallsvariablen.

Volatilität des Zinssatzes als auch die Risikoprämie werden als konstant angenommen. Die möglichen Zinsstrukturverläufe sind ähnlich dem Modell von *Malkiel*. Die Renditen lassen sich als eine Funktion der Restlaufzeit, der Risikoprämien und der Volatilität der Zinsen ableiten. Die Vorteile dieses Modells werden
in dessen Einfachheit sowie der möglichen Modellierung veränderter Einflussfaktoren gesehen, die Nachteile in den stringenten Prämissen.

Das Modell lässt sich kalibrieren, d.h. an die aktuellen Werten anpassen. Zu den
Problemen dieses Modells zählt die Annahme einer perfekten Korrelation der
Zinssätze (Renditen) auf Verfall und die mangelnde Möglichkeit, die Zinsstruk-
turkurve, wie sich diese in der Praxis ergibt, zu definieren.

Als *Kritik* lässt sich einwenden, dass die Wirkungen sämtlicher Einflussfaktoren
auf die einzelnen Zinssätze in ihrer Wirkung zu komplex sind, um lediglich durch
ein stochastisches Element abgebildet zu werden. Nur die Zufallsschwankungen
der Zinsen der einzelnen Laufzeitensegmente zu betrachten, ist zu einschränkend,
da sich deterministische und stochastische Einflüsse überlagern.

Empirische Hinweise zum Euro-Währungsgebiet (1999-2005)

Thesen:

1. Die Zinsbewegungen weisen einen (zeit-)konstanten Trend auf.	- Diese These trifft nicht zu. Die Zinsbewegungen folgen keinem stabilen (zeit-)konstanten Trend.
2. Die Zinsbewegungen unterliegen – im zeitlichen Verlauf – nicht bedingten stochastischen bewegungen.	- Diese These trifft vor allem für die Geldmarktzinsen (sämtliche Laufzeiten) sowie die Kapitalmarktzinsen (Laufzeit von zwei und fünf Jahren) zu.

Kapitel 8. Die Geldeffekte und Transmissionsmechanismen

I. Überblick

„Es dauert immer recht lange, bis sich geldpolitische Erwartungen in der Wirtschaft niederschlagen."

(Milton Friedman, 2001, S. 39).

Abbildung 56: Übersicht über einzelne Geldeffekte, Transmissionsmechanismen und Transmissionskanäle

I. *Nur Preiseffekt* ("Preiskanal")	II. *Kassen-, Realkassen- und Vermögenseffekte* ("Liquiditätskanal" "Zinskanal" "Vermögenskanal")	III. *Kredittheoretische Effekte* ("Kreditkanal")
- Klassische Quantitätstheorie (Geldschleier) (III.1.)	- Kasseneffekt *(Th. Tooke)* (III.5.)	- *K. Wicksell* (IV.3.)
- Neoklassische Quantitätstheorie (Fischersche Verkehrsgleich.) (IV.1.)	- Pigou-Effekt (VII.1.)	- Kreditkanal (V.)
- Cambridge-Effekt (Neoklassik) (IV.2.)	- J. M. Keynes-Effekt (VI.)	
- Wicksell-Effekt (bei Vollbeschäftigung) (IV.3.)	- Börseneffekt von *Keynes* (VII.2.)	
- Inflatorische und deflatorische Lücke (Keynesianismus) (Kapitel 9)	- Patinkin-Effekt (VII.3.)	
	- Tobin-Effekt (VII.4.)	
	- Der Portfolio-Effekt im IXSM-Modell (VII.5.)	
IV. *Multiplikatoreffekt* ("Einkommenskanal") ("Wechselkurskanal") ("Zinskanal")	V. *Effekte über die relativen Preise*	VI. *Erwartungseffekt* ("Erwartungskanal")
- ISLM-Modell (VI.2.)	- Ricardo-Effekt *(F.A. von Hayek)* (VIII.1.)	- Fischerscher Preiserwartungseffekt (IV.1.)
- IXSM-Modell ("Wechselkurskanal") (VII.5.)	- Transmissionsmechanismus der relativen Preise (Monetarismus) (VIII.2.)	- Neue Klassische Makroökonomie (nicht antizipierte Geldmengenänderungen) (IX.1.).

Die Geldeffekte und die Transmissionsmechanismen beschreiben die Wirkungen von Änderungen im monetären Bereich auf den realen Bereich.[336] Die Störungen im monetären Bereich können endogener oder exogener Natur sein:
- Endogene Störungen ereignen sich innerhalb des ökonomischen Systems, so beispielsweise durch Geldnachfrageschocks, reale Schocks und außenwirtschaftliche Schocks.
- Exogene Störungen werden vor allem durch die geldpolitischen Operationen der Zentralbank ausgelöst, so beispielsweise durch eine Veränderung der Zentralbankliquidität oder der Leitzinsen. Solche Maßnahmen der Zentralbank können zu realen Wirkungen führen, soweit damit nicht nur inflationäre Effekte (Preiseffekte) entstehen.

Bei den Geldeffekten handelt es sich um vorwiegend singuläre Effekte (eine Ursache, eine Wirkung). Bei den Transmissionsmechanismen geht es um Vorstellungen über komplexere Abläufe zwischen dem monetären und dem realen Sektor. Es handelt sich um Prozesse, welche sich aufgrund von monetären Störungen im finanziellen und realen Bereich einer Wirtschaft ergeben und schließlich geldpolitisch relevante Größen wie das Preisniveau, die Beschäftigung, die Geld- und Kapitalmarktzinsen, das nominale und reale Einkommen, die Devisenkurse und das wirtschaftliche Wachstum beeinflussen.[337]

Die Wirkungsweisen, die Intensität und die zeitliche Abfolge von monetären Effekten auf den realen Bereich sind in der Praxis von Fall zu Fall sehr unterschiedlich, weshalb oft auch von einer black box[338] gesprochen wird. Häufig lässt sich lediglich feststellen, welche „Transmissionskanäle" jeweils wirksam sind. Die Analyse von Geldeffekten und Transmissionsmechanismen im Rahmen von Transmissionskanälen erleichtert sowohl die theoretische als auch die empirische Analyse (vgl. Abbildung 56).

II. Die Vorklassik

Bereits im Altertum kommt es zu inflationären Phasen, welche meist durch Verschlechterungen des Münzwertes entstehen. Bekannt ist das Edikt von *Diokletian* (240-313 n. Chr.), mit welchem 301 n. Chr. die Geldentwertung durch eine verschärfte Kontrolle der Münzprägung sowie Höchstpreisen und –löhnen unter Kontrolle gebracht werden sollte.[339]

In der ersten Hälfte des 16. Jh. entsteht die sog. Silberinflation, ausgelöst durch große Silberimporte aus Westindien und Lateinamerika sowie erhebliche Silberfunde in Europa. Hinzu kommen spanische Goldimporte aus den eroberten Gebieten in Übersee. In der Folge verdreifachen sich die Preise in Europa.

---

[336] Vgl. *Issing, Otmar*, 1998, S. 147.
[337] Vgl. *Friedman, Benjamin M.* (1976), 1978, S. 134.
[338] Vgl. *Felkel, Stephanie*, 1998, Abb. 1, im Anhang.
[339] Vgl. zu diesen Ausführungen auch *Flambant, Maurice*, 1974, S. 23 f.

Angesichts dieser Vorgänge entwickelt sich die „naive" Quantitätstheorie, welche die Preiserhöhungen mit den zunehmenden Edelmetallimporten erklärt, und von einer proportionalen Beziehung zwischen der Geldmengen- und der Preisentwicklung ausgeht. Frühe quantitätstheoretische Ansätze werden *Nikolaus Copernikus* (1473-1543), *Bernardo Davanzati* (1529-1606) und *Molina* zugeschrieben.[340]

Thomas Gresham (1519-1579) beobachtet 1558 die geldpolitisch bedingten Münzverschlechterungen (Verminderung des Feingehalts an Edelmetall in den Münzen) und die damit verbundenen Effekte.[341] Angesichts der unterschiedlichen Qualität des Geldes gibt die Bevölkerung zuerst das schlechte Geld aus und behält das gute Geld. In der Folge wird das schlechte Geld weniger gehortet, kommt vermehrt in Umlauf und führt zu einem Ansteigen der Preise. Das schlechte Geld verdrängt das gute Geld im Handel. Dieses Phänomen ist unter der Bezeichnung „Greshamsches Gesetz" bekannt.

1568 schreibt *Jean Bodin* (1530-1596) erhebliche Preiserhöhungen nicht nur dem Zufluss von Gold und Silber aus der Neuen Welt zu, sondern ebenfalls auch den Münzverschlechterungen.[342] Er gibt eine bildliche Erklärung mit einer Waage und einem Güterberg auf der einen und einem Geldberg auf der anderen Seite, die im Gleichgewicht sein sollten. Auf diese Weise entstehen weitere Ansätze einer naiven Quantitätstheorie.

Sir William Petty (1623-1687) warnt vor einer übermäßigen Ausdehnung der Geldmenge ebenso wie vor einem Geldmangel: „Geld ist wie das Fett für einen Körper, zuviel hindert die Beweglichkeit und zu wenig macht krank". Als „fortgeschrittener Merkantilist", beschäftigt er sich unter anderem mit der Umlaufgeschwindigkeit des Geldes, und spricht sich gegen das Horten von Geld aus. Die Verschlechterung der Geldqualität bringe den Vorteil, das Horten zu verhindern und die Umlaufgeschwindigkeit des Geldes zu erhöhen.[343] Bei einer zu geringen Geldmenge befürchtet er eine Unterbeschäftigung der Arbeitskräfte und der Produktionseinrichtungen.[344] In diesem Fall sei eine Ausdehnung der Geldmenge zu fordern, was vorerst kein wesentliches Ansteigen der Preise bewirken würde. Um die Geldmenge steuern zu können, versucht *Petty* den Geldbedarf für England zu ermitteln.[345] Er geht davon aus, dieser betrage nur einen Teil der jährlichen Arbeiterausgaben, wobei die Grundrenten halbjährlich, die Hausmieten vierteljährlich und die Arbeiterlöhne wöchentlich gezahlt werden.[346] Zudem erkennt er die Bedeutung eines Bankensystems, um auf der Basis des vorhandenen Geldes weiteres zu schaffen. Er fordert: "We must erect a bank".[347]

Mit *John Locke* (1632-1704) kommt es zu einer Weiterentwicklung der naiven Quantitätstheorie. Er unterscheidet zwischen den gehorteten und den ausgege-

---

[340] Vgl. dazu und zu den nachfolgenden Ausführungen *Aslani, Dzemal*, 1999.
[341] Vgl. *Born, Karl Erich*, 1981, S. 368.
[342] Vgl. *Bodin Jean* (1568), 1932, S. 9.
[343] Vgl. *Petty, William*, 1899, S. 437-448.
[344] Vgl. *Petty, William*, 1899, S. 36.
[345] Vgl. *Petty, William*, 1899, S. 192.
[346] Vgl. *Petty, William*, 1899, S. 310 f.
[347] *Petty, William*, 1899, S. 446.

benen Mitteln, womit dem Geld neben der Wertaufbewahrungsfunktion erstmals auch eine Transaktionsfunktion als Zirkulationsmittel zugeschrieben wird. Der wahre Wert des Geldes liegt in seiner Zirkulation: „This, I suppose, is the true value of money, when it passes from one to the another, in buying and selling.[348]

Geld als Zirkulationsmittel[349] erleichtert das Leben: „… for money being an universal commodity, and as necessary to trade as food is to life, everybody must have it".[350] Zudem beschäftigt sich *Locke* mit der Umlaufgeschwindigkeit des Geldes und den Wirkungen einer aktiven Handelsbilanz, welche einen Zustrom von Gold sowie ein höheres Einkommens- und Preisniveau bewirkt.[351]

Die quantitätstheoretischen Zusammenhänge stellen für *Locke* eine geldpolitische Regel dar, indem eine Erhöhung der Geldmenge zu einem allgemeinen Preisanstieg führt. Nicht nur die Geldmenge, sondern auch die Umlaufgeschwindigkeit des Geldes haben einen Einfluss auf die Preise. Dabei hat nur jener Teil des Geldes einen Einfluss auf die Preise, welcher ausgegeben und damit nachfragewirksam wird.

Locke berechnet den Geldbedarf in ähnlicher Weise wie *Petty*,[352] endogenisiert jedoch die Zirkulationsgeschwindigkeit des Geldes. Er schlägt verkürzte durchschnittliche Zahlungsperioden vor, welche eine Ersparnis beim Geldmengenbedarf bringen sollen. Zudem erkennt er die Bedeutung von Krediten:

> „Money is necessary to the carrying on of trade. For where money fails, men cannot buy, and trade stops. Credit will supply the defect of it to some small degree, for a little while".[353]

Richard Cantillon (1680-1734) ist der Schöpfer der modernen Geldwirkungslehre.[354] Er analysiert – wohl als Erster – systematisch die preislichen Wirkungen des Geldes und wird damit zu einem der Väter der quantitativen Geldtheorie.[355] Er kritisiert die nach seiner Meinung zu allgemeine geldpolitische Regel von *Locke* vor allem hinsichtlich der erforderlichen Differenzierung der Wirkungen von Geldmengenerhöhungen:

> *John Locke* „(…) hat sehr wohl verstanden, dass ein Überfluss an Geld alles beeinflusst, aber er untersucht nicht, wie dies geschieht. Die große Schwierigkeit einer solchen Untersuchung besteht darin zu wissen, auf welchen Wegen und in welchen Proportionen eine Erhöhung der Geldmenge die Preise der Güter erhöht".[356]

Cantillon kritisiert auch die naive Quantitätstheorie von *Locke*. Er ist der erste Geldtheoretiker, der die Umlaufgeschwindigkeit des Geldes („vitesse des pay-

---

[348] *Locke, John* (1823), 1963, S. 35.
[349] Vgl. *Locke, John* (1823), 1963, S. 34.
[350] *Locke, John* (1823), 1963, S. 9.
[351] Vgl. *Locke, John*, 1692.
[352] Vgl. *Locke, John* (1823), 1963, S. 23 ff.
[353] *Locke, John* (1823), 1963, S. 148.
[354] *Cantillon, Richard* (1732), 1931.
[355] Vgl. *Frenkel, J. A.* und *Johnson, H. G.*, 1976, S. 187-221.
[356] *Cantillon, Richard*, 1755, S. 160.

ments" bzw. „vitesse de la circulation") ins Zentrum seiner Forschung stellt und darauf hinweist, dass diese für den Geldwert mindestens so wichtig ist wie die Geldmenge.

Er zeigt, dass nicht nur quantitative Preiseffekte eine Rolle spielen und strebt eine differenzierte Analyse der Auswirkungen von Geldmengenerhöhungen auf die Güterpreise an. *Cantillon* beschreibt den Prozess von der Geldmengenerhöhung bis zu den Wirkungen auf die Endpreise verschiedener Güter. Eine vermehrte Geldmenge führt zuerst bei einzelnen Bevölkerungsschichten zu einer Erhöhung des Einkommens sowie des Verbrauchs und wirkt sich dann allmählich auf die gesamte Volkswirtschaft aus. Falls es zu einer Geldmengenerhöhung kommt und dieses Geld als Transaktionsmittel zum Kauf von Konsumgütern dient, werden zwangsläufig auch die Konsumgüterpreise steigen. Der Ablauf des Preiseffektes stellt sich nach *Cantillon* wie folgt dar: Es gelangt mehr Geld in die Wirtschaft, die Nutznießer dieser Geldmengenerhöhung werden mehr Güter nachfragen und so mehr Geld ausgeben (nicht ausgegebenes Geld wird verliehen). Die Produktion kann der plötzlichen Mehrnachfrage nicht so schnell nachkommen, die Preise für die Güter werden steigen. Anfangs verändert sich demnach das Preisgefüge. Die Produzenten werden ihre Produktion auf die besonders nachgefragten Güter konzentrieren, dort ihre Gewinne steigern und ihrerseits nun Güter nachfragen. Im Ergebnis hat sich langfristig das gesamte Preisniveau erhöht. Eine Veränderung des Preisgefüges ist wahrscheinlich; andernfalls müsste jeder die gleiche Nachfragestruktur haben, auch wenn sein Einkommen gestiegen ist. Zudem geht er von langfristigen Preissteigerungen bei einer Senkung der Produktionskosten für Gold aus, welche jedoch aufgrund unterschiedlicher Nachfragewirkungen nicht notwendigerweise proportional verlaufen. Bei steigenden Geldmengen postuliert *Cantillon* außerdem sinkende Zinsen.

Der sog. Cantillon-Effekt, wie *Friedrich August von Hayek* diesen beschreibt, zeigt ein Beispiel für die langfristige Nicht-Neutralität des Geldes (wodurch die Dichotomie zwischen dem realen und dem monetären Bereich aufgehoben wird): Erhöhen sich bei einer Goldwährung die realen Kassenbestände, so beispielsweise durch eine aktive Leistungsbilanz oder Goldfunde, kommt es zu einer sukzessiven Umverteilung dieser realen Kassenbestände, bis ein neues, langfristiges Bestandesgleichgewicht erreicht ist. Die Wirkungen hängen davon ab, wo die Erhöhung der Goldbestände erfolgt.[357]

Zudem erkennt *Cantillon*, dass die Individuen das Geld auch als Vermögensmittel halten, womit generelle Inflationstendenzen ausbleiben können und sich nur die Verzinsung ändert. Trotz dieser Erkenntnis spielt das Vermögensmotiv der Geldhaltung in der Vorklassik noch eine wenig bedeutsame Rolle.

Bei *David Hume* (1711-1776) taucht erstmals die Vorstellung des Geldes als eines „Schmiermittels" („oil-in-the-machine") auf. Er vertritt, wohl als Erster und Einziger, eine sehr reine Auffassung der Dichotomie zwischen dem realen und dem monetären Bereich:

---

[357] Vgl. *von Hayek, Friedrich August* (1931), 1976, S. 9 ff.

„It is none of the wheels of trade: It is only the oil which renders the motion of the wheel more smooth and easy".[358]

Die Ursachen von Preissteigerungen sind ausschließlich im monetären Bereich zu suchen (damals vor allem Gold und Silber):

„All augmentation (of gold and silver) has no other effect than to heighten the price of labour and commodities; and even this variation is little more than that of a name. Money having chiefly a ficticious value, the greater or less plenty of it is of no consequence if we consider a nation with itself".[359]

Empirischer Hinweis zum Euro-Währungsgebiet (1999-2005)

These:

Die langfristige Entwicklung der Geldmengen M1-M3 beeinflusst das Preisniveau gleichgerichtet.	- Diese These trifft mit einer schwachen Wirkung zu.

III. Die Klassik

1. Der Geldschleier in der Klassik und das neutrale Geld

Nach den Annahmen der klassischen Theorie hat das Geld grundsätzlich keinen Einfluss auf den realen Bereich; es herrscht Dichotomie. *Arthur C. Pigou* (1877-1959) beschreibt den klassischen Geldschleier („money is a veil")[360] als die Idee einer Dichotomie (getrennte Sphären) zwischen dem monetären und dem realen Bereich. Das Geld liegt wie ein Schleier über den realen Vorgängen und es gibt „nichts bedeutungsloseres als das Geld" (A. C. Pigou). Die beiden Sphären bestehen nach dieser Auffassung unabhängig voneinander und sind – sowohl kurz- als auch langfristig – ohne gegenseitige Einflüsse. Wenn die Wirtschaftssubjekte durch den Geldschleier hindurch blicken, sich also nur an den realen Größen orientieren und Veränderungen der nominellen Größen in ihr Kalkül mit einbeziehen, handeln sie frei von Geldillusion. Dies ist allerdings nur dann der Fall, wenn „sämtliche Vorgänge in der Geldwirtschaft dem Idealtypus einer reinen Tauschwirtschaft nach den Gesetzen der Gleichgewichtstheorien entsprechen".[361]

Bei Abwesenheit von Geldeffekten ist das Geld neutral.[362] So betrachtet, verkörpert die klassische Quantitätstheorie die Theorie neutralen Geldes mit der Abwesenheit von Geldeffekten. Unter quantitätstheoretischen Aspekten gibt es keine Effekte im realen Bereich auf die Beschäftigung, die Produktion, die relativen Prei-

---

[358] *Hume, David,* Of Money (1752), 1892, wiederabgedruckt 1964, S. 309.
[359] *Hume, David,* Of Interest (1752), 1892, wiederabgedruckt 1964, S. 296.
[360] Vgl. *Pigou, Arthur C.,* 1949; vgl. *Patinkin, Don* und *Steiger, Otto,* 1989, S. 131-146.
[361] *Koopmanns, Johan,* 1933, S. 228.
[362] Vgl. *Felderer, Bernhard* und *Homburg, Stefan,* Makroökonomik, 1994, S. 789 ff.; vgl. *Issing, Otmar,* 1998, S. 113 f.

se und den Realzins, sondern nur Preiseffekte. Das Geld dient quasi als „Schmier-
mittel" im Wirtschaftsgeschehen, indem mittels der Zahlungs- und der Rechenmittelfunktion des Geldes die kommerziellen Transaktionen erleichtert werden.

Die Auffassung eines direkten, proportionalen Zusammenhangs zwischen der
Geldmenge und dem allgemeinen Preisniveau wird auch als naive Quantitätstheorie bezeichnet.[363] Die Anpassungsprozesse nach einer Geldmengenerhöhung
führen langfristig zu einer Erhöhung des Preisniveaus. Die relativen Preise (bzw.
der Quotient der jeweiligen Einzelpreise zum allgemeinen Preisniveau), d.h. die
realen Austauschverhältnisse der Güter, bleiben durch eine Geldmengenänderung unberührt.[364] Eine Wertaufbewahrungsfunktion wird dem Geld nur in be-
grenztem Maße zugesprochen, da angenommen wird, dass das Geld keinen Zins
bringt.

Die idealtypische Vorstellung eines Geldschleiers ist zwar später verblasst, die
damit verbundene gedankliche Vorstellung bleibt jedoch bestehen. Es ist sinnvoll,
die einzelnen Geldeffekte und Transmissionsmechanismen stets danach zu betrachten, inwieweit es sich um Abweichungen von der auf der klassischen Quantitätstheorie beruhenden Grundvorstellung einer Dichotomie zwischen dem monetären und dem realen Bereich handelt. Auf diese Weise lassen sich die einzelnen
Geldeffekte und Transmissionsmechanismen besser verstehen und anschaulicher
erklären.

2. Das neutrale Geld bei Adam Smith

Die Vorstellung des neutralen Geldes taucht auch bei *Adam Smith* auf:

> „The gold and silver money which circulates in any country may very
> properly be compared to a highway, which, while it circulates and carries to
> market all the grass and corn of the country, produces itself not a single pile
> of either".[365]

Selbst wenn für *Smith* das Geld keine realen Effekte hat, weist er doch auf die
wirtschaftlichen Effizienzverbesserungen durch die Existenz von Geld hin. Das
Geld führt zu einer Erleichterung der Arbeitsteilung und zu einem erhöhten realen Wachstum.[366] Das Geld ist damit nicht wachstumsneutral. Die Auffassung von
Smith ist bivalent: Einerseits ist das Geld „no part of the revenue of the society",
andererseits ist es "a valuable part of capital".[367] Die letzte Aussage steht nicht
vollständig im Einklang mit der auch *Smith* zugeschriebenen Auffassung: "Money
is a veil".[368]

Smith unterscheidet sich von *Hume* unter anderem in seiner Auffassung zur Entstehung des Geldes. Während bei *Hume* das Geld exogen gegeben ist, vertritt er –

---

[363] Vgl. *Issing, Otmar*, 1998, S. 144.
[364] Vgl. *Issing, Otmar*, 1998, S. 114; *Felderer, Bernhard* und *Homburg, Stefan*, 1994, S. 52.
[365] *Smith, Adam*, 1776, S. 321.
[366] *Smith, Adam*, 1776, S. 37 f.
[367] *Smith, Adam*, 1776, S. 291.
[368] „Das Geld ist ein Brautschleier".

in gemäßigter Form – die „Real Bills" Doktrin des Geldes,[369] welche im Wesentlichen davon ausgeht, die Geldmenge sei nicht exogen gegeben, sondern die Banken würden das Geld entsprechend den Bedürfnissen der Wirtschaft schaffen.

Damit werden auch die Ursachen von Preissteigerungen unterschiedlich inter-
pretiert: Bei *Hume* ist es die Erhöhung der Geldmenge (beispielsweise durch den
Zufluss von Gold aus einem Leistungsbilanzüberschuss), welche Preissteigerungen bewirkt, bei der „Real Bill" Doktrin sind Preissteigerungen auf eine erhöhte
Nachfrage nach realen Gütern zurückzuführen (was *Smith* allerdings nicht ausdrücklich erwähnt).

3. Die ältere Quantitätstheorie von David Ricardo

Die ältere Quantitätstheorie, wie diese auch von *David Ricardo* vertreten wird,
stellt die Summe aller Güter der umlaufenden Geldmenge (multipliziert mit der
Umlaufgeschwindigkeit) gegenüber. Nach Auffassung von *Ricardo* führt eine Veränderung der Geldmenge – nach typisch currency- bzw. quantitätstheoretischer
Betrachtung – zu einer proportionalen Preisänderung:

> Denn „… jedes Zuviel an Papiergeld (wird) den Wert des Umlaufsmittels
> im Verhältnis zu diesem Übermaß herabsetzen";[370] „… in dem gleichen
> Maße, in dem die Münzen entwertet werden, steigen die Preise aller Wa-
> ren …".[371]

Ricardo vertritt die Position einer langfristigen Neutralität des Geldes:

> „… Nachdem ein gut geregeltes Papiergeld eingeführt ist, lassen sich diese
> (Anm. „die gesamten geschäftlichen Tätigkeiten") durch die Bankoperatio-
> nen weder vermehren noch vermindern".[372]

Dagegen ist eine Erhöhung der Geldmenge nicht zwangsläufig verteilungsneu-
tral: Gelangen bei einer Geldmengenerhöhung Gelder vermehrt in den Besitz der
Produzenten „… findet eine gewaltsame und ungerechte Übertragung des Besit-
zes statt, ohne dass für die Gesamtheit ein Vorteil daraus erwächst".[373]

4. Das „Gesetz" von Jean-Baptiste Say

Zu den Grundlagen der Quantitätstheorie gehört auch das „Gesetz von Say"
(Saysches Theorem):[374] Danach können in einer geldtheoretisch bedeutsamen For-

---

[369] Zu den Begründern der „Real Bill" Doktrin zählt *Law.* Vgl. *Law, John,* 1705.
[370] *Ricardo, David* (1809), 1912, S. 95.
[371] *Ricardo, David* (1809), 1912, S. 77.
[372] *Ricardo, David,* 1923, S. 375.
[373] *Ricardo, David* (1809), 1912, S. 97.
[374] Unter dem „Gesetz von Say" („Say's law") soll nachfolgend das Saysche Theorem in einer geldtheoretischen Interpretation verstanden werden.

mulierung „Güter nur mit Gütern" gekauft werden („products are paid for with product"[375]):

> „Es lohnt sich zu bemerken, dass ein Produkt erst erzeugt wird, wenn ein Markt für andere Güter besteht, welcher zur Entschädigung des vollen Werts des Produkts führt. Wenn die letzten Arbeitsschritte bei der Erzeugung eines Produkts erfolgen, ist der Hersteller ängstlich darauf bedacht, das Produkt unverzüglich zu verkaufen, damit das Erzeugnis inzwischen nicht an Wert verliert. Zudem ist er nicht weniger ängstlich darauf bedacht, das Geld wieder auszugeben, zumal der Wert des Geldes auch nicht unverwundbar ist. Die einzige Möglichkeit dazu besteht darin, ein anderes Erzeugnis zu kaufen. Deshalb führt die Erzeugung eines Produkts unverzüglich zum Kauf eines anderen Produkts".[376]

In einer neoklassischen Interpretation des Sayschen Theorems („Gesetz von Say") ergibt sich für die Güternachfrage eine Budgetrestriktion für den Kauf von Gütern durch das vorhandene Güterangebot:

$$\sum_{q=1}^{Q} p_q \left(x_q - \overline{x}_q \right) = 0, \tag{67}$$

wobei $\sum_{q=1}^{Q}$ die Summe der Güter, p_q den Preisindex, x_q die Nachfrage nach Gütern und $\overline{x}_q$ das Angebot an Gütern bezeichnen. Das Geld hat nach dieser Formel keine (monetären) Effekte im realen Bereich.

5. Der Kasseneffekt bei Thomas Tooke

Nach Auffassung von *Thomas Tooke* (Banking Schule) beeinflussen die umlaufenden Transaktionsmittel die Preise nicht unmittelbar; vielmehr verändern die Preisänderungen die Geldnachfrage. Preisschwankungen sind die Wirkung von Änderungen bei der Nachfrage nach Gütern und dem Angebot an Gütern.[377]

6. Das neutrale Geld bei John St. Mill

Hinsichtlich der realen Effekte einer Veränderung der Geldmenge vertritt *John St. Mill* die Auffassung des neutralen Geldes, indem das Geld nur transaktionsökonomische Vorteile bringt:

> „… kurz, es kann, wenn man der Sache auf den Grund geht, in der Wirtschaft … nichts Bedeutungsloseres geben als Geld; außer insofern es ein Mittel zur

---

[375] *Say, Jean-Baptiste*, 1803, englische Übersetzung, S. 153. Vgl. dazu: *Niehans, Jürg*, 1978, S. 17.
[376] *Say, Jean-Baptiste*, 1803, englische Übersetzung, S. 138 f. (eigene Übersetzung).
[377] Vgl. *Tooke, Thomas*, 1840, S. 276.

Ersparnis von Zeit und Arbeit ist".[378] Es ist ein „... Trugschluss, ... dass eine Zunahme des Geldes die gewerbliche Tätigkeit belebe."[379]

Betrachtet *Mill* eine enge Geldmenge (mit Münzen), gelangt er zu einer quantitätstheoretischen Betrachtung:[380]

„Wenn das gesamte in Umlauf befindliche Geld verdoppelt wäre, würden sich auch die Preise verdoppeln. Würde es nur um ein Viertel vermehrt, würden auch die Preise nur um ein Viertel steigen". Voraussetzung ist, „... dass das vermehrte Angebot des Geldes alle Märkte hätte erreichen oder alle Kanäle der Produktion hätte durchlaufen können ...".[381]

Mill verlässt die quantitätstheoretische Betrachtung, wenn er eine breite Geldmenge (einschließlich der Kredite, Banknoten und Wechsel) betrachtet:

„Was auf die Preise wirkt, sind die Kredite, in welcher Form auch immer, und dies unabhängig davon, ob diese in Zahlungsmittel umgewandelt werden, welche in Zirkulation gelangen".[382]

In diesem Fall ist die Proportionalität zwischen der Geldmenge und den Preisen nicht mehr gegeben, und *Mill* bewegt sich in der Tradition der Banking Schule:

„Sobald Kredit zum Unterschied von Bargeld als Kaufmittel dient, ist ... der Zusammenhang zwischen den Preisen und dem Betrag des Umlaufsmittels viel weniger unmittelbar und eng, und der dann bestehende Zusammenhang lässt nicht mehr eine so einfache Ausdrucksweise zu".[383]

Nur die Münzen üben eine Wirkung auf die Preisbewegungen aus, nicht jedoch die einlösbaren Banknoten, deren Ursachen die Kredite sind.[384]

Auch *Mill* äußert sich, wie bereits *Ricardo*, zu den möglichen Verteilungswirkungen einer Geldmengenveränderung und den damit verbundenen Preiswirkungen:

„... auf keine andere Möglichkeit kann eine allgemeine und dauernde Preissteigerung oder, mit anderen Worten, eine Geldentwertung jemandem Vorteile bringen ..., außer auf Kosten eines anderen".[385]

Mill entfernt sich auch unter diesem Aspekt vom Gedanken einer Proportionalität zwischen den Preis- und den Geldmengenänderungen:

„Ich sage ..., dass (durch) das Hereinströmen von Geld ... das Verhältnis der verschiedenen Klassen der Konsumenten zueinander geändert wird, so dass von jetzt ab ein größerer Betrag des Nationaleinkommens als vorher in eini-

---

[378] Vgl. *Mill, John St.* (1871), 1921, S. 8 f.
[379] *Mill, John St.* (1871), 1921, S. 97.
[380] Vgl. *Schumpeter, Joseph A.*, 1965, S. 860.
[381] *Mill, John St.* (1871), 1921, S. 13 f.
[382] *Mill, John St.*, 1965, S. 539 (eigene Übersetzung).
[383] *Mill, John St.* (1871), 1921, S. 20.
[384] Vgl. *Mill, John St.*, 1844, S. 590 f.
[385] *Mill, John St.* (1871), 1921, S. 99.

gen Gütern und ein kleinerer in anderen ausgegeben würde ... In diesem Fall würde, bis die Produktion sich selbst diesem Wechsel in der vergleichsweise größeren Nachfrage nach verschiedenen Gütern angepasst hätte, eine wirkliche Änderung der Werte vorliegen und einige Güter würden mehr als andere im Preis steigen, während andere vielleicht überhaupt nicht steigen würden".[386]

Die langfristigen Preisbewegungen hängen nach Auffassung von *Mill* mit den dauernden Einkommen ("endgültige Kaufkraft") der Verbraucher zusammen, die kurzfristigen mit den nachfragewirksamen Einkommen:

> „Nehmen wir an, dass ... eine Zunahme der Geldmenge stattfindet, z. B. indem ein Fremder mit einem Schatz von Gold und Silber in einer Stadt ankommt. Sobald er beginnt, den Schatz auszugeben, vergrößert er ... die Nachfrage nach Gütern. Zweifellos vermehrt er zuerst die Nachfrage nur nach bestimmten Güterarten, nämlich nach denen, die er zum Kauf auswählt. Es wird unmittelbar deren Preis steigen ... Aber bei diesen höheren Preisen wird mehr Geld in die Hände der Verkäufer dieser verschiedenen Waren kommen, und sie werden, ... da sie mehr Geld zum Ausgeben haben, eine vermehrte Nachfrage nach all den Gütern schaffen, die sie zu kaufen gewöhnt sind. Demgemäß werden diese im Preise steigen und so geht es weiter, bis dieses Steigen alle Güter erreicht hat".[387]

IV. Die Neoklassik

1. Die Fishersche Verkehrsgleichung und der Preiserwartungseffekt

Die in der Neoklassik von *Irving Fisher* (1987-1947) entwickelte, als klassische Quantitätsgleichung bezeichnete Fishersche Verkehrsgleichung beruht auf der „reinen" Quantitätstheorie von *David Hume* und Arbeiten des Astronomen *Simon Newcomb* (1835-1909).[388] In der ursprünglichen Form lautet die Fishersche Verkehrsgleichung:[389]

$$M \times v + M' \times v' = \sum pQ \text{ oder } P \times T. \tag{68}$$

M bezeichnet die Geldmenge mit Münzen und Noten, v die Umlaufgeschwindigkeit von Münzen und Noten, M' das Volumen der Bankdepositen (über welche auch mit Schecks verfügt werden kann), v' die Umlaufgeschwindigkeit der Bankdepositen, $\sum pQ$ die Summe der Güterpreise (das Güterpreisniveau), P das Preisniveau und T das Transaktionsvolumen.

---

[386] *Mill, John St.* (1871), 1921, S. 14.
[387] *Mill, John St.* (1871), 1921, S. 13 f.
[388] Vgl. *Newcomb, Simon,* 1879.
[389] Vgl. *Fisher, Irving,* 1912.

Die neuere, reduzierte Form ist:

$$M \times v = Y \times P. \qquad \text{(siehe Gleichung (2))}$$

An die Stelle des Transaktionsvolumens T tritt das Volkseinkommen Y, welches nur die Wertschöpfung nach Stufen (ohne Vorleistungen) erfasst und kleiner als das Transaktionsvolumen ist.

Die Fishersche Verkehrsgleichung gilt als Inbegriff der klassischen Quantitätstheorie und enthält die Vorstellung einer Dichotomie zwischen dem realen und dem monetären Bereich (mit neutralem Geld):

> „Die Quantitätstheorie beruht auf einer Eigenschaft des Geldes, welche letztlich nur dieses unter allen anderen bedeutsamen Gütern besitzt; es kann keine menschlichen Bedürfnisse befriedigen, außer der Fähigkeit, Güter zu kaufen, welche Bedürfnisse befriedigen können".[390]

Die Fishersche Verkehrsgleichung ist ex definitione immer erfüllt und stellt eine reine Identitätsgleichung dar:

> „Das Handelsvolumen, wie auch die Umlaufgeschwindigkeit des Geldes, stehen in keinem Zusammenhang mit der Geldmenge. Eine Aufblähung der Geldmenge kann weder die Produktion der landwirtschaftlichen Betriebe noch der Fabriken steigern, noch die Geschwindigkeit der Güterzüge oder der Schiffe erhöhen. Die wirtschaftlichen Prozesse stehen in einem Zusammenhang mit den natürlichen Ressourcen und den technischen Produktionsbedingungen, nicht mit der Quantität des Geldes. ... Deshalb wird eine Verdoppelung der Geldmenge normalerweise zu einer Verdoppelung der Geldmenge in der Funktion der Verkehrsgleichung führen, nicht jedoch die Umlaufgeschwindigkeit des Geldes oder das Handelsvolumen beeinflussen, sondern notwendigerweise nur das Preisniveau verdoppeln".[391]

Bei Annahme einer konstanten Umlaufgeschwindigkeit des Geldes und eines konstanten Volkseinkommens (Transaktionsvolumens) hat das Geld langfristig keine realen Effekte (beispielsweise auf den Output). Es besteht lediglich ein proportionaler Zusammenhang zwischen der Geldmenge und dem Preisniveau.

Als *Prämissen* gelten:[392]
- Es wird ein kurzfristig konstantes Einkommen Y (Output) angenommen.
- Die Umlaufgeschwindigkeit v und das reale Volkseinkommen Y bleiben von den Geldmengenänderungen völlig unberührt. Hier zeigt sich eine der grundlegenden Annahmen des klassischen Modells, die Vorstellung einer Dichotomie zwischen dem monetären und dem realen Sektor einer Volkswirtschaft, die sich gegenseitig nicht beeinflussen (Neutralität des Geldes).
- Bei einem Ungleichgewicht von Geldangebot und Geldnachfrage wird – unter Annahme einer Konstanz von Y und v – das als überschüssig empfundene Geld unendlich rasch abgebaut (und umgekehrt). Bei Annahme von Vollbeschäftigung

---

[390] *Fisher, Irving*, 1911, S. 32 (eigene Übersetzung).
[391] *Fisher, Irving*, 1911, S. 155 f. (eigene Übersetzung).
[392] Vgl. auch das Kapitel V.3. zur Geldnachfrage.

sowie vollkommen flexiblen Preisen (und Löhnen) entsteht ein Kasseneffekt, welcher zu einem proportionalen Preiseffekt führt.
- Es gilt das Gesetz von Say, wonach das Geld und im besonderen die Geldnachfrage keinen Einfluss auf den realen Bereich haben. Die Gütermärkte werden über flexible Preise stets und unverzüglich geräumt. Dies bewirkt eine unendlich schnelle Anpassung, so auch der Geldnachfrage an das gegebene Geldangebot.
- Die Geldmenge M wird von der Zentralbank bestimmt und ist exogen gegeben.
- Das Geld wird nur zu Transaktionszwecken gehalten, dieses schafft keinen eigenen Nutzen, sondern stellt nur Kaufkraft für reale Güter dar.
- Die Preise sind völlig flexibel.
- Es herrscht Vollbeschäftigung.

Zudem besteht ein Gleichgewicht zwischen dem Gütermarkt, dem Arbeitsmarkt und dem Kapitalmarkt, deren Saldi null ergeben (Gesetz von Walras). Überflüssiges Geld wird von den Wirtschaftssubjekten abgebaut, indem von sämtlichen Gütern mehr nachfragt wird, bis nach dem Gesetz von Walras[393] wieder ein Gleichgewicht zwischen der vorhandenen realen Kassenhaltung und der nachgefragten realen Kassenhaltung erreicht ist:

$$\sum_{q=1}^{Q} p_q (x_q - \bar{x}_q) = \bar{m} - m. \tag{69}$$

Dabei handelt es sich bei $\bar{m}$ um die exogen gegebene Geldmenge und bei m um die Nachfrage nach Kassenmitteln.

Nach diesen *Modellvorstellungen* ergeben sich bei der Fisherschen Verkehrsgleichung $M \times v = Y \times P$ im Falle von Geldmengenerhöhungen nur Preiseffekte proportional zur Geldmengenerhöhung.[394] Die Kausalität verläuft von der exogen gegebenen Geldmenge M und einer konstanten Umlaufgeschwindigkeit zum Preisniveau P.

Bei konstantem v und Y gilt somit:

$$dP = dM. \tag{70}$$

Wird Y in die Analyse mit einbezogen, kommt es zu einer Erhöhung des Preisniveaus dP, wenn die Zunahme der Geldmenge dM das Wachstum des realen Volkseinkommens übersteigt. Deflation entsteht, wenn dM kleiner als das Wachstum des realen Volkseinkommens ist.

Allerdings schließt *Fisher* eine vorübergehende Änderung der Umlaufgeschwindigkeit des Geldes nicht aus:

> „Angenommen, für einen Moment, die Verdoppelung der umlaufenden Geldmenge würde nicht sofort die Preise erhöhen, sondern die Umlaufgeschwindigkeit würde sich halbieren, so würde sich wohl jedes Individuum veranlasst sehen, seine Kassenbestände anzupassen. Bei vorerst unveränderten Preisen

---

[393] Vgl. dazu: *Niehans, Jürg*, 1978, S. 21.
[394] Vgl. *Fisher Irving* (1911), 1963, S. 29. Nach *Fisher* handelt es sich um eine Gleichgewichtsbedingung, deren Faktoren den Wert des Geldes unmittelbar und mittelbar beeinflussen. Vgl. *Fisher, Irving*, 1916, S. 119.

hätte es den doppelten Betrag an Kasse und Bankeinlagen in Händen als üblicherweise und würde versuchen, die überschüssige Kasse auszugeben. Dadurch würde ein anderes Individuum mehr Geld in Händen halten als er-
wünscht, und der Transfer von Geld würde die gesamten Geldbestände nicht
verkleinern. ... Jedermann würde sein überschüssiges Geld zum Kauf von Gütern verwenden, was die Preise nach oben treiben würde."[395]

Der Grundmechanismus der Quantitätstheorie ist ein Kassenhaltungseffekt:
Steigt die Geldmenge bei Vollbeschäftigung, wird die als überflüssig empfundene
Geldmenge unverzüglich durch eine zusätzliche Nachfrage nach Gütern abgebaut, worauf die Preise und Löhne ohne Zeitverzug und proportional zur Geldmengenerhöhung steigen. Umgekehrt bauen sie Liquidität auf, wenn sie diese als
ungenügend empfinden, indem sie auf die Nachfrage nach Gütern verzichten,
womit die Güterpreise und Löhne unverzüglich sinken. Dadurch kommt es zu
Kassen- bzw. Preiseffekten, nicht jedoch zu realen Wirkungen. Auf diese Weise
stellt der Kasseneffekt den Grundmechanismus zur quantitätstheoretischen Erklärung inflationärer Effekte bei monetären Impulsen dar.

Die Aussagen der Quantitätstheorie lassen sich damit in insgesamt fünf Sätzen
umschreiben: (1) Die Proportionalität von M und P, (2) die aktive und kausale Rolle von M im Transmissionsmechanismus, (3) die Neutralität des Geldes, (4) die
monetäre Theorie des Preisniveaus, und (5) die Exogenität der nominalen Geldmenge. [396]

Die Aussagen der neoklassischen Quantitätstheorie zur Neutralität des Geldes
mit einer unverzüglichen und proportionalen Preisanpassung haben modelltheoretischen Charakter. Der Fokus von *Fisher* richtet sich vor allem auf das neue
preisliche Gleichgewicht nach Abschluss der Anpassungsprozesse.[397]

Als *Kritik* ist anzumerken:
- Bei der Fisherschen Verkehrsgleichung handelt es sich um eine tautologische
Beziehung, welche ex definitione immer erfüllt ist; es erfolgen keine verhaltens-
logischen Aussagen.
- Eine kausale Beziehung zwischen Geldmengen- und Preisänderungen lässt sich
nur bei einer exogen gegebenen Geldmenge postulieren. Im Fall einer endogenen
Geldmenge läuft die Kausalität von den Preisen zur Geldmenge. Dieser Effekt ist
unter dem Begriff der umgekehrten Kausalität bekannt („reverse causation"). Zusätzlich können auch Änderungen des Einkommens und der Umlaufgeschwindigkeit des Geldes einen Einfluss auf das Preisniveau haben.
- Die Fragestellung von *Cantillon*, wie sich der Anpassungsprozess der Preise vollzieht, wird nicht beantwortet.
- Die in der Quantitätstheorie vertretene Geldwertillusion („money illusion") lässt
sich nur vertreten, wenn von der Gültigkeit des Gesetzes von Say ausgegangen

---

[395] *Fisher, Irving*, 1911, S. 153 f.
[396] Vgl. *Humphrey, Thomas M.*, 1984, S. 13-22.
[397] Vgl. *Fisher, Irving*, 1916, S. 57 f.

wird. Dieser Aspekt wird unter anderem in der sog. Patinkin Kontroverse[398] auf-
gegriffen.

- Kritisch ist auch die Annahme einer konstanten Umlaufgeschwindigkeit des
Geldes v zu betrachten. Die Umlaufgeschwindigkeit des Geldes bzw. der Kassenhaltungskoeffizient ändern sich nicht nur mit sich verändernden Zahlungsgewohnheiten, sondern auch im konjunkturellen Verlauf, so beispielsweise bei sich
ändernden Zinsen.

Empirische Hinweise zum Euro-Währungsgebiet (1999-2005)

Thesen

1. Die langfristige Entwicklung der Geldmen-gen M1-M3 beeinflusst das Preisniveau gleichgerichtet.	- Diese These trifft mit einer schwachen Wirkung zu.
2. Die Wachstumsraten der Geldmengen M1-M3 (=d M1-d M3 auf Jahresbasis) beeinflussen die Jahresinflationsrate gleichgerichtet.	- Diese These trifft nicht zu. Viel-mehr haben erhöhte Wachstums-raten (auf Jahresbasis) bei d M1 und d M2 einen leicht dämpfen-den Effekt auf die Inflationsrate.
3. Das Preisniveau hängt c.p. von der Nach-frage nach Gütern (reales BIP) ab.	- Diese These trifft mit einer schwachen Wirkung und Signifi-kanz zu.
4. Die Inflationsrate hängt c.p. von der Veränderung der Nachfrage nach Gütern (d reales BIP) ab.	- Diese These trifft mit einer schwachen Wirkung zu (bei einem lag von bis zu einem Jahr).
5. Die Inflationsrate hängt gleichzeitig von der Veränderung des Volkseinkommens (d reales BIP), der Geldmenge M1 (=d M1) und der Umlaufgeschwindigkeit des Geldes v ab.	- Diese These trifft nur tendenziell und nur für d reales BIP zu.

Anmerkung: Die kurzfristige Nichtneutralität des Geldes

Nach der klassischen und neoklassischen Quantitätstheorie ist das Geld neutral.
Im Gegensatz zu *Hume*, dem eine reine Auffassung der Dichotomie (kurz- und
langfristige Neutralität des Geldes) zugeschrieben werden kann, gilt für *Fisher* die
Dichotomie nur langfristig. Kurzfristig kommt es zu Geldeffekten, verursacht
durch einen lag zwischen den Veränderungen der Geldmenge und den diesen
Prozess verursachenden Veränderungen der Zinsen.[399]

---

[398] Vgl. Ziffer VII.3.
[399] Vgl. *Fisher, Irving*, 1911, S. 359-362.

Im Einzelnen ereignen sich bei steigenden Preisen die folgenden Prozesse:[400] (1) Die Preise steigen, (2) die Umlaufgeschwindigkeit des Geldes (v und v') nimmt zu, die Zinsen erhöhen sich (jedoch nicht genügend), (3) die Gewinne steigen, die Kreditmenge erhöht sich, die Geldmengen (Q und Q') steigen, (4) die Buchgeldmenge M' nimmt proportional zur Zunahme der Banknoten M zu und (5) die Preise steigen weiter, womit sich die Prozesse wiederholen. Die Erhöhung des Preisniveaus läuft so lange weiter, bis sich das Preisniveau proportional zur Geldmenge verändert hat:

> „We may now restate, then, in what sense the quantity theory is true. It is true in the sense that one of the normal effects of an increase in the quantity of money is an exactly proportional increase in the general level of prices".[401]

In der Praxis schließt *Fisher* allerdings für eine Übergangsperiode schwache, temporäre reale Effekte im Rahmen der Anpassungsprozesse nicht aus.[402]

> „The Quantity theory will not be hold true strictly and absolutely during transition period".[403]

2. Der Cambridge-Effekt

Der Cambridge-Effekt entspricht nach zahlreichen Darstellungen dem Preiseffekt der Quantitätstheorie und geht von der strikten Geltung des Gesetzes von Say aus. Dieser stellt einen reinen Preiseffekt proportional zur Geldmengenerhöhung dar. Ausgehend von der Cambridge-Gleichung (7)

$$M = Y \times P \times k$$

ergibt sich bei Konstanz von Y und k wiederum:

$$dP = dM. \tag{71}$$

Verbal formuliert bedeutet dies:

> „An increase in the supply of legal tender ought always, since the elasticity of demand (for legal tender) is equal to unity, to raise prices in the proportion in which the supply has increased".[404]

Während es sich bei der Quantitätstheorie um einen transaktionstheoretischen Ansatz handelt, fließen bei der Cambridge-Gleichung auch Präferenzen für die Kassenhaltung als Entscheidungskriterium ein, woraus sich der Anpassungsprozess bei Geldmengenänderungen herleiten lässt.[405] Wird der Realwert der Kasse

---

[400] Vgl. *Fisher, Irving*, 1911, S. 63 ff.
[401] *Fisher, Irving*, 1911, S. 157.
[402] Vgl. *Fisher, Irving*, 1911, S. 55-60.
[403] *Fisher, Irving*, 1911, S. 161.
[404] *Pigou, Arthur C.*, 1923, S. 195.
[405] Bereits *Léon Walras* geht davon aus, das Geld werde nach ähnlichen Gesichtspunkten wie die Güter gehalten (Lagerhaltungstheorie des Geldes). Dabei wirken das erste und das zweite Gossensche Gesetz. Sich verändernde Präferenzen für die Geldhaltung schlagen sich in der Nachfrage

bei einer Erhöhung der Geldmenge als zu hoch empfunden, kommt es zu einer verstärkten Güternachfrage, wobei der Kassenbestand durch Ausgaben reduziert wird. Nachdem im neoklassischen Gesamtmodell Vollbeschäftigung herrscht, ist jedoch das Güterangebot konstant. Damit entsteht eine Überschussnachfrage, verbunden mit einem steigenden Preisniveau. Dieser als Cambridge-Effekt benannte Anpassungsprozess läuft so lange, bis der Realwert der Kasse wieder dem ursprünglichen Niveau bzw. den Präferenzen der Individuen entspricht.[406]

Zusammenfassend betrachtet ist der Cambridge-Effekt ein rein monetärer Preiseffekt, beruhend auf der Vorstellung einer Dichotomie zwischen dem monetären und dem realen Bereich. Er hebt die Neutralität des Geldes nicht auf. Es gilt das Gesetz von Say, wonach Güter nur mit Gütern gekauft werden.

Als *Kritik* gegenüber dem sog. Cambridge-Effekt ist anzumerken, dass *Marshall* und *Pigou* von einer Veränderlichkeit des Cambridge k ausgehen, so beispielsweise unter dem Aspekt eines sich verändernden Zinsniveaus und der Vermögenssituation der Wirtschaftssubjekte. Das Geld hat in diesem Fall mehr als nur den Charakter eines Schmiermittels, es ist auch ein Teil des Vermögens. Beim Cambridge cash balance approach können bei Geldmengenerhöhungen neben reinen Preiseffekten („Cambridge-Effekt") auch reale Effekte auftreten.

Wird die Prämisse einer Konstanz von k modifiziert, können – neben dem Cambridge-Effekt als einem reinen Preiseffekt – auch reale Effekte auftreten. Das Geld hat in diesem Fall nicht nur den Charakter eines Schmiermittels – womit die Gültigkeit des Cambridge-Effektes bestätigt wird – sondern es ist auch Teil des Vermögens (wobei das k vom Einkommen, dem Zinssatz, den erwarteten Preisniveauänderungen und den Präferenzen der Wirtschaftssubjekte abhängt).

In der langfristigen Tendenz vergrößert sich der Kassenhaltungskoeffizient („Luxushypothese des Geldes") und verändert sich auch mit den konjunkturellen Schwankungen, was Konsequenzen auf die Entwicklung die Inflationsrate bzw. die Entwicklung des Preisniveaus hat. So sinkt der Kassenhaltungskoeffizient bei steigenden Zinsen in einem konjunkturellen Aufschwung, wobei sich durch den Abbau von Kasse die Inflation verstärkt (und umgekehrt).

Patinkin vertritt hierzu folgende Hypothese:

> „… Eine Erhöhung der Geldmenge stört das optimale Verhältnis zwischen der Höhe der Geldbestände und den Ausgaben des Individuums; diese Störung führt zu einer Erhöhung der geplanten Ausgaben (einem Realkasseneffekt); diese Erhöhung erzeugt Preissteigerungen, bis die Ausgaben in derselben Relation wie die Geldmenge gestiegen sind".[407]

Patinkin kritisiert zudem die Prämisse der ausschließlichen Betrachtung des "legal tender" (Münzen und Noten) und nicht auch des Gleichgewichtspreises für

---

nach Geld nieder und führen zu einer größeren oder geringeren Nachfrage nach Kasse, wodurch Geldeffekte entstehen können. Vgl. auch Kapitel 5, Ziff. IV.1.
[406] Vgl. *Felderer, Bernhard* und *Homburg, Stefan*, 1994, S. 83.
[407] *Patinkin, Don*, 1956, S. 163.

das Papiergeld. Zudem führe die Annahme voneinander unabhängiger Preise P und realer Transaktionen Y zu einer falschen Schlussfolgerung: Eine einseitige Erhöhung des Preisniveaus löst einen Realkasseneffekt und damit eine Verminderung der geplanten Transaktionen aus, was sich angesichts der verschiedenen Preis-Nachfrageelastizitäten für die einzelnen Güter unterschiedlich auf den Konsum der einzelnen Güter auswirkt, und beim Cambridge-Effekt so nicht impliziert wird.[408]

Empirische Hinweise für das Euro-Währungsgebiet (1999-2005)

Thesen:

1. Ein größeres Geldmengenwachstum wird über eine höhere Nachfrage nach Gütern abgebaut, bis ein „Kassengleichgewicht" erreicht ist (und umgekehrt).	- Bei d Bargeld trifft diese These nach bis zu einem Jahr schwach zu. - Bei d M1 und d M2 trifft diese These schwach zu. - Bei d M3 trifft diese These nur schwach zu (nicht signifikant).*
2. Eine Erhöhung des Kassenhaltungskoeffizienten (bei M1) führt c.p. zu … - … einem größeren Wachstum der Geldnachfrage (d M1) (und umgekehrt).	- Diese These trifft tendenziell zu, ist jedoch nicht signifikant zu belegen.*
- … einer geringeren Inflationsrate (und umgekehrt).	- Diese These trifft nicht zu.
- … einem geringeren Wachstum des Volkseinkommens (d reales BIP) (und umgekehrt).	- Diese These trifft nicht zu.

* Bei einem zugrunde gelegten Signifikanzniveau von mindestens 0,10.

---

3. Der Wicksell-Effekt

Johan G. K. Wicksell (1851-1926) als weiterer, bedeutender Vertreter der Neoklassik zählt zu den Begründern der Geldwirkungslehre. Grundsätzlich hält er an der Quantitätstheorie fest. Diese ist für *Wicksell* die einzige, zusammenhängende Theorie des Geldes, welche nach seiner Meinung allerdings noch Mängel aufweist.

Nach der Quantitätstheorie ist die Kaufkraft des Geldes negativ mit der jeweiligen Geldmenge korreliert.[409] Eine Erhöhung oder Verkleinerung der Geldmenge bewirkt eine proportionale Änderung der Preise. „Übelstände" einer zu großen

---

[408] Vgl. *Patinkin, Don,* 1956, S. 103 f.
[409] Vgl. *Wicksell, Knut,* 1913, S. 160.

Geldmenge werden durch eine Herabsetzung der Kaufkraft des Geldes absorbiert.[410]

Die Weiterentwicklung der Quantitätstheorie zählt zu den wesentlichen Anliegen seiner Arbeit.[411] Dabei hält *Wicksell* an einer Geldmengendefinition fest, welche sich nur auf das umlaufende Bargeld bezieht. Bankkredite sind nach Auffassung von *Wicksell* kein Geld. Er stellt sich die Frage, ob die Umlaufgeschwindigkeit des Geldes eine selbständige oder nur symptomatische Bedeutung für das Geldwesen hat.[412] Die Umlaufgeschwindigkeit des Geldes definiert er als

> „… die Anzahl der Male, welche die vorhandenen Geldstücke im Wege des Kaufs und Verkaufs … während der gewählten Zeit, z. B. eines Jahres durch die Hände wechseln".[413]

Dabei wird die Geldmenge bei *Wicksell* auf dem Kreditwege erhöht, um Investitionen zu finanzieren, was zu Inflation führen kann (und die rein quantitätstheoretischen Aussagen von *Fisher* relativiert). Diese Erklärung erscheint etwas verwirrend, indem die Geldmenge nicht mehr eindeutig abgegrenzt wird. Außerdem kann auch nicht mehr erklärt werden, warum die Inflation nicht länger eindeutig in Beziehung zur umlaufenden Geldmenge im Sinne von Bargeld gesetzt werden kann.

Dienen auch Sichteinlagen bei den Banken als Transaktionsmitteln, ist die Parallelität zwischen der (Bargeld-)Geldmenge und den Preisen nicht mehr zwingend gegeben. Damit wird auch die Gültigkeit des Gesetzes von Say bzw. der Zusammenhang von Angebot und Nachfrage im realen Bereich – zumindest kurzfristig – in Frage gestellt:

> „Ein allgemeiner Preisanstieg ist daher nur festzustellen, wenn die tatsächliche oder erwartete aggregierte Nachfrage aus irgendwelchen Gründen größer als das Angebot geworden ist. Dies erscheint paradox, zumal das Saysche Theorem davon ausgeht, dass die Nachfrage nie größer als das Angebot werden kann. Letztlich ist dies zwar immer so, … jede Geldtheorie, welche diesen Namen verdient, muss jedoch in der Lage sein, zu zeigen, dass die monetäre Nachfrage nach Gütern unter bestimmten Bedingungen das Angebot an Güter über- oder unterschreiten kann".[414]

Das Geld kann damit kurzfristige Wirkungen haben. *Wicksell* erklärt dies im Rahmen des „Wicksellschen Prozesses", mit welchem er den monetären und den realen Bereich miteinander durch den Zins verknüpft und damit die klassische Dichotomie aufhebt.[415] Der Kernpunkt seiner Ausführungen ist eine Analyse der Dynamik der Anpassungsprozesse der Preise aufgrund eines veränderten Kredit- bzw. Geldangebotes. Damit zählt er zu den Begründern der nachfrageorientierten Inflationstheorie. Dieser Ansatz zeigt eine Möglichkeit auf, warum die monetäre

---

[410] Vgl. *Wicksell, Knut,* 1913, S. 161.
[411] Vgl. *Wicksell, Knut* (1898), 1968, S. III.
[412] Vgl. *Wicksell, Knut,* 1913, S. 163.
[413] *Wicksell, Knut* (1898), 1968, S. 46.
[414] *Wicksell, Knut,* 1906a, S. 159 f. (eigene Übersetzung).
[415] Vgl. *Wicksell, Knut,* Bd. 1 (1922), S. 181 ff.

Gesamtnachfrage vom monetären Gesamtangebot abweichen kann. Dies hängt
damit zusammen, dass es zu Geldmengenerhöhungen durch eine Kreditschöpfung kommt, und die Investitionen die Ersparnisse übersteigen können. Damit
wird auch das Gesetz von Say aufgehoben, wonach Güter nur mit Gütern gekauft
werden können.

Im Zusammenhang mit den Krediten unterscheidet *Wicksell* zwei Zinsen, den
natürlichen Zins und den Geldmarktzins. Den natürlichen Zins definiert er wie
folgt:

> „Jene Rate des Darlehenszinses, bei welcher dieser sich gegenüber den Gü-
> terpreisen durchaus neutral verhält und sie weder zu erhöhen noch zu er-
> niedrigen die Tendenz hat, kann nun keine andere sein als eben diejenige,
> welche durch Angebot und Nachfrage festgestellt werden würde, falls man
> sich überhaupt keiner Geldtransaktion bediente, sondern die Realkapitalien
> in natura dargeliehen würden – oder was etwa auf dasselbe hinauskommt,
> als der jeweilige Stand des natürlichen Kapitalzinses".[416]

Der natürliche Zins orientiert sich am Kapitalertrag bzw. Nettogewinn:

> „Die Höhe des natürlichen Kapitalzinses ist selbstverständlich keine fixe,
> unveränderliche Größe. … Allgemein gesprochen hängt sie von der Ergie-
> bigkeit der Produktion, von der Menge der vorhandenen, stehenden und
> flüssigen Kapitalien, von der Zahl der Arbeitssuchenden, dem Angebot an
> Bodenkräften u.s.f., kurz von allen den tausend und ein Umständen ab,
> welche zusammen die jedesmalige ökonomische Lage der betreffenden
> Volkswirtschaft ausmachen, und sie wechselt unausgesetzt mit diesen".[417]

Von einem „normalen" Zins spricht *Wicksell*, wenn sich der sog. natürliche und
der Darlehenszins entsprechen. Er differenziert zwischen der kurzfristigen Kreditrate, welche dem Geldmarktzins entspricht, und der langfristigen Kreditrate,
welche mit dem Kapitalmarktzins identisch ist. Mit der Unterscheidung zwischen
dem natürlichen Zins und der kurzfristigen Kreditrate begründet er das sog. Zinsspannentheorem, welches dem Wicksellschen Prozess zugrunde liegt.

Der Wicksellsche Prozess läuft in einer „reinen Kreditwirtschaft"[418] wie folgt ab:
- In der Ausgangslage befindet sich die Wirtschaft in einem stationären Zustand
mit vollkommenem Wettbewerb und Vollbeschäftigung; es besteht kein Außenhandel.
- Bei einer Erhöhung der Geldmenge (beispielsweise durch vermehrte Sichteinlagen der Wirtschaftssubjekte bei den Banken, ggf. auch durch eine Erhöhung der
Geldmenge durch die Zentralbanken) sinken die kurzfristigen Darlehenszinsen
unter den natürlichen Zins.[419] In diesem Fall liegt der marginale Kapitalgewinn

---

[416] *Wicksell, Knut* (1898), 1968, S. 93.
[417] *Wicksell, Knut* (1898), 1968, S. 97.
[418] Im Gegensatz zu einer „Goldwährungswirtschaft", in deren Rahmen *Wicksell* den kumulativen
Prozess ebenfalls umfassend beschreibt.
[419] Diese Aussage entspricht auch jener von *Mill*, wonach die überschüssige Bankenliquidität kurzfristig zu einer Kreditvergabe mit Zinssätzen führen kann, welche tiefer als der Kapitalzins sind.

über dem Kreditmarktzins, was eine Kreditnachfrage zu Investitionszwecken auslöst.

- Nun können die Investitionen langfristig nicht über das Ausmaß der Ersparnisse steigen. Die Banken werden indes zuerst Kredite gewähren und sich erst anschließend Rechenschaft über die verfügbaren Mittel geben. Letztlich müssen sich die Investitionen und die Ersparnisse jedoch ausgleichen.

- Die zusätzliche Nachfrage der Unternehmer nach Investitionen führt zu Preissteigerungen, vorerst bei den Investitionsgütern und später bei den übrigen Preisen; zudem steigen auch die Löhne. Eine umgekehrte Wirkung tritt ein, wenn die Darlehenszinsen in der Ausgangslage über dem natürlichen Zins liegen. Nur wenn in der Ausgangslage vorerst keine Vollbeschäftigung herrscht, kommt es zu einer Zunahme der Beschäftigung, bevor der Wicksellsche kumulative Prozess eintritt.

- Die Spirale von Preis- und Lohnsteigerungen läuft so lange, bis die Banken die Darlehenszinsen wieder an den natürlichen Zins angepasst haben.[420] Damit endet der Wicksellsche kumulative Prozess. Dies ist spätestens dann erforderlich, wenn die Banken über keine freien Reserven (liquide Mittel und Zentralbankgeld) mehr verfügen. So lange freie Reserven vorhanden sind, können die Geschäftsbanken Kredite schöpfen.

Indem die Investitionen die Ersparnisse übersteigen und die Nachfrage nach Arbeitskräften größer ist als das Angebot, hat die Inflation ihre Wurzeln im realen Bereich. Die steigende Kreditmenge bewirkt zudem eine endogene Erhöhung der Geldmenge. Auch eine exogene Erhöhung des Umlaufs an Zentralbankgeld kann zu sinkenden Kreditmarktzinsen führen. Änderungen des Preisniveaus sind damit die Folge eines Ungleichgewichts zwischen dem Kreditzins und dem natürlichen Zins.

Die Höhe der Zinsen beeinflusst die Preise auch direkt, indem diese die Kalkulationsrate darstellen. Steigen die Wirtschaftsaktivitäten und damit der Bedarf an Transaktionsmitteln, so erhöht sich vorerst der Kreditbedarf, wobei die höheren Kreditzinsen in die Kalkulation einfließen (und umgekehrt).[421]

Mit diesen Vorstellungen wird die Dichotomie zwischen dem realen und dem monetären Bereich zwar aufgehoben, aber der Zusammenhang zwischen der Geldmenge und dem Preisniveau bleibt doch bestehen. *Wicksell* weist in diesem Zusammenhang auf eine vorübergehende Nichtneutralität des Geldes hin, aus welcher sich der kumulative Prozess entwickelt.[422]

Nur wenn der Geldzins bzw. der Kreditzins mit dem natürlichen Zins übereinstimmt, herrscht ein gesamtwirtschaftliches Gleichgewicht. Besteht keine Abweichung zwischen dem natürlichen und dem Marktzins, kommt es zu keinem Wicksellschen Prozess:

---

[420] *Wicksell* ging noch davon aus, dass der Prozess der Kreditschöpfung sehr lange anhalten kann, indem „der Kreditmarktzins steigt oder fällt, während der natürliche Zins unverändert bleibt oder nur mit starker Verzögerung folgt". *Wicksell, Knut,* 1906b, S. 205 (eigene Übersetzung).

[421] *Wicksell, Knut,* 1906/1907, S. 213-220.

[422] Der Begriff des „neutralen Geldes" wird später durch *Friedrich August von Hayek* geprägt.

„Wenn nun das Geld von den Geldverleihern tatsächlich zu diesem Zins dargeliehen wird, so dient der Gebrauch des Geldes nur als eine Einkleidung eines Vorgangs, der, rein begrifflich gesprochen, sich ebenso gut ohne Geld hätte vollziehen können, und es werden die Bedingungen des ökonomischen Gleichgewichts in ganz derselben Weise erfüllt".[423]

Eine *Kritik* gegen den Wicksellschen kumulativen Prozess stammt von *Gustav Cassel* und ist als „Wicksell-Cassel-Kontroverse" bekannt. Danach führt ein niedriger Geldzins (Kreditzins) langfristig auch zu einem geringeren Kapitalmarktzins, womit ein Gleichgewicht der Zinsen entsteht, und der kumulative Prozess endet.[424] *Wicksell* zählt dieses Phänomen zu den sekundären Faktoren des Problems. Dabei schließt auch *Wicksell* einen Rückgang der Erträge und eine Abschwächung des Prozesses nicht aus, sofern es im Laufe des kumulativen Prozesses zu einer vermehrten Kapitalbildung durch eine Zunahme der unfreiwilligen Ersparnisse kommt. Die Dauer des preislichen Anpassungsprozesses und das Ausmaß der Preissteigerungen stehen in einem Zusammenhang mit der Elastizität des Geldwesens:

„Zugleich aber ist klar, dass je elastischer das Geldwesen ist, je weniger es überhaupt gegen Änderungen der Preise reagiert, umso länger (kann) ein mehr oder weniger konstanter Unterschied zwischen den beiden Zinsraten bestehen bleiben, und umso erheblicher (kann) folglich seine Einwirkung auf die Preise sein."[425]

Zudem steht die von *Wicksell* zur Darstellung gebrachte Wechselwirkung zwischen dem Geld- und dem Kapitalmarktzins im Gegensatz zu seiner eigenen Behauptung, wonach „… der Geldzins sich schließlich immer dem Stande des natürlichen Kapitalzinses anschließen wird …".[426]

V. Der Kreditkanal

Es fällt oft schwer, den kurz- und mittelfristigen Einfluss der Geldpolitik auf das gesamtwirtschaftliche Geschehen mit Hilfe des Zinskanals zu erklären.[427] Eine mögliche Erklärung ist der Kreditkanal, welcher mit dem Begriff der „credit view" verbunden ist.[428, 429]

Dabei handelt es sich um einen Transmissionsmechanismus, welcher über die Kreditmärkte als unvollkommene Finanzmärkte läuft. Wesentlich bei der credit view sind die Schuldnerrisiken, oft kleine Losgrößen und unterschiedliche Lauf-

---

[423] *Wicksell, Knut* (1898), 1968, S. 95. Vgl. auch *Wicksell, Knut* (1898), 1968, S. 93 f. vgl. derselbe (1929), 1984, S. 220.
[424] Vgl. *Cassel, Gustav,* 1921, S. 447 ff.
[425] *Wicksell, Knut* (1898), 1968, S. 101.
[426] *Wicksell, Knut* (1898), 1968, S. 108.
[427] Vgl. zu diesen Ausführungen *Deutsche Bundesbank,* Monatsbericht 2002, 54. Jg., Nr. 7, S. 44-50.
[428] Vgl. *Bernanke, Ben S.* und *Blinder, Alan S.,* 1988, S. 435-439.
[429] Im Gegensatz dazu unterstellt die money view eine unmittelbare Wirkung von Zinsänderungen der Zentralbank über die Geld- und Kapitalmärkte.

zeiten zwischen den Einlagen und den Krediten, was entsprechende Transformationsleistungen der Geschäftsbanken erfordert.[430] Eine besondere Funktion haben die Geschäftsbanken hinsichtlich der Risikotransformation. Die Bereitstellung von Krediten an kleinere und mittlere Unternehmen sowie an die Konsumenten, welche einen nur begrenzten Zugang zu den Kapitalmärkten haben, führt angesichts der damit verbundenen Kreditrisiken zu erheblichen Unvollkommenheiten der Kreditmärkte. Kreditsuchende Unternehmen und Haushalte wenden sich vor allem dann an die Banken, wenn es für sie schwierig ist, andere Gläubiger zu finden, welche ihnen Kredite gewähren. Während Kreditnehmer mit einer hohen Bonität nur geringe Risikoprämien bezahlen, ergeben sich für kleinere und mittlere Kreditnehmer mit beschränkter Bonität erhebliche Risikozuschläge. Weitere Gründe für die Unvollkommenheit der Kreditmärkte sind Informationsasymmetrien zwischen den Geschäftsbanken und den kreditsuchenden Nichtbanken.

Von der credit view zu unterscheiden ist das Phänomen der Kreditrationierung („credit rationing"), wonach die Geschäftsbanken aus Risikogründen selbst solche Schuldner von der Kreditgewährung ausschließen, welche in der Lage sind, die Marktzinsen zu bezahlen. Die Schuldnerrisiken sind bei einer typischen Kreditrationierung sehr groß, womit hohe Risikozuschläge bei der Kreditgewährung erforderlich wären. In diesem Fall nehmen die Geschäftsbanken oft Abstand von einer Kreditgewährung.

Nicht völlig wegzudenken sind Kreditklemmen (sog. „credit crunches"), wenn die Geschäftsbanken aus Portfolioüberlegungen die Kredite unabhängig von den geforderten Zinssätzen begrenzen, indem sie alternative Anlagen bevorzugen. Dies wiederum kann sich auf die konjunkturelle Entwicklung auswirken.

Bei der credit view („Kreditsicht") werden monetäre Impulse über den sog. „Kreditkanal" der Geschäftsbanken wirksam. Es kommt jedoch nur dann zu Effekten, wenn sich Zinsänderungen der Zentralbank auf die Darlehenszinsen der Geschäftsbanken auswirken. Erhalten die Banken mehr Überschussreserven, schöpfen sie auch mehr Kredite, wobei sich die Kreditmenge und anschließend die Geldmenge erhöht. Beim geldpolitischen Transmissionsmechanismus des Kreditkanals spielt damit das Kreditvergabeverhalten der Geschäftsbanken eine bedeutende Rolle.

Nach der credit view beeinflusst die Geldpolitik den realen Bereich nicht nur über die Geld- und Kapitalmärkte bzw. die Zinssätze („money view"),[431] sondern auch durch das Kreditvergabeverhalten der Geschäftsbanken („credit view"). Von einem Kreditkanal wird nur dann gesprochen, wenn die Nichtbanken Kredite von den Geschäftsbanken erhalten, also nicht über die Geld- und Kapitalmärkte aufnehmen.

Zu den spezifischen *Prämissen* zählen:
- Bei unvollkommenen Finanzmärkten sind die Kosten der externen Finanzierung der Unternehmungen höher als bei „risikolosen" Finanzmärkten.

---

[430] Für die Grundlage der nachfolgenden Ausführungen siehe: *EZB*, Monatsbericht, vom April 2003, S. 75-80.
[431] Vgl. Ziffer VI.2. ff.

- Zu den Ursachen unvollkommener Kreditmärkte zählen – neben den allgemei-
nen Ausfallrisiken – unter anderem institutionenökonomische Gründe.[432] Der
Kreditnehmer besitzt einen Informationsvorsprung gegenüber dem Kreditgeber.
Dies veranlasst den Kreditgeber, eine Prämie zu verlangen, um sich gegen eine
Übervorteilung durch den Kreditnehmer zu schützen. Bei Unregelmäßigkeiten im
Kreditverhältnis entstehen beim Kreditgeber Kosten für die Überwachung, die
laufende Beurteilung des Kreditverhältnisses und ggf. eine Schuldvollstreckung.
- Der Kreditgeber ist in seinen Handlungsmöglichkeiten meist auf beleihungsfähi-
ge Projekte beschränkt.

Dies führt gegenüber „risikolosen" Kreditmärkten zu Prämien, welche Alloka-
tionsverluste bewirken. Die Heterogenität der Kreditnehmer und die individuell
zu beurteilenden Risikostrukturen haben Wirkungen, indem vor allem Kreditnehmer mit einer geringen Bonität von Veränderungen des Kreditvergabeverhal-
tens der Geschäftsbanken und besonders der Kreditrichtlinien („credit standards")
betroffen sind.

Die Wirkungsmechanismen der credit view der Geldpolitik beruhen auf einer
Kausalkette zwischen der zur Verfügung stehenden Zentralbankliquidität und
dem Angebot an Krediten. Der Kreditkanal besteht aus vier „Teilkanälen":

- Der *Kreditkanal im engeren Sinne*: Durch eine Erhöhung der Zentralbankliquidität
bei den Geschäftsbanken können mehr Kredite gewährt werden, was sich positiv
auf die Investitionen und das Volkseinkommen auswirkt (und umgekehrt).

- Der *Bilanzkanal*: Die Geldpolitik beeinflusst die Kreditvergabe auch durch den
sog. Bilanzkanal. So reduziert eine restriktive Geldpolitik auf indirekte Weise die
Möglichkeit des Schuldners, Kredite zu erhalten, indem dies zu Bewertungsände-
rungen führen kann. Eine Erhöhung der Zentralbankliquidität bewirkt eine Erhöhung der Bewertung der Vermögen und des Marktwertes der Unternehmen,
was die Bereitschaft zur Gewährung von Krediten und damit die Investitionen
sowie das Volkseinkommen erhöht (und umgekehrt).

- Der *cash flow Kanal*: Eine Erhöhung der Zentralbankliquidität kann über eine
Senkung der Zinsen eine geringere Schuldenbelastung, einen erhöhten cash flow,
größere Investitionen und damit ein höheres Volkseinkommen bewirken (und
umgekehrt).

- Der *Liquiditätskanal für die Haushalte*: Durch eine Erhöhung der Zentralbankliquidität kann es zu höheren Preisen für die Aktien und einem größeren Vermögen kommen, was zu höheren Krediten, einem vermehrten Konsum von Gütern
und damit einem steigenden Volkseinkommen führt.

Angesichts der Bedeutung des Kreditkanals spielt die credit view bei der Transformation geldpolitischer Impulse, vor allem hinsichtlich der Entwicklung des
wirtschaftlichen Wachstums und des Preisniveaus, eine Rolle. Wenn die Zentralbank die Zinsen senkt, so sinken nicht nur die Kreditzinsen, sondern es können
zudem die als Sicherheit dienenden Vermögen an Wert gewinnen, indem der
Zinssatz (die geforderte Rendite), mit welchem die Erträge kapitalisiert werden,

---

[432] Vgl. *Deutsche Bundesbank*, Monatsbericht 2002, 54. Jg., Nr. 7, S. 44.

niedriger wird. Die Geschäftsbanken verkleinern außerdem möglicherweise die Risikozuschläge, womit die Kredite preisgünstiger werden (und umgekehrt). Dies beeinflusst das Investitionsverhalten der Unternehmen und verstärkt einen konjunkturellen Aufschwung (und umgekehrt).

Ein Kreditboom ist denkbar, wenn die Banken Risikoüberlegungen zurückstellen und eine expansive Kreditpolitik betreiben, woraus sich eine Vermögensblase mit stark steigenden Aktien- und Immobilienpreisen ergibt. Daraus resultieren wiederum höhere Sicherheiten für Bankkredite, was die Preissteigerungen zusätzlich anheizen kann.

Der Kreditkanal ist umso wirksamer, je stärker die Geschäftsbanken bei ihrer Kreditvergabe von der Zentralbankliquidität abhängen (und sich die Liquidität nicht nur auf den Geldmärkten beschaffen müssen). Der eigentliche Transformationsmechanismus erfolgt über die verfügbare Zentralbankliquidität, welche die Geschäftsbanken dazu verwenden können, Kredite an Nichtbanken zu gewähren. Auch wenn die Mindestreserveverpflichtungen verändert werden, wird den Geschäftsbanken Liquidität zugeführt oder entzogen, was einen Einfluss auf die Kreditvergabe haben kann. Dazu müssten allerdings auf allen Verbindlichkeiten der Banken Mindestreserveverpflichtungen bestehen, was in der Wirklichkeit nicht der Fall ist. Zudem besteht die Möglichkeit, dass die Banken selbst unter dem Einfluss geldpolitischer Eingriffe der Zentralbank ihre Portfolios optimieren, ohne die Kreditvergabe zu ändern.

Nach einer neueren Auffassung[433] ist der Kreditkanal allerdings kritisch hinsichtlich einer möglichen „Kreditkanal-Tautologie" („credit view tautology") zu beurteilen. Kommt es bei einer Erhöhung der zur Verfügung stehenden Zentralbankliquidität lediglich zu einer gleichzeitigen, proportionalen Erhöhung von Aktiven (Krediten) und Passiven der Geschäftsbanken, ist der Effekt tautologisch. Der Kreditkanal ist nur wirksam, wenn sich die gewährten Kredite in stärkerem Maße erhöhen als die übrige Liquidität der Geld- und Kapitalmärkte. Ein ähnlicher, positiver Effekt tritt ein, wenn es durch die geldpolitischen Operationen gelingt, den Zinsspread zwischen den Leitzinsen der Zentralbank und den Kreditzinsen der Banken zu reduzieren bzw. die Kreditvergabeneigung der Geschäftsbanken zu erhöhen (und umgekehrt). Veränderungen der Zentralbankliquidität können, insgesamt betrachtet, sowohl über den Liquiditäts- bzw. Zinskanal („standard monetary channel") als auch über den Kreditkanal („credit channel") zu realen Effekten führen.

Die empirischen Daten für die USA weisen auf einen kleiner werdenden Einfluss des Kreditkanals als Transmissionsmechanismus hin. In den vergangenen Jahrzehnten hat sich der Anteil der von den Geschäftsbanken gewährten Kredite am gesamten Kapitalmarktvolumen erheblich zurückgebildet, womit dem Kreditkanal eine geringere Bedeutung zukommt. Dazu haben auch die Finanzinnovationen als Kreditinstrumente beigetragen, zu welchen handelbare Geldmarktpapiere („negotiable certificates of deposit"), die Bündelung von Geldmarktpapieren

---

[433] Vgl. *Thornton, Daniel L.,* 1994, S. 31-49.

durch Geldmarktfonds („money market mutual funds") und die Xenomärkte (Euromärkte) zählen, die keiner Mindestreservepflicht unterliegen.

Empirische Hinweise zum Euro-Währungsgebiet (1999-2005)

Thesen:

1. Eine erhöhte Liquiditätszuführung
bewirkt eine verstärkte Kreditvergabe
(Kredite MFI) durch die Geschäftsbanken.

- Diese These trifft zu.

2. Eine erhöhte Kreditvergabe
(Kredite MFI) bewirkt ein größeres
Bruttoinlandsprodukt (reales BIP).

- Diese These trifft tendenziell zu (nicht
signifikant).*

3. Die expansive Wirkung einer
Zunahme des realen BIP über den
Zins- und Liquiditätskanal ist stärker
als über den Kreditkanal.

- Diese These lässt sich nicht eindeutig
beurteilen.

* Bei einem zugrunde gelegten Signifikanzniveau von mindestens 0,10.

VI. Die keynesianische Theorie (Multiplikatoreffekte bzw. „Einkommenskanal")

1. Der Keynes-Haberler-Effekt

Gottfried Haberler (1900-1995) hat aus der Geldlehre von *Keynes* eine Wirkungsweise des Geldes im realen Bereich abgeleitet. Der sog. Keynes-Haberler-Effekt versucht wie der Pigou-Effekt[434] einen „Gegenmechanismus" zu zeigen, wie ein Unterbeschäftigungsgleichgewicht bei sinkenden Preisen (und ggf. sinkenden Löhnen) durchbrochen werden kann.

Auslösendes Moment ist ein sinkendes Preisniveau, wodurch der Wert der Realkasse und die Kaufkraft des Geldes steigen (denselben Effekt erreicht man auch über eine Geldmengenausdehnung). Beim Keynes-Haberler-Effekt ergibt sich folgende Wirkungskette:
- Das Preisniveau sinkt, ggf. auch die Löhne,
- die Geldnachfrage nach Transaktionsmittel sinkt (Liquiditätseffekt),
- die Zinsen sinken (Zinseffekt),
- die Investitionen steigen c.p. (Investitionseffekt) und
- das Volkseinkommen steigt (Einkommenseffekt).

Eine der zahlreichen *Kritiken* am Keynes-Haberler-Effekt stammt von *Keynes*: Sinkende Löhne und Preise führen zu einer Einkommensumverteilung vorerst von den Lohnempfängern zu den Nicht-Lohnempfängern und später von den

---

[434] Vgl. Ziffer VII.1.

Gläubigern zu den Schuldnern, wobei sich als Nettoeffekt eine gesamtwirtschaftlich geringere Konsumneigung ergibt.[435]

Der Keynes-Haberler-Effekt bildet – in modifizierter Form und ohne sinkende Preise – die Grundlage für den keynesianischen Transmissionsmechanismus.

Empirischer Hinweis zum Euro-Währungsgebiet (1999-2005)	
These:	
Deflationäre Tendenzen führen zu einem Rückgang der Zinsen und einem Ansteigen der Investitionen.	- Es gibt in der Referenzperiode keine deflationären Tendenzen, anhand welcher der Keynes-Haberler-Effekt untersucht werden könnte.

2. Der keynesianische Transmissionsmechanismus (nach dem ISLM-Modell)

Die keynesianische Revolution beschäftigt sich unter anderem auch mit den realen Wirkungen von Geldmengenänderungen, wobei *Keynes* die Annahme eines langfristigen Beschäftigungsgleichgewichts fallen lässt. Er analysiert die Wirkungen von sich verändernden makroökonomischen Variablen wie der Geldmenge und den Zinssätzen auf die Nachfrage nach Gütern, das Volkseinkommen und die Beschäftigung. Damit leistet *Keynes* einen Beitrag zur Aufhebung der klassischen Dichotomie zwischen dem monetären und dem realen Bereich. Die Quantitätstheorie des Geldes wird durch die Liquiditätspräferenztheorie ersetzt; das Geld dient nicht mehr nur Transaktionszwecken, sondern wird zinsabhängig auch aufgrund von Liquiditätspräferenzen nachgefragt. Damit gilt das Gesetz von Say nicht mehr.

Mit der Hilfe des ISLM-Modells lassen sich die Wirkungen einer Geldmengenerhöhung im monetären und realen Bereich anhand eines makroökonomischen Gesamtmodells analysieren (vgl. Abbildung 57). Ausgangslage ist eine Wirtschaft mit einem Beschäftigungsgrad unter der Grenze der Vollbeschäftigung. Ist bereits Vollbeschäftigung erreicht, so führt eine Geldmengenerhöhung in erster Linie zu inflationären Wirkungen, was eine rückläufige reale Geldmenge ohne die erwünschten makroökonomischen Effekte bewirkt.

Der Modellrahmen ergibt sich aus den *Prämissen* des ISLM-Modells:[436]
- Für den Geldbereich (LM) gilt wiederum: *M (Geldangebot)* = *exogen gegebene Geldmenge*, *L (Liquiditätsnachfrage)* = $L(Y, i)$ und als Gleichgewichtsbedingung *M exogen* = $L(Y, i)$.[437]
- Für den realen Bereich (IS) ist maßgebend: *I* = *I (i)*, *S* = *S (Y)* und als Gleichgewichtsbedingung *I (i)* = *S (Y)*.

---

[435] Vgl. *Keynes, John M.*, 1936 S. 262.
[436] Vgl. zum ISLM-Modell auch Kapitel 5., Ziffer V.1.
[437] Vgl. *Felderer, Bernhard* und *Homburg, Stefan*, 1994, S. 103 ff.

- Die realen Investitionen hängen vom Marktzins i ab: $I_r = I_r(i)$. Eine Investition wird durchgeführt, wenn dies lohnend erscheint, d.h. die Investitionsentscheidungen sind von den *erwarteten* zukünftigen Erträgen abhängig („Grenzleistungsfähigkeit des Kapitals").

- Der reale Konsum C_r setzt sich aus zwei Komponenten zusammen, dem autonomen Konsum $C_{autonom}$, und einem vom laufenden, realen Einkommen abhängigen Teil des Konsums $a \times Y_r$. Daraus ergibt sich:

$$C_r = C_{autonom} + a \times Y_r. \tag{72}$$

- Die effektive Nachfrage $Y_{r(D)}$ setzt sich aus den Investitionen I_r und und dem realen Konsum C_r zusammen. Aus der Differenz zwischen dem Realeinkommen Y_r und dem realen Konsum C_r ergibt sich die reale Ersparnis S_r.

- Der Preismechanismus kann durch starre Preise und Löhne außer Kraft gesetzt werden.

Abbildung 57: Der keynesianische Transmissionsmechanismus

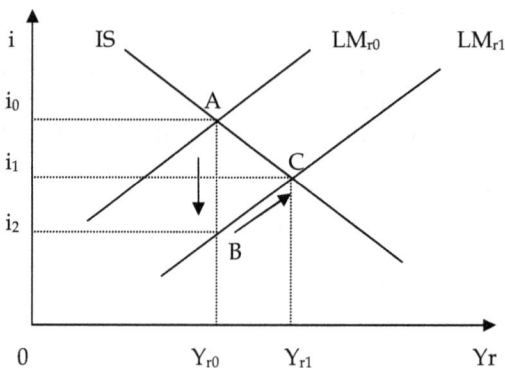

Nach diesen *Modellvorstellungen* führt eine Vergrößerung der nominellen Geldmenge zu einer Erhöhung der realen Geldmenge (solange keine Inflation auftritt), und die LM_r-Kurve (mit der realen Geldmenge) verschiebt sich bei einem konstanten Realeinkommen und einem konstantem Preisniveau nach rechts. Bei einem vorerst konstanten Realeinkommen muss für ein Gleichgewicht des monetären Bereichs der Zins auf i_2 sinken.[438]

Durch eine Geldmengenerhöhung der Zentralbank befindet sich der Geldmarkt im Ungleichgewicht, da die reale Geldmenge gestiegen ist. Die erhöhte Transaktionskasse der Banken wird durch Wertpapierkäufe abgebaut. Infolge der gestiegenen Nachfrage nach Wertpapieren steigen ebenfalls die Wertpapierkurse und der Zins sinkt, bis wieder ein Gleichgewicht auf dem Geldmarkt erreicht ist. Die

---

[438] Wenn sich bei konstantem Y_r das Preisniveau erhöht, verschiebt sich die LM_r-Kurve wieder nach links und die Zinsen steigen.

Nichtbanken erhalten durch den Verkauf der Wertpapiere eine zusätzliche Geldmenge (welche in die Transaktionskasse oder die Spekulationskasse fließt).

Bei einer isolierten Betrachtung des monetären Sektors kommt es durch das
Sinken des Zinses, hervorgerufen durch die Geldmengenerhöhung, zu einem Liquiditätseffekt. Graphisch entspricht dies in Abbildung 57 einer Rechtsverschiebung der LM_r-Kurve, der Zins sinkt von i_0 auf i_2 bzw. von Punkt A auf B.[439]

Das Sinken des Zinses bzw. die gestiegenen Wertpapierkurse bewirken eine
Erhöhung der Investitionsnachfrage der Nichtbanken. Durch die zusätzliche In-
vestitionsgüternachfrage wird die Investitionsgüterproduktion ausgeweitet. Mit
der Mehrproduktion wird weiteres Einkommen geschaffen, die Nachfrage nach
Konsumgütern steigt und die Konsumgüterproduktion wird ausgeweitet, d.h. es
wird ein Multiplikatorprozess ausgelöst, bei welchem ein höheres Einkommen
entsteht. Diese Einkommenserhöhung führt erneut zu einer erhöhten Nachfrage
nach Konsumgütern und die Konsumgüterproduktion wird (nochmals) ausgedehnt (etc.).

Mit dem erhöhten Einkommen und ggf. auch Preisniveau nimmt die Nachfrage
nach Transaktionskasse zu, so dass der Zins wieder ansteigt (auf i_1). Dadurch wird
die primäre Investitionserhöhung gedämpft und der Expansionsprozess (Einkommenseffekt) wird abgeschwächt. Der Nettoeffekt ist jedoch positiv. Graphisch
entspricht dies einer Wanderung von Punkt B zu C. Eine Geldmengenerhöhung
führt also im Ergebnis zunächst zu einer Steigerung der Investitionen, anschließend des Einkommens und dann des Konsums, wodurch sich die Beschäftigung
und ggf. auch das Preisniveau erhöhen.

Zusammenfassend betrachtet besteht der Mechanismus des ISLM-Modells (keynesianischer Transmissionsmechanismus) aus folgenden Schritten:
- Die Zentralbank erhöht die Geldmenge durch Zuführung von Zentralbankli-
quidität. Die Zinsen sinken (dies ist typisch für die die sog. money view).[440]
- Die Nachfrage nach Wertpapieren steigt.
- Die Zinsen sinken als Folge einer erhöhten Nachfrage nach Wertpapieren.
- Die Investitionen steigen in Folge der gesunkenen Zinsen („Zinskanal") und der
damit verbundenen, geringeren Kreditkosten (nach Maßgabe der sog. Grenzleistungsfähigkeit des Kapitals und der Zinselastizität der Nachfrage nach Investitionsgütern als Keynes-Effekt).
- Das Volkseinkommen steigt.
- Der Konsum (die Nachfrage nach Gütern) erhöht sich und
- die Beschäftigung steigt.
- Die Multiplikatoreffekte (Einkommenssteigerungen) setzen sich fort, bis die Wirkungen der Geldmengenerhöhung bzw. der ursprünglichen Zinssenkung über
den Einkommensprozess erschöpft sind.

---

[439] Vgl. *Issing, Otmar,* 1998, S. 103 und 117.
[440] Vereinfacht ausgedrückt stellt die hier angewandte money view einen Zusammenhang zwi-
schen der Geldmenge, dem Angebot an Wertpapieren und dem Zinssatz her und ist üblich für die
Darstellung des ISLM-Modells. Die credit view dagegen geht vom Zusammenhang zwischen der
Geldmenge und den Krediten der Geschäftsbanken bei unvollkommenen Kreditmärkten aus. Vgl.
Borchert, Manfred, 2001, S. 241 ff.

Beim keynesianischen Transmissionsmechanismus ist, im Gegensatz zur klassischen Lehre, das Geld in Bezug auf den güterwirtschaftlichen Bereich nicht neutral.[441] Da die Höhe des Volkseinkommens von der effektiven Nachfrage abhängt, ist die Ersparnis mit einem Nachfrageausfall gleichzusetzen, d.h. der Einkommenskreislauf kann nun durch das Sparen unterbrochen werden. Über die effektive Nachfrage und die Höhe des Einkommens entscheidet der Gütermarkt; die Höhe der effektiven Nachfrage bestimmt über die gesamtwirtschaftliche Produktionsfunktion die Beschäftigung, welche nicht mit dem Vollbeschäftigungsgleichgewicht übereinstimmen muss. Da die Produktion nun von der Nachfrageseite her bestimmt wird, schafft sich – im Gegensatz zum Sayschen Theorem – die Nachfrage ihr Angebot und nicht umgekehrt.[442]

Empirische Hinweise für das Euro-Währungsgebiet (1999-2005)

Thesen:

1. Eine erhöhte Liquiditätszuführung durch die Zentralbank bewirkt sinkende Zinsen.	- Diese These lässt sich nicht bestätigen. Geldmengenerhöhungen führen in der Regel nur bei sinkenden Inflationsraten und ohnehin tendenziell sinkenden Zinsen zu noch tieferen Zinsen.
2. Das Volkseinkommen steigt mit einer zunehmenden Nachfrage nach Gütern.	- Diese These trifft zu. Ein steigendes reales BIP führt in der Regel über ein erhöhtes Volkseinkommen zu einem fortgesetzt steigenden realen BIP.
3. Die Beschäftigung steigt mit höheren Wachstumsraten der Nachfrage.	- Diese These trifft zu.
4. Eine Erhöhung der Liquiditätszuführung durch die Zentralbank führt zu einer direkten Zunahme der Beschäftigung.	- Diese These trifft zu: Eine Erhöhung der Liquiditätszuführung erhöht die Beschäftigung am Arbeitsmarkt (allerdings nur mit einer marginalen Wirkung und sofern keine erhebliche Inflation ausgelöst wird).

VII. Realkassen- und Vermögenseffekte („Vermögenskanal" und „Liquiditätskanal")

1. Der Pigou-Effekt

Mit dem sog. Pigou-Effekt wird die Tradition der Realkassen- bzw. Vermögenseffekte begründet. Die Realkasseneffekte beziehen sich in erster Linie auf die Wirkungen von Preisänderungen.[443] Der Pigou-Effekt ist, wie der Keynes-Haberler-Effekt, eine Kritik an der Theorie von *Keynes*, wonach es in einer rezessiven Wirt-

---

[441] Vgl. *Issing, Otmar*, 1998, S. 114 f.
[442] Vgl. *Felderer, Bernhard* und *Homburg, Stefan*, 1994, S. 102 f. und S. 112 ff.
[443] Vgl. *Pigou, Arthur C.*, 1943.

schaft bei starren Löhnen und einem Unterbeschäftigungsgleichgewicht zu einer Liquiditäts- und einer Investitionsfalle kommen kann.

Arthur C. Pigou geht davon aus, der Markt werde von alleine wieder zu einem Gleichgewicht zurückkehren. Unter der Annahme flexibler Löhne und Preise kann sich bei sinkenden Preisen eine Veränderung des Konsums ergeben, was zu Vollbeschäftigung führt.

Es wird von folgenden *Prämissen* ausgegangen:
- Das Geld ist ein Teil des Vermögens.
- Das Geld hat bei *Pigou* einen eigenen Nutzen. Die Geldhaltung unterliegt dem Gesetz des abnehmenden Grenznutzens, womit für die Nachfrage nach Geld das erste Gossensche Gesetz gilt.[444]
- Das Sparen ist damit nicht nur eine Funktion des Realeinkommens und des Zinses, sondern auch des Vermögens der Wirtschaftssubjekte.
- Der Konsum ist nicht nur eine Funktion des Einkommens, sondern auch der realen Kasse, wobei das zweite Gossensche Gesetz[445] gilt (es wird so viel konsumiert bzw. gespart, bis der monetär gewichtete Grenznutzen der letzten Einheit der Realkasse dem Grenznutzen des Konsums entspricht).
- Die Löhne und Preise sind (im Gegensatz zur keynesianischen Lehre) flexibel. Der Arbeitsmarkt ist stets geräumt.
- Die Sparquote und die Liquiditätspräferenzen der Haushalte sind per Annahme konstant.

Die *modelltheoretischen Implikationen* des Pigou-Effektes umfassen die direkten Wirkungen einer Preissenkung auf die reale Kasse und damit auf die effektive Nachfrage:
- In der Ausgangslage besteht ein Unterbeschäftigungsgleichgewicht.
- Eine sinkende Güternachfrage und eine sinkende Beschäftigung führen zu Preis- und Lohnsenkungen (obwohl möglicherweise die Grenzproduktivität der Arbeitskräfte steigt).
- Bei den privaten Haushalten steigt der reale Wert der Kasse bzw. des Vermögens.
- Die Wirtschaftssubjekte fühlen sich durch den Preisverfall „reicher"; sie fragen vermehrt Güter nach, bis sie den gewünschten Realwert der Kasse wieder erreichen.
- Als Folge werden „geplantes Sparen und geplantes Investieren … ins Gleichgewicht kommen, Preis- und Lohnverfall werden zum Stillstand kommen und ein Gleichgewicht bei Vollbeschäftigung stellt sich ein".[446]
- Die privaten Wirtschaftssubjekte versuchen den Wert der realen Kasse zu senken, indem sie Konsumgüter kaufen.
- Die Produktion wird erhöht und es werden neue Arbeitskräfte eingestellt.
- Das Unterbeschäftigungsgleichgewicht (nach *Keynes*) wird durchbrochen, indem die Investitions- und die Liquiditätsfalle überwunden werden.

---

[444] Vgl. zum ersten und zweiten Gossenschen Gesetz Kapitel V., Ziffer IV.1.
[445] Vgl. zum zweiten Gossenschen Gesetz Kapitel V., Ziffer IV.1.
[446] *Lutz, Friedrich A.,* 1967, S. 140.

- Gleichzeitig wird die Dichotomie zwischen dem realen und dem monetären Bereich aufgehoben.

Der Realkasseneffekt von *Pigou* stellt, *kritisch* betrachtet, ein theoretisches Konstrukt dar, denn Phasen mit länger dauernden deflationären Prozessen sind selten. Zudem steigt im Falle einer Deflation auch der reale Wert der nominell festgelegten Schulden (Argument von *Irving Fisher*), deren Wirkungen den Pigou-Effekt beim Besitzer der Realkasse übertreffen können, zumal den Aktiven oft auch Passiven gegenüber stehen: „In a stationary state equilibrium net investment and thus net saving must be equal to zero".[447]

Außerdem kann im Falle einer Deflation das Sparverhalten der Wirtschaftssubjekte zunehmen. Nicht berücksichtigt werden auch die Erwartungen: Gehen die Wirtschaftssubjekte von weiter sinkenden Preisen aus, könnten sie den Konsum in die nächste Periode verschieben.[448] Letztlich jedoch werden keine sinkenden Preise mehr erwartet oder die Haushalte konsumieren auch bei sinkenden Preisen. Der Start des Effekts würde höchstens auf spätere Perioden verschoben. Im Falle eines Wiederaufschwungs ist der Pigou-Effekt nicht mehr erforderlich, um den Output und die Beschäftigung steigen zu lassen:

> „So bald der Pigou-Effekt den Konsum genügend erhöht, um auch die Beschäftigung und die Einkommen zu erhöhen, werden die Preise und die Löhne nicht mehr fallen und der reale Wert des Vermögens wird nicht mehr steigen".[449]

Pigou selbst betont den theoretischen Charakter dieses Modells:

> „Das Puzzle, welches wir betrachtet haben ... sind akademische Übungen, welche dazu dienen mögen, geistige Klarheit zu erlangen, aber mit einer sehr geringen Chance, jemals in der praktischen Wirtschaftspolitik umgesetzt zu werden".[450]

Empirischer Hinweis zum Euro-Währungsgebiet (1999-2005)	
These	
Deflationäre Tendenzen führen zu einem Realkasseneffekt.	- Es gibt in der Referenzperiode keine deflationären Tendenzen im Euro-Währungsgebiet, anhand welcher der Pigou-Effekt untersucht werden könnte.

2. Der Börseneffekt von John M. Keynes

Ein weiterer Vermögenseffekt bezieht sich auf die Investitionen und Konsumeffekte, welche durch die Aktienkurse an der Börse ausgelöst werden können. Bei seinen Überlegungen geht *Keynes* von der Marktbewertung der Unternehmen aus:

---

[447] *Kalecki, Michal,* 1944, S. 131.
[448] Vgl. *Felkel, Stephanie,* 1998, S. 184.
[449] Vgl. *Hansen, Alvin H.,* 1951, S. 535 (eigene Übersetzung).
[450] *Pigou, Arthur C.,* 1947, S. 251 (eigene Übersetzung).

„… Obwohl die Aktienbörse primär dem Transfer von bestehenden Investitionen zwischen den Individuen dient, übt die tägliche Neubewertung der Aktien durch die Börse einen entscheidenden Einfluss auf die Rate der laufenden Investitionen aus. Dies deshalb, weil es keinen Sinn hat, ein neues Unternehmen zu höheren Kosten aufzubauen, als ein bestehendes Unternehmen gekauft werden kann. Dagegen besteht ein Anreiz, selbst einen größeren Betrag in ein neues Unternehmen zu investieren, wenn dieses mit einem unmittelbaren Gewinn über die Börse verkauft werden kann."[451]

Neben den Investitionseffekten von Aktienkursänderungen können auch Konsumeffekte entstehen:

„Der Verbrauch der besitzenden Klasse mag sich unvorhergesehenen Änderungen im Geldwerte ihres Vermögens gegenüber außerordentlich empfindlich verhalten. Dies sollte unter die wichtigeren Faktoren eingereiht werden, die fähig sind, kurzfristige Änderungen im Hang zum Verbrauch zu verursachen."[452]

Makroökonomische Gefahren eines Börsencrash

Löst ein Rückgang der Aktienkurse erhebliche kontraktive Wirkungen aus, können die makroökonomischen Konsequenzen schwerwiegend sein. Es besteht die Gefahr eines sich selbst verstärkenden Rückgangs der Nachfrage nach Konsum- und Investitionsgütern, was die Wirtschaft in eine schwerere Depression abgleiten lässt.

Eine solche Entwicklung war – zusammen mit anderen rezessiven Einflussfaktoren – in den 1930er Jahren festzustellen. Auch in den Jahren 2001-2002 bestand die Gefahr eines starken, sich selbst verstärkenden konjunkturellen Abschwungs. Glücklicherweise kam es 2003 durch tiefere Zinsen und einem fortgesetzten Wachstum des Konsums zu einer Stabilisierung des wirtschaftlichen Wachstums und einem Wiederaufschwung.

Keynes selbst schränkt die Wirkung dieses Vermögenseffektes auf einen begrenzten Kreis von Wirtschaftssubjekten ein:

„Es gibt nicht viele Leute, die ihre Lebensweise ändern werden, weil der Zinsfuß von 5 % auf 4 % gefallen ist, wenn ihr Gesamteinkommen das gleiche wie zuvor ist."[453]

Nach diesen Überlegungen können die Aktienmärkte einen gewissen Einfluss auf den Konsum und ggf. auch die Investitionen haben. Eine mögliche Wirkungskette lautet:
- Die Geldmenge steigt,
- die Zinsen sinken,
- die Börsenkurse steigen, und

---

[451] *Keynes, John M.,* 1936, S. 151 (eigene Übersetzung).
[452] *Keynes, John M.* (1936), 1974, S. 80.
[453] *Keynes, John M.* (1936), 1974, S. 80.

- der Wert des Vermögens steigt.
- Es wird Vermögen durch Konsum und Investitionen abgebaut,
- das Volkseinkommen steigt (und umgekehrt).

   Es besteht auch die These einer umgekehrten Kausalität, wonach in erster Linie die Güternachfrage den Aktienmarkt beeinflusst (durch die sich verändernden Gewinne der Unternehmen). Denkbar ist auch eine doppelte Kausalität zwischen den Aktienmärkten und der Nachfrage nach Gütern.

Empirische Hinweise zum Euro-Währungsgebiet (1999-2005)

Thesen

1. Steigende Aktienkurse führen zu einer erhöhten Nachfrage nach Gütern.	- Es zeigt sich in der Referenzperiode ein geringfügiger Zusammenhang zwischen der Veränderung der Aktienkurse (d Aktienindex) und der Wachstumsrate des realen BIP (d reales BIP), bei einem lag von etwa drei Monaten.
2. Eine erhöhte Güternachfrage führt zu einem höheren Aktienindex.	- Diese These trifft nicht zu.
3. Eine verstärkte Liquiditätszuführung durch die Zentralbank (Veränderungsraten auf Jahresbasis) bewirkt sinkende Zinsen (und umgekehrt).	- Diese These trifft im Allgemeinen nicht zu (nur bei ohnehin sinkenden Zinssätzen).
4. Die Aktienkurse steigen in Folge sinkender Zinsen (und umgekehrt).	- Diese These trifft zu (in Relation beispielsweise zu den Geldmarktzinsen mit einer Laufzeit von einem Tag).
5. Als Folge von Portfolioumschichtungen steigt die Geldmenge (bzw. das Geldvermögen) bei steigenden Aktienkurse schwächer als bei sinkenden Aktienkursen (und umgekehrt).	- Diese These trifft zu (d M1-d M3).
6. Eine Erhöhung der Liquiditätszuführung durch die EZB führt zu einer Erhöhung der Aktienkurse.	- Diese These trifft zu.
7. Höhere Aktienkurse führen zu höheren Zinsen und dämpfen damit die weitere Entwicklung der Aktienkurse.	- Diese These trifft tendenziell zu.

3. Der Patinkin-Effekt

Der Ansatz von *Don Patinkin* ist als erweiterter Realkasseneffekt bzw. „real balance effect" bekannt und basiert sowohl auf dem Pigou-Effekt als auch dem Keynes-Haberler-Effekt. *Patinkin* versucht damit, wie andere Autoren, eine Verbindung zwischen der klassischen Theorie und dem keynesianischen Ansatz zu schaffen. Diese Verbindung erfolgt zwischen dem Gütermarkt (Pigou-Effekt) und dem Markt für festverzinsliche Wertpapiere (Keynes-Haberler-Effekt), wobei die Prämissen zum Teil verändert werden. Auf diese Weise soll die klassische Dichotomie zwischen dem monetären und dem realen Bereich überwunden und eine sog. neoklassische Synthese erreicht werden.[454]

Unter der Patinkin-Kontroverse wird der Streit um die klassische Dichotomie verstanden. Nach klassischer Auffassung ist das Geld neutral; zwischen den einzelnen Gütern bilden sich relative Preise und das Geld funktioniert als „numéraire" bzw. $n+1$tes Gut. Im Rahmen der monetären Gleichgewichtstheorie lassen sich nach keynesianischer Auffassung[455] in der allgemeinen Gleichgewichtstheorie keine monetären Fragestellungen untersuchen;[456] das Geld wird über die Geldfunktionen definiert, was keine Erkenntnisse zur Bildung der Preise zulässt. Die Herleitung der Preise in der klassischen Theorie ist nach keynesianischer Auffassung nicht konsistent.

Der Patinkin-Effekt geht von der Lagerhaltungstheorie des Geldes aus. Das Geld wird nach denselben Grundsätzen gehalten wie die Lagerbestände bei den Gütern. Es wird soviel Kasse nachgefragt, bis ein Gleichgewicht zwischen dem Konsum und dem Kassenbestand hinsichtlich der letzten Einheit des Konsums bzw. des Grenzstromnutzens des Kassenbestandes erreicht ist. Die Wirtschaftssubjekte bauen Kasse durch Konsum ab oder sie bauen Kasse durch Konsumverzicht und Sparen auf, bis sich der Grenznutzen des Konsums dem Grenznutzen des Kassenbestandes angleicht. Der Grenznutzen der letzten Einheit des Konsums entspricht in diesem Fall dem monetär gewichteten Grenznutzen der letzten Einheit Geld in der Kasse (zweites Gossensches Gesetz).

Der Ansatz enthält folgende *Prämissen*:
- Ausgangssituation ist eine Erhöhung der autonom festgelegten Geldmenge in einer Wirtschaft mit Vollbeschäftigung, wobei das Preisniveau vorerst unverändert bleibt. Die Nutzenfunktion der Wirtschaftssubjekte bezieht sich nur auf die reale (nicht die nominale) Kasse.[457] Die Wirtschaftssubjekte unterliegen keiner Geldillusion; die Güternachfrage sowie das Angebot und die Nachfrage nach Wertpapieren sind Funktionen der realen Kassenhaltung und der relativen Preise am Markt.[458] Auch die Nachfrage und das Angebot an Gütern werden als abhän-

---

[454] Vgl. *Patinkin, Don,* 1956. Ganz allgemein betrachtet enthalten geldtheoretische Modelle neoklassische Synthesen, wenn diese auf mikroökonomischen Ansätzen (Verhaltensannahmen) beruhen.
[455] Vgl. *Patinkin, Don,* 1948, S. 135-154; sowie derselbe, 1949, S. 1-27.
[456] Vgl. *Mankiw, Nicholas G.,* 1998.
[457] "… it is only the real value of money balances that is of relevance for the individual's utility calculus" (*Patinkin, Don,* 1956, S. 63).
[458] Vgl. *Patinkin, Don,* 1956, S. 19.

gig vom Realwert der Kasse betrachtet. Erwartungseffekte und deren Auswirkungen werden nicht berücksichtigt.

- *Patinkin* widerspricht dem Gesetz von Say, wonach sich Güter nur durch Güter kaufen lassen. Anstelle des Gesetzes von Say tritt das Geld mit einer eigenen Nutzenfunktion.

- *Patinkin* beruft sich auf das Gesetz von Walras, wonach die Wirtschaftssubjekte, unabhängig von den aktuellen Preisen und Zinsen, alle Einnahmen aus dem Verkauf von Gütern und Bonds (und wohl auch weiterer Aktiven) dazu verwenden, andere Güter und Bonds zu kaufen. Sie planen nie, die Kassenhaltung zu verändern, womit das Überschussangebot an Kasse stets null ist.[459] Bei Annahme einer Volkswirtschaft mit n-2 Gütern sowie Bonds und Kasse (=insgesamt n Güter) genügen die resultierenden n-2 Gütermärkte nicht, um die Güterpreise zu bestimmen. Indem das Überschussangebot der Kasse stets null ist, würde mit dem Gesetz von Say eine Wirtschaft mit Naturaltausch impliziert und es kämen keine Realkasseneffekte zustande.[460]

- *Patinkin* geht vorerst von einer Trennung des Nettovermögens in Innengeld („inside money") und Außengeld („outside money") aus. Das Innengeld entsteht durch die Verschuldung des privaten Sektors bei den Geschäftsbanken. Bei einer konsolidierten Betrachtung heben sich die Forderungen und Verbindlichkeiten auf, womit das Innengeld kein Bestandteil des volkswirtschaftlichen Nettovermögens mehr ist. Das Außengeld besteht aus den Forderungen des privaten Sektors gegenüber dem Staat und der Zentralbank im Sinne einer exogenen Nettoforderung. Diese Forderungen enthalten keine Verschuldung des privaten Sektors.[461]

- Die Preise und Löhne sind flexibel, die Liquiditätspräferenz ist gegeben.[462]

- Die Einkommensverteilung wird nicht verändert und hat keinen Einfluss auf die Wertpapier- und Kassenbestände.

Das *Modell* zeigt folgenden Ablauf:

- Die Wirtschaftssubjekte halten eine bestimmte Realkasse.

- Bei vorerst konstantem Preisniveau erfolgt eine Erhöhung der Geldmenge. Dies führt zu einer Erhöhung des Finanzvermögens (der Staat kann nur durch eine Kreditaufnahme bei der Notenbank Geld schöpfen).

- Das private Nettovermögen steigt durch sinkende Zinsen.

- Es werden mehr Güter nachgefragt (außer bei den inferioren Gütern, von welchen weniger nachgefragt wird).

- Die Produktion und die Beschäftigung steigen.

- Das Preisniveau steigt; dieser Effekt läuft proportional zur Geldmengenerhöhung.

- Der reale Wert der Kassenbestände sinkt und die Wirtschaftssubjekte fragen wieder Kasse nach, bis die ursprüngliche Realkasse erneut vorhanden ist.[463] Die alten Relationen sind erneut hergestellt.

---

[459] Vgl. *Patinkin, Don,* 1956, S. 119 ff.

[460] Vgl. *Patinkin, Don,* 1956, S. 120 f.

[461] Vgl. *Patinkin, Don,* 1956, S. 15.

[462] Vgl. *Lutz, Friedrich A.,* 1967, S. 167.

[463] Auf diesen Realkasseneffekt weist bereits *Wicksell* hin: „Steigen nun bei gleich bleibendem Geldvorrat aus irgendwelcher Veranlassung die Warenpreise, oder vermindert sich, bei vorläufig gleich

- Ähnliche Effekte ergeben sich auch im Wertpapierbereich. Die Geldmengenerhöhung führt zu einer Erhöhung der Nachfrage bei den Wertpapieren und einer Senkung der Zinsen (allerdings ist dieser Effekt abhängig von den Erwartungen der Wirtschaftssubjekte hinsichtlich der Dauer der Realwerterhöhung durch die Zinssenkungen).[464] Steigt der Zins wieder auf sein ursprüngliches Niveau, stoßen die Wirtschaftssubjekte Wertpapiere in Erwartung sinkender Kurse ab.
- Bei einem sinkenden Wert der Realkasse tritt der Realkasseneffekt damit in umgekehrter Reihenfolge auf.

Der Realkasseneffekt (real balance effect) nach *Patinkin* stellt einen Vermögenseffekt dar, dessen Wirkungen über die Ursachen sich verändernder relativer Preise hinausgehen, wobei die Dichotomie des realen und des monetären Bereichs vorübergehend aufgehoben wird. Im Unterschied zum Pigou-Effekt handelt es sich jedoch nicht um ein vorerst deflationäres, sondern ein inflationäres Umfeld.

Nach geldpolitischen Maßnahmen laufen die Wirkungen vom Geld- zum Gütermarkt nach dem Schema: „Money buys goods, and goods do not buy money".[465] Die Prozesse werden in dieser Zeit durch die reale Kasse bestimmt. Nach Auffassung von *Patinkin* kehrt die Wirtschaft von alleine zu einem Gleichgewicht zurück. Dabei wird die Dichotomie zwischen dem monetären und dem realen Bereich nach einer Geldmengenerhöhung für die Dauer des Prozesses der Anpassung aufgehoben. Im Unterschied zu *Keynes* und *Pigou* geht *Patinkin* davon aus, dass sich die Konsum-, Investitions- und Liquiditätsneigung im Zuge der Vermögensänderung ebenfalls ändern.[466]

Der Realkasseneffekt lässt sich auch marginaltheoretisch interpretieren:
- Zum Ausgleich des Grenznutzens zwischen den einzelnen Bestandteilen des Portfolios und dem Konsum steigt bei einer Geldmengenerhöhung unter anderem die Nachfrage nach Konsumgütern und Investitionsgütern sowie Wertpapieren. Es erfolgen Umschichtungen des Portfolios (zum Abbau des Portfoliounungleichgewichtes), bis der monetär gewichtete Grenznutzen in allen möglichen Verwendungen des Geldes und beim Portfolios derselbe ist (zweites Gossensches Gesetz).
- Der Zins sinkt, die Investitionen nehmen zu.

---

bleibenden Preisen, jener, so werden die Kassenbestände, obwohl sie ersteren Falls im Durchschnitt keine wirkliche Veränderung erfahren haben, gegenüber der jetzigen Höhe der Warenpreise allmählich zu klein erscheinen. Wenn ich auch in jenem Falle später auf erhöhte Einnahmen rechnen kann, so laufe ich doch vorläufig Gefahr, meinen Verbindlichkeiten nicht rechtzeitig nachkommen zu können und würde auch bestenfalls auf diesen und jenen sonst vorteilhaften Einkauf aus Mangel an Barmitteln leicht verzichten müssen. Ich suche deshalb meine Kasse zu verstärken, was (unter vorläufiger Nichtbeachtung des Auswegs der Geldanleihe u.s.w.) nur durch verminderte Nachfrage nach Waren und Leistungen oder durch vermehrtes (vorzeitiges oder unter dem Preise geschehendes) Angebot meiner eigenen Ware, oder durch beides zugleich erzielt werden kann. Dasselbe gilt von allen anderen Warenbesitzern oder –konsumenten. ...". *Wicksell, Knut* (1898), 1968, S. 35 f.

[464] Vgl. *Patinkin, Don,* 1956, S. 144.
[465] *Patinkin, Don,* 1956, S. xxiii.
[466] Vgl. *Felkel, Stephanie,* 1998, S. 191 ff.

- Der Prozess setzt sich bis zu einem neuen Gleichgewicht der relativen Preise bei Vollbeschäftigung fort. Der real balance effect stellt damit einen Vollbeschäftigungsautomatismus dar.

- Vermögensänderungen bewirken eine Erhöhung des Sozialprodukts[467] (dieser Effekt steht im Gegensatz zur reverse-causation-Hypothese, wonach eine Erhöhung des Sozialprodukts auch zu einer Erhöhung der Nachfrage nach Vermögen führt).

Die *Kritik* bezieht sich unter anderem auf die Ausklammerung des Innengeldes, welches – für die Gläubiger – ebenfalls zum Vermögen gehört. Zudem zählen die von den Banken erzielten Gewinne auch zum Einkommen der Wirtschaftssubjekte.

Empirische Hinweise für das Euro-Währungsgebiet (1999-2005)

Thesen:

1. Bei steigenden Wachstumsraten des Geldes werden mehr Güter nachgefragt; die Produktion und die Beschäftigung nehmen zu.	- Bei steigenden Wachstumsraten des Geldes (d M1 und d M3) werden mehr Güter nachgefragt. - Eine signifikante Senkung der Arbeitslosenraten erfolgt jedoch nur bei einer Erhöhung von M1 (= d M1).
2. Die Inflationsrate steigt in Folge einer höheren Protion und Beschäftigung.	- Diese These trifft tendenziell zu.
3. Der reale Wert der Kassenbestände sinkt als Folge der Erhöhung des Preisniveaus.	- Diese These lässt sich nicht testen, weil die Wachstumsraten der realen Geldmengen (d M1 real, d M2 real, d M3 real) positive Koeffizienten aufweisen, d.h. weil sich eine Erhöhung des realen Geldvermögens in der Referenzperiode ergibt. Bei d M1 dämpft die Inflation die Wachstumsrate der Geldmenge (nicht signifikant); dies ist bei d M2 und d M3 nicht der Fall. - Dagegen besteht ein direkter Zusammenhang zwischen der Güternachfrage und der Inflationsrate, indem eine steigende Inflationsrate die Wachstumsraten bei der Güternachfrage bremst. Dies lässt sich unter anderem auch mit den Auswirkungen von steigenden Inflationsraten erklären, welche zu höheren Zinsen führen, was unter anderem die Investitionen und das Wachstum der Geldnachfrage beeinträchtigt. Letzteres hat inverse Wirkungen auf die Güternachfrage.

---

[467] Vgl. *Felkel, Stephanie*, 1998, S. 119 ff.

4. Der Tobin-Effekt

Tobin geht von den Schwankungen des Börsenwertes der Unternehmen aus und zeigt anhand eines (inzwischen historischen) Beispiels, wie die Marktbewertung dieser Unternehmen 1965 170 Prozent, 1974 jedoch nur noch 75 Prozent der Wiederbeschaffungskosten beträgt.[468, 469] 1966 löst dies eine Erhöhung der Investitionen von zehn Prozent des Kapitalstocks zu Wiederbeschaffungspreisen aus, 1975 nur noch von acht Prozent.

Unter dem Tobin's q wird die Relation zwischen dem Marktwert des Realkapitals R_M und den Reproduktionskosten des Realkapitals zum Wiederbeschaffungspreis R_{RK} (=„supply price of capital") verstanden:

$$Tobin's\, q = \frac{R_M}{R_{RK}}. \tag{73}$$

Das Tobin's q beträgt in diesem Fall R_M/R_{RK}. Im Gleichgewicht gilt $q=1$. Bei $q>1$ ist eine Neuinvestition lohnender als die Geldanlage in bereits bestehende Sachgüter. Investitionen in Realkapital (zu Reproduktionskosten) erfolgen, solange das Tobin's $q>1$ ist.

Das Tobin's q hat damit einen wesentlichen Einfluss auf den Kauf von Investitionsgütern. Die Relation zwischen dem Marktwert (Börsenwert) und den Wiederbeschaffungskosten, das Tobin's q, zählt er zu den wichtigsten Indices speziell der Nachfrage nach dauerhaften Investitionsgütern. Im Gleichgewicht entspricht der Marktwert den Wiederbeschaffungskosten von Kapitalgütern. Bei einem sinkenden Tobin's q fällt die Neigung zu investieren (und umgekehrt).

- Das Tobin's q lässt sich auch mit der Hilfe von Ertragsraten bestimmen, wobei dasselbe Ergebnis resultiert. In diesem Fall sind für den Anleger zwei Informationen hinsichtlich des Realkapitals ausschlaggebend: Erstens die Ertragsrate des eingesetzten Kapitals in schon bestehenden Sachgütern r_M und zweitens jene einer Neuinvestition r_{RK}. Bei der Verwendung von Ertragsraten lautet die Formel für das Tobin's q als Entscheidungsregel:

$$Tobin's\, q = \frac{r_{RK}}{r_M}. \tag{74}$$

Die *Prämissen* des eigentlichen Tobin-Effektes (Tobinscher Vermögenseffekt) sind:
- Gegeben sei eine Wirtschaft mit vollkommener Konkurrenz und konstanten Skalenerträgen. Daraus folgt ein gleichgewichtiges Wachstum, welches der natürlichen Wachstumsrate der Wirtschaft entspricht.
- Das Portfolio der privaten Wirtschaftssubjekte umfasst das Realkapital (Realvermögen) und das Nettofinanzvermögen (Bargeld, Wertpapiere mit unterschiedlichen Laufzeiten und Forderungen gegenüber anderen Wirtschaftssubjekten, ab-

---

[468] Schätzungen von *John Ciccolo* (Boston College). Die entsprechenden Schätzungen des Council of Economic Advisers betrugen 136 % für 1965 und 84 % für 1974.
[469] Vgl. *Tobin James*, 1978, S. 423.

züglich den Verbindlichkeiten gegenüber anderen Wirtschaftssubjekten). Da sich die gegenseitigen Forderungen der Wirtschaftssubjekte aufheben, bleiben die Forderungen gegenüber anderen Sektoren wie beispielsweise dem Staat übrig. Das staatliche Finanzvermögen wird als konstant angenommen.
- Die Optimierung des Portfolios wird durch die Ertragsraten und die Risiken beeinflusst.
- Die Wirtschaftssubjekte sind bemüht, ihrem Vermögen eine optimale Struktur zu geben. In Folge der unterschiedlichen Risiken sind die einzelnen Aktiven nur begrenzt substituierbar.

Die *Modellvorstellungen* sind wie folgt aufgebaut:
- Ein monetärer Impuls verändert das Tobin's q. Nach *Tobin* beeinflussen nicht enge Geldmengen und deren Umlaufgeschwindigkeit den güterwirtschaftlichen Bereich, sondern die kurzfristigen Geldmarktzinsen und die gesamtwirtschaftlich verfügbare Liquidität. Zu den entscheidenden Einflussfaktoren zählen die Zinsstruktur, die Ertragsraten sämtlicher Aktiven und die Verfügbarkeit von Krediten.[470]
- In der Ausgangslage besteht ein Gleichgewicht zwischen dem Marktwert des bestehenden Realkapitals und dessen Reproduktionskosten (Tobin's q=1).
- Die Zentralbank erwirbt Aktien von den Banken und Haushalten. Dadurch kommt es zu Kurssteigerungen und Renditeverlusten bei diesen Papieren. Die Geldmenge steigt durch eine expansive Geldpolitik der Zentralbank.
- Die Kassenbestände der Wirtschaftssubjekte erhöhen sich. Durch den Verkauf von Aktien halten die Haushalte mehr Realkasse, als es ihrem optimalen Portfolio entspricht und es kommt zu Umschichtungen beim Realvermögen (Vermögenseffekt). Als Folge fragen die Haushalte wieder mehr Aktien und mehr Bonds nach. In der Folge kommt es zu weiteren Zinssenkungen bzw. Preissteigerungen bei den Aktien und den Bonds.
- Die Aktienkurse steigen in Folge der tieferen Zinsen. Auch der Marktwert des übrigen Realkapitals liegt über den Reproduktionskosten des Realkapitals (Tobin's q > 1).
- Der Tobin-Effekt besteht nun darin, dass Neuinvestitionen attraktiver geworden sind, da das Tobin's q und damit die Relation zwischen den Renditen der beiden Anlageformen gestiegen sind. Neu produziertes Realkapital wird verstärkt nachgefragt, die Investitionen und die Produktion nehmen zu. Angesichts eines Tobin's q>1, der geringeren Marktrenditen und der Erhöhung des Vermögens kommt es zu einer erhöhten Nachfrage nach neu produziertem Realkapital.[471] Dieser Prozess hält so lange an, bis sich die Reproduktionskosten von neu produziertem Realkapital und die Marktpreise des bestehenden Realkapitals angeglichen haben (Tobin's q = 1).
- Die Übertragung des monetären Impulses auf den realen Bereich ist damit gelungen, womit die Geldmengenänderung einen positiven Einfluss auf das Vermögen hat (= Tobinscher Vermögenseffekt).

---

[470] Vgl. *Tobin, James,* 1974, S. 104.
[471] Im Sinne eines Vermögens- und Substitutionseffektes.

Indem die Zentralbank nur die kurzfristigen Zinsen beeinflussen kann, kommt der Einfluss der Geldpolitik über komplexe Substitutionsprozesse bei den Portfolios zustande.[472] Zu den Determinanten dieser Substitutionsprozesse zählen unter anderem die von der Zentralbank festgelegten Geldmarktsätze, die Risiken und die Präferenzen der Unternehmer. Maßgebend ist nicht das gesamtwirtschaftliche, durchschnittliche Tobin's q, sondern die für eine Unternehmung spezifische Relation. Dieses marginale Tobin's q kann vom durchschnittlichen Tobin's q abweichen. So können neue Investitionen Innovationen enthalten, welche zu einer Erhöhung des marginalen Tobin's q führen, zum Beispiel energiesparende Investitionen. Dies ist auch bei Subventionen zur Förderung einzelner Investitionen der Fall.

Empirische Hinweise für das Euro-Währungsgebiet (1999-2005)	
Thesen:	
1. Eine erhöhte Liquiditätszuführung durch die Zentralbank bewirkt einen höheren Aktienindex (Tobin's q).	- Diese These trifft zu.
2. Steigende Aktienkurse führen zu einer erhöhten Nachfrage nach Gütern.	- Es zeigt sich in der Referenzperiode ein geringfügiger Zusammenhang zwischen der Veränderung der Aktienkurse (d Aktienindex) und der Wachstumsrate des realen BIP (d reales BIP), bei einem lag von etwa drei Monaten.

Der Tobin-Effekt (Tobinscher Vermögenseffekt) ist ein vermögenstheoretischer Geldeffekt, mit welchem ebenfalls gezeigt werden soll, wie sich die Dichotomie zwischen dem monetären und dem realen Bereich überwinden lässt. Es handelt sich um einen Nettovermögenseffekt. Ein solcher ergibt sich auch unter dem Aspekt der Inflation, welche (vorübergehend) zu einer Senkung der realen Zinssätze führen kann. Damit ist eine Erhöhung des Tobin's q möglich, womit die Neutralität des Geldes aufgehoben wird.

Tobin kritisiert die verbreitete Auffassung, die Investitionen in eine inverse Beziehung nur zu *einem* Zinssatz („*the* rate of interest") zu setzen.[473] Die Finanzierung der Unternehmen erfolge vielmehr über eine Kombination der Ausgabe von Anleihen (Bonds), Aktien und weiterem Fremdkapital. Damit ist nicht nur ein Zinssatz, sondern es sind mehrere Zinssätze bedeutsam.

5. Der Portfolio-Effekt im IXSM-Modell

Das IXSM-Modell ist ein Teil des sog. „Wechselkurskanals", des „Einkommenskanals", des „Liquiditätskanals" und des „Zinskanals". Indem geldpolitische Maßnahmen einen Einfluss auf den Wechselkurs haben, beeinflusst dieser sowohl

---

[472] Vgl. *Tobin, James,* 1978, S. 424.
[473] Vgl. *Tobin, James,* 1978, S. 423.

die Portfolioentscheidungen als auch die Einkommen. Es soll – als Beispiel für die Vielzahl von außenwirtschaftlichen Modellen – das IXSM-Modell von *Robert G. Mundell* und *John M. Fleming*[474] betrachtet werden, welches sowohl güterwirtschaftliche Elemente des Außenhandels als auch monetäre Elemente der Finanzmärkte enthält.

Das IXSM-Modell baut auf dem ISLM-Modell auf, welches zusätzlich außenwirtschaftliche Elemente umfasst. Die IS-Kurve wird um Exporte und Importe erweitert und dadurch zur IXSM-Kurve, die LM-Kurve bleibt in unveränderter Form als LG-Kurve bestehen. Zusätzlich wird eine Z-Kurve eingeführt, welche die Kapitalimporte und –exporte in Abhängigkeit zu den inländischen Zinsen darstellt.

Bei den *Prämissen* des IXSM-Modells wird auf den keynesianischen Ansatz einer güterwirtschaftlichen Interpretation des Modells zurückgegriffen:[475]

- „*IX*" steht nunmehr für Investitionen *I* als einer Nachfragekomponente (I=„Injektion") in Abhängigkeit von den Zinsen $I = I(z)$.
- Eine weitere Nachfragekomponente sind die Exporte *X* in Abhängigkeit von den Wechselkursen *w*

$$X = X(w). \tag{75}$$

- Bei „*SM*"stellt das Sparen eine Nachfragekomponente dar, welche sich in Abhängigkeit vom Volkseinkommen $S = S(Y)$ negativ auf die effektive Nachfrage (S= „Sickerverlust") auswirkt. Dies trifft auch für die Importe *M* zu, welche ebenfalls von *Y* abhängen:

$$M = M(Y). \tag{76}$$

- Die IXSM-Kurve ist damit eine Verbindungslinie für Gleichgewichtspunkte zwischen dem Volkseinkommen *Y* und dem Zins *z*, für welche gilt

$$I(z) + X(w) = S(Y) + M(Y), \tag{77}$$

wobei die Nachfrage des Staates nach Gütern und die Steuern nicht betrachtet werden sollen.

- Die LG-Kurve ist gegenüber dem ISLM-Modell unverändert. Im Gleichgewicht gilt

$$L(Y,z) = M_{exogen}. \tag{78}$$

- Die Z-Kurve stellt die vom inländischen Zins abhängigen Kapitalimporte und -exporte *NK* dar (unter der Annahme eines konstanten ausländischen Zinsniveaus).

$$NK = NK(z). \tag{79}$$

---

[474] Vgl. *Mundell, Robert G.*, 1962, sowie *Fleming, John M.*, 1962. Vgl. zu diesen Ausführungen *Rose, Klaus und Sauernheimer, Karlhans*, S. 241 ff.

[475] Diese unterscheiden sich von der klassisch-neoklassischen, „kapitalmarkttheoretischen" Interpretation des ISLM-Modells in den vorangehenden Darstellungen.

Bei verhältnismäßig hohen Zinsen im Inland und tieferen Zinsen im Ausland kann es sich um Nettokapitalimporte, bei verhältnismäßig tiefen Zinsen im Inland und höheren Zinsen im Ausland um Nettokapitalexporte handeln, indem Zinsdifferenzen zwischen dem Inland und dem Ausland zu Kapitalflüssen vom einen Land zum anderen führen. Durch den Zu- und Abfluss von Finanzaktiven kommt es im Inland zu Vermögenseffekten mit Auswirkungen auf den Wechselkurs.

- Für das Zahlungsbilanzgleichgewicht gilt

$$M(Y) = X(w) - NK(z). \tag{80}$$

- Es werden in dieser Darstellung flexible Wechselkurse betrachtet.
- Als zusätzliche Annahme gilt, dass sich die Volkswirtschaft nur im theoretischen Grenzfall im Bereich der Vollbeschäftigung bewegt.

Es sollen nun vier *Modellfälle* (Fall 1-4) mit jeweils unterschiedlichen Annahmen zur Lage der Z-Kurve in Relation zur LG-Kurve betrachtet werden. In den Fällen 1 und 2 erhöht sich die Nachfrage (Verschiebung der IXSM-Kurve nach rechts), bei den Fällen 3 und 4 erfolgt eine expansive Geldpolitik (Verschiebung der LG-Kurve nach rechts).

Abbildung 58: Der Portfolioeffekt im IXSM-Modell (Fall 1)

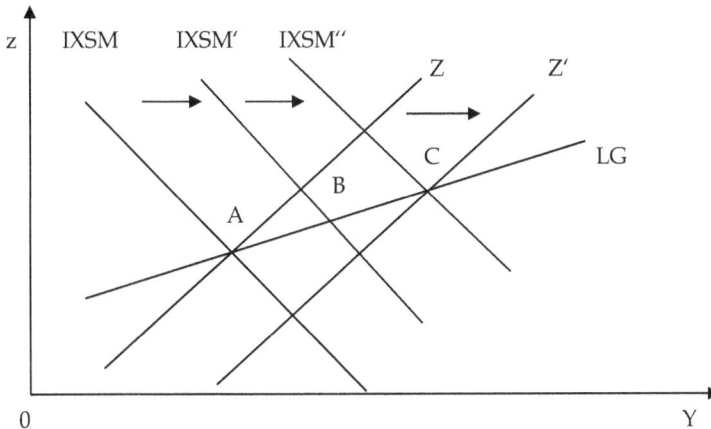

Fall 1 (vgl. Abbildung 58)
- In der Ausgangslage ist die Z-Kurve steiler als die LG-Kurve (geringe Zinselastizität der Kapitalimporte im In- und Ausland).
- Die Wechselkurse sind flexibel.
- Das Zinsniveau im Ausland ist konstant.
- Es kommt zu einer Erhöhung der Nachfrage nach Gütern (z. B. durch eine Erhöhung der Investitionen).

Es zeigen sich folgende *Ergebnisse*:
- Eine Erhöhung der Nachfrage nach Gütern führt zu einer Verschiebung der
IXSM-Kurve nach rechts zu IXSM'.
- Der Schnittpunkt der IXSM-Kurve mit der LG-Kurve verschiebt sich von *A* nach
B. Die Zinsen und das Volkseinkommen steigen.
- Nun liegt *B* unter der Z-Kurve. Dies bedeutet, dass die Zinsen im Inland zu nied-
rig sind, um über einen Zu- oder Abfluss von Kapital die Leistungsbilanz im Hin-
blick auf eine ausgeglichene Zahlungsbilanz zu kompensieren.
- Es kommt zu einer Abwertung der inländischen Währung, wodurch die Exporte
steigen und sich die IXSM'-Kurve nach IXSM" verschiebt. Durch die flexiblen
Wechselkurse, welche für einen automatischen Ausgleich von Angebot und Nachfrage nach Devisen führen, verschiebt sich die Z-Kurve von *Z* nach *Z'*.
- Der Vermögenseffekt (Abfluss von Finanzaktiven), ausgelöst durch eine Abweichung der Inlandszinsen von den Gleichgewichtszinsen, welche für eine ausgeglichene Zahlungsbilanz erforderlich sind, führt über eine Abwertung der Währung zu einem realen Effekt in der Form steigender Exporte (und in Folge der Erhöhung des Volkseinkommens auch steigender Importe).

Empirische Hinweise zum Euro-Währungsgebiet (1999-2005), Fall 1	
Thesen (EUR-USD):	
1. Eine Erhöhung der Nachfrage nach Gütern verschiebt die IXSM-Kurve nach rechts (von *A* nach *B*). Das Volkseinkommen und die Zinsen steigen.	- Diese Thesen treffen zu.
2. In Folge der Rechtsverschiebung der IXSM-Kurve durch ein steigen-des BIP sinkt der Wechselkurs (*B* liegt unter der Z-Kurve).	- Diese These trifft zu.
3. In Folge eines sinkenden Wechselkurses erhöhen sich die Wachstumsraten des realen BIP und steigen die Zinsen (Ver-schiebung von *B* nach *C*).	- Die erste These (Erhöhung reales BIP) trifft in der Tendenz zu, lässt sich jedoch nicht signifi-kant belegen.* - Die zweite These (Erhöhung der Zinsen) trifft zu.
* Bei einem zugrunde gelegten Signifikanzniveau von mindestens 0,10.	

Fall 2 (vgl. Abbildung 59)

- Ausgangslage: Die Z-Kurve ist flacher als die LG-Kurve (die Zinselastizität der
Kapitalimporte im In- und Ausland ist größer als im Fall 1).
- Die Wechselkurse sind flexibel.
- Das Zinsniveau im Ausland ist konstant.
- Es kommt zu einer Erhöhung der Nachfrage nach Gütern (z. B. durch eine Erhö-
hung der Investitionen).

Abbildung 59: Der Portfolioeffekt im IXSM-Modell (Fall 2)

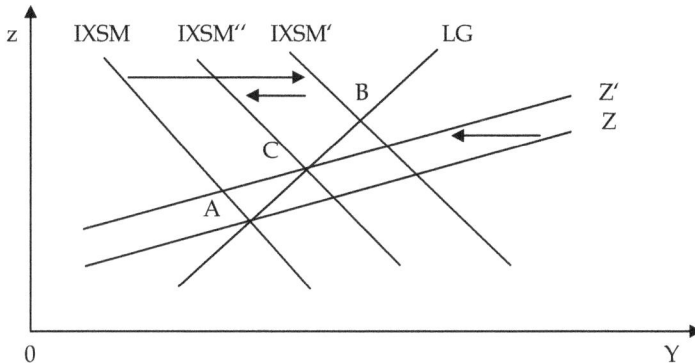

Im Fall 2 ergibt sich:

- Eine Erhöhung der Nachfrage nach Gütern führt zu einer Verschiebung der IXSM-Kurve nach rechts zu IXSM'.
- Das Volkseinkommen Y und die Zinsen z steigen. Der Schnittpunkt der IXSM-Kurve mit der LG-Kurve verschiebt sich von A nach B.
- Nun liegt B über der Z-Kurve. Dies bedeutet, dass die Zinsen im Inland zu hoch sind, um über die Kapitalverkehrsbilanz eine ausgeglichene Zahlungsbilanz zu bewirken. Der Kapitalimport ist in diesem Fall zu groß (oder der Kapitalexport zu gering) für eine ausgeglichene Zahlungsbilanz.
- Es kommt zu einer Aufwertung der Währung, wodurch die Exporte X fallen und sich die IXSM'-Kurve nach links von B nach C zu IXSM'' verschiebt. Das Volkseinkommen sinkt und die Zinsen fallen. Durch die flexiblen Wechselkurse w, welche zu einem automatischen Ausgleich von Angebot und Nachfrage nach Devisen führen, verschiebt sich die Z-Kurve zudem von Z nach Z'.
- Der Vermögenseffekt (Zufluss von Finanzaktiven) führt in diesem Fall über eine Aufwertung der Währung zu einem realen Effekt in der Form sinkender Exporte (und in Folge der Senkung des Volkseinkommens auch zu sinkenden Importen).

Empirische Hinweise zum Euro-Währungsgebiet (1999-2005), Fall 2
Thesen (EUR-USD):

1. Eine Erhöhung der Nachfrage nach Gütern verschiebt die IXSM-Kurve nach rechts (von A nach B). Das Volkseinkommen und die Zinsen steigen.	- Diese Thesen sind richtig.
2. In Folge der Rechtsverschiebung der IXSM-Kurve mit steigendem Volkseinkommen und steigenden Zinsen erhöht sich der Wechselkurs (B liegt über der Z-Kurve).	- Diese These trifft nicht zu.
3. In Folge eines steigenden Wechselkurses sinken das Volkseinkommen und die Zinsen (Verschiebung von B nach C).	- Die erste These (sinkende Wachstumsraten des BIP real) trifft tendenziell zu (nicht signifikant).* - Die zweite These (sinkende Zinsen) trifft zu.

* Bei einem zugrunde gelegten Signifikanzniveau von 0,10.

Insgesamt betrachtet führt eine Beurteilung von *Fall 1* (mit einer steileren Z-Kurve und einer geringeren Substitutionalität der in- und ausländischen Währung) für die Referenzperiode (mit kleinen Einschränkungen) zu besseren Ergebnissen als *Fall 2*. Es ist anzunehmen, dass die Z-Kurve im Euro-Währungsgebiet derzeit steiler ist als die LG-Kurve. Es zeigt sich zudem, dass die Wechselkurse einen signifikanten Einfluss auf die Zinsen haben, die Zinsen jedoch keinen signifikanten Einfluss auf die Wechselkurse. Die Leistungsbilanz und die Kapitalverkehrsbilanz haben damit einen stärkeren Einfluss auf die Wechselkurse als die inländischen Zinsen.

Fall 3 (vgl. Abbildung 60)

- Ausgangslage: Die Z-Kurve ist steiler als die LG-Kurve (die Zinselastizität der Kapitalimporte im In- und Ausland ist nicht besonders hoch).
- Die Wechselkurse sind flexibel.
- Das Zinsniveau im Ausland ist konstant.
- Es kommt zu einer Erhöhung der Geldmenge (z. B. durch eine Erhöhung der Liquiditätszuführung durch die Zentralbank).

Fall 3 zeigt folgende Ergebnisse:
- Die Geldmenge wird erhöht. Durch die Verschiebung von LG nach LG' verschiebt sich auch die Lage von Punkt *A* zu *B*. Die Zinsen sinken und das Volkseinkommen steigt.
- Das Volkseinkommen steigt, ebenfalls die Zinsen. Angesichts flexibler Wechselkurse verschiebt sich die Z-Kurve nach rechts (Z'-Kurve) und die Zahlungsbilanz ist – wie in der Ausgangslage *A* – wieder ausgeglichen.
- *B* liegt nun unterhalb der Z-Kurve. Die Zinsen im Inland sind zu tief, um genügend Kapitalimporte zu generieren (bzw. zu hoch, um Kapitalexporte zu verhindern). Die Z-Kurve verschiebt sich nach Z'.
- In Folge der sinkenden Wechselkurse erhöhen sich die Exporte und die IXSM-Kurve verschiebt sich zur IXSM'-Kurve. Die Situation entwickelt sich von *B* nach *C*, wobei das Volkseinkommen *Y* und die Zinsen *z* steigen.

Abbildung 60: Der Portfolioeffekt im IXSM-Modell (Fall 3)

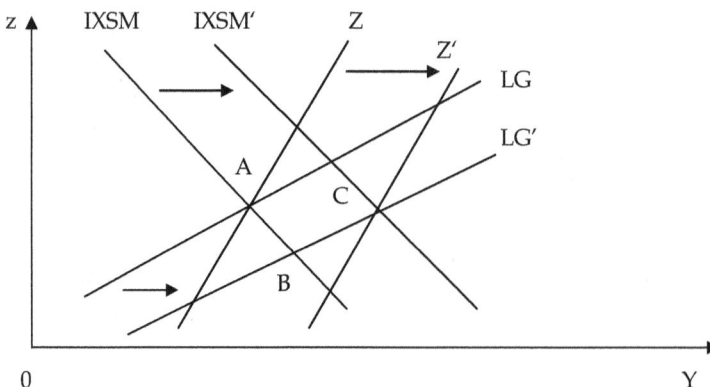

Empirische Hinweise zum Euro-Währungsgebiet (1999-2005), Fall 3

Thesen (EUR-USD):

1. Durch eine steigende Liquiditätszuführung seitens der Zentralbank wird die Geldmenge erhöht.	- Eine steigende Liquiditätszuführung bewirkt nicht zwangsläufig eine steigende Geldmenge, da sich erhöhte Wachstums- und Inflationserwartungen ergeben können, wodurch die Zinsen steigen, was das Geldmengenwachstum beeinträchtigt.
2. Steigende Geldmengen führen zu sinkenden Zinsen und einem steigenden Volkseinkommen.	- Der Zusammenhang zwischen steigenden Geldmengen und sinkenden Zinsen ist zufolge der dadurch ausgelösten Wachstums- und Inflationserwartungen nicht zwingend gegeben. - Der Zusammenhang zwischen steigenden Geldmengen und einem höheren realen Volkseinkommen gilt zwischen M1 und dem realen BIP.
3. Sinkende Zinsen und ein steigendes Volkseinkommen bewirken einen tieferen Wechselkurs.	- Diese These ist tendenziell zutreffend, lässt sich jedoch nicht eindeutig belegen.*
4. Ein tieferer Wechselkurs führt zu einem steigenden Volkseinkommen und höheren Zinsen (von *B* nach *C*).	- Eine steigende Wachstumsrate des realen BIP bei sinkenden Wechselkursen ergibt sich tendenziell, lässt sich jedoch nicht signifikant feststellen.* - Ein tieferer Wechselkurse führt zu steigenden Zinsen.
5. Eine steigende Liquiditätszuführung bewirkt einen sinkenden Wechselkurs.	- Diese These ist tendenziell zutreffend (mit einem lag von etwa einem Jahr).

* Bei einem zugrunde gelegten Signifikanzniveau von mindestens 0,10.

Fall 4 (vgl. Abbildung 61)

- Ausgangslage: Die Z-Kurve ist flacher als die LG-Kurve (die Elastizität der Kapitalimporte im In- und Ausland ist größer als bei einer steilen Z-Kurve).
- Die Wechselkurse sind flexibel.
- Das Zinsniveau im Ausland ist konstant.
- Es kommt zu einer Erhöhung der Geldmenge (z. B. durch eine Erhöhung der Liquiditätszuführung durch die Zentralbank).

Fall 4 ergibt folgende Ergebnisse:
- Die Geldmenge wird erhöht. Durch die Verschiebung von LG nach LG' verschiebt sich auch die Lage von Punkt *A* zu *B*. Die Zinsen und das Volkseinkommen steigen.
- Nun liegt *B* unterhalb der Z-Kurve. Die Zinsen im Inland sind zu tief, um genügend Kapitalimporte zu generieren (bzw. zu hoch, um Kapitalexporte zu verhindern). Die Wechselkurse sinken.

- In Folge der gesunkenen Wechselkurse steigen die Exporte und die IXSM-Kurve verschiebt sich zur IXSM'-Kurve. Die Situation entwickelt sich von B nach C, das Volkseinkommen steigt und ebenfalls die Zinsen. Angesichts flexibler Wechselkurse verschiebt sich die Z-Kurve nach rechts (Z'-Kurve) und die Zahlungsbilanz ist – wie in der Ausgangslage A – wieder ausgeglichen.

Abbildung 61: Der Portfolioeffekt im IXSM-Modell (Fall 4)

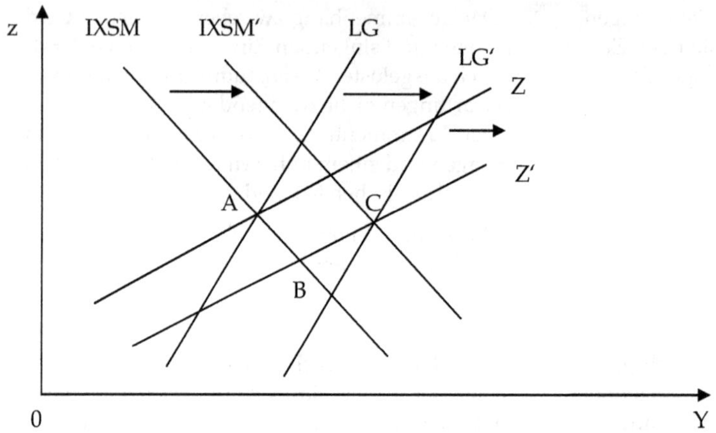

Empirische Ergebnisse für das Euro-Währungsgebiet (1999-2005), Fall 4 (Teil 1)

Thesen (EUR-USD):

1. Durch eine steigende Liquiditätszuführung der Zentralbank wird die Geldmenge erhöht.	- Eine steigende Liquiditätszuführung bewirkt nicht zwangsläufig eine steigende Geldmenge, da sich erhöhte Wachstums- und Inflationserwartungen ergeben können, welche in Folge der damit verbundenen Zinserhöhungen die Geldmengenentwicklung dämpfen.
2. Steigende Geldmengen führen zu sinkenden Zinsen und einem erhöhten Volkseinkommen (von A nach B).	- Der Zusammenhang zwischen steigenden Geldmengen und sinkenden Zinsen besteht nicht zwangsläufig. - Der Zusammenhang zwischen steigenden Geldmengen und einem höheren realen Volkseinkommen gilt nur hinsichtlich den Wachstumsraten von M1 (=d M1).
3. Sinkende Zinsen und ein steigendes Volkseinkommen bewirken einen tieferen Wechselkurs.	- Diese These trifft nur tendenziell zu (nicht signifikant).*

* Bei einem zugrunde gelegten Signifikanzniveau von mindestens 0,10.

Empirische Ergebnisse für das Euro-Währungsgebiet (1999-2005), Fall 4 (Teil 2)

Thesen (EUR-USD):

4. Ein tieferer Wechselkurs führt zu einem steigenden Volkseinkommen und höheren Zinsen (von B nach C).	- Eine steigende Wachstumsrate des realen BIP bei sinkenden Wechselkursen ist nur tendenziell festzustellen (nicht signifikant).* - Ein tieferer Wechselkurse führt jedoch zu steigenden Zinsen.
5. Eine steigende Liquiditätszuführung bewirkt einen sinkenden Wechselkurs.	- Diese These trifft zu (mit einem lag von einem Jahr).

* Bei einem zugrunde gelegten Signifikanzniveau von mindestens 0,10.

Beurteilung:

Es lassen sich, insgesamt betrachtet, keine eindeutigen Erkenntnisse darüber gewinnen, ob die Z-Kurve steiler oder flacher als die LG-Kurve verläuft. Dies ist unter anderem auch auf den Einfluss des Zinsniveaus im Ausland auf die Veränderung der Wechselkurse zurückzuführen, was im IXSM-Modell nicht berücksichtigt wird (so erklären beispielsweise die US-Kapitalmarktzinsen bereits über 85 Prozent der Veränderungen des Wechselkurses EUR-USD). Ein weiterer, signifikanter Einflussfaktor auf den Wechselkurs EUR-USD bei einer multiplen Korrelation ist der Kapitalmarktzins des Euro-Währungsgebiets (Laufzeit 5 Jahre).

VIII. Der Transmissionsmechanismus der relativen Preise

1. Der Ricardo-Effekt (Friedrich August von Hayek)

In Kern geht der Ricardo-Effekt vom Substitutionsverhältnis zwischen der Arbeit und dem Kapital aus, wobei die Substitutionsprozesse durch die relativen Preise für die Arbeit (die Löhne) und das Kapital (die Kapitalmarktzinsen) verursacht werden. Ähnliche Prozesse werden bereits von *David Ricardo* beschrieben, woraus sich die Bezeichnung „Ricardo-Effekt" ableitet.

Der Ricardo-Effekt von *Friedrich August von Hayek*[476] (1929) stellt einen wesentlichen Beitrag zur monetären Konjunkturtheorie dar. Die Grundlagen sind der Wicksellsche kumulative Prozess und die Theorie der intertemporalen Kapitalallokation (*Eugen von Böhm-Bawerk*). Der Ricardo-Effekt enthält vor allem eine „horizontale Dimension", indem die Kapitalintensität der Produktion in einem Zusammenhang mit dem Ausmaß der Produktionsumwege (nach *von Böhm-Bawerk*) bzw. der Höhe der Zinsen steht.

In einem Wirtschaftssystem mit Geld und Krediten gibt es, wie beim Wicksellschen kumulativen Prozess, stets Preisverschiebungen und andere Störungen:

---

[476] Vgl. *von Hayek, Friedrich August*, 1929.

„… dass gewisse Störungen eines wirtschaftlichen Gleichgewichts … mit dem Gebrauch eines Tauschmittels an sich untrennbar verbunden sind".[477]

Dazu kommt es, indem

„… mit dem Eintritt des Geldes in die Wirtschaft ein neuer Bestimmungsgrund hinzutritt, der, weil das Geld nicht wie alle übrigen Gegenstände des wirtschaftlichen Handelns, selbst Bedürfnisse zu befriedigen, eine Nachfrage endgültig zu stillen vermag, die strenge Interdependenz und Geschlossenheit des Gleichgewichtssystems aufhebt und Bewegungen der Wirtschaft ermöglicht, die innerhalb des Gleichgewichtssystems unvorstellbar sind".[478]

Indem die Gültigkeit des Gesetzes von Say bei Vorhandensein von Geld außer Kraft gesetzt wird und der Tausch „Ware gegen Geld" erfolgt, kommt es beim Kauf vorerst „nur" zu einem halben Geschäft. Den realen Gegenwert erwirbt sich der Verkäufer erst durch einen komplementären Kauf.[479] „Halbe" Tauschgeschäfte bewirken eine Abweichung der zeitlichen Abstufung der Preise, welche sich im Gleichgewicht ergeben würden.[480]

Nur neutrales Geld gibt nach Auffassung *von Hayeks* die Sicherheit eines gleichmäßigen, ohne konjunkturelle Schwankungen verlaufenden wirtschaftlichen Prozesses. In einem solchen System entsprechen sich die Nachfrage nach Darlehen und die Ersparnisse. Der Zins und die natürliche Zinsrate sind identisch,[481] womit das Geld gegenüber den Güterpreisen neutral ist.[482]

Dieser Gleichgewichtsprozess wird durch die Möglichkeit der Banken durchbrochen, die Geldzinsen unter den Gleichgewichtszins zu senken.[483] Ein entsprechender Effekt tritt auch auf, wenn sich in Folge des technischen Fortschritts gewinnbringende Investitionsmöglichkeiten ergeben, deren Verzinsung über dem natürlichen Zins liegt.[484]

Von Hayek stellt die Wirkungsweise des Geldes dar, indem er den Wirtschaftsablauf mit einem fiktiven Wirtschaftssystem ohne Geld vergleicht. Eine reine Metallwährung wie beispielsweise das Gold würde zu neutralem Geld führen, und die Geldpolitik hätte keine monetären Effekte im realen Bereich. Dies ist unter anderem auf den Charakter des Goldes als einem Kapitalgut zurückzuführen, welches Produktionskosten verursacht, womit die Zinsen für die Produktionskosten der Goldbestände dem Niveau der Kapitalzinsen entsprechen. Zudem lassen sich die vorhandenen Goldmengen nur begrenzt ausdehnen.

Piero Sraffa (1898-1983) wirft *von Hayek* die vollständige Abstraktion von monetären Phänomen wie beispielsweise die Festlegung von Verpflichtungen bei Kaufverträgen, Schuldverträgen und Lohnabkommen vor. Ohne die Funktion als eine

[477] *von Hayek, Friedrich August,* 1928, S. 65.
[478] *von Hayek, Friedrich August* (1929), 1976, S. 14.
[479] Vgl. *Koopmans, Johan,* 1933, S. 252.
[480] Vgl. *von Hayek, Friedrich August,* 1928, S. 46.
[481] Vgl. *von Hayek, Friedrich August* (1929), 1976, S. 118 ff.
[482] Vgl. *von Hayek, Friedrich August* (1929), 1976, S. 59 und 125.
[483] Vgl. *von Hayek, Friedrich August* (1929), 1976, S. 56.
[484] Vgl. *Machlup, Fritz,* 1977, S. 20.

monetäre Wertbasis sei das Geld bedeutungslos und müsse daher auch, unabhängig von der Geldpolitik, neutral bleiben.[485]

Hinsichtlich der Idealvorstellung des neutralen Geldes gibt auch *von Hayek* zu bedenken:

> „Es ist widersprüchlich, Prozesse zu diskutieren, welche annahmegemäß ohne Geld gar nicht stattfinden können, und gleichzeitig anzunehmen, es gäbe kein Geld oder dieses hätte keinen Effekt".[486]

Ausgangspunkt der Modellvorstellungen *von Hayeks* zum Ricardo-Effekt sind zwei (vollbeschäftigte) wirtschaftliche Sektoren mit Investitions- und Konsumgütern. In einem zweistufigen Bankensystem mit einer Zentralbank und Kreditbanken bewirkt – ähnlich wie bei *Wicksell* – eine Senkung der Kreditzinsen unter das Niveau der realen Gleichgewichtszinsen eine Mehrnachfrage nach Kapitalgütern. Die Nachfrage nach Kapitalgütern verschiebt sich zulasten des Konsumgüterbereichs. Dabei entstehen Produktionsengpässe, wobei die relativen Preise für die Konsumgüter vorerst über jene für die Kapitalgüter steigen. Dadurch verschiebt sich der Einsatz von Arbeitskräften und Kapital zugunsten des Konsumgüterbereichs. Dies führt über Beschäftigungs- und Einkommenswirkungen zu einer größeren Nachfrage nach Konsumgütern, höheren Konsumgüterpreisen und damit zu einer größeren Konsumgüterproduktion.

Die Verbilligung der Geldzinsen und die damit verbundene Kreditausweitung der Banken bewirken auch eine Ausweitung der Nachfrage nach Investitionsgütern. Es erfolgen Preissteigerungen bei den Investitionsgütern, welche umso größer sind, je weiter diese vom Konsum entfernt sind, indem die Kapitalintensität mit zunehmender Entfernung vom Konsum steigt.[487] Aufgrund der Ermäßigung der Geldzinsen erfolgt eine Verlängerung derjenigen Stufen der Produktionsprozesse (Vergrößerung der Produktionsumwege), welche rentabel erscheinen.[488]

Sowohl der Faktorpreis für Arbeit als auch jener für das Kapital, die Zinsen, steigen. Die höheren Zinsen bewirken geringere Profite bei der Produktion von Kapitalgütern und eine geringere Nachfrage nach Kapitalgütern. Die Produktion von Kapitalgütern wird eingeschränkt und es beginnt ein wirtschaftlicher Abschwung. In diesem Prozess werden Arbeitskräfte bei der Produktion von Kapitalgütern abgebaut. Dies führt zu einem Rückgang der Nachfrage nach Konsumgütern und einem Rückgang der Konsumgüterproduktion, welche nunmehr weniger Kapitalgüter nachfragt. Damit kommt es zu einem weiteren Rückgang in der Kapitalgüterindustrie. Insgesamt entsteht ein Kollaps beim wirtschaftlichen Output. Die verfügbaren Kredite übersteigen die Kreditnachfrage und die Zinsen fallen. Auf diese Weise beginnt der Zyklus erneut.

Indem die Zinsen unter die realen Gleichgewichtszinsen fallen, entstehen Ungleichgewichte zwischen dem Angebot und der Nachfrage nach Kapitalgütern

---

[485] Vgl. *Sraffa, Piero*, 1932, S. 44 ff.

[486] *von Hayek, Friedrich August*, 1941, S. 31 (eigene Übersetzung).

[487] Vgl. *von Hayek, Friedrich August*, 1931, S. 50; sowie derselbe, 1978, S. 217.

[488] Vgl. *von Hayek, Friedrich August*, 1935, S. 83.

und Konsumgütern. Beim Aufschwung kommt es zu einer relativen Verschiebung des Outputs zugunsten der Kapitalgüter, obwohl beide Sektoren den Output erhöhen. Beim Abschwung trifft das Umgekehrte zu. Gäbe es keine Zyklizität bei der Kreditvergabe, würde auch kein wirtschaftlicher Zyklus entstehen. Monetäre Impulse der Zentralbank bewirken Veränderungen im System der relativen Preise, so beispielsweise bei den Kreditzinsen, den Preisen für Investitions- und Konsumgüter sowie den Löhnen im Investitions- und Konsumgüterbereich.

Eine Kritik durch *Nicholas Kaldor* (1939) geht von den offenbar doch bestehenden Überkapazitäten aus, die im Aufschwung bereitstehen, und welche vor weiteren Investitionen stärker ausgelastet werden können. Deshalb werden im Aufschwung wohl zusätzliche Arbeitskräfte nachgefragt, vorerst aber keine neuen Kapitalgüter. Die zusätzliche Nachfrage nach Konsumgütern bewirkt eine überproportionale Expansion des Konsumgüterbereichs und eine Steigerung der Gewinne in diesem Sektor. Erst wenn die Kapazitäten voll ausgelastet sind, entsteht eine zusätzliche Nachfrage nach Kapitalgütern. Ein Abschwung führt zu einer Entlassung von Arbeitskräften und einem Kollaps in beiden Bereichen, wobei die Wirkungen im Konsumgüterbereich stärker als im Kapitalgüterbereich sind.

In der Folge modifiziert *von Hayek* seinen Ansatz dergestalt, dass bei einem Aufschwung vorerst die Konsumgüterpreise stärker als die Löhne steigen, was einen Rückgang der relativen Preise zu Ungunsten der Löhne bedeutet.[489] Die steigenden Profite in der Konsumgüterindustrie führen zu einer erhöhten Nachfrage nach Kapitalgütern; dies erhöht zugleich die Kapitalintensität der Produktion. Die damit verbundenen Wirkungen bestehen in einer Verdrängung von Arbeitskräften aus dem Konsumgüter- in den Investitionsgüterbereich. Die schwächer werdende Nachfrage nach Konsumgütern lässt später auch die Nachfrage nach Kapitalgütern fallen, womit die Kapitalgüterindustrie relativ an Bedeutung verliert. Diesen zweiten Ansatz bezeichnet *von Hayek* als den Ricardo-Effekt.

Bemerkenswert am Ricardo-Effekt *von Hayeks* ist die Modellierung von konjunkturellen Phänomenen anhand einer Verschiebung der relativen Preise der Güter und Produktionsfaktoren. Dabei zeigt *von Hayek* Instabilitäten, welche aufgrund von Schwankungen des Kreditmarktbereichs entstehen können. Ähnliche Schwankungen der wirtschaftlichen Prozesse können auch durch eine zyklische Geldpolitik ausgelöst werden. Eine monetär bedingte Verfälschung der Kreditzinsen erhöht über einen komplexen Prozess der Veränderung der Preise die Nachfrage nach Investitionsgütern. Im Zuge einer „Normalisierung" der Zinsen erweisen sich dann jene Investitionsgüter (im Sinne *von Böhm-Bawerks* Produktionsumwegen) als unrentabel, welche durch die künstlich nach unten verzerrten Zinsen induziert werden. Jene Investitionen, welche bei normalen Zinsen nicht mehr genügend rentieren, bleiben im Abschwungprozess als Investitionsruinen stehen. Monetäre Impulse führen damit zu einer Störung des wirtschaftlichen Gleichgewichts und der intertemporalen Allokation von Ressourcen.

Die *Kritik* an diesem modifizierten Ricardo-Effekt bezieht sich auf die technologischen Veränderungen, welche als Modellparameter nicht erfasst werden. Zudem

---

[489] Vgl. *von Hayek, Friedrich August*, 1939.

ist es fraglich, ob die Konsumgüterpreise tatsächlich stärker steigen als die Löhne. Ist dies nicht der Fall, werden auch die Mechanismen des Ricardo-Effektes obsolet. Der Ricardo-Effekt entsteht damit nur unter sehr spezifischen Gegebenheiten.

Empirische Hinweise zum Euro-Währungsgebiet (1999-2005)

Thesen:

1. Die Zentralbank erhöht die Liquidität, die Zinsen sinken.	- Diese These trifft nicht zu. Vor allem bei einem tendenziell steigenden Inflationsniveau bewirkt eine verstärkte Liquiditätszuführung als Folge der höheren Wachstums- und Inflationserwartungen ebenfalls höhere Zinsen (auf Jahresbasis betrachtet).
2. Die Zinsen sinken, die Kredite der Geschäftsbanken steigen.	- Diese These trifft nicht zu.
3. Erhöhte Kredite führen zu einer größeren Nachfrage nach Gütern.	- Diese These trifft zu.
4. Die Güternachfrage steigt, die Beschäftigung steigt.	- Diese These ist richtig.
5. Die Löhne steigen in Folge der steigenden Güternachfrage.	- Diese These trifft zu (mit einem lag von bis zu 1 ¾ Jahren).
6. Die Preise steigen bei einer erhöhten Güternachfrage.	- Diese These ist zutreffend (mit einem lag von bis zu einem Jahr).
7. Eine erhöhte Beschäftigung führt zu steigenden Inflationsraten.	- Diese These trifft schwach zu (mit einem lag von bis zu 1 ½ Jahren).
8. Höhere Zinsen führen zu einer steigenden Inflationsrate.	- Diese These trifft zu (die Inflationsrate reagiert mit einem Vorlauf von etwa drei Monaten auf Änderung der Geldmarktzinsen (mit einer Laufzeit von einem Tag).
9. Die Güternachfrage entwickelt sich bei steigenden Zinsen schwächer.	- Diese These ist zutreffend (dies gilt vor allem für die kurzfristigen Geldmarktzinsen).

---

2. Der Monetarismus (monetaristischer Transmissionsmechanismus)

Nach *Milton Friedman* gibt es „eine feste, wenn auch nicht präzise Beziehung zwischen der Wachstumsrate der Geldmenge und der Wachstumsrate des nominellen Einkommens …".[490] *Friedman* geht bereits in seiner frühen Betrachtung (1956) von einem walrasianischen Gleichgewicht mit drei Sektoren aus, dem Geld-

---

[490] *Friedman, Milton*, 1973, S. 63.

markt M, dem Bondmarkt B (Markt für Kapitalmarktanleihen) und dem aggregierten Gütermarkt mit Y:

$$\left(M_D - M_S\right) + \left(B_D - B_S\right) + \left(Y_D - Y_S\right) = 0. \tag{81}$$

Sind zwei dieser Märkte im Gleichgewicht, trifft dies zwangsläufig auch für den dritten Markt zu (Gesetz von Walras). Zudem können sich bei Veränderungen in einem Markt (Sektor) entsprechende Veränderungen in einem oder beiden der anderen Sektoren ergeben. Eine Erhöhung der Geldmenge M_S beispielsweise führt damit nicht zwangsläufig (wie beim ISLM-Modell) vorerst nur zu einer Erhöhung der Nachfrage nach Bonds B_D, sondern es kann gleichzeitig auch eine Erhöhung der Nachfrage nach Gütern Y_D auftreten. Erfolgt eine Ausweitung der Güterproduktion, kommt es zu einer Erhöhung der Geldnachfrage, womit das System wieder im Gleichgewicht ist.

Die Geldmenge kann die Wirtschaft aufgrund dieser Überlegungen nicht nur indirekt über die Zinsen, sondern auch direkt über die Nachfrage der Individuen nach Gütern beeinflussen. Der monetaristische Transmissionskanal ist deshalb auch ein Vermögenseffekt:

> „Der Unterschied zwischen uns und den Keynesianern liegt weniger in der Natur des Transmissionseffektes als in der Betrachtung der Vermögenseffekte. Die Keynesianer neigen dazu, sich auf eng gefasste Vermögensaggregate und die Zinsen zu konzentrieren. Wir bestehen darauf, weit breitere Vermögensaggregate und die Zinsen zu betrachten …".[491]

Die Transmissionstheorie der relativen Preise wird auch als die Theorie der Vermögenstransformation bezeichnet, denn der Anpassungsmechanismus beruht auf der Hypothese, dass die rational handelnden Wirtschaftssubjekte eine Optimierung ihrer Vermögensstruktur anstreben. Der Monetarismus kritisiert insbesondere die fehlenden preistheoretischen Überlegungen des keynesianischen Transmissionsmechanismus.[492]

Beim Monetarismus ergeben sich nach Geldmengenänderungen während einer Anpassungsphase realwirtschaftliche Wirkungen. Die Entwicklung des Volkseinkommens folgt der Veränderung der Geldmenge; die Zeitdauer ist variabel und beträgt im Durchschnitt etwa zwei bis drei Quartale. Eine gleichgerichtete Wirkung auf die Preise tritt etwa zwei bis drei Quartale *nach* der Wirkung auf die Einkommen ein; es zeigen sich inflationäre Erscheinungen, wobei die realen Wirkungen ein Ende nehmen.[493]

Im Einzelnen wird beim Transmissionsmechanismus der relativen Preise von folgenden *Prämissen* ausgegangen:
- Die Nachfrage nach einzelnen Vermögensbestandteilen ergibt sich unter anderem aus dem Gesamtvermögen (als Budgetrestriktion), den Güterpreisen, den Er-

---

[491] *Friedman, Milton,* 1970a, S. 28.
[492] Vgl. *Felderer, Bernhard* und *Homburg, Stefan,* 1994, S. 247 f.
[493] Vgl. *Friedman, Milton,* 1973, S. 63.

trägen der Geldhaltung sowie alternativer Vermögensformen und den persönlichen Präferenzen der Wirtschaftssubjekte.[494]

- Die Vermögenshaltung besteht aus Geld, Obligationen, Aktien, Real- und Humankapital. Zwischen den einzelnen Vermögensbestandteilen gibt es Substitutionsbeziehungen.

- Bei Portfolioungleichgewichten kommt es im Rahmen von individuellen Wahlhandlungen zu Anpassungsprozessen, einer sog. Vermögenstransformation. Diese erfolgt auf den einzelnen Märkten für Vermögensgüter und hat Auswirkungen auf die relativen Preise. Es handelt sich um ein preistheoretisches Modell mit relativen Preisen der Vermögensgüter, bei welchem das Realeinkommen vorgegeben ist und der Arbeitsmarkt nicht berücksichtigt wird.

- Es gilt das Gesetz von Say, wonach sich „Güter nur mit Gütern kaufen" lassen.

Das *Modell* lässt einige Möglichkeiten offen, wie der Transmissionsmechanismus der relativen Preise initiiert werden kann; dies ist von den auslösenden Ursachen abhängig.[495] An dieser Stelle wird von dem Fall ausgegangen, dass sich die Wirtschaft in der Ausgangslage in einem Wachstumsgleichgewicht befindet:

- Durch eine Senkung des Mindestreservesatzes oder den Kauf von Anleihen durch die Zentralbank[496] erhöht sich bei den Banken der verfügbare Kassenbestand relativ zu den Wertpapieren und Krediten. Es erfolgt ein Abbau der überschüssigen Kasse zunächst über den Kauf von Wertpapieren. Die Wertpapierkurse steigen aufgrund der erhöhten Wertpapiernachfrage.

- Die Nichtbanken erhalten durch die Abgabe von Wertpapieren an die Geschäftsbanken Geld. Somit besteht bei den Banken und dem Publikum ein vorläufiges Gleichgewicht zwischen dem Bargeld und den Wertpapieren.

- Allerdings stört das neue Vermögensgleichgewicht zwischen dem Geld und den Wertpapieren das Gleichgewicht zu den anderen Aktiven. Durch die Möglichkeit, bis zu diesem Zeitpunkt Informationen über Vermögensobjekte mit höheren Veränderungskosten einzuholen bzw. das Vermögen (oder die Verbindlichkeiten) anzupassen, greift der Anpassungsprozess in einem zweiten Schritt auch auf die Kredite und das Realkapital über.

- Die Banken gehen aus den oben genannten Kostengründen nun teilweise von der Wertpapieranlage zu einer Kreditvergabe über, das Kreditangebot steigt und der Kreditzins sinkt.

- Durch den Verkauf von Wertpapieren ist die Kassenhaltung des Publikums relativ zu den Verbindlichkeiten aus der Kreditaufnahme und zur Realkapitalhaltung gestiegen. Der Überschuss an Barmitteln wird nun zum Abbau der Verschuldung genutzt, und gleichzeitig steigt die Nachfrage nach Realkapital. Außerdem bieten jetzt auch die Nichtbanken Kredite an, so dass die Tendenz zur Zinssenkung noch verstärkt wird.[497]

- Wesentlich ist, dass es für einige Güter, so auch für Häuser und Autos, zwei Märkte gibt, nämlich einen Markt für bestehende und einen Markt für neu produzierte Güter. Investoren beispielsweise stehen vor der Wahl, entweder Aktien zu

---

[494] Vgl. auch Kapitel 5., Ziff. VI.
[495] Die nachfolgenden Ausführungen wurden entnommen aus *Felkel, Stephanie,* 1998, S. 210.
[496] Vgl. *Friedman, Milton,* 1968, S. 6.
[497] Vgl. *Brunner, Karl,* 1970, S. 8 ff.

erwerben, da Aktien die Beteiligung an bestehendem Realkapital verbriefen, oder sich neue Produktionsgüter zu beschaffen.

- Die Nachfrage der Nichtbanken nach bereits vorhandenem Sachvermögen, welches – als Annahme – im Preis noch nicht gestiegen und deshalb relativ billig ist, erhöht sich. Durch die verstärkte Nachfrage steigt dessen Preis, wobei dieser Preisanstieg ebenfalls (wie bei den Wertpapieren) einem Wertzuwachs des privaten Nettovermögens entspricht.

- Durch den Preisanstieg für bestehendes Sachkapital ist nun das neu produzierte Sachvermögen relativ billiger geworden. Im Zusammenhang mit der gestiegenen Nachfrage nach neuem Realkapital erhöht sich auch der Preis für neu produziertes Sachvermögen.

- In Folge des Preisanstiegs sowohl für bestehendes als auch für neu produziertes Sachvermögen steigt gleichzeitig die Nachfrage nach Substituten gegenüber dem Besitz von Realkapital.[498] Da Konsumgüter ein gutes Substitut für den Besitz von Realkapital sind, steigt ebenfalls die Konsumnachfrage.

- Insgesamt betrachtet nehmen damit gleichzeitig die Investitionen (Neuproduktion von Realkapital) und die Konsumausgaben zu. Auch bei den Konsumausgaben treten aufgrund der erhöhten Nachfrage Preissteigerungen auf, sofern diese Güter noch nicht von dem Preissteigerungsprozess erfasst worden sind.

- Aufgrund der erhöhten Nachfrage nach Konsum- und Investitionsgütern steigt die Nachfrage nach Krediten und der Kreditzins erhöht sich. Die Banken sind bereit, die gestiegene Kreditnachfrage zu befriedigen und verkaufen im Gegenzug Wertpapiere, womit der Wertpapierkurs sinkt. Außerdem entspricht die Preiserhöhung für neu produzierte Güter einer Abnahme des realen Nettovermögens.

- Bis zu diesem Punkt haben die beschriebenen Effekte eine Zunahme der Güter bewirkt. Durch die höheren Löhne steigen die Preise weiterer Güter an, das Preisniveau liegt insgesamt über dem bisherigen.

- Die erhöhte Nachfrage wird zumindest vorerst über Kredite finanziert, die Nachfrage hiernach nimmt zu und die Kreditmarktzinsen steigen. Um die größere Nachfrage nach Krediten bedienen zu können, verkaufen die Geschäftsbanken Geldmarktpapiere und Obligationen, die Kurse fallen und die Zinsen steigen. Der Prozess endet erst, wenn die Kurse und die Zinsen wieder Gleichgewichtswerte erreichen. Nach dieser Überlegung werden – auf längere Sicht – die kurzfristigen Wirkungen einer expansiven Geldpolitik durch einen Rückkopplungseffekt abgeschwächt.[499]

Zusammenfassend betrachtet besteht der Transmissionsmechanismus aus folgenden Schritten:

- Die Zentralbank erhöht die Geldmenge. Der monetäre Impuls stört das alte Vermögensgleichgewicht, so dass die Banken und das Publikum ihr Vermögen umstrukturieren. Die Neustrukturierung des Vermögens erfolgt entsprechend den Ertragsrelationen („relative Preise") der einzelnen Aktiva und der Verbindlichkeiten.

- Die Geschäftsbanken dehnen das Kreditangebot aus.

---

[498] Vgl. *Jarchow, Hans-Joachim,* 1973, S. 249 f.
[499] Vgl. *Brunner, Karl,* 1970, S. 10 f.

- Die Zinssätze sinken.
- Es kommt zu Ungleichgewichten bei den Renditen der einzelnen Bestandteile des Vermögens und zu Anpassungsprozessen in der Vermögensstruktur, mit welchen die Wirtschaftssubjekte danach trachten, die Ertragssätze der einzelnen Vermögensbestandteile durch Umschichtungen anzugleichen.
- Die Nachfrage nach Wertpapieren erhöht sich, die Wertpapierkurse steigen und die Renditen sinken.
- Der Wert der bereits produzierten (bestehenden) Kapitalgüter erhöht sich (wie beim Tobin's q).
- Bei vorerst gleich bleibenden Preisen für neu produzierte Kapitalgüter steigt die Nachfrage nach diesen, d.h. die Investitionen bzw. die Nachfrage nach Realkapital und persönlichem Humankapital erhöhen sich. Gleichzeitig nimmt die Konsumnachfrage zu.[500]
- Die Beschäftigung steigt.
- Es kommt zu einem wirtschaftlichen Expansionsprozess, bis die relativen Preise wieder den unverfälschten Knappheiten entsprechen.

Monetäre Impulse haben damit Auswirkungen auf die relativen Preise für Vermögensgüter während der Anpassungsprozesse, d.h. bis die relativen Preise wieder den unverfälschten Knappheiten entsprechen. Der Prozess wird zusätzlich dadurch beendet, dass die Marktzinsen als Folge einer erhöhten Inflation wieder ansteigen. Es kommt vorerst zu sinkenden Zinsen und steigenden Investitionen, woraus sich ein vorübergehender realwirtschaftlicher Effekt ergibt; danach entsteht eine erhöhte Inflation. Eine wichtige Voraussetzung für den Transmissionsmechanismus der relativen Preise besteht darin, dass die Zinsen und Investitionen rascher reagieren, als inflationäre Prozesse auftreten. Gibt es gleichgerichtete Reaktionen bei den Zinsen und den Preiseffekten, schmelzen die vorübergehenden realen Effekte dahin.

In der monetaristischen Lehre entstehen wie bei *Tobin* Effekte im Vermögensbereich (d.h. eine Vermögenstransformation), wobei gleichzeitig auch Konsumeffekte ausgelöst werden. Diese verstärken und beschleunigen die Wirkungen von monetären Impulsen und beruhen auf der Phasenverschiebung zwischen den realen und den inflationären Prozessen. Bei einem synchronen Auftreten der beiden Effekte würden diese weitgehend verschwinden.

Vergleichend ist darauf hinzuweisen, dass der Monetarismus im Unterschied zur Klassik und Neoklassik etwas subtiler zwischen den kurzfristigen und den langfristigen Auswirkungen eines monetären Impulses differenziert.[501] Kurzfristig betrachtet bewirkt ein expansiver monetärer Impuls sinkende Zinsen und steigende Investitionen. In Folge der höheren Preise bezahlen die Unternehmen höhere Nominallöhne. Dies führt bei den Arbeitnehmern, welche vorerst der Illusion unveränderter Preise (Geldillusion) unterliegen, zu einem verstärkten Arbeitsangebot und einer höheren Güternachfrage. Es kommt vorübergehend zu realwirt-

---

[500] Im Gegensatz dazu läuft der keynesianische Multiplikatoreffekt zuerst über eine zinsbedingte Erhöhung der Nachfrage nach Investitionsgütern, was eine größere Beschäftigung, ein steigendes Einkommen und in Folge eine erhöhte Nachfrage nach Konsumgütern auslöst.
[501] Vgl. *Brunner, Karl*, 1970, S. 3 ff.

schaftlichen Effekten, indem die Beschäftigung und das Sozialprodukt steigen. Langfristig fordern die Arbeitnehmer eine Anpassung der gesunkenen Reallöhne an die Inflation, wobei das Arbeitsangebot und die Güternachfrage wieder sinken. Die Illusion eines stabilen Geldwertes und die kurzfristigen Effekte gehen verloren. Nur bei einer sich beschleunigenden (akzelerierenden) Inflation ließe sich eine erhöhte Beschäftigung erreichen.

Der Transmissionsmechanismus der relativen Preise formuliert die bisherige Theorie der Geldeffekte neu, indem der Anpassungsprozess anhand unterschiedlicher Klassen von Vermögensgütern erklärt wird.[502] Zur *Kritik* zählt unter anderem die These der Vermögensmaximierung. Oft sind mehrere Personen am Entscheidungsprozess beteiligt, so dass gleichzeitig mehrere und ggf. auch konkurrierende Ziele verfolgt werden. Dieses Problem ist in Unternehmen anzutreffen, in welchen der Eigentümer eine Gewinnmaximierung anstrebt und die Arbeitnehmer eher an einem gleichmäßigen Einkommensstrom sowie der Sicherheit des Arbeitsplatzes interessiert sind. Zudem wird rationales Verhalten unterstellt, wobei das tatsächliche Verhalten auch irrationale Komponenten enthalten kann.

Empirische Hinweise zum Euro-Währungsgebiet (1999-2005)

Thesen:

1. Die EZB erhöht die Geldmenge durch die Zuführung von Zentralbankliquidität.	- Diese Möglichkeit besteht tendenziell, die positive Wirkung einer Erhöhung der Zentralbankliquidität auf die Geldmenge (beispielsweise M1) ist jedoch nicht signifikant.*
2. Die Zinsen sinken in Folge einer Erhöhung der Zentralbankliquidität.	- Diese Wirkung ist nur bei ohnehin sinkenden Zinsen zu erwarten, bei steigenden Wachstums- und Inflationserwartungen sind auch steigende Zinsen möglich.
3. Die Güternachfrage steigt bei sinkenden Zinsen, auch über die damit verbundenen Aktienkurseffekte.	- Diese These ist zutreffend (gilt vor allem für die Geldmarktzinsen mit einer Laufzeit von einem Tag).
4. Bei Zinssenkungen entsteht ein positiver Einkommenseffekt.	- Ein solcher Effekt tritt praktisch zeitverzugslos ein.
5. Zinssenkungen führen in einer späteren Phase zu Preiserhöhungen.	- Diese These trifft nur schwach zu (nicht signifikant).*

* Bei einem zugrunde gelegten Signifikanzniveau von mindestens 0,10.

---

[502] Vgl. *Brunner, Karl*, 1970, S. 5 f.

IX. Der Erwartungskanal

1. Rationale Erwartungen

Das Ankünden und Durchführen von geldpolitischen Maßnahmen beeinflusst den realen Bereich auch über die daraus abgeleiteten Erwartungen, welche ebenfalls Handlungen der Wirtschaftssubjekte auslösen können. Die diesbezüglichen Transmissionswirkungen entstehen im sog. „Erwartungskanal". Deshalb versuchen die Zentralbanken, gezielt auf die Erwartungen einzuwirken. Besonders die Inflationserwartungen haben einen Einfluss auf die tatsächlichen künftigen Inflationsraten.

Die Neue Klassische Makroökonomie geht von der Theorie der rationalen Erwartungen aus. Geld ist nach dieser Lehre superneutral, wenn es zu keinen Erwartungseffekten bei geldpolitischen Ankündigungen kommt. Ferner untersucht die Geldlehre der Neuen Klassischen Makroökonomie, inwiefern die realen Größen von der Entwicklung der Geldmenge beeinflusst werden.[503]

Die *Prämissen* sind:
- Eine vollständige Flexibilität der Preise.
- Eine stete Räumung der Märkte.
- Die Gültigkeit der Quantitätstheorie (Neutralität des Geldes).
- Die Transaktionskasse im Sinne einer Realkasse.
- Die Gültigkeit des Gesetzes von Say.
- Rationale Erwartungen (die Wirtschaftssubjekte sind in der Lage, die makroökonomischen Effekte von Geldmengenänderungen richtig vorauszusehen).

Der *Modellansatz* zeigt folgende Ergebnisse:
- Nur wenn die Zentralbank einen Informationsvorsprung besitzt, ergeben sich bei monetären Impulsen reale Effekte (These der Politikeffektivität). Ein solcher Informationsvorsprung der Zentralbank bedeutet eine asymmetrische Informationsverteilung zwischen der Zentralbank und den Wirtschaftssubjekten. Beispiele sind ungesicherte statistische Informationen, Zeitverzögerungen bei der Auswertung statistischer Daten (sog. statistische lags) und geheime Änderungen der Politikregeln. Solche Informationsasymmetrien sind mit rationalen Erwartungen nicht vereinbar.
- Bei einem einheitlichen Informationsstand der Zentralbank und der Wirtschaftssubjekte haben monetäre Impulse keine realwirtschaftlichen Wirkungen (These der Politikineffektivität), sofern diese von den Wirtschaftssubjekten richtig antizipiert werden. Denkbar ist in diesem Fall, dass die Zinsen bereits in Erwartung eines monetären Impulses und der dadurch ausgelösten Preiserhöhungen steigen. Bevor der eigentliche monetäre Impuls erfolgt, kommt es zu konträren Effekten.

---

[503] Vgl. *Barro, Robert J.*, 1992, S. 206 ff.; vgl. auch *Felkel, Stephanie*, 1998, S. 231.

Empirische Hinweise zum Euro-Währungsgebiet (1999-2005)

These:

Die Festlegung/Veränderung des Mindestbietungs-   - Diese These trifft zu.
satzes (bzw. der Leitzinsen) führt zu exogenen
Schocks auf die kurzfristigen Geldmarktzinsen.

---

2. Autoregressive, adaptive und regressive Erwartungen

Bei *autoregressiven Erwartungen* werden die Erwartungswerte ausschließlich durch die Verwendung von Erfahrungswerten gebildet und korrigiert.[504] Dies verbindet sich mit der Annahme, die zukünftigen Inflationsraten seien allein mit der Hilfe der Inflationsraten der Vergangenheit zu schätzen. Eine erwartete Inflationsrate lässt sich aus den gewogenen Inflationsraten der Vergangenheit ableiten. Es wird angenommen, die aktuellen Inflationsraten und jene der zurückliegenden Perioden t-1, t-2 ..., t-n würden sich, mit gewissen Gewichten versehen, in der prognostizierten Inflationsrate niederschlagen.

Bei *adaptiven Erwartungen* treten Lernprozesse auf, sofern zwischen der tatsächlichen Inflationsrate p_t und der erwarteten Inflationsrate p_t^e ggf. ein Erwartungsfehler auftritt. Dies beeinflusst die erwartete Inflationsrate in der nächsten Periode t+1:[505]

$$p_{t+1}^e = p_t^e + a\left(p_t + p_t^e\right). \tag{82}$$

Für die kommende Periode t+1 ergibt sich die erwartete Inflationsrate aus der Preisänderungsrate, welche die Wirtschaftssubjekte auch für die laufende Periode erwartet haben, korrigiert um den mit dem Anpassungsfaktor a gewichteten Erwartungsfehler. War die tatsächliche Inflationsrate p_t größer als die ehemals erwartete Inflationsrate p_t^e, ist die letztere zur Bildung der für die kommende Periode erwarteten Inflationsrate p_{t+1}^e nach oben zu korrigieren. Ist jedoch die aktuelle Inflationsrate niedriger als die in der Vorperiode erwartete, wird die erwartete Inflationsrate für die nächste Periode gesenkt.

Bei den adaptiven Erwartungen wird schrittweise gelernt, und dies ausschließlich aufgrund von Inflationserwartungen in der Vergangenheit.[506] Die neuen Erwartungen für die Periode t+1 werden als das Resultat des Erwartungsfehlers der Vergangenheit an die tatsächliche Entwicklung angepasst.[507] *Phillip Cagan* vermutet eine Abhängigkeit zwischen der aktuellen und der erwarteten Preissteigerungsrate. Die Wirtschaftssubjekte korrigieren ihre Erwartungen in jeder Periode um einen konstanten Anteil des zuletzt eingetretenen Prognoseirrtums.

---

[504] Vgl. *Turnovky, Stephen-J.*, 1970, S. 100 f.
[505] Vgl. *Cagan, Phillip*, 1956, S. 37.
[506] Vgl. *Cagan, Phillip*, 1956, S. 38.
[507] Vgl. *Cagan, Phillip*, 1956, S. 37.

Bei *regressiven Erwartungen* gehen die Wirtschaftssubjekte von einer langfristig „normalen" Inflationsrate aus, welche als durchschnittlich konstant betrachtet wird. Liegt die Inflationsrate über der durchschnittlichen, werden damit Erwartungen für eine niedrigere Inflationsrate verbunden. Nach dieser Hypothese passen sich Wirtschaftssubjekte nur sehr langsam an Datenänderungen an.[508]

X. Empirische Hinweise zum erweiterten walrasianischen Modell der relativen Preise

Wird das walrasianische Modell der relativen Preise durch den Geldmarkt und die Außenwirtschaft erweitert, könnte das System der relativen Preise stark vereinfacht wie folgt lauten:

Güterpreise:	$P(Y_S - Y_D)$	(83)
Löhne:	$l(L_S - L_D)$	(84)
Kapitalmarktzinsen:	$i_K(S - I)$	(85)
Geldmarktzinsen:	$i_G(M_S - M_D)$	(86)
Wechselkurse:	$w(X - M; X_{G,K} - M_{G,K})$	(87)

Es bezeichnen P das Preisniveau, Y_S das Güterangebot, Y_D die Güternachfrage, l die Löhne, L_S das Arbeitsangebot, L_D die Arbeitsnachfrage, i_K die Kapitalmarktzinsen, S das Sparen, I die Investitionen, i_G die Geldmarktzinsen, M_S das Geldangebot, M_D die Geldnachfrage, w die Wechselkurse, X die Exporte, M die Importe, $X_{G,K}$ die Geld- und Kapitalexporte und $M_{G,K}$ die Geld- und Kapitalimporte.

Am Beispiel des Euro-Währungsgebietes (1999-2005) zeigen sich interdependente Reaktionen zwischen den einzelnen Sektoren der Gesamtwirtschaft. Wirkungen gehen unter anderem von der Außenwirtschaft aus, indem beispielsweise steigende Wechselkurse durch den Zufluss von Geld- und Kapital einen dämpfenden Einfluss auf die inländischen Zinsen haben (und umgekehrt). Steigende Kapitalmarktzinsen führen zu erhöhten Geldmarktzinsen und Konsumentenpreisen, welche wiederum steigende Löhne bewirken (und umgekehrt). Bemerkenswerterweise inkorporieren die Geldmarktzinsen (Laufzeit ein Tag) die Inflationserwartungen zwar nur zum Teil, aber doch mit einem Vorlauf von etwa sechs Monaten. Dies ist unter anderem auf die Zinspolitik der EZB zurückzuführen.

---

[508] Vgl. *Keynes, John M.,* 1923, S. 40.

Empirische Hinweise für das Euro-Währungsgebiet (1999-2005)

Die gegenseitige Beeinflussung der relativen Preise (Hauptwirkungen)

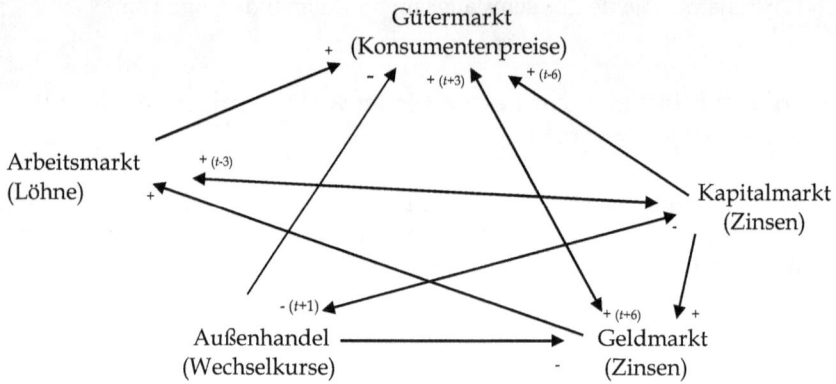

Gütermarkt
(Konsumentenpreise)

Arbeitsmarkt
(Löhne)

Kapitalmarkt
(Zinsen)

Außenhandel
(Wechselkurse)

Geldmarkt
(Zinsen)

Hinweis: Bei (*t*-3) beeinflusst die unabhängige Variable mit einem lag (Zeitverzug) von drei Monaten die abhängige Variable. Bei (*t*+3) wirkt sich die in drei Monaten erwartete unabhängige Variable auf die abhängige Variable aus (lead oder Vorlauf der unabhängigen Variablen).

Kapitel 9. Die Inflation (Ergänzungen zu Kapitel 8.)

I. Überblick

Preisliche Wirkungen zählen zu den wesentlichsten Effekten von monetären Impulsen, wie dies vor allem durch die klassische und neoklassische Theorie sowie die Neue klassische Makroökonomie unterstellt wird (vgl. Kapitel 8). Im Gegensatz dazu stellt die keynesiani-sche Theorie eine vorwiegend nichtmonetäre Inflationstheorie dar und betrachtet in erster Linie die inflatorische bzw. deflatorische Lücke beim Güterangebot und der Güternachfrage als Ursache von Preiseffekten (vgl. Abbildung 62). Ein großer Vorteil der nichtmonetären Modelle besteht darin, die Inflation auch erklären zu können, wenn die Geldmenge zum Teil endogen entsteht, indem das Geldangebot der Geldnachfrage folgt. Die Inflation ist unter solchen Umständen die Ursache und nicht die Wirkung einer Zunahme der Geldmenge.

Abbildung 62: Überblick zu einzelnen Inflationstheorien (Ursachen der Inflation)[509]

Monetäre Theorien		Nichtmonetäre Theorien
	Vorklassik	
Die ältere Quantitätstheorie (vgl. Kapitel 8/II. und III.)		
	Klassik	
Der Geldschleier, die Quantitäts-theorie bzw. der Kasseneffekt (vgl. Kapitel 8/III. und IV.)		Die natürliche Knappheit von Gütern
	Neoklassik	
Die Fishersche Verkehrsgleichung, der Cambridge-Effekt und der Wicksellsche kumulative Effekt (vgl. Kapitel 8/IV.)		
	Keynesianismus	
		Die inflatorische und die deflatorische Lücke (vgl. Kapitel 9/III.)
	Monetarismus	
Die Inflation als monetäres Phänomen (vgl. Kapitel 9/IV.)		
	Neue Klassische Makroökonomie	
Die Theorie der rationalen Erwartungen (vgl. Kapitel 9/V.).		

---

[509] Vgl. zur Inflationstheorie auch *Issing, Otmar,* 11. Aufl., S. 187 ff.

II. Der Geldwert, die Inflation, die Disinflation und die Deflation

Der Geldwert steht in einem Zusammenhang mit den Preisen der Güter bzw. dem Preisniveau der Güter. Begrifflich bezeichnet eine Inflation den anhaltenden Prozess eines steigenden Preisniveaus. Unter einer Deflation wird ein länger dauernder Prozess eines sinkenden Preisniveaus verstanden. Eine Disinflation kennzeichnet einen Rückgang der Inflationsraten.

Zur Diskussion steht, ob auch die Preise der Vermögensgüter (zum Beispiel der Aktien und der Immobilien) in die Geldwertbetrachtung einbezogen werden sollen. Dies wird damit begründet, dass steigende Preise für einzelne Vermögensgüter oft nach einiger Zeit als Kostenelement auf die Preise der Konsumgüter überwälzt werden. Zudem kann ein Crash der Preise von Vermögensgütern (beispielsweise das Platzen einer Blase der Aktienkurse und der Immobilienpreise) zu realen Wirkungen bzw. makroökonomischen Störungen führen. Dazu zählen Verschuldungskrisen, deflationäre Prozesse sowie ein Rückgang des Konsums und der Investitionen, verbunden mit einer steigenden Arbeitslosigkeit.

III. Der Keynesianismus: Die inflatorische und die deflatorische Lücke

Die keynesianische Inflationstheorie geht auf Arbeiten von *John M. Keynes* und *Arthur Smithies*[510] zurück. Ursache der Inflation ist eine Nachfrage nach Gütern („demand-pull"), welche das Niveau der Vollbeschäftigung übersteigt, und damit eine inflatorische Lücke („inflationary gap") bewirkt.

Geldmengenerhöhungen führen in der keynesianischen Lehre nicht zwangsläufig – wie bei der klassischen und neoklassischen Quantitätstheorie – zu einer proportionalen Veränderung der Preise. Die keynesianische Inflationstheorie trachtet vielmehr danach, die Inflationstheorie von den „quantitätstheoretischen Fesseln" zu lösen. Bei einer Geldmengenerhöhung und einer zinsabhängigen Geldnachfrage fließt zusätzliches Geld in den Vermögensbereich, sofern die Geldmengenerhöhung eine Zinssenkung, und damit verbunden eine größere Geldnachfrage bewirkt. In diesem Fall nimmt die monetär bedingte Güternachfrage nicht im gleichen Verhältnis wie die Geldmenge zu. Auch sind die preislichen Wirkungen einer Geldmengenerhöhung geringer, als dies die Erhöhung der Geldmenge erwarten ließe. Ganz ausgeprägt gilt dies bei einer Liquiditätsfalle, bei welcher die gesamte zusätzliche Geldmenge durch eine vermehrte Geldnachfrage absorbiert wird.

Keynes geht davon aus, dass die monetären Bedingungen bzw. die Höhe der Zinsen im Geldmarktbereich auch die Ertragsrelationen zu den übrigen Vermögenswerten und damit die Nachfrage nach diesen Vermögenswerten beeinflusst, bis sich ein Gleichgewicht ergibt. Führt beispielsweise eine Erhöhung der Geldmenge zu einer Zinssenkung auf den Geldmärkten, ergibt sich auf dem Wege der Vermögenssubstitution eine steigende Nachfrage nach Sachaktiven (Investitions-

---

[510] Vgl. *Keynes, John M.*, 1940, sowie *Smithies, Arthur*, 1942.

güter).[511] Dies löst durch den entstehenden Multiplikatorprozess Einkommens- sowie Konsumsteigerungen und damit eine weitere Steigerung der effektiven Nachfrage aus. Auf diesem Wege kann es bei ursprünglichen Änderungen im monetären Bereich zu preislichen Wirkungen kommen.

Die nachfolgend dargestellte, nachfrageorientierte keynesianische Inflationstheorie der inflatorischen und deflatorischen Lücke beschreibt die Wirkungen einer Veränderung der effektiven Nachfrage (siehe Abbildung 63).[512]

Abbildung 63: Die inflatorische und deflatorische Lücke

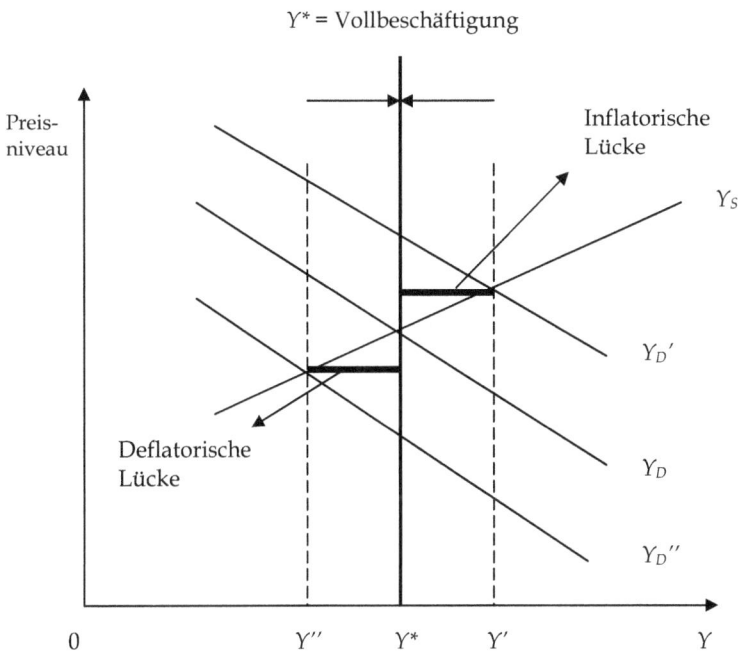

Ausgegangen wird von folgenden *Prämissen*:[513]
- Betrachtet werden das preisabhängige Güterangebot Y_S (Entstehung des Volkseinkommens Y) und die ebenfalls vom Preisniveau abhängige Güternachfrage Y_D (bestehend aus der Nachfrage nach Konsum- und Investitionsgütern):

$$Y_D = C + I_{exogen}. \tag{88}$$

---

[511] Vgl. *Keynes, John M.*, 1937, S. 420.
[512] Vgl. *Keynes, John M.* (1936), 1964, Kapitel 10-14, S. 135 ff.
[513] Vgl. *Issing, Otmar*, 11. Aufl., S. 195 f.

- Der Konsum C umfasst eine autonome Komponente und steigt bei einem zunehmendem Volkseinkommen mit einer marginalen Grenzneigung <1.
- Im Gleichgewicht gilt:

$$Y_D = Y_S (= Y^*), \tag{89}$$

wobei Y^* die Vollbeschäftigung bezeichnet und durch Kapazitätsrestriktionen gegeben ist.

Bei einer Steigerung der Güternachfrage von Y_D nach $Y_D{}'$ kommt es zu einer inflatorischen Lücke. Die Veränderung der effektiven Nachfrage (Güternachfrage) kann durch einen größeren Konsum, eine Erhöhung der (exogen gegebenen) Nachfrage nach Investitionsgütern, eine steigende Nachfrage nach Exportgütern oder eine Erhöhung der Staatsausgaben ausgelöst werden. Im umgekehrten Fall mit einer Senkung der Güternachfrage von Y_D auf $Y_D{}''$ entsteht eine deflatorische Lücke (links von der Vollbeschäftigungslinie). Bei einer inflatorischen Lücke erhöhen sich die Preise, bei einer deflatorischen Lücke sinken diese. Ähnlich zu betrachten ist eine Anspruchsinflation, wenn die effektive Nachfrage das mögliche Bruttoinlandsprodukt übersteigt.

Empirische Hinweise zum Euro-Währungsgebiet (1999-2005)

Thesen:

1. Die Inflationsrate steigt mit zunehmender Nachfrage (und umgekehrt).	- Diese These trifft tendenziell zu (mit einem lag von bis zu einem Jahr).
2. Die Inflationsrate steigt (tendenziell) mit einem zunehmenden Beschäftigungsgrad (und umgekehrt).	- Diese These trifft geringfügig zu (mit einem lag von bis zu 1 ½ Jahren).

IV. Der Monetarismus

Die monetaristische Inflationstheorie lehnt sich an die klassische und neoklassische Lehre monetär bedingter inflatorischer Prozesse an. Nach Auffassung von *Milton Friedman* ist die Inflation stets ein monetäres Phänomen:

„... long-continued inflation is always and everywhere a monetary phenomen that arises from a more rapid expansion in the quantity of money than in total output".[514]

Die monetaristische Inflationstheorie geht von der neoklassischen Quantitätsgleichung (der Fischerschen Verkehrsgleichung als reiner Identitätsgleichung) aus, welche weiterentwickelt wird. Als Ergebnis lässt sich die Fishersche Verkehrsglei-

---

[514] *Friedman, Milton,* 1974c.

chung $M \times v = Y \times P$ auch in der Form von logarithmierten Wachstumsraten ausdrücken:

$$m + v = \pi + y, \tag{90}$$

wobei m die Wachstumsrate der Geldmenge, v die Umlaufgeschwindigkeit der
Geldmenge, π die Wachstumsrate der Preise (die Inflationsrate) und y die Wachstumsrate des realen Volkseinkommens bezeichnen. Umgeformt ergibt sich die Inflationsrate aus folgender Formel:

$$\pi = m + v - y. \tag{91}$$

Die Inflationsrate π resultiert aus dem Geldmengenwachstum, welches das
Wachstum des realen Volkseinkommens übersteigt, und zusätzlich aus der Veränderung der Umlaufgeschwindigkeit des Geldes. Bei einer konstanten Umlaufgeschwindigkeit des Geldes führen Geldmengenerhöhungen, welche das Wachstum des Bruttoinlandsproduktes und den veränderten Bedarf an Transaktionsmitteln in einer Volkswirtschaft übersteigen, zu Inflation. Umgekehrt bewirken
geringere oder negative Wachstumsraten der Geldmenge eine Deflation.

Empirische Hinweise zum Euro-Währungsgebiet (1999-2005)	
Thesen:	
1. Eine steigende Geldmenge (M1–M3) führt zu einem er-höhten Preisniveau.	- Diese These trifft zu (mit einer geringfügigen Wirkung).
2. Eine Erhöhung des Geld-mengenwachstums (d M1-d M3) führt zu einer steigen-den Inflationsrate.	- Diese These trifft nicht zu.

V. Die Neue Klassische Makroökonomie

Die Neue Klassische Makroökonomie baut auf dem Monetarismus auf und impliziert im Wesentlichen rationale Erwartungen („Monetarismus der zweiten
Art").[515] Unterstellt werden nach den bisherigen Ausführungen[516] unter anderem
eine vollständige Preisflexibilität, die stete Räumung der Märkte und die Gültigkeit der Quantitätstheorie bzw. die Neutralität des Geldes. Inflation ergibt sich
durch Geldmengenerhöhungen, welche über den veränderten Bedarf an Transaktionskasse hinausgehen, monetäre Schocks (nicht antizipierte Geldmengenänderungen) und reale Schocks, welche preisliche Wirkungen entfalten.

---

[515] Vgl. *Felkel, Stephanie*, 1998, S. 231 und S. 235.
[516] Vgl. Kapitel 5., Ziffer VII.

Empirische Hinweise zum Euro-Währungsgebiet (1999-2005)

Thesen:

1. Gültigkeit der Quantitätstheorie hinsichtlich der Inflation bzw. der Neutralität des Geldes.	- Die Erhöhung der Geldmengen bewirkt ein steigendes Preisniveau, wobei die Geldmengenerhöhungen nur unvollständig im Preisniveau inkorporiert werden.
2. Die Wirtschaftssubjekte haben bestimmte Inflationserwartungen, zu welchen auch inflationäre Schocks (bedingte Varianzen bei der Inflationsrate) zählen.	- Diese Auffassung trifft zu. Die Inflationsrate enthält auch exogene Schocks, welche sich beispielsweise auf plötzliche, rasche Rohstoffpreiserhöhungen (Erhöhung der Ölpreise) zurückführen lassen.

VI. Weitere Erklärungen zur Inflation

Weitere Ursachen zur Erklärung der Inflation sind:
- Die sog. *"cost push-Inflation"*, beispielsweise durch höhere Kosten für Löhne, Zinsen, Vorleistungen, Rohstoffe und Importe.
- Die sog. *"profit push-Inflation"* (ausgelöst durch höhere Gewinnansprüche).
- Die Inflation aufgrund von Verschiebungen bei der Nachfrage nach Gütern (*"demand-shift"*): Verschiebt sich z. B. die Nachfrage von gewerblich oder industriell erzeugten Gütern zu Dienstleistungsprodukten, ist eine Ausdehnung des Dienstleistungsbereichs erforderlich, was nur bei entsprechenden Preissteigerungen möglich ist (sog. Balassa-Samuelson-Effekt). Davon sind vor allem die Entwicklungs- und Schwellenländer betroffen.
- Die *importierte Inflation* (durch Preissteigerungen für Güter aus dem Ausland).
- Die *Lohn-Preis-Spirale* (die Inflation als autokorrelativer Prozess): Diese lässt sich zu einer *"Lohn-Preis-Zins-Spirale"* erweitern. Steigen die Löhne und die Preise, erhöht die Zentralbank ggf. die Zinsen, um die damit verbundenen inflatorischen Prozesse einzudämmen.[517] Steigt die Inflation aus irgendwelchen Gründen (vor allem bei starken Preiserhöhungen für Rohstoffe) über eine kritische Schwelle, beginnt sich eine Lohn-Preis-Zins-Spirale zu drehen, was zu einem ausgeprägten, autokorrelativen Inflationsprozess führt.

Bei der „Lohn-Preis-Zinsspirale" zeigt sich in etwa folgender Ablauf:
- In der Ausgangslage erfolgen ziemlich lockere Geldmengenerhöhungen aufgrund von tiefen Inflationsraten.
- Die Inflation steigt über ein kritisches Niveau (beispielsweise drei Prozent).
- Es kommt zu Lohnforderungen sowie -erhöhungen und damit verbunden zu Preiserhöhungen.

---

[517] Vgl. *Strahmann, Albert,* 1989.

- Die Zentralbank erhöht die Zinsen, um die Inflation zu „bekämpfen", was kurzfristig zu einem weiteren Kosten- und Preisschub führt.
- Es erfolgen weitere Erhöhungen der Löhne, Preise und Zinsen.
- Schließlich ergibt sich durch die hohen Geldmarktzinsen (in der Vergangenheit oft über zehn Prozent) eine Dämpfung der Konjunktur mit nach wie vor hohen Inflationsraten und einer zunehmenden Arbeitslosigkeit. In solchen Zyklen, wie beispielsweise 1973/74, 1981/82 und 1989/90, wurden in Deutschland jeweils meist über eine Million Arbeitskräfte zusätzlich freigesetzt.

Empirische Hinweise zum Euro-Währungsgebiet (1999-2005)

Thesen:

1. Höhere Löhne führen zu einer größeren Inflationsrate.	- Höhere Löhne führen nur tendenziell zu einer höheren Inflationsrate (nicht signifikant).*
2. Es besteht eine Lohn-Preis-Spirale.	- Höhere Löhne führen nur tendenziell zu einer höheren Inflationsrate und diese wiederum zu höheren Löhnen (in der Referenzperiode nicht signifikant).*
3. Es besteht eine Lohn-Preis-Zins-Spirale.	- Höhere Löhne bewirken tendenziell eine höhere Inflationsrate und diese wiederum höhere Zinsen (nicht signifikant).* Ein solcher Zusammenhang besteht im Allgemeinen auch in der umgekehrten Wirkungsrichtung. - Die „Lohn-Preis-Zinsspirale" beginnt sich im Euro-Währungsgebiet nach 1999 etwas zu drehen, wobei die Inflationsrate in einem engen Zusammenhang zur Veränderung der Löhne und der kurzfristigen Geldmarktzinsen (Laufzeit von einem Tag) steht. Mit der Abkühlung der Konjunktur (2001) wird dieser Zusammenhang schwächer.
4. Es besteht eine importierte Inflation.	- Ein solcher Zusammenhang lässt sich nicht nachweisen. In der Referenzperiode dämpft ein höherer Wechselkurs vielmehr die Inflationsrate.
5. Demand-shift führt zu Inflation.	- Diese These lässt sich anhand des vorhandenen Zahlenmaterials nicht überprüfen.

* Bei einem zugrunde gelegten Signifikanzniveau von mindestens 0,10.

Kapitel 10. Geld und Beschäftigung (die Phillips-Kurven-Diskussion)

I. Der statistische Zusammenhang

Die Phillips-Kurven-Diskussion beschäftigt sich mit dem Zusammenhang zwischen einer Änderung des Lohn- bzw. Preisniveaus und der Arbeitslosigkeit.

Es werden verschiedene Formen der Arbeitslosigkeit unterschieden:
- Die unfreiwillige Arbeitslosigkeit: Arbeitslose Wirtschaftssubjekte, die zum herrschenden Reallohn gerne arbeiten würden, jedoch keine Arbeit finden.
- Die natürliche Arbeitslosigkeit: Arbeitslose Wirtschaftssubjekte, die zum herrschenden Reallohn keine Arbeit anbieten.
- Nach einer anderen (monetaristischen) Auffassung setzt sich die natürliche Arbeitslosigkeit aus der strukturellen und der friktionellen Arbeitslosigkeit zusammen. Die strukturelle Arbeitslosigkeit ergibt sich als Folge der Strukturveränderungen in der Wirtschaft. Unter der friktionellen Arbeitslosigkeit wird die – stets vorhandene – Sucharbeitslosigkeit in einer Periode verstanden.

Alban W. Phillips (1914-1975) hat in einer empirischen Untersuchung für das Vereinigte Königreich im Zeitraum 1861-1957 einen Zusammenhang zwischen den Änderungen des Nominallohnes und den Arbeitslosenquoten herausgearbeitet (vgl. Abbildung 64).[518] Indem *Phillips* einen stabilen Zusammenhang zwischen der Änderungsrate des Nominallohns als abhängige Variable und der Arbeitslosenquote als unabhängige Variable feststellt, geht er von der Hypothese aus, die Geldlohnänderungen ließen sich durch die herrschende Arbeitslosigkeit erklären.[519] Dieser Zusammenhang wird später als Phillips-Kurve bekannt.

Phillips untersucht besonders drei Perioden:
- Recht ausgeprägt und langfristig stabil ist die Phillips-Kurve von 1861-1913. Diese hat drei wesentliche Merkmale: Eine negative Steigung, eine hyperbolische Funktion und einen Abszissenschnittpunkt bei ca. sechs Prozent. Dies bedeutet, dass sich stabile Nominallöhne bei einer Arbeitslosenquote von ungefähr sechs Prozent ergeben.
- Zwischen den beiden Weltkriegen (1913-1948) erweist sich die Korrelation als schwächer.[520]
- Zwischen 1948 und 1957 ist der Phillips-Kurven-Zusammenhang wieder stärker ausgeprägt, allerdings mit einem lag von sieben Monaten zwischen den zurückliegenden Arbeitslosenraten und den darauf folgenden Lohnänderungsraten (vgl. Abbildung 65).[521]

---

[518] *Phillips, Alban W.,* 1958.
[519] Eine Ausnahme bilden Jahre mit einem starken Ansteigen der Importpreise.
[520] Vgl. *Bofinger, Peter et al.,* 1996, S. 22 ff.
[521] Vgl. *Phillips, Alban W.,* 1958, S. 295 und S. 297 f.

Abbildung 64: Die ursprüngliche Phillips-Kurve 1861-1957*

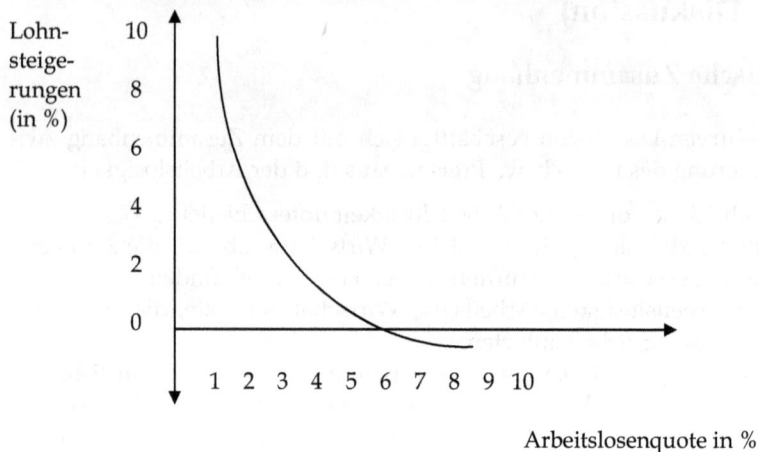

* Quelle: *Phillips, Alban W.*, 1958, S. 285.

Abbildung 65: Der Zusammenhang zwischen Arbeitslosigkeit und Nominallohn-änderung im Vereinigten Königreich 1948-1957

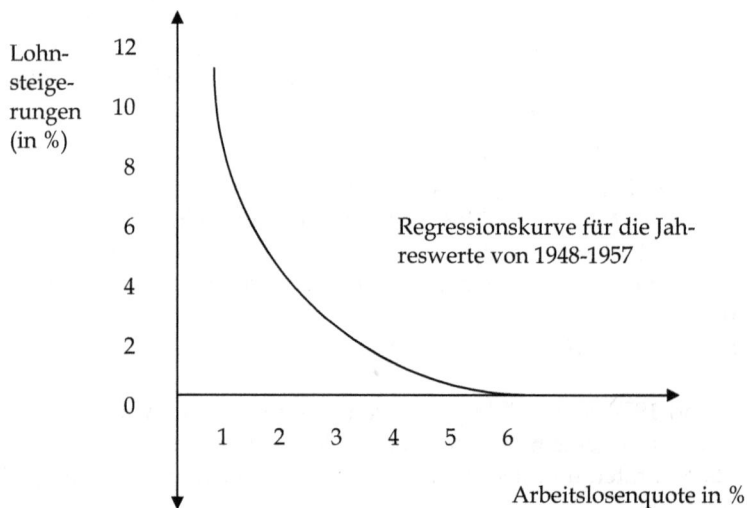

Die Phillips-Kurve lässt darauf schließen, dass die Arbeitslosigkeit mit rascher steigenden Nominallöhnen zurückgeht. Rund um die Phillips-Kurve, als einem empirischen Phänomen, entstehen zahlreiche Theorien, welche sich sowohl auf den möglichen trade off zwischen der Inflation und der Arbeitslosigkeit als auch die Erklärung der Inflation im Zusammenhang mit den Arbeitslosenraten beziehen.

Es gibt zwei Argumentationslinien:

(1.) Der *„demand pull-Effekt"*: Als Ausgangspunkt wählt *Phillips* die Fragestellung, ob beim Arbeitsmarkt ähnliche Reaktionen wie beim Gütermarkt vorherrschen. Steigen auf dem Arbeitsmarkt bei einem Nachfrageüberhang die Preise bzw. die Geldlöhne, und dies umso stärker, je größer der Nachfrageüberhang (demand pull-Effekt) ist? Als Indikator für den Nachfrageüberhang dient die Variable Arbeitslosigkeit. Eine hohe Arbeitslosigkeit signalisiert einen geringen, eine kleine Arbeitslosigkeit einen großen Nachfrageüberschuss. Zudem erhöht sich bei einer steigenden Geschäftstätigkeit der Nachfrageüberschuss stärker (und umgekehrt). Dabei steigen nach Auffassung von *Phillips* die Löhne bei einer großen Arbeitskräftenachfrage schneller, als diese bei einer sinkenden Arbeitsnachfrage fallen. Dies erklärt er damit, dass sich die Arbeitgeber bei einer großen Arbeitsnachfrage und knapper werdenden Arbeitskräften überbieten. Die Unternehmen befinden sich im Nachfragewettbewerb um eine beschränkte Anzahl von Arbeitskräften und treiben die Löhne bzw. die Preise hoch.[522] Bei einer sinkenden Arbeitskräftenachfrage sinken die Löhne nur langsam, denn die Arbeitnehmer bzw. die Gewerkschaften akzeptieren selbst in einer Rezession und bei hoher Arbeitslosigkeit nur zögernd ein Abfallen der Löhne.[523] Die Arbeitnehmer sind kaum bereit, zu geringeren als den durchschnittlichen Löhnen zu arbeiten (keynesianische Lohnstarrheit).[524] Daraus erklärt sich *Phillips* den nichtlinearen Verlauf der Phillips-Kurve mit einem monoton fallenden, hyperbolischen Verlauf.

(2.) Der *„cost push-Effekt"*: Preisänderungen können zusätzlich Lohnänderungen im Sinne einer Anpassung der Lebenshaltungskosten bewirken. So werden beispielsweise allgemeine Preissteigerungen durch eine starke Erhöhung der Importpreise ausgelöst, womit die Löhne durch eine Kostendruckinflation (cost-push) in die Höhe getrieben werden. Normalerweise ist die Anpassung der Lebenshaltungskosten in den üblichen Lohnsteigerungen enthalten und wird zudem durch den Anstieg der Produktivität ausgeglichen.[525] Die Lohnerhöhungen stellen in diesem Fall einen Ausgleich für den Kaufkraftverlust der Arbeitnehmer dar, welche den demand pull-Effekt übersteigen.[526]

Empirische Hinweise zum Euro-Währungsgebiet (1999-2005)

These:

Eine geringere Arbeitslosigkeit führt zu höheren Lohnsteigerungen (und umgekehrt).	- Diese These trifft nur schwach zu (nicht signifikant).* Dies lässt sich auf die aktuellerweise relativ hohe Arbeitslosigkeit zurückführen.

* Bei einem zugrunde gelegten Signifikanzniveau von mindestens 0,10.

---

[522] Vgl. *Phillips, Alban W.,* 1958, S. 298; vgl. *Rothschild, K.,* 1971, S. 249.
[523] Vgl. *Phillips, Alban W.,* 1958, S. 283 f.
[524] Vgl. *Phillips, Alban W.,* 1958, S. 249 und S. 283.
[525] Vgl. *Phillips, Alban W.,* 1958, S. 283 f.
[526] Vgl. *Phillips, Alban W.,* 1958, S. 298 f.

II. Die keynesianische Interpretation

Die keynesianische Theorie geht von einem Zusammenhang zwischen der effektiven Nachfrage (Nachfrage auf den Gütermärkten) und der Beschäftigung aus. Bei einer geringeren effektiven Nachfrage sinken die Produktion, die Beschäftigung und die Faktoreinkommen. Dadurch kann die Beschäftigung weiter fallen und sich ein Unterbeschäftigungsgleichgewicht ergeben (wie in Abbildung 66 dargestellt).[527]

Abbildung 66: Die keynesianische Interpretation der Phillips-Kurve

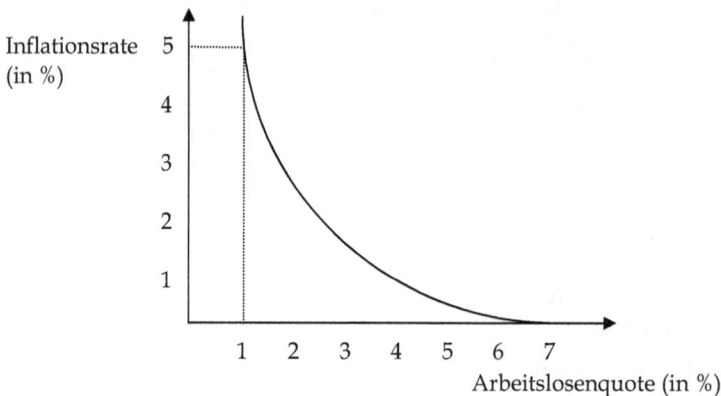

Ausgangslage sind unvollkommene Erwartungen der Arbeitnehmer hinsichtlich der Entwicklung der Güterpreise. Preissteigerungen auf den Gütermärkten lösen erst mit einer gewissen Verzögerung entsprechende Lohnforderungen bei den Arbeitnehmern aus. Dies führt vorübergehend zu steigenden Unternehmergewinnen, was eine verstärkte Nachfrage nach Arbeit bewirken kann. Angesichts dieser Zusammenhänge wird ein „trade off" zwischen der Inflation und der Arbeitslosigkeit vermutet, wobei das eine Übel lediglich durch das andere ausgetauscht werden kann. Eine geringere Arbeitslosigkeit lässt sich nur durch unerwünschte Preissteigerungen erreichen.[528]

Dieses Phänomen verschwindet bei rationalen Erwartungen der Arbeitnehmer (bzw. der Gewerkschaften), sofern die Inflationsraten korrekt antizipiert werden und die Lohnerhöhungen zeitlich parallel zur Erhöhung der Güterpreise vorgenommen werden.

III. Die modifizierte (neoklassische) Phillips-Kurve

Paul A. Samuelson (geb. 1915) und *Robert M. Solow* (geb. 1924) entwickeln auf der Basis von US-amerikanischen Daten eine Phillips-Kurve, welche eine Beziehung

---

[527] Vgl. *Felderer, Bernhard* und *Homburg, Stefan*, 1994, S. 102.
[528] Vgl. *Felderer, Bernhard* und *Homburg, Stefan*, 1994, S. 265 f.

zwischen der Inflation und der Arbeitslosigkeit herstellt. Die sog. modifizierte Phillips-Kurve weist wie die originäre Kurve von *Phillips* eine negative Steigung, eine nichtlineare Form und einen Schnittpunkt mit der Abszisse bei einer Arbeitslosenquote von etwa 5,5 Prozent auf (vgl. Abbildung 67). Die Preisniveauänderungen sind das Ergebnis einer über den Produktivitätsfortschritt (Wachstum der Arbeitsproduktivität) hinausgehenden Nonimallohnerhöhung,[529] welche auf die Güterpreise überwälzt wird und preisniveauerhöhend wirkt.

Abbildung 67: Die modifizierte Phillips-Kurve

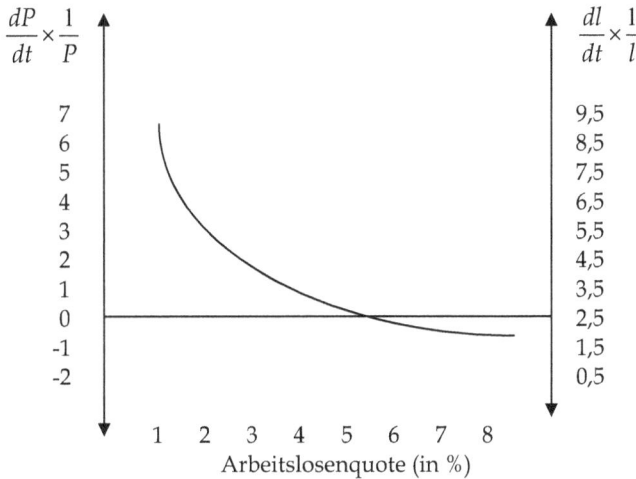

Diese Kurve verdeutlicht, dass die Änderungsrate des Preisniveaus (Inflation) von der Lohnentwicklung abhängt. Dabei entspricht die Inflation der Preisänderungsrate:

$$Inflation = \frac{\Delta P_t}{P_t} = \frac{P_{t-1} - P_t}{P_t} \quad bzw. \quad \frac{dP}{dt} \times \frac{1}{P}. \tag{92}$$

Eine Nullinflation lässt sich erreichen, wenn das Ansteigen der Geldlöhne (Nominallöhne) $\frac{dl}{dt} \times \frac{1}{l}$ identisch ist mit dem Produktivitätswachstum, welches jährlich mit 2,5 Prozent angenommen wird, und zudem eine Arbeitslosigkeit von fünf bis sechs Prozent in Kauf genommen wird.[530]

---

[529] Vgl. *Samuelson, Paul A.* und *Solow, Robert M.*, 1960, S. 177-194.
[530] Vgl. *Samuelson, Paul A.* und *Solow, Robert M.*, 1960, S. 192.

Die modifizierte Phillips-Kurve von *Samuelson* und *Solow* löste eine breite wirtschaftspolitische Diskussion aus. Besteht ein trade off zwischen der Inflationsrate und der Arbeitslosigkeit? Gibt es einen über längere Zeit stabilen trade off zwischen den beiden Übeln, der Inflation und der Arbeitslosigkeit im Sinne einer Menükarte, aus welcher die Politiker eine geeignete Kombination zwischen Inflation und Arbeitslosigkeit auswählen können?[531]

Das Spektrum der Auffassungen reicht vom unerschütterlichen Optimismus, ein Mittel gegen die Arbeitslosigkeit gefunden zu haben bis zur Ablehnung durch die klassisch-neoklassisch orientierte Schule, welche einen stabilen trade off bestreitet. Auch *Samuelson* und *Solow* mahnen hinsichtlich der Stabilität „ihrer Kurve" zur Vorsicht und weisen darauf hin, dass wirtschaftspolitische Maßnahmen eine Veränderung der Kurve bewirken können.[532]

Empirische Hinweise zum Euro-Währungsgebiet (1999-2005)

These:

Eine größere Inflationsrate bewirkt eine geringere Arbeitslosigkeit.	- Diese These trifft nicht zu (nicht signifikant).*

* Bei einem zugrunde gelegten Signifikanzniveau von mindestens 0,10.

IV. Die monetaristische Interpretation

Milton Friedman (geb. 1912) und *Edmund S. Phelps* (geb. 1933) kritisieren Ende der 1960er Jahre die Idee eines stabilen trade off zwischen der Inflationsrate und der Arbeitslosigkeit.[533] Bei ihren Überlegungen beziehen sie sich auf die keynesianische Theorie. Die ursprüngliche Phillips-Kurve geht von einem inversen Zusammenhang h zwischen den nominalen Lohnerhöhungen g_w und der Arbeitslosenrate U aus:

$$g_w = h(U), \quad \text{mit } h' \leq 0. \tag{93}$$

Die Inflationsrate π ergibt sich – in einer dynamischen Interpretation der keynesianischen Theorie der Inflations- und Deflationslücke – aus der Lücke zwischen dem Wachstum der Güternachfrage g_D und dem Wachstum des Output g_Y:

$$\pi = g_D - g_Y. \tag{94}$$

Übersteigt das Wachstum der nominellen Löhne g_w das Wachstum der Produktivität der Arbeit g_Y, kommt es zu Lohnsteigerungen, welche sich in höheren Güterpreisen bzw. Inflationsraten π niederschlagen:

---

[531] Vgl. *Samuelson, Paul A.* und *Solow, Robert M.*, 1960, S. 192.
[532] Vgl. *Samuelson, Paul A.* und *Solow, Robert M.*, 1960, S. 193.
[533] Vgl. *Friedman, Milton*, 1968, S. 1 ff.; vgl. *Phelps, Edmund S.*, 1967, S. 254 ff.

$$\pi = g_W - g_Y.\tag{95}$$

Unter der Annahme eines Produktivitätswachstums von null entspricht die Inflationsrate den nominalen Lohnsteigerungen

$$\pi = g_W.\tag{96}$$

Damit gilt bei konstanten realen Löhnen eine inverse Beziehung h zwischen der Inflationsrate π und der Arbeitslosigkeit (Unterbeschäftigung U)

$$\pi = h(U).\tag{97}$$

Die Arbeitslosigkeit wird definiert als

$$U = \frac{N_S - N_D}{N_S},\tag{98}$$

mit N_S für das Arbeitsangebot und N_D für die Arbeitsnachfrage.

Friedman und *Phelps* betrachten diese Interpretation der Phillips-Kurve als eine gute Grundlage für die Analyse des Arbeitsmarktprozesses. Unter der Annahme von realen Gleichgewichtslöhnen w/P ergibt sich folgende natürliche Rate der Arbeitslosigkeit U^* (bei einem Arbeitspotential von N_S^*):

$$U^* = \frac{N_S^* - N_D^*}{N_S^*}.\tag{99}$$

Bei U^*, der natürlichen Arbeitslosigkeit, handelt es sich um eine Situation mit Vollbeschäftigung. Jede darüber hinaus gehende, längerfristige Arbeitslosigkeit muss freiwilliger Natur sein; bei einem hinreichend tiefen Lohnsatz würden selbst die Arbeitslosen Arbeit finden. Arbeitslose, denen dieser Lohnsatz zu niedrig ist, sind offenbar freiwillig arbeitslos.[534]

Das wesentliche Argument ist die Existenz einer natürlichen Arbeitslosigkeit; damit bezeichnet *Friedman* das Niveau der Arbeitslosigkeit, welches sich

> „… bei einem Walrasianischen System des allgemeinen Gleichgewichts bei strukturellen Veränderungen des Arbeits- und Gütermarktes, Marktunvollkommenheiten, stochastischen Veränderungen von Nachfrage und Angebot, Informationskosten zur Ermittlung von freien Stellen, Kosten der Mobilität usw. ergibt".[535]

Dabei wird die Arbeitslosigkeit aufgrund von strukturellen Veränderungen des Arbeitsmarktes und der Gütermärkte als strukturelle Arbeitslosigkeit bezeichnet, die Arbeitslosigkeit von Arbeitnehmern, welche sich im Übergang von dem einen zum anderen Arbeitsplatz befinden, als friktionelle Arbeitslosigkeit.

---

[534] Vgl. *Tobin, James*, 1972, S. 3.
[535] *Friedman, Milton*, 1968, S. 8.

Friedman und *Phelps* entwickeln unabhängig voneinander die Theorie der natürlichen Rate der Arbeitslosigkeit („natural rate of unemployment hypothesis")
als eine Weiterentwicklung des neoklassischen Arbeitsmarktmodells. Sie be-
zweifeln die Möglichkeit, dass die Arbeitslosenrate dauerhaft unter die natürliche
Arbeitslosenrate sinken könne. Zudem gelangen sie zur Auffassung, es gebe langfristig keinen negativen trade off zwischen der Inflation und der Arbeitslosigkeit,
d.h. die langfristige Phillips-Kurve verlaufe senkrecht. Angenommen, U^* sei die
Ausgangslage (vgl. Abbildung 68) und es werde nun versucht, mit einer expansiv
wirkenden Geld- oder Fiskalpolitik die Arbeitslosigkeit von U^* auf U_1 zu reduzieren, indem die nominale Nachfrage erhöht wird. Die Unternehmen werden danach trachten, den Output zu steigern. Sie erhöhen die Nachfrage nach Arbeitskräften, welche bisher unbeschäftigt waren, indem sie die Löhne erhöhen. Nehmen wir an, es würden keine Produktivitätssteigerungen erfolgen, und die Preise
würden im Ausmaß der Lohnsteigerungen erhöht. Auf diese Weise kommt es zu
einer Bewegung von a nach b und einer Erhöhung der Inflationsrate auf π_1. Gehen
wir zudem davon aus, dass das Arbeitsangebot eine Funktion der (erwarteten)
realen Löhne ist, so sinkt das Arbeitsangebot aufgrund der Preiserhöhungen am
Gütermarkt wieder auf U^*, da die Arbeitnehmer die Konstanz der realen Löhne
bemerken. Es kommt zu einer Bewegung von b nach c. Dieser Prozess setzt sich
von c nach d, von d nach e, von e nach f und von f nach g fort. Daraus folgt eine
langfristig vertikale Phillips-Kurve bei U^*, verbunden mit einem lediglich kurzfristigen trade off zwischen der Inflationsrate und der Arbeitslosigkeit.

Abbildung 68: Die monetaristische Phillips-Kurve

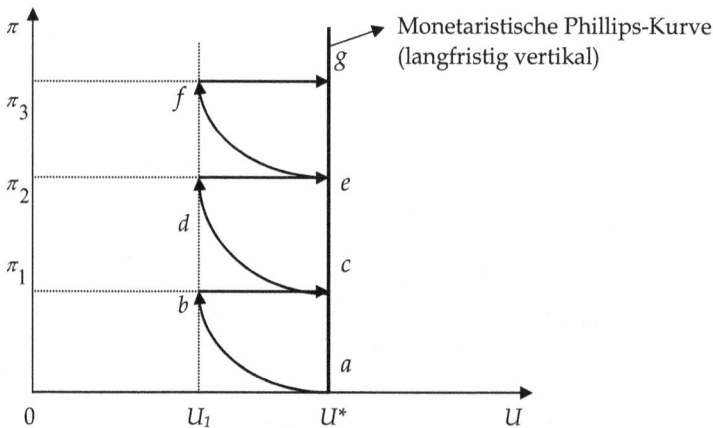

Indem *Friedman* und *Phelps* adaptive Erwartungen der Wirtschaftssubjekte unterstellen, werden Lernprozesse angenommen, in deren Rahmen die Wirtschaftssubjekte die tatsächliche mit der erwarteten Inflationsrate vergleichen. Vergangene Fehler bei der Bildung von Preiserwartungen werden in der kommenden Pla-
nung berücksichtigt. In der Praxis werden die Inflationserwartungen aus den Inflationsraten der Vergangenheit gebildet und fließen in die Lohnverhandlungen
ein, um keine Reallohnschmälerungen hinnehmen zu müssen. Die vergangenen

Inflationsraten führen zu allmählichen Anpassungen der Erwartungen; wesentlich erscheint, dass nur vergangene Inflationsraten für die Erwartungsbildung genutzt werden.

Der expansive wirtschaftspolitische Prozess, welcher von U^* zu U_1 und wieder zurück zu U^* (bei steigenden Inflationsraten) führt, wird als Akzelerationstheorem bezeichnet. Nur wenn immer wieder expansiv wirkende Maßnahmen erfolgen, lässt sich die Arbeitslosigkeit unter U^* senken. Der Preis ist eine steigende Inflationsrate π. Der Weg führt schließlich zu einer Währung, deren Funktionen durch eine Hyperinflation verloren gehen. Die natürliche Rate der Arbeitslosigkeit U^*, auch als NAIRU („non-accelerating inflationary rate of unemployment") oder kurz NRU bezeichnet, ist damit jene Arbeitslosenrate, bei welcher es zu keiner andauernden Akzeleration (Beschleunigung) der Inflationsrate kommt.

Friedman und *Phelps* sehen die bis dahin bekannte Phillips-Kurve als kurzfristige Kurve an. Der kurzfristig mögliche trade off zwischen der Preisentwicklung und der Arbeitslosigkeit resultiert aus einer Zeitverschiebung zwischen den Beschäftigungswirkungen einer Geldmengenerhöhung und den erst später eintretenden Preiserhöhungen bzw. Lohnforderungen der Arbeitnehmer. Eine geldpolitische Maßnahme mag im aktuellen Zeitpunkt als zweckmäßig erscheinen, in der folgenden Periode ist sie nicht mehr sinnvoll. Dieses Phänomen verbindet sich mit dem sog. Zeitinkonsistenzproblem der Geldpolitik.

Dabei treten die Beschäftigungswirkungen von monetären Impulsen zeitlich vor den Inflationseffekten auf, die Lohnforderungen hinken den Beschäftigungswirkungen hinterher. Mit schwindender Geldillusion antizipieren die Wirtschaftsakteure die Geldmengenausweitung und die Arbeitnehmer passen die Nominallohnforderungen für die nächste Periode dem höheren Preisniveau an. Die monetaristisch modifizierte Phillips-Kurve zeigt dieses, durch adaptive Erwartungen geprägte Verhalten.[536] Durch Einbeziehung von adaptiven Erwartungen entsteht eine dynamische Betrachtung des Zusammenhangs. Positive Auswirkungen auf die Beschäftigung können nur kurzfristig eintreten, wenn Geldillusion vorliegt, mit anderen Worten bei einer nicht erkannten Inflation im Zusammenhang mit einer Geldmengenerhöhung.

Empirische Hinweise zum Euro-Währungsgebiet (1999-2005)	
Thesen:	
1. Es besteht eine natürliche Arbeitslosigkeit.	- Es besteht eine hohe Sockelarbeitslosigkeit. Diese umfasst die natürliche Arbeitslosigkeit und eine zusätzliche Arbeitslosigkeit aufgrund von weiteren Unvollkommenheiten des Arbeitsmarktes.
2. Es gibt einen kurzfristigen trade off zwischen der Inflation und der Arbeitslosigkeit.	- Ein solcher (kurzfristiger) trade off besteht nicht (nicht signfikant).*
* Bei einem zugrunde gelegten Signifikanzniveau von mindestens 0,10.	

---

[536] Vgl. zur adaptiven Erwartungstheorie *Cagan, Phillip*, 1956, S. 37 f.

V. Die Interpretation der Neuen Klassischen Makroökonomie

Die Neue Klassische Makroökonomie formt die modifizierte Phillips-Kurve zu einer gesamtwirtschaftlichen Angebotskurve („aggregate supply function"). Die allgemeinen *Prämissen* sind wiederum vollkommen flexible Preise, eine ständige Räumung der Märkte sowie rationale Erwartungen der Wirtschaftssubjekte. Die Wirtschaftssubjekte setzen sämtliche verfügbaren Informationen in ihren Plänen um. Es treten nicht vorhergesehene stochastische Störungen (exogene Schocks) auf, welche zu nicht erfüllten Erwartungen führen, und Schwankungen beim Angebots- und Nachfrageverhalten bewirken.[537]

Besondere Prämissen sind ein Arbeitsmarkt mit flexiblen Nominallöhnen w. Es gibt nur ein Gut und eine Vielzahl von Unternehmen. Die Haushalte arbeiten bei einem Unternehmen und kaufen die Güter vieler Unternehmen. Bei einem gegebenen Nominallohn w hängen die Arbeitsnachfrage N_D von den Preisen P und das Arbeitsangebot N_S vom erwarteten Preisniveau P^e ab:

$$N_D\left(\frac{w}{P}\right) = N_S\left(\frac{w}{P^e}\right). \tag{100}$$

Die Haushalte erhalten erst am Ende einer Periode Kenntnis vom Preisniveau, während der Nominallohn bereits zu Beginn einer Periode feststeht. Damit ist auch die Kaufkraft des Lohnes erst am Ende einer Periode bekannt. Die Haushalte treffen ihre Entscheidungen aufgrund der erwarteten Kaufkraft des Lohnes. Das Marktgleichgewicht kommt somit bei heterogenen Erwartungen zustande. Ein richtig antizipiertes Ansteigen der Preise bewirkt eine Arbeitslosigkeit auf dem natürlichen Niveau. Der Hauptakzent der Betrachtungen liegt jedoch auf einer unvollkommenen Antizipation der Preisentwicklungen. Damit entfällt der trade off zwischen den Beschäftigungswirkungen und der Inflation als Folge von monetären Impulsen, welche sehr rasch zu inflatorischen Wirkungen und negativen Beschäftigungswirkungen führen.

Die bekannte Lucassche aggregierte Angebotskurve für Güter[538] lässt sich in einer allgemeinen Form wie folgt formulieren:

$$Y_t^S = Y* + c\left(p_t - p_t^e\right) + v_t, \tag{101}$$

Das Güterangebot Y_t^S in der Periode t entspricht dem natürlichen Produktionsniveau $Y*$ (natürliche Beschäftigung), sofern die Preiserwartungen $p_t - p_t^e$ erfüllt werden. Der Störterm v_t ist eine unabhängige stochastische Variable mit dem Erwartungswert null und einer endlichen Varianz. Erwarten die Unternehmer beispielsweise einen Preisanstieg p_t^e von zehn Prozent, so vermuten sie eine Erhö-

---

[537] Vgl. *Felderer, Bernhard* und *Homburg, Stefan*, 2003, S. 235 ff. und S. 249.
[538] Vgl. *Felderer, Bernhard* und *Homburg, Stefan*, 2003, S. 250.

hung der relativen Preise ihrer Güter und erhöhen die Produktion. Erst nachträglich stellen sie beispielsweise ein Ansteigen des Preisniveaus p_t um fünf Prozent fest und korrigieren nachträglich ihre Produktionsentscheidungen. Vorübergehend haben sie aber, während der Preiserhöhung, die Produktion erhöht.[539]

Bei der Interpretation der Phillips-Kurve durch die Neue Klassische Makroökonomie erfolgt eine Umkehr der Wirkungskausalität, nämlich von den Preisen zu den Mengen aufgrund sich ändernder relativer Preise (vgl. Abbildung 69). Obwohl rationale Erwartungen im Sinne von *John Muth*[540] unterstellt werden, kann es zu einem Erwartungsirrtum zwischen dem aktuellen und dem erwarteten Preisniveau kommen,[541] wodurch das Güterangebot in der Periode t vom natürlichen Produktionsniveau abweicht. Bei einer angenommenen Konstanz der Produktionsfunktion steht die Unterbeschäftigung damit in einem inversen Verhältnis zum Güterangebot (dem Output).

Abbildung 69: Die Interpretation der Phillips-Kurve in der Neuen Klassischen Makroökonomie

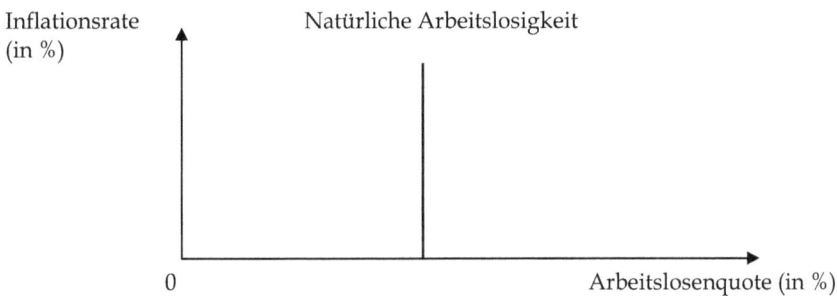

Indem die Geldlehre der Neuen Klassischen Makroökonomie von stets kürzer werdenden lags im geldwirtschaftlichen Bereich, den stagflationären Tendenzen der 1970er Jahre und einer Annäherung der Erwartungsbildung an rationale Erwartungen ausgeht, entfällt der trade off zwischen den Beschäftigungswirkungen und der Inflation als Folge von monetären Impulsen. Die Erwartungsbildung führt sehr rasch zu inflatorischen Wirkungen, was mit negativen Beschäftigungseffekten verbunden ist.

Bei der Phillips-Kurven-Diskussion bringt die Neue Klassische Makroökonomie eine konsequentere Form der „natural rate Hypothese", indem die Beschäftigung durch reale Gegebenheiten bestimmt wird. Ein langfristiges Abweichen von der „natural rate" ist kaum möglich, da sich die Wirtschaftssubjekte Erwartungen hinsichtlich der künftigen wirtschaftlichen Entwicklung und insbesondere des Preis-

---

[539] Vgl. *Felderer, Bernhard* und *Homburg, Stefan*, 2003, S. 251.
[540] Vgl. *Muth, John F.*, 1961, S. 316.
[541] *Lucas, Robert E.*, 1973, S. 327.

niveaus bilden. Zu den Kritikpunkten zählen die theoretisch implizierten Prämissen, so vor allem die Annahme rationaler Erwartungen der Wirtschaftssubjekte.

Empirische Hinweise zum Euro-Währungsgebiet (1999-2005)	
Thesen:	
1. Es besteht eine natürliche Arbeitslosigkeit.	- Es gibt eine hohe Sockelarbeitslosigkeit, welche über das Ausmaß der vermuteten natürlichen Arbeitslosigkeit hinausgeht.
2. Bei einer unerwarteten Geldmengenänderung kommt es zu positiven Beschäftigungswirkungen.	- Diese These trifft schwach zu.

VI. Die neuere Entwicklung - der Phillips-Kurven-Loop

In der Phillips-Kurven-Diskussion der 1960er Jahre ist der Konflikt von Inflation und Arbeitslosigkeit nahe der Realität. Die deutsche Wirtschaft bewegt sich etwa im Bereich der gegebenen Phillips-Kurve. Anfang der 1970er Jahre kommt es zu stagflationären Erscheinungen, wobei hohe Inflationsraten mit einer zunehmenden Arbeitslosigkeit einhergehen. Die ursprüngliche Phillips-Kurve verschiebt sich nach rechts und nach oben (Phillips-Kurven-Shift). Dies führt zu einer Abkehr von der Auffassung, die Phillips-Kurve sei als eine Art von Menükarte für die Wirtschaftspolitik zu verwenden (vgl. Abbildung 70).

Bereits *Phillips* weist auf den oftmals zu beobachtenden, schleifenförmigen Verlauf (loop) der periodenbezogenen Einzelkurve um die eigentliche Kurve hin, ohne dafür eine theoretische Erklärung zu geben.[542] Danach besteht bei steigender Arbeitslosigkeit in Abschwungphasen die Tendenz, dass die Veränderungsrate der Löhne über dem durchschnittlichen (typischen) Niveau liegt (und umgekehrt).[543]

Lipsey betrachtet die Schleifen als ein Aggregationsphänomen der einzelmarktlichen Phillips-Kurven zu einer gesamtwirtschaftlichen Phillips-Kurve. Die Arbeitsmärkte der verschiedenen Wirtschaftszweige passen sich bei Auf- und Abschwüngen verschieden schnell an, wobei sich die Arbeitslosigkeit und die Löhne unterschiedlich schnell verändern.

Die neuere Entwicklung seit 1973 mit wachsenden Inflationsraten und gleichzeitig steigender Arbeitslosigkeit bewirkte eine Desillusionierung hinsichtlich eines stabilen, inversen Zusammenhangs zwischen der Inflation und der Arbeitslosigkeit. Nach Auffassung der *Europäischen Zentralbank (EZB)* spielen die institu-

---

[542] Vgl. *Phillips, Alban W.,* 1958, S. 290.
[543] Vgl. *Lipsey, Richard G.,* 1974, S. 63-99.

tionellen Aspekte von Arbeitsmärkten, darunter „Kündigungsschutzbestimmungen, Arbeitslosenunterstützung, der Lohnbildungsprozess und die Besteuerung des Faktors Arbeit ... für die wirtschaftliche Entwicklung eine große Rolle".[544] Negativ wirkende wirtschaftliche Schocks führen angesichts der Verkrustungen des Arbeitsmarktes zu langsameren Reaktionen der Wirtschaft. Ergebnis dieser Verkrustungen ist in der Regel eine „relativ hohe und anhaltende Arbeitslosigkeit".[545]

Abbildung 70: Die Entwicklung der Phillips-Kurve in Deutschland (seit 1964)

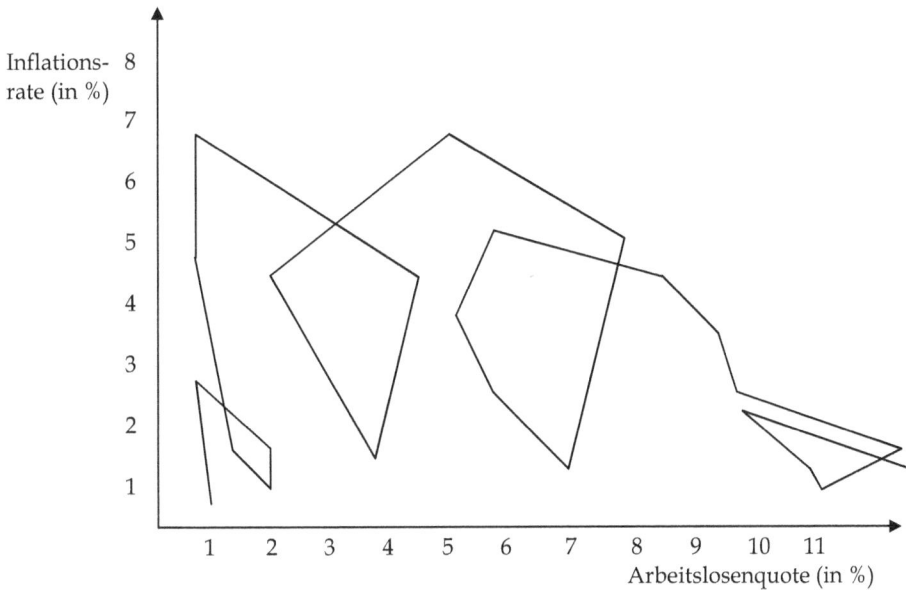

---

[544] *EZB*, Die Geldpolitik der EZB, 2004, S. 21.
[545] *EZB*, Die Geldpolitik der EZB, 2004, S. 21.

Kapitel 11. Die monetäre Wachstums- und Konjunkturtheorie

> „Meine hauptsächlichste Schlussfolgerung ist, dass ähnliche Modelle zu ganz verschiedenen Ergebnissen kommen".
> (*Jerome Stein*, Survey of monetary growth theory, 1970).

I. Einführung

1. Die Effekte des Geldes auf die wirtschaftliche Entwicklung

Das Geld hat in mannigfaltiger Weise einen positiven Einfluss auf die wirtschaftliche Entwicklung:[546]

- Ganz allgemein betrachtet ermöglicht es eine effiziente Tauschwirtschaft mit geringeren Transaktionsaktionskosten als beim Naturaltausch.
- Das Geld kann als Transaktionskasse im Sinne eines vorübergehenden Wertspeichers gehalten werden, um Güter zu kaufen, oder auch als länger dauerndes Wertaufbewahrungsmittel dienen. Auf diese Weise lassen sich Erträge erzielen und Insolvenzrisiken vermeiden.
- Das Geld erleichtert den intertemporalen und den interpersonellen Transfer von Ersparnissen. Damit werden die Voraussetzungen für die bestmögliche Verwendung der Ersparnisse verbessert, was wachstumsfördernd wirkt. Außerdem vereinfacht das Geld den Transfer zwischen den Generationen.
- Vielfach bereitet der Besitz von Geld Freude und entfaltet damit, neben dem Kauf von Gütern, einen Nutzen.

Das Geld kann seine Effizienzfunktion bei einer starken Inflation (Hyperinflation) verlieren, indem es einzelne oder alle Geldfunktionen einbüßt.

2. Die Fragestellungen der monetären Wachstumstheorie

Ziel der monetären Wachstumstheorie ist es, die Veränderung des realen Wachstums durch die Existenz von Geld zu untersuchen. Es stellt sich die Frage, ob es möglich ist, die Akkumulierung von Kapital und den volkswirtschaftlichen Output durch geldpolitische Handlungen zu beeinflussen.[547] Gibt es solche Effekte und sind diese permanent, indem sie das Wachstumsgleichgewicht, den steady state, beeinflussen?

Im Brennpunkt steht die Frage nach der Wachstumsneutralität des Geldes. Allgemein betrachtet wird ein Modell als geldneutral betrachtet, wenn die Geldmenge keine Auswirkungen auf die realen Größen hat. Wachstumsneutrales Geld wird auch als superneutrales Geld bezeichnet.[548] Die Frage nach der wachstums-

---

[546] Vgl. zu den nachfolgenden Ausführungen *Schubart, Sebastian*, 1999.

[547] Vgl. *Orphanides, Athanasios* und *Solow, Robert M.*, 1990, Volume 1, Chapter 6.

[548] Wobei der Begriff des superneutralen Geldes ebenfalls mit anderen Bedeutungen verknüpft ist, so beispielsweise hinsichtlich der Vermögens- und Erwartungseffekte des Geldes. Vgl. Kapitel 8.

bezogenen Superneutralität des Geldes beschäftigt sich mit den Effekten des Geldmengenwachstums auf die realen Variablen in der Wirtschaft, so beispielsweise
das Kapital, den Output und die Wohlfahrt.

Superneutrales Geld im Sinne von wachstumsneutralem Geld lässt sich nur unterstellen, sofern von einem homogenen Verbraucher, einem unbeschränkten Zeit-
horizont und einem nutzenmaximierenden Modell als Approximation der wirkli-
chen Welt ausgegangen wird. Bei veränderten Prämissen ergeben sich auch unterschiedliche Ergebnisse. Wenn die Verbraucher beispielsweise in ihrem Konsum-
verhalten voneinander abweichen, ergeben sich bei Geldmengenänderungen unterschiedliche Konsumwirkungen. Dies trifft ebenfalls auf die Veränderungen des
Konsums während der gesamten Lebenszeit zu. Ebenso kann eine nicht neutrale
Verteilung des Münzgewinns die Superneutralität des Geldes beeinträchtigen.
Enthält eine Produktionsfunktion neben anderen Produktionsfunktionen zusätzlich den Faktor Geld, ist die Superneutralität des Geldes ebenfalls aufzuheben.

3. Die Grundlage: Das neoklassische Grundmodell von Solow (1955)

Die Grundlage der monetären Wachstumstheorie bildet das neoklassische
Wachstumsmodell von *Robert Solow*.[549] Es wird vorerst ein Wachstumsgleichgewicht (steady state) ohne die Existenz von Geld betrachtet.[550]

Zu den *Prämissen* zählen:
- Es handelt sich um einen mikroökonomischen Ansatz, bei welchem sich das re-
präsentative Wirtschaftssubjekt zu einer gesamten Volkswirtschaft aggregieren
lässt.
- Es wird nur ein Gut (Konsumgut oder Kapitalgut) produziert, welches sich entweder konsumieren oder investieren lässt. Bei Investitionen werden neue Einheiten des Kapitals K geschaffen.
- Die Produktion Y erfolgt mit Hilfe der Produktionsfaktoren K (Kapital) und L
(Arbeit). Die neoklassische Produktionsfunktion lautet $Y = F(K,L)$.
- F ist eine linear-homogene Funktion. Die Skalenerträge bei einem gleichzeitig
vermehrten Einsatz von Arbeit und Kapital sind konstant. K und L haben positive, aber fallende Grenzproduktivitäten.
- Die Märkte sind stets durch völlig flexible Preise geräumt; der Output entspricht
dem Volkseinkommen.
- Das modellierte Wirtschaftssubjekt spart einen Teil des Einkommens s, der Rest
$(1-s)$ wird konsumiert.[551] Die Sparquote s ist konstant und hat ein positives Vorzeichen.
- Es erfolgen – in dem hier betrachteten einfachen Modell – keine Abschreibungen
auf das Kapital (dies dient der Übersichtlichkeit des Modells, welches damit jedoch nicht an Aussagekraft verliert).

---

[549] Vgl. *Solow, Robert M.*, 1956, S. 65-94.
[550] Diese Ausführungen sind entnommen aus: The Solow-Swan Growth Model, Quelle: http://
cepa.newschool.edu/het/essays/growth/neoclass/solowgr.htm, S. 1-6.
[551] Vgl. *Tobin, James*, 1969, S. 16.

- Die Bevölkerung wächst mit einer konstanten Wachstumsrate. Bei einer ebenfalls konstanten Erwerbsquote entspricht dies der Wachstumsrate des Arbeitsangebotes. Die Wachstumsrate der Bevölkerung und die Sparquote sind exogen gegeben sowie konstant und stellen die Strukturparameter des Modells dar.
- Die ex ante-Betrachtung entspricht der ex post-Betrachtung.

Nach dem *Modell* entspricht die Güternachfrage Y_D – im Sinne eines makroökonomischen Gleichgewichts – dem Güterangebot (Output):

$$Y_D = Y. \tag{102}$$

Dies bedeutet eine Identität von Investieren und Sparen:

$$I = S. \tag{103}$$

Die Sparfunktion ergibt sich (in Analogie zum Konsum) als Funktion des Einkommens:

$$S = sY. \tag{104}$$

In Kombination mit dem makroökonomischen Gleichgewicht resultiert für die Investitionsfunktion:

$$I = sY. \tag{105}$$

Das investierte Kapital pro Arbeitskraft I/L lässt sich ermitteln, indem I durch L dividiert wird:

$$\frac{I}{L} = s\left(\frac{Y}{L}\right). \tag{106}$$

Werden $I/L = i$ und $Y/L = y$ gesetzt, zeigt sich folgendes makroökonomische Gleichgewicht (mit i als den Ersparnissen pro Arbeitskraft):

$$i = sy. \tag{107}$$

Das Güterangebot Y (output) resultiert aus der Produktionsfunktion:

$$Y = F(K/L). \tag{108}$$

Von dieser Produktionsfunktion wird angenommen, dass sich bei einer Variation der Produktionsfaktoren mit einem konstanten Faktorverhältnis ebenfalls konstante Skalenerträge ergeben. Wird Gleichung (108) durch L dividiert, resultiert

$$\frac{Y}{L} = F\left(\frac{K}{L}, 1\right). \tag{109}$$

Wird K/L gleich k gesetzt und die 1 weggelassen, lässt sich Gleichung (109) verkürzt in einer „intensiven Form" schreiben:

$$y = f(k), \tag{110}$$

wobei y der Relation Y/L entspricht. Die „intensive" Form der Produktionsfunktion bezieht sich auf die Produktionsfunktion pro Arbeitskraft.

Das Ergebnis ist folgendes makroökonomisches Gleichgewicht:

$$i = sf(k). \tag{111}$$

Es handelt sich um die Gleichgewichtsinvestitionen pro Arbeitskraft. Nachdem unter den Bedingungen des makroökonomischen Gleichgewichts $I = S$ ist, entspricht $i = sf(k)$ den Investitionen pro Arbeitskraft in der aktuellen Periode.

Abbildung 71 zeigt eine intensive Produktionsfunktion $y = f(k)$ pro Arbeitskraft und eine intensive Investitions-Gleichgewichtsfunktion $i = sf(k)$. Bei jedem k (intensive Form der Kapitalintensität pro Arbeitskraft) lassen sich y (der Output pro Arbeitskraft) und i (die Investition pro Arbeitskraft) ableiten. Die vertikale Distanz zwischen $y = f(k)$ und $i = sf(k)$ ergibt den Konsum (in der Abbildung 71 nicht eingezeichnet).

Abbildung 71: Das Grundmodell von Solow

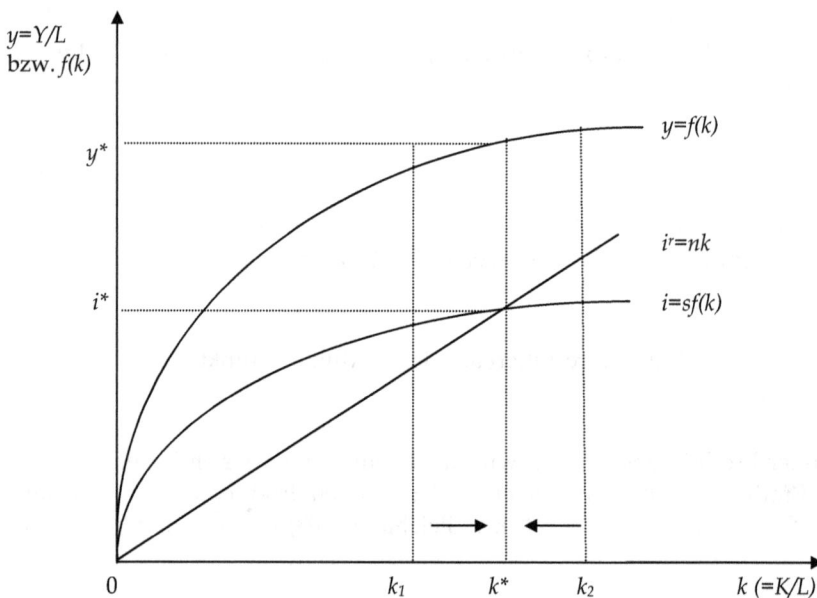

Für die Ableitung des Wachstums g_L sei eine exogene Wachstumsrate der Bevölkerung von n unterstellt:

$$g_L = \left(\frac{dL}{dt}\right)/L = ng_L. \tag{112}$$

Erfolgen keine Investitionen, so fällt $k=K/L$ mit dem Wachstum der Bevölkerung. Damit k konstant bleibt, müssen die Investitionen g_K^r mit der Rate n erfolgen:

$$g_K^r = \left(\frac{dk}{dt}\right)/K = n. \tag{113}$$

wobei r die erforderliche Wachstumsrate des Kapitals darstellt, welche notwendig ist, um k (Verhältnis K/L) konstant zu halten.

Indem die Investitionen als $I=dK/dt$ definiert werden, ergibt sich für die erforderlichen Investitionen I^r

$$I^r = nK. \tag{114}$$

Wird dieser Ausdruck durch L dividiert bzw. in der intensiven Form geschrieben, resultiert

$$i^r = nk, \tag{115}$$

womit die erforderliche Investition pro Arbeitskraft i^r bezeichnet wird, um eine konstante Investition pro Arbeitskraft k aufrecht zu erhalten. Ein konstantes k ermöglicht einen steady state,[552] bei welchem Arbeit und Kapital proportional wachsen und sich c.p. keine Veränderungen der relativen Preise ergeben. Würde sich k verändern, veränderten sich auch die Grenzproduktivitäten von Kapital und Arbeit und damit die relativen Faktorpreise, was dem Wesen des steady state widerspricht.

Bei $k*$ sind die erforderlichen Investitionen pro Kopf $i^r = nk$ für den steady state mit einer konstanten Kapitalintensität K/L von $i=i^r$, wobei i die Ersparnis pro Arbeitskraft und i^r die erforderliche Investition pro Arbeitskraft bedeuten. Weicht k von $k*$ ab, so ist $i \neq i^r$. Liegt das ursprüngliche Kapital-Arbeitsverhältnis beispielsweise bei k_1, ist $i > i^r$. Dies bedeutet ein größeres Wachstum des Kapitals gegenüber jener der Arbeit und k wird zunehmen. Umgekehrt ist bei k_2 das ursprüngliche k größer als $k*$, womit das Kapital langsamer wächst als die Arbeit und k wird fallen. Aus diesen Überlegungen ergibt sich der steady state als stabiles Verhältnis zwischen dem Kapital und der Arbeit, welches sich im Verlaufe der Zeit einstellt.

Dieser Prozess der Veränderung der Kapital-Arbeit-Ratio lässt sich mit folgender Gleichung zum Ausdruck bringen

$$\frac{dk}{dt} = i - i^r, \tag{116}$$

oder, indem die Funktionen für i und i^r eingesetzt werden,

$$\frac{dk}{dt} = sf(k) - nk. \tag{117}$$

Mit dieser Gleichung wird die fundamentale Solow-Wachstums-Gleichung bezeichnet. Im steady state, bei $k*$, ist $dk/dt=0$.

---

[552] Dieser Begriff wurde von *Cassel* geprägt. Vgl. *Cassel, Gustav,* Theoretische Sozialökonomie, 1918.

Im Modell von *Solow* bewirkt das Geld keine Veränderungen auf dem Güter-markt. Es lässt sich der Begriff der Superneutralität des Geldes anwenden: Nicht nur eine einmalige Veränderung der Geldmenge hat keine Auswirkungen auf reale Variablen, sondern jede beliebige Veränderung der Geldmenge lässt die realen Variablen unbeeinflusst.[553]

Empirische Hinweise für das Euro-Währungsgebiet (1999-2005)

These:

Das Geld ist wachstums-neutral.	- Diese These kann nicht bestätigt werden. Sowohl die Liquiditätszuführung durch die Zentralbank als auch die Entwicklung der Geldmenge M1 stehen in einem positiven Zusammenhang mit der Entwicklung des realen BIP (es besteht jedoch kein signifikanter Einfluss).*

* Bei einem zugrunde gelegten Signifikanzniveau von mindestens 0,10.

II. Die monetäre Wachstumstheorie

1. Das Modell von James Tobin

Die moderne Literatur zur monetären Wachstumstheorie beginnt im Jahre 1965 mit *James Tobin*.[554] Wesentliche Erkenntnisse der monetären Wachstumstheorie sind in diesem Modell enthalten. Nach Auffassung von *Tobin* schlagen sich unterschiedliche Wachstumsraten bei der Geldmenge schließlich auch in unterschiedlichen Inflationsraten nieder. Dabei bleibt die Frage offen, ob dies irgendwelche langfristige, reale Effekte hat.

Tobin analysiert die Frage nach der Superneutralität des Geldes anhand eines einfachen, beschreibenden Modells. Sein neoklassisches, monetäres Wachstums-modell[555] ist das erste Modell zur Integration von Geld in das neoklassische Wachstumsmodell von *Robert A. Solow*. Es handelt sich um ein exogenes Wachs-tumsmodell: Die Einflussfaktoren, welche das Wirtschaftswachstum erklären, wachsen unbeeinflusst von der wirtschaftlichen Entwicklung.

---

[553] Vgl. *Barro, Robert J.*, 1992, S. 207.
[554] Vgl. *Orphanides, Athanasios* und *Solow, Robert M.*, 1990, Volume 1, Introduction.
[555] Vgl. *Tobin, James*, 1965a, S. 671-684 und derselbe, 1967, S. 69-74. Unabhängig davon entwickelte *Swan* ein ähnliches Modell, vgl. *Swan T.*, 1956, S. 334-361. Deshalb wird dieses Modell auch Solow-Swan-Modell genannt.

Tobin erweitert das Solow-Modell durch die Einführung von Geld.[556] Dies wirkt sich negativ auf die Kapitalintensität sowie auch den Output aus. Das Geld ist nicht mehr neutral.

Es wird von folgenden *Prämissen* ausgegangen:
- Das Geld dient nur der Wertaufbewahrung bzw. als Alternative zum Sachkapital bei der Vermögensanlage.
- Die Regierung druckt in jeder Betrachtungsperiode eine bestimmte Menge Geld und bringt dieses in Form von Transfers in die Wirtschaft ein. Es handelt sich um Außengeld, d.h. um eine Forderung an eine Institution außerhalb des privaten Sektors (Nettoguthaben für die Privaten).
- Die Regierung ist im übrigen nicht am Wertschöpfungsprozess beteiligt.

Bei der *Modellkonstruktion* beträgt die reale Geldmenge m pro Kopf L:

$$m = \frac{M}{P \times L}.$$
(118)

Zudem bezeichnen $\frac{M}{L}$ die nominelle Geldmenge pro Kopf (exogen gegeben) und P das Preisniveau.

Die Veränderung der realen Geldmenge $\dot{M}$ pro Kopf $(= \mu)$ in Funktion der Zeit ist:

$$\mu = \frac{\dot{M}}{P \times L}.$$
(119)

Dieses Geld wird durch den Transfer des Staates in Umlauf gebracht und kann auch als „Investition in Geld" beschrieben werden. Es ergibt sich eine Analogie zu den Investitionen in Sachkapital *sf(k)*.

Eine einfache Geldnachfragefunktion lautet:

$$\frac{M_D}{P \times L} = m_d(y, i).$$
(120)

Es bedeuten m_d die reale Geldnachfrage nach Effizienzeinheit Arbeit, y das Einkommen (Output) pro Effizienzeinheit Arbeit, und i die Zinsen. Diese Formel ist nun so umzuformen, dass neben k höchstens noch eine weitere, exogene Größe übrig bleibt. Dabei lässt sich der nominale Zinssatz i nach der Fisher-Formel (Fischer Preiserwartungseffekt)[557] ersetzen:

$$i = r + E(\pi),$$
(121)

wobei r den realen Zinssatz und $E(\pi)$ den Erwartungswert für die Inflationsrate bedeutet. Der Zins stellt damit die Summe aus dem Realzins und dem Erwartungswert für die Inflationsrate dar.

---

[556] Vgl. *Tobin, James,* 1965, S. 671-684, und derselbe, 1967, S. 69-74.
[557] Vgl. *Fisher, Irving,* 1990, S. 36 ff.

Im Gleichgewicht stimmen die reale Rendite aus dem Geldvermögen (Geld mit Wertaufbewahrungsfunktion) und die Kapitalrendite aus den Sachinvestitionen $y = f(k)$ überein. Damit lässt sich die Geldnachfrage wie folgt schreiben:

$$\frac{M_D}{P \times L} = m_d(k, \pi); \tag{122}$$

als Annahme sollen die erwartete und die tatsächliche Inflationsrate identisch sein.

Mit einer steigenden Kapitalintensität ergibt sich auch eine steigende Geldnachfrage. Ein positives Vorzeichen resultiert aus dem sinkenden Grenzertrag des Kapitals und der dadurch steigenden Attraktivität der Geldhaltung. Auf der anderen Seite nimmt die Geldnachfrage mit zunehmender Inflationsrate ab, indem die Inflation zu Kosten bei der Geldhaltung führt, weil die reale Rendite dadurch sinkt.

Tobin geht nun von einer faktisch exogenen realen Geldnachfrage aus, was er mit einer gewissen Konstanz der Kapitalintensität und der Inflationsrate begründet. In einem stabilen Gleichgewicht verändert sich die reale Geldmenge $\dot{m} - \pi$ pro Arbeitseinheit n nicht:

$$\dot{m} - \pi - n = 0. \tag{123}$$

Bei Geldmengenänderungen und einem als konstant angenommenen Wachstum der Arbeitskräfte kommt es – bei einer konstanten realen Geldnachfrage pro Arbeitskraft – zur Inflation π :

$$\pi = \dot{m} - n. \tag{124}$$

Auf die realen Größen (und den steady state) wirkt sich der Inflationsprozess – als Annahme – nicht aus, da dieser unendlich schnell ablaufen soll.

Die Ersparnisse können nun entweder für Investitionen oder zur Erhöhung der realen Kasse verwendet werden. Unter Berücksichtigung der vorangehenden Überlegungen ergibt sich folgendes Ergebnis:

$$\dot{k} = f(k) - nk - (1 - s)nm. \tag{125}$$

Im *Modell* von *Tobin* resultiert die Veränderung der Kapitalintensität $\dot{k}$ (bzw. das Wachstum des Output pro Effizienzeinheit) aus der Produktionsfunktion $f(k)$ (abgeleitet nach den Arbeitskräften), abzüglich den für das Bevölkerungswachstum erforderlichen Investitionen nk und abzüglich der Veränderung der realen Geldmenge pro Kopf der Bevölkerung $1-s(nm)$ in Relation zum Konsum (vgl. Abbildung 72).

Die Kapitalintensität im Modell von Tobin k^*_{Tobin} liegt damit tiefer als im Modell von Solow k^*_{Solow}. Im Gleichgewicht (steady state) wächst das Kapital ebenfalls mit der Wachstumsrate der Arbeitskräfte n, aber auf einem niedrigeren Niveau. Das Geld ist nicht mehr neutral.

Die gleichgewichtige Kapitalintensität ist geringer als vor der Einführung von Geld, da weniger Realkapital investiert wird. Indem Geld als Vemögensanlageform eingeführt wird, welches aus den laufenden Ersparnissen finanziert wird, vermindert sich die Wachstumsrate. Damit tritt das sog. Tobin-Paradoxon auf. Dieses ist das Resultat einer verminderten Kapitalbildung.[558]

Steigt die Inflationsrate, wird das Halten von Geld weniger attraktiv. Dies lässt den Anteil des Realkapitals steigen, was zu einer Erhöhung des Output führt. Bei diesem Phänomen handelt es sich um den sog. Tobin-Effekt. Damit bestehen zwei Geldeffekte: Einerseits bewirkt die Kassenhaltung (finanziert aus Ersparnissen) ein abgeschwächtes Wachstum; kommt es andererseits zu Inflation, entsteht durch eine verkleinerte Geldhaltung ein verstärktes Wachstum.

Abbildung 72: Das monetäre Wachstumsmodell von J. Tobin

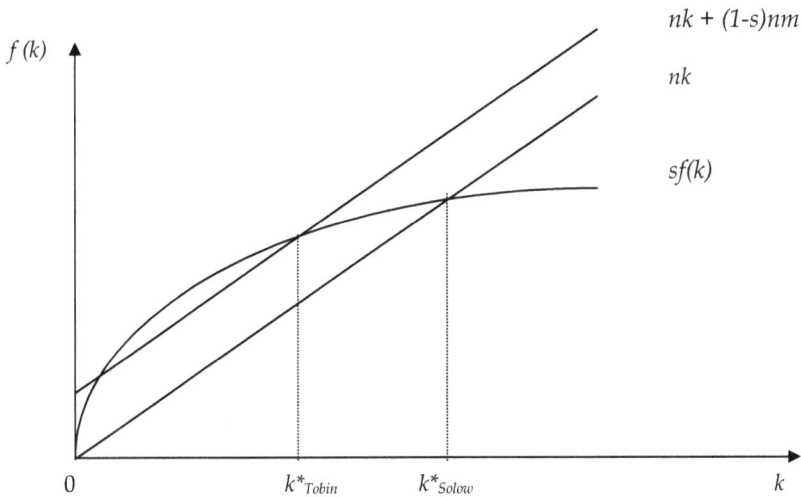

Die Wirkungen des Geldbereichs können damit umschlagen, wobei die Richtung der Wirkung einer Geldmengenerhöhung nicht eindeutig ist:
- Eine Veränderung der Wachstumsrate im realen Bereich kann zu einer Veränderung der realen Geldnachfrage führen, was wachstumsdämpfend wirkt.
- Denkbar ist jedoch auch eine mit einer größeren Geldmenge verbundene höhere Inflationsrate, welche das Wachstum beschleunigen kann.

Die aggregierte Sparquote hängt nur vom laufenden Einkommen ab. Der durch die Emission von Geld entstandene Münzgewinn soll (verteilungs-)neutral aufgeteilt werden. Nach *Tobin* führt eine größere Wachstumsrate der Geldmengen über den Inflationseffekt zu einem höheren Sachkapitalbestand und zu einer größeren Pro-Kopf-Produktion im steady state, indem höhere Inflationsraten die Sparer dazu motivieren, ihr Portfolio zugunsten des Sachkapitals umzuschichten.

---

[558] Und erscheint mit ähnlicher Wirkung, wenn der Staat Steuern erhebt, welche die Kapitalbildung schmälern. Vgl. *Heubes, Jürgen*, 1999, S. 246-248.

Als *Kritikpunkte* am Modell von Tobin werden unter anderem angeführt:
- Die Sparquote kann mit steigendem Einkommen größer werden, womit die Annahme einer linear verlaufenden Sparquote fraglich ist.
- Das Sparen, welches zu einem erhöhten realen Geldbestand pro Kopf führt, kann sich auch wachstumserhöhend auswirken; dies wird im Modell vernachlässigt.

Empirische Hinweise zum Euro-Währungsgebiet (1999-2005)	
Thesen:	
1. Die Entwicklung der Geldnachfrage hat einen dämpfenden Einfluss auf das Wachstum des Output.	- Diese These trifft nicht zu.
2. Die Entwicklung des Preisniveaus hat einen positiven Effekt auf das Wachstum des Output.	- Diese These trifft – bei geringen Inflationsraten – mit einem lag von bis zu drei Monaten zu.

2. Die Erweiterung durch eine physische Sparquote

Das Tobin-Modell wird später durch *D. Levhari* und *Don Patinkin* (1968)[559] erweitert, wobei verschiedene Eigenschaften des Geldes berücksichtigt werden. Untersucht werden zuerst die Kapitalintensität und die Wirkung der Spartätigkeit (Sparquote). Die Ersparnis wird auf die Erhöhung der realen Geldmenge und die Vermehrung des Realkapitals („physical savings") aufgeteilt:

$$S_K = S - \left(\frac{\dot{M}}{P} \right). \tag{126}$$

S_K bedeutet das Sparen im Sinne der Erhöhung des Realkapitals und S das Sparen als Erhöhung des Realkapitals *und* der realen Geldmenge.

Die Sparquote, welche der Erhöhung des Realkapitals dient, wird mit $\sigma (= S_K)$ bezeichnet. Die Investitionen in Realkapital sollen linear vom Einkommen abhängen $S_K = I = \sigma Y$:

$$\sigma = \frac{S_K}{Y}. \tag{127}$$

Die Erhöhung des Realkapitals ist damit geringer als im Modell von *Solow* und beträgt nunmehr nicht mehr *sf(k)*, sondern $\sigma f(k)$. Die gleichgewichtige Kapitalintensität verändert sich durch das Einbeziehen des monetären Bereichs sowie des Sparens und hängt von der Nachfrage nach realer Geldmenge ab, indem das Geld – wie bei *Tobin* – nicht mehr neutral ist.

---

[559] Vgl. *Levhari, D.* und *Patinkin, Don*, 1968, S. 713-753.

Wird die Spartätigkeit berücksichtigt, ergeben sich veränderte Kapitalintensitäten für den steady state (vgl. k^*_{Tobin} und k^*_{Solow} in Abbildung 73).

Abbildung 73: Die Erweiterung durch eine physische Sparquote

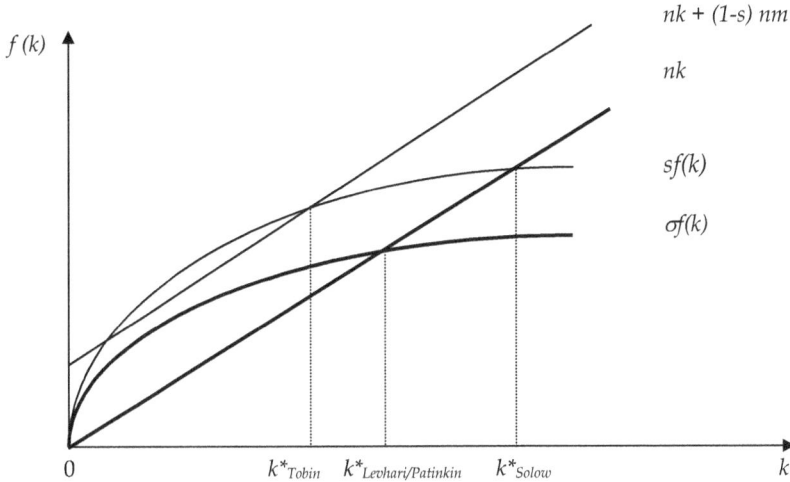

3. Die Erweiterung durch Geld als Konsumgut und Produktionsgut

Levhari und *Patinkin*[560] zeigen zudem den möglicherweise positiven Nutzen des Geldes, welcher im Modell von *Tobin* nicht analysiert wird. Nach *Levhari* und *Patinkin* lässt sich das Geld als Konsumgut mit einem positiven Nutzen in das Modell einführen, oder auch als Produktionsfaktor mit einer positiven Wirkung auf den Output.

Beim Geld als Konsumgut gehen die Überlegungen von einem direkten Nutzen des Geldes aus (beispielsweise Liquidität, Sicherheit gegen Illiquidität und Bequemlichkeit bzw. eine Senkung der Transaktionskosten). Das Geld als Bestandesgröße wirkt damit – wie der Konsum von Gütern – direkt auf die Nutzenfunktion (vgl. Abbildung 74).[561] Wird der Nutzen der Geldhaltung m als Konsumgut zu (1-s) addiert und mit der Zahl der Arbeitskräfte multipliziert, ergibt sich (1-s)nm. Die Grenzkosten der Geldhaltung bestehen in den Opportunitätskosten entgangener Erträge. Bei Investitionen in Sachkapital wäre die Rendite $r = f'(k)$.

Hinzu kommen die Kosten der Geldentwertung durch die Inflation π. Die Kosten des Geldes pro Arbeitseinheit betragen damit $(r+\pi)m$. Bei einer Sparquote von s ergeben sich Kosten von $s(r+\pi)m$.[562]

---

[560] Vgl. *Levhari, D.* und *Patinkin, Don,* 1968, S. 713-753.

[561] Vgl. *Levhari D.* und *Patinkin, Don,* 1968, S. 713-753 ; vgl. zu diesen Ausführungen auch *Schubart, Sebastian,* 1999, S. 53 ff.

[562] Die methodische Schwierigkeit besteht in der mangelnden Möglichkeit eines kardinal messbaren Nutzens.

Abbildung 74: Die Erweiterung durch Geld als Konsumgut

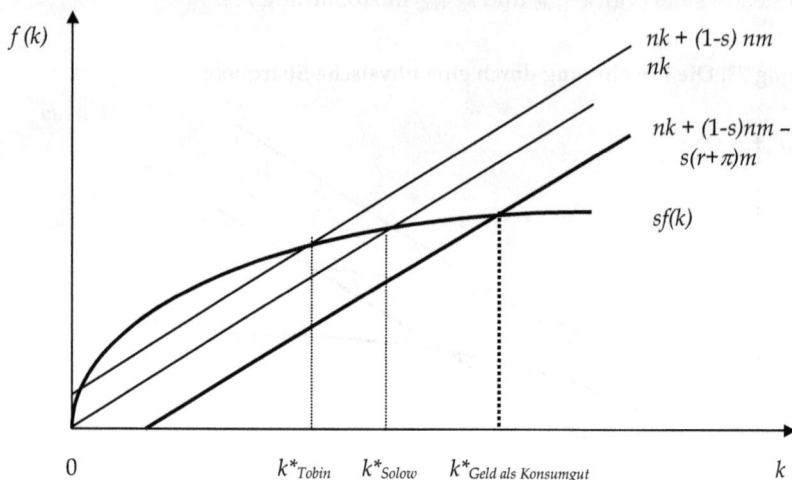

Aus diesen Überlegungen lässt sich bei Konstanz von $k = 0$ im steady state die Funktion $(k) = nk + (1 - s) nm - s(r+\pi)m$ ableiten. Damit ist die Kapitalintensität bei Geld als Konsumgut $k^*_{Geld\ als\ Konsumgut}$ größer als im Tobin-Modell. Sind die Grenzkosten der Geldhaltung $s(r+\pi)$ größer als der Nutzen des Geldes als Konsumgut $(1-s)nm$, ist die Kapitalintensität ebenfalls größer als im Modell von Solow. Dies ist um so eher der Fall, je größer die Sparquote s ist.

Durch die Betrachtung des Geldes als Produktionsfaktor wird dieses auch in die Produktionsfunktion einbezogen (vgl. Abbildung 75).[563] Das Geld dient zur Erleichterung der Transaktionen eines Unternehmens. Die Produktionsfunktion wird um den Faktor der realen Geldmenge M/P erweitert:

$$Y = f\left(L, K \frac{M}{P}\right). \tag{128}$$

Der Output pro Arbeitskraft y beträgt damit:

$$y = f(k, m), \tag{129}$$

wobei mit m wiederum die reale Geldhaltung pro Arbeitskraft (Kopf) bezeichnet wird. Diese umfasst das Geld als Konsum- und Produktionsgut. Die Faktoren L und K werden durch k (Kapitalintensität je Arbeitskraft) ersetzt.

Das durchschnittlich verfügbare Einkommen y^v ergibt sich, indem die Veränderung der realen Geldmenge pro Kopf μ addiert und der Inflationsverlust πm subtrahiert wird. Der reale Geldbestand wird hinzugefügt, weil dieser nun Teil der Produktionsfunktion ist:

$$y^v = f(k, m) + \mu - \pi m. \tag{130}$$

---

[563] Vgl. *Levhari, D.* und *Patinkin, Don,* 1968, S. 713-753.

Ob die Kapitalintensität bei Solow k^*_{Solow} oder mit Geld als Produktionsgut $k^*_{Produktionsgut}$ größer ist, hängt mit der Bedeutung des Geldes als Produktionsgut zusammen. Einerseits wird ein Teil des Einkommens gespart (was sich negativ auf die Kapitalinvestitionen auswirkt), andererseits wird dem realen Geldbestand ein positiver Nutzen in der Produktionsfunktion beigemessen. Die Wirkung ergibt sich per Saldo und ist in beide Richtungen offen.

Abbildung 75: Die Erweiterung durch Geld in der Produktionsfunktion

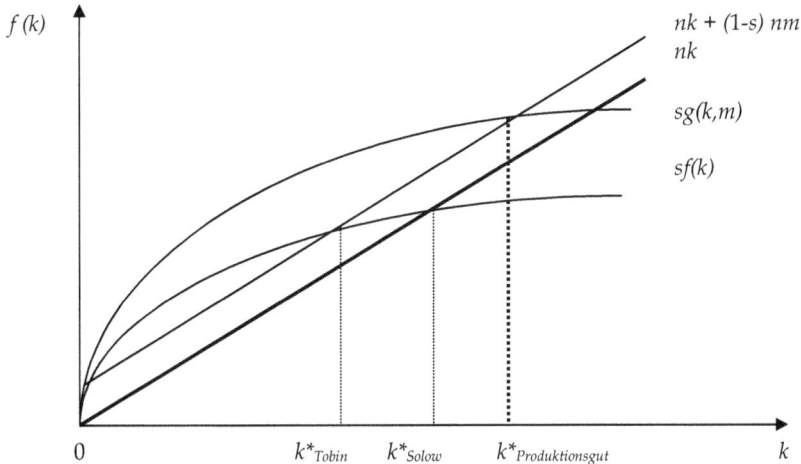

4. Die Erweiterung durch Milton Friedman

Ein weiterer Beitrag von *Milton Friedman*[564] beschäftigt sich mit der Bedeutung des Innengeldes. Die Untersuchung bezieht sich auf die gleichgewichtige Kapitalintensität k^* im steay state. Es wird davon ausgegangen, dass Kredite zu einer größeren Kapitalintensität und damit auch zu einem höheren Output führen.

Die *Betrachtung des Innengeldes* im neoklassischen Wachstumsmodell ist eine zusätzliche Modellerweiterung (vgl. Abbildung 76). Die Frage nach der Neutralität des Geldes bezieht sich nicht nur auf die Eigenschaften als Konsumgut und Produktionsgut, sondern auch auf die Betrachtung des Innengeldes. Das Innengeld wird durch die Geschäftsbanken (beispielsweise in Form von Krediten bzw. Sichtguthaben) und die Nichtbanken (beispielsweise in Form von Krediten) geschaffen. Die Grundlage der Schaffung von Innengeld ist die Verschuldung der privaten Nichtbanken. Inwieweit das Innengeld Vermögenscharakter aufweist, ist umstritten, indem den zusätzlichen Aktiven der Wirtschaftssubjekte (beispielsweise Sichtguthaben) Passiven (beispielsweise verpfändete Vermögensteile) gegenüberste-

---

[564] *Friedman, Milton,* 1969a, S. 1-50; vgl. *Schubart, Sebastian,* 1999, S. 47 ff.

hen. Dabei geben die zusätzlichen Aktiven den Nichtbanken erweiterte wirtschaftliche Handlungsmöglichkeiten.[565]

Es wird von folgenden *Prämissen* ausgegangen:

- Das Außengeld wird von der Zentralbank geschaffen und ist die liquideste Form des Geldes.
- Das Innengeld besteht aus Obligationen („Bonds"), wobei der Saldo der gegenseitigen Verpflichtungen null beträgt.
- Das Sachkapital entspricht dem Realvermögen in der bisherigen Form.
- Das Geld wirkt als intertemporales Substitutionsmittel, welches dazu dient, Einkommen bis zum späteren Konsum zu speichern. Die Rate der Zeitpräferenz ist ρ, mit welchem der zukünftige Konsum abgezinst wird.

Als Ergebnis spart das Wirtschaftssubjekt soviel seines Einkommens, bis die Grenzerträge der Kassenhaltung (Grenznutzen als Konsumgut U' und Grenznutzen als Produktionsgut F') der Zeitpräferenzrate ρ entspricht:

$$U' + F' = \rho. \tag{131}$$

Bei einer einmaligen Geldmengenerhöhung kommt es zu einem zusätzlichem Konsum, bis die reale Geldmenge wieder der ursprünglichen, optimalen Geldmenge entspricht. Bei einer fortwährenden Geldmengenerhöhung verliert der Geldbestand laufend an Wert. Gehen wir von einer Identität der erwarteten und der tatsächlichen Inflationsrate aus, ergibt sich folgende Gleichgewichtsbedingung:

$$U' + F' = \rho + \pi. \tag{132}$$

Der Nutzen von Wertpapieren: Der Bestandnutzen des Außengeldes M und Innengeldes (B = Wertpapiere) ohne Zinsen beträgt:

$$U = U\left(\frac{M}{\rho}, \frac{B}{\rho}\right). \tag{133}$$

Dabei hängt der Nutzen von der realen Geldmenge (Außen- und Innengeld) ab, wobei eine linear homogene Nutzenfunktion unterstellt wird. Dies impliziert eine Nichtsättigung und einen nicht abnehmenden Grenznutzen.

Der Nutzen pro Arbeitskräfteeinheit beträgt:

$$\frac{U\left(\frac{M}{\rho}, \frac{B}{\rho}\right)}{L} = u(b, m). \tag{134}$$

---

[565] Im Gegensatz zum Innengeld entsteht das Außengeld durch die Geldschöpfung der Zentralbanken (beispielsweise durch die Emission von Noten und Münzen). Dem Außengeld stehen keine entsprechenden Verbindlichkeiten der privaten Nichtbanken gegenüber. Das Zentralbankgeld wird geschaffen, indem die Zentralbank Offenmarktgeschäfte betreibt (beispielsweise durch den Kauf von staatlichen Wertpapieren) und Güter erwirbt.

Werden zusätzlich die Zinseinnahmen i hinzu addiert, ergibt sich im Gleichgewicht:

$$u(m,b) + i = \rho + \pi. \tag{135}$$

Die Gleichgewichtsbedingung enthält auf der linken Seite den Bestandnutzen des Außen- und Innengeldes sowie die Zinsen auf das Innengeld, auf der rechten Seite die Zeitpräferenzrate ρ sowie die Inflationsrate π. Die Zinszahlungen des Schuldners werden nicht betrachtet.

Für das Sachkapital stehen bei *Friedman* die Aktien (Anteilscheine). Die Produktionsfunktion G wird in Abhängigkeit von Kapital, Arbeit und dem realen Bestand an Geld

$$G\left(K, L \times \frac{M}{p}\right) \tag{136}$$

modelliert.[566] Es ergibt sich, bei Unterstellung von linearer Homogenität, folgende vereinfachte Darstellung des Output pro Kopf:

$$y = g(k,m). \tag{137}$$

Wird eine Finanzierung des Sachkapitals durch Bonds angenommen (wobei die Anteilscheine und damit das Sachkapital vernachlässigt werden), zeigt sich folgende Gleichgewichtsbedingung:

$$u_b(m,b) + i - \pi = g_k(k,m). \tag{138}$$

Der Nutzen aus der Geldhaltung u_b einschließlich der Zinsen i und abzüglich der Inflationsrate π entspricht im Gleichgewicht dem realen Output pro Kopf in Abhängigkeit von der Kapitalintensität und dem Produktionsnutzen des Geldes $g_k(k,m)$.

Das Innengeld stiftet einen Nutzen und ist ein Substitut zu Konsumgütern. Das verfügbare Einkommen besteht aus dem Konsum von realen Gütern $g(k,m)$, dem staatlichen Transfers in der Form von Geldmengenerhöhungen $\Delta m = \pi$, Konsumeffekten des Außengeldes nach Maßgabe der Grenzkosten der Geldhaltung $(r + \pi)m$, dem Nutzen der Bonds, definiert mit den Grenzkosten $(r + \pi)b$ und dem Vermögensverlust durch Inflation beim Außengeld und Innengeld durch Inflation $-\pi m$.

Damit beträgt das verfügbare Einkommen pro Kopf y^v:

$$y^v = g(k,m) + \Delta m + (r + \pi)(m + b) - \pi m. \tag{139}$$

Als Annahmen gelten bei dieser Funktion: Das Geld ist Produktionsfaktor und Konsumfaktor; die Bonds haben nur einen Bestandnutzen (und keinen Inflationsverlust sowie keine Erträge). Die Grenzkosten des Geldes entsprechen der Differenz zwischen der entgangenen Rendite und dem Grenzertrag des Geldes:

---

[566] Vgl. *Schubart, Sebastian*, 1999, S. 52 ff.

- Beim Außengeld $r - g_m$ bzw. $g_k - g_m$, und   (140)

- beim Innengeld der Grenzertrag (es wird nur der Empfänger betrachtet, welcher die Anlageentscheidung trifft). Die Opportunitätskosten betragen demgemäss $g_k - i$.

Das verfügbare Einkommen y^v ist damit

$$y^v = g(k,m) + nm + (g_k - g_m + \pi)m - (g_k - i + \pi)b.$$ (141)

Abbildung 76: Die Erweiterung mit Innengeld (M. Friedman)

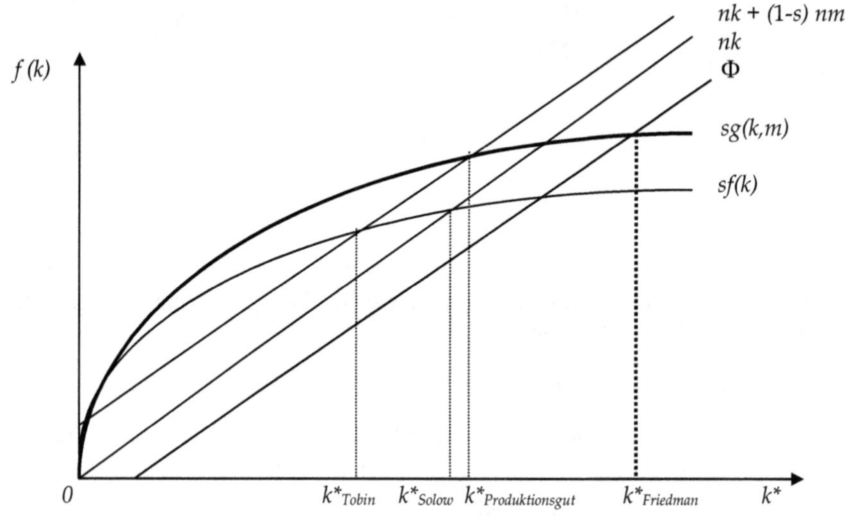

Die optimale Kapitalintensität bei $k^*_{Friedman}$ ist größer als bei k^*_{Tobin}, k^*_{Solow} und $k^*_{Produktionsgut}$, da diese bei *Friedman* auch den Nutzen des Außen- und Innengeldes enthält. Die Φ-Gerade umfasst:

$$\Phi = nk + (1-s) + (1-s)nm - s(g_k - g_m + \pi) - s(g_k - i + \pi)b.$$ (142)

Empirische Hinweise zum Euro-Währungsgebiet (1999-2005)	
Thesen:	
1. Das Geld hat einen Konsum- und einen Produktionsnutzen.	- Diese These lässt sich nicht unmittelbar überprüfen.
2. Die Schaffung von Innengeld erhöht das reale BIP.	- Diese These trifft zu. Die von den Geschäftsbanken gewährten Kredite haben einen positiven Einfluss auf das wirtschaftliche Wachstum (reales BIP).

5. Die keynesianische Tradition (Keynes-Wicksell-Typ)

Die Keynes-Wicksell-Modelle der monetären Wachstumstheorie gehen vor allem von zwei Kritikpunkten aus und streben diesbezüglich nach Verbesserungen:[567]
- Es wird eine Investitionsfunktion anstelle der Konsumfunktion eingeführt.
- Geldmengenveränderungen lösen nur dann Preisänderungen aus, wenn ein Ungleichgewicht zwischen dem Geldangebot und der Geldnachfrage besteht, wobei die Preisänderungen über die Zeit erfolgen.

Die Investitionsfunktion geht von folgenden Prämissen aus:
- Die Investitionstätigkeit richtet sich nach der bereits bestehenden Kapitalintensität k. Je nach Ausstattung der Arbeitsplätze mit Kapital lohnen sich weitere Kapitalinvestitionen.
- Das Volumen der Investitionen hängt auch vom Nominalzinssatz i ab (ein Teil der Investitionen wird über Fremdkapital finanziert).
- Zudem hängen die Investitionen ebenfalls von der Inflationsrate π ab. Die Investitionen erfolgen nach der Produktivität des zusätzlichen Kapitals, die Finanzierung nach dem nominellen Zinssatz.

Die Investitionsfunktion I/K ergibt sich ex ante nach folgender Funktion:

$$\frac{I}{K} = v\left(k, i, \pi\right). \tag{143}$$

wobei $\frac{I}{K}$ die ex ante angestrebte Veränderung des Realkapitals ist.

Neu an den Keynes-Wicksell-Modellen ist die Reaktionsgeschwindigkeit v. Dabei zeigt ein langfristiger steady state eine gleichgewichtige Kapitalintensität $k*$ analog dem Tobin-Modell auf. Problematisch ist die Modellierung eines langfristigen Gleichgewichts mit einer bestimmten Inflationsrate.

III. Die rein monetäre Konjunkturtheorie von Ralph G. Hawtrey

Die Quantitätstheorie mit der Fischerschen Verkehrsgleichung $M \times v = Y \times P$ bildet sozusagen den „Nullpunkt" der monetären Konjunkturtheorie. Unter den Annahmen der klassischen Theorie haben Geldmengenerhöhungen nur Auswirkungen auf das Preisniveau, welches sich proportional zur Geldmenge entwickelt. Indem das Geld neutral ist, kommt es weder zu Veränderungen des Outputs, der Beschäftigung noch des realen Zinssatzes.

Bereits *Fisher* geht jedoch in seiner Theorie der Kreditzyklen von lags zwischen der Inflation und den Wirkungen im Zinsbereich aus.[568] Dies führt besonders bei der Geldumlaufgeschwindigkeit und den realen Zinssätzen zu Effekten und kann

[567] Vgl. zu den Keynes-Wicksell-Modellen *Stein, Jerome*, 1966, S. 451-465; vgl. derselbe, 1969, S. 153-171; vgl. derselbe, 1971, S. 85-106.
[568] Vgl. *Fisher, Irving*, 1911, S. 55-60 und S. 359-362.

sich geringfügig auf den Output (d.h. die Einkommen) auswirken. Hierbei handelt es sich um vorübergehende Wirkungen, welche kurzfristig die Neutralität des Geldes außer Kraft setzen; langfristig gilt dann wieder die Neutralität des Geldes.

Nach neoklassischer Auffassung (vor allem der Cambridge Schule des Geldes) können Veränderungen der Geldmenge oder der Umlaufgeschwindigkeit des Geldes sowohl das Preisniveau als auch den Output verändern. Die Umlaufgeschwindigkeit des Geldes wird durch die Wirtschaftssubjekte beeinflusst (beispielsweise durch eine Änderung der Zahlungsgewohnheiten und der Kassenhaltungsdauer).

Ralph G. Hawtrey (1879-1975) betont die monetären Aspekte als Auslöser von wirtschaftlichen Schwankungen.[569] Die Größen Geld und Kredit sind wichtige Einflussfaktoren der konjunkturellen Bewegungen. Der konjunkturelle Zyklus wird – nach den Modellvorstellungen von *Hawtrey* – nur durch die monetären Bewegungen in den Bereichen des Geldes und der Kredite verursacht. Hauptmechanismus ist eine Erhöhung (Senkung) der Kreditkosten. Wendepunkte sind die Verknappung (Ausweitung) der Kredit- und der Geldmenge.[570]

Der Rahmen des Modells ergibt sich aus den folgenden *Prämissen*:
- Bei den wirtschaftlichen Aktivitäten existiert ein Gleichgewichtspunkt, nach dem die Kräfte streben. Voraussetzung sind flexible Märkte und Preise.
- Die Existenz von Geld setzt das Gesetz von Say[571] außer Kraft, indem das Geld als Wertaufbewahrungsmittel – im Gegensatz zur Tauschwirtschaft – einen Aufschub der Nachfrage ermöglicht. Es kann zu endogenen, monetär bewirkten Krisen des wirtschaftlichen Systems kommen.
- Der Konjunkturverlauf hat idealtypischerweise vier Phasen: Der Aufschwung (die Prosperität), der obere Wendepunkt, der Abschwung (die Depression) und der untere Wendepunkt (die Erholung).
- Entscheidende Merkmale des Konjunkturphänomens sind die Einteilung in verschiedene Phasen, die Länge der Phasen, die Länge des gesamten Zyklus, die Intensität der Ausschläge nach oben und unten sowie die Frequenz der Konjunkturbewegung.
- Es gibt vier Akteure: Die Konsumenten, die Händler, die Produzenten und die Geschäftsbanken:
  -- Die Konsumenten verfügen über Einkommen und haben eine gewisse Ausgabenbereitschaft für die Nachfrage nach Gütern.
  -- Die Händler treten als Kreditnehmer und Auftraggeber für die Produzenten auf. Sie produzieren die Produkte nicht selbst, sondern bestellen Güter, halten diese auf Lager und verkaufen sie. Angesichts der hohen Kapitalbindung wird ein großer Anteil an Fremdfinanzierung unterstellt, wobei die Lagerhaltung stark von den Kreditkosten abhängt.

---

[569] Vgl. *Hawtrey, Ralph G.*, 1928.
[570] Der Beobachtungszeitraum ist die Zeit bis zum ersten Weltkrieg mit dem Goldstandard, welcher die Kredit- bzw. Geldmengenexpansion begrenzt (Golddeckungspflicht). Dieser wird allerdings bei den nachfolgenden Ausführungen nicht weiter betrachtet.
[571] „Güter kaufen Güter".

-- Die Produzenten sind abhängig von den Bestellungen der Händler. Sie sind Arbeitgeber der Konsumenten sowie deren Einkommensquelle und Kreditnehmer der Geschäftsbanken.

-- Die Geschäftsbanken entscheiden über die Kreditvergabe. Sie streben nach Gewinn und versuchen, die Vergabe von Krediten zu maximieren. Das vorwiegende Zahlungsmittel ist der Bankkredit; das Bargeld ist von untergeordneter Bedeutung. Das Bankensystem kann die Kreditmenge kontrollieren und regelt damit die Geldmenge.

- Wesentliche geldpolitische Instrumente sind der Diskontsatz und die Offenmarktpolitik (Käufe und Verkäufe der Zentralbank auf dem Wertpapiermarkt).

- Ausgangslage des Modells ist eine geschlossene, statische Wirtschaft mit Vollbeschäftigung. Nichtmonetäre Faktoren (Naturkatastrophen, Kriege und Streitigkeiten zwischen Arbeitgebern und Arbeitnehmern) sind keine Ursachen des wirtschaftlichen Auf- und Abschwungs, können aber die gesamtwirtschaftliche Situation schwächen.

- Nur die industrielle Produktion ist bestimmend für die wirtschaftlichen Aktivitäten (nicht jedoch die Schwankungen der landwirtschaftlichen Produktion).

Die *Ergebnisse des Modells* sind die folgenden:

- Die Nachfrage nach Gütern wird durch die Ausgaben der Konsumenten bestimmt. Eine Einschränkung der Konsumausgaben führt zu einer Einschränkung der Produktion und der Vorratshaltung bei den Verbrauchsgütern (und umgekehrt).

- Inflationäre Prozesse beleben die Wirtschaftstätigkeit, deflationäre Prozesse hemmen diese.

- Eine höhere Geldnachfrage vermindert die Nachfrage nach Gütern; die Lagerbestände der Händler steigen und die Produzenten schränken ihre Erzeugung ein. Dies führt zu einer geringeren Beschäftigung; die Löhne und die Preise sinken (und umgekehrt).

- Der Konjunkturzyklus bewirkt abwechselnd Inflation (Prosperität) und Deflation (Depression).

- Würde es gelingen, den Geldumlauf zu stabilisieren, würden auch die konjunkturellen Schwankungen verschwinden.

Die einzelnen *Phasen* sind:

- In der *Aufschwungphase (Prosperität)* steigern die Banken das Kreditangebot durch eine Senkung der Kreditkosten. Die Händler fragen mehr Kredite nach und erhöhen die Lagerhaltung. Die Produktion steigt. Die Nachfrage nach Arbeitskräften erhöht sich, die Arbeitslosigkeit sinkt, die Lohnsumme steigt. Es kommt zu einem sich verstärkenden Multiplikatorprozess. Bei Vollauslastung der Produktionskapazitäten steigen die Preise. Die Händler erhöhen die Bestellungen, um von der Preissteigerung zu profitieren. Sie nehmen mehr Kredite auf, um die Ware zu bezahlen. Die Produzenten schaffen zusätzliche Produktionskapazitäten und nehmen neue Kredite auf. Die Preissteigerungen verstärken den Aufschwungprozess auch auf der Stufe der Produzenten. Die gestiegene Geldnachfrage wird durch eine Erhöhung der Geldmenge und zu einem gewissen Teil durch eine Erhöhung der Umlaufgeschwindigkeit befriedigt. Die Händler und Produzenten setzen in

der Aufschwungphase alle verfügbaren Mittel frei, um das Warenangebot zu erhöhen. Geldreserven, welche nicht aus Krediten der Banken stammen, werden in
den Wirtschaftskreislauf eingebracht. Die Umlaufgeschwindigkeit der bisherigen
Geldbestände steigt und verstärkt den kumulativen Prozess.

- Der *obere Wendepunkt*: Der Aufschwungprozess ist das Ergebnis niedriger Zinsen.
Der Aufschwung wird durch das Ende der Kreditexpansion gebremst oder gestoppt. Würde die Kreditexpansion nicht eingeschränkt, ginge der Expansionsprozess weiter. Die Gewinne der Händler und Produzenten sind gestiegen. Die
Banken streben danach, das Gleichgewicht zwischen den Zinsen und der Profitrate wieder herzustellen, und erhöhen die Zinsen. Sie wollen zudem die Liquidität
des Bankensystems nicht gefährden und schränken die Kreditexpansion ein, u.a.
weil sie die Mindestreservepflicht erfüllen müssen. Zudem besteht die Gefahr einer Anhebung der geschuldeten Mindestreserven durch die Zentralbank, was zu
einem weiteren Liquiditätsabfluss führt. Durch die in der Aufschwungphase steigenden Löhne erhöhen sich die Nachfrage nach Bargeld und auch die Bargeldquote (steigender Kassenhaltungskoeffizient). Dabei wird eine höhere Bargeldquote
der Einkommensempfänger als der Gewinnempfänger unterstellt. Die Erhöhung
der Bargeldquote führt zu einer sinkenden Geldmenge und bewirkt einen geringeren Spielraum für die Geld- und Kreditschöpfung. Bei den Konsumenten wirken
sich die Lohnerhöhungen erst mit einer zeitlichen Verzögerung aus. Ein vermehr-
ter Konsum findet jedoch bereits in der Aufschwungphase statt, was zu einem
Entzug von Bargeld führt. Nach dem Ende des Aufschwungs fragen die Konsumenten vermehrt Bargeld nach. Angesichts der großen Nachfrage nach Bargeld
heben die Banken die Zinsen noch stärker an. Der Zinssatz ist nun höher als die
Gewinnrate der Unternehmen. Die Nachfrage nach Krediten fällt, indem die erwarteten Gewinne der Unternehmen nicht mehr genügen, um die Ausgaben zu
decken. Die Wirtschaftsprozesse werden durch das Verhalten der Banken gebremst und die Aufschwungphase verkehrt sich über den oberen Wendepunkt in
eine Depressionsphase, welche eine Eigendynamik entwickelt.

- Beim *Abschwung (der Depression)* nehmen die Händler angesichts der gefallenen
Profitrate keine Kredite mehr auf und streben danach, Lager abzubauen. Die
Nachfrage der Händler nach Produkten fällt, die Produktion wird gesenkt und die
Kreditnachfrage der Produzenten sinkt ebenfalls. Arbeitskräfte werden abgebaut,
die Arbeitslosigkeit steigt und die Einkommen gehen zurück. Die Nachfrage der
Konsumenten sinkt und auch die Preise fallen, was den kumulativen Nieder-
gangsprozess verstärkt. Die Nachfrage nach Bargeld wird niedriger und die
Händler bezahlen Kredite zurück. Es fließen Mittel an die Banken zurück. Die Li-
quiditätssituation der Banken verbessert sich. Die fallenden Zinsen bilden angesichts der verschlechterten Lage der Unternehmen (noch) keinen Anreiz für eine
verstärkte Kreditaufnahme.

- Der *untere Wendepunkt* (die Wende zur Erholung) erfolgt durch das Banken-system.
Deren erhöhte Liquidität ermöglicht eine verstärkte Kreditvergabe ohne Gefährdung
der eigenen Liquidität. Es kommt zu einer Senkung der Kreditzinsen und einer Verbesserung der Kreditkonditionen. Sinken die Kreditzinsen unter die erwartete Gewinnrate, fragen die Händler wieder Kredite nach und vergrößern die Lagervorräte.

Dadurch kommt es erneut zu einem Aufschwungprozess. Bei einer zögerlichen Kreditnachfrage trotz niedriger Zinsen kann die Zentralbank durch Käufe von Wertpapieren die Zinsen weiter senken und die Geldmenge erhöhen. Diese Interventionen lassen sich bis zu einem erneuten Wiederaufschwung fortsetzen.

Empirische Hinweise zum Euro-Währungsgebiet (1999-2005)

Thesen:

1. Bei einem Aufschwung ... :

- ... erhöhen die Geschäftsbanken die Vergabe von Krediten.	- Diese These ist zutreffend.
- ... steigt die Produktion.	- Diese These ist zutreffend.
- ... erhöht sich die Nachfrage nach Arbeitskräften.	- Diese These ist zutreffend.
- ... steigen die Löhne.	- Diese These trifft zu (mit einem lag von bis zu 1 ½ Jahren).
- ... steigen die Preise.	- Diese These ist zutreffend (mit einem lag von bis zu einem Jahr).
- ... verstärken die Preissteigerungen den Aufschwungprozess.	- Diese These ist nicht zutreffend; steigende Inflationsraten hemmen den Aufschwung.
- ... nimmt die Geldnachfrage zu.	- Diese These ist zutreffend, wobei das Geldmengenwachstum bei steigenden Wachstumsraten gedämpft wird.
- ... nimmt die Umlaufgeschwindigkeit des Geldes zu.	- Diese These ist zutreffend.
2. Der Aufschwungprozess wird durch das Ende der Kreditexpansion gebremst ...	- Diese These trifft teilweise zu. Der Aufschwungprozess wird vor allem durch die wachstums- und inflationsbedingte Erhöhung der Zinsen gebremst.
- ... die Banken erhöhen die Zinsen.	- Diese These ist zutreffend.
- ... die Erfüllung der Mindestreservepflicht schränkt die Kreditexpansion ein.	- Diese These ist tendenziell richtig, jedoch statistisch nicht signifikant.*
- ... die Lohnsteigerungen erhöhen die Geldnachfrage.	- Diese These ist beispielsweise für d M1 zutreffend (mit einem lag von einem Monat).
- ... die Lohnerhöhungen folgen dem wirtschaftlichen Wachstum mit einer zeitlichen Verzögerung.	- Diese These ist zutreffend (mit einem lag von bis zu 1 ½ Jahren).
- ... die Geldmenge sinkt in Folge einer höheren Bargeldquote.	- Diese These ist nicht zutreffend.
- ... die hohen Zinsen bremsen den Aufschwung.	- Diese These trifft zu.
- ... die hohen Zinsen bewirken einen Abschwung.	- Eine solche Tendenz ist denkbar (für die Referenzperiode jedoch nicht zu belegen).*
3. Die konjunkturellen Zyklen werden nur durch die monetären Bewegungen in den Bereichen des Geldes und des Kredits ausgelöst.	- Diese These ist nicht zutreffend (es gibt z. B. auch reale Einflüsse, welche konjunkturelle Veränderungen bewirken).

* Bei einem zugrunde gelegten Signifikanzniveau von mindestens 0,10.

Insgesamt betrachtet hat die monetäre Konjunkturtheorie von *Hawtrey* einen festen Platz in der Konjunkturtheorie. Besondere Beachtung findet der kumulative Prozess von *Wicksell*. Der Lohn-lag wirkt als Bremse des Aufschwungs. Ebenso bremst die steigende Bargeldquote den Aufschwung beim Kreditschöpfungsprozess der Banken. Die Betrachtung der Geldmenge zeigt ein steuerbares, endogenes Instrument des Gleichgewichtssystems, was einen Fortschritt gegenüber der klassischen Theorie darstellt.

Als *Kritik* ist anzumerken:
- Die Konjunkturtheorie von *Hawtrey* ist eine rein monetäre Theorie und vernachlässigt reale Phänomene als Auslöser konjunktureller Prozesse.
- Konjunkturschwankungen können auch ohne auslösende Kreditprozesse erfolgen.
- Selbst nach *Hawtrey* hinkt die Kreditexpansion der realen Entwicklung hinterher; Auslöser von konjunkturellen Bewegungen sind der Einsatz von unbeschäftigten Produktionsfaktoren (Arbeitskräfte, Maschinen) sowie die Nutzung von privaten Ersparnissen.
- Das Bankensystem hat nur begrenzte Möglichkeiten zur Ausweitung der Geldmenge (eine unbegrenzte Geldmengenausweitung würde wohl auch durch die Zentralbank gestoppt).
- Die Zinsabhängigkeit der Kreditnachfrage wird überschätzt.
- Es findet keine Trennung zwischen dem Geld- und dem Kapitalmarkt statt. Die Analysen von *Hawtrey* beziehen sich auf den Geldmarkt, die Kredite werden jedoch weitgehend über den Kapitalmarkt finanziert.
- Die Güterstruktur mit unterschiedlichen Güterarten bleibt unberücksichtigt.

Gottfried Haberler modifiziert den Ansatz von *Hawtrey* in seiner Theorie des wirtschaftlichen Zyklus durch zwei weitere Möglichkeiten, welche einen Aufschwung in Gang setzen:
- Im monetären Bereich durch eine Erhöhung der Geldmenge (gesetzliche Zahlungsmittel einschließlich Banknoten und Sichteinlagen sowie Kredite) oder eine Erhöhung der Umlaufgeschwindigkeit des Geldes.
- Im realen Bereich durch eine Erhöhung der Güternachfrage, strukturelle Veränderungen im Produktionssektor (verbunden mit Investitionen und Innovationen) sowie Optimismus, welcher eine Erhöhung der Güterproduktion auslöst.

IV. Empirische Hinweise: Die Kombination von Wachstumspfad und konjunkturellen Schwankungen

Als Grundidee einer Kombination des Wachstumspfades mit monetären konjunkturellen Schwankungen lassen sich drei monetäre Einflüsse unterscheiden:
- Monetäre Aggregate, welche sich stetig in der Zeit entwickeln.
- Monetäre Aggregate, welche zumindest während einer gewissen Zeit destabilisierend wirken und zu einer wirtschaftlichen Entwicklung weg vom Wachstumspfad führen können.
- Monetäre Größen, welche die wirtschaftliche Entwicklung hin zum Wachstumspfad stabilisieren können.

Dabei stellt sich die Frage, ob und wie die Geldpolitik in der Praxis einen Beitrag zur Stabilisierung der wirtschaftlichen Entwicklung entlang des Wachstumspfades leisten kann.

Der Ansatz wird in fünf Schritten entwickelt: (1) der Wachstumpfad, (2) monetäre Größen, welche dem Wachstumpfad folgen, (3) Effekte, welche zu einer Abweichung der realen Entwicklung vom Wachstumpfad führen können, (4) Stabilisierungseffekte innerhalb des monetären Bereichs, welche eine Annäherung der realen Entwicklung an den Wachstumpfad erleichtern, und (5) monetäre Maßnahmen, mit deren Hilfe sich ggf. eine Annäherung an den Wachstumpfad erleichtern lässt.

(1) Der Wachstumpfad: Die reale wirtschaftliche Entwicklung, gemessen am durchschnittlichen Pro-Kopf-Produkt bzw. dem realen BIP, folgt längerfristig einem *Wachstumpfad*. Das Wachstum des Bruttoinlandsproduktes (BIP real) wird in erster Linie durch den technischen Fortschritt ausgelöst, welcher zu Innovations-, Diffusions- und Imitationsprozessen führt. Daraus entwickelt sich ein konstantes, langfristiges Wachstum einer Volkswirtschaft. Weitere, wesentliche Einflussfaktoren auf den Wachstumpfad sind der demographische Wandel, die sich weltweit verändernde Arbeitsteilung und die damit verbundenen Auswirkungen auf die Binnenwirtschaft (u.a. eine Erhöhung der Produktivität der Arbeit). Der Wachstumpfad, wie sich dieser in der Praxis abzeichnet, wird als gegeben (exogen) betrachtet. Beim Kapital und der Arbeit sollen kurzfristig keine erheblichen Engpässe bestehen.

Abbildung 77: Monetäre Größen mit einer hohen Korrelation zum Wachstumpfad

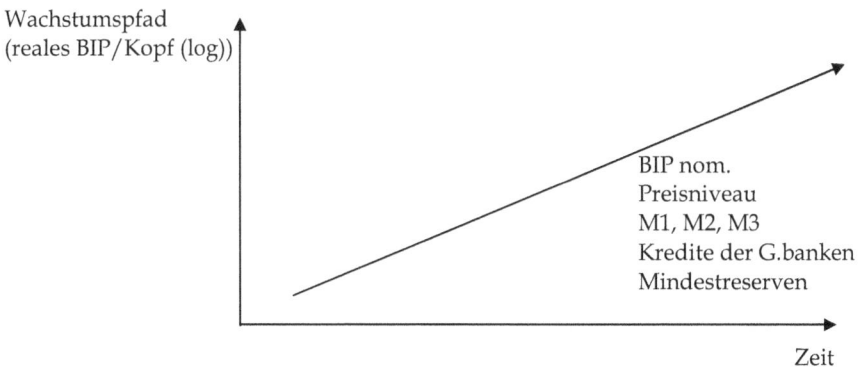

(2) Monetäre Größen, welche dem Wachstumpfad folgen: Stetig mit der Zeit und auch weitgehend parallel zum realen BIP entwickeln sich das nominale BIP, das

Preisniveau, die Geldmengenaggregate M1-M3, die Kredite der Geschäftsbanken und die Mindestreserven (vgl. Abbildung 77).[572]

(3) Effekte, welche zu einer Abweichung der realen Entwicklung vom Wachstumspfad führen können: Grundlegend ist die Beobachtung, dass es Phasen gibt, in welchen das reale BIP (Pro-Kopf-Einkommen) kurzfristig schneller wächst als das potentielle Pro-Kopf-Produkt (Phase A) und solche mit einem geringeren Wachstum, als dies dem potentiellen Pro-Kopf-Produkt entsprechen würde (Phase C). Zudem kommt es zu oberen und unteren Wendepunkten (Phasen B und D). Die Länge und die Intensität dieser Phasen sind unterschiedlich und folgen keinem spezifischen Muster (vgl. Abbildung 78).

Abbildung 78: Der Wachstumspfad und die Schwankungen des aktuellen realen BIP

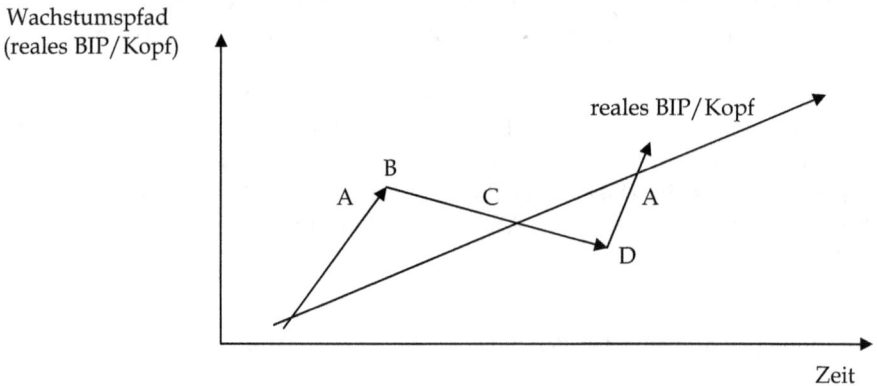

Die möglichen Erklärungen, warum das aktuelle Bruttoinlandprodukt nicht stets mit dem potentiellen realen BIP bzw. dem Wachstumspfad identisch ist, sind vielfältig. Die Abweichungen können unter anderem als Folge unterschiedlich langer oder unterschiedlich intensiver Anpassungsprozesse bei den relativen Preisen (Güterpreise, Löhne, Wechselkurse, Kapitalmarktzinsen und Geldmarktzinsen), der Wirkung monetärer Maßnahmen sowie monetärer oder realer Schocks bestehen. Erreichen diese Prozesse und Effekte kritische Werte, kommt es zum Wechsel von einer Phase zur anderen. Eine Zwangsläufigkeit oder Regelmäßigkeit solcher Zyklen ist in der Praxis nicht gegeben, zumal die lag-Strukturen sehr unterschiedlich sind und jeweils einige Zeit dauern können.[573]

(4) Stabilisierungseffekte innerhalb des monetären Bereichs, welche eine Annäherung der realen Entwicklung an den Wachstumspfad erleichtern: Zusammenfas-

---

[572] Andere monetäre Größen entwickeln sich nicht stetig mit der Zeit und auch nicht parallel zum realen BIP. Dazu zählen beispielsweise der Aktienindex und die Entwicklung der Liquiditätszuführung durch die EZB.

[573] Die einzelnen Phasen stellen vielmehr gedankliche Konstrukte dar. Modelle, welche solche Vorgänge beschreiben, sind beispielsweise der Patinkin-Effekt und die monetäre Konjunkturtheorie von *Hawtrey*, die als Grundlagen dieses Ansatzes dienen.Vgl. Ziff. III.

send betrachtet gibt es – nach dem empirischen Erfahrungsbild im Euro-Währungsgebiet der Jahre 1999-2005 – eine Reihe von Mechanismen, welche die Entwicklung des realen BIP entlang des Wachstumspfades unter der Voraussetzung geringer, sich nicht beschleunigender Inflationsraten stabilisieren können:

- Dazu zählen vor allem die Geld- und Kapitalmarktzinsen und die entsprechenden Wirkungen auf die Entwicklung der Kredite der Geschäftsbanken sowie der Geldmengen (vor allem M1 und M2). Das Erfahrungsbild zeigt Parallelen zur monetären Konjunkturtheorie von *Hawtrey*.

- Ein weiteres Phänomen bezieht sich auf die Inflationsraten, welche sich ähnlich wie beim Realkasseneffekt von *Patinkin* gegenläufig zur Wachstumsrate des realen BIP entwickeln und Geldmengeneffekte auslösen, welche sich wiederum stabilisierend auf den Wachstumspfad auswirken. Voraussetzung ist eine langfristig hohe Stabilität des Preisniveaus (mit Inflationsraten von jährlich etwa ein bis zwei Prozent). Bei höheren Inflationsraten werden die güterpreisbezogenen Stabilisierungskräfte außer Kraft gesetzt, indem sich eine immer schneller drehende Lohn-Preis-Zinsspirale entwickeln kann.

- Zudem wirken sich ebenfalls die durch unterschiedliche Wachstumsraten des BIP real ausgelösten Lohnbewegungen – wenn auch durch Lohnrigiditäten sehr schwach – leicht stabilisierend auf den Wachstumspfad aus.

- Eine destabilisierende Wirkung geht in der Referenzperiode von den Wechselkursen (EUR-USD) aus. Bei steigenden Wachstumsraten kommt es – möglicherweise als vorübergehendes Phänomen – zu sinkenden Wechselkursen, welche das Wachstum des realen BIP zusätzlich leicht beschleunigten. Ein solcher Effekt entsteht auch im Wechselspiel mit der monetären und konjunkturellen Entwicklung in den USA. Sollte es – was eher typisch ist – bei einem Aufschwung zu steigenden Wechselkursen kommen (und umgekehrt), wären die Voraussetzungen für eine Stabilisierung der wirtschaftlichen Entwicklung durch die Wirkung der Wechselkurse entlang eines stabileren Wachstumspfades gegeben.

(5) Monetäre Maßnahmen, mit deren Hilfe sich ggf. eine Annäherung an den Wachstumspfad erleichtern lässt: Die zur Verfügung stehenden geldpolitischen Instrumente sind in erster Linie die Zinspolitik (mit der Festlegung der kurzfristigen Geldmarktzinsen) und die Steuerung der Liquiditätszuführung durch die Zentralbank, wobei zwischen den beiden Instrumenten starke Interdependenzen bestehen. Besonders in Phasen mit tendenziell fallenden Zinsen lassen sich die Zinsen durch eine etwas reichlichere Liquiditätszuführung zusätzlich senken, was c.p. zu höheren Wachstumsraten, aber auch zu prozyklischen Effekten führen kann.

Ideal wäre es, wenn die faktische Entwicklung des realen BIP jenem des Wachstumspfades entsprechen würde, oder sich mit Mitteln der Geldpolitik eine bessere Annäherung erreichen ließe. Der Versuch jedoch, das wirtschaftliche Wachstum beispielsweise durch monetäre Maßnahmen zu beschleunigen, kann – vor allem durch die Unterschätzung der vielschichtigen lag-Strukturen – zu einer hartnäckigen Inflation führen. Geldpolitische Maßnahmen können das Wachstum des aktuellen realen BIP zwar beeinflussen, aber der diesbezügliche Spielraum der Geldpolitik ist klein.

Besonders in Phasen mit tendenziell steigenden Zinsen (meist als Folge von steigenden Wachstums- und Inflationsraten) führt eine zusätzliche Liquiditätszuführung zu (noch) höheren Wachstums- und Inflationserwartungen, was ein be-
schleunigtes Ansteigen der Zinsen bewirkt. Um einen solchen Prozess in Grenzen
zu halten, empfiehlt sich eine äußerst zurückhaltende Liquiditätszuführung. Auf
diese Weise lässt sich ein wirtschaftlicher Aufschwung ggf. verlängern, indem genügend Zeit besteht, um die wirtschaftlichen Kapazitäten an die zunehmende
Nachfrage anzupassen.

Etwas allgemeinere Hinweise zum Euro-Währungsgebiet (1999-2005)

Thesen:

1. Eine steigende Wachstumsrate
des realen BIP führt zu einer höheren
Inflationsrate (und umgekehrt).

- Diese These ist zutreffend (mit einem lag
von bis zu einem Jahr).

2. Eine steigende Inflationsrate führt
zu einer geringeren Wachstumsrate des
realen BIP (und umgekehrt).

- Diese These ist zutreffend (mit einem lag
von bis zu zehn Monaten).

3. Eine steigende Wachstumsrate
des realen BIP führt zu höheren Lohn-
zuwächsen (d Löhne) (und umgekehrt).

- Diese These trifft zu (mit einem lag von
etwa 1 ½ Jahren).

4. Steigende Lohnzuwächse (d Löhne)
führen zu einer geringeren Wachstumsrate des realen BIP (und umgekehrt).

- Diese These trifft zu (mit einem lag von
bis zu neun Monaten).

5. Eine steigende Wachstumsrate des
realen BIP führt zu höheren Geld- und
Kapitalmarktzinsen (und umgekehrt).

- Diese These trifft zu (mit einem lag von
bis zu sieben Monaten).

6. Höhere Geldmarktzinsen bewirken
eine geringere Wachstumsrate (und
umgekehrt).

- Diese These trifft zu (mit einem lag von bis
zu einem Jahr).

7. Eine steigende Wachstumsrate des
realen BIP führt zu einem höheren
Wechselkurs EUR-USD (und umgekehrt).

- Diese These trifft nicht zu.

8. Ein sinkender Wechselkurs EUR-USD
führt zu einer höheren Wachstumsrate
des realen BIP (und umgekehrt).

- Diese These trifft tendenziell zu, ist jedoch
nicht signifikant.*

* Bei einem zugrunde gelegten Signifikanzniveau von mindestens 0,10.

Teil B: Die Geldpolitik
Kapitel 12. Die geschichtliche Entwicklung der Geldordnungen

I. Einführung

Die Geldordnungen verändern sich im Verlaufe der historischen Entwicklung und passen sich den jeweiligen Bedürfnissen des realen Bereichs an. Die für die geschichtliche Entwicklung typischen Geldordnungen sind das frühe archaische Geldwesen, die natürliche Geldordnung, die geldwirtschaftliche Anarchie, die gesellschaftsvertragliche Geldordnung, die spontane Geldordnung und die künstliche Geldordnung.[574] In der Praxis bestehen die Geldordnungen meist aus einer Mischung von natürlichen, anarchischen, gesellschaftsvertraglichen, spontanen und künstlichen Elementen.

II. Das frühe archaische Geldwesen und die natürliche Geldordnung

Bereits vor der Antike gab es ein frühes archaisches Geldwesen in einer vorwiegend auf Selbstversorgung ausgerichteten Hauswirtschaft. Natürliche Geldordnungen entstanden in der historischen Entwicklung unter anderem, wenn Menschen kostbare Güter zu religiösen sowie kulturellen Zwecken besaßen und diese später auch zum Tausch von Gütern verwendeten.[575] Die Wertvorstellungen für religiöse, kulturelle und andere kostbare Güter entspringen dem menschlichen und gesellschaftlichen Denken, woraus sich eine natürliche Geldordnung ergibt.

In der Antike kommt es zu Geldordnungen mit Metallmünzen, deren Kaufkraft im Wesentlichen dem Wert der Münzen entspricht. Diese Geldordnungen können als natürlich bezeichnet werden, wobei auch künstliche Elemente einer staatlichen Regulierung des Münzwesens eine Rolle spielen. In der „Politeia" führt *Platon* die Arbeitsteilung auf die ungleiche Verteilung der menschlichen Fähigkeiten zurück. Dies löst den Tausch von Gütern und die Einführung von Geld als Tauschmittel aus. Für *Platon* ist Geld ein „verabredetes Zeichen für den Tausch"; das Geld ist ein Symbol oder Zeichen.[576] Während Jahrhunderten wird – in der Tradition der griechischen Antike – nach der Konventionstheorie davon ausgegangen, das Geld sei durch Menschenhand („thesei"), dem Prägen von Metallstücken, entstanden.[577]

Auch *Aristoteles* (wie nach ihm *Thomas von Aquin* und *Adam Smith*) vertritt die Konventionstheorie, indem er feststellt, „das Geld sei durch Übereinkunft ent-

---

[574] Diese Begriffe sind mehr oder weniger willkürlich gewählt.
[575] Vgl. Kapitel 2.
[576] Vgl. *Miller, Constantin*, 1925, S. 7.
[577] Vgl. *Schmölders, Günter*, 1966, S. 19.

standen, nicht durch die Natur, sondern durch das Gesetz".[578] Der Tausch erfolgt im Hinblick auf eine Wiedervergeltung; ohne Gleichheit der Leistungen kann kein Austausch stattfinden:

> „Daher muss alles, was untereinander ausgetauscht wird, gewissermaßen quantitativ vergleichbar sein und dazu ist nun das Geld bestimmt".[579]

Damit begründet *Aristoteles* auch die sog. Funktionstheorie des Geldes, welche von den „geleisteten Diensten" des Geldes ausgeht.[580] Der Maßstab des Tausches ist das Bedürfnis, denn ohne Bedürfnis würde kein Tausch erfolgen. Indem das Geld zum Tausch dient,

> „… ist aber Kraft Übereinkunft das Geld gleichsam Stellvertreter des Bedürfnisses geworden, und darum trägt es den Namen Nomismus (Geld), weil es seinen Wert nicht von Natur hat, sondern durch den Nomos, das Gesetz".[581]

Dergestalt betont *Aristoteles* den staatlichen Einfluss auf den Wert des Geldes im Sinne einer nominalistischen Werttheorie.[582] Eine andere Aussage von *Aristoteles*, nicht das Zeichen sei Ursache des Wertes, sondern das durch das Gesetz bestimmte Material der Münzen, lässt auf eine metallistische Auffassung des Wertes des Geldes schließen. Vor allem im Außenhandel erweisen sich Metalle damals als geeignetes Tauschmittel und Wertträger zur Überbrückung von Entfernungen.[583] Um sich das Messen und Wiegen von Größe und Gewicht zu ersparen, prägte man die Metalle mit einem Zeichen.

Mit diesen Überlegungen taucht die alte Sophistenfrage auf, ob das Geld als „physei" im Sinne einer Naturerscheinung entstanden ist, oder als „thesei" von Menschenhand geschaffen wird.[584] Bei *Aristoteles* bleibt die Frage offen, welche Kräfte stärker sind, die Akzeptanz als künstlich geschaffener Wert („Symbol" und „Zeichen"), oder der metallistische Marktwert. Offen bleibt auch die Frage, ob es sich bei der Entstehung einer Geldordnung um einen natürlichen, gesellschaftsvertraglichen, spontanen oder rein künstlichen Prozess handelt. Der Begriff der Konventionstheorie weist sowohl auf einen künstlichen als auch auf einen gesellschaftsvertraglichen Vorgang hin, wobei ein gesellschaftsvertragliches Verständnis in der griechischen Antike nur ansatzweise besteht. Man kann deshalb davon ausgehen, dass es sich bei der Entstehung der griechischen Geldordnung um eine Mischung von natürlichen und künstlichen Elementen handelt. Ein natürliches Element der Geldordnung ist die von *Aristoteles* ebenfalls angesprochene metallistische Werttheorie, nach welcher der Wert des Geldes dem Metall- bzw. Markt-

---

[578] Zitiert nach *Terres, Paul*, 1998, S. 20 (Fußnote).

[579] *Rolfes, Eugen*, 1985, S. 112.

[580] Die Funktionstheorie des Geldes wurde später auch von *Ferdinando Galiani* (1728-1787), *Francis Hutcheson* (1694-1746) und *Adam Smith* (1723-1790) aufgenommen. Vgl. *Rist, Charles* (1938), 1947, S. 293.

[581] *Rolfes, Eugen*, 1985, S. 113.

[582] Obwohl *Aristoteles* nicht zu den Vertragstheoretikern zählt, lässt sich doch seine bereits erwähnte Auffassung anführen, „das Geld sei durch Übereinkunft entstanden, nicht durch die Natur, sondern durch das Gesetz". Zitiert nach *Terres, Paul*, 1998, S. 20 (Fußnote).

[583] Vgl. *Rolfes, Eugen*, 1981, S. 19.

[584] Vgl. *Schmölders, Günter*, 1966, S. 19.

wert des Geldes (bzw. der Münzen) entspricht. Das Prägen von Münzen auf der Grundlage einer gesetzlichen Regelung lässt sich als ein künstliches Element der Geldordnung zur Erleichterung der Transaktionen und Erhöhung der Transaktionssicherheit interpretieren.

Von der Antike bis zur Ablösung der Goldwährungen bzw. des Goldstandards im 20. Jh. hat sich der Wert des Geldes immer wieder bei dessen metallistischem Wert eingependelt, was der Dominanz des natürlichen Ordnungselementes („physei") entspricht. Wesentliches Element einer natürlichen Ordnung sind Zahlungsmittel, für welche die Individuen subjektive Wertvorstellungen besitzen: Die ursprünglichen Geldordnungen basieren in erster Linie auf den menschlichen und gesellschaftlichen Wertvorstellungen für Gold und Silber. Selbst eine natürliche Geldordnung funktioniert jedoch nur in Verbindung mit einigen künstlichen Ordnungselementen des Staates. Dazu zählen das Prägen von Münzen und der Schutz der Wirtschaftssubjekte vor Betrug, Täuschung und Übervorteilung beim Zahlungsverkehr.

Vor allem das Vertrauen der Menschen in die Wertstabilität des Goldes und anderer Metalle führt zu einer natürlichen Geldordnung. Die einzelnen Elemente einer natürlichen Geldordnung sind eine stabile Wertbasis (Gold und Silber als „gutes Geld"), stabile Institutionen (frühe Formen von Notenbanken und Geschäftsbanken) sowie künstliche Ordnungselemente, verbunden mit einer politischen Kontrolle der die Währung tragenden Institutionen. Als neuere Form einer natürlichen Geldordnung kann auch die von *Adam Smith* für das 18. Jh. geschilderte Geldordnung gelten.[585]

Abbildung 79: Die natürliche Geldordnung

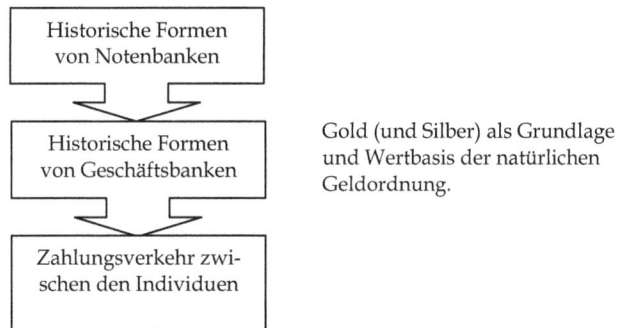

Gold (und Silber) als Grundlage und Wertbasis der natürlichen Geldordnung.

In der historischen, natürlichen Geldordnung gibt es noch keine modernen Zentral- und Geschäftsbanken (vgl. Abbildung 79). Die Funktionen der „Notenbanken" bestehen vor allem im Prägen von Gold- und Silbermünzen, dem Tauschen von in- und ausländischen Währungen sowie der Wertaufbewahrung von Geld. Gold und Silber bilden eine natürliche Wertbasis. Dies hat den Vorteil einer

---

[585] Vgl. *Smith, Adam* (1776), 1982, S. 235 ff. und S. 392 ff.

stabilen Wertbasis als Grundlage der wirtschaftlichen Transaktionen im Binnen-
und Aussenhandel sowie zur Wertaufbewahrung. Zu den Werten einer natürlichen Geldordnung zählen neben der Geldwertstabilität unverzerrte relative Preise. Die Wertstabilität des Goldes ersetzt staatliche (künstliche) Eingriffe zur Stabilisierung des Geldwertes. Selbst bei wenig ausgeprägten Strukturen im Bereich
der Noten- und Geschäftsbanken ergibt dies einen stabilen monetären Rahmen.
Hinzu kommt der Verzicht auf eine konjunkturelle Steuerung durch eine antizyklische Geldpolitik, womit die Preise stets unverfälscht sind und deren Informa-
tionsfunktion nicht versagen kann. Die natürliche Geldordnung erreicht im 18. Jh.
ihren Höhepunkt und wird seither sukzessive von anderen ordnungspolitischen
Elementen abgelöst. Dies lässt sich in unserer Zeit an der rückläufigen Bedeutung
(„Demonetisierung") des Goldes erkennen. Besonders starke inflationäre Entwicklungen rufen jedoch auch in unserer Zeit immer wieder die Leitbildfunktion der
natürlichen Geldordnung hervor.

III. Die anarchischen Elemente

Anarchie bedeutet Herrschaftslosigkeit,[586] womit Zügellosigkeit und Unord-
nung gemeint sind. Im 16. und 17. Jh. war die Anarchie ein Gegenbegriff zur gesetzlichen Gewalt. Ein rein anarchisches Geldwesen existiert ohne ein staatliches
Gewaltmonopol, welches unter anderem das Geldwesen im Interesse der Wirtschaftssubjekte ordnet. In der geschichtlichen Entwicklung zeichnen sich anarchische Geldwesen meist durch mangelnde künstliche Ordnungselemente aus.

Bei einem anarchischen Geldwesen fehlt eine stabile binnenwirtschaftliche Währung. Dies führt zum Naturaltausch (barter trade), der Verwendung von ausländischen Währungen mangels einer eigenen, stabilen Währung und zum Tausch von
Gütern gegen geeignete Waren, welche Zahlungsmittelfunktion erfüllen können
(beispielsweise Edelmetalle), womit Elemente einer natürlichen Geldordnung zum
Tragen kommen.

In der geschichtlichen Entwicklung gibt es, besonders seit dem Mittelalter, immer wieder Phasen mit einem anarchischen Geldwesen. Dies ist vor allem in
Kriegszeiten mit exzessiven Staatsausgaben und einer geringen Geldwertstabilität
der Fall.

Ein Beispiel für ein anarchisches Geldwesen ist auch die Entwicklung des Papiergeldes. Eine erste Papiergeldinflation ereignet sich von 1717-1719 in Frankreich und wird durch *John Law* (1671-1729) verursacht. Die von ihm gegründete
„Compagnie des Indes" emittiert Aktien, welche nur mit zehn Prozent des Nenn-
wertes gedeckt sind, und die zudem gegen Schuldtitel ausgegeben werden. Außerdem kommt es auf Initiative von *John Law* zur Gründung der „Banque Royale",
welche massenweise Papiergeld herausgibt. Die dadurch ausgelöste Inflation lässt
das Geldsystem 1719 zusammenbrechen.[587]

---

[586] Aus dem Griechischen anarchos=führerlos, ohne Oberhaupt.
[587] Vgl. *Flambant, Maurice*, 1974, S. 24.

Eine zweite Papiergeldinflation entsteht während den politischen Wirren der französischen Revolution (1789-1799). Es wird die Anregung zu einer Emission von Geld auf der Basis von Immobilien umgesetzt, indem die französische Regierung Assignaten zur Finanzierung der Kriegskosten ausgibt, deren Deckung in den beschlagnahmten Klöstern und anderen Besitztümern besteht. Die Assignaten erfreuen sich zunächst großer Beliebtheit, wozu auch die gegenüber einer Goldwährung geringeren Transaktionskosten beitragen. Zum Wertverfall und zur Entwertung kommt es durch das enorme Emissionsvolumen dieser Papiere und der sich verbreitenden Erkenntnis der Wertlosigkeit der Scheine, verbunden mit der mangelnden Möglichkeit zur „Pfandverwertung" der als Sicherheit bezeichneten Immobilien.

Ein weiteres Beispiel einer neuzeitlichen Papiergeldinflation verbindet sich mit der Entstehung des US-Dollars. Der „Greenback" dient ursprünglich zur Finanzierung des amerikanischen Bürgerkrieges (1861-1865). Die vorerst nicht konvertierbaren (grünen) Banknoten beschleunigen sehr rasch die Inflation. Als Folge wird der Greenback vom Volk nicht mehr akzeptiert. Verstärkt wird die Papiergeldinflation in den USA durch den Goldrausch zwischen 1848 und 1860, welcher zu einer erheblichen Ausweitung der Edelmetallbestände führt. Erst 1878 wird der Dollar in Gold konvertierbar und erhält damit eine natürliche Wertbasis.

Elemente eines „anarchischen" Geldwesens enthält auch die Banking Schule, welche um etwa 1800 entsteht. Für *Thomas Tooke* (1774-1858) besteht der Geldumlauf nicht nur aus Münzen, sondern auch aus Handelswechseln, Schecks, Bankguthaben und Bankkrediten. Die Qualität der jeweiligen Schuldner ist bestimmend für die Bonität dieses, zum Teil „privat" emittierten Geldes. Die Banking Schule geht von einem elastischen Geldsystem aus, welches stets genügend Geld für die Transaktionsbedürfnisse bereitstellt. Wird das Geld nicht mehr benötigt, verschwindet es nach Auffassung der Banking Schule wieder aus dem Geldkreislauf („law of reflux" oder Fullartonsches Rückstromprinzip).[588] Voraussetzung sind einlösbare Zirkulationsmittel, bei welchen die Wirtschaftsakteure selbst und frei entscheiden, wie viel Geld sich nach Maßgabe ihrer Geldnachfrage im Umlauf befinden soll.[589]

Nach Auffassung der Banking Schule sorgt das Sicherheitsbedürfnis der Banken für genügend Golddeckung bei der Geldemission, womit systemimmanente Kräfte zugunsten einer stabilen Währung unterstellt werden. Nach den Darstellungen von *Tooke* lässt sich keine Überemission von Banknoten durch die *Bank von England* und die Geschäftsbanken feststellen.[590] Der Umlauf des Geldes erfordere keine Regulierung außer der Goldeinlösepflicht, womit Elemente einer natürlichen Goldordnung „eingebaut" werden.

Die zahlreichen Bankenzusammenbrüche und die immer wieder auflebenden Perioden mit einer starken Verschlechterung des Geldwerts lassen Zweifel an den Thesen der Banking Schule hinsichtlich der inhärenten Stabilität eines nicht regu-

---

[588] Benannt nach *Fullarton* (1780-1849); vgl. *Fullarton, John*, 1845, S. 58.
[589] Vgl. *Fullarton, John*, 1845, S. 130.
[590] Vgl. *Tooke, Thomas*, 1838, S. 622.

lierten Geldwesens ohne Goldeinlösepflicht entstehen; „anarchische" Exzesse führen 1844 zu den zweiten Peelschen Bankakten und mit der Golddeckungspflicht
der Notenemission zum Sieg der stabilitätsorientierten Currency Theorie über die
Banking Schule. Künstliche Ordnungselemente finden vermehrt Eingang in die
Geldordnung.

Abbildung 80: Das anarchische Geldwesen

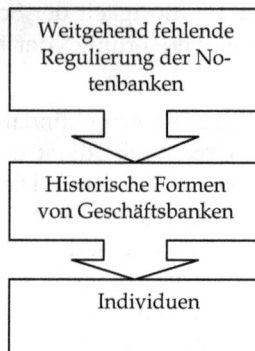

Gold und Silber sowie „privat"
emittiertes Geld als Grundlage der
Geldordnung; weitgehend fehlende
gesetzliche Grundlagen der Geldordnung („anarchisches Geldwesen").

Bei den „modernen" Ausprägungen eines anarchischen Geldwesens wird der
Stabilität des Geldes und der Banken im Inland keine besondere Bedeutung beigemessen. Es gibt kaum künstliche Elemente der Geldordnung wie beispielsweise
Ansätze zur Geldmengensteuerung oder zur Bankenaufsicht (vgl. Abbildung 80).
Unter solchen Umständen sind die Substitution der inländischen Währung durch
ausländische Währungen und die Emission von Geld durch Finanzintermediäre
sowie private Emittenten denkbar. Auch in unserer Zeit können Finanzinnovationen ein ungezügeltes Geldmengenwachstum und damit anarchische Tendenzen
auslösen, womit sich das Geldwesen in einer Situation wie „ein Kapitän befindet,
dessen Schiff in einem Sturm ohne Kompass und andere Navigationshilfen schlin-
gert".[591] Anarchische Elemente können ebenfalls in Ländern dominieren, welche
durch politische Krisen und hohe Inflationsraten erfasst werden, die das Vertrauen in die Währung erschüttern.

IV. Die gesellschaftsvertraglichen Elemente

Eine gesellschaftsvertragliche Ordnung beruht auf der Fiktion eines hypothe-
tisch geschlossenen Gesellschaftsvertrages zwischen den Bürgern eines Landes.
Der Vollzug des Gesellschaftsvertrages wird auf den Staat übertragen, wobei die
Geldordnung einen Teil dieser staatlichen Ordnung darstellt. Mit einer gesellschaftsvertraglichen Geldordnung wird in der Regel die Vorstellung verbunden,

---

[591] *Roos, Lawrence,* 1984, S. 172 f.

die Bürger seien an einem stabilen Wert des Geldes und möglichst unverfälschten Preisen interessiert.

Einzelne Grundgedanken einer gesellschaftsvertraglichen Geldordnung gehen auf *John Locke* zurück:

> „Money is the measure of commerce and the rate of everything, and therefore ought to be kept (as all other measures) as steady as may be".[592]

Als früher Quantitätstheoretiker zweifelt *Locke* an der Möglichkeit des Staates, den Wert des geprägten Geldes auf gesetzlichem Wege über den natürlichen Münzwert erhöhen zu können, und befürwortet die Sicherung einer stabilen Währung.

Eine frühe Aussage zu Elementen einer gesellschaftlich vereinbarten Geldordnung stammt auch von *David Hume*:[593]

> „Money is not, properly speaking, one of the subjects of commerce, but only the instrument which men have agreed upon to facilitate the exchange of one commodity for another".[594]

Bei *David Ricardo* ist das für eine gesellschaftsvertragliche Ordnung typische Ziel der Preisstabilität durch die Beeinflussung der umlaufenden Zirkulationsmittel sehr ausgeprägt verankert. Instabile Preise und vor allem inflationäre Prozesse finden nach seiner Auffassung ihren Ursprung in der starken Vermehrung der Geldmenge.

Angelehnt an die Lehre von *David Ricardo* besteht die Aufgabe der Notenbanken nach den Ansichten der Bullionisten[595] vor allem in der Regulierung der Geldmenge. *Samuel Jones-Loyd,* später *Lord Overstone* (1796-1883), fordert nach dem "currency-principle" die künstliche Regulierung der Geldmenge, um den Wert des Geldes aufrecht zu erhalten.[596] Dabei können zwei Verfahren zur Anwendung gelangen: Entweder wird der Wert des Geldes künstlich an den Marktwert von Metall gebunden, so dass eine große Nähe zur natürlichen Geldordnung entsteht, oder es werden künstlich geschaffene Währungen mengenmäßig so knapp gehalten, dass diese auch angesichts der sich ergebenden Transaktionsvorteile allgemeine Akzeptanz finden, womit das Geld vom Tauschmittel zum anerkannten Tauschvermittler wird.[597]

Mit den zweiten Peelschen Bankakten von 1844[598] kommt es vermehrt zu gesellschaftsvertraglichen bzw. künstlichen Elementen in der Geldordnung, mit welchen versucht wird, eine stabile Geld- und Währungsordnung zu schaffen und gleichzeitig Münzgewinne zur Finanzierung der staatlichen Haushalte zu erzielen (Fiskalfunktion der Geldpolitik). Um die Geldmenge zu kontrollieren und damit

---

[592] *Locke, John,* 1695, S. 51.
[593] Dabei zählt *Hume* zu den Begründern der spontanen Ordnungstheorie.
[594] *Hume, David,* Essays (1892), 1964, S. 309.
[595] Vgl. *Ricardo, David* (1810), 1911, S. 34, und derselbe, 1817, S. 238 (eigene Übersetzung).
[596] *Jones-Loyd, Samuel, Lord Overstone,* 1837, S. 31.
[597] Vgl. *Menger, Carl,* 1970, S. 8 ff.
[598] Die ersten Peelschen Bankakten wurden 1819 erlassen.

die Preisniveaustabilität zu erhalten, sollen Banknoten nur gegen Golddeckung ausgegeben werden; dabei ist eine gewisse Proportionalität zwischen den sich im Umlauf befindlichen Geldsurrogaten und den Goldbeständen der emittierenden Banken zu wahren.[599] Zu den Schwächen einer solchen Geldordnung zählt die geringe Elastizität des Geldangebotes, was immer wieder zu deflationären Entwicklungen führt.

Currencytheoretische Entwicklungen folgen in Deutschland mit dem Bankgesetz von 1875 und in den USA mit dem Federal Reserve Act von 1913. In den 1920er Jahren etablieren sich entsprechende Ideen zur Geldordnung mit Beiträgen von *Irving Fisher* sowie der Theorie des neutralen Geldes von *Friedrich August von Hayek*. Diese finden in den 1950er Jahren Anerkennung in der ordoliberalen Lehre von *Walter Eucken*, deren Schwergewicht in der Geldwertstabilität und in möglichst unverfälschten relativen Preisen liegt. In den 1970er Jahren entsteht in dieser Tradition der Monetarismus von *Milton Friedman*. Stark in der currencytheoretischen Ordnung verankert war auch die Geldpolitik der früheren Deutschen Bundesbank.

Abbildung 81: Die gesellschaftsvertragliche Geldordnung

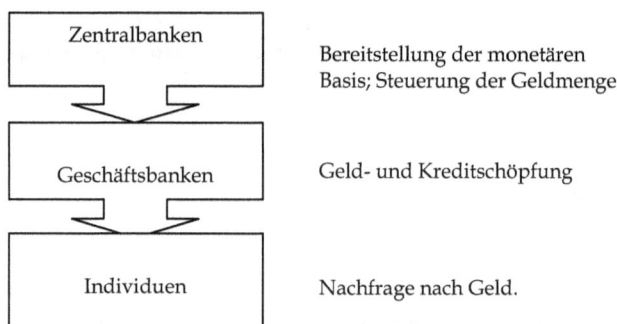

Zentralbanken	Bereitstellung der monetären Basis; Steuerung der Geldmenge
Geschäftsbanken	Geld- und Kreditschöpfung
Individuen	Nachfrage nach Geld.

Die gesellschaftsvertragliche Begründung von Geldordnungen soll auch den sich wandelnden, immer vielfältigeren und differenzierteren Präferenzen der Individuen hinsichtlich der Funktionen, Strukturen und dem Erscheinungsbild der geldschaffenden monetären finanziellen Institutionen dienen, was erhebliche Anforderungen an die Gestaltung der Geldordnung stellt.

Bei der gesellschaftsvertraglichen Ordnung kommt es zu einer Aufgabenteilung zwischen der Zentralbank, welche die monetäre Basis bereitstellt, und den Geschäftsbanken, welche unter anderem Kredite schöpfen (vgl. Abbildung 81). Die private Geldemission wird so weit als möglich zurückgedrängt. Zur Sicherung der Geldwertstabilität dient eine regelorientierte, hinreichend restriktive Geldmengensteuerung, meist verbunden mit der Erhebung von Mindestreserven. Die An-

---

[599] Bereits 1844 tritt *Samuel Jones-Loyd*, später *Lord Overstone*, für eine passive, mechanistische Regulierung der Notenmenge auf der Basis einer Golddeckung nach den Vorschlägen von *Ricardo* ein. Vgl. *Jones-Loyd, Samuel,* (1844), 1914, S. 76 f.

kündigung von Geldmengenzielen soll zur Stabilisierung der Erwartungen führen. Einen großen Stellenwert zur Erhaltung der Stabilität der monetären Ordnung hat die Bankenaufsicht. Die gesellschaftsvertragliche Ordnung enthält damit eine Reihe von künstlichen Ordnungselementen, wobei eine antizyklisch wirkende Zins- und Geldmengenpolitik ebenso abgelehnt wird wie eine monetäre
Stimulierung der Wirtschaft durch eine grosszügige Bereitstellung von Zentralbankliquidität.

V. Die spontanen Elemente

Eine spontane Ordnung entsteht durch die wirtschaftlichen Transaktionen der
Wirtschaftssubjekte, ohne dass diese Ordnung von den Akteuren beabsichtigt,
geplant oder vorhergesehen wird; diese erzeugt sich aus den Interaktionen zwischen den Individuen von selbst. Indem die Transaktionen oft wiederholt werden, entstehen Regeln im Sinne von tradierten Verhaltensweisen. Diese senken die
Komplexität der Transaktionsprozesse und die Transaktionskosten. Solche Regeln
für den Tausch von Gütern – selbst mit einfachen Geldmitteln – können normativen Charakter und eine breite Akzeptanz erlangen. Es bilden sich sogar gesellschaftlich akzeptierte Sanktionsnormen für den Fall heraus, dass diese Regeln
nicht eingehalten werden. Die Regeln und Normen wandeln sich und passen sich
langfristig immer wieder den Bedürfnissen der Menschen und Märkte an.

Spontane Elemente in der Geldordnung gibt es seit dem Bestehen von menschlichen Gesellschaften. Bereits in der Antike entstehen spontane Geldsysteme durch
das selbstinteressierte Verhalten von Menschen, welche Güter gegen primitive
Formen von Geld tauschen. Die Verwendung von einfachen Geldmitteln, wie etwa Muscheln und Metallen, erleichtert die Tauschbedingungen und ermöglicht
eine Arbeitsteilung. Die weitere historische Entwicklung führt in vielfältiger Weise
zu „spontanen" Elementen in der Geldordnung, die jedoch nicht ausreichen, um
eine voll funktionsfähige Geldordnung zu tragen. So erzeugt beispielsweise die
Emission von Papiergeld im 18. Jh. nicht so sehr eine sich selbst tragende spontane
Geldordnung, sondern vielmehr ein „anarchisches" Geldwesen.

Als eigentliche Geburtsstunde der neueren Theorie der spontanen Geldordnung darf die Idee des Währungswettbewerbs (zwischen den Geschäftsbanken)
von *Friedrich August von Hayek* aus dem Jahre 1976 gelten:

> „Es ist ungewöhnlich, aber wahr, dass konkurrierende Währungen bis vor
> kurzem nie ernsthaft untersucht worden sind. Die vorhandene Literatur gibt
> keine Antwort auf die Frage, warum ein Regierungsmonopol auf die Geld-
> versorgung als unerlässlich angesehen wird, oder ob dieser Glaube einfach
> von dem ungeklärten Postulat herrührt, innerhalb jedes gegebenen Territo-
> riums müsse eine einzige Art von Geld im Umlauf sein – was, solange wie le-
> diglich Gold und Silber ernsthaft als mögliche Geldarten in Frage kamen, als
> angemessen erschienen sein mag. Ebenfalls können wir keine Antwort auf die
> Frage finden, was geschähe, wenn dieses Monopol abgeschafft und die Geld-

versorgung dem Wettbewerb privater Unternehmen geöffnet würde, die verschiedene Währungen anböten".[600]

Von Hayek kritisiert das staatliche Geldmonopol, weil die Wirtschaftssubjekte bei Monopolen selbst bei unbefriedigenden Leistungen dazu gezwungen sind, dieses zu nutzen:

> „Das wichtigste Ergebnis des derzeitigen Untersuchungsstadiums ist, dass wohl der Hauptmangel des Marktsystems und damit der Grund für wohl gerechtfertigte Vorwürfe – nämlich seine Empfänglichkeit für wiederkehrende Perioden von Depressionen und Arbeitslosigkeit – eine Konsequenz des uralten Regierungsmonopols der Geldemission ist".[601]

Zudem weist jedes Monopol Trägheiten bzw. mangelnde Anreize zur Verbesserung der Leistungen auf.[602] Vor allem aber fehlen Sanktionsmöglichkeiten gegenüber dem staatlichen Geldemissionsmonopol.

Die monetäre Steuerung und der monetäre Missbrauch sind für *von Hayek* dieselbe Angelegenheit, denn das Geldmonopol stellt für jeden Staat und für jede Zentralbank eine unwiderstehliche Versuchung dar, dieses Monopol missbräuchlich und marktwidrig zur Ausdehnung der monetären Basis einzusetzen.[603] Eine systemkonforme Wirtschaftsordnung sieht er nur dann verwirklicht, wenn auch bei der Geldemission eine wettbewerbliche Marktlösung besteht. Der „Mechanismus der Mehrheitsregierung" soll durch den „automatischen" Mechanismus der Konsumentensouveränität ersetzt werden; die Präferenzen der Individuen für die eine oder andere Währung sollen, analog zur Wettbewerbsordnung, über den Markt zum Tragen kommen.[604]

Mit einem System konkurrierender Währungen wird das staatliche Notenausgabenmonopol durch das marktwirtschaftliche Ordnungsprinzip des Währungswettbewerbs ersetzt. Sowohl inländische als auch ausländische, private als auch öffentliche Banken sollen Geld nach eigenem Belieben emittieren dürfen. Erforderlich sind eine vollständige Konvertibilität der Währungen und die Freiheit des Gebrauchs jeder Währung. Damit geht der Sonderstatus des bisherigen Notenbankgeldes als gesetzliches Zahlungsmittel verloren.

Angesichts des Gewinnstrebens der Banken verneinen *John D. Gurley* und *Edward S. Shaw* bei einem kompetitiven Geldangebot bereits in den 1960er Jahren eine eingeschränkte Inflationstendenz,[605] zumal die Rahmenbedingungen eines Bankenwettbewerbs à priori unklar seien. *Benjamin Klein* dagegen sieht bei einer kompetitiven Geldordnung und einer vollkommenen Voraussicht der Nachfrager keine Gefahr einer grenzenlosen Ausdehnung der Geldmenge. Er geht von der

---

[600] *von Hayek, Friedrich August,* 1977, S. 6.
[601] *von Hayek, Friedrich August,* 1977, S. IX.
[602] Vgl. *von Hayek, Friedrich August,* 1977, S. 7.
[603] Vgl. *von Hayek, Friedrich August,* 1980, S. 41; vgl. derselbe, 1976, S. 16 f.
[604] Vgl. *von Hayek, Friedrich August,* 1977, S. 92 ff., insbesondere S. 95.
[605] Vgl. *Gurley, John G.* und *Shaw, Edward S.,* 1960, S. 255.

Gültigkeit des Anti-Greshamschen Gesetzes[606] aus: „High confidence monies will drive out low confidence monies".[607] Lässt man die Annahme einer vollkommenen Voraussicht fallen, stehen den Geldanbietern Täuschungsstrategien offen und für den Geldnachfrager entstehen Informationskosten. Diese sind umso größer, je höher die vermuteten potentiellen Täuschungsgewinne der Geldanbieter sind. Der Geldanbieter seinerseits wird nur dann Täuschungsstrategien anwenden, wenn die erwarteten Gewinne größer sind als der Verlust an Vertrauenskapital. Eine ungehinderte Inflation wird vermieden, solange die Geldanbieter und die Geldnachfrager die erzielbaren Täuschungsgewinne gleich hoch einschätzen. Selbst wenn kurzfristige Gewinne durch eine Geldmengenexpansion möglich sind, resultiert bei mittel- bis langfristigen Täuschungen ein erheblicher Verlust an Vertrauenskapital, womit eine anhaltende Täuschung der Geldnachfrager wenig wahrscheinlich ist.[608]

Beim Währungswettbewerb stehen folgende Fragen im Vordergrund: Welche Währungen stehen miteinander im Wettbewerb? Wer emittiert die Währungen? Welcher Währungsraum ist bedeutsam und welche Ziele werden damit impliziert?
- Eine erste Form des Währungswettbewerbs umfasst den Währungsraum einer geschlossenen Volkswirtschaft, in welchem die Regierung auf die gesetzliche Regulierung des Geldwesens verzichtet und die Banken eigene Währungen emittieren können, die gegeneinander konkurrieren. Ziel ist die Sicherung einer langfristigen Stabilität des Geldwerts.
- Eine zweite Form des Währungswettbewerbs bezieht sich auf offene Volkswirtschaften. Jeweils nationale, staatlich emittierte und voll konvertible Währungen stehen im Wettbewerb zueinander. Ziel ist oft die monetäre Integration.

Mit der Konzeption einer spontanen Geldordnung der ersten Form des Währungswettbewerbs zeigt *von Hayek* sehr ausführlich eine neue Dimension des geldordnungspolitischen Denkens, bei welcher die Idee des Wettbewerbs auch auf Währungen übertragen wird. Beim (nationalen) Währungswettbewerb sollen die Banken eines Landes, nach den Prinzipien der Bankenfreiheit (free banking), Geld in einer bankeigenen Währung emittieren dürfen. Die Wirtschaftssubjekte erhalten die Freiheit, Verträge in einer bevorzugten Währung abzuschließen.[609] Ein staatliches Notenemissionsmonopol besteht nicht. Die Währungen treten nach diesen Vorstellungen gegeneinander in Wettbewerb. Damit wird der Wettbewerbsgedanke konsequent auf das Geldwesen übertragen, wobei sich die stabilste Währung durchsetzen wird: Nach dem Anti-Greshamschen Gesetz verdrängen bei flexiblen Währungsrelationen die stabilen Währungen die schwächeren Währungen als Transaktions- und Wertaufbewahrungsmittel. Dies verhindert eine unbegrenzte Ausdehnung der Geldmenge, zumal zwischen der emittierten Geldmenge und dem Wert der betreffenden Währung eine inverse Beziehung besteht.

---

[606] Nach dem sog. Anti-Greshamsche Gesetz – in allgemeiner Form – verdrängt das gute Geld bei flexiblen Währungsrelationen das schlechte Geld sowohl als Wertaufbewahrungs- als auch als Transaktionswährung. Vgl. zum Anti-Greshamschen Gesetz: *Vaubel, Roland,* 1974, S. 220 ff.
[607] *Klein, Benjamin,* 1974, S. 423-453.
[608] Vgl. *Klein, Benjamin,* 1974, S. 432-438.
[609] Vgl. *von Hayek, Friedrich August* (1976), 1980, S. 136-146.

Außerdem werden die Banken versuchen, den Gebrauch der von ihnen geschaffenen Währungen so bequem wie möglich zu gestalten, wobei sich die Geldemittenten am Gewinn orientieren. Deshalb sind sie auch an der Stabilität „ihrer Währung" interessiert, um im Geschäft zu bleiben.

Nach Auffassung von *Thomas R. Saving* ist ein einheitliches und stabiles Preisniveau nur durch die Konvertibilität des privat emittierten Geldes gegen eine entsprechende Warendeckung zu erreichen.[610] Die einzelnen Währungen werden idealerweise an einem Referenz-Warenkorb mit einer Auswahl von Rohstoffen (ggf. auch Großhandelsgütern) gemessen, dessen Zusammensetzung im freien Ermessen der Emittenten liegt und den Präferenzen der Geldnachfrager möglichst gut entsprechen soll. Nach einiger Zeit werden sich möglicherweise Standard-Warenkörbe herausbilden.[611] Die Rohstoffpreise erscheinen aufgrund der großen Sensibilität und der Vorlaufeigenschaft als Prädiktor der künftigen Preisentwicklung geeignet. Es wird sich eine Umlaufbörse installieren, an welcher die Wertrelationen der einzelnen Währungen fortlaufend ermittelt werden. Ein großer Teil der Emittenten wird die Kaufkraft ihrer Währungen durch An- und Verkäufe stabil halten. Unterlässt man den Ankauf einer schwächer werdenden Währung, wird die betreffende Währung aus dem Emissionsgeschäft verdrängt. Bei einer im Wert steigenden Währung wird der Geldumlauf ausgedehnt. Im Fall einer hartnäckigen Deflation kann ein Zwang entstehen, Rohstoffe auf eigene Rechnung zu kaufen, um deren Preise zu stützen.[612] Zukunftsmärkte sollen es ermöglichen, die Währungen auf Termin zu handeln, um sich gegen mögliche Schwächen einer Währung abzusichern, was schwache Währungen zusätzlich unter Druck bringt. Eine bedeutsame Rolle bei den Informationsprozessen spielt die Tagespresse.

Die Bedeutung der bisherigen nationalen Währungen hängt von deren Wertstabilität ab. Wesentlich erscheinen einheitliche Regulierungsbestimmungen für die bisherigen staatlichen und die privaten Währungen. Zudem ist es wünschenswert, beim Markteintritt privater Währungen die Menge der staatlichen Geldmenge zu reduzieren. Damit die von der Zentralbank emittierte Währung vor schneller Entwertung bewahrt bleibt, ist die vollständige Unabhängigkeit der Zentralbank von den geldpolitischen Eingriffen der Regierung erforderlich. Fraglich ist die Bereitschaft der Regierung, das staatliche Monopol der Notenemission freiwillig aufzugeben.

Die Verbraucher werden gewisse Präferenzen für die Währung mit der stärksten Verbreitung bekunden, beispielsweise für die täglichen Einkäufe. Gläubiger werden eine deflationäre Währung bevorzugen, Schuldner eher eine inflationäre. Bei der Beurteilung der Wertstabilität einer Währung kommt es zu hohen Informationskosten. Dies ist besonders dann der Fall, wenn zahlreiche Währungen umlaufen. Zudem müssen die Preise überall bekannt sein. Die Unternehmen werden Währungen akzeptieren, welche sie gegen eine andere Währung zu einem bekannten Kurs eintauschen können.

---

[610] Vgl. *Saving, Thomas R.*, 1976, S. 987-995.
[611] Vgl. *von Hayek, Friedrich August*, 1977, S. 31.
[612] Vgl. *Neldner, Manfred*, 1983, S. 400.

Von entscheidender Bedeutung ist die allgemeine Präferenz für wertstabiles Geld: Dies ermöglicht eine zuverlässige Kalkulation für die Produktion und den Handel, ein funktionierendes Rechnungswesen, einen realistischen Gewinnausweis und die Erhaltung des Kapitalstocks. Währungen, welche auf diese Weise den Menschen zum Erfolg verhelfen, werden bevorzugt und finden Nachahmer.[613] Der Verdrängungswettbewerb wird nach Auffassung *von Hayeks* zu einer oder zwei Hauptwährungen führen, welche je nach der Größe eines Raumes übrig bleiben.

Erforderlich für das Funktionieren einer solchen spontanen Geldordnung ist das Vertrauen in die Stabilität der einzelnen Währungen. Damit zeigt die Idee einer Währungskonkurrenz im Zielbereich Näherungen zur Goldwährung. Es müssen auch bei spontanen Geldordnungen künstliche Ordnungselemente eingebaut werden, um den Wettbewerb zwischen den einzelnen Währungen zu sichern. Nur so schaffen spontane Geldordnungen die Voraussetzungen für Geldwertstabilität. Soweit nicht bereits der Bankenwettbewerb zu institutionell stabilen Geschäftsbanken führt, ist eine umfassende Bankenaufsicht erforderlich.

Das Konzept der Währungskonkurrenz bedeutet eine Abkehr vom Goldstandard und der Geldmengensteuerung wie bei der Currency Theorie, indem der Wettbewerb zwischen den Geldemittenten an die Stelle des Goldes als Währungsanker oder des staatlichen Monopols der Notenemission tritt. Die Vorstellung eines möglichst neutralen Geldes soll durch den Währungswettbewerb und nicht mehr durch den Goldstandard oder künstliche Restriktionen bei der Geldemission[614] erreicht werden.

Allerdings erweist sich die Konzeption eines nationalen Währungswettbewerbs zwischen den einzelnen Banken mit bankeigenen Währungen als zu eng. Bedenken bestehen unter anderem hinsichtlich eines mangelnden Währungswettbewerbs zwischen den einzelnen, geldemittierenden Unternehmen sowie der Gefahr von Betrug („freedom of banking is swindling"[615]), betrügerischen Konkursen,[616] Übervorteilung und Unsicherheit. Eine Gefahr besteht auch darin, dass die Emissionsbanken offene oder versteckte Privilegien für die Finanzierung von staatlichen Budgetdefiziten erhalten (beispielsweise eine Stundung von Steuerzahlungen oder eine Bevorzugung bei den staatlichen Lohn- und Gehaltszahlungen).[617] Tauschen die Wirtschaftssubjekte die Währungen oft gegeneinander, um die jeweils stabilste zu halten, entstehen zudem erhebliche Transaktionskosten.

Erweist sich die Geldemission innerhalb eines Landes als ein natürliches Monopol (mit sinkenden Grenzkosten bei zunehmender Verwendung einer einzigen Währung), so läuft die Entwicklung auf eine einzige Währung hinaus, welche eine Monopolstellung hat.[618] Davon profitieren die Geldnachfrager insofern, als „eco-

---

[613] Vgl. *von Hayek, Friedrich August,* 1977, S. 55-58.
[614] Noch in den 1920er Jahre postulierte *von Hayek* ein stetes, potentialorientiertes (geringfügiges) Wachstum der monetären Basis.
[615] Vgl. *Gerding, Rainer* und *Starbatty, Joachim,* 1980, S. 54 f.
[616] Vgl. *Bernholz, Peter,* 1976, S. 138 f.
[617] Vgl. *Gerding, Rainer* und *Starbatty, Joachim,* 1980, S. 61 ff.
[618] Vgl. *Engels, Wolfram,* 1981, S. 127; vgl. *Vaubel, Roland,* 1976, S. 427.

nomics of aggregation" in Form abnehmender Transaktions-, Informations- und Umtauschkosten entstehen. Bei einem natürlichen Monopol kommt es jedoch zu einer Selbstzerstörung des Währungswettbewerbs.[619] Denkbar sind auch enge Oligopole mit einem abgestimmten Verhalten der Geldemittenten (Währungskartelle). Dies kann zu einer erneuten Verstaatlichung der Währungsemission führen. Zudem ziehen die Verbraucher möglicherweise eine verbreitete, aber weniger preisstabile Währung einer weniger verbreiteten, aber wertstabileren Währung vor.[620] Aus solchen und ähnlichen Gründen wurde die Idee des Währungswettbewerbs im nationalen Bereich nicht realisiert.

Gordon Tullock setzt sich bereits 1975 mit einer Geldordnung auseinander, in welcher eine staatlich emittierte Währung mit einer nicht von der Regierung des betreffenden Landes emittierten Währung um das Vertrauen der Nichtbanken konkurriert.[621] Aus damaliger Perspektive hätte es sich wohl um einen Wettbewerb zwischen inflationierenden Währungen gehandelt. *Tullock* führt dies auf eine Geldpolitik zurück, welche von kurzfristi-gen politischen Interessen dominiert wurde.[622] Eine inflationäre Geldpolitik ist für die Politiker oft ein besserer Weg zur Erreichung der Wiederwahl als eine stabili-tätsorientierte. Deshalb befürwortet *Tullock* institutionelle Regelungen zur Schaf-fung stabiler Währungen.[623]

Abbildung 82: Die spontane Geldordnung

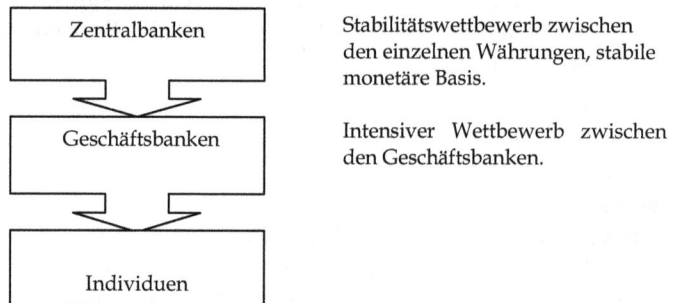

Zentralbanken

Stabilitätswettbewerb zwischen den einzelnen Währungen, stabile monetäre Basis.

Geschäftsbanken

Intensiver Wettbewerb zwischen den Geschäftsbanken.

Individuen

Die internationale Währungsordnung, wie diese nach dem Ende des Festkurssystems von Bretton Woods 1973/74 entstanden ist, zeigt Züge eines Währungswettbewerbs (vgl. Abbildung 82). Es kommt zu einem recht intensiven Wettbewerb zwischen einzelnen, staatlich emittierten Währungen um die Gunst der internationalen Geld-, Kredit- und Kapitalmärkte sowie jener Zentralbanken, welche Währungsreserven nachfragen. Auf diese Weise ergeben sich spontane Ord-

---

[619] Vgl. *Vaubel, Roland*, 1977, S. 435-466.
[620] Vgl. *Krug, Wilfried*, 1977/1978, S. 575.
[621] Vgl. *Tullock, Gordon*, 1975, S. 491-497.
[622] Vgl. *Tullock, Gordon*, 1975, S. 497.
[623] Vgl. *Tullock, Gordon*, 1976, S. 521-525.

nungselemente, obwohl dies im ursprünglichen Konzept *von Hayeks* dergestalt nicht impliziert wird.[624]

Der Währungswettbewerb zwischen künstlich geschaffenen, einzelstaatlichen Währungen bildet seit den 1970er Jahren die Grundlage der internationalen Währungsordnung. Angesichts der flexiblen Währungsrelationen wirkt das Anti-Greshamsche Gesetz, wonach die gute (wertstabile) Währung die schlechte Währung sowohl hinsichtlich der Transaktions- als auch der Recheneinheits- und Wertaufbewahrungsfunktion verdrängt.

Der internationale Währungswettbewerb entwickelt sich in den Bereichen des internationalen Handels, der internationalen Geld-, Kredit- und Kapitalmärkte sowie der Nachfrage nach multiplen Währungsreserven durch die Zentralbanken. Im Vordergrund stehen die sog. Triadewährungen (USD, Euro und Yen) als marktlich intensiv miteinander verbundene Haupttransaktionswährungen. Hinzu kommen noch andere, weniger bedeutende Valuten (beispielsweise das Britische Pfund, der Kanadische Dollar und der Schweizer Franken). Die zugrunde liegenden Devisenmärkte (Kassa- und Terminmärkte) führen zu einer großen Substitutionalität dieser Währungen, selbst wenn nach wie vor Marktunvollkommenheiten bestehen.

Mit dem Entstehen spontaner internationaler Geld-, Kredit- und Kapitalmärkte bildet sich ein Währungswettbewerb heraus, welcher mehr und mehr das Stabilitätsverhalten der einzelstaatlichen Geldpolitiken beeinflusst und zu einem tragenden Element der internationalen Währungsordnung wird. Die Terminkontrakt- und Optionsmärkte setzen Informationen über die künftige Wertentwicklung einer Währung rasch um und beschleunigen die Währungssubstitution. Diese Märkte bilden inzwischen das Hauptelement der internationalen Währungsordnung. Der Grad der Vollkommenheit dieser Märkte ließe sich bei einer größeren Zahl von international konkurrierenden Währungen noch wesentlich verbessern. Die beste Voraussetzung für den Währungswettbewerb ist eine freiheitliche internationale Währungsordnung mit möglichst vollkommenen Devisenmärkten. Auf diese Weise kann sich das Vertrauen in die spontanen Elemente der Geldordnung noch erheblich erhöhen. Weit entfernt von der spontanen internationalen Geldordnung sind die Entwicklungsländer, welche als Folge fehlender Devisen und oft auch mangelnder Exportfähigkeit weder am spontanen internationalen Währungswettbewerb teilnehmen können noch über die erforderliche Stabilität des Bankensystems verfügen.

VI. Die künstlichen Elemente

Künstliche Elemente der Geldordnung dienen der Sicherung einer natürlichen, gesellschaftsvertraglichen oder spontanen Geldordnung:

---

[624] Auf europäischer Ebene kritisiert *von Hayek* eine Währungsunion als „utopischen Plan"; hingegen beurteilt er den Währungswettbewerb zwischen dem USD, dem Euro und dem Yen als mögliche zweite Form des Währungswettbewerbs. Vgl. *von Hayek, Friedrich August*, 1977, S. 2.

- In besonderem Maße wird die gesellschaftsvertragliche Geldordnung durch künstlich geschaffene Elemente getragen. Die Geldwertstabilität soll durch eine Steuerung der Geldmengen, der Zinsen oder der Wechselkurse gesichert werden. Damit wird eine etwas grössere Flexibilität des Geldwesens als bei den früheren (natürlichen) Goldwährungen erreicht.
- Bei vorwiegend natürlichen oder spontanen Geldordnungen sind künstliche Ordnungselemente für das Vertrauen der Individuen in die Stabilität der Währung und der monetären Institutionen erforderlich. Dazu dienen die Bankenaufsicht sowie die Verhinderung von Betrug und Täuschung im Geldwesen.

Eine künstliche, vom Staat geschaffene Geldordnung kann nicht nur zu einem geordneten Geldwesen mit einem stabilen Geldwert beitragen, sondern auch – wie dies in der geschichtlichen Entwicklung oft der Fall ist – den fiskalischen Interessen des Staates und dessen politischen Akteuren dienen. In der historischen Entwicklung werden die Aufwändungen von feudalen Hofstaaten und Kriegen oft durch die Emission von minderwertigem Geld finanziert, wobei Verschlechterungen des Münzwertes in Kauf genommen werden. Die Münzordnung dient vielfach nicht den Interessen der Bürger, sondern den finanziellen Interessen der politischen Herrscher.

Abbildung 83: Künstliche Elemente der Geldordnung

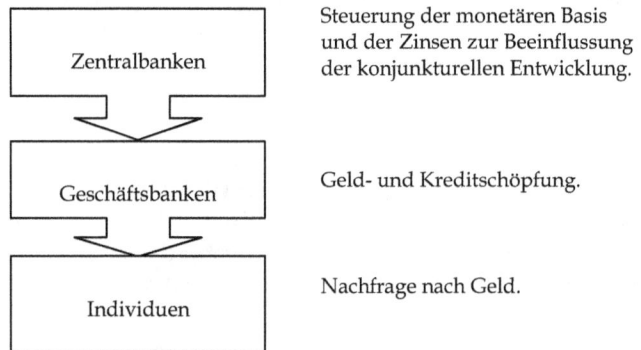

Zentralbanken — Steuerung der monetären Basis und der Zinsen zur Beeinflussung der konjunkturellen Entwicklung.

Geschäftsbanken — Geld- und Kreditschöpfung.

Individuen — Nachfrage nach Geld.

Eine weitere, mögliche Funktion einer künstlich angelegten Geldordnung ist die antizyklische, gegen die wirtschaftlichen Zyklen steuernde Geldpolitik zur Beeinflussung der konjunkturellen Entwicklung (vgl. Abbildung 83). Die diesbezüglichen Diskussionen um die Möglichkeiten einer Steuerung der konjunkturellen Entwicklung erreichen in den 1930er Jahren während der Weltwirtschaftskrise und in den späteren 1960er Jahren mit dem Erlahmen der Wachstumskräfte Höhepunkte, wobei die Auffassungen hinsichtlich der Vor- und Nachteile einer antizyklischen Geldpolitik bereits damals kontrovers sind. *Von Hayek* und *Eucken* betonen die Gefahren einer konjunkturellen Entgleisung sowie einer Verzerrung der Preissignale, was zur wirtschaftlichen Fehlsteuerung führt. Der Monetarismus

und die Neue Klassische Makroökonomie warnen vor einer antizyklischen Geldpolitik, welche die Erwartungen der Wirtschaftssubjekte destabilisiert und damit
kontraproduktive Wirkungen entfalten kann.

Monetär ausgerichtete Maßnahmen zur Steuerung der konjunkturellen Entwicklung werden hauptsächlich von den Befürwortern einer vorwiegend künstlich regulierten Geldprozesspolitik bejaht. Solche Eingriffe sind in der geldpolitischen Praxis der höchstindustrialisierten Länder nach wie vor von Bedeutung.
Dies ist jedoch weit weniger als noch vor Jahrzehnten der Fall, als die diesbezüglichen Möglichkeiten überschätzt und die inflationären Gefahren unterschätzt
werden. Der Versuch in den 1960er Jahren, das wirtschaftliche Wachstum mit Mitteln der Geldprozesspolitik anzukurbeln, beschert in den frühen 1970er Jahren
eine weltweite Inflation. Eine diskretionäre, der konjunkturellen Steuerung die-
nende Geldpolitik wird deshalb von den meisten Befürwortern einer natürlichen,
gesellschaftsvertraglichen und spontanen Geldordnung abgelehnt, indem vielmehr die wettbewerblichen Gleichgewichtsmechanismen diesem Zweck dienen
sollen.

Künstliche Geldordnungen können in Entwicklungs-, Schwellen- und Transfor-
mationsländern auch dazu dienen, den Mangel an natürlichen, gesellschaftsvertraglichen und spontanen Ordnungselementen zu kompensieren. Oft dient die
Geldpolitik der Erzielung von „Münzgewinnen" (Seignorage). Aus fiskalischen
Überlegungen werden die Geldmengen zur Finanzierung der staatlichen Ausgaben und zur Erzielung von Notenbankgewinnen aufgebläht, wobei den Wirtschaftssubjekten mitunter eine erhebliche Inflationssteuer auferlegt wird. Künstliche Geldordnungen dienen in diesen Ländern oft auch der Finanzierung stark
überbesetzter staatlicher Bürokratien und defizitärer Staatshaushalte.

In der heutigen Zeit geht es vielmehr um den Versuch, die wirtschaftliche Entwicklung an einen stabilen Wachstumspfad anzunähern, wobei die Geldwertstabilität in der Regel einen höheren Stellenwert als die konjunkturelle Steuerung
geniesst. Eine zentrale Aufgabe der Zentralbanken besteht darin, zu einer gewissen Kontinuität des Wachstums beizutragen, soweit sich letzteres überhaupt mit
monetären Mitteln erreichen lässt. Das entsprechende geldpolitische Ziel ist die
Sicherung einer tiefen Inflationsrate. Der Weg dazu besteht in einer Verknappung
der Liquidität im kurzfristigen Geldmarktbereich. Es wird ein künstlicher Markt
für Zentralbankgeld geschaffen, welcher durch das Liquiditätsangebot der Zentralbank und die Nachfrage nach Zentralbankgeld gesteuert wird, wobei sich die
Nachfrage nach Zentralbankgeld vor allem aus dem Bedarf für Bargeld und der
Einlagenpflicht der Geschäftsbanken für die Mindestreserven ergibt. Die Mindestreserven sind ein künstlich geschaffenes Element, um nicht nur Liquiditätsreserven zu schaffen, sondern vor allem den Geschäftsbanken Liquidität zu entziehen,
und damit den Kredit- und Geldschöpfungsprozess in Grenzen zu halten. Durch
eine Steuerung des Liquiditätsangebotes lassen sich die kurzfristigen Zinsen beeinflussen, um damit Einfluss auf die Geldmengen und die konjunkturelle Entwicklung zu nehmen.

Es wird diskutiert, ob ggf. eine direkte Einflussnahme auf die Geldmärkte – und
nicht wie bisher über das Angebot und die Nachfrage nach Zentralbankgeld – zu

einer wirksameren Steuerung der kurzfristigen Geldmarktsätze führen könnte.[625]
Auf diese Weise ließen sich auch die Mindestreserven eliminieren; offen bleibt
allerdings die Frage, mit welchen Mitteln die Zentralbank die künstliche Verknappung der Liquidität vornehmen soll. Hiefür kommen in erster Linie die Devisenreserven in Frage, zudem auch Schuldbriefe der Zentralbanken, deren Verkäufe dazu dienen, Liquidität aus dem Markt zu nehmen.

Offen ist die Frage, wie sich unter einem solchen, veränderten Regime die Zent-
ralbankgewinne entwickeln, welche zur Finanzierung des Staatshaushaltes verwendet werden. Ggf. entstehen kleinere Einnahmen für den Staat, welche durch
geringere Ausgaben oder andersweitig höhere Einnahmen kompensiert werden
müssen.

Auch die Finanzierung des ordentlichen Staatshaushaltes erfolgt nach neuerer
Auffassung nicht mehr durch die Zentralbanken, sondern durch selbständige Institutionen (Treasuries); dies ist auch bei der Finanzmarktaufsicht über die Banken
der Fall. Für die Ausübung dieser Funktionen sind Zentralbanken nicht zwangsläufig erforderlich. Ebenfalls nicht zwingend bei den Zentralbanken angesiedelt
werden müssen Großgirosysteme zur Abwicklung des Zahlungsverkehrs, vor allem unter den Geschäftsbanken (Bankenclearing).

Die mögliche Verschlankung der Aufgaben einer Zentralbank führen zu der
Frage, inwieweit diese in ihrer traditionellen Form überhaupt noch erforderlich
sind.[626] Die Ergebnisse der Diskussionen stehen vorerst noch aus.

Unverzichtbar bleibt vorerst die Funktion der Zentralbank eines „lenders of last
resort". Im Falle einer unerwarteten Verknappung der Bankenliquidität und bei
Bankenkrisen braucht es eine Institution, welche zumindest vorübergehend für
genügend Liquidität sorgen kann, damit das Bankensystem stabil bleibt.

VII. Die Genealogie der Geldordnungen

Zusammenfassend betrachtet zeigen sich während der letzten Jahrhunderte folgende Entwicklungsprozesse:
- Vorwiegend natürliche und anarchische Elemente der Geldordnungem im 18.
und 19. Jh.,
- vermehrte gesellschaftsvertragliche und künstliche Elementen im 19. und 20. Jh.,
sowie
- die Frühphase einer Geldordnung mit spontanen Elementen im späten 20. und
zu Beginn des 21. Jh. (vgl. Abbildung 84).

---

[625] Ein entsprechendes Verfahren wird derzeit in Kanada, Australien und Neuseeland angewendet.
[626] Vgl. *Friedman, Benjamin M.,* 1999; vgl. *Bank für Internationalen Zahlungsausgleich,* 1996; vgl. *Woodford, Michael,* 2000, S. 229-260.

Abbildung 84: Vorwiegende Elemente bei einzelnen Ansätzen der Geldpolitik (Zusammenfassung der Ergebnisse und Hinweise auf einzelne Kapitel)

Natürliche Geldordnung	„Anarchisches" Geldwesen	„Gesellschafts- vertragliche" Geldordnung	Spontane Geldordnung	Künstliche Geldordnung
Gold- und Silberwäh- rung (Kap. 13., I+II.)	Banking Schule (zum Teil) (Kap. 13., II.)	Currency Theorie (Kap. 13., II.) *Irving Fisher* (Kap. 13., III.2.) Neutrales Geld *(von Hayek)* (Kap. 13., III.3.) Ordoliberalis- mus (Kap. 13., III.4.) Monetarismus (Kap. 13., V.) Neue Klassi- sche Makro- ökonomie (Kap. 13., VII.)	Währungswett- bewerb *(von Hayek)* (Kap. 12., V.) Spontaner internationaler Währungs- wettbewerb (Kap. 12., V.).	Keynesianismus Postkeynesianismus Neokeynesianismus Neukeynesianismus (Kap. 13., IV.,VI.+VIII.)

Kapitel 13: Hinweise zu einzelnen Schulen der Geldpolitik

I. Die Vorklassik

Die Vorklassik des 17. und 18. Jh. als die Zeit vor *Adam Smith* ist in ihrer empirischen und theoriegeschichtlichen Entwicklung durch zahlreiche geldordnungspolitische Elemente geprägt:
- *Natürliche Elemente* wie die Bedeutung von Gold und Silber prägen als wesentliche Elemente die Währungsordnung.
- *Anarchische Elemente* zeigen sich in Währungs- und Finanzkrisen.
- *Spontane Elemente* lassen sich beim Entstehen von Banken zur Erleichterung der Transaktionen, der Wertaufbewahrung von Geld und der Gewährung von Krediten erkennen.
- *Künstliche Elemente* sind die Vergabe von Münzregalen an einzelne Herrscher, Fürsten und Städte sowie die Gründung von staatlichen Zentralbanken in Schweden (1668) und England (1694).

II. Die Klassik (Currency Theorie, Banking Schule)

Die *Currency Theorie* und die *Banking Schule* sind die beiden Hauptrichtungen des geldtheoretischen Denkens der klassischen Nationalökonomie, welches auch im geldpolitischen Bereich einen Niederschlag findet:

- Die *Currency Theorie* strebt nach einer wertstabilen Währung. Das Schwergewicht liegt auf künstlichen, durch den Staat geschaffenen Ordnungselementen. Der Umtausch der Währung in Gold (und umgekehrt) soll, zu staatlich festgelegten Paritäten, jederzeit gewährleistet sein. Die notenemittierenden Banken sollen einen fixierten Anteil des in Umlauf gebrachten Geldes in Gold als Deckungsmittel halten (meist zwischen 30 und 40 Prozent). Dadurch wird der Geldumlauf begrenzt.

Die Currency Theorie betont die Gültigkeit der Quantitätstheorie: Bei einer Begrenzung des Geldmengenwachstums kommt es zu einer stabilen Währung und das Vertrauen in die Währung wird gestärkt (dies trifft allerdings in Phasen mit einer raschen Zunahme der Edelmetallfunde bzw. einem starken Zufluss von Edelmetallen nicht zu). Die Currency Theorie, zu deren bedeutendsten Vertretern *David Ricardo* zählt, erlebt Mitte des 19. Jh. in Grossbritannien einen Durchbruch und ist bis in unsere Zeit ein Vorbild für die Gestaltung der Geldordnungen geblieben.

- Die *Banking Schule* betont die Elastizität des Geldsystems als die Fähigkeit einer Geldordnung, stets genügend Liquidität für die Wirtschaft bereit zu stellen und rasch auf sich verändernde wirtschaftliche Rahmenbedingungen zu reagieren. In Zeiten des Aufschwungs wird zusätzliches Geld durch Handelswechsel, Handelschecks und Bankenkredite geschaffen, in Zeiten des Abschwungs fließt dieses

„Geld" wieder zurück.[627] Die Banking Schule geht im Gegensatz zur Currency Theorie von breiten Geldmengenaggregaten aus, zu welchen auch die privat emittierten Geldsurrogate und die Kredite der Geschäftsbanken zählen. Sie begrüßt die geldwirtschaftlichen Innovationen (in der Zeit der klassischen Nationalökonomie war dies die Verbreitung von Banknoten und Girokonten).

Die Banking Schule impliziert, dass der Bestand an Kreditsicherheiten bei den Banken (z. B. die Goldbestände) das Wachstum der Geldmenge begrenzt. Diese Annahme erweist sich als trügerisch, denn bereits im späten 18. Jh. und bis in die moderne Zeit sind die durch die Geschäftsbanken gewährten Kredite ein volatiler Faktor, welcher zu einer Verstärkung der wirtschaftlichen Auf- und Abschwungszyklen führt. Zusammenfassend betrachtet entwickelt die Zeit der Klassik (deren Höhepunkt um etwa 1860 erreicht wird) damit zwei unterschiedliche, einander ziemlich unversöhnlich gegenüberstehende Konzepte.

Das natürliche Element in der Zeit der klassischen Nationalökonomie ist eine Gold(kern)währung, auch als Hauptelement der internationalen Währungsordnung. Spontane Elemente zeigen sich bei den Geldinnovationen und der Entwicklung des Bankensystems. Anarchische Elemente sind die immer wieder auftretenden Finanzkrisen. Ein gesellschaftsvertragliches bzw. currencytheoretisches Element ist der Wunsch nach stabilem Geld. Künstliche Elemente sind die Goldparität (die Festlegung des Wertes der eigenen Währung in Goldeinheiten) und die Regulierungen zur Deckung des Geldumlaufs durch Gold (im Rahmen der zweiten Peelschen Bankakten von 1844).

III. Die Neoklassik und der Ordoliberalismus (neutrales Geld)

1. Knut Wicksell

Knut Wicksell widerspricht der Vorstellung einer Dichotomie zwischen dem realen und dem monetären Bereich. Er zeigt die Wirkungen monetärer Maßnahmen auf den realen (güterwirtschaftlichen) Bereich. Indem die Geld- und Kreditzinsen unter die natürlichen Zinsen sinken können, wird die Neutralität des Geldes aufgehoben, und es kommt zu einem kredit- und investitionsfördernden Effekt bis zum Wiederansteigen der Zinsen. Das Geld ist nur neutral, wenn die Geld- und Kreditzinsen den natürlichen Zinsen entsprechen; bei Nichtneutralität des Geldes ergeben sich Geldeffekte.

Empirische Hinweise zum Euro-Währungsgebiet (1999-2005)	
These:	
Bei nicht neutralem Geld ergeben sich Geldeffekte.	- Diese These trifft zu.

---

[627] Bei diesem Mechanismus handelt es sich um das „law of reflux" bzw. nach dessen Erfinder, *John Fullarton* (1780-1849), um das „Fullartonsche Rückstromprinzip".

2. Irving Fisher

Der neoliberale Ansatz von *Irving Fisher* kann als ein Grundmodell für die currencytheoretische Geldordnung des 20. Jh. gelten. Als Currency-Theoretiker betont *Fisher* die wohlfahrtsökonomische Bedeutung einer stabilen Währung.[628] Der Wert einer Währung soll vorzugsweise an eine solide Wertbasis, das Gold oder einen Korb von Rohstoffen, gebunden sein.

Die Geldpolitik bezieht sich auf enge Geldmengen als Steuerungsaggregate. Die Geldordnung wird zweistufig aufgebaut, mit einer Notenbank, welche die monetäre Basis bereitstellt, und Geschäftsbanken, welche Kredite vergeben. Die Geldordnung soll durch künstlich geschaffene Elemente geprägt werden, indem die Notenbank die Geldmenge bestimmt („Issue-Department") und die Banken die Kredite vergeben („Credit-Department"). Durch Mindestreserven von 100 Prozent soll die Geldmenge gesteuert werden (sog. „Chicago Plan") und auf diese Weise die Arbeitsteilung zwischen den Zentralbanken („Issue-Department") sowie den Geschäftsbanken („Credit-Department") sichergestellt werden.[629] Diese Idee führt faktisch zum Geldemissionsmonopol der Zentralbank, bei welchem die Geschäftsbanken nur die Funktion der „Kreditabteilung" haben. Der Ansatz dient vor allem dem Ordoliberalismus und dem Monetarismus als Vorbild.

Im Zuge der Weltwirtschaftskrise beschäftigt sich *Fisher* auch mit den Ursachen und Wirkungen einer Deflation.[630] Eine Deflation lässt sich als ein länger dauernder Rückgang der Preise bei einem gleichzeitigem Sinken der Nachfrage beschreiben. Eine Deflationsspirale tritt ein, wenn sich ein rückläufiges Preisniveau und eine zunehmende Arbeitslosigkeit gegenseitig verstärken.

Für *Fisher* besteht die Hauptwirkung der Deflation nicht im Pigou-Effekt (Erhöhung des realen Wertes der Kasse),[631] sondern im erhöhten realen Wert der Schulden. Während die Wirkung des Pigou-Effektes nach Auffassung von *Tobin* vor allem langfristiger Natur ist, hat der Fisher-Effekt in erster Linie kurzfristige Folgen. Bei sinkenden Güter- und Vermögenspreisen sowie unveränderten nominellen Schulden wird ein immer größerer Schuldendienst auferlegt, welcher zudem in Relation zu einem sinkenden Einkommen steht. Der dadurch ausgelöste Schuldendruck für Unternehmer und private Haushalte (oft Hauseigentümer) löst Zahlungsverzögerungen und Konkurse aus, was den Rückgang der ökonomischen Aktivitäten verstärkt.

Zur Anhebung der Güterpreise auf das frühere Niveau fordert *Fisher* 1932/33 eine Reflationierung als notwendigen Schritt zur Wiederbelebung der Wirtschaft. Sein Vorschlag besteht in der Ausgabe einer Art von Schwundgeld: Jedem Wirtschaftssubjekt wird beispielsweise eine Hundertdollarnote ausgegeben, welche

---

[628] Vgl. *Fisher, Irving,* 1920.
[629] Die Idee einer Trennung in ein Issue-Department zur Emission von Banknoten mit einer 100%igen Golddeckung und ein Banking-Department für das Einlagen- und Kreditgeschäft beruht ursprünglich auf den Vorschlägen von *Robert Torrens* und *Samuel Jones-Loyds,* später *Lord Overstone,* zu den zweiten Peelschen Bankakten von 1844. Vgl. *Schumpeter, Joseph A.,* 1970, S. 847 ff.
[630] Vgl. *Fisher, Irving,* 1933, S. 337; vgl. derselbe, 1936, S. 119-134.
[631] Vgl. zu diesen Ausführungen *Tobin, James,* 1980, S. 16 ff.

vorerst für einen Monat Kaufkraft besitzt. Im nächsten Monat ist diese nur gültig, wenn ein Wertzeichen von einem Dollar aufgeklebt wird (usw.), wodurch die Erhöhung der Geldbasis innerhalb von 100 Monaten (entsprechend acht Jahren und vier Monaten) wieder abgebaut wird. Auf diese Weise fließt den Wirtschaftssubjekten vorerst Kaufkraft zu, was zu einer Erhöhung der Geldmenge, einer Belebung der Wirtschaft und möglicherweise auch zu einer gewissen Reflationierung des Geldwertes führt.

Zeitgeschichtlicher Hinweis:

Ende der 1990er Jahren fallen in Japan die Preise, was durch einen steigenden Außenwert des Yen und sinkende Einfuhrpreise beschleunigt wird. Mitte 2002 misslingt verschiedenen japanischen Unternehmen der Versuch, in einem deflationären Umfeld Preissteigerungen durchzusetzen.

Die japanische Zentralbank (*Bank of Japan*) wird vom *IWF* zu einer aggressiveren Geldpolitik aufgefordert. Neben einer Nullzinspolitik im Geldmarktbereich wird die Geldbasis laufend stark erhöht. Der Investitionsmotor springt nicht an, und im realen Bereich sind kaum Wirkungen spürbar. Der *IWF* befürwortet eine Inflationsrate von zwei bis drei Prozent. Als Maßnahme wird empfohlen, Staatsanleihen und Anleihen von Unternehmen aufzukaufen, und mit einer Lockerung der Geldpolitik den Kurs des Yen zu senken. Zudem sollen in der Öffentlichkeit Inflationserwartungen geweckt werden, um die deflationäre Psychologie im Land zu bekämpfen. Die *Bank of Japan* zeigt sich gegenüber diesen Vorschlägen zurückhaltend.

Mitte 2003 wird beschlossen, in Wertpapiere verbriefte und gepoolte Kredite, sog. Asset Backed Securities (ABS), bis zu einem Bonitätsgrad (Rating) von BB für max. eine Bio. Yen zu kaufen. Die Verschlechterung der Bonität der *Bank of Japan* wird bewusst in Kauf genommen. Erst Ende des Jahres 2005 ist ein Ende der deflationären Phase zu erkennen.

---

3. Friedrich August von Hayek

Der „frühe" *von Hayek* der 1920er Jahre betont – in Anlehnung an die Geldlehre von *Knut Wicksell* – die Bedeutung von neutralem Geld mit unverzerrten relativen Preisen. In einer Naturaltauschwirtschaft besteht stets eine Gleichheit von Güterangebot und Güternachfrage im Sinne des Gesetzes von Say; in diesem statischen Gleichgewichtszustand kommt es zu keinen monetär bedingten Verzerrungen.[632] Bei den Preisen handelt es sich um relative Preise im Sinne von Tauschrelationen zwischen den Gütern und den Produktionsfaktoren.

Ein Anliegen *von Hayeks* besteht auch darin, die „Verschiedenheit der Preise zu verschiedenen Zeitpunkten" zu betrachten, und „welche Folgen Störungen ihrer normalen Abstufung haben", was zuvor „höchstens gelegentlich kurz im Zusammenhang mit der Zinstheorie (*Knut Wicksell, Irving Fisher, Ludwig von Mises*)"[633]

---

[632] Vgl. *Koopmans, Johan*, 1933, S. 258 f.
[633] *von Hayek, Friedrich August*, 1928, S. 37.

untersucht wurde. Selbst die zeitlich verschobenen Tauschrelationen bilden ein „System ..., in dem sie alle nach einem Gleichgewichtszustand tendieren".[634] Ein unverzerrtes intertemporales Gleichgewicht in einer Wirtschaft mit Geld lässt sich nur dann erreichen, wenn die in Geld ausgedrückten Preise den Gesetzen der Preisbildung der relativen Preise in einer Naturaltauschwirtschaft folgen.[635] Die Preise für Konsum- und Kapitalgüter sowie die Löhne sollen die ökonomischen Knappheiten widerspiegeln.

Von Hayek geht davon aus, dass „der Hauptmangel des Marktsystems (...) – nämlich seine Empfänglichkeit für wiederkehrende Perioden von Depressionen und Arbeitslosigkeit – eine Konsequenz des uralten Regierungsmonopols der Geldemission ist".[636] Eine expansive Geldpolitik kann vorübergehend zu einer Verzerrung von Löhnen, Preisen sowie Zinsen führen und Investitionsprozesse bewirken, welche nicht mehr der Mehrergiebigkeit von Produktionsumwegen entsprechen. Eine „Normalisierung" der Zinsen durch die Zentralbank lässt die „Überinvestitionen" obsolet werden, wodurch wirtschaftliche Krisen entstehen und einzelne Investitionsgüter zu Ruinen werden können.

Von Hayek unterscheidet zwischen einer Veränderung des Preisniveaus in Folge der Verknappung einzelner Güter und einer Veränderung des Preisniveaus als Wirkung monetärer Ursachen:
- Steigende oder sinkende Preise als Konsequenz einer Veränderung der Knappheit einzelner Güter geben den Wirtschaftssubjekten neue sowie unverzichtbare Informationen und führen zu entsprechenden Anpassungen der Wirtschaftsaktivitäten.
- Gefährlich sind Preisänderungen durch monetäre Maßnahmen. Bei Nicht-Neutralität des Geldes[637] führen geldpolitische Maßnahmen der Notenbank sukzessive zu Veränderungen im System der relativen Preise (Kreditzinsen, Preise für Investitionsgüter, Preise für Konsumgüter, Löhne im Bereich der Investitionsgüter und Löhne im Konsumgüterbereich). Die monetär bedingte Verzerrung der Kreditzinsen wirkt über einen komplexen Prozess auf die Güterpreise und Löhne sowie schließlich auf das gesamte System der relativen Preise. Dies bringt vorübergehend eine Verzerrung der relativen Preise und eine Desinformation der Wirtschaftssubjekte über die langfristigen Knappheiten der Güter und Produktionsfaktoren. Während der Anpassungsdauer werden falsche Preissignale ausgesandt.

Ziel ist eine Geldpolitik mit möglichst neutralem Geld, welches zu unverfälschten, den Knappheiten entsprechenden relativen Preisen (Güterpreise, Löhne, Zinsen und Wechselkurse) führt. Ein neutrales Tauschmittel soll sicherstellen, „dass der Ablauf einer Geldwirtschaft, und insbesondere die relativen Preise von keinen anderen als den ‚realen' Bestimmungsgründen beeinflusst wird".[638] Störungen in einem Wirtschaftssystem mit Geld sind nicht als Folge einer Verände-

---

[634] *von Hayek, Friedrich August,* 1928, S. 46.
[635] Vgl. *von Hayek, Friedrich August,* 1933, S. 659 ff.
[636] *von Hayek, Friedrich August,* 1977, S. X.
[637] Vgl. beispielsweise den Ricardo-Effekt in Kapitel 8, Ziffer VIII.1.
[638] *von Hayek, Friedrich August,* 1933, S. 659.

rung der absoluten Höhe der Geldpreise zu betrachten, sondern unter Umständen viel eher als Folge des Unterbleibens einer solchen Änderung.[639]

Das Ziel der Neutralität des Geldes kann in einem krassen Gegensatz zum Ziel der Preisniveaustabilität stehen, wenn sich beispielsweise einzelne Güter stark verteuern, und ein Druck auf das Preisniveau ausgeübt wird, um dieses zu stabilisieren. Deshalb kann „... die Stabilität des Preisniveaus nicht einmal als Symptom für den neutralen Zustand der Geldversorgung gelten ...".[640] Geldpolitisch ist damit eine Wahl zu treffen zwischen neutralem Geld mit einem sich ändernden Preisniveau und einem Geldsystem mit einem stabilen Geldwert, jedoch nicht-neutralen Einflüssen des Geldes auf den Ablauf der Wirtschaft.[641] Das Konzept des neutralen Geldes *von Hayeks* geht davon aus, dass wertstabiles Geld nur eine Vorbedingung für neutrales Geld ist, was eine Verzerrung der relativen Preise – Güterpreise, Löhne und Zinsen – so gut als möglich verhindern soll, damit sich die Wirtschaft aufgrund der durch die Preise induzierten, unverfälschten Knappheiten ohne monetär induzierte Zyklen entwickelt.

Neutrales Geld zu erreichen ist schwierig, denn monetäre Prozesse haben stets auch reale Wirkungen. Eine auf sehr tiefe Inflationsraten ausgerichtete Geldpolitik ist nur eine Ersatzlösung. Die Neutralität des Geldes ist das primäre Ziel, die Wertbeständigkeit des Geldes ein Mittel, um sich diesem Ziel zu nähern. Der Einfluss des Geldes auf den gesamten wirtschaftlichen Ablauf steht im Zentrum der Betrachtungen *von Hayeks*.[642] Eine Geldmengenänderung bewirkt nach *von Hayek* stets eine Störung des Gleichgewichtszusammenhanges. Zu ähnlichen Wirkungen führen auch Hortungs- und Enthortungsvorgänge bei den Wirtschaftssubjekten, bei welchen sich durch eine Zunahme oder Verkleinerung der Geldbestände Einnahmen und Ausgaben nicht mehr die Waage halten.[643] In diesem Fall verändert sich nicht die Geldmenge in ihrer absoluten Höhe (wie bei einer Schöpfung von Geld), sondern nur die nachfragewirksame Geldmenge, welche in einem Gleichgewichtssystem bedeutsam ist.

Ein Ziel der Geldpolitik könnte es sein, jene Vorgänge zu kompensieren, welche durch die Verwendung des Geldes ausgelöst werden und zu Preisverschiebungen sowie Ungleichgewichten zwischen dem Güterangebot und der Güternachfrage führen. Indes ist auch dieses Ziel theoretischer Natur. Einige inflatorische bzw. deflatorische Geldmengenentwicklungen – wie beispielsweise das Horten und Enthorten – sind kaum zu lokalisieren oder überhaupt nicht zu erfassen. Ähnliches gilt auch für die Veränderung der Umlaufgeschwindigkeit des Geldes.[644]

Nun stellt der idealtypische Zustand einer neutralen Geldversorgung eine gedankliche Konstruktion zu Analysezwecken und nicht eine praktische Vorschrift für die Geldpolitik dar.[645] In einer Wirtschaft mit einem Banken- und Kreditsys-

---

[639] Vgl. *von Hayek, Friedrich August*, 1928, S. 61.

[640] *Koopmans, Johan*, 1933, S. 226.

[641] Vgl. *Koopmans, Johan*, 1933, S. 227.

[642] Vgl. *Koopmans, Johan*, 1933, S. 222.

[643] Vgl. *Koopmans, Johan*, 1933, S. 265.

[644] Vgl. *Koopmans, Johan*, 1933, S. 281; vgl. *Machlup, Fritz*, 1977, S. 25.

[645] Vgl. *von Hayek, Friedrich August*, 1977, S. 78.

tem kommt es in der Regel zu Geldmengenveränderungen, womit das Geldsystem nicht mehr neutral ist.[646]

Im Vordergrund steht die zentralbankinduzierte Geldmengensteuerung der Währung. Indem jede Veränderung der Geldmenge durch die Zentralbank geeignet ist, jene Störungen hervorzurufen, die sie bekämpfen möchte, betrachtet *von Hayek* 1928 – als zweitbeste Lösung – eine konstant wachsende Geldmenge relativ zur wirtschaftlichen Entwicklung als die einzige mögliche, realisierbare Maßnahme, welche der Neutralität des Geldes am Nächsten kommt (allerdings sind auch unter solchen Umständen Kreditzyklen mit prozyklischen Wirkungen möglich, welche die Auf- und Abschwungstendenzen der Wirtschaft verstärken).[647]

Gleichzeitig stellt er jedoch fest, dass dies „infolge der Möglichkeit, an Stelle des echten Geldes stets Geldsurrogate zu verwenden, deren Menge an die des echten Geldes nicht gebunden werden kann, ... unmöglich ist".[648] Nur bei einer „gebundenen Währung" wie beispielsweise einer Goldwährung sind „... verhältnismäßig geringere Gleichgewichtsstörungen zu erwarten".[649] Dies ermöglicht eine Abstufung der Preise, womit diese Signale geben und den Produktionsprozess so lenken können, dass es zu einem Produktionsoptimum kommt, bei welchem eine Äquivalenz zwischen dem Güterangebot und der Güternachfrage erreicht wird und sich konjunkturelle Auswirkungen aufgrund einer Fehlsteuerung der Produktion vermeiden lassen.[650]

Noch 1943 steht *von Hayek* im Einklang mit einer currencytheoretisch orientierten Geldordnung und befürwortet eine Waren-Reserve-Währung als stabilisierenden, automatisch wirkenden Mechanismus sowie das Monopol der Regierung zur Notenemission.[651]

1977 ersetzt *von Hayek* dieses Ziel dahin, nicht die Geldmenge, sondern den „Durchschnitt der Preise für originäre Produktionsfaktoren" konstant zu halten, um eine weitestgehende Annäherung an das Modell des neutralen Geldes zu erreichen.[652] Aufgrund von Schwierigkeiten beim Erfassen und Messen der Preise der originären Produktionsfaktoren wird die Stabilität der Rohstoffpreise als die am besten praktikable Möglichkeit betrachtet.[653] Indem die konjunkturellen Schwankungen das Ergebnis eines Geldsystems sind, lassen sich diese – auch soweit sie über die natürlichen Schwankungen hinausgehen – nicht vollständig eliminieren.

Insgesamt betrachtet tendiert *von Hayek* zur Auffassung, die Wirtschaft sei ohne monetär bedingte Schwankungen kaum denkbar, selbst wenn die Konjunkturschwankungen auch auf andere als monetäre Gründe zurückgeführt werden können. Selbst mit der häufig geforderten Preisniveaustabilisierung ließen sich die

---

[646] Vgl. *Machlup, Fritz,* 1977, S. 25.
[647] Vgl. *von Hayek, Friedrich August,* 1928, S. 60; vgl. *Koopmans, Johan,* 1933, S. 262.
[648] *von Hayek, Friedrich August,* 1928, S. 66.
[649] *von Hayek, Friedrich August,* 1928, S. 68.
[650] Vgl. *von Hayek, Friedrich August,* 1976, S. 242.
[651] Vgl. *Dürr, Ernst-Wolfram,* 1954, S. 91; vgl. *Woll, Artur,* 1979, S. 419.
[652] Vgl. *von Hayek, Friedrich August,* 1977, S. 78.
[653] Vgl. *von Hayek, Friedrich August,* 1977, S. 78.

Schwankungen nicht gänzlich unterdrücken.[654] Dies führt zum Vorschlag des Währungswettbewerbs.[655]

4. Walter Eucken (der Ordoliberalismus)

Der auf neoliberalen Ideen beruhende ordoliberale Geldordnungsentwurf geht von einer wettbewerblichen Koordination der Märkte mit unverfälschten relativen Preisen aus, was zum „Primat der Währungspolitik",[656] d.h. einem wertstabilen Geld führen soll.[657]

> „Alle Bemühungen, eine Wettbewerbsordnung zu verwirklichen, sind umsonst, solange eine gewisse Stabilität des Geldwertes nicht gesichert ist. Die Währungspolitik besitzt daher für die Wettbewerbsordnung ein Primat".[658]

Die ordoliberale Geldlehre (*Walter Eucken, Friedrich Lutz*) knüpft damit an die Idee des neutralen Geldes *von Hayeks* an. Sie geht von der Bedeutung der relativen Preise als wesentlichstes Steuerungs- und Koordinationselement der Wirtschaft[659] aus und ist currencytheoretisch orientiert: Eine stabile Währung mit geringen Inflationsraten soll dazu beitragen, dieses Ziel zu erreichen. Auch bei der ordoliberalen Geldlehre soll die Unterteilung der Geldschöpfung in ein Issue-Department (Notenbank) und ein Credit-Department (Geschäftsbanken) vorgenommen werden. Um den Geschäftsbanken die Fähigkeit zur Geldschöpfung zu nehmen, soll für Sichteinlagen, wie beim sog. Chicago-Plan, eine Mindestreservepflicht von 100 Prozent bestehen.[660] Damit wird eine Trennung der Kreditgeschäfte von der Geldschöpfung gesichert. Auf eine akkommodierende Steuerung der Bankenliquidität wird verzichtet; vielmehr werden Mindestreserven zur Abschöpfung von Bankenliquidität eingesetzt. Die Hauptaufgabe der Geldpolitik sieht *Eucken* – in Parallele zur Currency Theorie – in einer strengen Regulierung der Knappheit des Geldes im Verhältnis zum verfügbaren Güterangebot.

Das Schwergewicht liegt auf der zentralbankbasierten Geldmengensteuerung der Währung, wobei als Währungsanker auch ein Warenkorb (unter anderem mit Gold) in Frage kommt. Ein Ausweg aus dem mangelnden Automatismus des Chicago-Plans mit 100 Prozent Mindestreserven liegt nach *Eucken* im Plan einer Waren-Reserve-Währung, dem sog. Graham-Plan von 1937.[661] Dieser war ursprünglich dazu gedacht, angesichts der großen, depressionsbedingten Rohstofflager zur Stabilisierung des Angebotes, der Nachfrage und der Preise sowie der Kosten der Lebenshaltung beizutragen. Eine Agentur hätte die Aufgabe, den Preis eines ganzen Bündels von Waren durch Käufe und Verkäufe stabil zu halten. Die Knapp-

---

[654] *von Hayek, Friedrich August*, (1929), 1976, S. 108 und 110.
[655] Vgl. Kapitel 12, Ziffer V.
[656] Vgl. *Eucken, Walter*, 1952, S. 255 ff.; vgl. *Issing, Otmar*, 1989, S. 351-361.
[657] Vgl. *Willgerodt, Hans*, 1990, S. 129-147.
[658] *Eucken, Walter*, 1990, S. 256.
[659] Vgl. *Eucken, Walter*, 1990, S. 47 und 254.
[660] Vgl. *Eucken, Walter*, 1990, S. 260.
[661] Vgl. *Graham, Benjamin*, 1937.

heit dieses Warenbündels würde den Geldwert bestimmen.[662] Dadurch würde die Geldversorgung mit dem Kauf und Verkauf von Waren verbunden. Bei steigenden Preisen müsste die Agentur Waren zum fixierten Preis verkaufen, und würde damit dem Kreislauf Geld entziehen (und umgekehrt). Diskretionäre Spielräume würden verhindert und der Geldschöpfung sowie –vernichtung würden Grenzen gesetzt.

Die Idee einer Warenwährung (tabular standard) wird unter anderem auch durch *Ludwig von Mises* vertreten und soll die Edelmetallwährung ergänzen. Ziel ist es, die Geldentwertung bei langfristigen Verträgen auszuschalten oder zu verkleinern.[663] Nicht *ein* Gut soll als Tauschmittel gelten, sondern „eine zu einem einheitlichen Komplex verbundene Mehrheit von Gütern".[664] In Verbindung mit dem 100 Prozent-Mindestreservenplan würde – je nach dem Preisniveau – eine Bewegung der Geldversorgung hin zum Gleichgewicht erfolgen. Kritisch ist einzuwenden, dass die Agentur nur solange Waren in die Kreisläufe bringen kann, als sie über solche verfügt, womit das System nur bei Deflation wirksam ist.

Später fordert *Wilhelm Röpke* eine unabhängige und an der Geldwertstabilität orientierte Notenbank. Die Stabilität des Geldwertes betrachtet er als eine erste Voraussetzung für eine förderliche Wirtschaftspolitik.[665]

Friedrich A. Lutz erkennt als Hauptproblem der Geldordnung die Verschiedenheit der Organisationsprinzipien bei der Geldschöpfung durch die Zentralbank einerseits und der Kreditgewährung der Geschäftsbanken andererseits. Er befürwortet den Chicago-Plan und zudem, dass „Macht und Verantwortung über das Geld dem Staat zufällt, dass aber die qualitative Kreditkontrolle Sache privater, dem Wettbewerb unterworfener Institute ist".[666]

Der ordoliberale Entwurf zu einer Geldordnung zeigt, insgesamt betrachtet, recht enge Parallelen zu den geldpolitischen Konzepten des neutralen Geldes, des Monetarismus und der Neuen Klassischen Makroökonomie (vgl. Abbildung 85).

Als Schwachstelle des ordoliberalen Programms wird vielfach die Akzeptanz eines Monopols für das Geldwesen in einem ansonsten wettbewerblichen Umfeld betrachtet: „Das gesamte Gebäude des Ordoliberalismus droht an der Geldordnung zu zerbrechen".[667] Widersprüchlich erscheint es, wenn vor allem die liberalen Wirtschaftspolitiker eine strenge staatliche Regulierung des Geldumlaufs befürworten.[668] Als Problem nennt *Eucken* denn auch die starke Machtposition der Zentralbank, welche die Geldschöpfung durch ihre Offenmarktgeschäfte kontrollieren kann.[669] Nicht ein Automatismus, sondern die Willkür der Zentralbank bestimme die Geldmenge. Dabei begründet *Eucken* die Monopolstellung der Zen-

---

[662] Vgl. *Eucken, Walter*, 1990, S. 261.

[663] Vgl. *von Mises, Ludwig*, 1931, S. 317.

[664] Vgl. *von Mises, Ludwig*, 1924, S. 185.

[665] Vgl. *Röpke, Wilhelm*, 1958, S. 31.

[666] *Lutz, Friedrich A.*, 1962, S. 101 f.

[667] *Blum, Reinhard*, 1969, S. 81.

[668] Vgl. *Röpke, Wilhelm*, 1968 S. 139.

[669] Dabei kann es zu Ausweichreaktionen der Wirtschaft in der Form einer Abwanderung der Kreditmärkte aus dem Bankensystem kommen. Vgl. *Eucken, Walter*, 1990, S. 260 f.

tralbank als einer wesentlichen Voraussetzung für eine Wettbewerbsordnung.[670] Um Willkür auszuschalten, fordert er eine Geldordnung, welche nach strengen Regeln erfolgt, und zudem automatisch funktioniert.[671]

Abbildung 85: Ähnlichkeiten der einzelnen Geldordnungen innerhalb der Currency Theorie

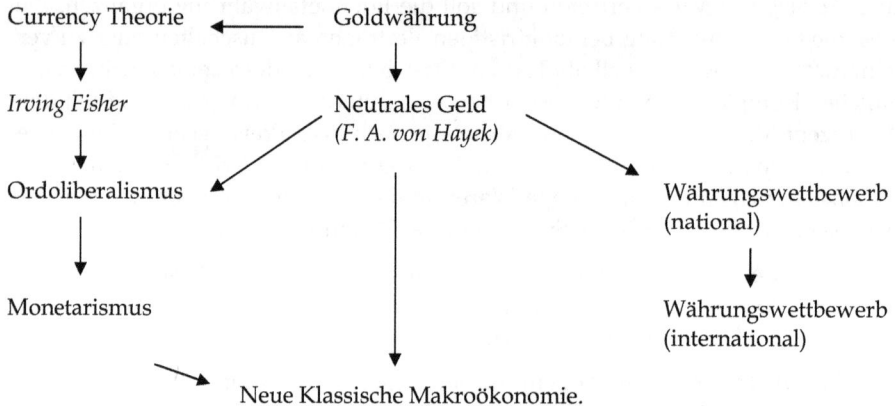

IV. Die keynesianische Lehre, die postkeynesianische Geldmengen-regel und eine neuere Interpretation des ISLM-Modells

1. Die keynesianische Lehre

Die „echte", frühe keynesianische Lehre betont die Unwirksamkeit der Geldpolitik zur Steuerung des Wirtschaftsprozesses („money doesn't matter"). Vielmehr soll mit fiskalischen (staatlichen) Massnahmen versucht werden, die wirksame (Güter-)Nachfrage zu beeinflussen. Ausgangslage dieser Auffassungen bildet die große Depression der 1930er Jahre. Die Unwirksamkeit der Geldpolitik lässt sich am Beispiel von drei Fällen demonstrieren, (1) der Liquiditätsfalle, (2) der Investitionsfalle und (3) dem Auftreten von Inflation bei einer Rechtsverschiebung der LM-Kurve.

(1) Bei einer Liquiditätsfalle[672] sind geldpolitische Maßnahmen unwirksam, da die Zinsen bei einer Erhöhung der Geldmenge nicht sinken (vgl. Abbildung 86). Dies ist bei sehr tiefen (Geldmarkt-)Zinsen denkbar, welche sich selbst bei einer expan-

---

[670] Vgl. *Eucken, Walter,* 1990, S. 291.
[671] Vgl. *Eucken, Walter,* 1990, S. 168,
[672] Die erstmals durch *Hicks* identifizierte Liquiditätsfalle (vgl. *Hicks, John,* 1937, S. 109) wird durch *Modigliani* in Verbindung mit einer IS-Kurve gebracht, welche die LM-Kurve im waagerechten Bereich schneidet (vgl. *Modigliani, Franco,* 1944).

siven Geldpolitik nicht mehr senken lassen.[673] Wirksam ist nur eine Fiskalpolitik, welche die effektive Nachfrage erhöht, was zu einer Verschiebung der IS-Kurve nach IS' und des Volkseinkommens von Y^* nach Y' führt. [674]

Abbildung 86: Die Unwirksamkeit der Geldpolitik bei einer Liquiditätsfalle

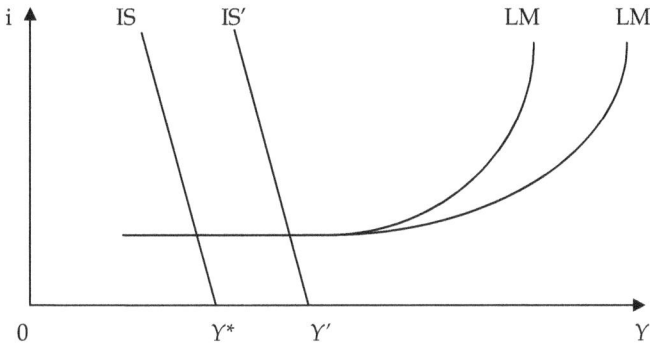

(2) Ein weiterer Fall ist die Möglichkeit einer Unwirksamkeit der Geldpolitik beim Auftreten einer Investitionsfalle (vgl. Abbildung 87).[675] Die IS-Kurve hat in diesem Fall einen vertikalen Verlauf; die Investitionen reagieren nicht auf Zinsänderungen. Dies ist das mögliche Ergebnis einer pessimistischen Beurteilung der Grenzleistungsfähigkeit des Kapitals (erwartete künftige Erträge von Investitionen). Auch in diesem Beispiel bringt eine expansive Geldpolitik (Verschiebung der LM-Kurve nach rechts) keine Wirkung im realen Bereich.

Abbildung 87: Die Unwirksamkeit der Geldpolitik bei einer Investitionsfalle

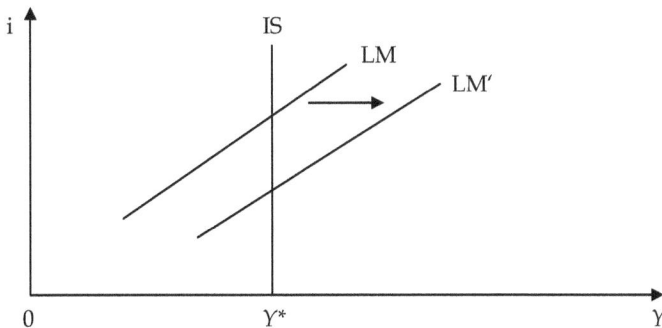

---

[673] Entsprechende Erfahrungen bestehen in Japan seit den 1990er Jahren. Obwohl die Geldmarktzinsen durch die *Bank of Japan* auf annähernd null gesenkt werden, und eine enorme Liquidität entsteht, kommt es nach Mitte der 1990er Jahre zu rückläufigen Veränderungsraten bei der inländischen Kreditvergabe.

[674] Vgl. *Tobin, James*, 1971b, S. 28.

[675] Vgl. *Tobin, James*, 1947.

(3) Das Auftreten von Inflation bei einer Rechtsverschiebung der LM-Kurve: Nach einer weiteren Interpretation sind im ISLM-Modell monetäre Massnahmen wirksam, sofern damit eine Rechtsverschiebung der LM-Kurve erreicht wird (vgl. Abbildung 88).[676] In diesem Fall verschiebt sich in Folge einer expansiven Geldpolitik die LM-Kurve zur LM'-Kurve. Tritt Inflation ein, kommt es zu einer rückläufigen realen Geldmenge und einer Linksverschiebung der LM-Kurve, wobei die Geldpolitik unwirksam ist. Dies ist vor allem dann der Fall, wenn die Vollbeschäftigung Y* überschritten wird. Die expansive Geldpolitik bewirkt vorerst eine Verschiebung der LM'-Kurve zur LM''-Kurve, die Inflation eine Rückverschiebung zur LM'-Kurve (Rückgang der realen Geldmenge). Das erneute, inflationsbedingte Ansteigen der Zinsen entspricht dem Fisherschen Preiserwartungseffekt.

Abbildung 88: Die (mangelnde) Wirksamkeit der Geldpolitik bei Inflation

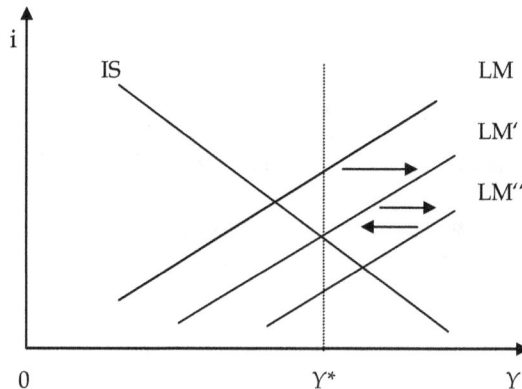

Empirische Hinweise zum Euro-Währungsgebiet (1999-2005)	
Thesen:	
1. Eine Liquiditätsfalle führt zur Unwirksamkeit der Geldpolitik.	- Eine Liquiditätsfalle ist in der Referenzperiode nicht aufgetreten.
2. Eine Investitionsfalle führt zur Unwirksamkeit der Geldpolitik.	- Eine Investitionsfalle ist in der Referenzperiode nicht aufgetreten.
3. Inflationäre Prozesse führen zu einer Linksverschiebung der LM-Kurve.	- Diese These trifft zu.

2. Die postkeynesianische Lehre

Die postkeynesianische Lehre unterstreicht die Bedeutung einer antizyklischen Geldpolitik, um die Schwankungen der Geldmenge auszugleichen, welche durch

---

[676] Vgl. *Tobin, James*, 1971, S. 28.

die zyklische Kreditschöpfung der Banken bei Auf- und Abschwüngen hervorgerufen wird. Auf diese Weise lässt sich das wirtschaftliche Wachstum stabilisieren. Die postkeynesianische Geldmengenregel strebt im wirtschaftlichen Abschwung eine eher grosszügige, im Aufschwung eine zurückhaltende Geldmengenpolitik an, um beim Aufschwung inflatorische Prozesse zu vermeiden.

Empirische Hinweise zum Euro-Währungsgebiet (1999-2005)	
These:	
Eine antizyklische Geldpolitik gleicht die zyklische Kreditvergabepolitik der Geschäftsbanken aus und stabilisiert das wirtschaftliche Wachstum.	- Diese These lässt sich angesichts der nicht einheitlichen konjunkturellen Abläufe und der sich verändernden lag-Strukturen nicht vertreten.

3. Eine neuere Interpretation des ISLM-Modells

Die neuere Entwicklung der Interpretation des ISLM-Modells wird von *William
Poole*[677] zusammengefasst.[678] Gegeben ist das ISLM-Modell nach den Gleichungen:

$$IS\text{-}Kurve : Y = a_0 + a_1 r + u_t \tag{144}$$

und

$$LM\text{-}Kurve : M = \beta_0 + \beta_1 r + \beta_2 Y + v_t. \tag{145}$$

Y ist das Volkseinkommen, M die Geldmenge, r der Zinssatz, u_t ein Störterm
(exogene Schocks bei der Güternachfrage), ebenso v_t (exogene Schocks bei der
Geldnachfrage). a und β sind Koeffizienten. Nach diesen Gleichungen gibt es nur
eine Zielvariable, den Output Y und nach der *LM*-Funktion eine instrumentelle
Variable, die exogen gegebene Geldmenge M. Bei genauerer Analyse bestehen
zwei monetäre Zwischengrößen, die Geldmenge M und die Zinsen r. Die instru-
mentale Variable ist eigentlich die von der Zentralbank gesteuerte monetäre Basis,
wobei die Geldmenge mit der monetären Basis über den Geldschöpfungsmultiplikator und die Zinsen r verbunden ist.

Das Ziel der Geldpolitik besteht in einer Minimierung des Erwartungswertes E
der Abweichungen des tatsächlichen Outputs Y vom Gleichgewichtsoutput Y^*:

$$E(Y - Y^*)^2 = min! \tag{146}$$

Symmetrische Schocks sind in den Auswirkungen für alle Länder ähnlich und
korrelieren positiv zueinander. Eine negative Korrelation ergibt sich bei asymmetrischen Schocks, welche länderspezifisch unterschiedliche Wirkungen haben.
Je erheblicher ein Schock ist, desto größer sind dessen Auswirkungen.

---

[677] Vgl. *Poole, William,* 1970, S. 197-216.
[678] Vgl. *Keynes*/Macroeconomic Policy: In: http://cepa.newschool.edu/het/essays/keynes/ma-
cropolicy.htm, Seiten 1-9.

Bei Schocks hat die Zentralbank die Möglichkeit, (1) die Geldmenge, (2) die Zinsen oder (3) beides zu steuern.

(1) Bei vorwiegenden Schocks im Bereich der Güternachfrage empfiehlt sich eine Steuerung der Geldmenge. Verfolgt die Zentralbank eine solche Strategie, lassen sich die beiden Gleichungen für *IS* und *LM* über den Zins *r* zusammenfügen. Unter Berücksichtigung der Zielfunktion $E(Y - Y^*)^2 = min!$ ergeben sich bei der Strategie einer optimalen Geldmengenentwicklung Outputabweichungen (σ_Y^2), welche von der Volatilität der Güternachfrage σu_t^2 und der Geldnachfrage σv_t^2 abhängen (exogene Schocks).

$$\sigma_Y^2 = \frac{\beta_1^2 \sigma u_t^2 + a_1^2 \sigma v_t^2}{\left(\beta_1 + a_1\beta_2\right)^2}. \tag{147}$$

Eine Geldmengensteuerung bewirkt eine „normal" verlaufende LM-Kurve, welche die Outputschwankungen dämpft, indem diese teilweise durch Zinsänderungen kompensiert werden.

(2) Leidet die Wirtschaft unter Schocks der Geldnachfrage, ist eine Steuerung der Zinssätze vorzuziehen. Verfolgt die Zentralbank eine Zinsstrategie, lässt sich die LM-Gleichung vernachlässigen, weil die Geldmenge im Hinblick auf eine Veränderung der Zinsen angepasst wird. Die Zentralbank kann sich damit auf die IS-Gleichung konzentrieren, und einen optimalen Zinssatz setzen:

$$r^* = (\alpha_0 - y^*)/\alpha_1, \tag{148}$$

wobei y^* die Zielfunktion für das Wachstums des Outputs darstellt.

Als Varianz des Outputs σ_Y^2 ergibt sich

$$\sigma_Y^2 = \sigma^2 u_t, \tag{149}$$

womit die Schwankungen des Outputs $\sigma^2 u_t$ nur noch auf Nachfrageschocks im Güterbereich zurückzuführen sind.

Bei einer Zinssteuerung sind Schocks auf die Geldnachfrage, welche sich auf die Zinsen auswirken, ausgeschlossen. Dabei führt die Zinssteuerung zu einer horizontalen LM-Kurve, womit Nachfrageschocks im Güterbereich erhebliche Auswirkungen auf die Volatilität des Outputs haben.

(3) Nachdem die Wirtschaft in der Regel sowohl unter Schocks der Geldnachfrage als auch unter solchen bei der Güternachfrage leidet, erscheint eine kombinierte Strategie der Steuerung sowohl der Geldmengen als auch der Zinsen sinnvoll. Die Zinsen werden in diesem Fall innerhalb eines gewissen Bereichs volatil gehalten. Die LM-Kurve verläuft damit nicht ganz so steil wie bei einer Geldmengensteuerung. Eine solche Geldmengenpolitik führt zu einer Volatilität von $\sigma^2 u_t$, und ist

geringer als bei den beiden „reinen" Strategien. Es handelt sich um den im Zusammenhang mit dem ISLM-Modell oft beschworenen Instrumentenmix.

Empirische Hinweise zum Euro-Währungsgebiet (1999-2005)	
Thesen:	
1. Bei einer Geldmengenpolitik ergeben sich Outputschwankungen, welche von der Volatilität der Güternachfrage und der Geldnachfrage abhängen.	- Diese These trifft weitgehend zu.
2. Bei einer Zinssteuerung hängen die Outputschwankungen von den Nachfrageschwankungen im Güterbereich ab.	- Diese These trifft zu.
3. Bei einer kombinierten Strategie (Steuerung der Geldmengen und der Zinsen) lassen sich die Outputschwankungen minimieren.	- Die Ergebnisse hängen von den gewählten geldpolitischen Strategien ab und sind nicht à priori überlegen.

Indem die Zentralbank ihre Entscheidungen unter Unsicherheit zu treffen hat, muss für eine optimale Geldpolitik oft auf vergangene Informationen zurückgegriffen werden. Die Schwankungen des Outputs können sowohl aus einem Geldnachfrageschock als auch aus einem Nachfrageschock im Güterbereich resultieren. Eine vergangenheitsbezogene Analyse der beiden Arten von Schocks hinsichtlich ihrer Stärke und zeitlichen Frequenz erscheint in diesem Zusammenhang notwendig. Zudem sind die Interdependenzen zwischen den beiden Arten von Schocks zu untersuchen. Dabei können sich Irrtümer einstellen. Aufgrund solcher Analysen ergeben sich jedoch in der Regel bessere Ergebnisse als bei einem „blinden" Instrumentenmix.

Exkurs: Hinweis zu den Schocks

Allgemein betrachtet können Schocks nach deren Verursachung originär oder politisch bedingt sein: Originäre Schocks sind beispielsweise Änderungen der Verbraucherpräferenzen, neue Produkte und Produktionstechnologien (Produktivitätsschocks), Änderungen bei den Produktionsfaktoren (Arbeit, Sachkapital, Humankapital, Rohstoffe einschließlich erheblicher Verschiebungen der relativen Preise wie Ölpreisschocks). Politische Schocks sind ordnungs- oder fiskalpolitischer Natur.

Zudem lässt sich zwischen Nachfrage- und Angebotsschocks unterscheiden: Nachfrageschocks sind beispielsweise veränderte Konsumentenpräferenzen oder auch unerwartete Änderungen der Staatsausgaben; Angebotsschocks sind plötzliche Veränderungen der Produktionsbedingungen.[679] Negative Angebotsschocks kommen durch Missernten, Streiks, Naturkatastrophen, Epidemien und politische Erschütterungen zustande. Bedeutsame Beispiele sind die beiden Ölkrisen von 1973/74 und 1979, welche ebenfalls das Interesse an Angebotsschocks weckten. Positive Angebotsschocks entstehen durch technologische Innovationen, große Ernten und ein starkes Absinken der Erdölpreise (wie beispielsweise 1986). Angebotsschocks haben Auswirkungen auf das Einkommen, den Konsum (Nachfrageschocks), die Preise, Zinsen und Löhne.

Es gibt temporäre (vorübergehende) und permanente (dauernde) Schocks: Temporäre Schocks haben nur kurzfristige Auswirkungen in Form von Abweichungen von der langfristigen Entwicklung; permanente Schocks sind von dauerhafter Wirkung, zwingen die Wirtschaft zu Anpassungen und führen zu neuen Entwicklungen. Insofern können Nachfrageschocks langfristig auch zu Angebotsschocks führen.

V. Die monetaristische Geldpolitik

Der Monetarismus hat seine Wurzeln in der Currency Theorie, welche auf quantitätstheoretischen Überlegungen basiert, sowie auf Vorarbeiten von *Henry C. Simons* (1934, 1936, 1948) und *Lloyd Mints* (1945, 1950) der frühen Chicago Schule. Zudem enthält der sog. Monetarismus I zahlreiche Ansätze von *Irving Fisher*; dazu zählen die Quantitätstheorie des Geldes, die Geldmengenregel und das Ziel der Preisniveaustabilität.

Noch 1948 postuliert *Friedman* eine antizyklische Geldpolitik mit einer expansiven Geldmengenpolitik während Phasen der Rezession (und umgekehrt). Es fehlen Überlegungen zum Verhalten der Tarifpartner, welche einen maßgeblichen Einfluss auf die Inflationsraten haben.

1953 schlägt *Friedman* eine Reform des Geld- und Kreditwesens vor, welche der Kontrolle der Geldmengen und der Verhinderung der privaten Geldschöpfung sowie –vernichtung dienen soll.[680] Kernpunkte sind eine Mindestreserve von 100 Prozent auf die Bankeinlagen, ebenso in Anlehnung an den Chicago-Plan[681] eine Trennung des Bankeinlagen- und des Kreditgeschäftes. Hinzu kommen Vorschläge für die Gestaltung des Fiskalwesens. Diese enthalten im Wesentlichen eine Begrenzung der staatlichen Bereitstellung von Gütern und Dienstleistungen auf die Bedürfnisse der Gesellschaft und die Bereitschaft, dafür zu bezahlen.

1959 lässt *Friedman* mit dem „Program for Monetary Stability" die Idee einer antizyklischen Geldmengenpolitik fallen und bevorzugt eine konstante Geldmengenregel. An die Stelle des Versuches einer Abschwächung der realen Zyklen soll eine strikte Geldmengenregel für ein Wachstum im Sinne des steady state (gleichgewichtiges Wachstum) treten.

---

[679] Vgl. zu diesen Ausführungen *Barro, Robert J.*, 1992, S. 133 f.
[680] Vgl. *Friedman, Milton,* 1953, S. 135 ff.
[681] Vgl. zum Chicago-Plan *Simons, Henry C.*, 1934.

Die monetaristische Bewegung erreicht ihren Höhepunkt in den späten 1970er und frühen 1980er Jahren und hat nach wie vor einen Einfluss auf die Geldpolitik.[682] Kernpunkt der monetaristischen Geldpolitik ist die Steuerung der Geldmengen. Die monetaristische Geldpolitik ist als geldpolitische „Gegenkonzeption" zum Keynesianismus gedacht, wobei sich die Kritik in erster Linie auf eine rein güterwirtschaftliche Betrachtung und weniger auf das ISLM-Modell bezieht, bei welchem der monetäre Bereich *LM* den güterwirtschaftlichen Bereich *IS* in Balance hält.

Im Gegensatz zur keynesianischen Theorie der Geldpolitik, welche in erster Linie die Bedeutung der Zinssteuerung betont, postuliert der Monetarismus die Betrachtung der Geldmengen, um auch der Wertaufbewahrungsfunktion des Geldes bzw. der Liquidität der Wirtschaft Rechnung zu tragen. Während *Keynes* dazu tendiert, die Inflation mit einer Zinserhöhung zu bremsen,[683] widerspricht der Monetarismus einer zinspolitischen Steuerung durch die Zentralbank:

> „Der monetaristische Ansatz betont die Unzuverlässigkeit von nominalen Zinsänderungen als ökonomische Indikatoren, und zwar wegen ihrer Beeinflussung durch Preiserwartungen, der Ansatz konzentriert sich statt dessen auf Änderungen der Geldmenge, die von der geldpolitischen Instanz kontrolliert wird und deren Bedeutung theoretisch klar ist".[684]

Nach Auffassung von *Milton Friedman* kann die Geldpolitik die realen Größen, so vor allem auch die reale Zinsrate, nicht kontrollieren. Im Gegensatz zur Auffassung einfacher strukturierter keynesianischer Modelle lassen sich die Zinsen durch monetäre Maßnahmen nur für eine sehr beschränkte Zeit tief halten, was sich an den Misserfolgen einer Politik des „billigen Geldes" zeigt.

Friedman betrachtet den Versuch, die Kapitalmarktzinsen durch eine expansiv wirkende Geldpolitik zu senken, als einen Fehler.[685] Innerhalb eines oder zweier Jahre kehren die Zinsen auf das Ursprungsniveau zurück und steigen darüber hinaus. Bei einem steigenden Preisniveau werden die Zinsen durch die Wirkungen des Fisherschen Preiserwartungseffektes sogar auf einem höheren als dem Ursprungsniveau verweilen. Der Fishersche Preiserwartungseffekt stellt sich langsam ein und verschwindet auch nur langsam; *Friedman* sieht die Auffassung von *Fisher* bestätigt, wonach die entsprechenden Anpassungseffekte Jahrzehnte dauern können. Dabei kommt es zu zyklischen Anpassungsprozessen.

Hohe Zinsen sind deshalb die Wirkung einer expansiven Geldpolitik (et vice versa), was einer Umkehr der bisherigen Auffassungen entspricht.[686] Die Höhe der Zinsen ist, im Gegensatz etwa zu den Wechselkursen oder der Geldmengenent-

---

[682] Die Grundlage dieser Ausführungen bildet der Artikel „Monetarist Economic Policy", Quelle: http://cepa.newschool.edu/het(essays/monetarism/mpolicy.htm, S. 1-8.

[683] „I would recommend a stiff dose of dear money … . I would go for a financial crisis … put interest rates at whatever level is necessary and leave them there for three years … " (*Keynes, John M.*, zitiert nach *Susan Howson,* 1982, S. 2).

[684] *Johnson, Harry G.,* 1974, S. 29.

[685] Vgl. *Friedman, Milton,* 1968, S. 5.

[686] Vgl. *Friedman, Milton,* 1968, S. 7.

wicklung, ein falscher Indikator für eine expansiv oder eine kontraktiv wirkende Geldpolitik.

Langfristig kann die Zentralbank auch das Niveau der Arbeitslosigkeit nicht kontrollieren, sondern nur die nominalen Geldgrößen, wie beispielsweise die Inflationsrate und die Geldzinsraten.[687] Eine falsche Geldpolitik kann vorübergehend reale Effekte haben, aber nicht zu einem Aufschwung führen.[688]

Der Monetarismus geht von der inhärenten Stabilität sowohl der Konsum- als auch der Geldnachfrage aus. Selbst vorübergehende Einkommensschocks beeinflussen das permanente Einkommen nicht. Eine diskretionäre Geldpolitik führt zu einer zyklischen Entwicklung der Geldmenge und löst damit Geldeffekte im Konsum- und Investitionsbereich aus, was die Tendenz zu einem stabilen Konsumnachfrageverhalten beeinträchtigt und damit auch die wirtschaftlichen Prozesse destabilisiert. Zur Überwindung stagflationärer Tendenzen reicht eine „gut konzipierte Geldpolitik" im Rahmen eines funktionsfähigen marktwirtschaftlichen Systems" aus: „… that monetary policy can prevent money itself from being a major source of economic disturbance".[689]

Die unterstellte Stabilität des privaten Sektors, welche auch in einer stabilen Geldnachfrage zum Ausdruck kommt, soll nicht durch eine diskretionäre Geldpolitik beeinträchtigt werden. Wird der Geldnachfrage eine höhere Stabilität beigemessen als der Investitions- und Konsumfunktion, erscheint die Geldpolitik effizienter als die Fiskalpolitik.[690] Damit kann die Geldpolitik verhindern, dass das Geld selbst primäre Ursache für wirtschaftliche Störungen wird.[691] Eine weitere Aufgabe der Geldpolitik besteht in der Sicherung eines stabilen Preisniveaus, auf welches sich die Wirtschaftssubjekte verlassen können.[692] Dies lässt sich nur mit einer langfristig orientierten Geldmengenpolitik erreichen.

Kernelement der monetaristischen Geldpolitik ist die Geldmengenregel. Der monetaristische Ansatz setzt den Hauptakzent auf die erklärende und kontrollierende Kraft von Geldmengenänderungen als Navigationssystem der Geldpolitik.[693] Nach Auffassung des Monetarismus soll die Geldmenge als geldpolitisches Zwischenziel durch die Zentralbank kontrolliert werden, um dadurch auf das wirtschaftliche Geschehen Einfluss zu nehmen.

Friedman befürwortet eine regelgebundene, am wirtschaftlichen Potential orientierte Geldmengenentwicklung. Die Geldmengenstrategie beruht auf der neoklassischen Quantitätsgleichung gemäß Gleichung (3):

$$M \times v = Y \times P.$$

Die Fishersche Verkehrsgleichung (die eine reine Identitätsgleichung darstellt), lässt sich auch in Form von Wachstumsraten g ausdrücken:

[687] Vgl. *Johnson, Harry G.,* 1974, S. 44.
[688] Vgl. *Kaldor, Nicholas,* 1970, S. 44.
[689] *Friedman, Milton,* 1968, S. 12.
[690] Vgl. *Friedman, Milton,* 1970b, S. 92.
[691] *Friedman, Milton,* 1974, S. 324.
[692] *Friedman, Milton,* 1974, S. 326.
[693] Vgl. *Johnson, Harry G.,* 1974, S. 26f.

$$g_M = g_v + g_Y + g_P, \tag{150}$$

mit g_M als der Wachstumsrate der Geldmenge, g_v der Veränderung der Umlaufge-schwindigkeit des Geldes, g_Y der Wachstumsrate des realen Volkseinkommens und g_P der Wachstumsrate der Preise (Inflationsrate).

Der Monetarismus unterstellt eine stabile Beziehung zwischen der Geldmenge und dem nominellen Volkseinkommen. Deshalb wird eine regelgebundene Geld-politik der Zentralbank gefordert, welche sich am geschätzten Potentialwachstum orientiert. Um die Inflation kontrollieren zu können, muss sich das Wachstum der Geldmenge an den Größen g_Y (Wirtschaftswachstum), g_P (gewünschte Inflations-rate) und g_v (vorausgeschätzte Veränderung der Umlaufgeschwindigkeit des Gel-des) ausrichten. Berücksichtigt werden sollen auch institutionelle Veränderungen (so etwa eine stärkere Arbeitsteilung, was zu einer Mehrnachfrage nach Transak-tionsmitteln führt). Um die Inflation zu kontrollieren und eine mögliche Deflation zu verhindern, schlägt *Friedman* ein Geldmengenwachstum in der Größenordnung von drei bis fünf Prozent vor.[694]

Beispiel von *Karl Brunner** für die Festlegung des Geldmengenwachstums (auf Jahres-basis):

Die Abnahme der Umlaufgeschwindigkeit g_v durch eine erhöhte Arbeits-teilung in der Wirtschaft erfordert ein Geldmengenwachstum von	+ 1 %
Inflation g_P	+ 1-1 ½ %
Wachstum des Bruttoinlandsproduktes g_Y	+ 2 ½ %
= Erhöhung der Geldmenge g_M	= 4 ½ - 5 %.

* Vgl. *Brunner, Karl*, 1984, S. 23.

Empirischer Hinweis für das Euro-Währungsgebiet (1999-2005)

	Durchschnittliche Veränderung auf Jahresbasis (M 1)
Abnahme der Umlaufgeschwindigkeit g_v	ca. + 5,4 %*
Inflation g_P	+ 2,0 %
Wachstum des Bruttoinlandsproduktes g_Y	+ 1,6 %
= Erhöhung der Geldmenge g_M	= 8,6 %.

* Führt zu einem höheren Geldmengenbedarf.

Die Geldpolitik soll unabhängig von aktuellen Ereignissen durchgeführt wer-den. Der Monetarismus bejaht die Fähigkeit des wirtschaftlichen Systems, Schocks zu absorbieren und die interne dynamische Stabilität des Systems zu sichern. Zu-

---

[694] Vgl. *Friedman, Milton*, 1967, S. 158 f.

dem erzeugen geldpolitische Maßnahmen ihrerseits Schocks, welche die ursprünglichen Schocks verstärken können. Die Grundlage dieser Auffassung bildet
u.a. die Studie mit *Anna Schwartz* (1963) für die Jahre 1867-1960. Zu den wesentlichen Feststellungen zählen die erheblichen und unterschiedlich großen zeitlichen
lags zwischen einem Output-Schock und den Informations- sowie Entscheidungs-
prozessen der Zentralbank. Diese lags sind auch das Ergebnis von Bestrebungen,
geldpolitische Irrtümer zu vermeiden. Hinzu kommen die Wirkungslags von
geldpolitischen Maßnahmen, bis beispielsweise der Kreditmechanismus zu wirken beginnt und die Investitionen sowie der Output steigen. Damit ist die Gefahr
verbunden, dass die geldpolitischen Maßnahmen erst eintreten, wenn bereits ein
Aufschwung eingesetzt hat und die Geldpolitik eine prozyklische Wirkung entfaltet, was zu erheblichen inflationären Prozessen führen kann. Eine konstante
Geldmengenregel erscheint auch angesichts der unterschiedlich großen Wirkungslags der Geldpolitik (von wenigen Monaten bis zu zwei Jahren) bessere Ergebnisse zu bringen als eine Zinssteuerung.

Die Idee der Geldmengenpolitik der Zentralbank tritt an die Stelle des Goldstandards und den Vorstellungen zu Warenwährungen, welche in den 1930er Jahren im Vordergrund der Betrachtung stehen. Der Monetarismus geht davon aus,
dass Fluktuationen des Geldangebotes die realen wirtschaftlichen Zyklen zusätzlich verstärken. In Verbindung mit flexiblen Arbeitsmärkten und kompetitiven
Gütermärkten sollte sich bei wirtschaftlichen Zyklen jeweils wieder eine rasche
Annäherung an das wirtschaftliche Gleichgewicht ergeben.

Der Zentralbank möchte *Friedman* keine größere Unabhängigkeit gewähren, um
deren Möglichkeiten für eine willkürliche Geldpolitik nicht zu erhöhen. Er betrachtet die konstitutionelle Verankerung einer strikten, langfristig orientierten
Geldmengenregel als erforderlich. Eine konstante Rate des Geldmengenwachstums

> „… wird nicht vollständige Stabilität schaffen, sie wird nicht den Himmel auf
> Erden herbeiführen, aber sie kann einen wichtigen Beitrag für eine stabile
> Volkswirtschaft leisten".[695]

Die *Kritik* entzündet sich an der Frage, ob das *Federal Reserve System* das Geldmengenwachstum überhaupt kontrollieren kann und, wenn ja, welches Geldmengenaggregat kontrolliert werden müsste. Auch *Tobin* widerspricht der Auffassung von *Friedman,* wonach sich die Geldmengen steuern lassen:[696]

> „It will suffice to remark at the outset that I clearly do not subscribe the pre-
> valent view that what the central bank does is to control the money supply,
> which in turn determines money income and prices. I would say instead
> that the central bank controls some short-term money-market interest rates
> and/or reserve aggregates and that these variables simultaneously affect
> other interest rates and financial quantities, GNP expenditures, and money
> aggregates".[697]

---

[695] *Friedman, Milton,* 1973, S. 68.
[696] Vgl. *Tobin, James,* 1978, S. 421-431.
[697] *Tobin, James,* 1978, S. 421.

Vielmehr geht *Tobin* davon aus, dass die Geldpolitik der Zentralbank in erster Linie den Wert des Vermögens und die Kreditschöpfung beeinflusst. Grenzen für die Steuerung der einzelnen Geldmengenaggregate mit Mitteln der Geldpolitik ergeben sich vor allem durch die Bedeutung dieser Geldmengenaggregate, welche nicht nur als Transaktionskasse, sondern auch als Vermögensanlage gehalten werden. Deren Steuerung ist nach den bisherigen Erfahrungen kaum möglich.

Deshalb stellt sich die Frage nach der Möglichkeit einer regelgebundenen Veränderung nicht der Geldmengen, sondern der monetären Basis bzw. der Liquiditätszuführung durch die Zentralbank, zumal sich diese Aggregate besser steuern lassen. Die zur Verfügung gestellte monetäre Basis hat ebenfalls einen kausalen Einfluss auf die Entwicklung des Preisniveaus. Eine regelgebundene, potentialorientierte Steuerung der monetären Basis schränkt den Zugang zur Zentralbankliquidität ein und hält diese knapp, was den monetären Spielraum für eine Ausdehnung der Geld- und Kreditmenge sowie Preis- und Lohnerhöhungen bzw. inflationäre Prozesse à priori begrenzt. Dies kann wesentlich vorteilhafter sein als nachträgliche geldpolitische Maßnahmen, wenn die Inflation bereits aufgetreten ist. Eine Kontraktion der monetären Basis und/oder Zinserhöhungen führen in diesem Fall vorerst zu einer weiteren Verschärfung der Inflation und erst später zu einer Beruhigung der Preisentwicklung.

In jedem Fall zeigen sich bei einer diskretionär angelegten Steuerung der Geldmengen erhebliche Nachteile: Im Falle einer expansiven Erhöhung der monetären Basis wird der Spielraum für inflationäre Prozesse durch Preis- und Lohnerhöhungen geschaffen, bei einer Kontraktion zur Dämpfung der Inflationsraten werden die Geschäftsbanken und die Nichtbanken durch die Liquiditätsverengung einem monetären Schock ausgesetzt. Im Falle einer Verknappung der Liquidität treten zudem Insolvenzrisiken auf. Indem die Funktion eines „lender of last resort" der Zentralbank dabei verloren geht, werden der Bankenbereich und die Nichtbanken im Falle einer Liquiditätsverengung einem Schock ausgesetzt, welcher eine Liquiditätszuführung durch die Zentralbank erzwingen kann, was wiederum die Geldmengenregel unglaubwürdig werden läßt.

Ein weiteres Gegenargument gegen die Steuerung der monetären Basis sind die Endogenität und die Elastizität des Geldschöpfungsmultiplikators. Wie die Erfahrungen in den 1970er und 1980er Jahren zeigen, können sich bei einer Verknappung der Zentralbankliquidität erhebliche Veränderungen der Geldumlaufgeschwindigkeit ergeben. Um die Endogenität der Geldmengenentwicklung zu vermeiden, wären äußerst restriktive geldpolitische Maßnahmen erforderlich. Als Folge einer Steuerung dieser Geldmengenaggregate sind zudem Geldinnovationen durch die Geschäftsbanken und die Finanzintermediäre zu erwarten, deren Dynamik und Wirkungen schwer vorauszusehen sind.

In den frühen 1980er Jahren und auch danach kommt es zu starken monetaristischen Strömungen in der Geldpolitik in den westlichen Industrieländern, was unter anderem zur Geldmengensteuerung an Stelle der bisherigen Steuerung der Zinssätze führt. Vor allem die USA und das Vereinigte Königreich mit *Margret Thatcher* sprechen sich für eine monetaristische Geldpolitik aus. Die Reduktion des Wachstums der Geldmengen zur Dämpfung der damals hohen Inflationsraten bewirkt allerdings vorerst eine Erhöhung der Arbeitslosigkeit und erst später sinkende Zinsen, verbunden mit einem lange andauernden wirtschaftlichen Aufschwung. Mit der Zielsetzung wertstabilen Geldes, der Stabilisierung der Erwartungen der Wirtschaftssubjekte und der Geldmengensteuerung wird der Monetarismus zu einem wesentlichen Meilenstein in der Entwicklung der Geldpolitik.

Obwohl sich seit Beginn der 1990er Jahre ein schwächerer Zusammenhang zwischen der Geldmengenentwicklung und den Inflationsraten zeigt, lässt sich die geldpolitische Lehre von *Friedman* nicht grundsätzlich widerlegen.[698] Eine zu expansive monetäre Politik ist nach wie vor die Ursache für das Entstehen von Inflation. Das Geldmengenwachstum und die Inflationsrate hängen langfristig betrachtet zusammen. Erschwert wird eine Prognose der Inflationsrate durch Preisschocks, welche die Voraussage der Wirkungen der Geldpolitik erschweren. Unter dem Einfluss einer bewussteren Geldmengenpolitik hat die Varianz der Wachstumsrate der Geldmenge in den vergangenen drei Jahrzehnten abgenommen, was nicht ohne Einfluss auf die Entwicklung des Preisniveaus blieb. Sollten die Inflationsraten eines Tages erneut steigen, wird auch der monetaristischen Geldpolitik wieder eine erhöhte Bedeutung zukommen.

Exkurs: Die optimale Inflationsrate

Im Sinne eines *Exkurses* stellt sich im Zusammenhang mit der Geldmengensteuerung die Frage nach der optimalen Inflationsrate.[699] *Friedman* geht von folgenden Überlegungen aus: Ein Wirtschaftssubjekt hält Bonds und Geld. Die Bonds ergeben Zinsen von i (im Gegensatz zur zinsfreien Kassenhaltung). Die Opportunitätskosten, zinsloses Geld zu halten, entsprechen den Zinsen bei einer alternativen Anlage. Angesichts des Zinsverzichts bei der Kassenhaltung geht das Wirtschaftssubjekt, welches Kasse hält, von einem „versteckten" Nutzen der Kassenhaltung aus. Das Geld hat offenbar einen Nutzen, welchen andere Vermögensgüter wie Bonds nicht vermitteln (beispielsweise ein hoher Grad an Liquidität). Der Grenznutzen des Geldes liegt beim Nutzen der letzten Einheit des gehaltenen Geldes. In einer vereinfachten Form sollen nun die (negativen) Wohlfahrtswirkungen der Inflation erläutert werden.

Abbildung 89 zeigt die Verbraucherrente bei einer gegebenen Geldnachfragefunktion M_D. Gehen wir in der Ausgangslage von einem Zins von i aus, so hält das Wirtschaftssubjekt eine reale Geldmenge von $(M/P)_i$. Sinkt der Zins auf r, so hält das Wirtschaftssubjekt eine reale Geldmenge von $(M/P)_r$, und gelangt dadurch in den Genuss einer Verbraucherrente im Ausmaß der dunkelgrau unterlegten Fläche.

Daraus lassen sich die Wohlfahrtsverluste der Inflation ableiten. Wird mit i der nominelle und mit r der reale Zinssatz bezeichnet, entspricht die Differenz zwi-

---

[698] Vgl. zu den nachfolgenden Ausführungen *von Hagen, Jürgen,* 2003, Blatt 23.
[699] Vgl. *Friedman, Milton,* 1969a.

schen den beiden Zinssätzen der Inflationsrate $i - r = \pi$. Bei einem Zinssatz von r wird die Geldmenge $(M/P)_r$ nachgefragt, bei einem Zinssatz von i die Geldmenge $(M/P)_i$. Daraus ergibt sich ein Wohlfahrtsverlust in Höhe der dunkelgrau unterlegten Fläche. Daraus lässt sich ableiten, dass die Wirtschaftssubjekte bei Inflation (Zinssatz i) zufolge des Inflationseffektes auf die nominellen Zinssätze weniger Geld halten und dadurch einen Wohlfahrtsverlust erleiden, welcher der dunkelgrau unterlegten Fläche entspricht.

Um den Wohlfahrtsverlust zu vermeiden, müsste die Inflationsrate π auf null gesenkt werden, womit $i = r$ wäre und eine reale Geldmenge von $(M/P)_r$ nachgefragt würde.

Abbildung 89: Die Wohlfahrtskosten der Inflation und die optimale Geldmenge

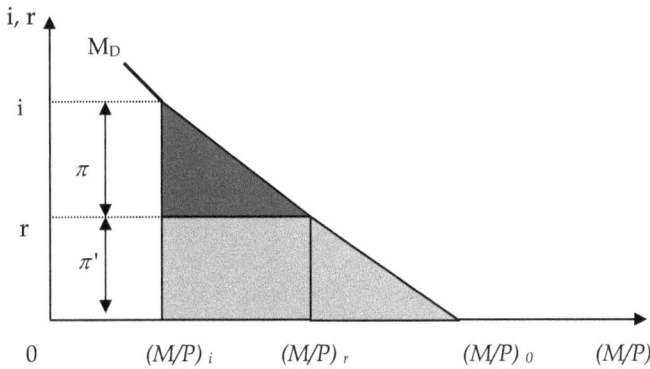

Ein noch größerer Wohlfahrtsgewinn würde sich ergeben, wenn i auf null gesenkt würde, wofür eine negative Inflationsrate von $\pi' = -r$ erforderlich wäre. Beträgt der nominelle Zinssatz null, steigt die reale Geldnachfrage auf $(M/P)_0$. Dies wird durch die Distanz π' zwischen r und 0 angezeigt. Eine negative Inflationsrate von π' ist unter diesen Aspekten die optimale Inflationsrate. Damit erhöht sich der Wohlfahrtsgewinn der zusätzlichen realen Geldnachfrage um die hellgrau unterlegte Fläche. Die optimale Geldmenge ist demzufolge jene, welche Opportunitätskosten (hinsichtlich der nominellen Zinsen) von null auferlegt.

Friedman postuliert deshalb als (eine weitere) Chicago-Regel eine sukzessive Reduktion der Geldmenge, bis die nominellen Zinsen null betragen. Die realen Zinsen minus die Inflationsraten müssten in diesem Fall ebenfalls null betragen: $i = r - \pi = 0$. Nach den Regeln der Quantitätstheorie ergäbe sich eine Wachstumsrate der Geldmenge von $g_M = \pi$, wobei diese mit $g_M = -r$ negativ wäre, um die gewünschte negative Inflationsrate zu erhalten. Bei einer noch stärkeren Begrenzung des Geldmengenwachstums spricht *Friedman* von einer „ineffizienten" Geldpolitik, weil die Zentralbank das Geld praktisch zu Nullkosten emittieren kann.

Eine etwas modifizierte Version dieser Chicago-Regel verlangt, die Kasse solle einen Ertrag abwerfen, welcher der Zeitpräferenz entspricht.[700, 701] Nach *Jürg Niehans* lässt sich allerdings der Nachweis eines wohlfahrtsökonomischen Vorteils durch eine Verzinsung der Kasse nicht erbringen. Einzelne Individuen werden davon profitieren, andere werden verlieren, wobei die Wirkung per saldo unsicher ist. Zudem könnte die Nachfrage nach Geldmitteln unersättlich werden, womit kein Gleichgewicht zustande kommen würde.[702]

Edmund S. Phelps (1972, 1973) kritisiert die Idee einer optimalen Inflationsrate. Die damit verbundene Inflationssteuer stellt für die Wirtschaftssubjekte zwar einen Wohlfahrtsverlust dar. Über die Inflationssteuer kann der Staat jedoch verfügen, was bei einer wohlfahrtsökonomischen Analyse ebenfalls zu berücksichtigen ist. Diese Chicago-Regel sei deshalb möglicherweise nicht optimal. Die den Wirtschaftssubjekten auferlegte Inflationssteuer müsse deshalb auch unter finanzwissenschaftlichen Aspekten analysiert werden.

Zu beachten ist, dass bereits eine relativ geringe Inflationsrate zu einer Inflationsspirale eskalieren kann. Andererseits sind auch die Gefahren und Kosten einer Deflation zu betrachten, welche mit einer kontraktiven Geldmengenpolitik verbunden sind.

VI. Die neokeynesianische Lehre

Mit der neokeynesianischen Lehre von *James Tobin* (sog. Yale-School) soll bewusst eine Alternative zur monetaristischen Lehre aufgezeigt werden.[703] *Tobin* wendet sich vor allem gegen die monetaristische Auffassung, wonach die Zentralbank das Geldangebot kontrollieren soll, um damit das nominelle Geldeinkommen und die Preise zu steuern. Vielmehr kontrolliere die Zentralbank die kurzfristigen Geldmarktzinsen und/oder die Zentralbankliquidität bei den Geschäftsbanken („reserve aggregates"), was simultan die weiteren Zinsen, die Liquidität des Geldsystems, das Bruttoinlandsprodukt und die monetären Aggregate (Geldmengen) beeinflusst.[704]

Tobin betont die Möglichkeit, durch geldpolitische Massnahmen expansive Effekte erzielen zu können:

„Well, q is not all that matters, but it does matter. I would say the same for M".[705]

Tobin hat dabei zwei Transmissionsmechanismen im Auge:

(1) Die Bewertung der Vermögenswerte durch die Börsen und die dadurch ausgelösten Investitionen: In der Praxis geht *Tobin* von einem kurzfristig schwankenden

[700] Vgl. zum Begriff der Zeitpräferenz Kapitel 5., Ziffer IV.1.
[701] Vgl. *Niehans, Jürg*, 1980, S. 115; vgl. *Johnson, Harry G.*, 53 (2), S. 113.
[702] Vgl. *Niehans, Jürg*, 1980, S. 118.
[703] Diese Ausführungen beruhen auf *Tobin, James*, 1978, S. 421-431.
[704] Vgl. *Tobin, James*, 1978, S. 421.
[705] *Tobin, James*, 1978, S. 422.

Tobin's q[706] aus, was durch spezielle Ereignisse, wirtschaftspolitische Maßnahmen sowie sich verändernde Erwartungen ausgelöst wird. Dies schafft und zerstört Investitionsanreize. Zu diesen Anreizen zählt auch das Tobin's q, weshalb die Zentralbank diese Größe beobachten sollte. Wie beeinflusst die Zentralbank die Finanzierungskosten und das Tobin's q? Der Einfluss ist indirekt, aber stark. Die Zentralbank operiert über die ganze Kette der Vermögenssubstitution. Sie steuert zuerst die kurzfristigen Geldmarktsätze. Über die Vermögenssubstitution und die Bildung von Erwartungen hinsichtlich deren zukünftiger Entwicklung beeinflussen die geldpolitischen Operationen die Zinsen der Bonds und Aktien.

Es gibt mehrere Möglichkeiten der Störung einer solchen geldpolitischen Transmission. Das wirtschaftliche Umfeld und auch nicht-monetäre Schocks beeinflussen die Kapitalkosten. Solche Faktoren können, selbst ohne Einflüsse der monetären Politik, zu steigenden Kapitalkosten und einem sinkenden Tobin's q führen. Hinzu kommen Unsicherheiten hinsichtlich der Gewinnerwartungen, was ebenfalls Schwankungen beim Tobin's q bewirkt. Zudem ist nicht das durchschnittliche Tobin's q für die Investitionsentscheidungen der Unternehmen maßgebend, sondern das marginale, welches firmenindividuell beurteilt wird, und sich einer globalen Beobachtung entzieht.

Der Einfluss der Inflationserwartungen erscheint vorerst unbedeutend für das Tobin's q. Zudem beeinflussen die Inflationserwartungen die relativen Preise der Güter nicht, sondern sind in den nominellen Zinsen enthalten. Hingegen senkt – nach Auffassung von *Tobin* und widersprüchlich zum Fisherschen Preiseffekt – die erwartete Inflation die realen Geldmarktzinssätze und weitere reale Zinssätze, und erhöht das Tobin's q. Damit ist eine Veränderung der Inflationsraten nicht neutral. Dies ist vor allem auch dann der Fall, wenn die Wirtschaftssubjekte davon ausgehen, die Inflation werde durch starke, deflationär wirkende geldpolitische Maßnahmen der Zentralbank beeinflusst, was zu einer ungünstigen Beurteilung durch die Aktienmärkte und einem sinkenden Tobin's q führt.

(2) Die Verfügbarkeit von Krediten beeinflusst die liquiditätsbedingten Ausgaben der Haushalte und Unternehmen (einschließlich der Rolle der Geschäftsbanken bei der Finanzierung der Unternehmen). Besonders die neokeynesianische Geldlehre betrachtet sehr breite Geldmengenaggregate, zu welchen auch die Finanzaktiven einschließlich das privat emittierte Geld wie beispielsweise Schuldbriefe und kurzfristige Geldmarkttitel zählen. Eine besondere portfoliotheoretische Bedeutung für die Banken und privaten Wirtschaftssubjekte haben zudem die ausländischen Währungen.

Durch eine stärkere Verschuldung erhöht sich das volkswirtschaftliche Vermögen in den Händen der Wirtschaftssubjekte. Dies löst – als Vermögenseffekt – eine Mehrnachfrage nach übrigen Aktiven (Geldvermögen und Sachaktiven) aus, womit es zu einem expansiven Effekt kommt. Durch eine Erhöhung der Geldmenge entstehen auf dem Wege von Vermögenseffekten ähnliche reale Wirkungen. Nur wenn das Geld keinerlei Vermögenseffekte induziert, unterbleiben solche Effekte (sog. Superneutralität des Geldes unter dem Aspekt von Vermögenseffekten).

---

[706] Vgl. Kapitel 8., Ziffer VII., 4.

Empirische Hinweise zum Euro-Währungsgebiet (1999-2005)

Thesen:

1. Die Zentralbank kann die kurz-fristigen Geldmarktzinsen kontrol-lieren.	- Die Zentralbank kann die kurzfristigen Geld-marktzinsen nicht gegen die Kräfte der Geld-märkte kontrollieren. Die besten Voraussetzun-gen für tiefe kurzfristige Geldmarktsätze sind geringe Inflationsraten. Dies erfordert, im Gegensatz zur Auffassung von *Tobin* und im Einklang mit dem Fisherschen Preiserwartungs-effekt, eine längerfristig zurückhaltende Zufüh-rung von Zentralbankliquidität.
2. Die Zentralbank kann die Zentralbankliquidität der Geschäftsbanken kontrollieren.	- Diese These trifft grundsätzlich zu.
3. Analog der Thesen 1. und 2. lassen sich ...	
- ... die weiteren Zinsen beeinflus-sen.	- Dies trifft nur unter Berücksichtigung des Fisherschen Preiserwartungseffektes und weite-rer zinsstruktureller Einflüsse zu.
- ... die Liquidität des Geldsystems steuern.	- Diese These ist zutreffend.
- ... das reale BIP beeinflussen.	- Das wirtschaftliche Wachstum lässt sich mit monetären Mitteln über möglichst tiefe kurz-fristige Geldmarktzinsen steuern, was wieder-um tiefe Inflationsraten voraussetzt.
- ... die Geldmengenaggregate steuern.	- Steuern lässt sich vor allem das Wachstum der Zuführung von Zentralbankliquidität. Eine präzise Steuerung der Geldmengen (M1-M3) ist kaum denkbar.
4. Das Tobin's q ist steten Schwan-kungen (Varianzen) unterworfen.	- Diese These ist zutreffend.
5. Das Tobin's q lässt sich mit Mitteln der Geldpolitik steuern.	- Das Tobin's q lässt sich am besten über tiefe Inflationsraten beeinflussen, was wiederum eine zurückhaltende Liquiditätszuführung durch die EZB voraussetzt.
6. Das Tobin's q beeinflusst das wirtschaftliche Wachstum.	- Diese These trifft zu.
7. Die erwartete Inflation senkt die realen Geldmarktzinsen.	- Diese These trifft nicht zu. Die erwartete In-flationsrate wird mit einem lead (Vorlauf) von drei bis sechs Monaten zum Teil in die realen Geldmarktsätze (Laufzeit ein Tag) inkorporiert.
8. Erhöhte Kredite lösen einen Ver-mögenseffekt aus, wodurch die Geldmengen steigen, was wie-derum einen expansiven Effekt bewirkt.	- Diese These trifft nur tendenziell zu (nicht signifikant).*

* Bei einem zugrunde gelegten Signifikanzniveau von mindestens 0,10.

VII. Die Theorie der rationalen Erwartungen („Monetarismus II"), die Neue Klassische Makroökonomie und das Problem der Zeitinkonsistenz

1. Die Theorie der rationalen Erwartungen („Monetarismus II")

Der Monetarismus II („Monetarismus der zweiten Art") geht von den Modellen des „Monetarismus I" aus und erweitert diese durch rationale Erwartungen.[707] Die Theorie der rationalen Erwartungen widerspricht der Aussage der keynesianischen Geldpolitik, wonach eine Geldmengenerhöhung über sinkende Zinsen zu expansiven Effekten führt. Denkbar bei monetären Impulsen ist auch eine Erhöhung der Zinsen, ausgelöst durch steigende Wachstums- und Inflationserwartungen, ohne dass die Zinsen vorübergehend sinken. Dieses Phänomen lässt sich empirisch feststellen und entspricht – hinsichtlich der Inflationserwartungen – dem Fisherschen Preiserwartungseffekt.

Der Monetarismus II spricht sich für eine Geldpolitik aus, welche zu (erwartungstheoretisch) superneutralem Geld führt. Änderungen in der Geldpolitik sollen keine nicht antizipierten Wirkungen im Sinne von Erwartungseffekten haben. Diesem Konzept entspricht die Festlegung von Geldmengenzielen, was stabile Erwartungen hinsichtlich der Geldpolitik ermöglichen soll.

2. Die Neue Klassische Makroökonomie

Die Theorie der rationalen Erwartungen führt zudem zur Neuen Klassischen Makroökonomie. Die Neue Klassische Makroökonomie geht von den stets kürzer werdenden lags im geldwirtschaftlichen Bereich, den stagflationären Tendenzen der 1970er Jahre und der Annäherung der Erwartungsbildung an rationale Erwartungen aus, wie dies auch vom Monetarismus II impliziert wird.

Die *Prämissen* sind unter anderem:
- Die Märkte einer Volkswirtschaft sind stets geräumt; die Löhne und Preise sind vollkommen flexibel. [708]
- Die einzelnen Marktteilnehmer haben rationale Erwartungen. Sie verfügen über die vergangenen Informationen und schöpfen alle verfügbaren Informationen der Märkte aus. Zudem fließen auch Erwartungen über die zukünftigen Variablen sowie deren Einflussfaktoren in die Entscheidungen ein.
- Es gibt eine natürliche, gleichgewichtige Arbeitslosenrate.[709]
- Es gilt das Gesetz von Say, wonach sich „Güter nur mit Gütern" kaufen lassen.
- Die marktlichen Prozesse unterliegen nicht vorhersehbaren stochastischen Störungen („exogene Schocks"), welche zu marktlichen Schwankungen bei der Nachfrage, dem Angebot und den Preisen führen.

---

[707] Der „Monetarismus I" unterstellt adaptive Erwartungen.
[708] Die Grundlage der nachfolgenden Ausführungen bildet *Felderer, Bernhard* und *Homburg, Stefan,* 2003, S. 249 ff.
[709] Vgl. auch Kapitel 10., Ziffer V.

Im modelltheoretischen Ansatz lautet die aggregierte Güternachfrage Y_t^D:

$$Y_t^D = A_t + b(m_t - p_t) + u_t. \tag{151}$$

A_t bezeichnet die autonomen Ausgaben (einschließlich der Staatsausgaben) hinsichtlich der Realkasse, b einen positiven Koeffizienten, m_t den natürlichen Logarithmus der nominalen Geldmenge, p_t den natürlichen Logarithmus des Preisniveaus und u_t ist eine unabhängige stochastische Variable mit dem Erwartungswert null und endlicher Varianz (jeweils zum Zeitpunkt t). Die aggregierte Güternachfrage hängt linear vom Logarithmus der Realkasse ab. Damit beruht das Modell auf dem Realkasseneffekt.

Das Güterangebot Y_t^S entspricht der sog. Lucasschen aggregierten Angebotsfunktion:

$$Y_t^S = Y^* + c(p_t + p_t^e) + v_t, \tag{152}$$

wobei Y^* das natürliche Niveau der Produktion (bei der natürlichen Arbeitslosigkeit), c einen positiven Koeffizienten, p_t^e den natürlichen Logarithmus des erwarteten Preisniveaus zum Zeitpunkt t und v_t eine unabhängige stochastische Variable mit dem Erwartungswert Null und endlicher Varianz darstellt.

Werden die Preiserwartungen erfüllt $(p_t = p_t^e)$ und kommt es zu keinen exogenen Störungen ($v_t = 0$), entspricht das Produktionsangebot Y_t^S dem natürlichen Niveau der Produktion Y^*. Abweichungen von Y^* entstehen durch Zufallseinflüsse (exogene Schocks), nicht antizipierten Änderungen von A_t (Veränderung der autonomen Ausgaben hinsichtlich der Realkasse) und nicht antizipierten Änderungen von p_t (bei einer Erhöhung der erwarteten Preise steigt das Güterangebot, und umgekehrt). Dies kann auch einen Zustand der unvollkommenen Information darstellen.

Bei völlig flexiblen Preisen sind die Gütermärkte immer geräumt und die Güternachfrage entspricht dem Güterangebot:

$$Y_t^D = Y_t^S = Y_t. \tag{153}$$

Indem die Nachfrage, das Angebot und die effektive Produktion übereinstimmen, können die Indices D und S wegfallen:

$$Y_t = A_t + b(m_t - p_t) + u_t \tag{154}$$

bzw.

$$Y_t = Y^* + c(p_t - p_t^e) + v_t. \tag{155}$$

Werden die Störterme vernachlässigt, ergibt sich für das Volkseinkommen Y in der Periode t folgender Erwartungswert:

$$Y_t^e = A_t^e + b(m_t^e - p_t^e), \ bzw. \ Y_t^e = Y^*. \tag{156}$$

Der Erwartungswert für das Volkseinkommen resultiert damit aus den hinsichtlich der Realkasse autonomen Ausgaben A_t^e, sowie dem Erwartungswert der nominalen Geldmenge m_t^e, abzüglich dem Erwartungswert des Preisniveau p_t^e (jeweils natürliche Logarithmen), multipliziert mit dem Faktor b.

Unter den genannten Prämissen entspricht das Volkseinkommen Y_t^e dem tatsächlichen Volkseinkommen Y^*. Das Modell umfasst vier exogene Variable (A_t, m_t, u_t, v_t), die Staatsausgaben, die Geldmenge und vier endogene Variable (Y_t, P_t, Y_t^e, P_t^e).

Das Preisniveau, welches bei rationalen Erwartungen ohne Störterme erwartet wird, ergibt sich wie folgt:

$$p_t^e = m_t^e - \frac{Y^* - A_t^e}{b}. \tag{157}$$

Zur Ermittlung von Y_t und p_t werden die vorangehenden Gleichungen gleichgesetzt. Für das Volkseinkommen Y_t resultiert:

$$Y_t = Y^* + \frac{c}{b+c}\left[\left(A_t - A_t^e\right) + b\left(m_t - m_t^e\right) + u_t + \frac{b}{c}v_t\right]. \tag{158}$$

Bei Abwesenheit von nicht erwarteten Maßnahmen des Staates kommt es zum Produktionsvolumen Y^*. Das Volkseinkommen in der Periode t ergibt sich unter anderem aus dem natürlichen Volkseinkommen Y^* sowie nicht antizipierten Geldmengenänderungen. Letztere und nicht antizipierte Veränderungen der Staatsausgaben führen zu einem Ansteigen der Produktion. Eine nicht erwartete Änderung der Nachfrage bewirkt ebenfalls eine Erhöhung der Produktion. Das Produktionsvolumen schwankt – bei Abwesenheit staatlicher Eingriffe – um Y^*.

Das Preisniveau p_t entspricht der folgenden Formel:

$$p_t = p_t^e + \frac{1}{b+c}\left[\left(A_t - A_t^e\right) + b\left(m_t - m_t^e\right) + u_t + v_t\right]. \tag{159}$$

Ein Ansteigen des Preisniveaus ist die Folge von nicht antizipierten Geldmengenänderungen und Staatsausgaben, wobei die Erhöhung der Produktion ebenfalls ein steigendes Preisniveau bewirkt. Ein exogener Nachfrageschock führt zu prozyklischen, ein exogener Angebotsschock zu antizyklischen Preisänderungen.

Die Theorie der rationalen Erwartungen widerspricht damit der Aussage der keynesianischen Geldpolitik, wonach eine Geldmengenerhöhung über sinkende Zinsen einen expansiven Effekt bewirkt. Denkbar ist nach der Theorie der Neuen Klassischen Makroökonomie bei monetären Impulsen auch eine Erhöhung der Zinsen, ausgelöst durch steigende Inflationserwartungen (Fisherscher Preiserwartungseffekt) ohne vorübergehend sinkende Zinsen.

Die Neue Klassische Makroökonomie geht von einer Geldmengenregel ähnlich jener von *Friedman* aus:

$$m_t = m_0 + kt \; bzw. \; M_t = M_0 e^{kt}, \tag{160}$$

wobei kt die konstante Rate ist, mit welcher die Geldmenge wächst. Daraus resultiert eine vollkommene Erwartungsrate für das Geldmengenwachstum:

$$m_t^e = m_0 + kt. \tag{161}$$

Unter der Voraussetzung einer konstanten und richtig antizipierten Wachstumsrate der Geldmenge ergeben sich keine realen Effekte. Etwas allgemeiner formuliert löst eine korrekt antizipierte Geldmengenpolitik der Zentralbank keine realen Wirkungen aus. Damit hat auch ein akzeleriertes Geldmengenwachstum – im Gegensatz zum Monetarismus – keine realen Wirkungen. Die Preis- und Mengenwirkungen der Geldmengenpolitik resultieren vielmehr aus nicht antizipierten Geldmengenänderungen (siehe die Güternachfragefunktion (151)).

Nun entspricht der Output nicht immer Y^*. Sowohl nicht antizipierte Geldmengenänderungen als auch exogene Schocks (vgl. die Störterme u_t und v_t) können zu Abweichungen von Y^* führen. Die Störterme lassen sich – nach den Prämissen des Modells – von der geldpolitischen Autorität nicht prognostizieren.

Der geldpolitische Spielraum könnte beispielsweise darin bestehen, die Störterme u_t und v_t durch Geldmengenänderungen zu antizipieren:

$$m_t = m_0 + kt - \frac{u_t}{b} - \frac{v_t}{c}. \tag{162}$$

Indem, gemäß den Annahmen, die Störterme einen Erwartungswert von null haben, entspricht eine solche aktive Geldpolitik nicht der Auffassung der Neuen Klassischen Makroökonomie. Maßnahmen gegen eine sinkende Produktion haben keine Wirkungen, sondern führen vielmehr durch die antizipierte Inflation zum Phänomen der Stagflation, d.h. einem stagnierenden Output bei steigenden Inflationsraten.[710] Nur wenn eine geldpolitische Maßnahme zufällig auf einen gegenläufigen Störterm trifft, führt dies zu günstigen Wirkungen, was jedoch von der Neuen Klassischen Makroökonomie nicht angestrebt wird.

Grundsätzlich haben die Wirtschaftssubjekte rationale Erwartungen und verstehen es, die makroökonomischen Wirkungen von Geldmengenänderungen vorauszusehen. Wird ein monetärer Impuls von den Wirtschaftssubjekten richtig antizipiert, unterbleiben reale Wirkungen. Nach der These der Politikineffektivität kommt es zu keinen beschäftigungsmäßigen Wirkungen bei geldpolitischen Impulsen. Nur wenn es einen Informationsvorsprung der Zentralbank durch statistische lags, ungesicherte statistische Informationen und eine geheime Änderung der Politikregeln gibt, werden die Wirkungen monetärer Impulse nicht korrekt antizipiert, womit es zu Beschäftigungswirkungen kommen kann.[711] Gelingt es den geldpolitischen Instanzen, die Wirtschaftssubjekte hinsichtlich der Geldmengenregel zu täuschen, kann eine Abweichung des Angebots vom natürlichen Niveau bzw. ein Preiserwartungsfehler eintreten. Die Idee einer „deceptive policy" ist eine geheime Änderung der geldpolitischen Regel, die sich von jener unterscheidet, welche sich das Publikum in der Vergangenheit erwartungsmäßig ange-

---

[710] Vgl. *Felderer, Bernhard* und *Homburg, Stefan*, 2003, S. 255.
[711] Vgl. Kapitel 8., Ziffer X.

eignet hat.[712] *Thomas J. Sargent* und *Neil Wallace* stehen einer solchen „deceptive policy" skeptisch gegenüber, indem geldpolitische Richtungswechsel in der Öffentlichkeit nicht unbemerkt erfolgen: „… new rules are not adopted in a vacuum".[713]

Nach Auffassung der Neuen Klassischen Makroökonomie ist eine diskretionäre, antizyklische Geldpolitik in einer inhärent stabilen Wirtschaft unnötig und schädlich. Eine fallweise expansive oder kontraktive Geldpolitik beeinflusst das Preisniveau und verkleinert die Aussagekraft des Systems der relativen Preise, womit sich die Unsicherheit in der Wirtschaft erhöht. Zudem ist die Wirkung solcher Maßnahmen nicht berechenbar. Die Öffentlichkeit erkennt solche Regeln und kann deren Wirksamkeit durch Verhaltensänderungen konterkarieren, d.h. ins Gegenteil verkehren.

Die Neue Klassische Makroökonomie befürwortet deshalb eine passive Geldmengenregel, um die privaten Wirtschaftssubjekte vor exogenen Schocks zu bewahren.[714] Anzustreben ist erwartungstheoretisch superneutrales Geld, damit die Geldpolitik zu keinen nicht antizipierten Wirkungen im Sinne von Erwartungseffekten führt. Diesem Konzept entspricht die Festlegung von Geldmengenzielen, was stabile Erwartungen hinsichtlich der Geldpolitik ermöglichen soll. Eine Zentralbank kann eine feste Rate für die Geldmengenentwicklung festlegen, um die Inflation im Griff zu halten.

3. Das Problem der Zeitinkonsistenz

Eine Veränderung der Politikregeln führt zu Erwartungsänderungen, was oft nicht optimal ist. Indem die Entscheidungsträger im Zeitpunkt t_0 geldpolitische Maßnahmen ankündigen, bilden sich die privaten Wirtschaftssubjekte Erwartungen, die wiederum zu ökonomischen Handlungen führen, die von den geldpolitischen Entscheidungsträgen im Zeitpunkt t_1 im eigenen Interessen ausgenutzt werden.[715] Dieses Phänomen fällt unter das Problem der zeitlichen Inkonsistenz von Politikregeln.

Robert J. Barro und *David B. Gordon*[716] zeigen, wie Ankündigungen der Zentralbank zum Problem der Zeitinkonsistenz führen können. Es bestehen immer wieder Anreize, von einer optimalen Politik abzuweichen, um kurzfristig einen Nutzen zu erzielen, womit jedoch die Glaubwürdigkeit der Regierung verloren geht. Besonders vor den Wahlen wird die Wirtschaft vorübergehend mit mehr Liquidität versorgt, um die Gesamtnachfrage zu erhöhen und die Beschäftigung auszuweiten. Mit Hilfe des Zeitinkonsistenzproblems lässt sich erklären, warum eine Inflationsbekämpfung missglücken kann, womit die Wirtschaft beispiels-

---

[712] Vgl. *Taylor, John B.*, 1975, S. 1021.
[713] *Sargent, Thomas J.* und *Wallace, Neil*, 1976, S. 181.
[714] Vgl. *Felderer, Bernhard* und *Homburg, Stefan*, 2003, S. 258.
[715] Vgl. *Kydland, Finn* und *Prescott, Edward*, 1977, S. 473 ff.
[716] Vgl. *Barro, Robert J.* und *Gordon, David B.*, 1983, S. 101-121.

weise in einer Stagflation mit hohen Inflationsraten und gleichzeitig hoher Arbeitslosigkeit stecken bleiben kann.

Die Änderung einer Politikregel soll den Zielen der Regierung wie jenen der Wirtschaftssubjekte dienen. Indem die Wirtschaftssubjekte das Politikverhalten der Regierung voraussehen, gehen sie – am Beispiel der Änderung der Geldmengenregeln – von einer dauerhaft höheren Inflationsrate aus. Dies bewirkt einen Reputationsverlust der Zentralbank. Ein weiteres Anwendungsbeispiel ist die Fiskalpolitik. Bei einer gegebenen Verschuldensgrenze führt deren Überschreitung langfristig zu höheren Kosten und zu einem Reputationsverlust der Regierung. Eine mögliche geldpolitische Konsequenz ist die Schaffung unabhängiger Zentralbanken, um eine regelorientierte Geldpolitik zu verankern.

Finn Kydland und *Edward Prescott* (1977, 1982) postulieren Regeln an der Stelle von diskretionärem Handeln.[717] Sie gehen von der schwankenden Nachfrage aus, welche im Zentrum der keynesianischen Betrachtung steht und als Marktversagen betrachtet wird. Die keynesianische Stabilisierungspolitik trachtet danach, die schwankende Nachfrage durch eine diskretionäre Geld- und Fiskalpolitik zu glätten. Noch bis in die Mitte der 1970er Jahre erscheint die keynesianische Lehre dazu geeignet, die makroökonomischen Schwankungen zu erklären. Danach kommt es zum Phänomen der Stagflation mit gleichzeitig hohen Inflations- und Unterbeschäftigungsraten, welche sich auf Angebotsschocks zurückführen lassen und durch die keynesianische Lehre nicht mehr erklärt werden können. Dazu tragen unter anderem die Ölpreissteigerungen und eine rückläufige Produktivitätsentwicklung bei. Eine antizyklische Geld- und Fiskalpolitik verschärft die auftretenden Probleme, indem die Wirtschaftssubjekte dauerhaft höhere Lohn- und Preisbewegungen erwarten, obwohl die Regierungen und Zentralbanken tiefe und stabile Inflationsraten proklamieren. Die Thesen der Neuen Klassischen Makroökonomie[718] zu den Wirkungen der Geld- und Fiskalpolitik bei (modelltheoretisch spezifizierten) rationalen Erwartungen der Wirtschaftssubjekte[719] finden Anklang und geben der makroökonomischen Politik einen neuen Rahmen, zumal sich diese auf ein mikroökonomisch spezifiziertes Verhalten beziehen.

Finn Kydland und *Edward Prescott* entwickeln die *Modellprämissen* im Hinblick auf das Zeitinkonsistenzproblem. Änderungen von Politikregel ohne vorherige Ankündigungen führen zu Glaubwürdigkeitsproblemen der makroökonomischen Politik (Geld- und Fiskalpolitik). Als weiteres Element der Analyse werden reale Angebotsschocks eingeführt. Der technische Fortschritt ist nicht nur ein wesentlicher Einflussfaktor für den langfristigen Entwicklungspfad einer Volkswirtschaft, sondern kann auch kurzfristige Fluktuationen auslösen.

---

[717] Vgl. zur Nobelpreisschrift: *The Royal Bank of Sweden,* 2004.

[718] Vgl. *Lucas, Robert,* 1973.

[719] Erwartungstheoretische Ansätze zur Erklärung ökonomischer Resultate spielen bereits bei *Friedman* (1968) und *Phelps* (1967, 1968) zur Erklärung der natürlichen Rate der Unterbeschäftigung im Rahmen der Phillipskurve eine bedeutende Rolle. Zudem zeigt *Lucas* (1972, 1973), wie die Wirtschaftssubjekte aus den vorhandenen Informationen auf rationale Weise bestmögliche Erwartungen ableiten.

Der Aufsatz von *Kydland* und *Prescott* aus dem Jahre 1977[720] beschäftigt sich vor allem mit dem Problem der Zeitinkonsistenz. Regierungen und Zentralbanken tendieren beispielsweise dazu, die Steuerraten und die Geldpolitik unter wohlfahrtsökonomischen Aspekten festzulegen und diese, im Hinblick auf eine Optimierung der wohlfahrtsökonomischen Effekte zu ändern. Die Wirtschaftssubjekte werden erkennen, dass die künftige Politik nicht zwangsläufig mit der aktuellen übereinstimmt (sofern ein Politikwechsel nicht bereits bei der aktuellen Politik zum Ausdruck gebracht wird), was Glaubwürdigkeitsprobleme schafft. *Kydland* und *Prescott* modellieren das Verhalten der einzelnen Akteure als spieltheoretisches Phänomen und weisen bei einer diskretionären Politik auf ein suboptimales Ergebnis hin – im Gegensatz zu den Ergebnissen bei einer verlässlich tiefen Inflationsrate.

Im Aufsatz von *Kydland* und *Prescott* aus dem Jahre 1982[721] wird eine Theorie der business cycles auf einer mikroökonomischen Basis entworfen, welche weit von der keynesianischen Tradition entfernt ist. Technologische Entwicklungen können zu kurzfristigen Zyklen führen, wobei die Preise, Löhne und Zinsen eine Räumung der Märkte bewirken können. Kurzfristig tiefe Wachstumsraten sind nicht zwangsläufig das Ergebnis eines Marktversagens, sondern die Folge eines langsamen technischen Fortschritts.

Als *Modellvorstellung* möchte die Regierung in der Periode *t*-1 das bestmögliche Ergebnis für die Periode *t* erreichen. Diese Ergebnisse stehen nicht nur in einem Zusammenhang mit der Politik in der Periode *t*, sondern auch mit den Erwartungen der Wirtschaftssubjekte in der Periode *t*-1 für die Periode *t* (beispielsweise für die Ersparnisse und die Löhne). Diese Erwartungen beruhen auf einer perfekten Voraussicht seitens der Wirtschaftssubjekte.

Ist die Regierung in ihren Entscheidungen gebunden, kann sie die Politik in der Periode *t* nicht mehr ändern und muss die Erwartungen der Wirtschaftssubjekte in der Periode *t*-1 in ihre Entscheidungen einbeziehen. Ist die Regierung in ihren Entscheidungen für die Periode *t* nicht gebunden, was der Realität eher entspricht, wird sie ihre Politik erst unmittelbar vor der Periode *t* festlegen. Diese Entscheidungen erfolgen unabhängig von jenen der Wirtschaftssubjekte in der Periode *t*-1, zumal diese bereits fixiert sind und sich nicht mehr ändern lassen. Dies führt zu einer gegenüber dem ersten Fall veränderten Politik. Indem die Regierung nicht alle Effekte der Entscheidungen der Wirtschaftssubjekte ins Kalkül einbezieht, kommt es zu suboptimalen Ergebnissen. Für die Wirtschaftssubjekte ist die Zeitinkonsistenz von politischen Maßnahmen (auch gegenüber früheren Ankündigungen), welche zu erheblichen Risiken führen kann, Teil des Entscheidungskalküls.

Dieses Inkonsistenzproblem lässt sich an einem geldpolitischen Beispiel zur Darstellung bringen. Gehen wir von einem trade off zwischen der Inflation und der Arbeitslosigkeit aus. Die Unterbeschäftigung sei durch folgende Funktion gegeben:

---

[720] Vgl. *Kydland, Finn* und *Prescott, Edward*, 1977, S. 473-490.
[721] Vgl. *Kydland, Finn* und *Prescott, Edward*, 1982, S. 1345-1371.

$$U_t = U^* - \alpha\left[\pi_t - E(\pi_t)\right].$$ (163)

Die Unterbeschäftigung U_t (im Zeitpunkt t) ergibt sich aus der natürlichen Rate der Arbeitslosigkeit U^*, einem Faktor α und der Differenz zwischen der Inflationsrate π_t (zwischen den Perioden t-1 und t) sowie der durch die Wirtschaftssubjekte erwarteten Inflationsrate $E(\pi_t)$ zwischen der Periode t-1 und t. Diese vereinfachte Form einer Funktion für die Unterbeschäftigung geht von einem inversen Zusammenhang zwischen der Inflationsrate und den realen Löhnen in der Periode t aus, wobei die nominalen Löhne im Voraus – in der Periode t-1 aufgrund der Inflationsrate für die Periode t – festgelegt werden. Ist die Inflationsrate beispielsweise höher als erwartet, steigt die Nachfrage nach Arbeitskräften, und die Unterbeschäftigung fällt (sowie umgekehrt).

Die Geldpolitik kann in der Periode t so gesteuert werden, dass die Inflationsrate kontrolliert wird. Bei rationalen Erwartungen gehen die Wirtschaftssubjekte davon aus, die Inflationsrate $E(\pi_t)$ werde π_t betragen, womit die Unterbeschäftigung U_t identisch mit der Gleichgewichtsunterbeschäftigungsrate U^* ist. Legt die Geldpolitik die Inflationsrate in Periode t-1 für die Periode t fest, wird sie diese Auffassung von *Kydland* und *Prescott* mit $\pi_t = 0$ fixieren, womit die Rate der Unterbeschäftigung U_t der Rate der Gleichgewichtsunterbeschäftigung U^* entspricht.

Eine solche Festlegung der Inflationsrate ist jedoch nicht zeitkonsistent. Die Inflationsrate für die Periode t wird nachträglich gewählt, wenn die Erwartungen der Wirtschaftssubjekte bereits gebildet und die Nominallöhne fixiert sind. Diese Inflationsrate wird sicherlich höher als null sein (sofern der Plan einer Inflationsrate von null noch geändert werden kann). Dadurch kann die Beschäftigungsrate gesenkt werden, was bis zu jenem Punkt wohlfahrtsverbessernd erscheint, wobei die Effekte einer zusätzlichen Beschäftigung die Kosten einer höheren Inflationsrate übersteigen. Werden jedoch Erwartungen im Hinblick auf eine dauerhaft höhere oder sogar steigende Inflationsrate bei den Wirtschaftssubjekten geweckt, kann eine ebenfalls höhere und steigende Arbeitslosenrate mit einhergehen.[722]

Daraus ziehen *Kydland* und *Prescott* die Konsequenz der Vorzüglichkeit einer regelbasierten und nicht diskretionären Politik. Dies bedeutet im Falle der Geldpolitik, einfache Regeln für das Geldmengenwachstum oder die Wechselkurse anzuwenden. Auf diese Weise lässt sich auch das Zeitinkonsistenzproblem lösen.

VIII. Die neukeynesianische Lehre: John B. Taylor

Die Taylor-Regel[723] stellt einen empirischen Ansatz dar, welcher sich auf ökonometrische Untersuchungen stützt und – in angepasster Form – auf viele Länder

---

[722] Beispielsweise kann die Erwartung unsicherer oder dauerhaft hoher Inflationsraten zur Überschätzung von Investitionskosten und Löhnen führen, wodurch Investitionen unterbleiben.
[723] *Taylor, John B.*, 1993, S. 193-214.

übertragen werden kann.[724] So beziehen sich die Untersuchungen von *Taylor* auf die G-7 Staaten und deren Erfolg zur Erreichung der geldpolitischen Ziele.

Die neukeynesianische Lehre von *John B. Taylor* [725, 726] sucht nach einer Lösung zur Festlegung des kurzfristigen Zinssatzes als Mittel der Geldpolitik. Die Taylor-Regel stellt eine „Rückkehr" zur Zinssteuerung dar, welche mit der monetaristischen Revolution Ende der 1960er/Anfang der 1970er Jahre umgangen werden sollte. Es handelt sich um eine Alternative zur Steuerung der Geldmenge.

1. Einfache Zinsregeln

Knut Wicksell schlägt bereits 1898 eine einfache Zinsregel vor:

> „So lange die Preise unverändert bleiben, sollte die Zentralbank die Zinsen ebenfalls unverändert lassen. Wenn die Preise steigen, sind die Zinsen zu erhöhen; und wenn die Preise sinken, sollten die Zinsen gesenkt werden. Die Zinsen müssen auf dem neuen Niveau belassen werden, bis eine neue Preisentwicklung nach deren Veränderung in die eine oder andere Richtung ruft".[727]

Einfache Zinsregeln, wie diese auch von *King* und *Wolman*[728] erwähnt werden, lassen die Entwicklung der Geldmengen zu einer endogenen Variablen werden. Danach folgen die kurzfristigen Zinsen dem Muster:

$$i_t = d_0 + d_1 \left(log P_t - \log P^T \right).$$ (164)

Nach dieser Formel wird der aktuelle Zinssatz i_t aufgrund einer Konstanten festgelegt, welche dem Zinssatz in der Vorperiode entspricht, und zudem auf der Basis einer variablen Komponente, welche aus einem Reaktionsparameter d_1 sowie der Abweichung zwischen dem aktuellen Preisniveau $log P_t$ und dem Zielpreisniveau $\log P^T$ besteht.

Wird diese Zielabweichung $log P_t - \log P^T$ mit p_t bezeichnet und werden die Zinsänderungen als exogener Schock aufgrund einer von der Zentralbank gewählten geldpolitischen Regel (feedback rule) mit u_t betrachtet, so ergibt sich folgender Zinssatz:

$$i_t = d_1 p_t + u_t.$$ (165)

Dabei setzt sich die Inflationsabweichung u_t aus jener in der Vorperiode u_{t-1} mal einen Faktor ρ sowie den steten, stochastischen Zinsschwankungen ε_t an den Geldmärkten zusammen:

$$u_t = \rho u_{t-1} + \varepsilon_t.$$ (166)

---

[724] Diese stellt vor allem eine gute Approximation der US-amerikanischen Geldpolitik dar.
[725] Vgl. *Taylor, John B.*, 1993.
[726] Vgl. *Felderer, Bernhard* und *Homburg, Stefan*, 2003, S. 234.
[727] Zitiert nach *Woodford, Michael*, 2003 (eigene Übersetzung).
[728] Vgl. *King, R.* und *Wolman, A.*, 1999, S. 12 f.

2. Die graphische Darstellung einer einfachen Taylor-Regel

In der einfachsten Form lässt sich die Zinsregel nach den Ausführungen von *Taylor* (1998) graphisch darstellen (vgl. Abbildung 90).[729] Der kurzfristige Zinssatz wird in Abhängigkeit zum Inflationgap (Zielinflationsrate in Relation zur aktuellen Inflationsrate) festgelegt. Die Zielinflationsrate beträgt beim aktuellen Beispiel zwei Prozent.

Abbildung 90: Die graphische Darstellung der geldpolitischen Regel von John B. Taylor

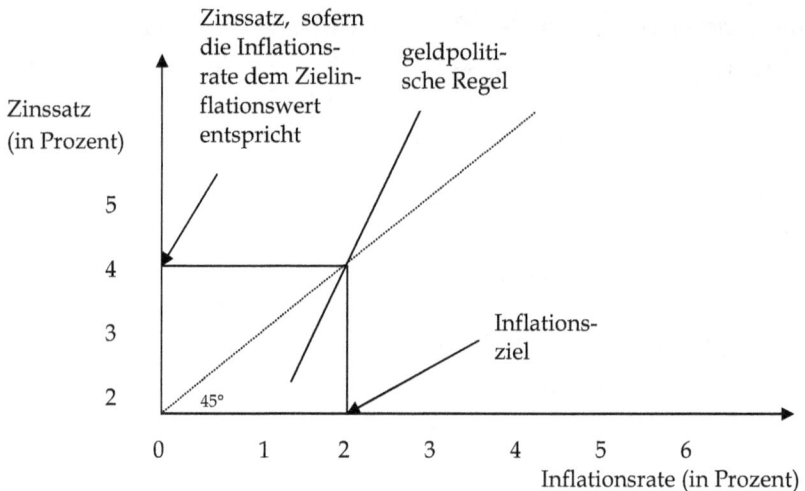

Die implizierte geldpolitische Regel in der Graphik entspricht einem Koeffizienten von 1,5 und folgt der steileren Linie für die „geldpolitische Regel" gegenüber der 45°-Linie. Überschreitet die aktuelle Inflationsrate den Zielinflationswert, wird der Zinssatz entsprechend überproportional erhöht (und umgekehrt). Dies führt zu einem dämpfenden Effekt beim Überschreiten des Zielinflationswertes, und beugt, im umgekehrten Fall, der Gefahr einer Deflation beim Unterschreiten des Zielinflationswertes vor.

Die Taylor-Regel zeigt, dass rationale Erwartungen – aufgrund unterschiedlicher zeitlicher Wirkungslags – nicht zwangsläufig zur Ineffektivität monetärer Maßnahmen führen müssen, zumal eine regelgebundene (passive) Geldpolitik einer diskretionären Geldpolitik überlegen ist.

---

[729] Vgl. *Taylor, John B.*, 1998a.

3. Das neukeynesianische Rahmenwerk der komplexeren Taylor-Regeln[730]

Der Modellrahmen der neukeynesianischen Geldpolitik wird durch *Richard Clarida et al.*[731] beschrieben.

Zu den *Prämissen* zählen:
- Die monopolistische Konkurrenz mit einer verzögerten Preisanpassung bzw. einer kurzfristigen Starrheit der Nominalpreise. Mit der monopolistischen Konkurrenz lässt sich das steigende Güterangebot bei höheren Preisen begründen, indem in der Ausgangslage die Güterpreise über den Grenzkosten liegen.
- Die Annahme gewisser keynesianischer „Unvollkommenheiten"; dazu zählen die fehlende Markträumung und Starrheiten bei den Löhnen und Güterpreisen. Es wird von trägen Lohn- und Preisreaktionen ausgegangen. Angesichts der kurzfristigen Starrheit der Nominalpreise lassen sich die vorübergehenden realen Wirkungen der Geldpolitik analysieren.[732] Diese dauern so lange, bis die Wirtschaftssubjekte ihre Preise angepasst haben. Kurzfristig gilt das Gesetz von Say, wonach sich „Güter nur mit Gütern" kaufen lassen, nicht.
- Die Annahme eines langfristigen allgemeinen Gleichgewichts, womit eine Volkswirtschaft immer wieder zum Gleichgewicht zurückkehrt; langfristig ist die Geldpolitik neutral.
- Eine geschlossene Volkswirtschaft ohne Außenhandel.
- Keine Berücksichtigung der kurzfristigen Investitions- und Kapitalakkumulation.
- Modellspezifisch rationale Erwartungen, indem das Verhalten der Wirtschaftssubjekte von der aktuellen und erwarteten Geldpolitik abhängt. Dabei hat die Zentralbank einen Zeitvorsprung gegenüber den privaten Wirtschaftssubjekten und das Verhalten der Wirtschaftssubjekte hängt stark von der Reputation der Zentralbank ab.

Das Ziel der neukeynesianischen Geldpolitik besteht in einer Minimierung der Verlustfunktion, welche den Inflationgap $\pi_t - \pi^*$, den Outputgap $y_t - y_t^*$ und ggf. auch die Wechselkursschwankungen $e_t - e_t^*$ umfasst:

$$w_1\left(\pi_t - \pi^*\right) + w_2\left(y_t - y_t^*\right) + w_3\left(e_t - e_t^*\right) = min.! \tag{167}$$

Von zentraler Bedeutung sind die verzögerten Preis- und Lohnanpassungen bei der Existenz von Schocks bei der Mengenanpassung, weshalb es bei den Güter-, Arbeits- und Kapitalmärkten zum Tausch im Ungleichgewicht kommt. Offen bleibt die Frage, ob diese Ungleichgewichte langfristig bestehen bleiben. Mit der Anwendung der Taylor-Regel soll versucht werden, die Mengenanpassungen durch eine antizyklische Geldpolitik zu erleichtern.

---

[730] Vgl. *Felderer, Bernhard* und *Homburg, Stefan,* 2003, S. 234.
[731] Vgl. *Clarida, Richard et al.,* 1999, S. 1661-1707. Dieser Ansatz unterscheidet sich vom New Keynesianismus der 1970er Jahre, wie dieser unter anderem von *Edmond Malinvaud* (1985), *Robert J. Barro* (1976) und *Herschel I. Grossman* (1976) vertreten wird.
[732] Vgl. *Clarida, Richard et al.,* 1999, S. 1664 f.

Geldpolitisches Instrument der neukeynesianischen Geldpolitik ist der kurz-fristige Zinssatz.[733] Dabei stellt sich die Frage, wie die Geldpolitik den wirtschaft-lichen Gegebenheiten angepasst werden kann. Gleichzeit ergibt sich die Frage, wie die Geldpolitik auf Schocks reagieren soll und wie glaubwürdig die Ankündigun-gen der Zentralbank sein sollen.

4. Die „ursprüngliche" Taylor-Regel

Die „ursprüngliche" Taylor-Regel für die durch die Zentralbank gesteuerten, kurzfristigen Geldmarktzinsen i lautet:[734]

$$i = \pi + 0,5\left(y_t - y_t^*\right) + 0,5\left(\pi - 2\right) + 2. \tag{168}$$

Mit π als der Inflationsrate in den vergangenen vier Quartalen wird die Erwar-tung impliziert, dass die zukünftige Inflationsrate den vergangenen Inflationsra-ten entspricht. Der reale Diskontsatz i soll ein konstantes Wachstum gewährleis-ten. Zudem bezeichnen $y_t - y_t^*$ den Outputgap (Abweichung vom langfristigen Wachstumspfad) und $\pi - 2$ den Inflationgap (Abweichung der beobachteten Infla-tionsrate der vergangenen vier Quartale von der angenommenen Zielinflationsra-te von zwei Prozent).

Die Höhe der kurzfristigen Zinsen richtet sich nach dem Inflationgap (Differenz zwischen der aktuellen und der angestrebten Inflationsrate) sowie dem Output-gap (prozentuale Differenz zwischen dem aktuellen und dem potenziell mögli-chen BIP). Liegen die aktuelle Inflationsrate unter der Zielinflationsrate und der aktuelle Output unter dem potentiellen Output, lässt sich ein leicht expansiv wir-kender Zinssatz festlegen (und umgekehrt). Je stärker der Outputgap und der In-flationgap von den Zielwerten abweichen, desto größer ist der zinspolitische Spielraum der Geldpolitik. Denkbar ist es auch, weitere Faktoren einzubeziehen, so beispielsweise den factor gap (Differenz zwischen der aktuellen und der natür-lichen Arbeitslosenrate), die erwarteten Inflationsraten und den Wechselkurs.

Die Koeffizienten (im vorliegenden Beispiel jeweils 0,5) sind die Politik-Reak-tions-Parameter. Der Diskontsatz wird erhöht, wenn die Inflation über den Ziel-wert von zwei Prozent steigt. Entsprechen die Inflationsrate als auch der Output-gap den Zielwerten, besteht keine Abweichung vom langfristigen Wachstumspfad und der adäquate Diskontsatz beträgt nach dieser Taylor-Regel vier Prozent.

5. Eine etwas allgemeinere Taylor-Regel

Eine etwas allgemeinere Taylor-Regel lautet:

$$i = r + \pi_t + a\left(\pi_t - \pi^*\right) + b\left(y - y^*\right). \tag{169}$$

---

[733] Vgl. *Clarida, Richard* et al., 1999, S. 1662.
[734] Vgl. *Taylor, John B.*, 1993, S. 202.

Dabei bezeichnen i den resultierenden kurzfristigen Geldmarktsatz, r den realen Gleichgewichtszinssatz, π_t die aktuelle Inflationsrate, π^* die Zielinflationsrate sowie $y - y^*$ die prozentuale Differenz zwischen dem aktuellen und dem potenziellen BIP. Je nach der Gewichtung der Inflations- und der Wachstumskomponente lassen sich unterschiedliche Politik-Reaktions-Parameter anwenden. Bei einer starken Gewichtung der Inflationskomponente wird beispielsweise ein diesbezüglicher Koeffizient a von 1,5 vorgeschlagen, wobei der Outputkoeffizient b nach wie vor 0,5 betragen könnte. Die Gewichtung der Faktoren a und b hängt von den Prioritäten ab, welche dem Outputgap a bzw. dem Inflationgap b beigemessen werden.

Die vorliegende geldpolitische Regel enthält einen gleichgewichtigen oder neutralen Zinssatz von vier Prozent (bei einer Inflationsrate von zwei Prozent und einer Zielinflationsrate von ebenfalls zwei Prozent). Der Zinssatz ist umso größer, je mehr die Inflationsrate den Zielinflationswert übersteigt und je stärker das Produktionspotential ausgelastet ist (und umgekehrt).

5. Eine Taylor-Regel für das Vereinigte Königreich

Für das *Vereinigte Königreich* postuliert *Nelson* (2000) folgende Taylor-Regel:[735]

$$i = \left(i^* + \pi^*\right) + 1,5\left(\pi_t - \pi^*\right) + 1,5\left(y_t - y^*\right). \tag{170}$$

i^* bezeichnet den kurzfristigen Gleichgewichtszinssatz für ein gleichmäßiges Wachstum und π^* die Zielinflationsrate. In der zweiten Klammer erscheint der Inflationgap als die Abweichung der aktuellen Inflationsrate π_t von der Zielinflationsrate π^*, welche mit einem Politik-Reaktionsparamter von 1,5 gewichtet wird. Die dritte Klammer gibt den Outputgap (aktuelle Wachstumsrate des BIP y_t minus das potentiell mögliche Wachstum y^*) wieder, welcher mit 0,5 schwächer gewichtet wird.[736]

6. Die Anwendung der Taylor-Regel für das Euro-Währungsgebiet

Zur Anwendung der Taylor-Regel für das *Euro-Währungsgebiet*[737] kommt die *Bank für Internationalen Zahlungsausgleich (BIZ)* aufgrund einer Analyse (1999) zu folgender Gleichung:[738]

$$i_t = r^{eq} + \pi_t + 0,5\left[y_t + \left(\pi^* - \pi^{ob}\right)\right], \tag{171}$$

wobei i_t den nominellen Zinssatz, r^{eq} den Gleichgewichtszinssatz (als konstant angenommen), π_t die Inflationsrate (Veränderungsrate gegenüber dem Vorjahr), y_t

---

[735] Vgl. *Nelson, Edward,* 2000.
[736] Vgl. *Nelson, Edward,* 2000, S. 9.
[737] Vgl. auch *Taylor, John B.,* 1998b (revised February 1999).
[738] Vgl. *Gerlach, Stefan* und *Schnabel, Gerd,* 1999, S. 2.

den Outputgap, π * die Zielinflationsrate (derzeit zwei Prozent) und π^{ob} die aktuelle Inflationsrate darstellen.[739]

Auch die *Europäische Zentralbank (EZB)* hat die Frage einer Anwendung der Taylor-Regel zur Verankerung von makroökonomischen Größen in der Geldpolitik geprüft.[740] Eine stark vereinfachte Form eines allgemeinen, dynamischen Gleichgewichtsmodells für den privaten Sektor zur Darstellung der allgemeinen Konjunkturlage als Funktion von Schocks und zeitgleicher Erwartungen findet sich in zwei Gleichungen:

- Für den Output:

$$y_t = \gamma_0 - \gamma_1 \left(i_t - E_t \pi_{t+1} \right) + E_t y_{t+1} + v_t. \tag{172}$$

Diese Gleichung dient einer Abbildung der Angebotsseite. Die aktuellen Produktionsentscheidungen y_t stehen in einem inversen Zusammenhang mit dem Realzinssatz $\left(i_t - E_t \pi_{t+1} \right)$, welcher sich aus dem nominellen Zins i_t minus die erwartete Inflationsrate $E_t \pi_{t+1}$ für die kommende Periode ableitet. Einen positiven Einfluss haben die Erwartungen hinsichtlich der zukünftigen Produktionsbedingungen $E_t y_{t+1}$; zudem wird ein stochastischer Störterm v_t berücksichtigt. Als Transmissionsmechanismus werden vor allem die Kreditkosten betrachtet, welche sich – je nach der realen Größe – positiv oder negativ auf die Produktionsentscheidungen auswirken. Die Parameter γ_0 und γ_1 sind größer als null. Diese Gleichung stellt die Entwicklung der gesamtwirtschaftlichen Nachfrage bei einer gegebenen geldpolitischen Strategie dar.

- Für die Inflationsrate wird angenommen:

$$\pi_t = \delta_0 E_t \pi_{t+1} + \delta_1 \left(y_t - y * \right) + u_t. \tag{173}$$

Die aktuelle Inflationsrate π_t ergibt sich aus den Preisanpassungen, welche aufgrund der Erwartungen für die künftige Inflationsrate vorgenommen werden und dem aktuellen Auslastungsgrad der Kapazitäten, welcher annäherungsweise der Produktionslücke $y_t - y *$ und einem Störtermentspricht u_t entspricht. Die Koeffizienten δ_0 und δ_1 sind >0 bzw. <1. Nur ein Teil der Unternehmen nimmt Preisanpassungen vor, weil damit sog. Menükosten verbunden sind. Dies ist vor allem dann der Fall, wenn die Preisanpassungen wieder rückgängig gemacht werden müssen. Nicht zur Darstellung gelangt eine komplexe Struktur von verzögerten Variablen für y_t und π_t.

Um die beiden Gleichungen nach y_t und π_t aufzulösen, lässt sich folgende Form der Taylor-Regel verwenden:

$$i_t = r * + \pi * + a \left(E_t \pi_{t+k} - \pi * \right). \tag{174}$$

---

[739] Die Schätzung des Gleichgewichtszinssatzes war offenbar nicht ganz einfach und ergab für 1982-1997 im Falle von Deutschland einen Wert von 3,55 Prozent (mit einer Standardabweichung von 0,56 Prozent).
[740] Vgl. *EZB*, Monatsbericht vom Oktober 2001, S. 50 f.

Diese Taylor-Formel enthält für die kurzfristigen Zinsen in der aktuellen Periode den Wert $r*$ im steady state (Zinssatz für ein gleichgewichtiges Wachstum), die Zielinflationsrate $\pi*$ und einen Inflationgap, welcher sich auf die Abweichung der künftig erwarteten Inflationsrate $E_t\pi_{t+k}$ von der Zielinflationsrate $\pi*$ bezieht (gewichtet mit dem Faktor a).

Die Befürworter einer Anwendung der Taylor-Regel gehen von der Möglichkeit aus, Wirkungsverzögerungen von bis zu zwei Jahren bei der Inflationsrate π_{t+k} erfassen zu können. Allerdings betrachtet die EZB die Möglichkeit einer Anwendung dieser Formeln als nicht ermutigend. Deren Implementierung kann zu Instabilitäten und willkürlichen Erwartungen führen. Die Gefahr von Stabilitätsproblemen steigt mit der Länge des gewählten Prognosezeitraums k. Diese möglichen Instabilitäten lassen sich nach Auffassung der EZB auf Prognoseunsicherheiten zurückführen; solche können angesichts der großen Sensitivität der Geldpolitik extreme Schwankungen der Ergebnisse (Inflations- und Wachstumsrate) bewirken, womit die stabilisierenden Eigenschaften der Taylor-Regel verloren gehen.

Zudem können plötzliche Veränderungen bei den Erwartungen zu verschiedenen, als möglich beurteilten konjunkturellen Entwicklungen führen. In diesem Fall ist es für die Wirtschaftssubjekte unklar, wie das geldpolitische System auf exogene Schocks wie beispielsweise e_t und u_t reagiert.

Die Taylor-Regel ist für die EZB dennoch eine mögliche Orientierungshilfe zur Erreichung der geldpolitischen Ziele. Es fehle nach Auffassung der EZB jedoch die Ankerwirkung, welche die Taylor-Regel nicht bieten könne.

7. Die Berücksichtigung der Wechselkurse

Eine Taylor-Regel mit Berücksichtigung der Wechselkurse lautet in allgemeiner Form (die vollständig optimale Geldpolitik ist komplexer als die nachfolgende Gleichung und enthält vor allem auch lags):[741]

$$i_t = g_\pi\pi_t + g_y y_t + g_{e0}e_t + g_{e1}e_{t-1} + \rho i_{t-1}. \tag{175}$$

Es bezeichnen i_t den Zinssatz, π_t die Inflationsrate (bezogen auf die vergangenen vier Quartale), y_t den Outputgap (Abweichung des beobachteten Outputs vom potentiellen Output) und e_t den Wechselkurs (eine Erhöhung von e bedeutet eine Aufwertung der inländischen Währung). g sowie ρ sind Parameter der geldpolitischen Einflussnahme (wobei die Festsetzung der Zinsen als geldpolitisches Instrument dient).

Ob die antizipierte oder die aktuelle Inflationsrate eingesetzt wird, spielt nach Auffassung von *Taylor* keine ausschlaggebende Rolle, zumal sich die antizipierten Inflationsraten in der Regel nahe bei den aktuellen Inflationsrate befinden. Hinzu

---

[741] Vgl. *Taylor, John B.*, 1999, S. 14.

kommt, dass die antizipierten Inflationsraten von den unterstellten Transmissionsmechanismen abhängen.

Bei der geldpolitischen Regel stellt sich die Frage, ob die g-Koeffizienten von null abweichen sollen. Die aus empirischen Studien hervorgehenden Koeffizienten sind oft negativ für g_0 (je höher der Wechselkurs, desto tiefer die Zinssätze) und positiv für g_1, wobei der Koeffizient für g_0 größer ist als jener für g_1. Betragen beispielsweise g_0 –0,4 und g_1 +0,2, so ergibt eine Veränderung des Zinssatzes bei einer Aufwertung des realen Wechselkurses um ein Prozent eine Senkung der kurzfristigen Zinsen um 0,2 Prozentpunkte.[742] Die Relation der beiden Koeffizienten zueinander entspricht einer abnehmenden Gewichtung der vergangenen realen Wechselkurse. Die dahinter stehende Logik sind gewisse Preisrigiditäten bei den Importen und Exporten, welche sich auch auf die Inflationsraten auswirken.

Für einzelne Länder (in Europa beispielsweise für Frankreich und Italien) bringt die Anwendung einer solchen Regel eine bessere, für andere Länder (in Europa beispielsweise Deutschland) eine etwas schlechtere Performance. Insgesamt betrachtet zeigen sich derzeit keine besseren und vielfach sogar weniger vorteilhafte Wirkungen direkter geldpolitischer Reaktionen auf Wechselkursschwankungen. Nur für kleinere Länder erscheint die Berücksichtigung der Wechselkurse sinnvoll. Hier hängen die Koeffizienten g_{e0} und g_{e1} von den Wechselkursreaktionen geldpolitischer Maßnahmen ab.

Warum führen direkte geldpolitische Reaktionen auf reale Wechselkursänderungen nicht zu besseren Wirkungen? Erstens haben inflationsbedingte Zinsanpassungen Wirkungen auf die Wechselkurse. Zinserhöhungen beispielsweise bewirken eine geringere Inflationsrate und einen kleineren Output, was wiederum eine reale Aufwertung und tiefere Importpreise sowie die Erwartung weckt, dass die Zinssätze später sinken werden. Wesentlich stärkere Effekte bei der Anwendung der geldpolitischen Regel sind denkbar, wenn die Erwartungen hinsichtlich der künftigen Entwicklung des Inflationgap und Outputgap als Grundlage für die Festsetzung der Zinsen zugrunde gelegt werden. Zweitens kann sich ein Vorteil von indirekten Reaktionen daraus ergeben, dass direkte Reaktionen deshalb nicht wünschenswert erscheinen, weil vorübergehende Wechselkursschwankungen veränderte Inflationserwartungen auslösen, und die inflationsbedingten Zinsanpassungen wiederum die Wechselkursschwankungen verstärken.

Der Koeffizient ρ (Berücksichtigung des Zinses in der vergangenen Periode) ist nach Auffassung von Taylor zweckmäßigerweise null, nach anderer Auffassung zwischen null und eins, je nach dem unterstellten Transmissionsmechanismus.

---

[742] Bei den langfristigen realen Gleichgewichtswechselkursen ist allerdings davon auszugehen, dass diese in der Praxis nicht bekannt sind, was die Formulierung einer geldpolitischen Regel erschwert.

8. Der Übergang von einer geldpolitischen Regel zur anderen

In der *Übergangsphase* von einer geldpolitischen Regel zu einer anderen ergeben sich nicht zu unterschätzende Probleme, vor allem wenn die Inflationsraten gesenkt werden sollen (beispielsweise von fünf auf zwei Prozent). Ein solcher Schritt ist mit den üblichen Problemen einer Disinflation verbunden.[743] Dies ist auf die Annahme rationaler Erwartungen der Wirtschaftssubjekte zurückzuführen, was eine langfristige Ausrichtung der Geldpolitik erfordert. Die Wirtschaftssubjekte müssen ihre Erwartungen zuerst an die neue Politik anpassen und von der Glaubwürdigkeit der neuen geldpolitischen Regeln überzeugt sein, damit diese ihre Wirkungen entfalten können. Indem sich die Erwartungen nur sukzessive anpassen, können die Wirkungen einer veränderten geldpolitischen Regel anders ausfallen als vorausgeschätzt. Zudem gibt es in jeder Volkswirtschaft natürliche Rigiditäten, welche eine sofortige Verhaltensänderung der Wirtschaftssubjekte erschweren. Dazu zählen die veränderten Kalkulationsgrundlagen für Investitionsprojekte sowie längerfristige Darlehensverträge und Lohnabschlüsse, welche von der alten geldpolitischen Regel ausgehen.

Die Taylor-Regel kann entweder in einer Form angewendet werden, welche auf die spezifischen Verhältnisse angepasst wird, oder sie dient als *Grundlage* der geldpolitischen Entscheidungen. Im letzteren Falle fügt sie sich in das Spektrum weiterer Indikatoren ein, zu welchen auch die Frühindikatoren, der Verlauf der Zinskurve und Voraussagen aufgrund ökonometrischer Modelle zählen. Die Taylor-Regel kann Aussagen über die mögliche Anpassung der kurzfristigen Zinsen liefern. Es sind auch Modellrechnungen zur Variation der Koeffizienten für die Gewichtung der erwarteten Inflationsrate und des Outputgap denkbar.

9. Die Verfahrensschritte bei der Evaluierung einer zweckmäßigen Taylor-Regel

Bei den für die Taylor-Regel unterstellten Transmissionsmechanismen[744] gehen die neueren Ansätze der normativen Makroökonomie implizit oder explizit davon aus, dass die Zentralbank Inflationsziele (inflation targets) setzt. Das geldpolitische Ziel besteht in diesem Fall darin, die künftig erwartete Inflationsrate nahe beim Zielwert zu halten und Einfluss auf die Variabilität des Outputs, der Beschäftigung und ggf. des Wechselkurses zu nehmen.

Die einzelnen Modelle haben folgende Eigenschaften: (1) Sie sind dynamisch, um die lags bei den monetären Transmissionsmechanismen und die Bedeutung der Erwartungen bei den Finanzmärkten erfassen zu können. (2) Es handelt sich um makroökonomische Gleichgewichtsmodelle, um die Bedeutung von rationalen Erwartungen bzw. modellkonsistenten Erwartungen abzubilden. (3) Die Modelle sind stochastischer Natur, um die Effektivität der geldpolitischen Regeln bei unerwarteten Schocks analysieren zu können.

---

[743] Vgl. *Taylor, John B.*, 1993, S. 203 f.
[744] Vgl. *Taylor, John B.*, 1999a, 31 p.

Solche Modelle können mit Hilfe von mathematischen Formeln aufgebaut werden, welche Gleichungen enthalten, die sich sowohl auf die Vergangenheit als auch auf künftig erwartete Werte beziehen. Ein typisches Modell ist:

$$f_1 = \left(y_t, y_{t-1}, ..., y_{t-p}, E_t y_{t-1}, ..., E_t y_{t+q}, a_1, x_t \right) = u_{it}. \tag{176}$$

Es bedeuten:
- i eine Zahlenreihe zwischen 1, ..., n,
- y_t ein n-dimensionaler Vektor von endogenen Variablen zum Zeitpunkt t,
- x_t ein Vektor der exogenen Variablen zum Zeitpunkt t,
- a_1 ein permanenter Vektor und
- u_{it} der Vektor der stochastischen Schocks zum Zeitpunkt t.

Das einfachste Modell mit rationalen Erwartungen enthält eine lineare Gleichung. Es handelt sich um den Modelltyp von *Phillip Cagan*[745] mit folgenden Elementen: Die endogene Variable y_t ist das Preisniveau, $E_t y_{t-1}$ der erwartete künftige Output und x_t die instrumental gesteuerte Geldmenge. Die in der Wirklichkeit große Komplexität der einzelnen linearen und nichtlinearen, schwierig darzustellenden Modelle zeigt sich in mehreren Gleichungen und Koeffizienten (p und q), welche größer als eins sind.

Für die einzelnen, von *Taylor* unterstellten Transmissionsmechanismen kommt es zu folgenden Feststellungen:
- Die Finanzmarktsicht („financial market price view") geht von den Wirkungen der geldpolitischen Maßnahmen auf die Preise und die Renditen von Finanzaktiven sowie den aus dem internationalen Effektenhandel resultierenden Wechselkurswirkungen aus. Je nach der Sensitivität der Wechselkurse resultieren unterschiedlich intensive Transmissionseffekte über den Außenhandel. Für die US-amerikanischen Verhältnisse führen Koeffizienten bei der Taylor-Regel von 1,5 (Inflationsrate) und 0,5 (oder 1,0) für den Outputgap zu angemessenen Ergebnissen ohne größere Depressionen und Inflationsprozesse.
- Ein weiterer Transmissionsmechanismus ist der Kreditkanal, dessen Wirkung in der Erhöhung oder Senkung der Kreditkosten besteht. Dieser führt zu ziemlich kleinen Varianzen bei der Inflation und dem Output.
- Ein anderer Transmissionsmechanismus sind verzögerte Preis- und Lohnanpassungen, wobei die Inflationserwartungen die künftigen Preis- und Lohnanpassungen beeinflussen. Ein Koeffizient von 0,5 für den Outputgap erscheint vernünftig. Bei einer Änderung der geldpolitischen Regel kann es zu einer vorübergehenden Verzerrung der realen Zinssätze kommen.

Der angewendete monetäre Transmissionsprozess hat einen starken Einfluss auf die Ergebnisse der einzelnen geldpolitischen Regeln. Wie groß diese Effekte sind, ist abhängig von den unterstellten monetären Effekten. Je mehr Koeffizienten berücksichtigt werden, desto stärker ist der Einfluss der einzelnen monetären Transmissionsmechanismen auf die Ergebnisse. Damit verlieren die Modelle jedoch an Robustheit.

---

[745] Vgl. *Cagan, Phillip*, 1956, S. 25-117.

Ungewiss ist bisher, wie stark die Zinsen bei Schwankungen des Outputgap und des Inflationgap verändert werden sollen. Jedenfalls ist auch künftig nach möglichst präzisen Vorgaben für die Fixierung der kurzfristigen Zinsen zu fragen.

Die einzelnen *Verfahrensschritte* zur Herleitung einer zweckmäßigen Regel für die Geldpolitik dienen der Festsetzung der kurzfristigen Zinsen, um Abweichungen von den Preis- und Outputzielen zu beeinflussen. Die praktische Anwendung der einzelnen Modelle ergibt sich aus folgenden Schritten:[746]
- Einfügen der zu prüfenden geldpolitischen Regel in das gewählte Modell,
- Auflösung des Modells, indem ein möglicher Lösungsalgorithmus gewählt wird,
- Analyse der stochastischen Verteilung der Varianzen der einzelnen Variablen (Inflation, Output, Unterbeschäftigung),
- Evaluation der geldpolitischen Regel mit den besten Eigenschaften, und
- Überprüfung der Robustheit des Modells aufgrund eines Vergleichs mit anderen Modellen.

10. Beurteilung

Die Taylor-Regel ist keine starre Formel. Empirische Studien zeigen unterschiedliche Wirkungen der verschiedenen Formeln von Taylor-Regeln zur Minimierung der Standardabweichung der Zielfunktion. Während diese zu unterschiedlichen Ergebnissen hinsichtlich der anzuwendenden Komponenten und Koeffizienten gelangen, besteht eine gewisse Einigkeit über die funktionale Form und die Vorzeichen der Taylor-Regel.[747]

Die Schwierigkeiten bei der Anwendung der Taylor-Regel bestehen unter anderem in der Schätzung des realen Gleichgewichtszinssatzes, der Kapazitätsauslastung und der zu erwartenden Inflationsraten. Es ist nicht einfach zu erkennen, ob ein Preisanstieg permanent oder vorübergehend ist. Hilfreiche Indikatoren für die Prognose der Inflationsrate sind die Futuresmärkte, die Entwicklung der Zinsstruktur, Befragungen und die Meinung von Analysten. Allerdings lassen sich solche Indikatoren schwer in mathematische Formeln fassen.

In Rezessionszeiten erscheint zudem eine kurzfristige Anpassung der Leitzinsen angebracht. Außerdem gibt es besondere Fälle, wie beispielsweise Börsencrashs, welche nach kurzfristigen monetären Maßnahmen rufen. Dies bedeutet jedoch keineswegs eine generelle Abkehr von einer regelgebundenen Geldpolitik und die Rückkehr zu einer diskretionären Geldpolitik.

Die Anhänger sehen Vorteile bei der Anwendung der Taylor-Regel gegenüber einer Anwendung der Geldmengenregel. Geldpolitische Maßnahmen zur direkten Steuerung des Preisniveaus und des Outputs sind – vor allem in größeren Ländern – nach Auffassung von *Taylor* vergleichsweise besser geeignet als eine Steuerung der Geldmengen oder der Wechselkurse. Geldpolitische Regeln, welche der Steuerung der Geldmengen oder der Wechselkurse dienen, liefern keine beson-

---

[746] Vgl. *Taylor, John B.*, 1999, S. 8 f.
[747] *Taylor* betont deshalb die Notwendigkeit weiterer Forschungsaktivitäten.

ders guten Ergebnisse hinsichtlich der Entwicklung des Preisniveaus und des Outputs. Dabei implizieren die inzwischen vielfältigen Formen der Taylor-Regel keine
konstante Geldmengenregel. Sie führen vielmehr zu sich verändernden Wachstumsraten bei den Geldmengen, wobei nur die kurzfristigen Zinsen reguliert werden.

Bei der Anwendung der Taylor-Regel sind Lernprozesse und experimentelle
Überlegungen erforderlich. Kommen die Ergebnisse solcher Analysen dem aktuellen Diskontsatz nahe, zeigt sich eine Bestätigung für die Richtigkeit der Geldpolitik in der vergangenen Zeit und eine bestimmte Gewissheit, sich von dieser
auch in Zukunft leiten zu lassen.

Empirische Hinweise zum Euro-Währungsgebiet (1999-2005), Teil 1

Thesen

1. Je geringer der Inflationgap bzw. je kleiner die Inflationsrate ist, desto größer ist die Liquiditätszuführung durch die EZB.	- Diese These trifft tendenziell zu (nicht signifikant).*
2. Je kleiner der Outputgap bzw. je geringer das wirtschaftliche Wachstum ist, desto größer ist die Liquiditätszuführung durch die EZB.	- Diese These trifft tendenziell zu.
3. Die Preisanpassungen reagieren mit einer Verzögerung auf das wirtschaftliche Wachstum.	- Diese These trifft zu (mit einem lag von bis zu einem Jahr).
4. Die Lohnentwicklung reagiert verzögert auf das wirtschaftliche Wachstum.	- Diese These trifft nur tendenziell zu (mit einem lag bis zu 1 ½ Jahren, nicht signfikant).*
5. Die kurzfristigen Zinssätze (Laufzeit von einem Tag) reagieren auf die erwarteten Abweichungen zwischen der Inflationsrate und der Zielinflationsrate.	- Diese These trifft nur tendenziell zu (nicht signifikant).*
6. Bei einer einfachen Taylor-Regel mit Inflationgap und Outputgap beträgt der Gewichtungsfaktor für den Inflationgap zwischen 1,0 und 1,5 sowie für den Outputgap beispielsweise 0,5.	- Im Euro-Währungsgebiet liegen die tatsächlichen Gewichtungsfaktoren für den Inflationgap und den Outputgap jeweils bei unter 0,1. Diese Werte sind tiefer als bei Anwendung einer einfachen Taylor-Regel.
7. Bei einer einfachen Taylor-Regel gelangen der reale Gleichgewichts-zinssatz und die tatsächliche Inflationsrate zur Anwendung.	- Im Euro-Währungsgebiet beträgt der reale Gleichgewichtszinssatz für die Referenzperiode durchschnittlich etwa 1,0 Prozent; die durchschnittliche Inflationsrate liegt bei etwas über zwei Prozent.

* Bei einem zugrunde gelegten Signifikanzniveau von mindestens 0,10.

Empirische Hinweise zum Euro-Währungsgebiet (1999-2005), Teil 2

Thesen:

8. Bei der graphischen Darstellung der Taylor-Regel (mit lediglich der Inflationsrate und ohne den Inflation-gap sowie den Outputgap) steigt oder sinkt der kurzfristige Geldmarktsatz – bei Über- und Unterschreiten einer Inflationsrate von zwei Prozent – mit dem Faktor 1,5.	- Im Euro-Währungsgebiet beträgt der entsprechende Faktor in der Referenz-periode nur etwa 0,75.
9. Die Taylor-Regel lässt sich als regelge-bundene Form der Geldpolitik anwen-den.	- Diese These lässt sich für das Euro-Währungsgebiet nicht bestätigen. Vor allem erfordern Schocks – auch nach Auf-fassung von *Taylor* – eine diskrete Zins-steuerung.
10. Die Anwendung der erwarteten Inflationsraten bringt bessere Ergeb-nisse als der aktuellen Inflationsraten.	- Diese These lässt sich für die Referenz-periode nicht mit Gewissheit beurteilen, zumal die Inflationsraten ziemlich stabil sind. Nach *Taylor* spielt es denn auch keine ausschlaggebende Rolle, ob die erwartete oder die aktuelle Inflationsrate angewendet wird.
11. Die Berücksichtigung der Wechsel-kurse kann zu besseren oder schlech-teren Ergebnissen führen.	- Die Anwendung der Wechselkursver-änderungen bewirkt im Euro-Währungs-gebiet etwas schlechtere Ergebnisse, d.h. eine größere Varianz der Zinsen.
12. Die Taylor-Regel ist zur Beurteilung des geldpolitischen Umfeldes geeignet.	- Diese These trifft zu.

* Bei einem zugrunde gelegten Signifikanzniveau von mindestens 0,10.

Eine wesentliche *Kritik* an der Taylor-Regel besteht in einer vorerst eskalieren-den Inflationsrate bei steigenden Zinsen. Erst wenn die Nachfrage nach Gütern ge-dämpft wird, beginnen die Inflationsraten zu sinken und es besteht die Chance zu einer Rückkehr zur angestrebten Entwicklung des Preisniveaus. Dies spricht für eine rasche Erhöhung der kurzfristigen Geldmarktzinsen, wie dies auch im Poli-tik-Reaktionsparameter (beispielsweise 1,5 zum Inflationgap) impliziert wird.

Als Alternative ist eine preisniveauorientierte Steuerung der Liquiditätszu-führung durch die Zentralbank zu betrachten, sofern eine diesbezügliche Kausali-tät zur Veränderung des Preisniveaus unterstellt werden kann. Dabei laufen die geldpolitischen Operationen der Entwicklung des Preisniveaus nicht mehr „hin-terher", sondern beeinflussen dieses im Voraus. Die Zinssätze werden in diesem Fall nicht mehr direkt gesteuert, sondern sind das Ergebnis der Nachfrage der Ge-schäftsbanken nach Zentralbankliquidität und der Liquiditätszuführung durch die Zentralbank.

IX. Exkurs: Das P-Stern-Modell

Das P-Stern-Modell ist ein etwas neueres monetäres Modell zur Erklärung der Transmissionsmechanismen der Geldpolitik.[748] Der Begriff „P-Stern-Modell" leitet sich von p^* ab, womit das gleichgewichtige Preisniveau p^* bezeichnet wird, welches sich bei den aktuell nachgefragten Geldbeständen ergeben würde, wenn sowohl der Gütermarkt als auch der Geldmarkt im Gleichgewicht wären. Das gleichgewichtige Preisniveau stellt sich auf eine längere Frist ein, wenn die Ungleichgewichte abgebaut sind.

Das P-Stern-Modell unterscheidet sich unter anderem von den keynesianischen Modellen, welche die Inflation vor allem unter dem Aspekt der inflatorischen und deflatorischen Lücke (dem Outputgap bzw. dem Beschäftigungsgrad) betrachten. So spielt beispielsweise bei den neukeynesianischen Modellen des Taylor-Typs die Geldmenge keine derart entscheidende Rolle bei der Entstehung und Ausbreitung von inflationären Prozessen wie beim P-Stern-Modell.

Zu den zentralen Begriffen zählt die „Preislücke", mit welcher das Überschussangebot an Geld im Sinne einer potentiellen Nachfrage nach Gütern bezeichnet wird.

Die Geldnachfragefunktion lautet:

$$m^d = p + \beta y - \lambda i, \tag{177}$$

wobei m^d den natürlichen Logarithmus der Geldnachfrage, p den natürlichen Logarithmus des Preisniveaus, β die Einkommenselastizität, y den natürlichen Logarithmus des Einkommens, λ die Semi-Elastizität der Geldnachfrage und i die Opportunitätskosten der Geldhaltung (langfristiger Zinssatz bzw. Zinsdifferenz bei weiten Geldmengenaggregaten) bezeichnen.

Der Geldüberhang ergibt sich aus dem relativen Unterschied zwischen dem Geldbestand und der Geldnachfrage:

$$m = m^d + u_m, \tag{178}$$

wobei unter m der natürliche Logarithmus des vorhandenen Geldbestandes, m^d der natürliche Logarithmus der Geldnachfrage und u_m der Geldüberhang (relative Differenz zwischen dem Geldbestand und der Geldnachfrage) zu verstehen ist.

Die Preislücke geht von der gleichgewichtigen Geldmenge m^* aus, welche unter der Voraussetzung nachgefragt würde, dass sowohl der Gütermarkt als auch der Geldmarkt im Gleichgewicht sind:

$$m^* = p + \beta y^* - \lambda i^*, \tag{179}$$

mit m^* als dem natürlichem Logarithmus der Gleichgewichtsgeldmenge, y^* dem natürlichen Logarithmus des Produktionspotentials und i^* dem Gleichgewichtszins.

---

[748] Die Grundlage dieser Ausführungen bildet *Tödter, Karl-Heinz,* 2002.

Als Geldlücke u_m wird die relative Differenz zwischen dem aktuellen Geldbestand m und der Gleichgewichtsgeldmenge m^* bezeichnet:

$$m - m^* = \beta(y - y^*) - \lambda(i - i^*) + u_m. \tag{180}$$

Die Ungleichgewichte ergeben sich aus dem Güterbereich $y - y^*$, dem Geldbereich $i - i^*$ sowie durch den Geldüberhang u_m.

Der Gleichgewichtspreis (P-Stern bzw. p^*) würde sich bei den aktuellen vorhandenen Geldbeständen ergeben, wenn sowohl der Gütermarkt als auch der Geldmarkt im Gleichgewicht wären:

$$p^* = m - \beta y^* + \lambda i^*. \tag{181}$$

Sind die Ungleichgewichte im Güterbereich $y - y^*$, im Geldbereich $i - i^*$ sowie beim Geldüberhang u_m verschwunden, so ergibt sich das Gleichgewichtspreisniveau.

Dabei entsprechen sich die Preislücke und die Geldlücke:

$$p^* - p = \beta(y - y^*) - \lambda(i - i^*) + u_m = m - m^*. \tag{182}$$

Nach dieser Formel ist die Inflation auf lange Frist ein monetäres Phänomen. Ein Preisdruck entsteht, wenn die Auslastung der Produktionskapazitäten zu hoch ist (Kapazitätsdruck), das Zinsniveau unter dem Gleichgewichtszinsniveau liegt (Zinsdruck) oder ein Geldüberhang (Geldangebotsdruck) besteht.

Der Transmissionsmechanismus der Geldpolitik im P*-Modell läuft auf zwei Wegen, der realen Güternachfrage und der Geldnachfrage:
- Die reale Güternachfrage steht in einem inversen Zusammenhang mit den Zinsen, und wirkt sich über den Auslastungsgrad der wirtschaftlichen Kapazitäten auf die Inflationsrate aus.
- Die Geldnachfrage steht ebenfalls in einem inversen Zusammenhang zu den Zinsen und wirkt über die Liquiditätsausstattung der Wirtschaft (Liquiditätsgrad) auf die Inflationsdynamik.

Damit ist die Geldpolitik in der Lage, die Dynamik der Inflation sowohl im Rahmen der Güternachfrage als auch der Geldnachfrage zu steuern. Im P*-Modell nimmt die Geldmengenpolitik in der Regel eine aktive Rolle ein. Voraussetzungen sind eine stabile langfristige Geldnachfrage und eine Inflationsdynamik, welche von der Preislücke bestimmt werden. Das P-Stern-Modell geht – entgegen der Taylor-Regel – von einer kleineren Varianz der Inflation als auch des Outputs aus, zudem auch von geringeren Outputverlusten bei einer Politik der Disinflation (Abbau von größeren Inflationsraten).

Empirische Hinweise für das Euro-Währungsgebiet (1999-2005)

Thesen:

1. Die Veränderung des Preisniveaus ist langfristig – auch – ein monetäres Phänomen.	- Diese These trifft zu (M1-M3).
2. Bei einer hohen Kapazitätsauslastung ergibt sich ein Preisdruck.	- Diese These trifft zu (mit einem lag von bis zu einem Jahr).
3. Bei einem Zinsdruck (das Zinsniveau liegt unter dem Gleichgewichtszinsniveau) entsteht ein Preisdruck.	- Diese These trifft nur geringfügig und mit einem Vorlauf von etwa einem Jahr zu (nicht signifikant).*
4. Bei einem Geldüberhang erfolgt ein Preisdruck.	- Diese These trifft geringfügig zu.

* Bei einem zugrunde gelegte Signifikanzniveau von mindestens 0,10.

Kapitel 14. Die Geldordnung (Euro-Währungsgebiet)

I. Allgemeines

Die Geldverfassung eines Landes (in unserem Falle das Euro-Währungsgebiet)[749] wird durch die Verfassung, Gesetze, zahlreiche Institutionen sowie geld- und währungspolitische Eingriffe geordnet. Die Zuständigkeit für die Geldverfassung (Währungsordnung) liegt beim Ministerrat, dem Europäischen Parlament und der Europäischen Zentralbank.

In der Währungsordnung (Währungsverfassung) eines Landes werden Geldeinheiten wie beispielsweise der Euro als gesetzliches Zahlungsmittel verankert.[750] Im Rahmen der internationalen Währungsordnung kann eine Währung zudem Bedeutung als Devise für außenwirtschaftliche Transaktionen und als multiple Währungsreserve von ausländischen Zentralbanken erlangen. Ist dies der Fall, wird eine Währung zu einem Element der internationalen Währungsordnung. Deren außenwirtschaftliche Bedeutung zeigt sich auch in der Bedeutung als Emissionswährung im Rahmen der internationalen Geld-, Kredit- und Kapitalmärkte sowie als Fakturierungswährung (Denominationswährung) für den internationalen Handel.[751]

II. Das Ziel der Geldordnung

Das Ziel der Geldordnung ist in erster Linie die Gewährleistung der Stabilität der Preise.[752] Dies soll den Wirtschaftssubjekten eine zuverlässige Wertbasis für das wirtschaftliche Handeln und die zukunftsbezogenen Entscheidungen geben. Die Preisstabilität ist der Anker der Geldpolitik. Dazu dient die quantitative Festlegung des Ziels der Preisstabilität mit einem Anstieg des harmonisierten Verbraucherpreisindex (HVPI) für das Euro-Währungsgebiet von unter bzw. in der Nähe von zwei Prozent gegenüber dem Vorjahr (asymmetrisches Inflationsziel). Es wird in Kauf genommen, dass der HVPI die Inflation leicht überzeichnen könnte (beispielsweise durch Qualitätsverbesserungen bei den einzelnen Gütern des HVPI). Deflationäre Tendenzen sind mit den geldpolitischen Zielen der EZB nicht vereinbar.

Die Inflation führt zu erheblichen Wohlfahrtsverlusten:
- Verzerrung der relativen Preise (Güterpreise, Löhne, Zinsen und Wechselkurse), und damit Beeinträchtigung der Effizienz der Ressourcenallokation durch den

---

[749] Mitgliedsländer sind derzeit Belgien, Deutschland, Griechenland, Spanien, Frankreich, Irland, Italien, Luxemburg, die Niederlande, Österreich, Portugal und Finnland.

[750] Vgl. auch *Issing, Otmar,* 1990, S. 1 ff.

[751] Vgl. Kapitel 3.

[752] Soweit dies ohne eine Beeinträchtigung des Ziels der Preisstabilität möglich ist, unterstützt das *Europäische System der Zentralbanken (ESZB)* auch die allgemeine Wirtschaftspolitik in der Gemeinschaft und handelt im Einklang mit den Grundsätzen einer offenen Marktwirtschaft.

Markt, besonders bei nominalen Rigiditäten (länger dauernde Anpassungsprozesse der relativen Preise).

- Unsicherheit bezüglich der Teuerung und damit verbundenen Risikoprämien.
- Verstärkung der verzerrenden Effekte durch die Besteuerung (Wirkung der Steuerprogression).
- Kosten der Umschichtung von Finanzaktiven in Sachaktiven zum Schutz vor den Wirkungen der Inflation („Schuhlederkosten").
- Kosten von häufigeren Preisänderungen bei Waren und Dienstleistungen.
- Umverteilungseffekte (Einkommens- und Vermögensverteilung) zu Lasten der schwächeren gesellschaftlichen Gruppen und zwischen den Gläubigern und Schuldnern.[753]

III. Geldordnungspolitische Aspekte des Euro-Währungsgebietes

1. Das Europäische System der Zentralbanken (ESZB)

Das *Europäische System der Zentralbanken (ESZB)* besteht aus der Europäischen Zentralbank (EZB) und 25 nationalen Zentralbanken; 13 nationale Zentralbanken haben eine eigene Geldpolitik und nehmen am Prozess der Entscheidungsfindung bezüglich der einheitlichen Geldpolitik für das Euro-Währungsgebiet sowie an der Umsetzung der Geldpolitik nicht teil.

Das *Eurosystem* als Teil des ESZB umfasst die Europäische Zentralbank (EZB) und die zwölf am Euro-Währungsgebiet teilnehmenden nationalen Zentralbanken. Es gilt der Grundsatz der Dezentralität: Über die Geldmarktsteuerung wird zentral entschieden; die Durchführung erfolgt in der Regel durch geldpolitische Operationen der nationalen Zentralbanken.

2. Das Euro-Währungsgebiet

Das *Euro-Währungsgebiet*, bestehend aus 12 Ländern der Europäischen Union, überspannt einen sehr großen Raum mit einer breiten wirtschaftlichen und kulturellen Vielfalt. Nichtteilnehmer der früheren EU-15 sind das Vereinigte Königreich, Schweden und Dänemark. Der Beitritt der zehn neuen Mitgliedsländer (Estland, Lettland, Litauen, Polen, die Tschechische Republik, die Slowakische Republik, Slowenien, Ungarn, Malta und Zypern) zum Eurosystem ist vorgesehen.

Außereuropäische Territorien als Teil des Euro-Währungsgebietes sind:
- Frankreich: Französisch Guyana, Guadeloupe, Martinique, Réunion.
- Frankreich zudem (nicht Teil der Union): St. Pierre-et-Miquelon, Mayotte.
- Spanien: Kanarische Inseln, Ceuta, Melilla.
- Portugal: Azoren, Madeira.

---

[753] Vgl. *EZB*, Monatsbericht, Juni 2003, S. 91 f. *Ludwig von Mises* erwähnt bereits 1940 folgende Effekte: Inflationäre Prozesse verzerren die relativen Preise (Güterpreise, Löhne, Zinsen und Wechselkurse) und bewirken damit Störungen beim Allokationsprozess. Wertstabiles Geld sichert das Realeinkommen für breite Schichten (vor allem der Arbeitnehmer und der Rentner) besser als ein stark inflationäres Umfeld, zumal dieses zu Veränderungen der Einkommens- und Vermögensverteilung führt. Vgl. *von Mises, Ludwig*, 1940, S. 210.

3. Der Europäischer Wechselkursmechanismus (WKM II)

Für die Nichtmitgliedstaaten besteht die Möglichkeit zu einer Anbindung der Währung an den Euro. Eine Teilnahme am *Europäischen Wechselkursmechanismus (WKM II)* ist in der Regel Voraussetzung für den späteren Zutritt zum Euro, auch für die künftigen Beitrittsländer. Der Euro ist der Anker für den WKM II.

Ein Beispiel ist Dänemark mit der Dänischen Krone (mit einer Schwankungsbreite von maximal +/- 2 ¼ Prozent zum Leitkurs 7,46038 DKK je Euro). Seit 2005 sind auch Estland, Zypern, Lettland, Litauen, Malta, Slowenien und die Slowakische Republik Mitglieder des WKM II (jeweils mit einer Schwankungsbreite von maximal +/- 15 Prozent zu einem gemeinschaftlich festgelegten Leitkurs des Euro).

4. Die Organe des ESZB

Der *EZB-Rat* ist oberstes Beschlussorgan der EZB. Dieser umfasst alle sechs Mitglieder des Direktoriums und die Präsidenten der nationalen Zentralbanken des Eurosystems. Die Hauptaufgaben bestehen darin, Leitlinien zu setzen, Beschlüsse für die Gewährleistung der dem ESZB übertragenen Aufgaben zu fassen, die Geldpolitik der Gemeinschaft festzulegen (vor allem die Leitzinsen und die Versorgung des Eurosystems mit Zentralbankgeld) sowie Leitlinien für die Ausführung der Geldpolitik zu erlassen.

Das *Direktorium* der EZB besteht aus dem Präsidenten, dem Vizepräsidenten und vier weiteren Mitgliedern als in Bank- und Währungsfragen erfahrenen Persönlichkeiten; sie werden durch den Rat der Staats- und Regierungschefs auf Empfehlung des EU-Rates ernannt (Anhörung des Europäischen Parlaments und des EZB-Rates). Die Hauptaufgaben gehen dahin, die Sitzungen des EZB-Rates vorzubereiten, die Geldpolitik gemäß den Leitlinien und Beschlüssen des EZB-Rates durchzuführen, den nationalen Zentralbanken des Eurosystems die erforderlichen Weisungen zu erteilen und die laufenden Geschäfte zu führen.

Der *Erweiterte Rat* als drittes Beschlussorgan der EZB besteht, sofern und solange es Mitgliedstaaten gibt, für die eine Ausnahmeregelung gilt. Dieser setzt sich aus dem Präsidenten und dem Vizepräsidenten sowie den Präsidenten aller nationalen Zentralbanken (teilnehmende und nicht teilnehmende Mitgliedstaaten) zusammen. Der Erweiterte Rat übernimmt Aufgaben des früheren Europäischen Währungsinstitutes (EWI), so beispielsweise die Festlegung der Wechselkurse der Beitrittsländer. Zudem erhebt er statistische Daten (für die Festlegung der definitiven Währungskurse der Beitrittsländer zum Euro-Währungsgebiet).

Die *ESZB-Ausschüsse* bringen für die Ausführung der Aufgaben des ESZB Fachwissen ein und unterstützen den Prozess der Entscheidungsfindung des ESZB und der EZB. Es gibt eine Mehrzahl von Ausschüssen: Rechnungswesen und die monetären Einkünfte, Bankenaufsicht, Banknotenausschuss, Haushaltsausschuss, Presse, Information und Öffentlichkeitsarbeit, Informationstechnologie, Interne Revision, Internationale Beziehungen, Rechtsausschuss, Ausschuss für Marktope-

rationen, geldpolitischer Ausschuss, Ausschuss für Zahlungs- und Verrechnungs-
systeme sowie der Ausschuss für Statistik.[754]

IV. Die Europäische Zentralbank

1. Aufgaben

Die grundlegenden Aufgaben der *Europäischen Zentralbank (EZB)* bzw. des Eurosystems (EZB und nationale Zentralbanken) bestehen darin, die Geldpolitik der
Gemeinschaft festzulegen und auszuführen, Devisengeschäfte durchzuführen, die
offiziellen Währungsreserven der Mitgliedstaaten zu halten und zu verwalten, das
reibungslose Funktionieren der Zahlungssysteme zu fördern, einen Beitrag zur
Durchführung der von den zuständigen Behörden auf dem Gebiet der Bankenaufsicht und der Finanzmarktstabilität getroffenen Maßnahmen zu leisten und Anhö-
rungen durch die Europäische Gemeinschaft mit den Behörden der Mitgliedstaaten zu Fragen in deren Zuständigkeitsbereich, insbesondere zu den Rechtsakten
der Gemeinschaft und der Mitgliedstaaten, durchzuführen.

2. Unabhängigkeit

Die wirtschaftspolitischen Abhängigkeiten einer Zentralbank können sich aus
dem Beschäftigungsmotiv, der Erzielung von Münzgewinnen (fiskalische Funktion der Zentralbank) und oft auch unter Zahlungsbilanzaspekten (Management
der Devisenreserven) ergeben. „Unabhängige" Zentralbanken gewährleisten auf
lange Frist eher niedrigere Inflationsraten als institutionell abhängige Zentralbanken. Gegen eine vollständig unabhängige Zentralbank werden ein gewisser
Mangel an demokratischer Legitimierung und eine wünschenswerte Koordinie-
rung der Geld- und Fiskalpolitik mit der Regierung angeführt.

Bei der Unabhängigkeit spielen institutionelle, personelle, instrumentelle und
finanzielle Aspekte eine Rolle. Zu unterscheiden ist zwischen der formalrecht-
lichen und der tatsächlichen Unabhängigkeit der Zentralbank. Das Europäische
System der Zentralbanken weist einen hohen Grad an Unabhängigkeit auf:
- Die institutionelle Unabhängigkeit: Weder die EZB noch eine nationale Zentralbank oder ein Mitglied ihrer Beschlussfassungsorgane darf Weisungen von Orga-
nen oder Einrichtungen der Gemeinschaft, den Regierungsstellen der Mitgliedstaaten oder anderen Stellen einholen sowie entgegennehmen. Die Organe und
Einrichtungen der Gemeinschaft sowie die Regierungen der Mitgliedstaaten ver-
pflichten sich, nicht zu versuchen, die Mitglieder der Beschlussorgane der EZB
oder der nationalen Zentralbanken bei der Wahrnehmung ihrer Aufgaben zu beeinflussen.

---

[754] Zur Wahrung der Aufgaben des ESZB werden mit der Unterstützung der nationalen Zentralbanken die erforderlichen Daten entweder von den zuständigen nationalen Behörden oder unmittelbar von den Wirtschaftssubjekten eingeholt. Statistiken: www.ecb.int.

- Die personelle Unabhängigkeit: Die Amtszeit des Präsidenten der EZB beträgt mindestens 5 Jahre, jene der Mitglieder des Direktoriums einmalig acht Jahre (Überlappungen werden wegen der Kontinuität angestrebt). Die Mitglieder des Direktoriums können nur entlassen werden, wenn die Voraussetzungen für die Amtsausübung nicht mehr erfüllt sind oder wegen schwerer Verfehlungen.
- Die funktionelle Unabhängigkeit: Die EZB ist frei in der Festlegung der Methoden bei den geldpolitischen Operationen. Im Vordergrund steht die Preisstabilität; eine Unterstützung der Wirtschaftspolitik ist nur möglich, wenn dies keine Konflikte mit dem Ziel der Preisstabilität bewirkt.
- Die finanzielle Unabhängigkeit: Die EZB ist mit finanziellen Mitteln (Eigenkapital) ausgestattet, über deren Verwendung sie selbst entscheiden kann.

3. Das Eigenkapital und die Währungsreserven

Das Eigenkapital der EZB beträgt 5 Mrd. Euro. Die Anteilseigner und Zeichner des Kapitals der EZB sind die nationalen Zentralbanken der Mitgliedsländer. Die Euro-12-Länder zahlen voll ein, die übrigen Länder wesentlich weniger (zur Deckung der Betriebskosten); eingezahlt sind ca. 4 Mrd. Euro.

4. Die Übertragung von Währungsreserven

Der EZB werden bis zu 50 Mrd. Euro Währungsreserven übertragen (davon rund 40 Mrd. Euro durch die Euro-12-Länder, wovon wiederum 85 Prozent Devisen in USD und Yen sowie 15 Prozent in Gold).[755]

5. Das Monopol der Emission von Noten und Münzen

Die EZB hat das ausschliessliche Recht, die Ausgabe von Banknoten innerhalb der Gemeinschaft zu genehmigen. Die nationalen Zentralbanken prägen die Münzen (die Münzhoheit für Deutschland beispielsweise liegt beim Bund).

6. Die Schlichtung aller Streitsachen

Für die Schlichtung von Streitsachen ist der Europäische Gerichtshof zuständig.

7. Die Zusammenarbeit mit internationalen Organisationen (IWF, OECD, G-7 Gruppe, G-10 Gruppe, BIZ, G-20 Gruppe)

Der EZB-Rat kann die Entscheidungen treffen, wie das Eurosystem auf internationaler Ebene vertreten wird.[756]

---

[755] Es erfolgen keine Einlagen in Euro und in Reservepositionen beim IWF (Sonderziehungsrechte).
[756] Vgl. zu diesen Ausführungen *EZB*, Monatsbericht vom Januar 2001, S. 68.

Beim *Internationalen Währungsfonds (IWF)* hat die EZB einen Beobachterstatus. Die Teilnahme an den Sitzungen des Exekutivdirektoriums des IWF dient zu Konsultationen: Zur Währungs- und Wechselkurspolitik des Euro-Währungsgebietes, mit einzelnen Mitgliedstaaten des Eurogebietes, zur Rolle des Euro im internationalen Währungssystem sowie hinsichtlich der Teilnahme an Gesprächen zur multilateralen Überwachung der Stabilität des internationalen Währungssystems. Der Mitgliedsstatus der einzelnen Länder des Euro-Währungsgebietes bleibt unberührt.

Bei der *OECD (Organisation für Economic Co-operation and Development)* ist die Europäische Gemeinschaft dauerhaft vertreten; die EZB nimmt als Delegation an den Sitzungen der OECD teil, soweit diese von Interesse sind. Die EZB gehört dem Prüfungsausschuss für Wirtschafts- und Entwicklungsfragen, dem Wirtschaftspolitischen Ausschuss und dessen Arbeitsgruppen sowie dem Ausschuss für Finanzmärkte an.

Bei der *Gruppe der G7-Länder* vertritt der Präsident der EZB die Standpunkte des Eurosystems.

An den jährlich zweimal stattfinden Sitzungen der Minister und Zentralbankpräsidenten der *G10-Länder* (Belgien, Deutschland, Frankreich, Italien, Japan, Kanada, die Niederlande, die Schweiz, Schweden, das Vereinigte Königreich und die Vereinigten Staaten) nimmt die EZB als Beobachterin teil, zudem auch an den vierteljährlichen Sitzungen der jeweiligen Stellvertreter. Die Treffen der Minister und Zentralbankpräsidenten der G10-Länder gehen auf die Allgemeinen Kreditvereinbarungen (AKV) von 1962 zurück (General Arrangement to Borrow), welche die regulären Mittel des IWF ergänzen, und vor allem zur Abwendung und Bewältigung von internationalen Finanzkrisen dienen.

Die EZB hat Beobachterstatus bei den vier Ausschüssen der *Bank für Internationalen Zahlungsausgleich (BIZ)*, dem Basler Ausschuss für Bankenaufsicht, dem Ausschuss für Zahlungsverkehr und Abrechnungssysteme, dem Ausschuss für das weltweite Finanzsystem sowie dem Gold- und Devisenausschuss. Die *Bank für Internationalen Zahlungsausgleich (BIZ)* dient der Zusammenarbeit der Zentralbanken. Der Verwaltungsrat besteht aus den Zentralbankpräsidenten der G10-Gruppe.

Die *G20-Gruppe* wurde 1999 gegründet, um den Dialog mit den wichtigsten Schwellenländern über internationale wirtschafts- und finanzpolitische Angelegenheiten zu führen. Mitglieder sind die G7-Länder, zudem Argentinien, Australien, Brasilien, China, Indien, Indonesien, Mexiko, Russland, Saudi-Arabien, Südafrika, Südkorea und die Türkei, außerdem der Präsident der EZB, der Präsident der Eurogruppe, der Vorsitzende des IWF etc.

8. Zahlungsverkehrssysteme (das Target-System)

Das *Target-System (RGTS: Trans-European Automated Real-Time Gross Settlement Express Transfer = Echtzeitbruttozahlungssystem)* stellt ein Zahlungsverkehrssystem des ESZB dar und soll die Geldpolitik der EZB unterstützen, die Effizienz des grenzüberschreitenden Euro-Zahlungsverkehrs steigern und ein zuverlässiges sowie sicheres Verfahren der Zahlungsabwicklung darstellen. Es handelt sich um die Verbindung von 35 nationalen Echtzeitsystemen mit dem Zahlungsverkehrssystem der EZB. Das Target schafft die Voraussetzungen für die Entwicklung eines einheitlichen Geldmarktes im Euro-Währungsraum.

Die EZB gewährt Kredite an alle RGTS-Teilnehmer: Direkte RGTS-Teilnehmer müssen die allgemeinen Zulassungskriterien des ESZB als geldpolitische Geschäftspartner im RGTS erfüllen. Diesen werden unlimitierte Innertageskredite auf der Grundlage refinanzierungsfähiger Sicherheiten eingeräumt. Ausserhalb des Eurowährungsgebietes besteht eine begrenzte Innertagesliquidität in Euro: Je Teilnehmer höchstens eine Mrd. Euro.[757] Verbindungssystem ist das Interlink.

Das Target ist das umsatzstärkste Euro-Großzahlungssystem mit ca. 1.500 direkten und über 5.000 indirekten Teilnehmern (vor allem Kreditinstitute). Täglich erfolgen durchschnittlich über 200.000 Zahlungen, davon 1/3 grenzüberschreitend. Die tagesdurchschnittliche Überweisungssumme liegt bei 1,3 Billionen Euro, davon etwa ein Viertel grenzüberschreitend. Die Kosten betragen zwischen 0,8 und 1,75 Euro/Auftrag (je nach der Zahl der Zahlungen pro Monat) und sind an die absendende nationale Zentralbank zu entrichten. Geöffnet ist das Target von 7-18 h (Annahmeschluss 17 h), außer am Wochenende. Das Target überlappt sich mit dem Zahlungsverkehrssystem des *Federal Reserve Board* und während einiger Stunden auch mit jenem der *Bank von Japan*.

9. Das ESZB und die Fiskalpolitik

Die neuen Mitgliedstaaten haben für den Beitritt die Konvergenzbedingungen zu erfüllen. Dazu zählen eine Verschuldensgrenze von höchstens 60 Prozent des Bruttoinlandsproduktes, eine jährliche Neuverschuldung von maximal drei Prozent des Bruttoinlandsproduktes sowie eine Inflationsrate von höchstens 1,5 Prozentpunkten über den inflationsschwächsten Ländern und ein langfristiger Zinssatz von maximal zwei Prozentpunkten über den Ländern mit den tiefsten Zinssätzen.[758]

Der Stabilitätspakt von 1997 [759] verpflichtet auch die bisherigen Mitgliedstaaten, jedes Jahr ein Stabilitätsprogramm vorzulegen. Dieses soll die mittelfristigen Budgetziele, die Wirtschaftsprognosen und die wesentlichsten finanzpolitischen Maßnahmen enthalten. Die Kommission spricht dem Ministerrat ggf. eine Empfehlung aus; dieser beurteilt, ob das Maximaldefizit von drei Prozent des Bruttoinlandsproduktes nicht überschritten wird.

Zudem überwacht die Kommission die laufende Budgetpolitik. Bei Verfehlung des Budgetziels werden die Mitgliedstaaten in einem mehrstufigen Verfahren auf-

---

[757] Vgl. den Geschäftsbericht der *Deutschen Bundesbank*, 1998, S. 138 f.

[758] Zudem soll keine „selbst verschuldete" Abwertung der Währung gegenüber den im Rahmen des WKM II fixierten Wechselkursen bzw. Bandbreiten erfolgen.

[759] Entschließung des EU-Gipfels in Amsterdam vom 17.6.1997 und die Verordnungen Nr. 1466/97 sowie 1467/97.

gefordert, die finanzpolitische Situation zu bereinigen. Letztlich drohen Strafen von bis zu 0,5 Prozent des nationalen Bruttoinlandsprodukts. Diskretionäre Entscheidungen des Ministerrates sind möglich, sofern das BIP zwischen 0,75 bis 2,00 Prozent schrumpft; bei einer schweren Rezession und einer Schrumpfung des BIP um mehr als zwei Prozent ist auch ein Defizit von über drei Prozent erlaubt.

Hinweis zu den makroökonomischen Wirkungen der Fiskalpolitik

Nach dem ISLM-Modell verschiebt sich bei einer expansiven Fiskalpolitik die IS-Kurve von IS nach IS', wodurch das Volkseinkommen von Y auf Y' und die Zinsen von i auf i' steigen (vgl. Abbildung 91). Dem expansiven Effekt im Bereich der Volkseinkommen steht – mit der Zinssteigerung – ein crowding out-Effekt auf dem Kapitalmarkt gegenüber, indem private Schuldner durch die Zinssteigerungen vom Kapitalmarkt verdrängt werden. Zudem werden künftige Generationen mit der Rückzahlung von Schulden belastet.

Abbildung 91: Die Wirkungen der Fiskalpolitik im ISLM-Modell

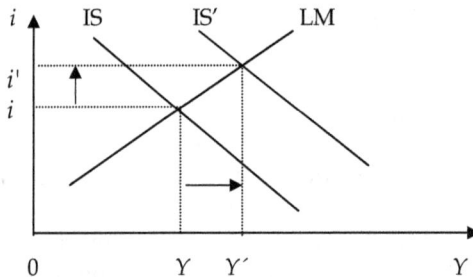

Nach den Modellvorstellungen von *James Tobin* hat die Fiskalpolitik einen Einfluss auf die Nettoforderungen der Banken und Nichtbanken gegen den Staat.[760] Es gibt verschiedene Arten von Forderungen gegen die Regierung, (1) übertragbare, nichtverzinsliche Schuldverpflichtungen einschließlich der ausgegebenen Noten und Münzen, (2) kurzfristige, handelbare Geldmarktpapiere, (3) längerfristige, handelbare Schuldpapiere,[761] (4) nicht handelbare Schuldpapiere und (5) andere Verpflichtungen (beispielsweise Guthaben aus Sozialversicherungen). Als Staatsverschuldung für die nachfolgenden Analysen werden (1)–(4) betrachtet.

Haushaltsdefizite und –überschüsse vergrößern bzw. verkleinern die Staatsschuld. Die finanziellen Transaktionen der Regierung und der Zentralbank wer-

---

[760] Vgl. *Tobin, James*, 1963b, S. 143-218.
[761] Dabei lassen sich (2) und (3) nicht scharf voneinander abgrenzen, zumal die Laufzeiten vom kurzfristigen Geldmarktbereich bis zum langfristigen Kapitalmarktbereich reichen. Als Abgrenzung schlägt *Tobin* eine Laufzeit von unter einem Jahr bzw. einem Jahr und mehr vor.

den konsolidiert, womit beispielsweise Anleihen des Staates, welche von der Zentralbank gehalten werden, nicht betrachtet werden.

Die Verschuldung des Staates hat zwei Effekte hinsichtlich der effektiven Nachfrage: Die Veränderung der Staatsverschuldung führt zu fiskalischen und monetären Wirkungen, die sich voneinander unterscheiden und voneinander zu trennen sind:
- Der erste Effekt ist ein Fiskaleffekt und tritt ein, wenn die (zusätzliche) Verschuldung des Staates entsteht, indem der Staat mehr ausgibt als er einnimmt. Dieser Fiskaleffekt wirkt sich in Relation zur Veränderung der Staatsverschuldung und nicht in Beziehung zur eigentlichen Höhe der Staatsschuld aus. Die fiskalischen Wirkungen sind vorübergehend und stehen in einem Zusammenhang mit der Rate der Veränderungen der Defizite oder Überschüsse in Relation zur Höhe der Verschuldung.
- Die monetären Effekte sind dauerhaft und hängen von der Höhe der Staatsverschuldung ab. Diese entstehen durch die Veränderung der Forderungen gegenüber dem Staat. Sie dauern so lange, wie die Staatsverschuldung besteht, und haben einen Einfluss auf die Höhe und die Zusammensetzung des privaten Vermögens. Bei den monetären Effekten ist zwischen jenen zu unterscheiden, welche aus der Höhe der Staatsverschuldung resultieren und jenen, welche sich aus deren Zusammensetzung ergeben. Auf die Zusammensetzung der Verschuldung haben die Regierung und die Zentralbank – selbst innerhalb kurzer Zeit – einen wesentlichen Einfluss. Die Regierung kann eine langfristige Verschuldung durch eine kurzfristige Verschuldung ersetzen (und umgekehrt). Dies kann bei Verfall der Anleihen erfolgen, oder auch durch eine Offenmarktpolitik, in deren Rahmen die einen Titel gekauft und die anderen verkauft werden.

Die Hauptzielsetzung der Geld- und Verschuldungspolitik ist stabilitätspolitischer Natur. Die Transmission hängt im Wesentlichen mit den Gegebenheiten zusammen, in deren Rahmen die Anleger das Sachkapital halten und neue Investitionen vornehmen. Fordern die Anleger beispielsweise eine höhere Rendite, sinken die Investitionen und es entwickelt sich ein deflationäres Klima (und umgekehrt). Eine Aufgabe der Geldpolitik und des Managements der Staatsschulden besteht nun darin, die Parameter günstig zu gestalten, unter deren Einfluss die Wirtschaftssubjekte das bestehende Sachkapital halten und neue Investitionen tätigen:
- Die antizipierte marginale Produktivität des Kapitals und damit die Neuinvestitionen lassen sich nach Auffassung von *Tobin*[762] durch die Geldpolitik und das Schuldenmanagement nicht spezifisch steuern und unterliegen vor allem Einflüssen aus den Bereichen der Technologie, der Verfügbarkeit von Ressourcen u.ä.
- Die Marktwerte des Sachkapitals und damit die Anlage in bestehendes Sachkapital dagegen werden durch die Bedingungen der Märkte für Finanzaktiven neben anderen Faktoren beeinflusst, welche sich aus dem Schuldenmanagement des Staates ergeben. Werden beispielsweise die Zinsen für konkurrierende Finanzaktiven gesenkt, hat dies einen postiven Einfluss auf das Verhalten der Anleger.

---

[762] Vgl. *Tobin, James,* 1963b, S. 150.

Nach monetaristischer Auffassung[763] kann durch die Finanzierung von Budgetdefiziten eine Inflation ausgelöst werden, indem nicht Steuererhöhungen, Ausga-
bensenkungen oder die Aufnahme von Krediten dazu dienen, sondern die Emission von Geld durch die Notenbank. Dabei gibt es

> „… keine einwandfreie und saubere Möglichkeit, die Geldpolitik von der
> Schuldenpolitik und das Aufgabengebiet der Zentralbank von dem des Fi-
> nanzministeriums zu trennen".[764]

Eine kurzfristige Verschuldung hat stärkere expansive Effekte als eine langfristige. Die im Zusammenhang mit der erhöhten Geldmenge steigende Inflation
kann auch zu einem realen Wertverlust w_p der Staatschulden beitragen, einer für
den Staatshaushalt wünschenswerten Wirkung. Dabei beansprucht die Veränderung der Höhe der Staatsverschuldung einen längeren Zeitraum. Bei der realen
Kasse M/P entspricht der durch den Preisanstieg w_p ausgelöste Wertverlust der
Inflationssteuer T:

$$T = \frac{M}{P} \times w_p. \tag{184}$$

Empirische Hinweise für das Euro-Währungsgebiet (1999-2005)

Thesen:

Das staatliche Defizit …

1. … erhöht das Volkseinkommen.	- Diese These trifft tendenziell zu (nicht signifikant).*
2. … erhöht die Geldmarktzinsen (Laufzeit ein Tag).	- Diese These trifft tendenziell zu (nicht signifikant).*
3. … erhöht die Kapitalmarktzinsen (Laufzeit zehn Jahre).	- Diese These trifft tendenziell zu (nicht siginifikant).*
4. … erhöht die Geldmarktzinsen.	- Diese These trifft für d M1 zu (mit einem lag von bis zu einem halben Jahr).
5. … verändert das Tobin's q.	- Das staatliche Defizit erhöht das Tobin's q über eine geringfügige Erhöhung des Aktienindex (mit einem lag von bis zu fünf Monaten).
6. … erhöht die Inflationsrate.	- Diese These trifft indirekt zu (über die Erhöhung der Geldmenge M1).

* Bei einem zugrunde gelegten Signifikanzniveau von mindestens 0,10.

---

[763] Vgl. *Friedman, Milton*, 1994, S. 210 ff.
[764] *Tobin, James*, 1978, S. 26.

10. Die Stabilität des Bankensystems

a. Das Basel II-Abkommen

Seit 1975 gibt es den *Basler Ausschuss für Bankenaufsicht,* welcher Gastrecht bei der BIZ, der Bank für Internationalen Zahlungsausgleich hat, und dem die Banküberwacher der zwölf bedeutendsten Zentralbanken der Welt angehören. Der Basler Ausschuss für Bankenaufsicht ist das Hauptgremium zur Förderung der Zusammenarbeit zwischen den Bankenaufsichtsbehörden und der Schaffung von allgemeinen Rahmenbedingungen für die G10-Länder.

Bereits das Basel I-Abkommen (1988) enthält eine Vereinbarung über die Minimalausstattung der Banken mit Eigenkapital und entsteht auf Veranlassung der führenden Zentralbankpräsidenten. Gefordert wird eine Eigenkapitalunterlegung von 8 Prozent der Kredite (bei einem generellen Risikogewicht von 100 Prozent).

Anlass zu Kritik gibt die mangelnde Berücksichtigung der Risikostruktur und des Risikomanagements der Banken sowie das Fehlen einer adäquaten Evaluierung der bankenspezifischen Risiken. 1999 kommt es zu Vorarbeiten zum Basel II-Abkommen. Unter dem Stichwort „Basel II" sollen neue Regeln für die Bankenaufsicht geschaffen und anschließend ins Recht der einzelnen Mitgliedsländer umgesetzt werden, so auch im Euro-Währungsgebiet. Bis Anfang 2007 sollen die Grundsätze des Basel II-Abkommens zur Anwendung gelangen; vorgesehen sind eine entsprechende EU-Richtlinie und eine Umsetzung ins nationale Recht.

Im Zusammenhang mit „Basel II" sind auch die aktuelle Novellierung und die Vereinheitlichung der europäischen Bankenaufsicht zu betrachten, welche von den Risiken der modernen Geld-, Kredit- und Kapitalmärkte ausgehen und die Stabilität des Bankensystems durch einheitliche Bankengrundsätze sichern möchten. Die Regulierung bezweckt eine optimale Ausstattung der Banken mit Eigenmitteln, auch zur Vermeidung von Bankenkonkursen, welche Staatsausgaben verursachen können. Der Grundsatz einer soliden Unterlegung der Kredite durch Eigenkapital gilt bereits bei den früheren Regulierungen („Basel I").

Das Dreisäulenprinzip von „Basel II" beruht auf folgenden Ebenen:
- Die Eigenkapitalunterlegung soll aufgrund einer Bonitätsbeurteilung der Kreditnehmer erfolgen. Eckpunkte sind Vorschriften hinsichtlich der Eigenkapitalausstattung (ausreichendes Eigenkapital im Hinblick auf die eingegangenen Risiken).
- Ein Regelwerk zur Überprüfung der Schuldner soll als Grundlage der Risikopolitik dienen. Dabei sollen die Banken die zur Messung, Überwachung und Steuerung von Risiken erforderlichen Verfahren selbst festlegen.
- Das Risikoprofil der einzelnen Bankinstitute soll offengelegt werden. Daraus ergibt sich ein neues Verhältnis der Banken zum Markt.

b. Die Bonitätsbeurteilung der Kreditnehmer

Es gibt drei mögliche Verfahren zur Bonitätsbeurteilung der Kreditnehmer:

(1) Beim *modifizierten Standardansatz* wird die Bonität des Kreditnehmers anhand des Ratings einer externen Ratingagentur gemessen. Den Ratingergebnissen werden bestimmte Risikogewichte beigemessen.[765]

(2) Beim *internen Ratingverfahren* ergibt sich die Eigenkapitalunterlegung aus der Ausfallwahrscheinlichkeit, den Verlusten im Falle eines Ausfalls, der Restlaufzeit des Kredites sowie der Kredithöhe zum Zeitpunkt des Ausfalls. Die Ausfallwahrscheinlichkeit wird durch das interne Ratingverfahren ermittelt, die übrigen Größen werden durch die Bankenaufsicht vorgegeben.

Es werden nur sog. harte Faktoren wie die Kapitalausstattung, der Cashflow und der Gewinn in die internen Ratingmodelle einbezogen, nicht jedoch weiche Faktoren wie die Qualität der Unternehmensführung, Zukunftskonzepte und Strategien des Unternehmens, welche für mittelständische Unternehmen oft entscheidend sind. Gute harte Faktoren verbessern das Rating, nicht jedoch gute weiche Faktoren.

Beim internen Rating sind höhere Eigenkapitalanforderungen für mittlere und schlechtere Bonitäten notwendig als beim Standardansatz, was zu einer Verteuerung der absoluten und relativen Eigenkapitalkosten gegenüber Schuldnern mit einer guten Bonität führt. Kreditverteuernd wirkt sich aus, dass die Grundlagen für das interne Rating erst erhoben, verarbeitet, geprüft und testiert werden müssen (bei den Großunternehmen sind diese längst vorhanden). Dies verbessert jedoch die Datenbasis für die Risikopolitik der Banken, die Grundlagen zur Beratung der Unternehmen sowie jene für unternehmerische Entscheidungen.

(3) Beim *fortgeschrittenen internen Rating* werden sämtliche Werte (und nicht nur die Ausfallwahrscheinlichkeit) durch die Kreditinstitute bestimmt.

c. Die Eigenkapitalunterlegung

Die Eigenkapitalunterlegung soll stärker als bisher von der Bonität des Kreditnehmers abhängen. Unter der Bonität eines Schuldners wird dessen Fähigkeit verstanden, in der Zukunft seine Verpflichtungen aus dem Schuldendienst zu erfüllen. Dies hängt von der Ertragskraft eines Unternehmens ab. Grundlage für die Beurteilung der Bonität bzw. der Kreditwürdigkeit ist ein Ratingverfahren (vgl. Tabelle 5).

---

[765] Allerdings besaßen im Jahre 2004 in Europa erst etwa 5.000 Unternehmen Einstufungen von der Ratingagentur Moodys und etwa 1.000 von Standard & Poors; es besteht somit ein großer Nachholbedarf. Dabei nimmt die Bedeutung der Bonitätsanalyse seit den 1980er Jahren vor allem bei den Kapitalmarktanleihen zu. In Deutschland verfügen nur 180 von 3,2 Mio. Unternehmen über ein externes Rating. Die Kosten für ein Rating bei Moody betragen min. USD 40.000, was für kleinere Unternehmen eine große Kostenbelastung darstellt.

Tabelle 5: Mögliche Risikogewichte und Eigenkapitalunterlegung

	Risikogewicht	Eigenkapitalunterlegung: 8 Prozent x Risikogewicht
Bonität (Rating)		
- exzellent	0 %	0 %
- sehr gut	20 %	1,6 %
- gut	50 %	4,0 %
- kein/mittleres	100 %	8,0 %
- schlechtes	150 %	12,0 %
(- bisher	generell	8,0 %).

Bei einem Risikogewicht von 20 Prozent beispielsweise sollen die Kredite mit 1,6 Prozent Eigenkapital unterlegt werden, bei einem Risikogewicht von 100 Prozent mit 8,0 Prozent Eigenkapital und bei einem Risikogewicht von 150 Prozent mit 12 Prozent Eigenkapital.[766] Dies führt zu einer geringeren Unterlegung mit Eigenkapital bei einer exezellenten bis guten Bonität und einer größeren Unterlegung bei schlechter Bonität.

---

[766] Damit können bei einer Risikogewichtung von 20 Prozent 7,5x mehr Kredite an erste Adressen vergeben als an solche mit einem schlechten Rating und einem Risikogewicht von 150 Prozent. Banken, welche vor allem Kredite an mittelständische Unternehmen mit einem höheren Risikogewicht vergeben, können bei einem gegebenen Eigenkapital weit weniger Kredite gewähren als bei einer Kreditvergabe an große Unternehmen mit einer guten oder sogar sehr guten Bonität.

Kapitel 15. Die Geldprozesspolitik

I. Die Geldpolitik als black box

> „In truth, the ability of central banks to affect the evolution of prices and output in the non-financial economy has always been something of a mystery".
>
> *Benjamin M. Friedman.*[767]

Die Zentralbanken stehen bei ihren Entscheidungen vor dem Problem, dass zwischen dem Auslösen eines Impulses im monetären Bereich und den Ergebnissen im realen Sektor eine black box in der Form von stochastisch wirkenden Geldeffekten zwischengeschaltet ist (vgl. Abbildung 92).

Abbildung 92: Die Geldpolitik als „black box"

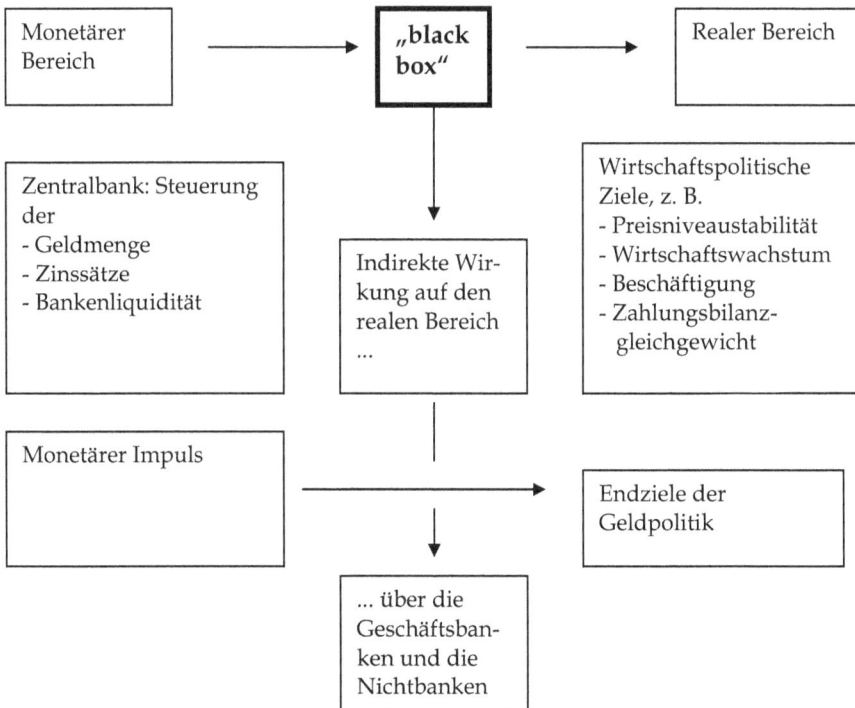

Quelle: *Felkel, Stephanie*, 1998, Abb. 1 im Anhang.

Die einzelnen Geldeffekte gehen nicht alle in dieselbe Richtung und lassen sich nicht eindeutig vorhersagen, teilweise kommt es auch zu Rückkopplungen. Der Grund, sich mit diesen Mechanismen zu beschäftigen, liegt in der Feststellung, ob und wie „… geldpolitische Maßnahmen zur Stabilisierung der ökonomischen Ak-

---

[767] *Friedman, Benjamin M.*, 1999, S. 322.

tivität sowie zur Realisierung der wirtschaftspolitischen Ziele, die sich anhand des magischen Vierecks manifestieren lassen, in der Lage sind."[768] Inwieweit Beziehungen zwischen den einzelnen makroökonomischen Variablen bestehen und wie stark diese sind, zählt zu den Unsicherheiten der Geldpolitik.[769]

II. Das allgemeine Konzept der Geldprozesspolitik

Die Geldprozesspolitik dient den makroökonomischen Zielen der Geldordnung. Grundlage der Geldprozesspolitik ist eine geldpolitische Strategie als längerfristiger, umfassend geplanter Rahmen zur Realisierung der wirtschaftspolitischen Endziele.[770]

Bei den geldpolitischen Strategien stehen derzeit (1.) die traditionelle zweistufige Strategie (mit einem geldpolitischen Zwischenziel) und (2.) die einstufige geldpolitische Strategie (mit einem direkten Inflationsziel = inflation targeting) im Vordergrund der Betrachtung.[771]

1. Die traditionelle zweistufige Steuerung

Bei einer zweistufigen geldpolitischen Strategie werden die geldpolitischen Ziele indirekt über ein geldpolitisches Zwischenziel gesteuert (vgl. Abbildung 93).[772] Das Ziel der Preisstabilität muss mittelfristig beibehalten werden, was eine ebenfalls mittelfristige Ausrichtung der Geldpolitik erfordert. Indem sich die Preise nicht direkt, sondern nur auf mittlere bis lange Sicht beeinflussen lassen, ist eine geldpolitische Strategie mit einem ebenfalls mittel- bis langfristigen Konzept für den Einsatz der Instrumente erforderlich, um die geldpolitischen Endziele zu erreichen. Damit wird berücksichtigt, dass die Preise kurzfristig aufgrund von nichtmonetären Schocks (beispielsweise einer Veränderung der indirekten Steuern oder der Rohstoffpreise) volatil sein können, was von der Geldpolitik nicht kontrolliert werden kann.

Als Instrumente dienen die Steuerung der Bankenliquidität, die Steuerung der Zinsen (keynesianische Konzeption), die Steuerung der Geldmengen (monetaristische Auffassung) oder die Festlegung bestimmter Wechselkurse (beispielsweise bei der Anbindung der eigenen Währung an eine ausländische Währung).

Allgemein betrachtet ergibt sich daraus ein geldpolitisches Konzept mit vier Elementen, welches den Zusammenhang zwischen den monetären Indikatoren, den geldpolitischen Instrumenten, den geldpolitischen Zwischenzielen und den geld-

---

[768] Vgl. *Felkel, Stephanie*, 1998, S. 26.
[769] Vgl. *EZB*, Die Geldpolitik der EZB, 2004, S. 51.
[770] Vgl. *Issing, Othmar*, 1990, S. 159.
[771] Als dritten möglichen Ansatz nennt die EZB die Wechselkurssteuerung (vor allem für Beitrittsländer des Euro-Währungsgebietes). Vgl. *EZB*, Die Geldpolitik der EZB, 2004, S. 59.
[772] Vgl. *Issing, Otmar*, 1990, S. 231.

politischen Zielen darstellt.[773] Bei einem zweistufigen Konzept werden die geldpolitischen Endziele von der Zentralbank nicht direkt, sondern indirekt beeinflusst. Geldpolitische Zwischenziele sind vor allem dann sinnvoll, wenn die geldpolitischen Maßnahmen nur indirekt und zeitverzögert auf die ökonomischen
Größen des realen Sektors wirken.

Abbildung 93: Die geldpolitische Strategie im zweistufigen Verfahren

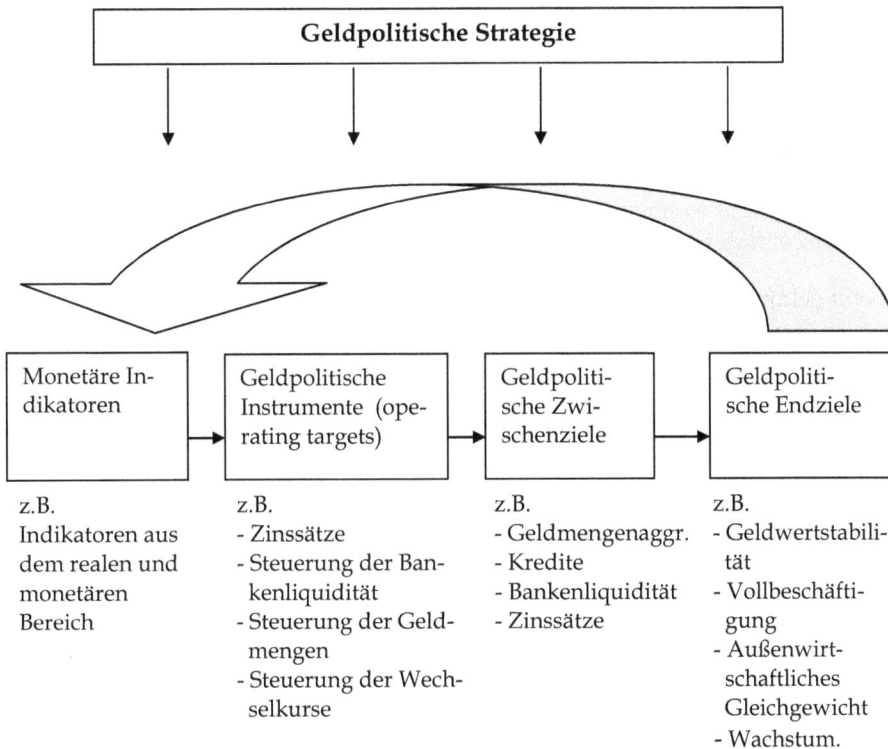

Die geldwirtschaftlichen Zwischenziele sind „Vorziele für die wirtschafts- bzw.
geldpolitischen Ziele" und bilden die Steuergrößen (monetäre Variablen), an welchen die Zentralbank ihre geldpolitischen Operationen ausrichtet und welche der
Erreichung der geldpolitischen Zwischenziele dienen. Die geldpolitischen Zwischenziele müssen auf zentralbankpolitische Maßnahmen reagieren, die von der
Zentralbank kontrolliert werden können und zudem einen signifikanten Zusammenhang mit dem geldpolitischen Ziel aufweisen.

Zwischen den geldpolitischen Endzielen und den geldpolitischen Zwischenzielen liegen die Geld- und Kreditmärkte als dem üblichen Operationsfeld der Zentralbank, auf welchem sich die Transmissionsprozesse abspielen. Dieser Transmis-

---

[773] Vgl. zu diesen Ausführungen auch *Issing, Otmar,* 1990, S. 161 ff.

sionsweg ist komplexer Natur und nur schwer zu beobachten. Auf die geldpolitischen Ziele wirken zahlreiche weitere Einflüsse ein, welche von der Zentralbank
kaum beeinflusst werden können. Ein wesentliches Problem besteht zudem darin,
dass die Strukturzusammenhänge der Wirtschaft und die Wirkungsweise sowie
-intensität geldpolitischer Maßnahmen auf die gesamtwirtschaftlichen Ziele nur
begrenzt bekannt sind.[774]

Die geldpolitischen Zwischenzielgrößen sind endogener Natur und werden sowohl von der Geldpolitik als auch von anderen, exogenen Größen beeinflusst. Die
monetären Indikatoren dienen vor allem der Beurteilung des monetären und realwirtschaftlichen Umfeldes der Geldpolitik. Es ergibt sich die Frage, wie sich die
monetären Indikatoren und die geldpolitischen Zwischenziele voneinander abgrenzen lassen.

> „Dient im übrigen die gleiche Variable als Indikator und Zwischenziel, so
> signalisiert ihre Entwicklung ex post die Wirkungen vergangener geldpoli-
> tischer Maßnahmen (Indikator), während die Fixierung ihres Wertes für die
> Zukunft die Funktion des Zwischenziels erfüllt".[775]

Beim geldpolitischen Zwischenziel der Geldmenge muss vorausgesetzt werden,
dass ein Zusammenhang zwischen der Geldmenge und der Preisniveaustabilität
besteht. Zudem gibt es lags zwischen der Geldmengenentwicklung und der Inflation. Die Logik des zweistufigen geldpolitischen Konzepts folgt der Überlegung,
dass die geldpolitischen Ziele das Erreichen von geldpolitischen Zwischenzielen
erfordern, was wiederum die Beobachtung von (vorlaufenden) monetären Indikatoren erfordert, um die geldpolitischen Instrumente auf ein bestimmtes Ziel aus-
gerichtet einsetzen zu können.

Es ergeben sich unter anderem die folgenden lag-Strukturen (vgl. Abb. 94):[776]
- Der inside lag besteht aus dem Zeitbedarf für die Beschaffung und Auswertung
der monetären Indikatoren durch die Zentralbank (information lag), die Beurteilung der geldpolitischen Situation (recognition lag) und die geldpolitischen Entscheidungen (decision lag).
- Der operational lag bezieht sich auf die Zeitdauer der Wirkung von geldpolitischen Maßnahmen im Bereich der Geschäftsbanken.
- Der outside lag umfasst den Zeitbedarf für die wirtschaftlichen Handlungen der
Nichtbanken aufgrund der geldpolitischen Maßnahmen, deren Wirkungen an den
geldpolitischen bzw. wirtschaftspolitischen Zielen gemessen werden.

Fallen einzelne lag-Strukturen weg, werden auch die betreffenden Stufen des
geldpolitischen Konzeptes obsolet. In der Vergangenheit ergaben sich sehr ausge-
prägte lag-Strukturen zwischen dem Einsatz von geldpolitischen Zielen und den
Wirkungen im makroökonomischen Bereich, weshalb das zweistufige Konzept
mit geldpolitischen Zwischenzielen als sinnvoll betrachtet wurde, um die geldpo-

---

[774] Vgl. *Issing, Otmar*, 1990, S. 158.
[775] *Issing, Otmar*, 1990, S. 159 f.
[776] Vgl. zu den nachfolgenden Ausführungen *Issing, Otmar*, 1990, S. 129 ff.

litischen Ziele ansteuern zu können. Seit einiger Zeit haben sich diese lags etwas verkürzt.

Abbildung 94: Die lag-Strukturen in der Geldpolitik

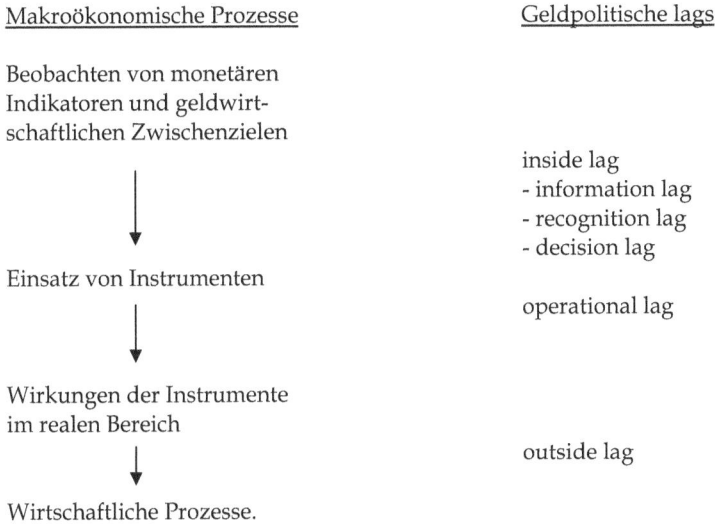

Makroökonomische Prozesse	Geldpolitische lags
Beobachten von monetären Indikatoren und geldwirtschaftlichen Zwischenzielen	
↓	inside lag - information lag - recognition lag - decision lag
Einsatz von Instrumenten	operational lag
↓	
Wirkungen der Instrumente im realen Bereich	outside lag
↓	
Wirtschaftliche Prozesse.	

Ein mögliches, gravierendes Problem ist die Instabilität der Geldnachfrage, was die Wirksamkeit einer geldmengenorientierten Steuerung der Inflationsrate in Frage stellt. Die präzise Steuerung und Kontrolle des Geldschöpfungsprozesses wird auch durch Informationsprobleme erschwert.[777] Diese ergeben sich unter anderem aus den anhaltenden Desintermediationsprozessen (Kreditfinanzierung über die Kapitalmärkte) und der Internationalisierung der Finanzmärkte, was zu einer Zunahme der Währungssubstitution (Currency Substitution) führt. Die engen Substitutionsbeziehungen zwischen den einzelnen Zahlungsmitteln bewirken nach der „Currency Substitution Hypothese" eine eingeschränkte Aussagefähigkeit der nationalen Geldmengenaggregate und setzen die Wirksamkeit einer binnenwirtschaftlich orientierten Geldmengenpolitik herab.[778] Mit der Möglichkeit der Geldsubstitution wird das Geld zu einem mobilen Faktor zwischen den Ländern. Die Inländer können ausländisches Geld halten (und umgekehrt), wobei sich die Währungsrisiken über die Terminmärkte absichern lassen. Dies schränkt die Wirksamkeit einer zweistufigen Geldpolitik mit einer Geldmengensteuerung als geldpolitisches Zwischenziel ein, indem der binnenwirtschaftliche Geld- und Kreditschöpfungsprozess unvorhersehbaren Schwankungen unterworfen ist.[779]

Die EZB entschied sich im Verlaufe der Zeit gegen die Strategie einer reinen Geldmengensteuerung, nachdem neben der Geldmenge auch andere Einflussfaktoren auf die Preisstabilität wirken. Zudem können nach Auffassung der EZB Son-

---

[777] Vgl. *Niehans, Jürg*, 1983, S. 550.
[778] Vgl. *McKinnon, Ronald I.*, 1982, S. 320.
[779] Vgl. *Franke, Hans-Hermann*, 1988, S. 271.

derfaktoren die Geldmengenentwicklung „zeitweise verzerren", weshalb es nicht
ratsam erschien, „sich ausschließlich auf die monetäre Analyse zu stützen.[780]

Empirische Hinweise zum Euro-Währungsgebiet (1999-2005)

Thesen:

1. Es gibt eindeutige lag-Strukturen bei der Durchführung der Geldpolitik.	- Diese lags bestehen, werden jedoch immer etwas kürzer. Um die Inflationsrate zu steuern, reagiert die EZB bei der Festsetzung der Leitzinsen nicht nur auf die aktuellen Inflationsraten, sondern auch auf die Inflations*erwartungen* in den kommenden Monaten (mit einem signifikanten lead von etwa sechs Monaten). Auf diese Weise gelingt es, die lag-Problematik zu überwinden.
2. Eine zweistufige Geldpolitik mit einem Zwischenziel (d M3 als Referenzwert) ist sinnvoll.	- Dieses Verfahren ist nicht (mehr) sinnvoll. Die Veränderung der Geldmenge M3 (= d M3) lässt sich mit Mitteln der Geldpolitik nicht eindeutig steuern. Zudem besteht kein eindeutiger Zusammenhang zwischen d M3 und der Inflationsrate (wohl aber zwischen der längerfristigen Entwicklung von M3 und jener des Preisniveaus).

---

2. Die direkte Steuerung der Inflation in einem einstufigen Verfahren

Bei der Strategie der direkten Inflationssteuerung handelt es sich um eine einstufige geldpolitische Strategie. Es wird das quantitative Inflationsziel mit einer Inflationsprognose verglichen, und es erfolgt ein direkter, zweckgerichteter Einsatz der geldpolitischen Instrumente, in erster Linie durch die Festlegung der Leitzinsen zur Beeinflussung der kurzfristigen Geldmarktzinsen. Ein mögliches Beispiel für den Einsatz der geldpolitischen Instrumente ist die Anwendung der Taylor-Regel.

Als Vorteil eines unmittelbaren Inflationsziels (inflation targeting) ist die direkte Verantwortlichkeit für die Kontrolle der Inflation zu nennen. Dies ist jedoch nur bei einem stabilen Zusammenhang zwischen den geldpolitischen Instrumenten sowie einzelnen monetären Indikatoren (aus der ökonomischen und finanziellen Sphäre) und der Inflationsrate möglich. Auf Abweichungen zwischen dem Inflationsziel und den Preisprognosen reagiert eine Zentralbank mit einer angemessenen Veränderung ihrer Zinssätze.[781]

Die Gewährleistung der Stabilität der Preise, das inflation targeting, hat sich seit einiger Zeit zu einem geldpolitischen Verfahren mit zunehmender Verbrei-

---

[780] Vgl. *EZB*, Die Geldpolitik der EZB, 2004, S. 58 f.
[781] Dies ist beispielsweise bei der *Bank von England* und der *Schwedischen Reichsbank* der Fall.

tung entwickelt.[782] Es wird allgemein davon ausgegangen, dass die Inflationsrate jene Variable ist, welche die Zentralbank (noch) am besten steuern kann, und eine tiefe Inflationsrate einen günstigen Einfluss auf die weiteren makroökonomischen Ziele der Geldpolitik (Wachstum, Vollbeschäftigung und Zahlungsbilanzausgleich) hat. Ein bekannt gegebenes Inflationsziel bildet die Grundlage der Geldpolitik, eine Inflationsprognose dient als Richtschnur des Handelns. Dadurch wird die Inflationsrate zum nominellen Anker einer Währung. Die Inflationsprognose hat einen Horizont von bis zu drei Jahren, wobei beim Einfluss der Geldpolitik von einer mitunter erheblichen Wirkungsverzögerung auf die Inflationsrate ausgegangen wird.

Die EZB entschied sich auch gegen das Konzept einer direkten Inflationssteuerung:

> Eine „ausschließliche Konzentration auf einen Prognosewert für die Inflation bringt keine umfassende und verlässliche Grundlage, um die Art der Risiken für die Preisstabilität feststellen zu können".[783]

Zudem erscheint der EZB ein fester Prognosezeitraum (beispielsweise zwei Jahre) etwas willkürlich gewählt und für viele Konstellationen nicht optimal. Außerdem möchte sich die EZB bei der Inflationsprognose auf mehr als nur einen Prognosewert stützen, und für die Analyse der Wirtschaftsdaten einen stärker diversifizierten Ansatz verwenden.

Empirische Hinweise zum Euro-Währungsgebiet (1999-2005)

Thesen:

1. Die Inflationsrate lässt sich in einem einstufigen Verfahren über eine Veränderung der Leitzinsen steuern.	- Eine solche Wirkung tritt erst mit einem lag von etwa einem Jahr ein (nicht signifikant).* In der Zwischenzeit bewirkt eine Erhöhung der Leitzinsen eine zusätzliche Erhöhung der Inflationsrate (über die dadurch ausgelöste Kostenwirkung).
2. Die Inflationsrate lässt sich über eine Veränderung der Liquiditätszuführung ern.	- Eine schwache Wirkung tritt erst mit einem lag von etwa einem Jahr ein steu- (nicht signifikant)*
3. Das Preisniveau lässt sich längerfristig über die Liquiditätszuführung steuern.	- Diese These trifft tendenziell zu, ist jedoch nicht signifikant zu belegen.*
4. Die Liquiditätszuführung lässt sich über die Leitzinsen steuern.	- Diese These trifft tendenziell zu (nicht signifikant).*

* Bei einem zugrunde gelegten Signifikanzniveau von 0,10.

---

[782] Als erstes Land führte Neuseeland 1989 das Inflation Targeting ein. Es folgten Chile (1990), Kanada (1991), Israel (1991), Australien (1994), Spanien (1994), die Tschechische Republik (1998), Polen (1999), Brasilien (1999), Schweden (1992) und die Slowakische Republik (2005).
[783] *EZB*, Die Geldpolitik der EZB, 2004, S. 59.

III. Das geldpolitische Konzept der EZB

Die EZB hat sich inzwischen zur pragmatischen Lösung einer stabilitätsorientierten *Zweisäulen-Strategie*[784] bekannt. Kernpunkt ist die Beurteilung der Preisrisiken im Euro-Währungsgebiet. Die EZB glaubt, die monetären Impulse, welche auf die Preissteigerungsrate wirken, eher steuern zu können als die Preissteigerungsrate selbst. Der Transmissionsmechanismus der Preise („Preiskanal") beginnt – nach Darstellung der EZB[785] - bei den sog. „Schlüsselzinsen"[786] und geht auf einer ersten Ebene über die Erwartungen und Bank- sowie Marktzinsen zu einer zweiten Ebene mit der Entwicklung der Geldmenge und des Kreditvolumens, den Preisen für Vermögensgüter und den Wechselkursen. Auf einer dritten Ebene werden die Lohn- und Preisbildung sowie Angebot und Nachfrage bei den Güter- und Arbeitsmärkten beeinflusst, woraus die Entwicklung der Preise resultiert. Schocks, die sich aus internationalen Entwicklungen, finanzpolitischen Effekten und Veränderungen bei den internationalen Rohstoffpreisen ergeben, können von der Zentralbank nicht kontrolliert werden.

Angesichts der Verhaltensunsicherheit sowie der institutionellen und strukturellen Unsicherheiten werden Inflationsprognosen von der EZB als eine schwierige Aufgabe betrachtet, was eine breit angelegte Beurteilung der Aussichten für die Preisentwicklung erfordert.[787] Als Analysekonzept zur Beurteilung der zukünftigen Preisrisiken dient die *„Zweisäulen-Strategie"*, mit welcher versucht wird, einen kohärenten Rahmen für die geldpolitische Lagebeurteilung zu schaffen, um die Unsicherheiten zu verkleinern:

> „Die Geldpolitik kann jedoch die Preisentwicklung im Euro-Währungsgebiet nicht direkt steuern, sondern muss über einen komplexen Transmissionsprozess wirken. Dieser Prozess umfasst gewöhnlich das Finanzsystem, die Finanzmärkte und die Realwirtschaft. Er ist gekennzeichnet durch verschiedene monetäre Transmissionskanäle mit unterschiedlich großen und nicht genau vorhersagbaren Wirkungsverzögerungen zwischen monetären Instrumenten und der Preisentwicklung. Folglich muss die Geldpolitik die Aussichten für die zukünftige Preisentwicklung analysieren und genau beurteilen, wann und wie stark sich die geldpolitischen Maßnahmen auf die zukünftigen Preise auswirken".[788]

Die geldpolitische Strategie soll festlegen,

> „... wie die relevanten Informationen über die Gesamtwirtschaft geordnet werden, um auf ihrer Grundlage geldpolitische Entscheidungen treffen zu können, die zu einem Niveau der kurzfristigen Zinsen führen, das – gemessen am Endziel der EZB, nämlich der Erreichung von Preisstabilität – als angemessen gilt".[789]

---

[784] Vgl. *EZB*, Die Geldpolitik der EZB, 2004, S. 58.

[785] Vgl. *EZB*, 2004, S. 45.

[786] Damit sind offensichtlich die Zinsen im kurzfristigen Geldmarktbereich gemeint.

[787] Vgl. *EZB*, Monatsbericht vom Januar 1999, Textteil, S. 55.

[788] *EZB*, Monatsbericht vom Februar 1999, Textteil, S. 29.

[789] *EZB*, Monatsbericht, Mai 2002, S. 45.

Die Zweisäulen-Strategie (vgl. Abbildung 95) dient als Navigationssystem. Als Konzept umfasst die Zweisäulenstrategie die Preisstabilität (als quantitatives Ziel) und zwei Analysekonzepte („Säulen") als Indikatoren zur Beurteilung der Risiken der zukünftigen Preisniveaustabilität.[790] Die EZB führt auf diese Weise eine breit angelegte Beurteilung der Aussichten für die künftige Preisentwicklung durch, die sich auf eine Palette von realwirtschaftlichen und finanziellen Indikatoren stützt, welche gegenüber den Preisen eine Vorlaufeigenschaft besitzen sollen. Es erfolgt eine Auswertung der einzelnen Indikatoren und eine Verdichtung der verschiedenen Einflussgrößen zu einer gemeinsamen Inflationsprognose.

Die Indikatoren dienen der Beurteilung der realwirtschaftlichen und der monetären Lage sowie der geldpolitischen Maßnahmen der Zentralbank. Es soll erkannt werden, ob die Geldpolitik zielgerecht ist. Die Indikatoren liegen im Bereich der Transmissionsprozesse zwischen den geldpolitischen Maßnahmen und dem geldpolitischen Endziel der Preisniveaustabilität. Diese Indikatoren müssen rasch verfügbar sein, sich präzise messen lassen sowie in einem engen Zusammenhang mit dem geldpolitischen Ziel stehen.[791]

In der *ersten Säule* erfolgt eine breit fundierte Beurteilung der Aussichten für die Preisentwicklung und die Risiken der Preisniveaustabilität im Euro-Währungsgebiet-12 als Grundlage der Geldpolitik des Eurosystems. Es geht um ein weites Spektrum von konjunkturellen Indikatoren, welchen eine Vorlaufeigenschaft für die zukünftige Preisentwicklung beigemessen wird. Dazu zählen u.a.:
- Der Outputgap (Abweichung des Wachstums des realen BIP vom langfristigen Wachstumstrend),
- angebotsseitige Indikatoren (die Produktionsfaktoren Arbeit und Kapital sowie deren Auslastung und Kosten wie beispielsweise die Löhne, der Beschäftigungsgrad, die Entwicklung der Arbeitslosenzahlen, die Auftragslage, die Industrieproduktion, der Stimmungsbarometer von Unternehmen und Einkaufsmanagern),
- nachfrageseitige Faktoren (der Konsum, der Stimmungsbarometer der Konsumenten, die Investitionen), die Entwicklung der Börsenindices, fiskalpolitische Indikatoren, Preis- und Kostenindices sowie Branchen- und Verbraucherumfragen
- und Inflationsprognosen.[792]

Ebenfalls berücksichtigt werden sollen Daten von internationalen Organisationen sowie amtlichen und privaten Quellen.

Die *zweite Säule* gipfelt in „der herausragenden Rolle der Geldmenge, die in der Verkündung eines Referenzwertes für das Wachstum eines breiten monetären Aggregats zum Ausdruck kommt".[793] Die Geldmenge bildet nach Auffassung der EZB einen „... festen und zuverlässigen ‚natürlichen Anker' für eine auf die Si-

---

[790] Die geldpolitische Strategie wurde am 13. Oktober 1998 durch die *EZB* bekannt gegeben; vgl. *EZB*, Monatsbericht vom Januar 1999, Textteil, S. 50. Eine gründliche Überprüfung der geldpolitischen Strategie führt zu gewissen Modifikationen der sog. Zweisäulenstrategie im Mai 2003 (vgl. *EZB*, Pressemitteilung vom 8.5.2003, sowie *EZB*, Monatsbericht, vom Juni 2003, S. 87 ff.).
[791] Vgl. *Brunner Karl* und *Meltzer, Allan H.*, 1980, S. 73 ff.
[792] Vgl. *EZB*, Monatsbericht, vom Januar 1999, Textteil, S. 55.
[793] *EZB*, Monatsbericht, vom Januar 1999, Textteil, S. 50.

cherung der Preisstabilität ausgerichteten Geldpolitik".[794] Die Steuerung der kurzfristigen Geldmarktzinsen über die dem Markt zugeführte Liquidität beeinflusst
u.a. das Wachstum der Geldmenge M3, welche einen erheblichen Einfluss auf die
Entwicklung des Preisniveau ausübt.[795] Weitere Größen als monetäre Indikatoren
sind die Zinssätze, das Preisniveau (unter anderem die Rohstoff- und besonders
die Ölpreise), die Wechselkurse und die Zinsstruktur.

Abbildung 95: Die Zweisäulen-Strategie*

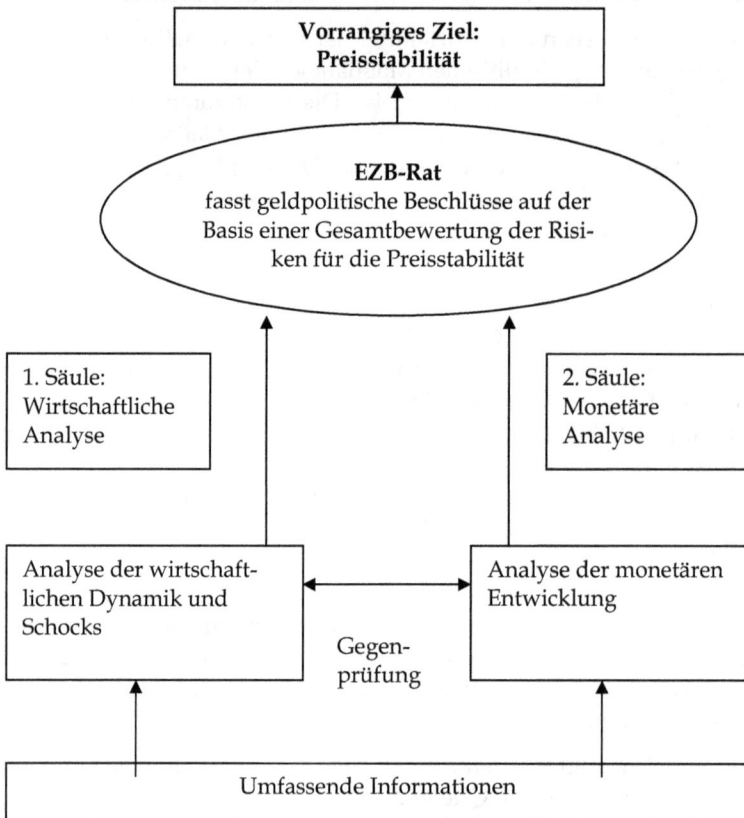

* In Anlehnung an: EZB, Die Geldpolitik der EZB, 2004, S. 70.

   Die geldpolitischen Beschlüsse der EZB zur Sicherung der Preisniveaustabilität
auf mittlere Frist stützen sich auf Informationen, welche aus beiden Säulen ge-
wonnen werden. Die monetären Daten der zweiten Säule liefern zwar wesentliche
Informationen für fundierte geldpolitische Entscheidungen, ergeben jedoch nur
zusammen mit der ersten Säule ein ausreichend vollständiges Bild der wirtschaftlichen Lage im Hinblick auf eine angemessene Geldpolitik zur Gewährleistung der

---

[794] *EZB*, Monatsbericht, vom Januar 1999, Textteil, S. 50.
[795] *EZB*, Die Geldpolitik der EZB, 2004, S. 75.

Preisstabilität.[796] Probleme ergeben sich, wenn die beiden Säulen widersprüchliche Inflationstendenzen signalisieren.

Die EZB geht von einer erheblichen Bedeutung der kurzfristigen Geldmarktzinsen als operating targets bei der Übertragung geldpolitischer Impulse aus:

> „Eine Zentralbank steuert die kurzfristigen Geldmarktsätze, indem sie Signale hinsichtlich ihres geldpolitischen Kurses gibt und die Liquiditätsversorgung steuert."[797]

Durch die Beeinflussung der kurzfristigen Zinsen soll die Preisstabilität mittelfristig gewährleistet werden. Abbildung 96 zeigt einen möglichen Weg der Transformation von der Liquiditätszuführung durch die EZB bis zum Erreichen des Preisniveauziels, wobei nur der monetäre Bereich betrachtet werden soll. Es gibt drei Sektoren, einen „Markt" für Zentralbankliquidität,[798] einen (stark vereinfachten) Geld- und Kreditmarkt sowie einen Transformationsbereich. Je tiefer die kurzfristigen Geldmarktzinsen sind, desto schneller wachsen u.a. die Geld- und Kreditmengen sowie – im realen Bereich – der Konsum und die Investitionen, was Auswirkungen auf die Entwicklung des Preisniveaus hat. Bei den einzelnen Aggregaten werden längerfristige Wachstumsraten zugrunde gelegt.[799]

Bei einem Zins von i für die Zuteilung von Zentralbankliquidität kommt es bei einer zinselastischen Nachfrage nach Zentralbankliquidität $N_{Zentralbankliquidität}$ zu kurzfristigen Geldmarktzinsen von i. Dies schlägt sich bei einer ebenfalls zinselastischen Nachfrage nach Geld und Kredit $N_{Geld\ und\ Kredit}$ in entsprechenden Geld- und Kreditmengen a nieder, was zu einer Entwicklung des Preisniveaus von c führt. Erhöht sich nun das Preisniveau schneller, als dies dem Zielbereich entsprechen würde, kann die EZB den Zinssatz für die Zuteilung von Zentralbankliquidität auf i' erhöhen. Dadurch kommt es zu einer entsprechenden Erhöhung des Zinssatzes für kurzfristige Geldmarktzinsen. Die Geld- und Kreditmengen entwickeln sich weniger schnell, was – über einen komplexen Prozess monetärer und realer Effekte und mit einer zeitlichen Verzögerung – auch die Entwicklung des Preisniveaus dämpft.

Etwas allgemeiner formuliert trachtet die EZB mit Hilfe der geldpolitischen Instrumente danach,

> „... die Bedingungen am Geldmarkt und damit das Niveau der kurzfristigen Zinssätze (zu) beeinflussen, um sicherzustellen, dass die Preisstabilität mittelfristig gewährleistet ist".[800]

---

[796] Vgl. *EZB*, Monatsbericht, vom Januar 1999, Textteil, S. 54.

[797] *EZB*, Die Geldpolitik der EZB, 2004, S. 75.

[798] Vgl. Ziffer IV. weiter unten.

[799] Die kürzerfristigen Wachstumsraten (auf Jahresbasis) zeigen oftmals inverse Effekte, indem beispielsweise ein größeres Wachstum des einen Aggregates das Wachstum eines anderen Aggregates dämpft. Dies ist bei einer längerfristigen Betrachtung der einzelnen Aggregate nicht mehr der Fall.

[800] *EZB*, Die Geldpolitik der EZB, 2004, S. 51.

Die EZB betont

„… die These der Robustheit einer Geldpolitik, die den Nominalzins an aktuelle Inflations- und Konjunkturdaten koppelt, die aber auch eine schrittweise Anpassung der Nominalzinsen vorsieht."[801]

Abbildung 96: Die Zinssteuerung zur Erreichung des Inflationsziels (monetärer Bereich)

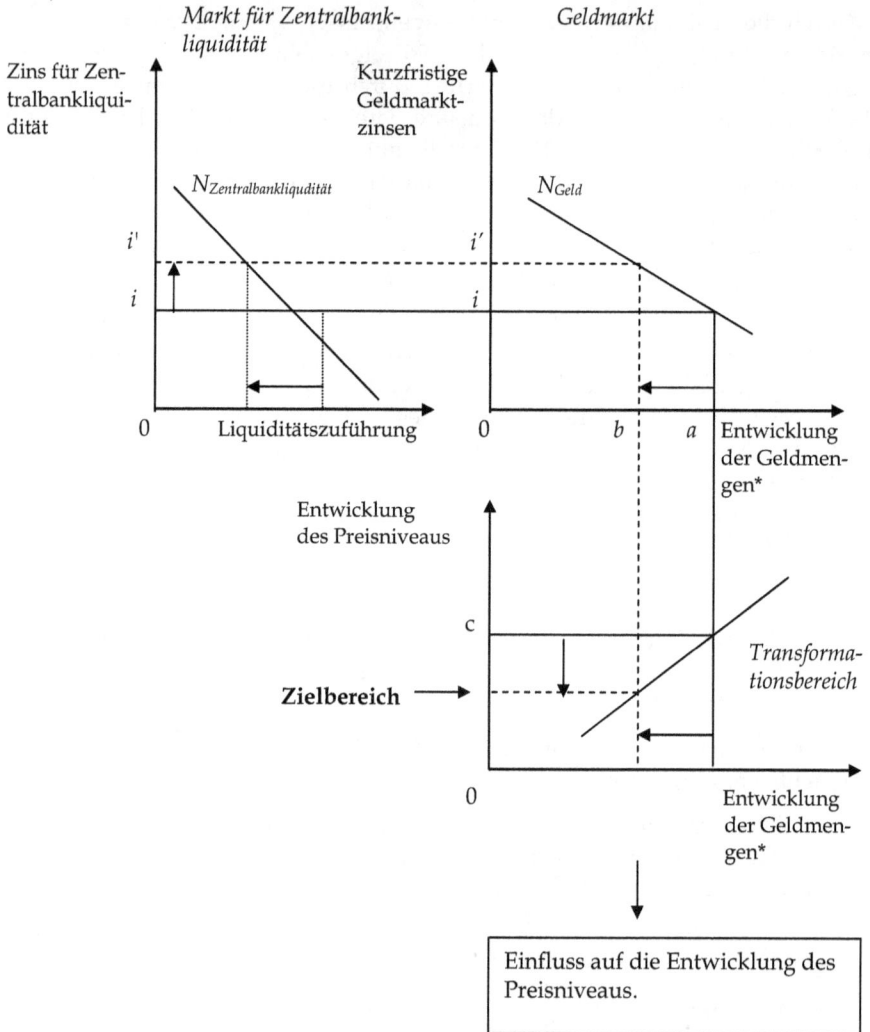

* Herausragende Rolle der Geldmengen beim Zwei-Säulen-Konzept.

---

[801] *EZB*, Monatsbericht, vom Januar 2001, S. 61.

Empirische Hinweise zum Euro-Währungsgebiet (1999-2005)	
Thesen:	
1. Die Zuführung von Zentralbankliquidität lässt sich über die Festlegung der kurzfristigen Geldmarktzinsen steuern.	-Diese These trifft tendenziell zu (nicht signifikant).*
2. Die kurzfristigen Zinsen haben einen (inversen) Einfluss auf die Entwicklung der Geldmengen.	- Diese These trifft für d M1 und d M2 zu.
3. Die Geldmengen haben einen Einfluss auf die Entwicklung des Preisniveaus.	- Diese These trifft zu.
* Bei einem zugrunde gelegten Signifikanzniveau von mindestens 0,10.	

IV. Die Instrumente der EZB

1. Einführung

Der geldpolitische Handlungsrahmen der EZB bezieht sich auf

> „... die Instrumente und Verfahren ..., mit denen das Eurosystem die geldpolitischen Beschlüsse in die Praxis umsetzt, d.h. mit denen es die kurzfristigen Geldmarktzinsen steuert".[802]

Mit Hilfe der Zuführung von Zentralbankliquidität lassen sich die kurzfristigen Geldmarktsätze steuern (allerdings nicht gegen die Kräfte des Marktes), was wiederum die makroökonomische Entwicklung beeinflusst.

Eine zentrale Rolle bei der Umsetzung der Geldpolitik im Euro-Währungsgebiet spielt die Steuerung der Zentralbankliquidität.[803] Dies entspricht einer verbreiteten Form der geldpolitischen Steuerung durch einen künstlich geschaffenen, knapp gehaltenen Markt für Zentralbankgeld. Der Liquiditätsbedarf der Geschäftsbanken hängt vor allem vom Mindestreservesoll und dem Liquiditätsabfluss aufgrund der sog. autonomen Faktoren ab:

- Nettoliquiditätszufluss im Rahmen der geldpolitischen Geschäfte (+),
- Liquiditätsabfluss aufgrund der sog. autonomen Faktoren (Posten in der Zentralbankbilanz, welche von den geldpolitischen Geschäften unbeeinflusst bleiben) (-),
- Banknotenumlauf (-),
- Einlagen der öffentlichen Haushalte (-),
- schwebende Verrechnungen (+/-) und
- Nettopositionen des Eurosystems in Fremdwährung (+).

---

[802] *EZB*, Monatsbericht, vom Mai 2002, S. 45 ff.
[803] Vgl. *EZB*, Monatsbericht, vom Mai 2002, S. 45 ff.

Als Grundlage für die Liquiditätszuführung und -abschöpfung schätzt die EZB regelmäßig den Liquiditätsbedarf der Geschäftsbanken. Der Liquiditätszuführung dienen die geldpolitischen Instrumente (die Hauptrefinanzierungsgeschäfte, die längerfristigen Refinanzierungsgeschäfte und Spitzenrefinanzierungsgeschäfte) sowie autonome Liquiditätsfaktoren (die Nettoposition des Eurosystems in Gold und Fremdwährung). Die Liquiditätsabschöpfung erfolgt in Form von autonomen Liquiditätsfaktoren (der Banknotenumlauf, die Einlagen von öffentlichen Haushalten und die sonstigen autonomen Faktoren), die Einlagen auf Girokonten der Zentralbank (Mindestreserven) und das geldpolitische Instrument der Einlagenfazilität.

2. Die geldpolitischen Operationen der EZB

Zentralbankliquidität wird durch die EZB[804] über verschiedene Instrumente zugeführt und entzogen. Die wesentlichsten sind die Offenmarktgeschäfte, die Fazilitäten (mit der Festlegung eines Zinskorridors) sowie die Erhebung von Mindestreserven (vgl. Abbildung 96).

Abbildung 97: Die wesentlichsten geldpolitischen Instrumente der EZB

Die geldpolitischen Instrumente der EZB

Offenmarktgeschäfte (vgl. Ziffer 3.)	Ständige Fazilitäten (vgl. Ziffer 4.)	Mindestreserven (vgl. Ziffer 5.)

Devisenmarktgeschäfte, welche die Wechselkurse oder die Liquiditätslage im Währungsgebiet beeinflussen können, bedürfen – über einer bestimmten Größe – der Genehmigung des EZB-Rats, nicht jedoch die Anlagen auf ausländischen Finanzmärkten, ebenso nicht die Geschäfte in Erfüllung von Verpflichtungen gegenüber internationalen Organisationen.[805] Die Währungsreserven sind „... so ertragreich wie möglich anzulegen",[806] und erlauben es, Devisenmarktinterventionen durchzuführen.

3. Die Offenmarktgeschäfte

Als Offenmarktgeschäfte werden unterschiedliche Arten von Transaktionen bezeichnet, so befristete Transaktionen (beispielsweise besicherte Kredite), endgül-

---

[804] Vgl. *EZB*, 2004, S. 77.

[805] Ein großer Teil der Aktiven des Eurosystems besteht in Währungsreserven, im Wesentlichen aus Gold, USD und Yen. Ein Teil (rund € 40 Mrd.) ist auf die EZB übertragen worden; der Rest wird dezentral verwaltet, wobei die „strategische und taktische Ausrichtung" dieser Anlagen zentral festgelegt wird. Vgl. *EZB*, Monatsbericht, vom Januar 2000, S. 57.

[806] Vgl. *EZB*, Monatsbericht, vom Januar 2000, S. 57.

tige Käufe und Verkäufe, Devisenswaps (gleichzeitige Käufe und Verkäufe einer Kassen- und Termintransaktion in € gegen eine Fremdwährung), die Hereinnahme einer Termineinlage und die Emission von EZB-Schuldverschreibungen.

a. Die Hauptrefinanzierung

Die Hauptrefinanzierungsgeschäfte sind das bedeutendste geldpolitische Instrument und dienen der Steuerung der kurzfristigen Zinsen, der Beeinflussung Liquidität der Geschäftsbanken und der Signalisierung des geldpolitischen Kurses. Diese geldpolitischen Operationen erfolgen auf Initiative der Zentralbank.

Die Hauptrefinanzierung erlaubt es den Geschäftspartnern unter anderem,

> „... ihre Mindestreservepflicht im Zeitraum bis zur Abwicklung des darauf folgenden Hauptrefinanzierungsgeschäfts unter Berücksichtigung der über die längerfristigen Refinanzierungsgeschäfte oder sonstige Offenmarktgeschäfte bereits bereitgestellte Liquidität problemlos zu erfüllen".[807]

Die Zuteilung wird über eine Benchmark ermittelt, wobei die tatsächliche Zuteilung davon abweichen kann; „... bei ausgeglichener Liquidität sollte der Tagesgeldsatz normalerweise in der Nähe des Mindestbietungssatzes liegen".[808]

Die Hauptrefinanzierungsgeschäfte sind für jeden geldpolitischen Geschäftspartner[809] möglich und werden von den nationalen Zentralbanken durchgeführt. Diese erfolgen als Zinstender mit einem Mindestbietungssatz nach dem amerikanischen Zuteilungsverfahren. Die Gebote, welche über dem marginalen Zuteilungssatz liegen, werden zum jeweiligen Bietungssatz voll berücksichtigt, ebenfalls die Gebote zum marginalen Zuteilungssatz. Dabei ist der marginale Zuteilungssatz der niedrigste, noch berücksichtigte Zuteilungssatz.

Über die Hauptrefinanzierungsgeschäfte werden annähernd drei Viertel der Mittel bereitgestellt, welche über Offenmarktgeschäfte zugeteilt werden. Die EZB gibt bei jeder Ausschreibung den geschätzten Liquiditätsbedarf des Bankensektors an, damit die Banken eine Orientierungshilfe für die Gebote erhalten.

Es handelt sich um befristete Transaktionen im Rahmen von regelmäßigen Offenmarktgeschäften mit einer Laufzeit von einer Woche im wöchentlichen Rhythmus mit Hilfe des Standardtenders.

b. Die längerfristige Refinanzierung

Die längerfristigen Refinanzierungsgeschäfte dienen der Bereitstellung von längerfristiger Liquidität, damit die Zentralbankliquidität nicht wöchentlich beschafft

---

[807] *EZB*, Monatsbericht, vom April 2004, S. 20.
[808] *EZB*, Monatsbericht, vom April 2004, S. 20.
[809] Mitte 2003 erfüllten 2.243 (von 6.776) Kreditinstitute in Europa die operationalen Kriterien für die Teilnahme an Offenmarktgeschäften. Davon beteiligten sich 252 Geschäftspartner an den Hauptrefinanzierungeschäften.

werden muss. Diese ebenfalls befristeten Transaktionen haben eine Laufzeit von drei Monaten und erfolgen im monatlichen Rhythmus als Standardtender.

Mit der längerfristigen Refinanzierung sollen die zinspolitischen Signale der Hauptrefinanzierung nicht verzerrt werden und es sollen dem Markt keine weiteren Signale über den geldpolitischen Kurs gegeben werden. Die Ausschreibungen erfolgen monatlich als Zinstender nach dem sog. amerikanischen Verfahren. Mit den längerfristigen Refinanzierungsgeschäften wird ca. ein Viertel der Liquiditätsversorgung gedeckt.[810]

c. Die Feinsteuerungsoperationen

Die Feinsteuerungsoperationen bezwecken die Zuführung oder Abschöpfung von Zentralbankliquidität und sollen dazu beitragen, die normale Funktionsfähigkeit des Geldmarktes zu gewährleisten. Diese dienen vor allem zur Steuerung der Liquiditätsversorgung und der Zinssätze des Geldmarktes bei unerwarteten Liquiditätsschwankungen.

Die Feinsteuerungsoperationen sind unregelmäßig durchgeführte Offenmarktgeschäfte im Schnelltenderverfahren als befristete Transaktionen, Devisenswaps oder endgültige Transaktionen, deren Laufzeit nicht standardisiert ist. So wurden beispielsweise 2001 zwei Operationen im Anschluss an die Terroranschläge vom 11. September durchgeführt.

d. Strukturelle Operationen

Strukturelle Operationen dienen der Anpassung der strukturellen Liquiditätsposition des Bankensystems gegenüber dem Eurosystem. Es handelt sich um befristete Transaktionen (Emission von Schuldverschreibungen) und endgültige Käufe/Verkäufe zur Abschöpfung oder Bereitstellung von Liquidität. In dieser terminologischen Interpretation (seit 2003) wurden bislang keine strukturellen Operationen durchgeführt.

Empirische Hinweise zum Euro-Währungsgebiet (1999-2005) (Teil I)

Thesen:

Ursachen der Liquiditätszuführung
Die Liquiditätszuführung durch die EZB
wird beeinflusst durch die Entwicklung ...

- ... des realen BIP.	- Diese These trifft nicht zu.
- ... des Preisniveaus.	- Diese These trifft nicht zu.
- ... des Aktienindex.	- Diese These trifft nicht zu.
- ... der Kredite der Geschäftsbanken.	- Diese These trifft nicht zu.
- ... der Bargeldnachfrage.	- Diese These trifft zu.
- ... der Geldmengen M1-M3.	- Diese These trifft nur für M1 zu.
- ... der Mindestreserveanforderungen.	- Diese These trifft nicht zu.

---

[810] Es beteiligten sich 2003 jeweils rund 136 Geschäftspartner an diesen Geschäften.

Empirische Hinweise zum Euro-Währungsgebiet (1999-2005) (Teil II)

Thesen:

<u>Wirkungen der Liquiditätszuführung</u>
Eine Erhöhung der Liquiditätszuführung
durch die EZB bewirkt eine Steigerung
... (und umgekehrt)

1. ... des realen BIP.	- Diese These trifft nur tendenziell zu (nicht signifikant).*
2. ... des Preisniveaus.	- Diese These trifft nur tendenziell zu (nicht signifikant).*
3. ... des Aktienindex.	- Diese These trifft nur tendenziell zu (nicht signifikant).*
4. ... der Kredite der Geschäftsbanken.	- Diese These trifft nur tendenziell zu (nicht signifikant).*
5. ... des Bargeldes.	- Diese These trifft nur tendenziell zu (nicht signifikant).*
6. ... der Geldmenge M1.	- Diese These trifft nur tendenziell zu (nicht signifikant). *
7. ... der Geldmenge M2.	- Diese These trifft nur tendenziell zu (nicht signifikant).*
8. ... der Geldmenge M3.	- Diese These trifft nur tendenziell zu (nicht signifikant).*
9. ... der Mindestreserven.	- Diese These trifft nur tendenziell zu (nicht signifikant).*

* Bei einem zugrunde gelegten Signifikanzniveau von mindestens 0,10.

e. Die Verfahren

aa. Der Standardtender

Der Zeitplan für den Standardtender läuft über zwei Tage: 15.30 h Tenderankündigung, 9.30 h Frist für die Abgabe von Geboten seitens der Geschäftspartner, 11.15 h Bekanntmachung der Ergebnisse, später Abwicklung der Transaktionen. Für das ABS (automatisches Bietungssystem) wird die E-Mail-Technik verwendet.

bb. Der Schnelltender

Der Schnelltender dient der Feinsteuerung der Geldpolitik mit einem beschränkten Kreis von Geschäftspartnern. Die Verfahrensschritte erfolgen wie beim Standardtender, jedoch mit einer zeitlichen Verkürzung (Durchführung innerhalb

einer Stunde) mit einer begrenzten Zahl von Teilnehmern. Die Abwicklung geschieht durch die nationalen Zentralbanken.

Tabelle 7: Offenmarktgeschäfte und ständige Fazilitäten des ESZB (Zusammenfassung)*

Geldpolitische Geschäfte	Transaktionsart, Liquiditäts-bereitstellung	Liquiditäts-abschöpfung	Laufzeit	Rhythmus	Verfahren
Offenmarktgesch.					
- Hauptrefinan-zierungs-instrument	- Befristete Transaktionen	-	eine Woche	wöchent-lich	Standard-tender
- Längerfristige Refinanzie-rungsgeschäfte	- Befristete Transaktionen	-	drei Monate	monatlich	Standard-tender
- Feinsteuerungs-operationen	- Befristete Transaktionen - Devisenswaps	- Befristete - Trnsaktionen - Devisenswaps - Hereinnahme von Termin-einlagen	nicht stan-dardisiert	unregel-mäßig	- Schnell-tender - Bilaterale Geschäfte
	- Definitive Käufe	- Definitive käufe	-	unregel-mäßig	Bilaterale Geschäfte
- Strukturelle Operationen	- Befristete Transaktionen	- Emission von Schuldver-schreibungen	standardi-siert/nicht standardis.	regelmäßig und unre-gelmäßig	Standard-tender
Ständige Fazilitä-ten					
- Spitzenrefinan-zierung	Befristete Trans-aktionen	-	über Nacht	Inanspruchnahme auf Initiative der Geschäfts-partner	
- Einlagenfazilität	-	Einlagenan-nahme	über Nacht	Inanspruchnahme auf Initiative der Geschäfts-partner	

* Quelle: *Europäisches Währungsinstitut*, Die einheitliche Geldpolitik in Stufe 3 – Festlegung des Handlungsrahmens, Januar 1997.

Verfahrensmäßig können sowohl der Schnelltender als auch der Standardtender wie folgt ausgestaltet werden:
- Als Festsatztender (Mengentender): Die EZB legt den Zinssatz fest, und die Geschäftspartner geben Gebote über den gewünschten Betrag ab.
- Als Tender mit variablem Zinstender: Die Geschäftspartner geben Gebote über den Betrag und die Zinssätze an, zu welchen sie die Geschäfte mit den nationalen Zentralbanken abschließen würden.

Beim „holländischen Verfahren" erfolgt die Zuteilung zu einem einheitlichen Satz, beim „amerikanischen Verfahren" zum individuellen, marginalen Zinssatz, bei welchem der genannte Zuteilungsbetrag erreicht wird.

cc. Bilaterale Geschäfte

Die möglichen Geschäftspartner bestehen aus einem engen Kreis. Die bilateralen Geschäfte werden von den nationalen Zentralbanken durchgeführt, nur ausnahmsweise durch die EZB (auf Entscheid des EZB-Rates). Die Abwicklung erfolgt ohne Tenderverfahren (mit einem oder weniger Geschäftspartnern, zudem auch in Form von Operationen über die Börsen oder Marktvermittler).

dd. Die einzelnen Verfahren

Die einzelnen Verfahren der Offenmarktpolitik sind in Tabelle 7 dargestellt.

f. Die Besicherung

Die geldpolitischen Operationen des Eurosystems müssen ausreichend und angemessen besichert werden, um das Eurosystem gegen Verluste aus den geldpolitischen Operationen und den Zahlungsverkehrstransaktionen zu schützen (vgl. Tabelle 8). Entweder erfolgt ein Ankauf von refinanzierungsfähigen Sicherheiten im Rahmen von Rückkaufsvereinbarungen (z. B. für die Liquiditätsabschöpfung im Rahmen eines Pensionsgeschäftes) oder die Offenmarktgeschäfte werden als Kreditgeschäfte gegen die Verpfändung von refinanzierungsfähigen Sicherheiten durchgeführt. Die Verpfändung hat den Vorteil, dass die Finanzaktiven flexibel als Sicherheitenpool genutzt werden können. Hauptform ist die Verpfändung (Hinterlegung).

Öffentlichen Stellen darf kein bevorrechtigter Zugang zu Krediten eingeräumt werden, d.h. das Besicherungsmodell soll unterschiedslos hinsichtlich des öffentlichen oder des privaten Status der Emittenten sein.

Mögliche Verfahren sind:
- Die Verpfändung der im Dispositionsdepot bei der Bundesbank oder dem Sicherheitenverwaltungssystem der bei der Deutschen Börse Clearing AG verwahrten Wertpapiere (Verpfändung zugunsten der Deutschen Bundesbank).

- Die grenzüberschreitende Nutzung von refinanzierungsfähigen Sicherheiten (sog. Korrespondenz-Zentralbank-Modell).

Es gibt zwei Kategorien von refinanzierungsfähigen Sicherheiten (Kategorie-1- und Kategorie-2-Sicherheiten, vgl. Tabelle 8), welche sich nicht in erster Linie auf die Eignung zur Besicherung von Krediten beziehen. Das Eurosystem setzt in der Regel keine Kategorie-2-Sicherheiten für endgültige Käufe bzw. Verkäufe ein.

Die nationalen Zentralbanken können den Kreis der Sicherheiten von privaten Schuldtiteln (nicht marktfähige private Sicherheiten, Handwechsel oder Buchkredite der Banken an Wirtschaftsunternehmen) beschränken oder eine entsprechende Mindestquote verlangen.

Tabelle 8: Refinanzierungsfähige Sicherheiten

Kategorie 1	Kategorie 2
(Europäischer Wirtschaftsraum) Marktfähige Schuldtitel, die einheitliche von der EZB festgelegte Zulassungskriterien erfüllen.	(Euro-Währungsgebiet) Sicherheiten, die für die nationalen Finanzmärkte und Bankensysteme von besonderer Bedeutung sind. - Die Kriterien werden von den nationalen Zentralbanken aufgrund von Mindestkriterien der EZB ausgearbeitet und müssen von der EZB genehmigt werden. - Marktfähige oder nicht marktfähige festverzinsliche Wertpapiere oder Aktien.
Einwandfreies Rating: - EZB-Schuldverschreibungen (derzeit nicht begeben (=emittiert) und vor Beginn der EWU begebene Schuldverschreibungen der NZB, - Schuldtitel von ausländischen und supranationalen Institutionen, - von Gebietskörperschaften begebene Wertpapiere, - ungedeckte Bankschuldverschreibungen, - forderungsunterlegte Wertpapiere und - Unternehmensanleihen.	Einwandfreie Bonität (marktfähig): - Von Gebietskörperschaften begebene Wertpapiere, - Bankschuldverschreibungen, - Unternehmensanleihen, - Einlagenzertifikate, - Medium-Term Notes, - Commercial Papers, - Aktien und - marktfähige private Forderungen. Nicht marktfähig: - Bankkredite, - hypothekarisch gesicherte Solawechsel und - Handelswechsel.

Die refinanzierungsfähigen Sicherheiten lassen sich von den Geschäftspartnern des Eurosystems grenzüberschreitend nutzen. Sicherheiten, welche bei einer nationalen Zentralbank hinterlegt wurden, können bei allen liquiditätszuführenden Geschäften des Eurosystems, auch in einem anderen Mitgliedsland, genutzt werden. Die EZB verwaltet und veröffentlicht ein zentrales Gesamtverzeichnis der für die Kreditgeschäfte des Eurosystems zugelassenen Sicherheiten.

Die Kritik geht dahin, dass die EZB keine Kontrolle über die Qualität der Sicherheiten hat, die von den nationalen Zentralbanken akzeptiert werden. Der Euro kann auch gegen nichtmarktfähige Staatstitel emittiert werden (was die Deutsche Bundesbank für sich ausgeschlossen hat). Eine nationale Zentralbank muss wie eine solide Geschäftsbank agieren. Erforderlich sind erstklassige und marktfähige Sicherheiten. Eine solide Zentralbank muss auch in der Lage sein, die verpfändeten Sicherheiten jederzeit auf den Markt zu bringen und ihre Währung aus dem Umlauf zu ziehen, um diese knapp zu halten.

4. Die ständigen Fazilitäten und die Zinssätze

Die ständigen Fazilitäten dienen der Bereitstellung oder Absorbierung von Übernachtliquidität. Die Festlegung der Zinssätze für die ständigen Fazilitäten setzt Signale hinsichtlich des allgemeinen Kurses der Geldpolitik und bestimmt die Ober- und Untergrenze der Geldmarktsätze für Tagesgelder.

Die ständigen Fazilitäten umfassen die Spitzenrefinanzierungsfazilität und die Einlagenfazilität. Die Spitzenrefinanzierungsfazilität ist eine befristete Transaktion zur Liquiditätsbereitstellung über Nacht auf Initiative der Geschäftspartner, die Einlagenfazilität eine befristete Transaktion über Nacht zur Liquiditätsabschöpfung auf Initiative der Geschäftspartner.

Die Spitzenrefinanzierungsfazilität kann von den Geschäftspartnern u.a. in Anspruch genommen werden, um Unterbietungen bei der Hauptrefinanzierung zur Erfüllung der Mindestreservepflicht (in der Erfüllungsperiode) auszugleichen. Umgekehrt bedienen sich die Geschäftspartner der Einlagenfazilität, wenn sie das Mindestreservesoll erfüllt haben. Dies ist vor allem während der letzten Geschäftstage der Erfüllungsperiode der Fall.

Die Einlagenfazilität ist eine ständige Fazilität des Eurosystems. Diese gibt den Geschäftspartnern die Möglichkeit, täglich fällige Einlagen bei der nationalen Zentralbank anzulegen (zu einem dafür festgesetzten Zinssatz, dem Einlagensatz).

Die Ständigen Fazilitäten dienen der Bereitstellung und Abschöpfung von Liquidität bis zum nächsten Geschäftstag. Die Zinsen für die Ständigen Fazilitäten signalisieren den geld- bzw. zinspolitischen Kurs; die Zinssätze bilden die Ober- bzw. Untergrenze für den Tagesgeldsatz (sog. Zinskorridor).

Die Zinsen für die Ständigen Fazilitäten und der Mindestbietungssatz für Hauptrefinanzierungsgeschäfte werden vom EZB-Rat als Leitzinsen der EZB festgelegt.

Die derzeitigen Zinssätze[811] betragen:

- Spitzenrefinanzierungssatz   3 ¾ %
- Mindestbietungssatz für Hauptrefinanz.geschäfte   2 ¾ %   Leitzinsen der EZB.
- Zinssatz für Einlagenfazilität   1 ¾ %

Zwischen dem Spitzenrefinanzierungssatz und dem Zinssatz für die Einlagen-fazilität liegt der sog. Zinskorridor (im aktuellen Fall beträgt dieser zwei Prozent-punkte).

Die ständigen Fazilitäten (und die Offenmarktgeschäfte) können grundsätzlich von jedem mindestreservefähigen Kreditinstitut auf eigene Initiative in Anspruch genommen werden. Dabei müssen die Geschäftspartner die allgemeinen Zulas-sungsbedingungen sowie sämtliche vom Eurosystem vertraglich oder normativ festgelegten verfahrenstechnischen Kriterien erfüllen.

5. Die Mindestreserven

Mindestreserven sind Einlagen, welche die Geschäftsbanken bei der EZB bzw. den nationalen Zentralbanken unterhalten müssen.[812] Die Mindestreserven dienen

---

Empirische Hinweise zum Euro-Währungsgebiet (1999-2005) (Teil I)

Thesen:

Ursachen der Erhöhung der Mindestreservenverpflichtungen
1. Eine Steigerung ... bewirkt eine
Erhöhung der Mindestreservenverpflichtungen (und umgekehrt):

1. des reales BIP ...	- Diese These trifft zu.
2. des Preisniveaus ...	- Diese These trifft nur tendenziell zu (nicht signifikant).*
3. der Kredite der Geschäftsbanken ...	- Diese These trifft zu.
4. des Bargelds ...	- Diese These trifft nicht zu.
5. von M1 ...	- Diese These trifft zu.
6. von M2 ...	- Diese These trifft zu.
7. von M3 ...	- Diese These trifft zu.
8. der Liquiditätszuführung der EZB ...	- Diese These trifft zu.

* Bei einem zugrunde gelegten Signifikanzniveau von mindestens 0,10.

---

[811] Ende 2005.
[812] Solche Mindestreserven wurden erstmals 1913 in den USA durch den Federal Reserve Act ein-geführt und dienten der Kundenabsicherung gegenüber Insolvenzen sowie Liquiditätskrisen von Geschäftsbanken. In Deutschland besteht seit 1934 die Mindestreservebefugnis gegenüber dem Reichsaufsichtsamt (nicht der Reichsbank), von welcher jedoch kein Gebrauch gemacht wurde. Mit der Währungsreform von 1948 gab das Emissionsgesetz der Bank der Deutschen Länder die Voll-macht zum Erlass von Mindestreservevorschriften.

der Vergrößerung der strukturellen Liquiditätsknappheit des Bankensektors gegenüber dem Eurosystem, was die Steuerung der Geldmarktsätze im Rahmen der geldpolitischen Operationen der EZB ermöglicht.[813]

Empirische Hinweise zum Euro-Währungsgebiet (1999-2005) (Teil II)

Thesen:

Wirkungen der Mindestreservenverpflichtungen
Steigende Mindestreservenverpflichtungen
bewirken eine Senkung ...
(und umgekehrt):

1. ... des reales BIP.	- Diese These trifft nicht zu.
2. ... des Preisniveaus.	- Diese These trifft nicht zu.
3. ... des Aktienindex.	- Diese These trifft zu.
4. ... der Kredite der Geschäftsbanken.	- Diese These trifft nicht zu.
5. ... des Bargelds.	- Diese These trifft nicht zu.
6. ... von M1.	- Diese These trifft nicht zu.
7. ... von M2.	- Diese These trifft nicht zu.
8. ... von M3.	- Diese These trifft nicht zu.
9. ... der Liquiditätszuführung der EZB.	- Diese These trifft nicht zu.

V. Ein Ausblick

Benjamin Friedman stellt sich die Frage, wie sich die Geldpolitik in den nächsten 25 Jahren weiterentwickeln könnte:

„The Future of Monetary Policy: The Central Bank as an Army with Only a Signal Corps?"[814]

Er geht vom künstlich geschaffenen Markt für Zentralbankgeld als Steuerungsinstrument der Geldpolitik aus. Vorerst vergleicht er die großen Volumen der Finanzmärkte mit den verhältnismäßig geringfügigen Volumen der monetären Basis, über welche die Zentralbank verfügt. Die Geschäftsbanken sind gezwungen, Zentralbankliquidität nachzufragen, wenn sie Kredite gewähren, um der damit verbundenen Nachfrage nach Bargeld zu entsprechen und Mindestreserven bei der Zentralbank zu hinterlegen, welche bei einer Erhöhung der Bankeinlagen erforderlich sind.

Zu den neueren Entwicklungsfaktoren in den vergangenen Jahren gehört nach Auffassung von *Friedman* als erstes Element die Erosion der Nachfrage nach Bar-

---

[813] Vgl. *EZB*, Die Geldpolitik der EZB, 2004, S. 84. Als erste Funktion nennt die EZB die Stabilisierung der Geldmarktsätze, als zweite Funktion die Vergrößerung der strukturellen Liquiditätsknappheit des Bankensystems.
[814] *Friedman, Benjamin M.*, 1999, S. 321-338.

geld.[815] Die Finanzinnovationen führen zu einem kleineren Bedarf an Bargeld, zumal neue Formen liquiditätsnaher Aktiven mit geringeren Transformationskosten bei der Umwandlung in Geld entstanden. Beispiele sind das elektronische Geld und „smart cards" (Plastikkarten mit einem integrierten Chip, welcher auch als Geldspeicher dient). Bei einer stärkeren Verbreitung der smart cards würde das Geld nur noch als ein mögliches Instrument unter anderen für die kurzfristige Speicherung von Kaufkraft dienen. Hinzu kommt die Tendenz, vermehrt Zahlungen durch Formen elektronischen Geldes auszuführen.

Ein zweites Element, welches die Monopolstellung der Zentralbank als Anbieter der monetären Basis gefährdet, ist die abnehmende Bedeutung der Banken im Kreditbereich. An deren Stelle treten häufig Pensionskassen, Versicherungen und Investmentfonds. Diese Institutionen arbeiten bei der Kreditvergabe sehr effizient und sind nicht auf Zentralbankliquidität angewiesen (weder für die Kreditvergabe noch für die Hinterlegung von Mindestreserven). Eine ähnliche Bedeutung hat der Trend zur Securitization (Verbriefung in Form von Anleihen) von Hypotheken, Konsumenten- und Firmenkrediten,[816] welche in großen Paketen und unter verschiedenen Modalitäten des Anlegerschutzes an die Börse gebracht werden. Auf diese Weise kommt es zu einem Bedeutungsverlust der Zentralbank.

Ein drittes Element, welches zu einer geringeren Nachfrage nach Zentralbankgeld führt, ist der Wettbewerb im Bereich der Zahlungssysteme (Bankenclearing). Dieser kann zu entsprechenden, „privaten" Systemen führen, die auf einer Liquiditätsbasis funktionieren, welche nicht von der Zentralbank bereitgestellt wird, was einen weiteren Bedeutungsverlust der Zentralbanken bewirkt. Derzeit laufen die Zahlungen unter den Banken zum Teil noch über die Zentralbanken. Um die sich ergebenden Saldi auszugleichen, entsteht ein Bedarf an Zentralbankgeld, was die Rolle der Zentralbank, als Monopolist für das Angebot an Zentralbankgeld aufzutreten, stärkt. Dies ist vor allem dann der Fall, wenn die Zentralbank keine Überziehungskredite gewährt (wie dies beispielsweise die EZB in der Form von Spitzenrefinanzierungskrediten über Nacht vorsieht).

Ein viertes Element ist die sinkende Zahl von Währungen, die sich international öffnenden Geldmärkte und die zunehmende internationale Währungsintegration im Rahmen der Globalisierung der Geld-, Kredit- und Kapitalmärkte. Finanzinnovationen wie beispielsweise Terminkontrakte und Optionen können die Steuerung des Geldangebotes unterlaufen, indem diese zu einem erhöhten Geldschöpfungspotential führen. Die Möglichkeit, die Geldbasis zu kontrollieren, wird eingeschränkt; zudem verlieren die Geldmengenaggregate an Aussagekraft. Auch kleinere Volkswirtschaften können in den Strudel von Währungskrisen geraten und suchen eine Anbindung ihrer Währung an Triadewährungen (USD, Euro und Yen). Für die höchstindustrialisierten Länder ist das Phänomen der „off shore"-Märkte von Bedeutung, welche sich weitgehend der nationalen Regulierung entziehen. Dies hat auch Auswirkungen auf das Angebotsmonopol der Zentralban-

---

[815] Dieser Trend lässt sich im Euro-Währungsgebiet (noch) nicht feststellen, zumal auch das Ausland große Volumen von Bargeld nachfragt.

[816] Vor allem in den USA, wo der Anteil – je nach Kreditart – zwischen zehn und dreißig Prozent beträgt.

ken bei der Bereitstellung von Zentralbankliquidität. Insoweit die Geschäftsbanken sowie die privaten Unternehmen und Haushalte die eigene Währung durch eine fremde Währung substituieren, wird die Wirksamkeit der Zentralbanken im Inland geschmälert. Ähnliche Wirkungen hat die Verwendung von ausländischen Währungen als Denominationswährung (Währungen für die Rechnungstellung) für Transaktionen im Güterbereich und bei der Festlegung von Löhnen.

Diese Faktoren führen zu einem geringeren Einfluss der Geldpolitik auf die Preisentwicklung, die Zinsen, den Output und die Beschäftigung. Die Wirkungen von Finanzinnovationen auf den Geldangebotsprozess können in zweierlei Richtungen gehen: Die Kontrollierbarkeit der Geldbasis wird eingeschränkt oder der Geldschöpfungsmultiplikator wird größer und instabiler. Die Steuerbarkeit der Geldbasis hängt davon ab, ob die Zentralbank die Geldmenge frei und autonom festlegen kann. Kurzfristig haben die Geschäftsbanken und die Nichtbanken einen Einfluss auf die Geldbasis, beispielsweise durch die Neigung der Nichtbanken, Bargeld zu halten, oder der Banken, Spitzenrefinanzierungsfazilitäten in Anspruch zu nehmen. Langfristig kann die Zentralbank durch die Festlegung der Refinanzierung die Liquiditätszuführung wieder nach ihren Zielen festlegen.

Im Euro-Währungsgebiet liegt angesichts der erheblichen Mindestreserven und der großen sowie steigenden Nachfrage nach Bargeld (€) im In- und Ausland ein Wechsel zu einer geldmarktorientierten Geldpolitik noch in ferner Zukunft.

Empirische Hinweise zum Euro-Währungsgebiet (1999-2005)

Thesen:

1. Die Nachfrage nach Bargeld „erodiert".	- Diese These trifft nicht zu. Die Bargeldnachfrage ist jährlich um durchschnittlich 7 bis 8 Prozent gestiegen.
2. Die Mindestreserven stellen keine Begrenzung der Geldmengenentwicklung dar.	- Diese These trifft nicht zu.
3. Die Geldmengenentwicklung lässt sich über die Liquiditätszuführung durch die EZB begrenzen.	- Diese These trifft nur tendenziell zu (nicht signifikant).*

* Bei einem zugrunde gelegten Signifikanzniveau von mindestens 0,10.

Literaturverzeichnis

Altmann, Jörn, Volkswirtschaftslehre, UTB-Taschenbücher, Stuttgart 1988.

Ammonn, Alfred, Jean Baptiste Say. In: HdSW, Bd. 9, Göttingen 1956, S. 93-95.

Aristoteles, De Republica Libri VIII. In: Opera ex recensione, Immanuelis Bakkeri T. 10. oxinii 1837, liber. I, c. 8-10.

Aristoteles, in der Nikomanischen Ethik, zitiert nach Rolfs, Eugen, Aristoteles Nikomanische Ethik, 4. Auflage, Hamburg 1985.

Aslani, Dzemal, Die Geldnachfrage. Theorie und empirische Ergebnisse für die Schweiz, Diss. St. Gallen 1999.

Barro, Robert J. and *Gordon, David B.,* Rules, Discretion and Reputation in a Model of Monetary Policy. In: Journal of Monetary Economics, Vol. 12, Amsterdam 1983, S. 101-121.

Barro, Robert J., Makroökonomie, 3. Auflage, München/Wien 1992.

Bank für Internationalen Zahlungsausgleich, Implications for Central Banks of the Development of Digital Money, Basel 1996.

Bauble, Roland, Plans for a European Parallel Currency and SDR Reform: „The Choice of Value-Maintenance Provisions and Greshams Law. In: Weltwirtschaftliches Archiv, 1974, H.2., S. 195-228.

Baumol, William J., The Transactions demand for Cash: An Inventory Theoretic Approach. In: The Quarterly Journal of Economics, Vol. 66, 1952, S. 545-556.

Bernanke, Ben S. and *Blinder, Alan S.,* Credit, Money, and Aggregate Demand. In: The American Economic Review, May 1988, S. 435-439.

Bernholz, Peter, Besprechung zu F. A. von Hayek, Denationalisation of Money, 1976. In: Kyklos, 31, S. 136-139.

Bodin Jean, La Response de *Jean Bodin à M. de Malestroit* – 1568 –, Nouvelle Edition par *Henri Hauser,* Paris 1932.

Bofinger, Peter und *Reischle, Julian,* sowie *Schächter, Andrea,* Geldpolitik: Ziele, Institutionen, Strategien und Instrumente, München 1996.

von Böhm-Bawerk, Eugen, Positive Theorie des Kapitals, Innsbruck 1889.

von Böhm-Bawerk, Eugen, Capital und Capitalzins II. Positive Theorie des Capitales. Innsbruck 1902.

von Böhm-Bawerk, Eugen, Artikel „Zins". In: Wieser, Friedrich et al. (Hrsg.), Handwörterbuch der Staatswissenschaften, 8. Band, 4. Auflage, Jena 1928, S. 1130-1143.

Blum, Reinhard, Soziale Marktwirtschaft – Wirtschaftspolitik zwischen Neoliberalismus und Ordoliberalismus, Tübingen 1969.

Bolder, David Jamieson, Affine Term-Structure Models: Theory and Implementation. In: Working Paper 2001-15, Bank of Canada, Oktober 2001.

Borchert, Manfred, Geld und Kredit, Stuttgart und Berlin, 1982.

Borchert, Manfred, Geld und Kredit, Eine Einführung in die Geldtheorie und Geldpolitik, 7. Auflage, München und Wien 2001.

Born, Karl Erich, Geldtheorie und Geldpolitik – II: Geldgeschichte. In: *Willi, Albers* (Hrsg.), Handwörterbuch der Wirtschaftswissenschaften, Bd. 3, Stuttgart u.a. 1981, S. 360-374.

Brainard, William C. und *Tobin, James,* Pitfalls in Financial Model Building. In: American Economic Review, 1968.

Brunner, Karl und *Meltzer, Allan,* Credit-Market Theory of the Money Supply and an Explanation of Two Puzzles in US-Monetary Policy. In: *Bagiotti, Tullio* (Hrsg.), Investigations in Economic Theory and Methodology; Essays in Honor of *Marco Fanno,* Vol. II, Padovy 1966, S. 151-176.

Brunner, Karl und *Meltzer Allan,* Liquidity traps for money, bank credit, and interest rates. In: Journal of Political Economy, 76(1), 1968, S. 1-37.

Brunner Karl, The Monetarist Revolution. In: Monetary Theory, Weltwirtschaftliches Archiv, Bd. 105, 1970, S. 9 ff.

Brunner, Karl, Eine Neuformulierung der Quantitätstheorie des Geldes. In: Kredit und Kapital, 1970.

Brunner, Karl, Zwei alternative Theorien des Geldangebotsprozesses: Geldmarkt- versus Kreditmarkt. In: *Brunner, Karl; Monissen, Hans* und *Neumann, Manfred* (Hrsg.), Geldtheorie, Köln 1974, S. 114-148.

Brunner, Karl und *Meltzer, Allan H.,* Die Bedeutung monetärer Indikatoren. In: *Jürgen Badura* und *Otmar Issing (Hrsg.):* Geldpolitik, Stuttgart und New York 1980, S. 73-91.

Brunner, Karl, Hat der Monetarismus versagt? In: Kredit und Kapital, Heft 1, 1984, S. 18-63.

Cagan Phillip, The Monetary Dynamics of Hyperinflation. In: Studies in the Quantity Theory of Money, hrsg. von *Milton Friedman,* Chicago 1956, S. 25-117.

Cantillon, Richard, Essai Sur la Nature du Commerce en General, 1732. Hrsg. von *H. Higgs,* Wiederauflage, London 1931.

Cantillon, Richard, Essais sur la Nature du Commerce en Général, 1755.

Cantillon, Richard, Essay on the Nature of Trade. Englische Übersetzung aus dem Jahre 1931 des 1755 erstmals veröffentlichten französischen Werkes: Essai sur la nature du commerce en général. In: *Dean, Edwin* (Hrsg.), The Controversy over the Quantity Theory on Money. Reihe: Studies in Economics, Boston 1965, S. 2-8.

Cassel, Gustav, Theoretische Sozialökonomie, Leipzig 1918.

Cassel, Gustav, The World's Monetary Problems, London 1921.

Cassel, Gustav, Theoretische Sozialökonomie, 5. Auflage, Leipzig 1932.

Claassen, Erich-Maria, Ein Beitrag zur Theorie der Zinsstruktur, Diss., Köln 1963.

Claassen, Erich-Maria, Grundlagen der Geldtheorie, 2. Auflage, Berlin/Heidelberg/New York 1980.

Clarida, Richard; Gali, Jord und *Gertler, Mark,* The Science of Monetary Policy: A New Keynesian Perspective. In: Journal of Economic Literature 37, December 1999, S. 1661-1707.

Cox, John C., Jonathan E. Ingersoll und *Steven A. Ross,* A theory of the term structure of interest rates. In: Econometrica, Vol. 53, 1985, S. 395-407.

Culbertson, J.M., The Term Structure of Interest Rates. In: The Quarterly Journal of Economics, No. 4., Vol. LXXI, 1957, S. 485-517.

Deutsche Bundesbank, Geschäftsbericht 1998.

Deutsche Bundesbank, Monatsberichte.

Deutsche Bundesbank, Volkswirtschaftliches Forschungszentrum, Diskussionspapier 18/02, vom Juni 2002.

Dürr, Ernst-Wolfram, Wesen und Ziele des Ordoliberalismus, Winterthur 1954.

Duwendag, Dieter et al., Geldtheorie und Geldpolitik, Einführung mit einem Kompendium bankstatistischer Fachbegriffe, Köln 1974.

Engels, Wolfram, The Optimal Monetary Unit – Real-asset Currency, State Monetary Sovereignty, and the Private Issue of Bank Notes, Frankfurt 1981.

Eucken, Walter, Grundsätze der Wirtschaftspolitik, Bern/Tübingen 1952.

Eucken, Walter, Grundsätze der Wirtschaftspolitik, 6. Auflage, Tübingen 1990.

EZB, Das Eurosystem und das Europäische System der Zentralbanken. In: Monatsbericht vom Dez. 1999.

EZB, Die Geldpolitik der EZB, 2004.

EZB, Monatsberichte (www.ecb.int).

Federal Reserve Bank of Chicago, Regulatory Innovations: The New Bank Accounts. In: Economic Perspectives, Nr. 8/1984.

Felderer, Bernhard und *Homburg, Stefan*, Makroökonomik und neue Makroökonomik, 8. Auflage, Berlin et al. 2003.

Felkel, Stephanie, Zur Wirkungsweise monetärer Impulse, Diss. Köln 1998.

Fisher, Irving, Mathematical investigations in the theory of value and prices. Transactions of the Connecticut Academy of Arts and Sciences, Nr. 9, New Haven CT, 1892. Repr. New York 1892.

Fisher, Irving, Appreciation and Interest, 1896.

Fisher, Irving, The Theory of Interest, New York 1907.

Fisher, Irving, The Purchasing Power of Money, Its Determination and Relation to Credit, 1911.

Fisher, Irving, The Purchasing Power of Money, Its Determination and Relation to Credit Interest and Crisis, New York 1912a.

Fisher, Irving, Elementary principles of economics, New York 1912b.

Fisher, Irving, Die Kaufkraft des Geldes. Ihre Bestimmung und ihre Beziehung zu Kredit, Zins und Krisen, Berlin 1916.

Fisher, Irving, Stabilizing the dollar, New York 1920.

Fisher, Irving, Die Kaufkraft des Geldes (Originalausgabe: The Purchasing Power of Money, New York 1911), 2. Auflage, Berlin/Leipzig 1922.

Fisher, Irving, The theory of interest as determined by impatience to spend income and opportunity to invest it, New York 1930.

Fisher, Irving, Die Zinstheorie (The Theory of Interest, 1930), übersetzt von *Hans Schulz*, Jena 1932.

Fisher, Irving, The Debt-Deflation Theory of Great Depressions. In: Econometrica, Oktober 1933.

Fisher, Irving, 100 % Money, 1936, S. 119-134.

Fisher Irving, The Purchasing Power of money, Its determination and Relation to Credit, 1911, New Ed. New York 1963.

Fisher, Irving, The Theory of Interest (1930), New York 1990.

Flambant, Maurice, Die Inflation, Stuttgart 1974.

Fleming, John M., Domestic Financial Policies under Fixed and Floating Exchange Rates. In: IMF Staff-Papers, 1962.

Franke, Hans-Hermann, Der Einfluss von Finanzinnovationen auf die Effizienz der Geldangebotskontrolle und des geldpolitischen Instrumentariums. In: *Ehrlicher, W., Simmert, D.B.* (Hrsg.), Wandlungen des geldpolitischen Instrumentariums der Deutschen Bundesbank, Beihefte zu KuK., H. 10, 1988.

Frenkel, J.A. und *Johnson, H.G.*, The monetary Approach to the Balance of Payments: Essential Concepts and historical Origins. In: The monetary Approach to the Balance of Payments, London und Toronto 1976, S. 187-221.

Friedman, Benjamin M., The Theoretical Nondebate about Monetarism. In: Kredit und Kapital, Jg. 9, 1976, S. 347-367. Wiederabgedruckt und zitiert nach: Die theoretische „Nicht-Kontroverse" um den Monetarismus. In: Die Monetarismus-Kontroverse, Kredit und Kapital, Beiheft 4, Berlin 1978, S. 129-147.

Friedman, Benjamin M., The Future of Monetary Policy: The Central Bank as an Army
with Only a Signal Corps? In: International Finance, Vol. 2, November 1999,
S. 321-338.

Friedman, Milton, Essays in Positive Economics, The University of Chicago Press, 37,
Chicago 1953.

Friedman, Milton, The quantity theory of money – a restatement. In: Studies in the
Quantity Theory of Money. University Chicago Press, Chicago 1956.

Friedman, Milton, The Optimum Quantity of Money. In: The Optimal Quantity of
Money and Other Essays, Chicago 1969, S. 1-50.

Friedman, Milton, Die Quantitätstheorie des Geldes: eine Neuformulierung. Deutsche
Übersetzung des Originalwerkes: The Quantity Theory of Money: A Restatement, 1956.
München 1970.

Friedman, Milton, Die optimale Geldmenge und andere Essays. Übersetzt von *Frerich, J.;
Hoft, G.* und *Pusch, R.H.,* München 1970.

Friedman Milton, A Theory of the Consumtion Function, Princeton 1957.

Friedman Milton und *Schwartz, Anna,* A Monetary History of the United States, 1867-1960.
National Bureau of Economic Research, Studies in Business Cycles, Nr. 12, Princeton
University Press 1963.

Friedman, Milton, The Supply of Money and the Price Level, 1967.

Friedman, Milton, The Role of Monetary Policy. In: The American Economic Review, Vol.
LVIII, March 1968, Number 1, S. 1-17.

Friedman, Milton, The Optimum Quantity of Money, Chicago 1969a.

Friedman, Milton, The Eurodollar market: some first principles. In: Morgan Guarantee
Survey, 1969b, S. 4-14,.

Friedman, Milton, A Theoretical Framework for Monetary Analysis. In: Journal of
Political Economy, Vol. 78/1, 1970a.

Friedman, Milton, Die optimale Geldmenge und andere Essays. Übersetzt von *Frerich, J.;
Hoft, G.* und *Pusch, R.H.,* München 1970b.

Friedman, Milton, Die Gegenrevolution in der Geldtheorie. In: Der neue Monetarismus,
hrsg. von *Kalmbach, P.,* 1973.

Friedman, Milton, A Theoretical Framework for Monetary Analysis. In: Journal of Political
Economy, Jg. 78, 1970, S. 193-238. Wiederabgedruckt und zitiert nach *Gordon, Robert*
(Hrsg.): *Milton Friedmans* Monetary Framework. A Debate with his Critics,
Chicago/London 1974a, S. 1-68.

Friedman, Milton, Die Rolle der Geldpolitik, hrsg. von *Brunner, Karl,* u.a., 1974b, In:
Brunner, K.; Monissen, H., u.a. (Hrsg.), Geldtheorie, Köln 1974.

Friedman, Milton, Essays on Inflation and Indexation. In: American Enterprise Institute
for Public Research, Washington D.C. 1974c.

Friedmann, Milton, Die Quantitätstheorie. In: *Badura,Jürgen,* Geldtheorie, Stuttgart 1979.

Friedman, Milton, Money Mischief. Episodes in Monetary History, San Diego 1994.

Friedman, Milton, in: FAZ, vom 2.12.2001, S. 39.

Fullarton, John, On the Regulation of Currencies, S. 2. Aufl., London 1845.

Ganzoni, Eduardo und *Ferdinando Galiani,* Zürich 1938.

Gerding, Rainer und *Starbatty, Joachim,* Zur Entnationalisierung des Geldes: eine
Zwischenbilanz. In: Walter Eucken Institut, Vorträge und Aufsätze 78, Tübingen 1980.

Gerlach, Stefan und *Schnabel, Gerd,* The Taylor Rule and Interest Rates in the EMU
Area: A Note. In: Bank for International Settlement, BIS Working Papers, No. 73,
August 1999.

Gerloff, Wilhelm, Die Entstehung des Geldes und die Anfänge des Geldwesens,
3. Auflage, Frankfurt a.M. 1947.

Gibson, A.H., The Future Course of High-Class Investment Values. In: Bankers', Insurance Managers' and Agent' Magazine, Jan. 1923, S. 15-34.

Gibson, A.H., The Road to Economic Recovery. In: Bankers', Insurance Managers' and Agent' Magazine, Nov. 1926, S. 595-612.

Graham, Benjamin, Storage and Stability: A modern ever-normal granary, 1937.

Grosskettler, Heinz, Johan Gustav Knut Wicksell. In: *Starbatty, J.* (Hrsg.), Klassiker des ökonomischen Denkens, Bd. 2, München 1989.

Gurley, John G. und *Shaw, Edward S.*, Money In A Theory Of Finance, Washington D.C. 1960.

von Hagen, Jürgen, Berichterstattung zu einem Vortrag anlässlich der Jahrestagung des Vereins für Socialpolitik im Herbst 2003 in Bonn. In: NZZ, Nr. 230, vom 4./5. Oktober 2003, Bl. 23.

Hansen, Alvin H., The Pigovian Effect. In: Journal of Political Economy. Band 59, Dezember 1951.

Hantke, Monika, Der Einfluss von Finanzinnovationen auf der Wirksamkeit der Geldmengensteuerung, Duisburg 1991.

Harrod, Roy F., Money, London 1969.

Hartlandt Hans, Die Evolution des Geldes, Heidelberg 1989.

von Hayek, Friedrich August, Das intertemporale Gleichgewichtssystem der Preise und die Bewegungen des Geldwertes. In: Weltwirtschaftliches Archiv, Bd. II 28, Jena 1928, S. 33-76.

von Hayek, Friedrich August, Geldtheorie und Konjunkturtheorie, Beiträge zur Konjunkturforschung, hrsg. vom österreichischen Institut für Konjunkturforschung, Nr. 1, 1929.

von Hayek, Friedrich August, Geldtheorie und Konjunkturtheorie, Wien und Leipzig 1929.

von Hayek, Friedrich August, Gibt es einen Widersinn des Sparens? Wien 1931.

von Hayek, Friedrich August, Preise und Produktion, Wien 1931 (Nachdruck Wien-New York 1976).

von Hayek, Friedrich August, Über „neutrales" Geld. In: Zeitschrift für Nationalökonomie, Band 4, Heft 5, 1933, S. 659-661.

von Hayek, Friedrich August, Prices and Production, 2. Aufl., London 1935.

von Hayek, Friedrich August, Profits, Interest, and Investment, London 1939.

von Hayek, Friedrich August, Pure Theory of Capital, 1941.

von Hayek, Friedrich August, Geldtheorie und Konjunkturtheorie, 1929, Nachdruck, 2. Auflage, Salzburg 1976.

von Hayek, Friedrich August, Entnationalisierung des Geldes – Eine Analyse der Theorie und Praxis konkurrierender Umlaufsmittel, 1. Aufl., Tübingen 1977.

von Hayek, Friedrich August, Choice in Currency: A Way to Stop Inflation. In: Institute of Economic Affairs, Occasional Paper 48, London 1976. Deutsche Übersetzung: *von Hayek, Friedrich August*, Freie Wahl der Währungen: Ein Mittel gegen die Inflation: In: *Badura, Jürgen* und *Issing, Otmar* (Hrsg.), Geldpolitik, Stuttgart/New York 1980, S. 136-146.

von Hayek, Friedrich August, New Studies, London 1978.

von Hayek, Friedrich August, Dankadresse. In: *Hoppmann, Erich* (Hrsg.), *Friedrich August von Hayek*, Baden Baden 1980.

Hawtrey, Ralph G., Trade and Credit, London 1928.

Heidari, Massoud und *Wu, Liuren,* Term Structure of Interest Rates, Yield Curve
   Residuals, and the Consistent Pricing of Interest Rates and Interest Rate Derivatives. In:
   Working Paper, Graduate School of Business, Fordham University, Version vom
   10. September 2002.
Heischkamp, Volker, Finanzinnovationen. Der Konflikt zwischen mikro- und makro-
   ökonomischer Optimalität. Diss. Köln 1989.
Heubes, Jürgen, Das Tobin-Paradoxon. In: WiSt, Heft 5, Mai 1999, S. 246-248.
Hicks, John R., A Suggestion for Simplifying the Theory of Money. In: Econometrica,
   Vol. 2, 1935, S. 186-195.
Hicks, John R., Mr. Keynes and the 'Classics': A Suggested Interpretation. In:
   Econometrica 5, 1937, S. 147-159. Wiederabgedruckt in: *Hicks, John R.,* Critical Essays in
   Monetary Theory, Oxford 1967.
Hicks, John R., Value and Capital: An inquiry into some fundamental principles of
   economic theory, 1939.
Hicks, John R., Value and Capital. An Inquiry into Some Fundamental Principles of
   Economic Theory, 2nd ed., Oxford 1947.
Hicks, John R., A Suggestion of Simplifying the Theory of Money. In: Economica 2,
   S. 1-19. Wiederabgedruckt in: Readings in Monetary Theory, hrsg. von *F. A. Lutz* und
   L. W. Mints, 2. Aufl., London 1956, S. 13-32.
Hicks, John R., Critcial Essay in Monetary Theory, Oxford 1967.
Hicks, John R., The Crisis in Keynesian Economics, Oxford 1974.
Howson, Susan, "A Dear Money Man?", Keynes on Monetary Policy, 1920, Economic
   Journal, June 1973. In: *Boeck, J. Anthony* und *Storey Donald R.,* The Outlook 1983,
   A. Supplement to the Bank Credit Analyst, Montreal, December 1982.
Hume David, Political Discourses, 1752a.
Hume, David, Of Money, 1752b. In Essays: Moral, Political and Literary. Vol. I, 1892,
   reprinted London 1964.
Hume, David, Of Interest, 1752c. In: Essays: Moral, Political and Literary. Vol. I, 1892,
   reprinted London 1964..
Humphrey, Thomas M., The Quantity Thoery of Money, Its Historical Evolution and
   Role in Policy Debates. In: Federal Reserve Bank of Richmond, Economic Review,
   September/October 1984, Vol. 70/Vol. 5, S. 13-22.

Issing, Otmar, Einführung in die Geldtheorie, Heidelberg (1984, 1988, 1991, 1993, 1998).
Issing, Otmar, Vom Primat der Währungspolitik. In: Ordo, Jahrbuch für die Ordnung
   von Wirtschaft und Gesellschaft, Bd. 50, 1989, S. 351-361.
Issing, Otmar, Einführung in die Geldpolitik, 3. Auflage, München 1990.

Jarchow, Hans-Joachim, Theorie und Politik des Geldes, Göttingen 1973.
Johnson, Harry G., Neue Entwicklungen in der Geldtheorie: Ein Kommentar. In:
   Brunner, K.; Monissen, H. und *Neumann, M.,* Geldtheorie, Köln 1974.
Johnson, H.G., Equilibrium under fixed exchanges. In: American Economic Review, 53
   (2), S. 112-119.
Jurke, Gisela, Grundlagen des Dept. Management unter besonderer Berücksichtigung
   der Bestimmungsgründe zur Erklärung der Zinsstruktur, Berlin 1972.

Kaldor, Nicholas, Die neue Geldlehre. In: Ifo-Studien, 16. Jg., 1970.
Kalecki, Michal, Professor Pigou on „The Classical Stationary State" – A Comment. In:
   Economic Journal, No. 213, Vol. 54, April 1944, S. 131 f.
Kath, Dietmar, Die verschiedenen Ansätze der Zinsstrukturtheorie. In: Kredit und Kapital
   1972, Bd. 5, S. 28-71.
Keynes, John Maynard, A Tract on Monetary Reform, London 1923.

Keynes, John Maynard, A Treatise on Money, Band 1 und 2, 1930.

Keynes, John Maynard, A Treatise on Money, London 1930. In deutscher Sprache hrsg. von *C. Krämer,* Vom Gelde, München 1932.

Keynes, John Maynard, General Theory of Employment, Interest, and Money, London und New York 1936.

Keynes, John Maynard, Vom Gelde (Originialausgabe: A Treatise on Money, Cambridge 1930), Berlin 1955.

Keynes, John Maynard, The General Theory of Employment, Interest and Money, 1936. London/Melbourne/Toronto 1967.

Keynes, John Maynard, The Theory of the Rate of Interest. In: Readings in the Theory of Income Distribution by *William Fellner* and *Bernard Haley,* London 1937.

Keynes, John Maynard, The General Theory of employment, interest and money (1936), Wiederauflage New York 1964.

Keynes, John Maynard, Allgemeine Theorie der Beschäftigung, des Zinses und des Geldes (1936), 5. Auflage, Darmstadt 1974.

Keynes, John Maynard, The Concept of National Income: Supplementary Note. In: Economic Journal, 1940.

King, R. und *Wolman, A.,* What Should the Monetary Authority do When Prices are Sticky? In: *John Taylor* (Ed.), Monetary Policy Rules, University of Chicago Press, 1999.

Kydland, Finn und *Prescott, Edward,* Rules rather than discretion: The inconsistency of optimal plans. In: Journal of Political Economy, 85, 1977, S. 473-490.

Kydland, Finn und *Prescott, Edward,* Time to Build and Aggregate Fluctuation. In: Econometrica, 1982, 50, 1345-1371.

Klein, Benjamin, The Competitive Supply of Money. In: Journal of Money, Credit And Banking, Vol. 6, 1974, S. 423-453.

Koopmans, Johan, Zum Problem des „Neutralen" Geldes. In: *von Hayek, Friedrich August* (Hrsg.): Beiträge zur Geldtheorie, Wien 1933.

Krug, Wilfried, Besprechung zu F. A. von Hayek, Entnationalisierung des Geldes, 1977. In: Zeitschrift für die gesamte Staatswirtschaft, Band 134, 1978, S. 573-576.

Laidler, Davod, Monetarist Perspectives, repr. Oxford 1982.

Lange, Oskar, „Say's Law: A Restatement and Criticism". In: Studies in Mathematical Economics and Econonmetrics, ed. Oskar Lange et al., Chicago 1942.

Law, John, Considérations sur le numéraire et le commerce, 1705 (Translation : Money and Trade Considered with a Proposal for Supplying the Nation with Money); sowie ders., Mémoire pour prouver qu'une nouvelle espèce de monnaie que l'or et l'argent, 1707.

Levhari D. und *Patinkin Don,* The Role of Money in a Simple Growth Model. In: American Economic Review, Vol. 58, 1968, S. 713-753.

Lipsey, Richard G., Die Beziehung zwischen Arbeitslosigkeit und der Veränderungsrate der Nominallöhne in England (1862-1957). In: *Nowotny, Ewald* (Hrsg.): Löhne, Preise, Beschäftigung, Frankfurt 1974, S. 63-99.

Locke, John, Consequencies of the Lowering of Interest and Raising the Value of Money, 1692.

Locke, John, Further Considerations Concerning Raising the Value of Money, 1695.

Locke, John, The Works of John Locke, Vol. V., A New Edition, Corrected, London, 1823, Reprinted by Aalen 1963.

Longstaff, F.A. and Schwartz, E.S., Valuing American Options by Simulation: A Simple Least-Sqaures Approach. In: The Review of Financial Studies, 14, no. 1, 2001, S. 113-147.

Lucas, Robert E., Econometric Testing of the Natural Rate Hypothesis. In: *Eckstein* (ed.), The Econometrics of Price Determination, 1972.

Lucas, Robert E., Some International Evidence on Output-Inflation Tradeoffs. In: American Economic Review, Band 63, 1973, S. 326-334.

Lutz, Friedrich August, Die Entwicklung der Zinstheorie seit *Böhm-Bawerk.* In: *Eucken, Walter,* Kapitaltheoretische Untersuchungen, hrsg. von *Edgar Salin* und *Arthur Spiethoff,* 2. Aufl., Tübingen 1954.

Lutz, Friedrich A., Geld und Währung – Gesammelte Abhandlungen, Tübingen 1962.

Lutz, Friedrich A., Artikel: Zins. In: Handbuch der Sozial- und Wirtschaftswissenschaften, Band 12, Göttingen 1965, S. 434-452.

Lutz, Friedrich A., Zinstheorie, 2. Auflage, Zürich 1967.

Lutz, Friedrich A., Geldschaffung durch die Banken. In: Weltwirtschaftliches Archiv, Bd. 104, 1970.

Lutz Friedrich A., Artikel: Faktorpreisbildung II: Zinstheorie. In: Handwörterbuch der Wirtschaftswissenschaften, Band 2, 1980, S. 530-548.

Lutz, Friedrich A. und *Niehans, Jürg,* Faktorpreisbildung – II. Zinstheorie. In: Handwörterbuch der Wirtschaftswissenschaften, Bd. 2, Stuttgart u.a. 1981.

Machlup, Fritz, Würdigung der Werke von *Friedrich A. von Hayek,* Tübingen 1977.

Mc Kinnon und *Ronald I.,* Currency Substitution and Instability in the World Dollar Standard. In: The American Economic Review, 1982, S. 320-333.

Malkiel, Burton G., The Term Structure of Interest Rates: Expectations and Behavior Patterns, Princeton University Press, Princeton 1966.

Mankiw, Nicholas Gr., Makroökonomik, Wiesbaden 1998.

Markowitz, H. M., Portfolio Selection. In: The Journal of Finance, 1952, S. 77-91.

Marshall, Alfred, Money, Credit and Commerce, London 1929.

Marx, Karl, Das Kapital. Kritik der Politischen Ökonomie, 2. Bd., Buch II: Der Zirkulationsprozess des Kapitals, 2. Auflage, Berlin 1926.

Meiselmann, David I., The Term Strucutre of Interest Rates, Englewood Cliffs, 1962.

Menger, Carl, Geld. In: Gesammelte Werke, Schriften über Geld und Währungspolitik, Bd. 4, 2. Auflage, Tübingen 1970.

Mill, John St., Inquiry, 1844.

Mill, John St., The Principles of Political Economcy; with some of their applications to social philosophy, 1848.

Mill, John St., Principles of Political Economy with some of Their Application to Social Philosophy (1871). In deutscher Sprache: Grundsätze der politischen Ökonomie, Band 2, nach der Ausgabe letzter Hand, 7. Auflage 1871, übersetzt von *Wilhelm Gehrig,* Jena 1921.

Mill, John St., Principles of Political Economy, New York 1965.

Mill, John St., Grundsätze der politischen Ökonomie, Band 2, Aalen 1968.

Mill, John St., Grundsätze der politischen Ökonomie mit einiger ihrer Anwendungen auf die Sozialphilosophie, 2. Bd. 2, Jena 1921, hrsg. von *Heinrich Waentig,* übersetzt nach der 7. Aufl. 1871 von *Wilhelm Gehrig.*

Miller, Constantin, Studie zur Geschichte des Geldes, Stuttgart und Berlin 1925.

von Mises, Ludwig, Theorie des Geldes und der Umlaufmittel, München/Leipzig 1924.

von Mises, Ludwig, Die Stellung des Geldes im Kreise wirtschaftlicher Güter. In: *Mayer, Hans* (Hrsg.), Die Wirtschaftstheorie der Gegenwart, Wien 1931.

von Mises, Ludwig, Nationalökonomie, Genf 1940.

Modigliani, Franco, Liquidity Preference and the Theory of Interest and Money. In: Econometrica, 1944.

Modigliani, Franco und *Sutch, Richard,* Innovations in Interest Rate Policy. In: American Economic Review, Vol. 56, 1966, S. 178-197.

Mombert, Paul, Ausgewählte Lesestücke zum Studium der politischen Ökonomie, 1. Band (Zur Lehre vom Gelde), 2. Auflage, Karlsruhe 1912, S. 62-103.

Mombert, Paul, Ausgewählte Lesestücke zum Studium der politischen Ökonomie, 3. Band, 2. Auflage, Karlsruhe 1919.

Mundell, Robert G., The Appropriate Use of Monetary and Fiscal Policy under Fixed Exchange Rates. In: IMF Staff-Papers, 1962.

Mundell, Robert G., Inflation and real interest, Journal of Policital Economy, 1963.

Muth, John F., Rational Expectations and the Theory of Price Movements. In: Econometrica, Band 29, 1961 S. 315-355.

Neldner, Manfred, Notenausgabemonopol oder Währungswettbewerb? In: Wirtschaftswissenschaftliches Studium (WiSt), Heft 8, 7. Jahrgang, 1983, S. 397-403.

Nelson, Edward, UK monetary policy 1972-97: a guide using Taylor Rules. In: Bank of England 2000.

Newcomb, Simon, The Standard of Value, North American Review, 1879.

Niehans, Jürg, Über die Wirkung der Zinspolitik auf die Güterpreise. In: *Bombach, Gottfried* (Hrsg.), Stabile Preise in wachsender Wirtschaft, Tübingen 1960.

Niehans, Jürg, Theorie des Geldes. Synthese der monetären Mikro- und Makroökonomik, Bern 1980.

Niehans, Jürg und *Lutz, Friedrich A.,* Artikel: Faktorpreise II, Handbuch der Wirtschaftswissenschaften, 1980.

Niehans, Jürg, Financial Innovation, Multinational Banking, and Monetary Policy. In: Journal of Banking and Finance, 1983, S. 537-551.

Orphanides, Athanasios, Money, Inflation and Growth, Handbook of Monetary Economics Volume 1, Ed. *E. Friedman* and *F.A. Hahn,* 1990.

Overstone, Lord Samuel Jones-Loyd, Further Reflections on the State of the Currency and the Action of the Bank of England, London 1837.

Overstone, Lord Samuel Jones-Loyd, Gedanken über eine Trennung der Bank von England, 1844. In: *Karl Diehl* und *Paul Mombert* (Hrsg.), Ausgewählte Lesestücke zum Studium der politischen Ökonomie, 10. Bd., Karlsruhe 1914, S. 73-90.

Paetzold, Jürgen, Stabilisierungspolitik, 3. Auflage, Bern/Stuttgart 1989.

Patinkin, Don, Relative Prices, Say's Law for Money. In: Econometrica, Vol. 16, 1948, S. 135-154

Patinkin, Don, The Indeterminacy of Absolute Prices in Classical Economic Theory. In: Econometrica, Vol. 17, 1949, S. 1-27.

Patinkin, Don, Money, Interest, and Prices. An Integration of Monetary and Value Theory. Evanstone, Illinois 1956.

Patinkin, Don und *Steiger, Otto,* In Search of the „Veil of Money" and the "Neutrality of Money", A Note on the Origin of Terms. In: Scandinavian Journal of Economics, No. 91, 1989, S. 131-146.

Petty, William, Qantulumcunque concerning Money, 1682.

Petty, William, Sir William Pettys Quantulumcunque concerning Money. In: *Charles Henry Hull* (Ed.), The Economic Writings of *Sir William Petty,* Vol. II, Cambridge 1899, S. 437-448.

Petty, William, A Treatise of Taxes and Contributions. In: *Charles Henry Hull* (Ed.), The Economic Writings of *Sir William Petty,* Vol. I, Cambridge 1899, S. 1-97, S. 121-231 und S. 233-313.

Phillips, Alban W., The Relation Between Unemployment and the Rate of Change of
Money Rates in the United Kingdom, 1861-1957. In: Economica, 1958.

Phillips, C.A., Bank Credit, A Study of the Principles and Factors underlying Advances
made by Banks to Borrowers (1920), New York 1924.

Phelps, Edmund S., Phillips Curves, Expectations of Inflation und Optimal
Unemployment. In: Economica, 1967, S. 254-281.

Pigou, Arthur C., 1917, The Value of Money. In: Quarterly Journal of Economics 32,
November 1917/18.

Pigou, Arthur C., Essays in Applied Economics, London 1923.

Pigou, Arthur C., The Classical Stationary State. In: Economic Journal, December 1943.

Pigou, Arthur C., Economic Progress in a stable Environment. In: Economica, New Series
14, 1947.

Pigou, Arthur C., The Veil of Money, London 1949.

Phillips, C.A., Bank Credit. A Study of the Principles and Factors Underlying Advances
Made by Banks to Borrowers, New York 1920.

Poole, William, Optimal Choice of Monetary Policy Instrument in a Simple Stochastic
Macro Model. In: Quarterly Journal of Economics, 84 (2), May 1970, S. 197-216.

Ricardo, David, Der hohe Preis der Edelmetalle – Ein Beweis für die Entwertung der
Banknoten (1809). In: *Diehl, Karl* und *Mombert, Paul,* Ausgewählte Lesestücke zum
Studium der politischen Ökonomie, 1. Band (Zur Lehre vom Gelde), 2. Band *Ricardo,
David,* The High Price of Bullion. In: *Ricardo, David,* The Works of *David Ricardo,* hrsg.
von *McCulloch, John R.,* London 1911/2. Auflage Karlsruhe 1912, S. 62-103.

Ricardo, David, The High Price of Bullion, 1810. In: *Ricardo, David,* The Works of *David
Ricardo,* hrsg. von *McCulloch, John R.,* London 1911.

Ricardo, David, Die Grundrente. In: Grundgesetze der Volkswirtschaft und Besteuerung
(1817). In: *Diehl, Karl* und *Mombert, Paul,* Ausgewählte Lesestücke zum Studium der
politischen Ökonomie, 3. Band, 2. Auflage, Karlsruhe 1919.

Ricardo, David, Principles of Political Economy, London 1817.

Ricardo, David, Grundsätze der Volkswirtschaft und der Besteuerung. In: Sammlung
sozialwissenschaftlicher Meister, hrsg. von *Heinrich Waentig,* Bd. 5, 3. Aufl., Jena 1923.

Ricardo, David, Grundsätze der politischen Ökonomie und Besteuerung, Frankfurt am
Main 1980.

Robinson, Joan, Quantity Theories Old and New. In: Journal of Money, Credit and
Banking, Jg. 2, 1969, S. 504-512. Wiederabgedruckt und zitiert nach: Quantitätstheorie,
Alt und Neu. In: *Kalmbach, Peter* (Hrsg.): Der neue Monetarismus, München 1973,
S. 130-141.

Rist, Charles, Geschichte des Geldes. Titel der Originalausgabe: Histoire des doctrines
relatives au crédit et la monnaie, Paris 1938. Übersetzt ins Deutsche von *Büscher,
Gustav,* Bern 1947.

Robinson, Joan, The Rate of Interest. In: Econometrica, 1951.

Robinson, Joan, The Rate of Interest and other essays, London 1952.

Rolfes, Eugen, Aristoteles Nikomanische Ethik, 4. Auflage, Hamburg 1985.

Roos Lawrence, An Insider's View of Innovation and Monetary Policy Making. In: The
Federal Reserve Bank of St. Louis (Edt.): Financial Innovations. Their Impact on
Monetary Policy and Financial Markets, Boston 1984, S. 171-175.

Röpke, Wilhelm, Ein Jahrzehnt sozialer Marktwirtschaft in Deutschland und seine Lehre,
Köln 1958.

Röpke, Wilhelm, Die Lehre von der Wirtschaft, 11. Auflage, Zürich/Stuttgart 1968.

Roscher, Wilhelm, Grundlagen der Nationalökonomie. System der Volkswirtschaft 1, 15.
Aufl., Stuttgart 1880.

Rose, Klaus und *Sauernheimer, Karlhans,* Theorie der Außenwirtschaft, 14. Aufl., München 2006.

Rothschild, K., The Phillips Curve And All That. In: Scottish Journal of Political Economcy, Band 18, 1971, S. 245-280.

Samuelson, Paul A. und *Solow, Robert M.,* Analytical Aspects of Anti-Inflation Policy. In: American Economic Review: Papers and Proceedings, Band 50, S, 1960, S. 177-194.

Sargent, Thomas J. und *Wallace, Neil,* Rational Expectations and the Theory of Economic Policy. In: Journal of Monetary Economics, Band 2, 1976, S. 169-183.

Saving, Thomas R., Competitive Money Production and Price Level Determinancy. In: The Southern Economic Journal, Vol. 43, 1976, S. 987-995.

Say, Jean-Baptiste, Traité d'économie politique, Paris 1803a.

Say, Jean-Baptiste, A Treatise on Political Economy, or the production, distribution and consumption of wealth, 1803b (englische Übersetzung).

Say, Jean-Baptiste, Cours complet d'éeconomie politique practique, Paris 1828/29.

Say, Jean-Baptiste, Die National-Oekonomen der Franzosen und Engländer, hrsg. von *Max Stirner.* Deutsch mit Anmerkungen von *Max Stirner,* 1. Band, Leipzig 1845.

Schaal, Peter, Monetäre Theorie und Politik, München/Wien 1981.

Schmidt, Thorsten, Zinsstrukturmodelle, Mathematisches Institut der Universität Leipzig, Version vom 3. Dezember 2004, S. 1-26.

Schmölders, Günter, Geldpolitik, Tübingen 1962, S. 9-41.

Schmölders, Günter, Psychologie des Geldes, München 1966.

Schmölders, Günter, Gutes Geld und schlechtes Geld; Geld, Geldwert und Geldentwertung, Frankfurt a.M. 1968a.

Schmölders, Günter, Geldpolitik, 2. Aufl., Tübingen/Zürich 1968b.

Schubart, Sebastian, Geld und Wirtschaftswachstum – eine Erweiterung des Geldkonzepts im Rahmen der neoklassischen Wachstumstheorie. Diss. Hamburg 1999.

Schumann, Jochen, Grundzüge der mikroökonomischen Theorie, 6. Auflage, Berlin und Heidelberg 1992, S. 49 und 116.

Schumpeter, Joseph A., Theorie der wirtschaftlichen Entwicklung – Eine Untersuchung über Unternehmergewinn, Kapital, Kredit, Zins und den Konjunkturzyklus, 2. Auflage, München und Leipzig 1926.

Schumpeter, Joseph A., Theorie der wirtschaftlichen Entwicklung, 8. Aufl., Berlin 1952.

Schumpeter, Joseph A., Geschichte der nationalökonomischen Analyse, Band 1, Göttingen 1965.

Schumpeter, Joseph A., Das Wesen des Geldes – Aus dem Nachlass herausgegeben und mit einer Einführung versehen von *Fritz Karl Mann,* Göttingen 1970.

Senior, Nassau William, Outlines of the Science of Political Economy, London 1938.

Simons, Henry C., A Positive Program for Laissez Faire: Some Proposals for a Liberal Economic Policy ("Public Policy Pamphlets"), No. 15, University of Chicago Press, 1934.

Smeets, Heinz-Dieter, Finanzinnovationen und Geldpolitik. In: *Lenel, H. O.* u.a. (Hrsg.), ORDO, Jahrbuch für Ordnung von Wirtschaft und Gesellschaft, Bd. 38, Stuttgart/New York 1987, S. 91-112.

Smith, Adam, An Inquiry into the Nature and Causes of Wealth of Nations, London 1776.

Smith Adam, Der Wohlstand der Nationen (1776), 5. Aufl., München 1974.

Smith, Adam, Der Wohlstand der Nationen (1776), 2. Auflage, München 1982.

Smithies, Arthur, The Behavior of Money National Income under Inflationary Conditions. In: The Quarterly Journal of Economics, 1942.

Solow Robert M., A Contribution to the Theory of Economic Growth. In: Quarterly Journal of Economics, Vol. 70, 1956, S. 65-94.

Solow, Robert M., Orphanides, Athanasios, Money, Inflation and Growth. In: Handbook of Monetary Economics Volume 1, Hrsg. *Ed. E. Friedman* and *F.A. Hahn,* 1990.

Sraffa, Piero, Dr. Hayek on Money and Capital. In: The Economic Journal, 1932, Band 42, S. 42-53.

Strahmann, Albert, Analyse zur Inflationsuntersuchung in der Bundesrepublik Deutschland von 1964-1986, Diss. Köln 1989.

Stein, Jerome, Money and Capacity Growth, Journal of Political Economy, Vol. 74, 1966, S. 451-465.

Stein, Jerome, Neoclassical and Keynes-Wicksell Monetary Growth Models. In: Journal of Money, Credit, and Banking, Vol. 1, 1969, S. 153-171.

Stein, Jerome, Monetary Growth Theory in Perspective, American Economic Review, Vol. 60, 1970, S. 85-106.

Stein, Jerome, Money and Capacity Growth, New York 1971.

Streit, Joachim, Die Relevanz monetärer Innovationen in den USA für die Geldpolitik. In: Kredit und Kapital, 17. Jg., 1984.

Summers, Lawrence H. und *Barsky, Robert B.,* Gibson's Paradoxon and the Gold Standard. In: Journal of Political Economy, vol. 96, June 1988, S. 528-550.

Swan T., Economic Growth and Capital Accumulation. In: Economic Record, Vol. 32, 1956, S. 334-361.

Taylor, John B., Monetary Policy during a Transition to Ration Expectations. In: Journal of Political Economy, Band 83, 1975, S. 1009-1021.

Taylor John B., Discretion versus policy rules in practice. In: Carnegie-Rochester Conference Series on Public Policy 39 (1993), S. 193-214.

Taylor, John B., An Historical Analysis of Monetary Policy Rules, Working Paper 6768, National Bureau of Economic Research, Cambridge, USA, October 1998a.

Taylor, John B., The Robustness and Efficiency of Monetary Rules as Guidelines for Interest Rate Setting by the European Central Bank. Vortrag anlässlich der Monetary Rules Conference sponsored by the Sveriges Riksbank and the Institute for International Economic Studies, Stockholm, Schweden vom 12. und 13. Juni, 1998b, (revised February 1999).

Taylor, John B., The Monetary Transmission Mechanism and The Evaluation of Monetary Policy Rules. Prepared for the Third Annual International Conference of the Central Bank of Chile on „Monetary Policy: Rules and Transmission Mechanisms", September 20-21, 1999a.

Terres, Paul, Die Logik einer wettbewerblichen Geldordnung, Untersuchungen zur Ordnungstheorie und Ordnungspolitik 37, Tübingen 1998.

The Royal Bank of Sweden, Finn Kydland and *Edward Prescott´s* Contribution to Dynamic Macroeconomics: The Time Consistency of Economic Policy and the Driving Forces Behind Business Cycles. In: Advanced information on the Bank of Sweden Prize in Economic Sciences in Memory of *Alfred Nobel,* 11 October 2004.

Tödter, Karl-Heinz, Monetäre Indikatoren und geldpolitische Regeln im P-Stern-Modell. In: Volkswirtschaftliches Forschungszentrum der Deutschen Bundesbank, Diskussionspapier 18/02, vom Juni 2002.

Thornton, Daniel L., Financial Innovation, Deregulation and the „Credit View" of Monetary Policy. In: Federal Reserve Bank of St. Louis, January/February 1994, S. 31-49.

Thiemann, Ralf, Die Effizienz geldpolitischer Indikatoren eine theoretische und empirische Analyse für die Bundesrepublik Deutschland, Diss., Münster 1977.

Timmermann, Vincenz, Finanzinnovationen und Globalisierung aus volkswirtschaftlicher Sicht. In: Jahrbuch für Sozialwissenschaft, 40. Jg., Nr. 3, 1989, S. 279-286.

Tobin, James, Money, Wage Rates and Employment. In: *Harris,* Hrsg., The New Economics, 1947.

Tobin James, Liquidity Preference as Behavior Towards Risk. In: Review of Economic Studies, 1958, S. 65-68.

Tobin, James, Commercial Banks as Creators of "Money". In: Cowles Foundation Paper 205, repr. from *Dean Carson* (ed.), Banking and Monetary Studies, for the Comptroller of the Currency, U.S. Treasury, *Richard D. Irwin,* 1963a.

Tobin, James, An Essay on Principles of Debt Management. In: Cowles Foundation Paper 195, repr. from Fiscal and Debt Management Policies, Commission on Money and Credit, 1963b, S. 143-218.

Tobin James, Money and Economic Growth. In: Econometrica. Vol. 33, 1965a, S. 671-684

Tobin, James, Theory of Portfolio Selection. In: The Theory of Interest Rates, hrsg. von *Hahn F. H., Brechling, F.P.R.,* London/New York 1965b, S. 3-51.

Tobin, James, Money, Capital, and other Stores of Value. In: American Economic Review, 1961, S. 26-37. Reprinted in: *Tobin James,* Money and Economic Growth. Econometrica Vol. 33, 1965c, S. 671-684.

Tobin James, „The Neutrality of Money in Growth Models: A Comment. In: Economica, Vol. 34, 1967, S. 69-74.

Tobin James, A General Equilibrium Approach to Monetary Theory, Journal of Money, Credit, and Banking. Vol. 1969.

Tobin, James, Money, Capital, and other Stores of Value. In: American Economic Review, 1961, S. 26-37. Reprinted in: *Tobin, James,* Essays in Economics, Vol. 1, Macroeconomics, Amsterdam/London 1971a.

Tobin, James, Essays in Economics, Vol. 1, Macroeconomics, Amsterdam/London 1971b.

Tobin, James, Inflation und Unemployment. In: American Economic Review, 1972, S. 1-18.

Tobin, James, Geschäftsbanken als „Geld-Schöpfer". In: *Brunner, K., Monissen, H.,* u.a., Geldtheorie, Köln 1974.

Tobin James, Monetary Policy and the Economy: The Transmission Mechanism. In: Cowles Foundation Paper 462. Reprint from Southern Economic Journal, Vol. 44, Number 3, January 1978.

Tobin, James, Vermögensakkumulation und wirtschaftliche Aktivität. Bemerkungen zur zeitgenössischen makroökonomischen Theorie. München/Wien 1980.

Tooke, Thomas, A History of Prices and the State of the Circulation, Bd. 3, London 1840.

Tooke, Thomas, An inquiry into the Currency-Principle, 2. Auflage, London 1844.

Tullock, Gordon, Competing Money. In: Journal of Money, Credit and Banking, Vol. 7, 1975, S. 491-497.

Tullock, Gordon, Competing Monies, a Reply. In: Journal of Money, Credit and Banking, Vol. 8, 1976, S. 521-525.

Turnovky, Stephen-J., Empirical Evidence on the Formulation of Price Expectations. In: Statistical Association, Vol. 65, 1970.

Vasicek, Oldrich, An equilibrium characterization of the term structure. In: Journal of Financial Economics, Vol. 5, 1977, S. 177-188.

Vaubel, Roland, Freier Wettbewerb zwischen Währungen. In: Wirtschaftsdienst, 56. Jg., Nr. 8, August 1976, S. 422-428.

Vaubel, Roland, Free Currency Competition. In: Weltwirtschaftliches Archiv, Band 113, 1977, S. 435-466.

Walras, Léon, Elements of Pure Economics, 1874, S. 267 und insbesondere die Überarbeitungen in der 4. Auflage, 1900.

Walras, Léon, Elements of Pure Economics (1874), Übersetzer und Herausgeber *W. Jaffé,* London 1954.

Wende, Steffen, Finanzinnovationen und Geldpolitik: eine geldtheoretische Problemanalyse anhand ausgewählter Finanzinnovationen, Frankfurt a.M. 1990.

Wicksell, Knut, Über Wert, Kapital und Rente, nach der neueren nationalökonomischen Theorie (1893), Jena 1933.

Wicksell, Knut, Geldzins und Güterpreise – Eine Studie über die den Tauschwert des Geldes bestimmenden Ursachen, Jena 1898 (in deutscher Sprache Aalen 1968).

Wicksell, Knut, „Lectures on Political Economy", Vol. 2, 1906a.

Wicksell, Knut, The Influence of the Rate of Interest on Prices. In: Economic Journal XVII (1907), S. 213-220. Read before the Economic Section of the British Association, 1906b.

Wicksell, Knut, Vorlesungen über Nationalökonomie, Auf Grundlage des Marginalprinzips, Theoretischer Teil, Bd. 1, Jena 1913.

Wicksell, Knut, Vorlesungen über die Nationalökonomie auf Grundlage des Marginalprinzipes – Theoretischer Teil, Zweiter Band: Geld und Kredit, Jena 1922. Nachdruck Aalen 1984.

Wicksell, Knut, Vorlesungen über Nationalökonomie, Bd. 1 und 2, Jena 1922, Neudruck Aalen 1969.

Willgerodt, Hans, Das Problem des politischen Geldes. In: Hamburger Jahrbuch für Wirtschafts- und Gesellschaftspolitik, 35. Jahr (1990), S. 129-147.

Woll, Artur, Das Währungssystem einer freiheitlichen Ordnung. In: *Fritz W. Meyer* et al. (Hrsg.), Ordojahrbuch für die Ordnung von Wirtschaft und Gesellschaft, Bd. 30, Stuttgart/New York 1979, S. 411-421.

Woodford, Michael, Monetary Policy in a World Without Money. In: International Finance, vol. 3, 2000, S. 229-260.

Woodford, Michael, Interest and Prices, Foundations of a Theory of Monetary Policy, Princeton University Press, Princeton 2003.

Verzeichnis der Autoren

Sachverzeichnis

www.ingramcontent.com/pod-product-compliance
Lightning Source LLC
Chambersburg PA
CBHW081040220326
41598CB00038B/6934